Eichendorff · Sämtliche Erzählungen

GW01080881

Joseph von Eichendorff
Sämtliche Erzählungen

Herausgegeben von
Hartwig Schultz

Philipp Reclam jun. Stuttgart

Umschlagabbildung: Vorzeichnung Ludwig Richters zu seinem Gemälde »Überfahrt über die Elbe am Schreckenstein bei Aussig«, 1837.

Universal-Bibliothek Nr. 2352
Alle Rechte vorbehalten
© 1990 Philipp Reclam jun. GmbH & Co., Stuttgart
Gesamtherstellung: Reclam, Ditzingen. Printed in Germany 1998
RECLAM und UNIVERSAL-BIBLIOTHEK sind eingetragene Marken
der Philipp Reclam jun. GmbH & Co., Stuttgart
ISBN 3-15-002352-1

Inhalt

Die Zauberei im Herbste

Ein Märchen

Ritter Ubaldo war an einem heiteren Herbstabend auf der
Jagd weit von den Seinigen abgekommen und ritt eben
zwischen einsamen Waldbergen hin, als er von dem einen
derselben einen Mann in seltsamer, bunter Kleidung herabsteigen sah. Der Fremde bemerkte ihn nicht, bis er dicht vor
ihm stand. Ubaldo sah nun mit Verwunderung, daß derselbe
einen sehr zierlichen und prächtig geschmückten Wams
trug, der aber durch die Zeit altmodisch und unscheinlich
geworden war. Sein Gesicht war schön, aber bleich und wild
mit Bart verwachsen.

Beide begrüßten einander erstaunt, und Ubaldo erzählte,
daß er so unglücklich gewesen, sich hier zu verirren. Die
Sonne war schon hinter den Bergen versunken, dieser Ort
weit entfernt von allen Wohnungen der Menschen. Der
Unbekannte trug daher dem Ritter an, heute bei ihm zu
übernachten; morgen mit dem frühesten wolle er ihm den
einzigen Pfad weisen, der aus diesen Bergen herausführe.
Ubaldo willigte gern ein und folgte nun seinem Führer
durch die öden Waldesschluften.

Sie kamen bald an einen hohen Fels, in dessen Fuß eine
geräumige Höhle ausgehauen war. Ein großer Stein lag in
der Mitte derselben, auf dem Stein stand ein hölzernes
Kruzifix. Ein Lager von trockenem Laube füllte den Hintergrund der Klause. Ubaldo band sein Pferd am Eingange an,
während sein Wirt stillschweigend Wein und Brot brachte.
Sie setzten sich miteinander hin, und der Ritter, dem die
Kleidung des Unbekannten für einen Einsiedler wenig pas-
send schien, konnte sich nicht enthalten, ihn um seine
früheren Schicksale zu befragen. – »Forsche nur nicht, wer
ich bin«, antwortete der Klausner streng, und sein Gesicht
wurde dabei finster und unfreundlich. – Dagegen bemerkte

Ubaldo, daß derselbe hoch aufhorchte und dann in ein tiefes
Nachsinnen versank, als er selber nun anfing, mancher
Fahrten und rühmlicher Taten zu erwähnen, die er in seiner
Jugend bestanden. Ermüdet endlich streckte sich Ubaldo auf
das ihm angebotene Laub hin und schlummerte bald ein,
während sein Wirt sich am Eingang der Höhle niedersetzte.

Mitten in der Nacht fuhr der Ritter, von unruhigen
Träumen geschreckt, auf. Er richtete sich mit halbem Leibe
empor. Draußen beschien der Mond sehr hell den stillen
Kreis der Berge. Auf dem Platz vor der Höhle sah er seinen
Wirt unruhig unter den hohen, schwankenden Bäumen auf
und ab wandeln. Er sang dabei mit hohler Stimme ein Lied,
wovon Ubaldo nur abgebrochen ungefähr folgende Worte
vernehmen konnte:

> Aus der Kluft treibt mich das Bangen,
> Alte Klänge nach mir langen –
> Süße Sünde, laß mich los!
> Oder wirf mich ganz darnieder,
> Vor dem Zauber dieser Lieder
> Bergend in der Erde Schoß!
>
> Gott! Inbrünstig möcht’ ich beten,
> Doch der Erde Bilder treten
> Immer zwischen dich und mich,
> Und ringsum der Wälder Sausen
> Füllt die Seele mir mit Grausen,
> Strenger Gott! ich fürchte dich.
>
> Ach! So brich auch meine Ketten!
> Alle Menschen zu erretten,
> Gingst du ja in bittern Tod.
> Irrend an der Hölle Toren,
> Ach, wie bald bin ich verloren!
> Jesus, hilf in meiner Not!

Der Sänger schwieg wieder, setzte sich auf einen Stein und schien einige unvernehmliche Gebete herzumurmeln, die aber vielmehr wie verwirrte Zauberformeln klangen. Das Rauschen der Bäche von den nahen Bergen und das leise Sausen der Tannen sang seltsam mit darein, und Ubaldo sank, vom Schlafe überwältigt, wieder auf sein Lager zurück.

Kaum blitzten die ersten Morgenstrahlen durch die Wipfel, als auch der Einsiedler schon vor dem Ritter stand, um ihm den Weg aus den Schluften zu weisen. Wohlgemutet schwang sich Ubaldo auf sein Pferd, und sein sonderbarer Führer schritt schweigend neben ihm her. Sie hatten bald den Gipfel des letzten Berges erreicht, da lag plötzlich die blitzende Tiefe mit Strömen, Städten und Schlössern im schönsten Morgenglanze zu ihren Füßen. Der Einsiedler schien selber überrascht. »Ach, wie schön ist die Welt!« rief er bestürzt aus, bedeckte sein Gesicht mit beiden Händen und eilte so in die Wälder zurück. – Kopfschüttelnd schlug Ubaldo nun den wohlbekannten Weg nach seinem Schlosse ein.

Die Neugierde trieb ihn indessen gar bald von neuem nach der Einöde, und er fand mit einiger Mühe die Höhle wieder, wo ihn der Klausner diesmal weniger finster und verschlossen empfing.

Daß derselbe schwere Sünden redlich abbüßen wolle, hatte Ubaldo wohl schon aus jenem nächtlichen Gesange entnommen, aber es kam ihm vor, als ob dieses Gemüt fruchtlos mit dem Feinde ringe, denn in seinem Wandel war nichts von der heiteren Zuversicht einer wahrhaft gottergebenen Seele, und gar oft, wenn sie im Gespräch beieinander saßen, brach eine schwer unterdrückte irdische Sehnsucht mit einer fast furchtbaren Gewalt aus den irre flammenden Augen des Mannes, wobei alle seine Mienen sonderbar zu verwildern und sich gänzlich zu verwandeln schienen.

Dies bewog den frommen Ritter, seine Besuche öfter zu wiederholen, um den Schwindelnden mit der ganzen vollen

Kraft eines ungetrübten, schuldlosen Gemüts zu umfassen
und zu erhalten. Seinen Namen und früheren Wandel ver-
schwieg der Einsiedler indes fortdauernd, es schien ihm vor
der Vergangenheit zu schaudern. Doch wurde er mit jedem
Besuche sichtbar ruhiger und zutraulicher. Ja, es gelang dem
guten Ritter endlich sogar, ihn einmal zu bewegen, ihm nach
seinem Schlosse zu folgen.

Es war schon Abend geworden, als sie auf der Burg anlangten. Der Ritter ließ daher ein wärmendes Kaminfeuer
anlegen und brachte von dem besten Wein, den er hatte. Der
Einsiedler schien sich hier zum ersten Male ziemlich behaglich zu fühlen. Er betrachtete sehr aufmerksam ein Schwert
und andere Waffenstücke, die im Widerscheine des Kamin-
feuers funkelnd dort an der Wand hingen, und sah dann
wieder den Ritter lange schweigend an. »Ihr seid glücklich«,
sagte er, »und ich betrachte Eure feste, freudige, männliche
Gestalt mit wahrer Scheu und Ehrfurcht, wie Ihr Euch,
unbekümmert durch Leid und Freud, bewegt und das Leben
ruhig regiert, während Ihr Euch demselben ganz hinzuge-
ben scheint, gleich einem Schiffer, der bestimmt weiß, wo er
hinsteuern *soll*, und sich von dem wunderbaren Liede der
Sirenen unterwegens nicht irre machen läßt. Ich bin mir in
Eurer Nähe schon oft vorgekommen wie ein feiger Tor oder
wie ein Wahnsinniger. – Es gibt vom Leben *Berauschte* –
ach, wie schrecklich ist es, dann auf einmal wieder nüchtern
zu werden!«

Der Ritter, welcher diese ungewöhnliche Bewegung seines Gastes nicht unbenutzt vorbeigehen lassen wollte, drang
mit gutmütigem Eifer in denselben, ihm nun endlich einmal
seine Lebensgeschichte zu vertrauen. Der Klausner wurde
nachdenkend. »Wenn Ihr mir versprecht«, sagte er endlich,
»ewig zu verschweigen, was ich Euch erzähle, und mir
erlaubt, alle Namen wegzulassen, so will ich es tun.« Der
Ritter reichte ihm die Hand und versprach ihm freudig, was
er forderte, rief seine Hausfrau, deren Verschwiegenheit er

verbürgte, herein, um auch sie an der von beiden lange ersehnten Erzählung teilnehmen zu lassen.

Sie erschien, ein Kind auf dem Arme, das andere an der Hand führend. Es war eine hohe, schöne Gestalt in verblühender Jugend, still und mild wie die untergehende Sonne, noch einmal in den lieblichen Kindern die eigene versinkende Schönheit abspiegelnd. Der Fremde wurde bei ihrem Anblick ganz verwirrt. Er riß das Fenster auf und schaute einige Augenblicke über den nächtlichen Waldgrund hinaus, um sich zu sammeln. Ruhiger trat er darauf wieder zu ihnen, sie rückten alle dichter um den lodernden Kamin, und er begann folgendermaßen:

Die Herbstsonne stieg lieblich wärmend über die farbigen Nebel, welche die Täler um mein Schloß bedeckten. Die Musik schwieg, das Fest war zu Ende und die lustigen Gäste zogen nach allen Seiten davon. Es war ein Abschiedsfest, das ich meinem liebsten Jugendgesellen gab, welcher heute mit seinem Häuflein dem heiligen Kreuze zuzog, um dem großen christlichen Heere das gelobte Land erobern zu helfen. Seit unserer frühesten Jugend war dieser Zug der einzige Gegenstand unserer beiderseitigen Wünsche, Hoffnungen und Pläne, und ich versenke mich noch jetzt oft mit einer unbeschreiblichen Wehmut in jene stille, morgenschöne Zeit, wo wir unter den hohen Linden auf dem Felsenabhange meines Burgplatzes zusammensaßen und in Gedanken den segelnden Wolken nach jenem gebenedeiten Wunderlande folgten, wo Gottfried und die anderen Helden in lichtem Glanze des Ruhmes lebten und stritten. – Aber wie bald verwandelte sich alles in mir!

Ein Fräulein, die Blume aller Schönheit, die ich nur einigemal gesehen und zu welcher ich, ohne daß sie davon wußte, gleich von Anfang eine unbezwingliche Liebe gefaßt hatte, hielt mich in dem stillen Zwinger dieser Berge gebannt. Jetzt, da ich stark genug war, mitzukämpfen, konnte ich nicht scheiden und ließ meinen Freund allein ziehen.

Auch sie war bei dem Feste zugegen, und ich schwelgte vor übergroßer Seligkeit in dem Widerglanze ihrer Schönheit. Nur erst, als sie des Morgens fortziehen wollte und ich ihr auf das Pferd half, wagte ich, es ihr zu entdecken, daß ich nur ihretwillen den Zug unterlassen. Sie sagte nichts darauf, aber blickte mich groß und, wie es schien, erschrocken an und ritt dann schnell davon.

Bei diesen Worten sahen der Ritter und seine Frau einander mit sichtbarem Erstaunen an. Der Fremde bemerkte es aber nicht und fuhr weiter fort:

Alles war nun fortgezogen. Die Sonne schien durch die hohen Bogenfenster in die leeren Gemächer, wo jetzt nur noch meine einsamen Fußtritte widerhallten. Ich lehnte mich lange zum Erker hinaus, aus den stillen Wäldern unten schallte der Schlag einzelner Holzhauer herauf. Eine unbeschreiblich sehnsüchtige Bewegung bemächtigte sich in dieser Einsamkeit meiner. Ich konnte es nicht länger aushalten, ich schwang mich auf mein Roß und ritt auf die Jagd, um dem gepreßten Herzen Luft zu machen.

Lange war ich umhergeirrt und befand mich endlich zu meiner Verwunderung in einer mir bis jetzt noch ganz unbekannt gebliebenen Gegend des Gebirges. Ich ritt gedankenvoll, meinen Falken auf der Hand, über eine wunderschöne Heide, über welche die Strahlen der untergehenden Sonne schrägblitzend hinfuhren, die herbstlichen Gespinste flogen wie Schleier durch die heiter blaue Luft, hoch über die Berge weg wehten die Abschiedslieder der fortziehenden Vögel.

Da hörte ich plötzlich mehrere Waldhörner, die in einiger Entfernung von den Bergen einander Antwort zu geben schienen. Einige Stimmen begleiteten sie mit Gesang. Nie noch vorher hatte mich Musik mit solcher wunderbaren Sehnsucht erfüllt als diese Töne, und noch heute sind mir mehrere Strophen des Gesanges erinnerlich, wie sie der Wind zwischen den Klängen herüberwehte:

Über gelb' und rote Streifen
Ziehen hoch die Vögel fort.
Trostlos die Gedanken schweifen,
Ach! sie finden keinen Port,
Und der Hörner dunkle Klagen
Einsam nur ans Herz dir schlagen.

Siehst du blauer Berge Runde
Ferne überm Walde stehn,
Bäche in dem stillen Grunde
Rauschend nach der Ferne gehn?
Wolken, Bäche, Vögel munter,
Alles ziehet mit hinunter.

Golden meine Locken wallen,
Süß mein junger Leib noch blüht –
Bald ist Schönheit auch verfallen,
Wie des Sommers Glanz verglüht,
Jugend muß die Blüten neigen,
Rings die Hörner alle schweigen.

Schlanke Arme zu umarmen,
Roten Mund zum süßen Kuß,
Weiße Brust, dran zu erwarmen,
Reichen, vollen Liebesgruß
Bietet dir der Hörner Schallen,
Süßer! komm, eh sie verhallen!

Ich war wie verwirrt bei diesen Tönen, die das ganze Herz
durchdrangen. Mein Falke, sobald sich die ersten Klänge
erhoben, wurde scheu, schwang sich wildkreischend auf,
hoch in den Lüften verschwindend, und kam nicht wieder. Ich
aber konnte nicht widerstehen und folgte dem verlok-
kenden Waldhornsliede immerfort, das sinnenverwirrend
bald wie aus der Ferne klang, bald wieder mit dem Winde
näher schwellte.

So kam ich endlich aus dem Walde heraus und erblickte

ein blankes Schloß, das auf einem Berge vor mir lag. Rings
um das Schloß, vom Gipfel bis zum Walde hinab, lachte ein
wunderschöner Garten in den buntesten Farben, der das
Schloß wie ein Zauberring umgab. Alle Bäume und Sträucher in demselben, vom Herbste viel kräftiger gefärbt als
anderswo, waren purpurrot, goldgelb und feuerfarb; hohe
Astern, diese letzten Gestirne des versinkenden Sommers,
brannten dort im mannigfaltigsten Schimmer. Die untergehende Sonne warf gerade ihre Strahlen auf die liebliche
Anhöhe, auf die Springbrunnen und die Fenster des Schlosses, die blendend blitzten.

Ich bemerkte nun, daß die Waldhornklänge, die ich vorhin gehört, aus diesem Garten kamen, und mitten in dem
Glanze unter wilden Weinlaubranken sah ich, innerlichst
erschrocken – das Fräulein, das alle meine Gedanken meinten, zwischen den Klängen, selber singend, herumwandeln.
Sie schwieg, als sie mich erblickte, aber die Hörner klangen
fort. Schöne Knaben in seidenen Kleidern eilten herab und
nahmen mir das Pferd ab.

Ich flog durch das zierlich übergoldete Gittertor auf die
Terrasse des Gartens, wo meine Geliebte stand, und sank,
von so viel Schönheit überwältigt, zu ihren Füßen nieder.
Sie trug ein dunkelrotes Gewand, lange Schleier, durchsich-
tig wie die Sommerfäden des Herbstes, umflatterten die
goldgelben Locken, von einer prächtigen Aster aus funkelnden Edelsteinen über der Stirn zusammengehalten.

Liebreich hob sie mich auf und mit einer rührenden, wie
vor Liebe und Schmerz gebrochenen Stimme sagte sie:
»Schöner, unglücklicher Jüngling, wie lieb' ich dich! Schon
lange liebt' ich dich, und wenn der Herbst seine geheimnisvolle Feier beginnt, erwacht mit jedem Jahre mein Verlangen
mit neuer, unwiderstehlicher Gewalt. Unglücklicher! Wie
bist du in den Kreis meiner Klänge gekommen? Laß mich
und fliehe!«

Mich schauderte bei diesen Worten und ich beschwor sie,
weiter zu reden und sich näher zu erklären. Aber sie antwor-

tete nicht, und wir gingen stillschweigend nebeneinander durch den Garten.

Es war indes dunkel geworden. Da verbreitete sich eine ernste Hoheit über ihre ganze Gestalt.

»So wisse denn«, sagte sie, »dein Jugendfreund, der heute von dir geschieden ist, ist ein Verräter. Ich bin *gezwungen* seine verlobte Braut. Aus wilder Eifersucht verhehlte er dir seine Liebe. Er ist nicht nach Palästina, sondern kommt morgen, um mich abzuholen und in einem abgelegenen Schlosse vor allen menschlichen Augen auf ewig zu verbergen. – Ich muß nun scheiden. *Wir sehen uns nie wieder, wenn er nicht stirbt.*«

Bei diesen Worten drückte sie einen Kuß auf meine Lippen und verschwand in den dunklen Gängen. Ein Stein aus ihrer Aster funkelte im Weggehen kühlblitzend über meinen beiden Augen, ihr Kuß flammte mit fast schauerlicher Wollust durch alle meine Adern.

Ich überdachte nun mit Entsetzen die fürchterlichen Worte, die sie beim Abschiede wie Gift in mein gesundes Blut geworfen hatte und irrte lange nachsinnend in den einsamen Gängen umher. Ermüdet warf ich mich endlich auf die steinernen Staffeln vor dem Schloßtore, die Waldhörner hallten noch fort, und ich schlummerte unter seltsamen Gedanken ein.

Als ich die Augen aufschlug, war es heller Morgen. Alle Türen und Fenster des Schlosses waren fest verschlossen, der Garten und die ganze Gegend still. In dieser Einsamkeit erwachte das Bild der Geliebten und die ganze Zauberei des gestrigen Abends mit neuen morgenschönen Farben in meinem Herzen, und ich fühlte die volle Seligkeit, wiedergeliebt zu werden. Manchmal wohl, wenn mir jene furchtbaren Worte wieder einfielen, wandelte mich ein Trieb an, weit von hier zu fliehen; aber der Kuß brannte noch auf meinen Lippen, und ich konnte nicht fort.

Es wehte eine warme, fast schwüle Luft, als wollte der Sommer noch einmal wiederkehren. Ich schweifte daher

träumend in den nahen Wald hinaus, um mich mit der Jagd
zu zerstreuen. Da erblick' ich in dem Wipfel eines Baumes
einen Vogel von so wunderschönem Gefieder, wie ich noch
nie vorher gesehen. Als ich den Bogen spannte, um ihn zu
schießen, flog er schnell auf einen anderen Baum. Ich folgte
ihm begierig, aber der schöne Vogel flatterte immerfort von
Wipfel zu Wipfel vor mir her, wobei seine hellgoldenen
Schwingen reizend im Sonnenschein glänzten.

So war ich in ein enges Tal gekommen, das rings von
hohen Felsen eingeschlossen war. Kein rauhes Lüftchen
wehte hier herein, alles war hier noch grün und blühend wie
im Sommer. Ein Gesang schwoll wunderlieblich aus der
Mitte dieses Tales. Erstaunt bog ich die Zweige des dichten
Gesträuches, an dem ich stand, auseinander, – und meine
Augen senkten sich trunken und geblendet vor dem Zauber,
der sich mir da eröffnete.

Ein stiller Weiher lag im Kreise der hohen Felsen, an
denen Efeu und seltsame Schilfblumen üppig emporrankten.
Viele Mädchen tauchten ihre schönen Glieder singend in der
lauen Flut auf und nieder. Über allen erhoben stand das
Fräulein prächtig und ohne Hülle und schaute, während die
anderen sangen, schweigend um die wollüstig um ihre Knö-
chel spielenden Wellen wie verzaubert und versunken in das
Bild der eigenen Schönheit, das der trunkene Wasserspiegel
widerstrahlte. – Eingewurzelt stand ich lange in flammendem Schauer, da bewegte sich die schöne Schar ans Land,
und ich eilte schnell davon, um nicht entdeckt zu werden.

Ich stürzte mich in den dicksten Wald, um die Flammen
zu kühlen, die mein Inneres durchtobten. Aber je weiter ich
floh, desto lebendiger gaukelten jene Bilder vor meinen Augen, desto verzehrender langte der Schimmer jener
jugendlichen Glieder mir nach.

So traf mich die einbrechende Nacht noch im Walde. Der
ganze Himmel hatte sich unterdes verwandelt und war
dunkel geworden, ein wilder Sturm ging über die Berge.
»Wir sehen uns nie wieder, wenn er nicht stirbt!« rief ich

immerfort in mich selbst hinein und rannte, als würde ich von Gespenstern gejagt.

Es kam mir dabei manchmal vor, als vernähme ich seitwärts Getös von Rosseshufen im Walde, aber ich scheute jedes menschliche Angesicht und floh vor dem Geräusch, so oft es näher zu kommen schien. Das Schloß meiner Geliebten sah ich oft, wenn ich auf eine Höhe kam, in der Ferne stehen; die Waldhörner sangen wieder wie gestern Abend, der Glanz der Kerzen drang wie ein milder Mondenschein durch alle Fenster und beleuchtete rings umher magisch den Kreis der nächsten Bäume und Blumen, während draußen die ganze Gegend in Sturm und Finsternis wild durcheinanderrang.

Meiner Sinne kaum mehr mächtig, bestieg ich endlich einen hohen Felsen, an dem unten ein brausender Waldstrom vorüberstürzte. Als ich auf die Spitze ankam, erblickte ich dort eine dunkle Gestalt, die auf einem Steine saß, still und unbeweglich, als wäre sie selber von Stein. Die Wolken jagten soeben zerrissen über den Himmel. Der Mond trat blutrot auf einen Augenblick hervor – und ich erkannte meinen Freund, den Bräutigam meiner Geliebten.

Er richtete sich, sobald er mich erblickte, schnell und hoch auf, daß ich innerlichst zusammenschauderte, und griff nach seinem Schwerte. Wütend fiel ich ihn an und umfaßte ihn mit beiden Armen. So rangen wir einige Zeit miteinander, bis ich ihn zuletzt über die Felsenwand in den Abgrund hinabschleuderte.

Da wurde es auf einmal still in der Tiefe und rings umher, nur der Strom unten rauschte stärker, als wäre mein ganzes voriges Leben unter diesen wirbelnden Wogen begraben und alles auf ewig vorbei.

Eilig stürzte ich nun fort von diesem grausigen Orte. Da kam es mir vor, als hörte ich ein lautes, widriges Lachen wie aus dem Wipfel der Bäume hinter mir dreinschallen; zugleich glaubte ich in der Verwirrung meiner Sinne den Vogel, den ich vorhin verfolgte, in den Zweigen über mir wiederzusehen. – So gejagt, geängstigt und halb sinnlos rannte ich durch die Wildnis über die Gartenmauer hinweg zu dem Schlosse des Fräuleins. Mit allen Kräften riß ich dort an den Angeln des verschlossenen Tores. »Mach auf«, schrie ich außer mir, »mach auf, ich habe meinen Herzensbruder erschlagen! Du bist nun mein auf Erden und in der Hölle!«

Da taten sich die Torflügel schnell auf, und das Fräulein, schöner als ich sie jemals gesehen, sank ganz hingegeben in flammenden Küssen an meine von Stürmen durchwühlte, zerrissene Brust.

Laßt mich nun schweigen von der Pracht der Gemächer, dem Dufte ausländischer Blumen und Bäume, zwischen denen schöne Frauen singend hervorsahen, von den Wogen von Licht und Musik, von der wilden, namenlosen Lust, die ich in den Armen des Fräuleins –

Hier fuhr der Fremde plötzlich auf. Denn draußen hörte man einen seltsamen Gesang an den Fenstern der Burg vorüberfliegen. Es waren nur einzelne Sätze, die zuweilen wie eine menschliche Stimme, dann wieder wie die höchsten Töne einer Klarinette klangen, wenn sie der Wind über ferne Berge herüberweht, das ganze Herz ergreifend und schnell dahinfahrend. – »Beruhigt Euch«, sagte der Ritter, »wir sind das lange gewohnt. Zauberei soll in den nahen Wäldern wohnen, und oft zur Herbstzeit streifen solche Töne in der Nacht bis an unser Schloß. Es vergeht eben so schnell als es kommt, und wir bekümmern uns weiter nicht darum.« – Eine große Bewegung schien jedoch in der Brust des Ritters zu arbeiten, die er nur mit Mühe unterdrückte. – Die Töne draußen waren schon wieder verklungen. Der Fremde saß, wie im Geiste abwesend, in tiefes Nachsinnen verloren. Nach einer langen Pause erst sammelte er sich wieder und fuhr, obgleich nicht mehr so ruhig wie vorher, in seiner Erzählung weiter fort:

Ich bemerkte, daß das Fräulein mitten im Glanze manchmal von einer unwillkürlichen Wehmut befallen wurde, wenn sie aus dem Schlosse sah, wie nun endlich auch der

Herbst von allen Fluren Abschied nehmen wollte. Aber ein gesunder, fester Schlaf machte durch eine Nacht alles wieder gut, und ihr wunderschönes Antlitz, der Garten und die ganze Gegend ringsumher blickte mich am Morgen immer wieder erquickt, frischer und wie neugeboren an.

Nur einmal, da ich eben mit ihr am Fenster stand, war sie stiller und trauriger als jemals. Draußen im Garten spielte der Wintersturm mit den herabfallenden Blättern. Ich merkte, daß sie oft heimlich schauderte, als sie in die ganz verbleichte Gegend hinausschaute. Alle ihre Frauen hatten uns verlassen, die Lieder der Waldhörner klangen heute nur aus weiter Ferne, bis sie endlich gar verhallten. Die Augen meiner Geliebten hatten allen ihren Glanz verloren und schienen wie verlöschend. Jenseits der Berge ging eben die Sonne unter und erfüllte den Garten und die Täler ringsum mit ihrem verbleichenden Glanze. Da umschlang das Fräulein mich mit beiden Armen und begann ein seltsames Lied zu singen, das ich vorher noch nie von ihr gehört und das mit unendlich wehmütigem Akkorde das ganze Haus durchdrang. Ich lauschte entzückt, es war, als zögen mich diese Töne mit dem versinkenden Abendrot langsam hinab, die Augen fielen mir wider Willen zu, und ich schlummerte in Träumen ein.

Als ich erwachte, war es Nacht geworden und alles still im Schlosse. Der Mond schien sehr hell. Meine Geliebte lag auf seidenem Lager schlafend neben mir hingestreckt. Ich betrachtete sie mit Erstaunen, denn sie war bleich wie eine Leiche, ihre Locken hingen verwirrt und wie vom Winde zerzaust um Angesicht und Busen herum. Alles andere lag und stand noch unberührt umher, wie es bei meinem Entschlummern gelegen, es war mir, als wäre das schon sehr lange her. – Ich trat an das offene Fenster. Die Gegend draußen schien mir verwandelt und ganz anders, als ich sie sonst gesehen. Die Bäume sausten wunderlich. Da sah ich unten an der Mauer des Schlosses zwei Männer stehen, die dunkel murmelnd und sich besprechend, sich immerfort

gleichförmig beugend und neigend gegeneinander hin- und
herbewegten, als ob sie ein Gespinste weben wollten. Ich
konnte nichts verstehen, nur hörte ich sie öfters meinen
Namen nennen. – Ich blickte noch einmal zurück nach der
Gestalt des Fräuleins, welche eben vom Monde klar beschienen wurde. Es kam mir vor, als sähe ich ein steinernes Bild,
schön, aber totenkalt und unbeweglich. Ein Stein blitzte wie
Basiliskenaugen von ihrer starren Brust, ihr Mund schien
mir seltsam verzerrt.

Ein Grausen, wie ich es noch in meinem Leben nicht
gefühlt, befiel mich da auf einmal. Ich ließ alles liegen und
eilte durch die leeren, öden Hallen, wo aller Glanz verlo-
schen war, fort. Als ich aus dem Schlosse trat, sah ich in
einiger Entfernung die zwei ganz fremden Männer plötzlich
in ihrem Geschäfte erstarren und wie Statuen stillestehen.
Seitwärts weit unter dem Berge erblick’ ich an einem einsamen Weiher mehrere Mädchen in schneeweißen Gewändern, welche wunderbar singend beschäftigt schienen, seltsame Gespinste auf der Wiese auszubreiten und am Mondschein zu bleichen. Dieser Anblick und dieser Gesang ver-
mehrte noch mein Grausen, und ich schwang mich nur desto
rascher über die Gartenmauer weg. Die Wolken flogen
schnell über den Himmel, die Bäume sausten hinter mir
drein, ich eilte atemlos immer fort.

Stiller und wärmer wurde allmählich die Nacht, Nachtigallen schlugen in den Gebüschen. Draußen tief unter den
Bergen hörte ich Stimmen gehen, und alte, langvergessene
Erinnerungen kehrten halbdämmernd wieder in das ausge-
brannte Herz zurück, während vor mir die schönste Früh-
lingsmorgendämmerung sich über dem Gebirge erhob. –
Was ist das? Wo bin ich denn? rief ich erstaunt und wußte
nicht, wie mir geschehen. Herbst und Winter sind vergangen, Frühling ist’s wieder auf der Welt. Mein Gott! wo bin
ich so lange gewesen?

So langte ich endlich auf dem Gipfel des letzten Berges an.
Da ging die Sonne prächtig auf. Ein wonniges Erschüttern

flog über die Erde, Ströme und Schlösser blitzten, die
Menschen, ach! ruhig und fröhlich kreisten in ihren täglichen Verrichtungen wie ehedem, unzählige Lerchen jubilierten hoch in der Luft. Ich stürzte auf die Knie und weinte
bitterlich um mein verlorenes Leben.

Ich begriff und begreife noch jetzt nicht, wie das alles
zugegangen, aber hinabstürzen mocht' ich noch nicht in die
heitere, schuldlose Welt mit dieser Brust voll Sünde und
zügelloser Lust. In die tiefste Einöde vergraben, wollte ich
den Himmel um Vergebung bitten und die Wohnungen der
Menschen nicht eher wiedersehen, bis ⟨ich⟩ alle meine
Fehle, das einzige, dessen ich mir aus der Vergangenheit nur
zu klar und deutlich bewußt war, mit Tränen heißer Reue
abgewaschen hätte.

Ein Jahr lang lebt' ich so, als Ihr mich damals an der
Höhle traft. Inbrünstige Gebete entstiegen gar oft meiner
geängstigten Brust, und ich wähnte manchmal, es sei über-
standen und ich habe Gnade gefunden vor Gott; aber das
war nur selige Täuschung seltener Augenblicke, und schnell
alles wieder vorbei. Und als nun der Herbst wieder sein
wunderlich farbiges Netz über Berg und Tal ausspreitete, da
schweiften von neuem einzelne wohlbekannte Töne aus dem
Walde in meine Einsamkeit und dunkle Stimmen in mir
klangen sie wider und gaben ihnen Antwort, und im Innersten erschreckten mich noch immer die Glockenklänge des
fernen Doms, wenn sie am klaren Sonntagsmorgen über die
Berge zu mir herüberlangten, als suchten sie das alte, stille
Gottesreich der Kindheit in meiner Brust, das nicht mehr in
ihr war. – Seht, es ist ein wunderbares, dunkles Reich von
Gedanken in des Menschen Brust, da blitzen Kristall und
Rubin und alle die versteinerten Blumen der Tiefe mit
schauerlichem Liebesblick herauf, zauberische Klänge wehen dazwischen, du weißt nicht, woher sie kommen und
wohin sie gehen, die Schönheit des irdischen Lebens schimmert von draußen dämmernd herein, die unsichtbaren Quel-

len rauschen wehmütig lockend in einem fort und es zieht
dich ewig hinunter – hinunter!

»Armer Raimund!« rief da der Ritter, der den in seiner
Erzählung träumerisch verlorenen Fremden lange mit tiefer
Rührung betrachtet hatte.

»Wer seid Ihr um Gotteswillen, daß Ihr meinen Namen
wißt!« rief der Fremde und sprang wie vom Blitze gerührt
von seinem Sitze auf.

»Mein Gott!« erwiderte der Ritter und schloß den Zitternden mit herzlicher Liebe in seine Arme, »kennst du uns
denn gar nicht mehr? Ich bin ja dein alter, treuer Waffen-
bruder Ubaldo, und da ist deine *Berta*, die du heimlich
liebtest, die du nach jenem Abschiedsfeste auf deiner Burg
auf das Pferd hobst. Gar sehr hat die Zeit und ein vielbe-
wegtes Leben seitdem unsere frischen Jugendbilder verwischt, und ich erkannte dich erst wieder, als du deine
Geschichte zu erzählen anfingest. Ich bin nie in einer
Gegend gewesen, die du da beschrieben hast und habe nie
mit dir auf dem Felsen gerungen. Ich zog gleich nach jenem
Feste gen Palästina, wo ich mehrere Jahre mitfocht, und die
schöne Berta dort wurde nach meiner Heimkehr mein
Weib. Auch Berta hatte dich nach dem Abschiedsfeste niemals wiedergesehen, und alles, was du da erzähltest, ist
eitel Phantasie. – Ein böser Zauber, jeden Herbst neuerwa-
chend und dann wieder samt dir versinkend, mein armer
Raimund, hielt dich viele Jahre lang mit lügenhaften Spielen
umstrickt. Du hast unbemerkt Monate wie einzelne Tage
verlebt. Niemand wußte, als ich aus dem gelobten Lande
zurückkam, wohin du gekommen, und wir glaubten dich
längst verloren.«

Ubaldo merkte vor Freude nicht, daß sein Freund bei
jedem Worte immer heftiger zitterte. Mit hohlen, starr
offenen Augen sah er die beiden abwechselnd an, und erkannte nun auf einmal den Freund und die Jugendgeliebte,
über deren lang verblühte, rührende Gestalt die Flamme des
Kamins spielend die zuckenden Scheine warf.

»Verloren, alles verloren!« rief er aus tiefster Brust, riß sich aus den Armen Ubaldos und flog pfeilschnell aus dem Schlosse in die Nacht und den Wald hinaus.

»Ja verloren, und meine Liebe und mein ganzes Leben eine lange Täuschung« sagte er immerfort für sich selbst und lief, bis alle Lichter in Ubaldos Schlosse hinter ihm versunken waren. Er nahm fast unwillkürlich die Richtung nach seiner eigenen Burg und langte daselbst an, als eben die Sonne aufging.

Es war wieder ein heiterer Herbstmorgen wie damals, als er vor vielen Jahren das Schloß verlassen hatte, und die Erinnerung an jene Zeit und der Schmerz über den verlorenen Glanz und Ruhm seiner Jugend befiel da auf einmal seine ganze Seele. Die hohen Linden auf dem steinernen Burghofe rauschten noch immerfort, aber der Platz und das ganze Schloß war leer und öde, und der Wind strich überall durch die verfallenen Fensterbogen.

Er trat in den Garten hinaus. Der lag auch wüst und zerstört, nur einzelne Spätblumen schimmerten noch hin und her aus dem falben Grase. Auf einer hohen Blume saß ein Vogel und sang ein wunderbares Lied, das die Brust mit unendlicher Sehnsucht erfüllte. Es waren dieselben Töne, die er gestern abend während seiner Erzählung auf Ubaldos Burg vorüberschweifen hörte. Mit Schrecken erkannte er auch nun den schönen goldgelben Vogel aus dem Zauberwalde wieder. – Hinter ihm aber, hoch aus einem Bogenfenster des Schlosses schaute während des Gesanges ein langer Mann über die Gegend hinaus, still, bleich und mit Blut bespritzt. Es war leibhaftig Ubaldos Gestalt.

Entsetzt wandte Raimund das Gesicht von dem furchtbar stillen Bilde und sah in den klaren Morgen vor sich hinab. Da sprengte plötzlich unten auf einem schlanken Rosse das schöne Zauberfräulein, lächelnd, in üppiger Jugendblüte, vorüber. Silberne Sommerfäden flogen hinter ihr drein, die Aster von ihrer Stirne warf lange grünlich-goldene Scheine über die Heide.

In allen Sinnen verwirrt, stürzte Raimund aus dem Garten, dem holden Bilde nach.

Die seltsamen Lieder des Vogels zogen, wie er ging, immer vor ihm her. Allmählich, je weiter er kam, verwandelten sich diese Töne sonderbar in das alte Waldhornlied, das ihn damals verlockte.

> »Golden meine Locken wallen,
> Süß mein junger Leib noch blüht –«

hörte er einzeln und abgebrochen aus der Ferne wieder herüberschallen.

> »Bäche in dem stillen Grunde
> Rauschend nach der Ferne gehen.« –

Sein Schloß, die Berge und die ganze Welt versank dämmernd hinter ihm.

> »Reichen, vollen Liebesgruß
> Bietet dir der Hörner Schallen.
> Komm, ach komm! eh’ sie verhallen!«

hallte es wider – und im Wahnsinn verloren ging der arme Raimund den Klängen nach in den Wald hinein und ward niemals mehr wiedergesehen.

Das Marmorbild

Eine Novelle

Es war ein schöner Sommerabend, als Florio, ein junger Edelmann, langsam auf die Tore von Lucca zuritt, sich erfreuend an dem feinen Dufte, der über der wunderschönen Landschaft und den Türmen und Dächern der Stadt vor ihm zitterte, so wie an den bunten Zügen zierlicher Damen und Herren, welche sich zu beiden Seiten der Straße unter den hohen Kastanien-Alleen fröhlichschwärmend ergingen.

Da gesellte sich, auf zierlichem Zelter desselben Weges ziehend, ein anderer Reiter in bunter Tracht, eine goldene Kette um den Hals und ein samtnes Barett mit Federn über den dunkelbraunen Locken, freundlich grüßend zu ihm. Beide hatten, so nebeneinander in den dunkelnden Abend hineinreitend, gar bald ein Gespräch angeknüpft, und dem jungen Florio dünkte die schlanke Gestalt des Fremden, sein frisches keckes Wesen, ja selbst seine fröhliche Stimme so überaus anmutig, daß er gar nicht von demselben wegsehen konnte.

Welches Geschäft führt Euch nach Lucca? fragte endlich der Fremde. Ich habe eigentlich gar keine Geschäfte, antwortete Florio ein wenig schüchtern. Gar keine Geschäfte? – Nun, so seid Ihr sicherlich ein Poet! versetzte jener lustig lachend. Das wohl eben nicht, erwiderte Florio und wurde über und über rot. Ich habe mich wohl zuweilen in der fröhlichen Sangeskunst versucht, aber wenn ich dann wieder die alten großen Meister las, wie da alles wirklich da ist und leibt und lebt, was ich mir manchmal heimlich nur wünsche und ahnete, da komm ich mir vor wie ein schwaches, vom Winde verwehtes Lerchenstimmlein unter dem unermeßlichen Himmelsdom. – Jeder lobt Gott auf seine Weise, sagte der Fremde, und alle Stimmen zusammen machen den Frühling. Dabei ruhten seine großen geistreichen Augen mit sichtbarem Wohlgefallen auf dem schönen Jünglinge, der so unschuldig in die dämmernde Welt vor sich hinaussah.

Ich habe jetzt, fuhr dieser nun kühner und vertraulicher fort, das Reisen erwählt, und befinde mich wie aus einem Gefängnis erlöst, alle alten Wünsche und Freuden sind nun auf einmal in Freiheit gesetzt. Auf dem Lande in der Stille aufgewachsen, wie lange habe ich da die fernen blauen Berge sehnsüchtig betrachtet, wenn der Frühling wie ein zauberischer Spielmann durch unsern Garten ging und von der wunderschönen Ferne verlockend sang und von großer unermeßlicher Lust. – Der Fremde war über den letzten Worten in tiefe Gedanken versunken. Habt Ihr wohl jemals, sagte er zerstreut aber sehr ernsthaft, von dem wunderbaren Spielmann gehört, der durch seine Töne die Jugend in einen Zauberberg hinein verlockt, aus dem keiner wieder zurückgekehrt ist? Hütet Euch! –

Florio wußte nicht, was er aus diesen Worten des Fremden machen sollte, konnte ihn auch weiter darum nicht befragen; denn sie waren soeben, statt zu dem Tore, unvermerkt dem Zuge der Spaziergänger folgend, an einen weiten grünen Platz gekommen, auf dem sich ein fröhlichschallendes Reich von Musik, bunten Zelten, Reitern und Spazierengehenden in den letzten Abendgluten schimmernd hin und her bewegte.

Hier ist gut wohnen, sagte der Fremde lustig, sich vom Zelter schwingend; auf baldiges Wiesersehn! und hiermit war er schnell in den Gewühle verschwunden.

Florio stand vor freudigem Erstaunen einen Augenblick still vor der unerwarteten Aussicht. Dann folgte auch er dem Beispiele seines Begleiters, übergab das Pferd seinem Diener und mischte sich in den muntern Schwarm.

Versteckte Musikchöre erschallten da von allen Seiten aus den blühenden Gebüschen, unter den hohen Bäumen wandelten sittige Frauen auf und nieder und ließen die schönen Augen musternd ergehen über die glänzende Wiese, lachend und plaudernd und mit den bunten Federn nickend im lauen

Abendgolde wie ein Blumenbeet, das sich im Winde wiegt. Weiterhin auf einem heitergrünen Plan vergnügten sich mehrere Mädchen mit Ballspielen. Die buntgefiederten Bälle flatterten wie Schmetterlinge, glänzende Bogen hin und her beschreibend, durch die blaue Luft, während die unten im Grünen auf und niederschwebenden Mädchenbilder den lieblichsten Anblick gewährten. Besonders zog die eine durch ihre zierliche, fast noch kindliche Gestalt und die Anmut aller ihrer Bewegungen Florios Augen auf sich. Sie hatte einen vollen, bunten Blumenkranz in den Haaren und war recht wie ein fröhliches Bild des Frühlings anzuschauen, wie sie so überaus frisch bald über den Rasen dahinflog, bald sich neigte, bald wieder mit ihren anmutigen Gliedern in die heitere Luft hinauflangte. – Durch ein Versehen ihrer Gegnerin nahm ihr Federball eine falsche Richtung und flatterte gerade vor Florio nieder. Er hob ihn auf und überreichte ihn der nacheilenden Bekränzten. Sie stand fast wie erschrocken vor ihm und sah ihn schweigend aus den schönen großen Augen an. Dann verneigte sie sich errötend und eilte schnell wieder zu ihren Gespielinnen zurück.

Der größere funkelnde Strom von Wagen und Reitern, der sich in der Haupt-Allee langsam und prächtig fortbewegte, wendete indes auch Florion von jenem reizenden Spiele wieder ab, und er schweifte wohl eine Stunde lang allein zwischen den ewigwechselnden Bildern umher.

Da ist der Sänger Fortunato! hörte er da auf einmal mehrere Frauen und Ritter neben sich ausrufen. Er sah sich schnell nach dem Platze um, wohin sie wiesen, und erblickte zu seinem großen Erstaunen den anmutigen Fremden, der ihn vorhin hieher begleitet. Abseits auf der Wiese an einen Baum gelehnt, stand er so eben inmitten eines zierlichen Kranzes von Frauen und Rittern, welche seinem Gesange zuhörten, der zuweilen von einigen Stimmen aus dem Kreise holdselig erwidert wurde. Unter ihnen bemerkte Florio auch die schöne Ballspielerin wieder, die in stiller Freudigkeit mit weiten offenen Augen in die Klänge vor sich hinaussah.

Ordentlich erschrocken gedachte da Florio, wie er vorhin
mit dem berühmten Sänger, den er lange dem Rufe nach
verehrte, so vertraulich geplaudert, und blieb scheu in einiger Entfernung stehen, um den lieblichen Wettstreit mit zu
vernehmen. Er hätte gern die ganze Nacht hindurch dort
gestanden, so ermutigend flogen diese Töne ihn an, und er
ärgerte sich recht, als Fortunato nun so bald endigte, und die
ganze Gesellschaft sich von dem Rasen erhob.

Da gewahrte der Sänger den Jüngling in der Ferne und
kam sogleich auf ihn zu. Freundlich faßte er ihn bei beiden
Händen und führte den Blöden, ungeachtet aller Gegenre-
den, wie einen lieblichen Gefangenen nach dem nahgelegenen offenen Zelte, wo sich die Gesellschaft nun versammelte
und ein fröhliches Nachtmahl bereitet hatte. Alle begrüßten
ihn wie alte Bekannte, manche schöne Augen ruhten in
freudigem Erstaunen auf der jungen blühenden Gestalt.

Nach mancherlei lustigem Gespräch lagerten sich bald alle
um den runden Tisch, der in der Mitte des Zeltes stand.
Erquickliche Früchte und Wein in hellgeschliffenen Gläsern
funkelte von dem blendendweißen Gedeck, in silbernen
Gefäßen dufteten große Blumensträuße, zwischen denen die
hübschen Mädchengesichter anmutig hervorsahen; draußen
spielten die letzten Abendlichter golden auf dem Rasen und
dem Flusse, der spiegelglatt vor dem Zelte dahinglitt. Florio
hatte sich fast unwillkürlich zu der niedlichen Ballspielerin
gesellt. Sie erkannte ihn sogleich wieder und saß still und
schüchtern da, aber die langen furchtsamen Augenwimper
hüteten nur schlecht die tiefen dunkelglühenden Blicke.

Es war ausgemacht worden, daß jeder in die Runde
seinem Liebchen mit einem kleinen improvisierten Liedchen
zutrinken solle. Der leichte Gesang, der nur gaukelnd wie
ein Frühlingswind die Oberfläche des Lebens berührte,
ohne es in sich selbst zu versenken, bewegte fröhlich den
Kranz heiterer Bilder um die Tafel. Florio war recht innerlichst vergnügt, alle blöde Bangigkeit war von seiner Seele
genommen, und er sah fast träumerischstill vor fröhlichen

Gedanken zwischen den Lichtern und Blumen in die wunderschöne, langsam in die Abendgluten versinkende Landschaft vor sich hinaus. Und als nun auch an ihn die Reihe kam, seinen Trinkspruch zu sagen, hob er sein Glas in die Höh' und sang:

> Jeder nennet froh die Seine,
> Ich nur stehe hier alleine,
> Denn was früge wohl die Eine:
> Wen der Fremdling eben meine?
> Und so muß ich wie im Strome dort die Welle
> Ungehört verrauschen an des Frühlings Schwelle.

Seine schöne Nachbarin sah bei diesen Worten beinah schelmisch an ihm herauf und senkte schnell wieder das Köpfchen, da sie seinem Blicke begegnete. Aber er hatte so herzlich bewegt gesungen und neigte sich nun mit den schönen bittenden Augen so dringend herüber, daß sie es willig geschehen ließ, als er sie schnell auf die roten heißen Lippen küßte. – Bravo, Bravo! riefen mehrere Herren, ein mutwilliges aber argloses Lachen erschallte um den Tisch. – Florio stürzte hastig und verwirrt sein Glas hinunter, die schöne Geküßte schauete hochrot in den Schoß und sah so unter dem vollen Blumenkranze unbeschreiblich reizend aus.

So hatte ein jeder der Glücklichen sein Liebchen in dem Kreise sich heiter erkoren. Nur Fortunato allein gehörte allen, oder keiner an und erschien fast einsam in dieser anmutigen Verwirrung. Er war ausgelassen lustig und mancher hätte ihn wohl übermütig genannt, wie er so wildwechselnd in Witz, Ernst und Scherz sich ganz und gar losließ, hätte er dabei nicht wieder mit so frommklaren Augen beinah wunderbar dreingeschaut. Florio hatte sich fest vorgenommen, ihm über Tische einmal so recht seine Liebe und Ehrfurcht, die er längst für ihn hegte, zu sagen. Aber es wollte heute nicht gelingen, alle leisen Versuche glitten an

der spröden Lustigkeit des Sängers ab. Er konnte ihn gar
nicht begreifen. –

Draußen war indes die Gegend schon stiller geworden
und feierlich, einzelne Sterne traten zwischen den Wipfeln
der dunkelnden Bäume hervor, der Fluß rauschte stärker
durch die erquickende Kühle. Da war auch zuletzt an Fortunato die Reihe zu singen gekommen. Er sprang rasch auf,
griff in seine Gitarre und sang:

> Was klingt mir so heiter
> Durch Busen und Sinn?
> Zu Wolken und weiter
> Wo trägt es mich hin?
>
> Wie auf Bergen hoch bin ich
> So einsam gestellt
> Und grüße herzinnig,
> Was schön auf der Welt.
>
> Ja, Bachus, dich seh’ ich,
> Wie göttlich bist du!
> Dein Glühen versteh’ ich,
> Die träumende Ruh.
>
> O rosenbekränztes
> Jünglingsbild,
> Dein Auge, wie glänzt es,
> Die Flammen so mild!
>
> Ist’s Liebe, ist’s Andacht,
> Was so dich beglückt?
> Rings Frühling dich anlacht,
> Du sinnest entzückt. –
>
> Frau Venus, du Frohe,
> So klingend und weich,
> In Morgenrots Lohe
> Erblick’ ich dein Reich

Auf sonnigen Hügeln
Wie ein Zauberring. –
Zart' Bübchen mit Flügeln
Bedienen dich flink,

Durchsäuseln die Räume
Und laden, was fein,
Als goldene Träume
Zur Königin ein.

Und Ritter und Frauen
Im grünen Revier
Durchschwärmen die Auen
Wie Blumen zur Zier.

Und jeglicher hegt sich
Sein Liebchen im Arm,
So wirrt und bewegt sich
Der selige Schwarm. –

Hier änderte er plötzlich Weise und Ton, und fuhr fort:

Die Klänge verrinnen,
Es bleichet das Grün,
Die Frauen stehn sinnend,
Die Ritter schaun kühn.

Und himmlisches Sehnen
Geht singend durchs Blau,
Da schimmert von Tränen
Rings Garten und Au. –

Und mitten im Feste
Erblick' ich, wie mild!
Den stillsten der Gäste. –
Woher, einsam Bild?

Mit blühendem Mohne,
Der träumerisch glänzt,
Und Lilienkronen
Erscheint er bekränzt.

Sein Mund schwillt zum Küssen
So lieblich und bleich,
Als bräht' er ein Grüßen
Aus himmlischem Reich.

Eine Fackel wohl trägt er,
Die wunderbar prangt.
»Wo ist einer, frägt er,
Dem heimwärts verlangt?«

Und manchmal da drehet
Die Fackel er um –
Tiefschauernd vergehet
Die Welt und wird stumm.

Und was hier versunken
Als Blumen zum Spiel,
Siehst oben du funkeln
Als Sterne nun kühl. –

O Jüngling vom Himmel,
Wie bist du so schön!
Ich laß das Gewimmel,
Mit dir will ich gehn!

Was will ich noch hoffen?
Hinauf, ach hinauf!
Der Himmel ist offen,
Nimm, Vater, mich auf!

Fortunato war still und alle die übrigen auch, denn wirklich
draußen waren nun die Klänge verronnen und die Musik,
das Gewimmel und alle die gaukelnde Zauberei nach und

nach verhallend untergegangen vor dem unermeßlichen Sternenhimmel und dem gewaltigern Nachtgesange der Ströme und Wälder. Da trat ein hoher schlanker Ritter in reichem Geschmeide, das grünlichgoldene Scheine zwischen die im Winde flackernden Lichter warf, in das Zelt herein. Sein Blick aus tiefen Augenhöhlen war irre flammend, das Gesicht schön aber blaß und wüst. Alle dachten bei seinem plötzlichen Erscheinen unwillkürlich schaudernd an den stillen Gast in Fortunatos Liede. – Er aber begab sich nach einer flüchtigen Verbeugung gegen die Gesellschaft zu dem Bufet des Zeltwirtes und schlürfte hastig dunkelroten Wein mit den bleichen feinen Lippen in langen Zügen hinunter.

Florio fuhr ordentlich zusammen, als der Seltsame sich darauf vor allen andern zu ihm wandte und ihn als einen früheren Bekannten in Lucca willkommen hieß. Erstaunt und nachsinnend betrachtete er ihn von oben bis unten, denn er wußte sich durchaus nicht zu erinnern, ihn jemals gesehen zu haben. Doch war der Ritter ausnehmend beredt und sprach viel über mancherlei Begebenheiten aus Florios früheren Tagen. Auch war er so genau bekannt mit der Gegend seiner Heimat, dem Garten und jedem heimischen Platz, der Florion herzlich lieb war aus alter Zeit, daß sich derselbe bald mit der dunkeln Gestalt auszusöhnen anfing.

In die übrige Gesellschaft indes schien Donati, so nannte sich der Ritter, nirgends hineinzupassen. Eine ängstliche Störung, deren Grund sich niemand anzugeben wußte, wurde überall sichtbar. Und da unterdes auch die Nacht nun völlig hereingekommen war, so brachen bald alle auf.

Es begann nun ein wunderliches Gewimmel von Wagen, Pferden, Dienern und hohen Windlichtern, die seltsame Scheine auf das nahe Wasser, zwischen die Bäume und die schönen wirrenden Gestalten umherwarfen. Donati erschien in der wilden Beleuchtung noch viel bleicher und schauerlicher als vorher. Das schöne Fräulein mit dem Blumenkranze hatte ihn beständig mit heimlicher Furcht von der Seite angesehen. Nun, da er gar auf sie loskam, um ihr mit

ritterlicher Artigkeit auf den Zelter zu helfen, drängte sie
sich scheu an den zurückstehenden Florio, der die Liebliche
mit klopfendem Herzen in den Sattel hob. Alles war unterdes reisefertig, sie nickte ihm noch einmal von ihrem zierlichen Sitze freundlich zu, und bald war die ganze schimmernde Erscheinung in der Nacht verschwunden.

Es war Florion recht sonderbar zumute, als er sich plötzlich so allein mit Donati und dem Sänger auf dem weiten,
leeren Platze befand. Seine Gitarre im Arm ging der Letztere
am Ufer des Flusses vor dem Zelte auf und nieder und schien
auf neue Weisen zu sinnen, während er einzelne Töne griff,
die beschwichtigend über die stille Wiese dahinzogen. Dann
brach er plötzlich ab. Ein seltsamer Mißmut schien über
seine sonst immer klaren Züge zu fliegen, er verlangte ungeduldig fort.

Alle drei bestiegen daher nun auch ihre Pferde und zogen
miteinander der nahen Stadt zu. Fortunato sprach kein Wort
unterwegs, desto freundlicher ergoß sich Donati in wohlgesetzten zierlichen Reden; Florio, noch im Nachklange
der Lust, ritt still wie ein träumendes Mädchen zwischen
beiden.

Als sie ans Tor kamen, stellte sich Donatis Roß, das schon
vorher vor manchem Vorübergehenden gescheuet, plötzlich
fast gerade in die Höh und wollte nicht hinein. Ein funkelnder Zornesblitz fuhr, fast verzerrend, über das Gesicht des
Reiters und ein wilder, nur halbausgesprochener Fluch aus
den zuckenden Lippen, worüber Florio nicht wenig erstaunte, da ihm solches Wesen zu der sonstigen feinen und
besonnenen Anständigkeit des Ritters ganz und gar nicht zu
passen schien. Doch faßte sich dieser bald wieder. Ich wollte
Euch bis in die Herberg begleiten, sagte er lächelnd und mit
der gewohnten Zierlichkeit, zu Florio gewendet, aber mein
Pferd will es anders, wie Ihr seht. Ich bewohne hier vor der
Stadt ein Landhaus, wo ich Euch recht bald bei mir zu sehen
hoffe. – Und hiermit verneigte er sich, und das Pferd, in
unbegreiflicher Hast und Angst kaum mehr zu halten, flog

pfeilschnell mit ihm in die Dunkelheit fort, daß der Wind hinter ihm dreinpfiff.

Gott sei Dank, rief Fortunato aus, daß ihn die Nacht wieder verschlungen hat! Kam er mir doch wahrhaftig vor, wie einer von den falben ungestalten Nachtschmetterlingen, die, wie aus einem phantastischen Traume entflogen, durch die Dämmerung schwirren und mit ihrem langen Katzenbarte und gräßlich großen Augen ordentlich ein Gesicht haben wollen. Florio, der sich mit Donati schon ziemlich befreundet hatte, äußerte seine Verwunderung über dieses harte Urteil. Aber der Sänger, durch solche erstaunliche Sanftmut nur immer mehr gereizt, schimpfte lustig fort und nannte den Ritter zu Florios heimlichem Ärger, einen Mondscheinjäger, einen Schmachthahn, einen Renommisten in der Melancholie.

Unter solcherlei Gesprächen waren sie endlich bei der Herberge angelangt, und jeder begab sich bald in das ihm angewiesene Gemach.

Florio warf sich angekleidet auf das Ruhebett hin, aber er konnte lange nicht schlafen. In seiner von den Bildern des Tages aufgeregten Seele wogte und hallte und sang es noch immer fort. Und wie die Türen im Hause nun immer seltner auf- und zugingen, nur manchmal noch eine Stimme erschallte, bis endlich Haus, Stadt und Feld in tiefe Stille versank: da war es ihm, als führe er mit schwanenweißen Segeln einsam auf einem mondbeglänzten Meer. Leise schlugen die Wellen an das Schiff, Sirenen tauchten aus dem Wasser, die alle aussahen wie das schöne Mädchen mit dem Blumenkranze vom vorigen Abend. Sie sang so wunderbar, traurig und ohne Ende, als müsse er vor Wehmut untergehen. Das Schiff neigte sich unmerklich und sank langsam immer tiefer und tiefer – da wachte er erschrocken auf.

Er sprang von seinem Bett und öffnete das Fenster. Das Haus lag am Ausgange der Stadt, er übersah einen weiten stillen Kreis von Hügeln, Gärten und Tälern, vom Monde klar beschienen. Auch da draußen war es überall in den Bäumen und Strömen noch wie im Verhallen und Nachhallen der vergangenen Lust, als sänge die ganze Gegend leise, gleich den Sirenen, die er im Schlummer gehört. Da konnte er der Versuchung nicht widerstehen. Er ergriff die Gitarre, die Fortunato bei ihm zurückgelassen, verließ das Zimmer und ging leise durch das ruhige Haus hinab. Die Türe unten war nur angelehnt, ein Diener lag eingeschlafen auf der Schwelle. So kam er unbemerkt ins Freie und wandelte fröhlich zwischen Weingärten durch leere Alleen an schlummernden Hütten vorüber immer weiter fort.

Zwischen den Rebengeländern hinaus sah er den Fluß im Tale; viele weißglänzende Schlösser hin und wieder zerstreut, ruhten wie eingeschlafene Schwäne unten in dem Meer von Stille. Da sang er mit fröhlicher Stimme:

> Wie kühl schweift's sich bei nächt'ger Stunde,
> Die Zither treulich in der Hand!
> Vom Hügel grüß' ich in die Runde
> Den Himmel und das stille Land.
>
> Wie ist da alles so verwandelt,
> Wo ich so fröhlich war, im Tal,
> Im Wald wie still! der Mond nur wandelt
> Nun durch den hohen Buchensaal.
>
> Der Winzer Jauchzen ist verklungen
> Und all der bunte Lebenslauf,
> Die Ströme nur, im Tal geschlungen,
> Sie blicken manchmal silbern auf.
>
> Und Nachtigallen wie aus Träumen
> Erwachen oft mit süßem Schall,
> Erinnernd rühren sich die Bäume,
> Ein heimlich Flüstern überall. –

Die Freude kann nicht gleich verklingen,
Und von des Tages Glanz und Lust
Ist so auch mir ein heimlich Singen
Geblieben in der tiefsten Brust.

Und fröhlich greif' ich in die Saiten,
O Mädchen, jenseits überm Fluß,
Du lauschest wohl und hörst's von weitem
Und kennst den Sänger an dem Gruß!

Er mußte über sich selber lachen, da er am Ende nicht wußte, wem er das Ständchen brachte. Denn die reizende Kleine mit dem Blumenkranze war es lange nicht mehr, die er eigentlich meinte. Die Musik bei den Zelten, der Traum auf seinem Zimmer, und sein, die Klänge und den Traum und die zierliche Erscheinung des Mädchens, nachträumendes Herz hatte ihr Bild unmerklich und wundersam verwandelt in ein viel schöneres, größeres und herrliches, wie er es noch nirgend gesehen.

So in Gedanken schritt er noch lange fort, als er unerwartet bei einem großen, von hohen Bäumen rings umgebenen Weiher anlangte. Der Mond, der eben über die Wipfel trat, beleuchtete scharf ein marmornes Venusbild, das dort dicht am Ufer auf einem Steine stand, als wäre die Göttin soeben erst aus den Wellen aufgetaucht und betrachte nun, selber verzaubert, das Bild der eigenen Schönheit, das der trunkene Wasserspiegel zwischen den leise aus dem Grunde aufblühenden Sternen widerstrahlte. Einige Schwäne beschrieben still ihre einförmigen Kreise um das Bild, ein leises Rauschen ging durch die Bäume rings umher.

Florio stand wie eingewurzelt im Schauen, denn ihm kam jenes Bild wie eine lang gesuchte, nun plötzlich erkannte Geliebte vor, wie eine Wunderblume, aus der Frühlingsdämmerung und träumerischen Stille seiner frühesten Jugend heraufgewachsen. Je länger er hinsah, je mehr schien es ihm, als schlüge es die seelenvollen Augen langsam auf, als

wollten sich die Lippen bewegen zum Gruße, als blühe
Leben wie ein lieblicher Gesang erwärmend durch die schö-
nen Glieder herauf. Er hielt die Augen lange geschlossen vor
Blendung, Wehmut und Entzücken. –

Als er wieder aufblickte, schien auf einmal alles wie
verwandelt. Der Mond sah seltsam zwischen Wolken hervor, ein stärkerer Wind kräuselte den Weiher in trübe
Wellen, das Venusbild, so fürchterlich weiß und regungslos,
sah ihn fast schreckhaft mit den steinernen Augenhöhlen aus
der grenzenlosen Stille an. Ein nie gefühltes Grausen überfiel da den Jüngling. Er verließ schnell den Ort, und immer
schneller und ohne auszuruhen, eilte er durch die Gärten
und Weinberge wieder fort der ruhigen Stadt zu; denn auch
das Rauschen der Bäume kam ihm nun wie ein verständiges
vernehmliches Geflüster vor, und die langen gespenstischen
Pappeln schienen mit ihren weitgestreckten Schatten hinter
ihm dreinzulangen.

So kam er sichtbar verstört an der Herberge an. Da lag der
Schlafende noch auf der Schwelle und fuhr erschrocken auf,
als Florio an ihm vorüberstreifte. Florio aber schlug schnell
die Türe hinter sich zu und atmete erst tief auf, als er oben
sein Zimmer betrat. – Hier ging er noch lange auf und
nieder, ehe er sich beruhigte. Dann warf er sich aufs Bett
und schlummerte endlich unter den seltsamsten Träumen
ein.

––––––––––

Am folgenden Morgen saßen Florio und Fortunato unter
den hohen von der Morgensonne durchfunkelten Bäumen
vor der Herberge miteinander beim Frühstück. Florio sah
blässer, als gewöhnlich, und angenehm überwacht aus. –
Der Morgen, sagte Fortunato lustig, ist ein recht kerngesunder, wildschöner Gesell, wie er so von den höchsten Bergen
in die schlafende Welt hinunterjauchzt und von den Blumen
und Bäumen die Tränen schüttelt und wogt und lärmt und
singt. Der macht eben nicht sonderlich viel aus den sanften

Empfindungen, sondern greift kühl an alle Glieder und lacht einem ins lange Gesicht, wenn man so preßhaft und noch ganz wie in Mondschein getaucht, vor ihn hinaustritt. – Florio schämte sich nun, dem Sänger, wie er sich anfangs vorgenommen, etwas von dem schönen Venusbilde zu sagen, und schwieg betreten still. Sein Spaziergang in der Nacht war aber von dem Diener an der Haustür bemerkt und wahrscheinlich verraten worden, und Fortunato fuhr lachend fort: Nun, wenn Ihr's nicht glaubt, versucht es nur einmal, stellt Euch jetzt hierher und sagt zum Exempel: »O schöne, holde Seele, o Mondschein, du Blütenstaub zärtlicher Herzen usw.,« ob das nicht recht zum Lachen wäre! Und doch, wette ich, habt Ihr diese Nacht dergleichen oft gesagt und gewiß ordentlich ernsthaft dabei ausgesehen. –

Florio hatte sich Fortunaton ehedem immer so still und sanftmütig vorgestellt, nun verwundete ihn recht innerlichst die kecke Lustigkeit des geliebten Sängers. Er sagte hastig, und die Tränen traten ihm dabei in die seelenvollen Augen: Ihr sprecht da sicherlich anders, als Euch selber zumute ist, und das solltet Ihr nimmermehr tun. Aber ich lasse mich von Euch nicht irre machen, es gibt noch sanfte und hohe Empfindungen, die wohl schamhaft sind, aber sich nicht zu schämen brauchen, und ein stilles Glück, das sich vor dem lauten Tage verschließt und nur dem Sternenhimmel den heiligen Kelch öffnet wie eine Blume in der ein Engel wohnt. Fortunato sah den Jüngling verwundert an, dann rief er aus: nun wahrhaftig, Ihr seid recht ordentlich verliebt!

Man hatte unterdes Fortunaton, der spazieren reiten wollte, sein Pferd vorgeführt. Freundlich streichelte er den gebogenen Hals des zierlich aufgeputzten Rößleins, das mit fröhlicher Ungeduld den Rasen stampfte. Dann wandte er sich noch einmal zu Florio und reichte ihm gutmütig lächelnd die Hand. Ihr tut mir doch leid, sagte er, es gibt gar zu viele sanfte, gute, besonders verliebte junge Leute, die ordentlich recht versessen sind aufs Unglücklichsein. Laßt das, die Melancholie, den Mondschein und allen den Plunder;

und geht's auch manchmal wirklich schlimm, nur frisch heraus in Gottes freien Morgen und da draußen sich recht abgeschüttelt; im Gebet aus Herzensgrund – und es müßte wahrlich mit dem Bösen zugehen, wenn Ihr nicht so recht durch und durch fröhlich und stark werdet! – Und hiermit schwang er sich schnell auf sein Pferd und ritt zwischen den Weinbergen und blühenden Gärten in das farbige, schallende Land hinein, selber so bunt und freudig anzuschauen wie der Morgen vor ihm.

Florio sah ihm lange nach, bis die Glanzeswogen über dem fernen Reiter zusammenschlugen. Dann ging er hastig unter den Bäumen auf und nieder. Ein tiefes, unbestimmtes Verlangen war von den Erscheinungen der Nacht in seiner Seele zurückgeblieben. Dagegen hatte ihn Fortunato durch seine Reden seltsam verstört und verwirrt. Er wußte nun selbst nicht mehr, was er wollte, gleich einem Nachtwandler, der plötzlich bei seinem Namen gerufen wird. Sinnend blieb er oftmals vor der wunderreichen Aussicht in das Land hinab stehen, als wollte er das freudigkräftige Walten da draußen um Auskunft fragen. Aber der Morgen spielte nur einzelne Zauberlichter wie durch die Bäume über ihm in sein träumerisch funkelndes Herz hinein, das noch in anderer Macht stand. Denn drinnen zogen die Sterne noch immerfort ihre magischen Kreise, zwischen denen das wunderschöne Marmorbild mit neuer, unwiderstehlicher Gewalt heraufsah. – So beschloß er denn endlich, den Weiher wieder aufzusuchen, und schlug rasch denselben Pfad ein, den er in der Nacht gewandelt.

Wie sah aber dort nun alles so anders aus! Fröhliche Menschen durchirrten geschäftig die Weinberge, Gärten und Alleen, Kinder spielten ruhig auf dem sonnigen Rasen vor den Hütten, die ihn in der Nacht unter den traumhaften Bäumen oft gleich eingeschlafenen Sphinxen erschreckt hatten, der Mond stand fern und verblaßt am klaren Himmel, unzählige Vögel sangen lustig im Walde durcheinander. Er konnte gar nicht begreifen, wie ihn damals hier so seltsame Furcht überfallen konnte.

Bald bemerkte er indes, daß er in Gedanken den rechten Weg verfehlt. Er betrachtete aufmerksam alle Plätze und ging zweifelhaft bald zurück, bald wieder vorwärts; aber vergeblich; je emsiger er suchte, je unbekannter und ganz anders kam ihm alles vor.

Lange war er so umhergeirrt. Die Vögel schwiegen schon, der Kreis der Hügel wurde nach und nach immer stiller, die Strahlen der Mittagssonne schillerten segnend über der ganzen Gegend draußen, die wie unter einem Schleier von Schwüle zu schlummern und zu träumen schien. Da kam er unerwartet an ein Tor von Eisengittern, zwischen dessen zierlich vergoldeten Stäben hindurch man in einen weiten prächtigen Lustgarten hineinsehen konnte. Ein Strom von Kühle und Duft wehte den Ermüdeten erquickend daraus an. Das Tor war nicht verschlossen, er öffnete es leise und trat hinein.

Hohe Buchenhallen empfingen ihn da mit ihren feierlichen Schatten, zwischen denen goldene Vögel wie abgewehte Blüten hin und wieder flatterten, während große seltsame Blumen, wie sie Florio niemals gesehen, traumhaft mit ihren gelben und roten Glocken in dem leisen Winde hin und her schwankten. Unzählige Springbrunnen plätscherten, mit vergoldeten Kugeln spielend, einförmig in der großen Einsamkeit. Zwischen den Bäumen hindurch sah man in der Ferne einen prächtigen Palast mit hohen schlanken Säulen hereinschimmern. Kein Mensch war ringsum zu sehen, tiefe Stille herrschte überall. Nur hin und wieder erwachte manchmal eine Nachtigall und sang wie im Schlummer fast schluchzend. Florio betrachtete verwundert Bäume, Brunnen und Blumen, denn es war ihm, als sei das alles lange versunken, und über ihm ginge der Strom der Tage mit leichten, klaren Wellen, und unten läge nur der Garten gebunden und verzaubert und träumte von dem vergangnen Leben.

Er war noch nicht weit vorgedrungen, als er Lautenklänge vernahm, bald stärker, bald wieder in dem Rauschen der Springbrunnen leise verhallend. Lauschend blieb er stehn, die Töne kamen immer näher und näher, da trat plötzlich in dem stillen Bogengange eine hohe schlanke Dame von wundersamer Schönheit zwischen den grünen Bäumen hervor, langsam wandelnd und ohne aufzublicken. Sie trug eine prächtige mit goldnem Bildwerk gezierte Laute im Arm, auf der sie, wie in tiefe Gedanken versunken, einzelne Akkorde griff. Ihr langes goldenes Haar fiel in reichen Locken über die fast blassen, blendendweißen Achseln bis in den Rücken hinab, die langen weiten Ärmel, wie vom Blütenschnee gewoben, wurden von zierlichen goldnen Spangen gehalten, den schönen Leib umschloß ein himmelblaues Gewand, ringsum an den Enden mit buntglühenden, wunderbar ineinander verschlungenen Blumen gestickt. Ein heller Sonnenblick durch eine Öffnung des Bogenganges schweifte soeben scharfbeleuchtend über die blühende Gestalt. Florio fuhr innerlichst zusammen – es waren unverkennbar die Züge, die Gestalt des schönen Venusbildes, das er heute Nacht am Weiher gesehen. – Sie aber sang, ohne den Fremden zu bemerken:

Was weckst du, Frühling, mich von neuem wieder?
Daß all' die alten Wünsche auferstehen,
Geht übers Land ein wunderbares Wehen.
Das schauert mir so lieblich durch die Glieder.
Die schöne Mutter grüßen tausend Lieder,
Die, wieder jung, im Brautkranz süß zu sehen.
Der Wald will sprechen, rauschend Ströme gehen,
Najaden tauchen singend auf und nieder.
Die Rose seh' ich gehn aus grüner Klause
Und, wie so buhlerisch die Lüfte fächeln,
Errötend in die laue Flut sich dehnen.
So mich auch ruft ihr aus dem stillen Hause –
Und schmerzlich nun muß ich im Frühling lächeln,
Versinkend zwischen Duft und Klang vor Sehnen.

So singend wandelte sie fort, bald in dem Grünen verschwindend, bald wieder erscheinend, immer ferner und ferner, bis sie sich endlich in der Gegend des Palastes ganz verlor. Nun war es auf einmal wieder stille, nur die Bäume und die Wasserkünste rauschten wie vorher. Florio stand in blühende Träume versunken, es war ihm, als hätte er die schöne Lautenspielerin schon lange gekannt und nur in der Zerstreuung des Lebens wieder vergessen und verloren, als ginge sie nun vor Wehmut zwischen dem Quellenrauschen unter und riefe ihn unaufhörlich, ihr zu folgen. – Tiefbewegt eilte er weiter in den Garten hinein auf die Gegend zu, wo sie verschwunden war. Da kam er unter uralten Bäumen an ein verfallen Mauerwerk, an dem noch hin und wieder schöne Bildereien halb kenntlich waren. Unter der Mauer auf zerschlagenen Marmorsteinen und Säulenknäufen, zwischen denen hohes Gras und Blumen üppig hervorschossen, lag ein schlafender Mann ausgestreckt. Erstaunt erkannte Florio den Ritter Donati. Aber seine Mienen schienen im Schlafe sonderbar verändert, er sah fast wie ein Toter aus. Ein heimlicher Schauer überlief Florion bei diesem Anblick. Er rüttelte den Schlafenden heftig. Donati schlug langsam die Augen auf und sein erster Blick war so fremd, stier und wild, daß sich Florio ordentlich vor ihm entsetzte. Dabei murmelte er noch zwischen Schlaf und Wachen einige dunkele Worte, die Florio nicht verstand. Als er sich endlich völlig ermuntert hatte, sprang er rasch auf und sah Florio, wie es schien, mit großem Erstaunen an. Wo bin ich? rief dieser hastig, wer ist die edle Herrin, die in diesem schönen Garten wohnt? – Wie seid Ihr, frug dagegen Donati sehr ernst, in diesen Garten gekommen? Florio erzählte kurz den Hergang, worüber der Ritter in ein tiefes Nachdenken versank. Der Jüngling wiederholte darauf dringend seine vorigen Fragen, und Donati sagte zerstreut: Die Dame ist eine Verwandte von mir, reich und gewaltig, ihr Besitztum ist weit im Lande verbreitet – Ihr findet sie bald da, bald dort – auch in der Stadt Lucca ist sie zuweilen. – Florio fielen diese flüchtig hingeworfenen Worte seltsam aufs Herz, denn es wurde ihm nun immer deutlicher, was ihm vorher nur vorübergehend angeflogen, nämlich, daß er die Dame schon einmal in früherer Jugend irgendwo gesehen, doch konnte er sich durchaus nicht klar besinnen.

Sie waren unterdes rasch fortgehend unvermerkt an das vergoldete Gittertor des Gartens gekommen. Es war nicht dasselbe, durch welches Florio vorhin eingetreten. Verwundert sah er sich in der unbekannten Gegend um, weit über die Felder weg lagen die Türme der Stadt im heitern Sonnenglanze. Am Gitter stand Donatis Pferd angebunden und scharrte schnaubend den Boden.

Schüchtern äußerte nun Florio den Wunsch, die schöne Herrin des Gartens künftig einmal wiederzusehen. Donati, der bis dahin noch immer in sich versunken war, schien sich erst hier plötzlich zu besinnen. Die Dame, sagte er mit der gewohnten umsichtigen Höflichkeit, wird sich freuen, Euch kennenzulernen. Heute jedoch würden wir sie stören, und auch mich rufen dringende Geschäfte nach Hause. Vielleicht kann ich Euch morgen abholen. – Und hierauf nahm er in wohlgesetzten Reden Abschied von dem Jüngling, bestieg sein Roß und war bald zwischen den Hügeln verschwunden.

Florio sah ihm lange nach, dann eilte er wie ein Trunkener der Stadt zu. Dort hielt die Schwüle noch alle lebendigen Wesen in den Häusern, hinter den dunkelkühlen Jalousien. Alle Gassen und Plätze waren so leer, Fortunato auch noch nicht zurückgekehrt. Dem Glücklichen wurde es hier zu enge, in trauriger Einsamkeit. Er bestieg schnell sein Pferd und ritt noch einmal ins Freie hinaus.

Morgen, morgen! schallte es in einem fort durch seine Seele. Ihm war so unbeschreiblich wohl. Das schöne Marmorbild war ja lebend geworden und von seinem Steine in den Frühling hinuntergestiegen, der stille Weiher plötzlich verwandelt zur unermeßlichen Landschaft, die Sterne darin zu Blumen und der ganze Frühling ein Bild der Schönen. – Und so durchschweifte er lange die schönen Täler um

Lucca, den prächtigen Landhäusern, Kaskaden und Grotten wechselnd vorüber, bis die Wellen des Abendrots über dem Fröhlichen zusammenschlugen.

Die Sterne standen schon klar am Himmel, als er langsam durch die stillen Gassen nach seiner Herberge zog. Auf einem der einsamen Plätze stand ein großes schönes Haus vom Monde hell erleuchtet. Ein Fenster war oben geöffnet, an dem er zwischen künstlich gezogenen Blumen hindurch zwei weibliche Gestalten bemerkte, die in ein lebhaftes Gespräch vertieft schienen. Mit Verwunderung hörte er mehreremal deutlich seinen Namen nennen. Auch glaubte er in den einzelnen abgerißnen Worten, die die Luft herüberwehte, die Stimme der wunderbaren Sängerin wiederzuerkennen. Doch konnte er vor den im Mondesglanz zitternden Blättern und Blüten nichts genau unterscheiden. Er hielt an, um mehr zu vernehmen. Da bemerkten ihn die beiden Damen, und es wurde auf einmal stille droben.

Unbefriedigt ritt Florio weiter, aber wie er soeben um die Straßenecke bog, sah er, daß sich die eine von den Damen noch einmal ihm nachblickend zwischen den Blumen hinauslehnte und dann schnell das Fenster schloß.

Am folgenden Morgen, als Florio soeben seine Traumblüten abgeschüttelt und vergnügt aus dem Fenster über die in der Morgensonne funkelnden Türme und Kuppeln der Stadt hinaussah, trat unerwartet der Ritter Donati in das Zimmer. Er war ganz schwarz gekleidet und sah heute ungewöhnlich verstört, hastig und beinah wild aus. Florio erschrak ordentlich vor Freude, als er ihn erblickte, denn er gedachte sogleich der schönen Frau. Kann ich sie sehen? rief er ihm schnell entgegen. Donati schüttelte verneinend mit dem Kopfe und sagte, traurig vor sich auf den Boden hinsehend: Heute ist Sonntag. – Dann fuhr er rasch fort, sich sogleich wieder ermannend: Aber zur Jagd wollt' ich Euch abholen.

Zur Jagd? – erwiderte Florio höchst verwundert, heute am heiligen Tage? – Nun wahrhaftig, fiel ihm der Ritter mit einem ingrimmigen, abscheulichen Lachen ins Wort, Ihr wollt doch nicht etwa mit der Buhlerin unterm Arm zur Kirche wandern und im Winkel auf dem Fußschämmel knien und andächtig Gotthelf sagen, wenn die Frau Base niest. – Ich weiß nicht, wie Ihr das meint, sagte Florio, und Ihr mögt immer über mich lachen, aber ich könnte heut nicht jagen. Wie da draußen alle Arbeit rastet, und Wälder und Felder so geschmückt aussehen zu Gottes Ehre, als zögen Engel durch das Himmelblau über sie hinweg – so still; so feierlich und gnadenreich ist diese Zeit! – Donati stand in Gedanken am Fenster, und Florio glaubte zu bemerken, daß er heimlich schauerte, wie er so in die Sonntagsstille der Felder hinaussah.

Unterdes hatte sich Glockenklang von den Türmen der Stadt erhoben und ging wie ein Beten durch die klare Luft. Da schien Donati erschrocken, er griff nach seinem Hut und drang beinah ängstlich in Florio, ihn zu begleiten, der es aber beharrlich verweigerte. Fort, hinaus! – rief endlich der Ritter halblaut und wie aus tiefster, geklemmter Brust herauf, drückte dem erstaunten Jüngling die Hand, und stürzte aus dem Hause fort.

Florion wurde recht heimatlich zumute, als darauf der frische klare Sänger Fortunato, wie ein Bote des Friedens, zu ihm ins Zimmer trat. Er brachte eine Einladung auf morgen Abend nach einem Landhause vor der Stadt. Macht Euch nur gefaßt, setzte er hinzu, Ihr werdet dort eine alte Bekannte treffen! Florio erschrak ordentlich und fragte hastig: Wen? Aber Fortunato lehnte lustig alle Erklärungen ab und entfernte sich bald. Sollte es die schöne Sängerin sein – dachte Florio still bei sich, und sein Herz schlug heftig.

Er begab sich dann in die Kirche, aber er konnte nicht beten, er war zu fröhlich zerstreut. Müßig schlenderte er durch die Gassen. Da sah alles so rein und festlich aus, schöngeputzte Herren und Damen zogen fröhlich und schimmernd nach den Kirchen. Aber, ach! die Schönste war nicht unter ihnen! – Ihm fiel dabei sein Abenteuer beim gestrigen Heimzuge ein. Er suchte die Gasse auf und fand bald das große schöne Haus wieder; aber sonderbar! die Türe war geschlossen, alle Fenster fest zu, es schien niemand darin zu wohnen.

Vergeblich schweifte er den ganzen folgenden Tag in der Gegend umher, um nähere Auskunft über seine unbekannte Geliebte zu erhalten, oder sie, wo möglich, gar wiederzusehen. Ihr Palast, so wie der Garten, den er in jener Mittagsstunde zufällig gefunden, war wie versunken, auch Donati ließ sich nicht erblicken. Ungeduldig schlug daher sein Herz vor Freude und Erwartung, als er endlich am Abend der Einladung zufolge mit Fortunato, der fortwährend den Geheimnisvollen spielte, zum Tore hinaus dem Landhause zuritt.

Es war schon völlig dunkel, als sie draußen ankamen. Mitten in einem Garten, wie es schien, lag eine zierliche Villa mit schlanken Säulen, über denen sich von der Zinne ein zweiter Garten von Orangen und vielerlei Blumen duftig erhob. Große Kastanienbäume standen umher und streckten kühn und seltsam beleuchtet ihre Riesenarme zwischen den aus den Fenstern dringenden Scheinen in die Nacht hinaus. Der Herr vom Hause, ein feiner fröhlicher Mann von mittleren Jahren, den aber Florio früher jemals gesehen zu haben, sich nicht erinnerte, empfing den Sänger und seinen Freund herzlich an der Schwelle des Hauses und führte sie die breiten Stufen hinan in den Saal.

Eine fröhliche Tanzmusik scholl ihnen dort entgegen, eine große Gesellschaft bewegte sich bunt und zierlich durcheinander im Glanze unzähliger Lichter, die gleich Sternenkreisen, in kristallenen Leuchtern über den lustigen Schwarme schwebten. Einige tanzten, andere ergötzten sich in lebhaftem Gespräch, viele waren maskiert und gaben unwillkürlich durch ihre wunderliche Erscheinung dem anmutigen Spiele oft plötzlich eine tiefe fast schauerliche Bedeutung.

Florio stand noch still geblendet, selber wie ein anmutiges Bild, zwischen den schönen schweifenden Bildern. Da trat ein zierliches Mädchen an ihn heran, in griechischem Gewande leicht geschürzt, die schönen Haare in künstliche Kränze geflochten. Eine Larve verbarg ihr halbes Gesicht und ließ die untere Hälfte nun desto rosiger und reizender sehen. Sie verneigte sich flüchtig, überreichte ihm eine Rose und war schnell wieder in dem Schwarme verloren.

In demselben Augenblick bemerkte er auch, daß der Herr vom Hause dicht bei ihm stand, ihn prüfend ansah, aber schnell wegblickte, als Florio sich umwandte. –

Verwundert durchstrich nun der letztere die rauschende Menge. Was er heimlich gehofft, fand er nirgends, und er machte sich beinah Vorwürfe, dem fröhlichen Fortunato so leichtsinnig auf dieses Meer von Lust gefolgt zu sein, das ihn nun immer weiter von jener einsamen hohen Gestalt zu verschlagen schien. Sorglos umspülten indes die losen Wellen, schmeichlerisch neckend, den Gedankenvollen und tauschten ihm unmerklich die Gedanken aus. Wohl kommt die Tanzmusik, wenn sie auch nicht unser Innerstes erschüttert und umkehrt, recht wie ein Frühling leise und gewaltig über uns, die Töne tasten zauberisch wie die ersten Sommerblicke nach der Tiefe und wecken alle die Lieder, die unten gebunden schliefen, und die Quellen und Blumen und uralte Erinnerungen und das ganze eingefrorne, schwere, stokkende Leben wird ein leichter klarer Strom, auf dem das Herz mit rauschenden Wimpeln den lange aufgegebenen Wünschen fröhlich wieder zufährt. So hatte die allgemeine Lust auch Florion gar bald angesteckt, ihm war recht leicht zumute, als müßten sich alle Rätsel, die so schwül auf ihm lasteten, lösen.

Neugierig suchte er nun die niedliche Griechin wieder auf. Er fand sie in einem lebhaften Gespräch mit andern Masken, aber er bemerkte wohl, daß auch ihre Augen mitten im Gespräch suchend abseits schweiften und ihn schon von Ferne wahrgenommen hatten. Er forderte sie zum Tanze.

Sie verneigte sich freundlich, aber ihre bewegliche Lebhaftigkeit schien wie gebrochen, als er ihre Hand berührte und festhielt. Sie folgte ihm still und mit gesenktem Köpfchen, man wußte nicht, ob schelmisch, oder traurig. Die Musik begann, und er konnte keinen Blick verwenden von der reizenden Gauklerin, die ihn gleich den Zaubergestalten auf den alten fabelhaften Schildereien umschwebte. »Du kennst mich«, flüsterte sie kaum hörbar ihm zu, als sich einmal im Tanze ihre Lippen flüchtig beinah berührten.

Der Tanz war endlich aus, die Musik hielt plötzlich inne; da glaubte Florio seine schöne Tänzerin am anderen Ende des Saales *noch einmal* wiederzusehen. Es war dieselbe Tracht, dieselben Farben des Gewandes, derselbe Haarschmuck. Das schöne Bild schien unverwandt auf ihn herzusehen und stand fortwährend still im Schwarme der nun überall zerstreuten Tänzer, wie ein heiteres Gestirn zwischen dem leichten fliegenden Gewölk bald untergeht, bald lieblich wieder erscheint. Die zierliche Griechin schien die Erscheinung nicht zu bemerken, oder doch nicht zu beachten, sondern verließ, ohne ein Wort zu sagen, mit einem leisen flüchtigen Händedruck eilig ihren Tänzer.

Der Saal war unterdes ziemlich leer geworden. Alles schwärmte in den Garten hinab, um sich in der lauen Luft zu ergehen, auch jenes seltsame Doppelbild war verschwunden. Florio folgte dem Zuge und schlenderte gedankenvoll durch die hohen Bogengänge. Die vielen Lichter warfen einen zauberischen Schein zwischen das zitternde Laub. Die hin und her schweifenden Masken mit ihren veränderten grellen Stimmen und wunderbarem Aufzuge nahmen sich hier in der ungewissen Beleuchtung noch viel seltsamer und fast gespenstisch aus.

Er war eben, unwillkürlich einen einsamen Pfad einschlagend, ein wenig von der Gesellschaft abgekommen, als er eine liebliche Stimme zwischen den Gebüschen singen hörte:

Über die beglänzten Gipfel
Fernher kommt es wie ein Grüßen,
Flüsternd neigen sich die Wipfel
Als ob sie sich wollten küssen.

Ist er doch so schön und milde!
Stimmen gehen durch die Nacht,
Singen heimlich von dem Bilde –
Ach, ich bin so froh verwacht!

Plaudert nicht so laut, ihr Quellen!
Wissen darf es nicht der Morgen!
In der Mondnacht linde Wellen,
Senk' ich stille Glück und Sorgen. –

Florio folgte dem Gesange und kam auf einen offnen runden Rasenplatz, in dessen Mitte ein Springbrunnen lustig mit den Funken des Mondlichts spielte. Die Griechin saß, wie eine schöne Najade, auf dem steinernen Becken. Sie hatte die Larve abgenommen und spielte gedankenvoll mit einer Rose in dem schimmernden Wasserspiegel. Schmeichlerisch schweifte der Mondschein über den blendendweißen Nakken auf und nieder, ihr Gesicht konnte er nicht sehen, denn sie hatte ihm den Rücken zugekehrt. – Als sie die Zweige hinter sich rauschen hörte, sprang das schöne Bildchen rasch auf, steckte die Larve vor und floh, schnell wie ein aufgescheuchtes Reh, wieder zur Gesellschaft zurück.

Florio mischte sich nun auch wieder in die bunten Reihen der Spaziergehenden. Manch zierliches Liebeswort schallte da leise durch die laue Luft, der Mondschein hatte mit seinen unsichtbaren Fäden alle die Bilder wie in ein goldnes Liebesnetz verstrickt, in das nur die Masken mit ihren ungeselligen Parodien manche komische Lücke rissen. Besonders hatte Fortunato sich diesen Abend mehreremal verkleidet und trieb fortwährend seltsam wechselnd sinnreichen Spuk, immer neu und unerkannt, und oft sich selber überraschend durch die Kühnheit und tiefe Bedeutsamkeit seines Spieles, so daß er manchmal plötzlich still wurde vor Wehmut, wenn die anderen sich halb totlachen wollten. –

Die schöne Griechin ließ sich indes nirgends sehen, sie schien es absichtlich zu vermeiden, dem Florio wiederzubegegnen.

Dagegen hatte ihn der Herr vom Hause recht in Beschlag genommen. Künstlich und weit ausholend befragte ihn derselbe weitläufig um sein früheres Leben, seine Reisen und seinen künftigen Lebensplan. Florio konnte dabei gar nicht vertraulich werden, denn Pietro, so hieß jener, sah fortwährend so beobachtend aus, als läge hinter alle den feinen Redensarten irgend ein besonderer Anschlag auf der Lauer. Vergebens sann er hin und her, dem Grunde dieser zudringlichen Neugier auf die Spur zu kommen.

Er hatte sich soeben wieder von ihm losgemacht, als er, um den Ausgang einer Allee herumbeugend, mehreren Masken begegnete, unter denen er unerwartet die Griechin wieder erblickte. Die Masken sprachen viel und seltsam durcheinander, die eine Stimme schien ihm bekannt, doch konnte er sich nicht deutlich besinnen. Bald darauf verlor sich eine Gestalt nach der andern, bis er sich am Ende, eh' er sich dessen recht versah, allein mit dem Mädchen befand. Sie blieb zögernd stehen und sah ihn einige Augenblicke schweigend an. Die Larve war fort, aber ein kurzer blütenweißer Schleier, mit allerlei wunderlichen goldgestickten Figuren verziert, verdeckte das Gesichtchen. Er wunderte sich, daß die Scheue nun so allein bei ihm aushielt.

Ihr habt mich in meinem Gesange belauscht, sagte sie endlich freundlich. Es waren die ersten lauten Worte, die er von ihr vernahm. Der melodische Klang ihrer Stimme drang ihm durch die Seele, es war als rührte sie erinnernd an alles Liebe, Schöne und Fröhliche, was er im Leben erfahren. Er entschuldigte seine Kühnheit und sprach verwirrt von der Einsamkeit, die ihn verlockt, seiner Zerstreuung, dem Rauschen der Wasserkunst. – Einige Stimmen näherten sich währenddes dem Platze. Das Mädchen blickte scheu um sich und ging rasch tiefer in die Nacht hinein. Sie schien es gern zu sehen, daß Florio ihr folgte.

Kühn und vertraulicher bat er sie nun, sich nicht länger zu verbergen, oder doch ihren Namen zu sagen, damit ihre liebliche Erscheinung unter den tausend verwirrenden Bildern des Tages ihm nicht wieder verlorenginge. Laßt das, erwiderte sie träumerisch, nehmet die Blumen des Lebens fröhlich wie sie der Augenblick gibt, und forscht nicht nach den Wurzeln im Grunde, denn unten ist es freudlos und still. Florio sah sie erstaunt an, er begriff nicht, wie solche rätselhafte Worte in den Mund des heitern Mädchens kamen. Das Mondlicht fiel eben wechselnd zwischen den Bäumen auf ihre Gestalt. Da kam es ihm auch vor, als sei sie nun größer, schlanker und edler, als vorhin beim Tanze und am Springbrunnen.

Sie waren indes bis an den Ausgang des Gartens gekommen. Keine Lampe brannte mehr hier, nur manchmal hörte man noch eine Stimme in der Ferne verhallend. Draußen ruhte der weite Kreis der Gegend still und feierlich im prächtigen Mondschein. Auf einer Wiese, die vor ihnen lag, bemerkte Florio mehrere Pferde und Menschen, in dem Dämmerlichte halbkenntlich durcheinander wirrend.

Hier blieb seine Begleiterin plötzlich stehen. »Es wird mich freuen«, sagte sie, »Euch einmal in meinem Hause zu sehen. Unser Freund wird Euch hingeleiten. – Lebt wohl!« – Bei diesen Worten schlug sie den Schleier zurück, und Florio fuhr erschrocken zusammen. – Es war die wunderbare Schöne, deren Gesang er in jenem mittagschwülen Garten belauscht. – Aber ihr Gesicht, das der Mond hell beschien, kam ihm bleich und regungslos vor, fast wie damals das Marmorbild am Weiher.

Er sah nun, wie sie über die Wiese dahinging, von mehreren reichgeschmückten Dienern empfangen wurde, und in einem schnell umgeworfenen schimmernden Jagdkleide einen schneeweißen Zelter bestieg. Wie festgebannt von Staunen, Freude und einem heimlichen Grauen, das ihn innerlichst überschlich, blieb er stehen, bis Pferde, Reiter und die ganze seltsame Erscheinung in der Nacht verschwunden war.

Ein Rufen aus dem Garten weckte ihn endlich aus seinen Träumen. Er erkannte Fortunatos Stimme und eilte, den Freund zu erreichen, der ihn schon längst vermißt und vergebens aufgesucht hatte. Dieser wurde seiner kaum gewahr, als er ihm schon entgegensang:

> Still in Luft
> Es gebart
> Aus dem Duft
> Hebt's sich zart
> Liebchen ruft
> Liebster schweift
> Durch die Luft,
> Sternwärts greift
> Seufzt und ruft,
> Herz wird bang
> Matt wird Duft,
> Zeit wird lang. –
> Mondscheinduft
> Luft in Luft
> Bleibt Liebe und Liebste, wie sie gewesen!

Aber wo seid Ihr denn auch so lange herumgeschwebt? schloß er endlich lachend. – Um keinen Preis hätte Florio sein Geheimnis verraten können. Lange? – erwiderte er nur, selber erstaunt. Denn in der Tat war der Garten unterdes ganz leer geworden, alle Beleuchtung fast erloschen, nur wenige Lampen flackerten noch ungewiß, wie Irrlichter, im Winde hin und her.

Fortunato drang nicht weiter in den Jüngling, und schweigend stiegen sie in dem stillgewordnen Hause die Stufen hinan. Ich löse nun mein Wort, sagte Fortunato, indem sie auf der Terrasse über dem Dache der Villa anlangten, wo

noch eine kleine Gesellschaft unter dem heiter gestirnten
Himmel versammelt war. Florio erkannte sogleich mehrere
Gesichter, die er an jenem ersten fröhlichen Abend bei den
Zelten gesehen. Mitten unter ihnen erblickte er auch seine
schöne Nachbarin wieder. Aber der fröhliche Blumenkranz
fehlte heute in den Haaren, ohne Band, ohne Schmuck
wallten die schönen Locken um das Köpfchen und den
zierlichen Hals. Er stand fast betroffen still bei dem
Anblick. Die Erinnerung an jenen Abend überflog ihn mit
einer seltsam wehmütigen Gewalt. Es war ihm, als sei das
schon lange her, so ganz anders war alles seitdem geworden.

Das Fräulein wurde Bianka genannt und ihm als Pietros
Nichte vorgestellt. Sie schien ganz verschüchtert, als er sich
ihr näherte, und wagte es kaum zu ihm aufzublicken. Er
äußerte ihr seine Verwunderung, sie diesen Abend hindurch
nicht gesehen zu haben. Ihr habt mich öfter gesehen, sagte
sie leise, und er glaubte dieses Flüstern wiederzuerkennen. –
Währenddes wurde sie die Rose an seiner Brust gewahr,
welche er von der Griechin erhalten, und schlug errötend die
Augen nieder. Florio bemerkte es wohl, ihm fiel dabei ein,
wie er nach dem Tanze die Griechin doppelt gesehen. Mein
Gott! dachte er verwirrt bei sich, wer war denn das? –

Es ist gar seltsam, unterbrach sie ablenkend das Still-
schweigen, so plötzlich aus der lauten Lust in die weite
Nacht hinauszutreten. Seht nur, die Wolken gehn oft so
schreckhaft wechselnd über den Himmel, daß man wahnsinnig werden müßte, wenn man lange hineinsähe, bald wie
ungeheure Mondgebirge mit schwindlichen Abgründen und
schrecklichen Zacken, ordentlich wie Gesichter, bald wieder
wie Drachen, oft plötzlich lange Hälse ausstreckend, und
drunter schießt der Fluß heimlich wie eine goldne Schlange
durch das Dunkel, das weiße Haus da drüben sieht aus wie
ein stilles Marmorbild – Wo? fuhr Florio, bei diesem Worte
heftig erschreckt, aus seinen Gedanken auf. – Das Mädchen
sah ihn verwundert an, und beide schwiegen einige Augenblicke still. – Ihr werdet Lucca verlassen? sagte sie endlich

wieder zögernd und leise, als fürchtete sie sich vor einer Antwort. Nein, erwiderte Florio zerstreut, doch ja, ja, bald, recht sehr bald! – Sie schien noch etwas sagen zu wollen, wandte aber plötzlich, die Worte zurückdrängend, ihr Gesicht ab in die Dunkelheit.

Er konnte endlich den Zwang nicht länger aushalten. Sein Herz war so voll und gepreßt und doch so überselig. Er nahm schnell Abschied, eilte hinab und ritt ohne Fortunato und alle Begleitung in die Stadt zurück.

Das Fenster in seinem Zimmer stand offen, er blickte flüchtig noch einmal hinaus. Die Gegend draußen lag unkenntlich und still wie eine wunderbar verschränkte Hieroglyphe im zauberischen Mondschein. Er schloß das Fenster fast erschrocken und warf sich auf sein Ruhebett hin, wo er als wie ein Fieberkranker in die wunderlichsten Träume versank.

Bianka aber saß noch lange auf der Terrasse oben. Alle andern hatten sich zur Ruhe begeben, hin und wieder erwachte schon manche Lerche, mit ungewissem Liede hoch durch die stille Luft schweifend, die Wipfel der Bäume fingen an sich unten zu rühren, falbe Morgenlichter flogen wechselnd über ihr verwachtes, von den freigelaßnen Locken nachlässig umwalltes Gesicht. – Man sagt, daß einem Mädchen, wenn sie in einem aus neunerlei Blumen geflochtenen Kranze einschläft, ihr künftiger Bräutigam im Traume erscheine. So eingeschlummert hatte Bianka nach jenem Abend bei den Zelten Florion im Traume gesehen. – Nun war alles Lüge, er war ja so zerstreut, sie kalt und fremde! – Sie zerpflückte die trügerischen Blumen, die sie bis jetzt wie einen Brautkranz aufbewahrt. Dann lehnte sie die Stirn an das kalte Geländer und weinte aus Herzensgrunde.

Mehrere Tage waren seitdem vergangen, da befand sich
Florio eines Nachmittags bei Donati auf seinem Landhause
vor der Stadt. An einem mit Früchten und kühlem Wein
besetzten Tische verbrachten sie die schwülen Stunden unter
anmutigen Gesprächen bis die Sonne schon tief hinabgesun-
ken war. Währenddes ließ Donati seinen Diener auf der
Gitarre spielen, der ihr gar liebliche Töne zu entlocken
wußte. Die großen, weiten Fenster standen dabei offen,
durch welche die lauen Abendlüfte den Duft vielfacher
Blumen, mit denen das Fenster besetzt war, hineinwehten.
Draußen lag die Stadt im farbigen Duft zwischen den Gärten
und Weinbergen, von denen ein fröhliches Schallen durch
die Fenster heraufkam. Florio war innerlichst vergnügt,
denn er gedachte im Stillen immerfort der schönen Frau.

Währenddem ließen sich draußen Waldhörner aus der
Ferne vernehmen. Bald näher, bald weit, gaben sie einander
unablässig anmutig Antwort von den grünen Bergen. Donati
trat ans Fenster. Das ist die Dame, sagte er, die Ihr in dem
schönen Garten gesehen habt, sie kehrt soeben von der Jagd
nach ihrem Schlosse zurück. Florio blickte hinaus. Da sah er
das Fräulein auf einem schönen Zelter unten über den
grünen Anger ziehen. Ein Falke, mit einer goldenen Schnur
an ihren Gürtel befestigt, saß auf ihrer Hand, ein Edelstein
an ihrer Brust warf in der Abendsonne lange grünlichgoldne
Scheine über die Wiese hin. Sie nickte freundlich zu ihnen
herauf.

Das Fräulein ist nur selten zu Hause, sagte Donati, wenn
es Euch gefällig wäre, könnten wir sie noch heute besuchen.
Florio fuhr bei diesen Worten freudig aus dem träumerischen Schauen, in das er versunken stand, er hätte dem
Ritter um den Hals fallen mögen. – Und bald saßen beide
draußen zu Pferde.

Sie waren noch nicht lange geritten, als sich der Palast mit
seiner heitern Säulenpracht vor ihnen erhob, ringsum von
dem schönen Garten, wie von einem fröhlichen Blumenkranz umgeben. Von Zeit zu Zeit schwangen sich Wasser-

strahlen von den vielen Springbrunnen, wie jauchzend, bis
über die Wipfel der Gebüsche, hell im Abendgolde funkelnd. – Florio verwunderte sich, wie er bisher niemals den
Garten wiederfinden konnte. Sein Herz schlug laut vor
Entzücken und Erwartung, als sie endlich bei dem Schlosse
anlangten.

Mehrere Diener eilten herbei, ihnen die Pferde abzunehmen. Das Schloß selbst war ganz von Marmor, und seltsam,
fast wie ein heidnischer Tempel erbaut. Das schöne Eben-
maß aller Teile, die wie jugendliche Gedanken hochauf-
strebenden Säulen, die künstlichen Verzierungen, sämtliche
Geschichten aus einer fröhlichen, lange versunkenen Welt
darstellend, die schönen marmornen Götterbilder endlich,
die überall in den Nischen umherstanden, alles erfüllte die
Seele mit einer unbeschreiblichen Heiterkeit. Sie betraten
nun die weite Halle, die durch das ganze Schloß hindurch-
ging. Zwischen den luftigen Säulen glänzte und wehte ihnen
überall der Garten duftig entgegen.

Auf den breiten glattpolierten Stufen, die in den Garten
hinabführten, trafen sie endlich auch die schöne Herrin des
Palastes, die sie mit großer Anmut willkommen hieß. – Sie
ruhte, halb liegend, auf einem Ruhebett von köstlichen
Stoffen. Das Jagdkleid hatte sie abgelegt, ein himmelblaues
Gewand, von einem wunderbar zierlichen Gürtel zusammengehalten, umschloß die schönen Glieder. Ein Mädchen
neben ihr kniend hielt ihr einen reich verzierten Spiegel vor,
während mehrere andere beschäftigt waren, ihre anmutige
Gebieterin mit Rosen zu schmücken. Zu ihren Füßen war
ein Kreis von Jungfrauen auf den Rasen gelagert, die sangen
mit abwechselnden Stimmen zur Laute, bald hinreißend
fröhlich, bald leise klagend, wie Nachtigallen in warmen
Sommernächten einander Antwort geben.

In dem Garten selbst sah man überall ein erfrischendes
Wehen und Regen. Viele fremde Herren und Damen wandelten da zwischen den Rosengebüschen und Wasserkünsten
in artigen Gesprächen auf und nieder. Reichgeschmückte

Edelknaben reichten Wein und mit Blumen verdeckte Orangen und Früchte in silbernen Schalen umher. Weiter in der Ferne, wie die Lautenklänge und die Abendstrahlen so über die Blumenfelder dahinglitten, erhoben sich hin und her schöne Mädchen, wie aus Mittagsträumen erwachend, aus den Blumen, schüttelten die dunkeln Locken aus der Stirn, wuschen sich die Augen in den klaren Springbrunnen, und mischten sich dann auch in den fröhlichen Schwarm.

Florios Blicke schweiften wie geblendet über die bunten Bilder, immer mit neuer Trunkenheit wieder zu der schönen Herrin des Schlosses zurückkehrend. Diese ließ sich in ihrem kleinen anmutigen Geschäft nicht stören. Bald etwas an ihrem dunkeln duftenden Lockengeflecht verbessernd, bald wieder im Spiegel sich betrachtend, sprach sie dabei fortwährend zu dem Jüngling, mit gleichgültigen Dingen in zierlichen Worten holdselig spielend. Zuweilen wandte sie sich plötzlich um und blickte ihn unter den Rosenkränzen so unbeschreiblich lieblich an, daß es ihm durch die innerste Seele ging. –

Die Nacht hatte indes schon angefangen, zwischen die fliegenden Abendlichter hinein zu dunkeln, das lustige Schallen im Garten wurde nach und nach zum leisen Liebesgeflüster, der Mondschein legte sich zauberisch über die schönen Bilder. Da erhob sich die Dame von ihrem blumigen Sitze und faßte Florion freundlich bei der Hand, um ihn in das Innere ihres Schlosses zu führen, von dem er bewundernd gesprochen. Viele von den andern folgten ihnen nach. Sie gingen einige Stufen auf und nieder, die Gesellschaft zerstreute sich inzwischen lustig, lachend und scherzend durch die vielfachen Säulengänge, auch Donati war im Schwarme verloren, und bald befand sich Florio mit der Dame allein in einem der prächtigsten Gemächer des Schlosses.

Die schöne Führerin ließ sich hier auf mehrere am Boden liegende seidene Kissen nieder. Sie warf dabei, zierlich wechselnd, ihren weiten, blütenweißen Schleier in die man-

nigfaltigsten Richtungen, immer schönere Formen bald ent-
hüllend, bald lose verbergend. Florio betrachtete sie mit
flammenden Augen. Da begann auf einmal draußen in dem
Garten ein wunderschöner Gesang. Es war ein altes frommes Lied, das er in seiner Kindheit oft gehört und seitdem
über den wechselnden Bildern der Reise fast vergessen hatte.
Er wurde ganz zerstreut, denn es kam ihm zugleich vor, als
wäre es Fortunatos Stimme. – Kennt ihr den Sänger? fragte
er rasch die Dame. Diese schien ordentlich erschrocken und
verneinte es verwirrt. Dann saß sie lange im stummen Nachsinnen da.

Florio hatte unterdes Zeit und Freiheit, die wunderlichen
Verzierungen des Gemaches genau zu betrachten. Es war
nur matt durch einige Kerzen erleuchtet, die von zwei
ungeheuren, aus der Wand hervorragenden Armen gehalten
wurden. Hohe, ausländische Blumen, die in künstlichen
Krügen umherstanden, verbreiteten einen berauschenden
Duft. Gegenüber stand eine Reihe marmorner Bildsäulen,
über deren reizende Formen die schwankenden Lichter
lüstern auf und nieder schweiften. Die übrigen Wände füllten köstliche Tapeten mit in Seide gewirkten lebensgroßen
Historien von ausnehmender Frische.

Mit Verwunderung glaubte Florio, in allen den Damen,
die er in diesen letzteren Schildereien erblickte, die schöne
Herrin des Hauses deutlich wiederzuerkennen. Bald erschien sie, den Falken auf der Hand, wie er sie vorhin gesehen hatte, mit einem jungen Ritter auf die Jagd reitend,
bald war sie in einem prächtigen Rosengarten vorgestellt,
wie ein andrer schöner Edelknabe auf den Knien zu ihren
Füßen lag.

Da flog es ihn plötzlich wie von den Klängen des Liedes
draußen an, daß er zu Hause in früher Kindheit oftmals ein
solches Bild gesehen, eine wunderschöne Dame in derselben
Kleidung, einen Ritter zu ihren Füßen, hinten einen weiten
Garten mit vielen Springbrunnen und künstlich geschnit-
tenen Alleen, gerade so wie vorhin der Garten draußen

erschienen. Auch Abbildungen von Lucca und anderen berühmten Städten erinnerte er sich dort gesehen zu haben.

Er erzählte es nicht ohne tiefe Bewegung der Dame. Damals, sagte er in Erinnerungen verloren, wenn ich so an schwülen Nachmittagen in dem einsamen Lusthause unseres Gartens vor den alten Bildern stand und die wunderlichen Türme der Städte, die Brücken und Alleen betrachtete, wie da prächtige Karossen fuhren und stattliche Kavaliers einherritten, die Damen in den Wagen begrüßend – da dachte ich nicht, daß das alles einmal lebendig werden würde um mich herum. Mein Vater trat dabei oft zu mir und erzählte mir manch lustiges Abenteuer, das ihm auf seinen jugendlichen Heeresfahrten in der und jener von den abgemalten Städten begegnet. Dann pflegte er gewöhnlich lange Zeit nachdenklich in dem stillen Garten auf und ab zu gehen. – Ich aber warf mich in das tiefste Gras und sah stundenlang zu, wie die Wolken über die schwüle Gegend wegzogen. Die Gräser und Blumen schwankten leise hin und her über mir, als wollten sie seltsame Träume weben, die Bienen summten dazwischen so sommerhaft und in einem fort – ach! das ist alles wie ein Meer von Stille, in dem das Herz vor Wehmut untergehen möchte! – Laßt nur das! sagte hier die Dame wie in Zerstreuung, ein jeder glaubt mich schon einmal gesehen zu haben, denn mein Bild dämmert und blüht wohl in allen Jugendträumen mit herauf. Sie streichelte dabei beschwichtigend dem schönen Jüngling die braunen Locken aus der klaren Stirn. – Florio aber stand auf, sein Herz war zu voll und tief bewegt, er trat ans offene Fenster. Da rauschten die Bäume, hin und her schlug eine Nachtigall, in der Ferne blitzte es zuweilen. Über den stillen Garten weg zog immerfort der Gesang wie ein klarer kühler Strom, aus dem die alten Jugendträume heraustauchten. Die Gewalt dieser Töne hatte seine ganze Seele in tiefe Gedanken versenkt, er kam sich auf einmal so fremde, und wie aus sich selber verirrt vor. Selbst die letzten Worte der Dame, die er sich nicht recht zu deuten wußte, beängstigten ihn

sonderbar – da sagte er leise aus tiefstem Grunde der Seele:
Herr Gott, laß mich nicht verlorengehen in der Welt! Kaum
hatte er die Worte innerlichst ausgesprochen, als sich draußen ein trüber Wind wie von dem herannahenden Gewitter
erhob und ihn verwirrend anwehte. Zu gleicher Zeit
bemerkte er an dem Fenstergesimse Gras und einzelne
Büschel von Kräutern wie auf altem Gemäuer. Eine
Schlange fuhr zischend daraus hervor und stürzte mit dem
grünlichgoldenen Schweife sich ringelnd in den Abgrund
hinunter.

Erschrocken verließ Florio das Fenster und kehrte zu der
Dame zurück. Diese saß unbeweglich still, als lausche sie.
Dann stand sie rasch auf, ging ans Fenster und sprach mit
anmutiger Stimme scheltend in die Nacht hinaus. Florio
konnte aber nichts verstehen, denn der Sturm riß die Worte
gleich mit sich fort. – Das Gewitter schien indes immer
näher zu kommen, der Wind, zwischen dem noch immerfort einzelne Töne des Gesanges herzzerreißend herauflo-
gen, strich pfeifend durch das ganze Haus und drohte die
wild hin und her flackernden Kerzen zu verlöschen. Ein
langer Blitz erleuchtete soeben das dämmernde Gemach.
Da fuhr Florio plötzlich einige Schritte zurück, denn es
war ihm, als stünde die Dame starr mit geschlossenen Augen
und ganz weißem Antlitz und Armen vor ihm. – Mit
dem flüchtigen Blitzesscheine jedoch verschwand auch das
schreckliche Gesicht wieder wie es entstanden. Die alte
Dämmerung füllte wieder das Gemach, die Dame sah ihn
wieder lächelnd an wie vorhin, aber stillschweigend und
wehmütig wie mit schwerverhaltenen Tränen.

Florio hatte indes, im Schreck zurücktaumelnd, eines von
den steinernen Bildern, die an der Wand herumstanden,
angestoßen. In demselben Augenblicke begann dasselbe sich
zu rühren, die Regung teilte sich schnell den andern mit,
und bald erhoben sich alle die Bilder mit furchtbarem
Schweigen von ihrem Gestelle. Florio zog seinen Degen und
warf einen ungewissen Blick auf die Dame. Als er aber

bemerkte, daß dieselbe, bei den indes immer gewaltiger
verschwellenden Tönen des Gesanges im Garten, immer
bleicher und bleicher wurde, gleich einer versinkenden
Abendröte, worin endlich auch die lieblich spielenden
Augensterne unterzugehen schienen, da erfaßte ihn ein töd-
liches Grauen. Denn auch die hohen Blumen in den Gefäßen
fingen an, sich wie buntgefleckte bäumende Schlangen gräßlich durcheinander zu winden, alle Ritter auf den Wandtape-
ten sahen auf einmal aus wie er und lachten ihn hämisch an,
die beiden Arme, welche die Kerzen hielten, rangen und
reckten sich immer länger, als wollte ein ungeheurer Mann
aus der Wand sich hervorarbeiten, der Saal füllte sich mehr
und mehr, die Flammen des Blitzes warfen gräßliche Scheine
zwischen die Gestalten, durch deren Gewimmel Florio die
steinernen Bilder mit solcher Gewalt auf sich losdringen sah,
daß ihm die Haare zu Berge standen. Das Grausen überwältigte alle seine Sinne, er stürzte verworren aus dem Zimmer
durch die öden widerhallenden Gemächer und Säulengänge
hinab.

Unten im Garten lag seitwärts der stille Weiher, den er in
jener ersten Nacht gesehen, mit dem marmornen Venusbilde. – Der Sänger Fortunato, so kam es ihm vor, fuhr
abgewendet und hoch aufrecht stehend im Kahne mitten auf
dem Weiher, noch einzelne Akkorde in seine Gitarre greifend. – Florio aber hielt auch diese Erscheinung für ein
verwirrendes Blendwerk der Nacht und eilte fort und fort,
ohne sich umzusehen, bis Weiher, Garten und Palast weit
hinter ihm versunken waren. Die Stadt ruhte, hell vom
Monde beschienen, vor ihm. Fernab am Horizonte verhallte
nur leise ein leichtes Gewitter, es war eine prächtig klare
Sommernacht.

Schon flogen einzelne Lichtstreifen über den Morgenhim-
mel, als er vor den Toren ankam. Er suchte dort heftig
Donatis Wohnung auf, ihn wegen der Begebenheiten dieser
Nacht zur Rede zu stellen. Das Landhaus lag auf einem der
höchsten Plätze mit der Aussicht über die Stadt und die

ganze umliegende Gegend. Er fand daher die anmutige Stelle bald wieder. Aber anstatt der zierlichen Villa, in der er gestern gewesen, stand nur eine niedere Hütte da, ganz von Weinlaub überrankt und von einem kleinen Gärtchen umschlossen. Tauben in den ersten Morgenstrahlen spiegelnd, gingen girrend auf dem Dache auf und nieder, ein tiefer heiterer Friede herrschte überall. Ein Mann mit dem Spaten auf der Achsel kam soeben aus dem Hause und sang:

> Vergangen ist die finstre Nacht,
> Des Bösen Trug und Zaubermacht,
> Zur Arbeit weckt der lichte Tag;
> Frisch auf, wer Gott noch loben mag!

Er brach sein Lied plötzlich ab, als er den Fremden so bleich und mit verworrenem Haar daherfliegen sah. – Ganz verwirrt fragte Florio nach Donati. Der Gärtner aber kannte den Namen nicht und schien den Fragenden für wahnsinnig zu halten. Seine Tochter dehnte sich auf der Schwelle in die kühle Morgenluft hinaus und sah den Fremden frisch und morgenklar mit den großen, verwunderten Augen an. – Mein Gott! wo bin ich denn so lange gewesen! sagte Florio halb leise in sich, und floh eilig zurück durch das Tor und die noch leeren Gassen in die Herberge.

Hier verschloß er sich in sein Zimmer und versank ganz und gar in ein hinstarrendes Nachsinnen. Die unbeschreibliche Schönheit der Dame, wie sie so langsam vor ihm verblich, und die anmutigen Augen untergingen, hatte in seinem tiefsten Herzen eine solche unendliche Wehmut zurückgelassen, daß er sich unwiderstehlich sehnte, hier zu sterben. –

In solchem unseligen Brüten und Träumen blieb er den ganzen Tag und die darauf folgende Nacht hindurch.

———

Die früheste Morgendämmerung fand ihn schon zu Pferde vor den Toren der Stadt. Das unermüdliche Zureden seines getreuen Dieners hatte ihn endlich zu dem Entschlusse bewogen, diese Gegend gänzlich zu verlassen. Langsam und in sich gekehrt zog er nun die schöne Straße, die von Lucca in das Land hinausführte, zwischen den dunkelnden Bäumen, in denen die Vögel noch schliefen, dahin. Da gesellten sich, nicht gar fern der Stadt, noch drei andere Reiter zu ihm. Nicht ohne heimlichen Schauer erkannte er in dem einen den Sänger Fortunato. Der andere war Fräulein Biankas Oheim, in dessen Landhause er an jenem verhängnisvollen Abende getanzt. Er wurde von einem Knaben begleitet, der stillschweigend und ohne viel aufzublicken, neben ihm herritt. Alle drei hatten sich vorgenommen, miteinander das schöne Italien zu durchschweifen und luden Florio freudig ein, mit ihnen zu reisen. Er aber verneigte sich schweigend, weder einwilligend, noch verneinend, und nahm fortwährend an allen ihren Gesprächen nur geringen Anteil.

Die Morgenröte erhob sich indes immer höher und kühler über der wunderschönen Landschaft vor ihnen. Da sagte der heitre Pietro zu Fortunato: Seht nur, wie seltsam das Zwielicht über dem Gestein der alten Ruine auf dem Berge dort spielt! Wie oft bin ich, schon als Knabe, mit Erstaunen, Neugier und heimlicher Scheu dort herumgeklettert! Ihr seid so vieler Sagen kundig, könnt Ihr uns nicht Auskunft geben von dem Ursprung und Verfall dieses Schlosses, von dem so wunderliche Gerüchte im Lande gehen? – Florio warf einen Blick nach dem Berge. In einer großen Einsamkeit lag da altes verfallenes Gemäuer umher, schöne halb in die Erde versunkene Säulen und künstlich gehauene Steine, alles von einer üppig blühenden Wildnis grünverschlungener Ranken, Hecken und hohen Unkrauts überdeckt. Ein Weiher befand sich daneben, über dem sich ein zum Teil zertrümmertes Marmorbild erhob, hell vom Morgen angeglüht. Es war offenbar dieselbe Gegend, dieselbe Stelle, wo er den schönen Garten und die Dame gesehen hatte. – Er schauerte innerlichst zusammen bei dem Anblicke. – Fortunato aber sagte: ich weiß ein altes Lied darauf, wenn ihr damit fürlieb nehmen wollt. – Und hiermit sang er, ohne sich lange zu besinnen, mit seiner klaren fröhlichen Stimme in die heitere Morgenluft hinaus:

Von kühnen Wunderbildern
Ein großer Trümmerhauf,
In reizendem Verwildern
Ein blüh'nder Garten drauf.

Versunknes Reich zu Füßen,
Vom Himmel fern und nah,
Aus andrem Reich ein Grüßen –
Das ist Italia!

Wenn Frühlingslüfte wehen
Hold übern grünen Plan,
Ein leises Auferstehen
Hebt in den Tälern an.

Da will sich's unten rühren
Im stillen Göttergrab,
Der Mensch kann's schauernd spüren
Tief in die Brust hinab.

Verwirrend durch die Bäume
Gehn Stimmen hin und her,
Ein sehnsuchtsvolles Träumen
Weht übers blaue Meer.

Und unterm duft'gen Schleier,
So oft der Lenz erwacht,
Webt in geheimer Feier
Die alte Zaubermacht.

Frau Venus hört das Locken,
Der Vögel heitern Chor
Und richtet froh erschrocken
Aus Blumen sich empor.

Sie sucht die alten Stellen,
Das luft'ge Säulenhaus,
Schaut lächelnd in die Wellen
Der Frühlingsluft hinaus.

Doch öd' sind nun die Stellen,
Stumm liegt ihr Säulenhaus,
Gras wächst da auf den Schwellen,
Der Wind zieht ein und aus.

Wo sind nun die Gespielen?
Diana schläft im Wald,
Neptunus ruht im kühlen
Meerschloß, das einsam hallt.

Zuweilen nur Sirenen
Noch tauchen aus dem Grund
Und tun in irren Tönen
Die tiefe Wehmut kund. –

Sie selbst muß sinnend stehen
So bleich im Frühlingsschein,
Die Augen untergehen,
Der schöne Leib wird Stein. –

Denn über Land und Wogen
Erscheint, so still und mild,
Hoch auf dem Regenbogen
Ein andres Frauenbild.

Ein Kindlein in den Armen
Die Wunderbare hält
Und himmlisches Erbarmen
Durchdringt die ganze Welt.

Da in den lichten Räumen
Erwacht das Menschenkind
Und schüttelt böse Träume
Von seinem Haupt geschwind.

Und, wie die Lerche singend,
Aus schwülen Zaubers Kluft
Erhebt die Seele ringend
Sich in die Morgenluft.

Alle waren still geworden über dem Liede. – Jene Ruine, sagte endlich Pietro, wäre also ein ehemaliger Tempel der Venus, wenn ich Euch sonst recht verstanden? Allerdings, erwiderte Fortunato, so viel man an der Anordnung des Ganzen und den noch übriggebliebenen Verzierungen abnehmen kann. Auch sagt man, der Geist der schönen Heidengöttin habe keine Ruhe gefunden. Aus der erschrecklichen Stille des Grabes heißt sie das Andenken an die irdische Lust jeden Frühling immer wieder in die grüne Einsamkeit ihres verfallenen Hauses heraufsteigen und durch teuflisches Blendwerk die alte Verführung üben an jungen sorglosen Gemütern, die dann vom Leben abgeschieden, und doch auch noch nicht aufgenommen in den Frieden der Toten, zwischen wilder Lust und schrecklicher Reue, an Leib und Seele verloren, umherirren, und in der entsetzlichsten Täuschung sich selber verzehren. Gar häufig will man auf demselben Platze Anfechtungen von Gespenstern verspürt haben, wo sich bald eine wunderschöne Dame, bald mehrere ansehnliche Kavaliers sehen lassen und die Vorübergehenden in einen dem Auge vorgestellten erdichteten Garten und Palast führen. – Seid Ihr jemals droben gewesen? fragte hier Florio rasch, aus seinen Gedanken erwachend. – Erst vorgestern abends, entgegnete Fortunato. – Und habt Ihr nichts erschreckliches gesehen? – Nichts, sagte der Sänger, als den stillen Weiher und die weißen rätselhaften Steine im Mondlicht umher und den

weiten unendlichen Sternenhimmel darüber. Ich sang ein
altes frommes Lied, eines von jenen ursprünglichen Liedern,
die, wie Erinnerungen und Nachklänge aus einer andern
heimatlichen Welt, durch das Paradiesgärtlein unsrer Kindheit ziehn und ein rechtes Wahrzeichen sind, an dem sich
alle Poetische später in dem ältergewordnen Leben immer
wieder erkennen. Glaubt mir, ein redlicher Dichter kann
viel wagen, denn die Kunst, die ohne Stolz und Frevel,
bespricht und bändigt die wilden Erdengeister, die aus der
Tiefe nach uns langen.

Alle schwiegen, die Sonne ging soeben auf vor ihnen und
warf ihre funkelnden Lichter über die Erde. Da schüttelte
Florio sich an allen Gliedern, sprengte rasch eine Strecke den
andern voraus, und sang mit heller Stimme:

> Hier bin ich, Herr! Gegrüßt das Licht,
> Das durch die stille Schwüle
> Der müden Brust gewaltig bricht
> Mit seiner strengen Kühle.
>
> Nun bin ich frei! Ich taumle noch
> Und kann mich noch nicht fassen –
> O Vater du erkennst mich doch,
> Und wirst nicht von mir lassen!

Es kommt nach allen heftigen Gemütsbewegungen, die
unser ganzes Wesen durchschüttern, eine stillklare Heiterkeit über die Seele, gleich wie die Felder nach einem Gewitter frischer grünen und aufatmen. So fühlte sich auch Florio
nun innerlichst erquickt, er blickte wieder recht mutig um
sich und erwartete beruhigt die Gefährten, die langsam im
Grünen nachgezogen kamen.

Der zierliche Knabe, welcher Pietron begleitete, hatte
unterdes auch, wie Blumen vor den ersten Morgenstrahlen,
das Köpfchen erhoben. – Da erkannte Florio mit Erstaunen
Fräulein Bianka. Er erschrak, wie sie so bleich aussah gegen

jenen Abend, da er sie zum erstenmal unter den Zelten im reizenden Mutwillen gesehen. Die Arme war mitten in ihren sorglosen Kinderspielen von der Gewalt der ersten Liebe überrascht worden. Und als dann der heißgeliebte Florio, den dunkeln Mächten folgend, so fremde wurde und sich immer weiter von ihr entfernte, bis sie ihn endlich ganz verloren geben mußte, da versank sie in eine tiefe Schwermut, deren Geheimnis sie niemanden anzuvertrauen wagte. Der kluge Pietro wußte es aber wohl und hatte beschlossen, seine Nichte weit fortzuführen und sie in fremden Gegenden und in einem andern Himmelsstrich, wo nicht zu heilen, doch zu zerstreuen und zu erhalten. Um ungehinderter reisen zu können, und zugleich alles Vergangene gleichsam von sich abzustreifen, hatte sie Knabentracht anlegen müssen.

Mit Wohlgefallen ruhten Florios Blicke auf der lieblichen Gestalt. Eine seltsame Verblendung hatte bisher seine Augen wie mit einem Zaubernebel umfangen. Nun erstaunte er ordentlich, wie schön sie war! Er sprach vielerlei gerührt und mit tiefer Innigkeit zu ihr. Da ritt sie, ganz überrascht von dem unverhofften Glück, und in freudiger Demut, als verdiene sie solche Gnade nicht, mit niedergeschlagenen Augen, schweigend neben ihm her. Nur manchmal blickte sie unter den langen schwarzen Augenwimpern nach ihm hinauf, die ganze klare Seele lag in dem Blick, als wollte sie bittend sagen: »Täusche mich nicht wieder!«

Sie waren unterdes auf einer luftigen Höhe angelangt, hinter ihnen versank die Stadt Lucca mit ihren dunkeln Türmen in dem schimmernden Duft. Da sagte Florio, zu Bianka gewendet: Ich bin wie neu geboren, es ist mir, als würde noch alles gut werden, seit ich Euch wiedergefunden. Ich möchte niemals wieder scheiden, wenn Ihr es vergönnt. –

Bianka blickte ihn, statt aller Antwort selber wie fragend, mit ungewisser, noch halb zurückgehaltener Freude an und sah recht wie ein heiteres Engelsbild auf dem tiefblauen

Grunde des Morgenhimmels aus. Der Morgen schien ihnen, in langen goldenen Strahlen über die Fläche schießend, gerad entgegen. Die Bäume standen hell angeglüht, unzählige Lerchen sangen schwirrend in der klaren Luft. Und so zogen die Glücklichen fröhlich durch die überglänzten Auen in das blühende Mailand hinunter.

Das Wiedersehen

Leonhardt und Ludwig, entfernter Verwandten Söhne, wuchsen miteinander auf in der träumerischen Stille einer schönen Landschaft, die ein einsames Schloß heiter umgab, und sahen mit ihren kindisch sinnigen Augen sehnsüchtig nach den fernen blauen Bergen, wenn der Frühling wie ein zauberischer Spielmann durch ihren Garten ging und von der wunderbaren Ferne verlockend sang.

Ihre Wünsche wurden reichlich erfüllt. Vielfache Studien und damit verbundene Reisen führten die beiden Freunde frühzeitig in die weite Welt hinaus und sie lernten viel; aber mitten in dem Glanze des großen Lebens deckte oft ein Lied, ein Vöglein, das einsam vom Dache sang, und alle Jahr der Frühling die alte Heimat mit ihren gewaltigen Erinnerungen vor ihnen auf, wie ein Meer von Stille, in dem das Herz vor Wehmut untergehen möchte.

Es gibt in dem Leben jedes tüchtigen Menschen einen Gipfel, wo die ganze Seele plötzlich vor dem Morgenrot und der unermeßlichen Aussicht umher innerlichst erjauchzt, wo sie auf einmal erwachend liebt, dichtet, kühne Entwürfe macht und das Größte ernstlich will, und die Welt langt ihnen überall liebend entgegen und glaubt, was sie versprechen, denn der Rausch der Jugend ist ansteckend und hinreißend.

In dieser schönsten Zeit waren die beiden Freunde angelangt. Da sie beide innerlich reich genug waren, so bildeten sie fast ohne alle anderweitige Verbindung miteinander ein eigentümliches wirksames Leben in Kunst und Wissenschaft, und alle ihre Bildung war so notwendig ineinander verwachsen, daß sie, obgleich jeder tüchtig für sich, doch nur erst beide ein Ganzes auszumachen schienen. Die lange Gewohnheit des Zusammenlebens hatte sich dabei in eine unwiderstehlich gewaltige Liebe zueinander verwandelt und sie gaben sich oft feierlich das Wort, nie zu heiraten, um bis

zum Tode so miteinander fortleben zu können. So innig
verbunden, durch Reichtum und Adel den Höchsten gesellt,
nahmen sie sich ehrlich vor, etwas Rechtes zu vollbringen
und der Ruhm, dieser Gespiele frischer Jugend, fing an seine
freudigen Lichter in das rastlos strebende Leben der rüstigen
Freunde zu werfen.

Da erfolgte plötzlich ein Riß durch ihr ganzes Leben.
Ludwigs Vater hatte durch unerwartete Unglücksfälle sein
Vermögen verloren und Ludwig, dichterisch und der mil-
dere von beiden, mußte die Residenz, wo er sich damals mit
Leonhardt aufhielt, verlassen. Beide fühlten nur ihre Trennung und wußten nicht, wie das Leben nun noch weiter
dauern sollte.

Der Wagen stand vor der Tür. »Wenn wir in der Ferne
einander mit der Zeit fremde würden, wie andere Leute« –
sagte Leonhardt zu Ludwig, und die Tränen brachen zum
erstenmale in seinem Leben unaufhaltsam aus seinen Augen.
Ludwig sagte nichts, denn diese Worte hatten ihn plötzlich
mit einem eiskalten Schauer erfüllt, und er stürzte fast ohne
Besinnung die Stiege herab. Langsam fuhr er durch die
Straßen, die er so oft an lauen Sommerabenden sinnend und
innerlichst fröhlich durchirrt, viele wohlbekannten Gesichter, in den täglichen Geschäften kreisend, wie ehedem in den
guten Tagen, gingen gleichgültig vorbei, ein altbeliebter
Platz nach dem anderen rückte vorüber. »Werde ich dich
jemals wiedersehen?« sagte Ludwig immerfort still in sich.
Und als endlich die letzten Häuser vorüberflogen und die
Stadt hinter ihm in unkenntlichem Duft versank und draußen die ersten Lerchen ihn aus der heiteren Luft begrüßten,
da weinte er aus ganzer Seele.

Leonhardt aber fand auf dem Tische folgendes Abschiedslied:

> Steig' aufwärts, Morgenstunde!
> Zerreiß' die Nacht, daß ich in meinem Wehe
> Den Himmel wiedersehe,
> Wo ew'ger Frieden in dem blauen Grunde!

Will Licht die Welt erneuen;
Mag auch der Schmerz in Tränen sich erfreuen.

Mein lieber Herzensbruder!
Still war der Morgen – *Ein* Schiff trug uns beide,
Wie war die Welt voll Freude!
Du faßtest ernst und fromm das schwanke Ruder,
Und beide treulich lenkend,
Auf froher Fahrt nur Einen Stern bedenkend.

Mich irrte manches Schöne,
Viel reizte mich und viel mußt' ich vermissen.
Von Lust und Schmerz zerrissen,
Was so mein Herz hinausgeströmt in Töne:
Es waren Widerspiele
Von deines Busens ewigem Gefühle.

Da ward die Welt so trübe
Und Wetter stiegen auf die Bergesspitzen,
Der Himmel borst in Blitzen,
Daß neugestärkt sich Deutschland draus erhübe. –
Nun ist das Schiff zerschlagen,
Wie soll ich ohne *dich* die Flut ertragen! –

Aus *Einem* Fels geboren,
Verteilen kühle rauschend sich zwei Quellen,
Die eigne Bahn zu schwellen.
Doch wie sie fern einander auch verloren:
Es treffen echte Brüder
Im ew'gen Meere doch zusammen wieder.

So wolle Gott du flehen,
Daß Er mit meinem Blut und Leben schalte,
Die Seele nur erhalte,
Auf daß wir freudig einst uns wiedersehen,
Wenn nimmermehr hienieden:
So dort, wo Heimat, Licht und ew'ger Frieden!

———

Viele Jahre waren seitdem vergangen. Ludwig hatte anfangs sehr oft geschrieben, aber mit einer innerlichen leidenschaftlichen Hast und Ungleichheit, die Leonhardten häufig betrübte. Dann wurden seine Briefe seltner und enthielten wohl manches, das Leonhardt kaum mehr erkannte, bis sie endlich wie das Rufen eines Wanderers, der sich verirrt und nicht wieder nach Hause finden kann, immer ferner und ferner gar verhallten.

Leonhardt selbst bildete ⟨sich⟩ ruhig und fleißig fort. Gar oft, wenn ihm in dem nun verödeten Zimmer, wo Ludwig sonst mit ihm gewohnt, zufällig einzelne beschriebene Blätter desselben in die Hände fielen, mußte er vor unbeschreiblicher Wehmut ins Freie hinauseilen, und ein nur desto tieferer Eifer folgte dann jedesmal dieser Wehmut, treu und heilig alles auszuführen, was sie in guten Tagen miteinander beschlossen. An Ludwig dachte er, wenn er dichtete, und schrieb aus den lebenskräftigen Erinnerungen ihrer Jugend meist dramatische Werke, die auf den besten Bühnen mit jenem Staunen aufgenommen wurden, in das allemal der Blick in die unverstellte Tiefe eines reichen Gemütes versenkt. So wurde er, was immer Ludwigs sehnlichster Wunsch gewesen, ein Dichter, ohne es selbst zu wissen oder zu achten.

Damals brach der große Befreiungs-Krieg aus, und machte plötzlich auch sein innerstes Leben frei, größer und umfassender. Er wurde Soldat und überall ausgezeichnet, und selbst, wenn die Waffen ruhten, häufig beraten und zu bedeutenden Verhandlungen verschickt. So durchschweifte er Frankreich, England und das schöne Italien. Es glückte ihm alles und er war seines Glückes würdiger Meister. Von Ludwigen hatte er seit Jahren gar nichts mehr gehört. Der Krieg hatte ihn verhindert, sich näher nach seinem Geschicke zu erkundigen und das Bild des geliebten Freundes versank immer tiefer und unkenntlicher in dem alles überbrausenden Strome der letzten Zeit.

Der Kampf war indes beendigt, die verbündeten Heere in

Paris eingezogen und Leonhardt mit ihnen. Müde des bunten Schwärmens, das ihn hier mehrere Tage hindurch im fröhlichen Sieger-Gefühle ergötzt, verließ er eines Morgens früher als gewöhnlich sein Quartier, um wieder einmal nach guter alter Art im Freien von Lust und Leiden auszuruhen. Ein Paket an ihn gerichteter Briefe, das er unterweges auf der Post in Empfang genommen, schob er gleichgültig in die Tasche, und trat so durch die luftigen Säulenhallen in den Garten der Tuillerien. Es war ein heiterer Frühlingsmorgen. Der schöne Garten mit seinen Blumen, Wasserkünsten, hohen Bäumen und weiten Gängen lag noch still und leer, nur einzelne Lerchenlieder hoch in der Luft schweiften über die elysäischen Felder herüber. Er stand lange voll Gedanken in der unerwarteten Einsamkeit und wußte nicht, welche Zauberei diese Plätze über ihn übten. Endlich besann er sich, daß er vor vielen Jahren auf einer Kunstreise diese Gänge gar oft mit Ludwig durchstrichen, voll jugendlich frischer Gedanken und die Seele noch ganz erfüllt von der Göttlichkeit der Kunstwerke, die sie damals täglich in den Museen sahen. Er mußte das Gesicht mit den Händen verdecken vor der Übermacht, mit welcher ihn plötzlich diese Erinnerung anfiel, denn der damalige Bildsäulen, die Gänge, die leise über den Wasserspiegeln kreisenden Schwäne, alles war noch wie damals. Er warf sich endlich auf eine steinerne Bank, wo sie oft miteinander gesessen und gedachte ahndend der heut erhaltenen Briefe. Er zog sie hastig hervor und bald leuchteten ihm Ludwigs geliebte, langentbehrte Schriftzüge wirklich entgegen. Mit klopfendem Herzen erbrach er den Brief, er war fast schon ein Jahr alt. – Aber kein Wort von seinem Tun und Treiben, seinem Aufenthalte war darin – er fand nichts als folgendes Gedicht:

> O Herbst! betrübt verhüllst du
> Strom, Wald und Blumenlust,
> Erbleichte Flur, wie füllst du
> Mit Sehnsucht mir die Brust!

Weit hinter diesen Höhen,
Die hier mich eng umstellt,
Hör' ich eratmend gehen
Den großen Strom der Welt.

Es steigt die Erd' verwandelt
Aus ihrer Söhne Blut
In lichtem Glanze wandelt
Der Helden heil'ger Mut

Auch mich füllt' männlich Trauern
Wie Euch, bei Deutschlands Weh'n –
Und muß in müß'gen Schauern
Hier ruhmlos untergehn!

Sind das die goldnen Brücken,
Die sich mein Hoffen schlug,
Das himmlische Beglücken,
Das ich im Herzen trug?

Spurlos und kalt verschweben
Seh' ich so Mond auf Mond –
O wildes schönes Leben
Du hast mir schlecht gelohnt!

So nimm dich recht zusammen:
Erdrück' den eitlen Schmerz,
Behüte deine Flammen,
Sei ruhig, wildes Herz!

Das Rechte redlich wollen
Das kann der Mensch allein,
Was wir vollbringen sollen,
O Gott! das ist ja Dein!

Leonhardt war erschüttert, dieses herbstliche Hinlegen der
Natur, der Jugend und aller Herzenswünsche jetzt im erwa-
chenden Frühling und im Glanze seiner eigenen Gegenwart

rührte ihn tief. Er durchsuchte noch einmal alle Seiten des
Briefes, um Ludwigs Aufenthalt zu entdecken, aber vergebens, nur aus dem auf dem Couvert mit roter Tinte unleser-
lich gezogenen Namen des Ortes, wo der Brief wahrscheinlich auf die Post gegeben worden, vermutete er endlich, daß
sich Ludwig in ihrer gemeinschaftlichen Heimat befinden
müßte. Er ließ die Arme mit dem Briefe sinken, eine alte
Gegend, ein halbvergessenes Bild nach dem anderen zog
rührend durch seine Seele, und er bemerkte es nicht, wie die
Sonne indes schon hoch gestiegen, der Garten sich nach und
nach mit Spaziergengehenden gefüllt und die Welt hinter dem
Zauberflor seiner Erinnerungen sich bunt durcheinander
bewegte. Einige Pariser, die ihn durch ihre Lorgnetten
unverschämt ansahen, störten ihn endlich. Er sprang schnell
auf, fest entschlossen, die Heimat und seinen Ludwig wiederzusehen. – So rasch es gehen mochte, machte er sich von
seinen neuen Verhältnissen los und eilte von Paris, durch
Frankreich, über den Rhein.

Nach einer weiten aber schnellen Reise befand sich Leonhardt auf der letzten Station vor seiner Heimat. Mit wehmütigem Lächeln betrachtete er das Städtchen, wo er in
seiner Kindheit gar oft recht von Herzen fröhlich gewesen,
der zum Teil begrasete Markt, die Häuser, die Gassen, alles
kam ihm heut so klein, eng, einsam und ganz anders vor
als damals. Er erkannte mehrere, seitdem altgewordene
Gesichter wieder, aber sie kannten ihn nicht mehr, sondern
zogen vor seiner Uniform und Ordenssternen ehrerbietig
den Hut und gingen vorüber. Mit Herzklopfen erkundigte
er sich auf der Post nach Ludwigen. Der Postmeister wiederholte den Namen nachsinnend mehremal vor sich; ach
ja, sagte er endlich, Er lebt in B. – Hier wurde er soeben
hinausgerufen. Leonhardt wußte genug. B. lag nicht weit
von hier und er beschloß daher, sogleich zu Fuß hinzu-

gehen, um seinen Freund desto vollkommener zu überraschen.

Es war nach Mittag, die Luft sommerlich still und schwül, als Leonhardt aus dem Walde trat und ein Mann, der dort auf dem Felde arbeitete, ihm das Dörfchen B. und das Pachterhaus, wo Ludwig wohnen sollte, in einiger Entfernung wies. Es lag einsam zwischen unbedeutenden, teils bebauten, teils mit Birkenbüschen bedeckten Bergen in schillerndem Sonnenscheine. Ein unbeschreibliches Stilleben war über die ganze Gegend verbreitet. Mein Gott, mein Gott, rief Leonhardt überrascht, hier hat er so lange gelebt, und schritt schneller dem Dorfe zu.

Ziemlich ermüdet langte er endlich auf dem Pachterhofe an. Da war alles leer, die Bewohner schienen draußen in der Arbeit zu sein, nur ein buntes Volk von Hühnern und sich brüstenden Auerhähnen spazierte durch diese Stille. Auf der Türschwelle des Hauses saß ein Knabe mit einem frischen, blondgelockten Engelsköpfchen und spielte mit einem großen Hunde, der freundlich wedelnd vor ihm stand. Der Knabe sprang auf, als er den Fremden erblickte und sah ihn verwundert an. Leonhardt glaubte da in des Kindes großen blauen sinnigen Augen eine flüchtige Ähnlichkeit mit Ludwig zu erkennen. Er hob ihn in die Höhe und küßte ihn herzlich. Der, bald vertrauter gewordene, Knabe erzählte ihm nun, sein Vater sei bis zum Abende im nächsten Marktflecken, um Getreide zu verkaufen, die Mutter im Hofe in der Wirtschaft, reichte ihm dabei das kleine Händchen und führte ihn mit reizender Geschäftigkeit in das Haus hinein.

Das Gebäude war klein, eng und niedrig, aber die freundliche Ordnung im Inneren verriet überall den stillgemütlichen Sinn einer verständigen Hausfrau. In dem Zimmer, wohin ihn der Kleine geführt, fiel Leonharden sogleich ein zierlich bedecktes großes Ehebett auf, eine Wiege stand daneben, in der ein Kind ruhigatmend schlief. Ein anderes, noch kleineres Bübchen wurde von einer Wärterin im Zim-

mer herumgetänzelt, welche dem Gaste die Frau herbeizu-
rufen versprach, sobald sie das Kind eingeschläfert haben
würde. Hier schien Ludwigs Schlaf- Wohn- und Studier-
Zimmer zugleich zu sein, denn Leonhardt erblickte auch
einen offenstehenden alten Schreibtisch; aber es lag nichts
darin, als einige flüchtig gekritzelte Rechnungen über ver-
kaufte Butter, Käse usw., und die Tinte war, wie er lächelnd
bemerkte, gar im Glase eingetrocknet. In einem Winkel
entdeckte Leonhardt endlich auch eine Gitarre, an welcher
er noch jeden Bug und Strich, aus voriger Zeit sogleich
wiedererkannte, denn Ludwig hatte sie in ihren frei herum-
schweifenden Tagen zauberisch gespielt. Jetzt hatte sie nur
noch drei Saiten, die anderen waren gesprungen und hingen
halb vermodert herab; auf dem schlanken Halse des Instru-
ments waren nasse Kinderwindeln zum Trocknen aufgehängt. Er konnte der Versuchung nicht widerstehen. Mit
behutsamer Ehrfurcht, doch nicht ohne einigen Ekel, hob er
mit zwei Fingerspitzen die ungewohnte Ware von der
Gitarre auf den Ofen und warf dabei heimliche Blicke auf
die alte Wärterin, ob sie nicht diese Junggesellenfrechheit
vielleicht übel deute. Die alte liebe gerettete Freundin im
Arme, trat er nun ans Fenster und stellte sie wieder her, so
gut es gehen wollte. Darüber erwachte das Bübchen in der
Wiege, beide Kinder schrien aus vollen Kehlen, die Alte
schleuderte unwillige Blicke auf den Fremden, der große
Hund unterm Ofen kratzte sich mit großem Getöse hinter
dem Ohre, ein Kanarienvogel schmetterte gellend dazwischen. – Leonhardt dachte an Ludwig und blickte unbeweglich mit einem wunderbaren Gemisch kämpfender Gefühle
und einem Lächeln, das fast wie verdecktes Weinen aussah,
aus dieser Arche Noäh durchs Fenster, wie da draußen die
Wolken frei, kühn und leicht über das schwere Leben unten
wegflogen.

Da öffnete sich die Türe und eine unendlichfrische kräftigweibliche Gestalt in einfacher reinlicher Kleidung mit still

verständigen Augen trat, vor dem unerwarteten Fremden
leicht errötend und sich verbeugend, herein. Es war Ludwigs Frau. Die Kinder lächelten und langten mit den Ärm-
chen ihr entgegen, der Tumult legte sich plötzlich von allen
Seiten, und so war sie Leonhardten wie eine ruhig be-
schwichtigende Zauberin erschienen.

Als Leonhardt ihr seinen Namen genannt hatte, fehlte
nicht viel, daß sie in einen lauten Freudenausruf ausgebro-
chen wäre, und sie sah ihn darauf, ohne sich von seinem
fremden weltgewandten Wesen im geringsten stören und
irren zu lassen, aus ihren klaren Augen mit einer so tiefen
Freundlichkeit und doch so fest und ergründend an, daß fast
er selber einer Verlegenheit nahe war. Sie gestand dann mit
liebenswürdiger Freimütigkeit, daß sie ihn lange durch die
Erzählungen ihres Mannes, wie ihren eignen Bruder kenne,
und daß ihr Mann oft sehnlichst den Wunsch geäußert, ihn
wenigstens noch einmal vor seinem Tode wiederzusehen.
Leonhardt schwieg bei diesen Worten tief erschüttert einige
Augenblicke still. – Beide wurden indes durch dieses offene
Wesen der Frau wie alte Bekannte. Ihre ganze Erscheinung
hatte etwas unbeschreiblich vertrauliches, mildes und beru-
higendes. Sie hatte viel mit dem Kinde in der Wiege zu
schaffen, er konnte daher gar noch nicht recht zum Fragen
kommen, und ach, er hatte so viel, so unendlich viel zu
fragen! Er bemerkte, daß das Kind verwüstend mit einem
alten Blatte spielte, worauf sich Verse von Ludwigs Hand
befanden. Er bat darum. »Ich verstehe nicht viel von
Gedichten und gelehrten Sachen«, sagte die schöne Mutter
mit einem, wie es ihm schien, schmerzlichen Lächeln, und
reichte ihm das Blatt. Leonhardt freute sich innig, das
Gedicht war an ihn selbst gerichtet und nach dem oben
bemerkten Datum bereits bei Ausbruch des Krieges geschrieben. Er las still für sich:

Ach, daß auch wir schliefen!
Die blühenden Tiefen,
Die Ströme, die Auen
So heimlich aufschauen,
Als ob sie all' riefen:
»Dein Bruder ist tot!
Unter Rosen rot
Ach, daß wir auch schliefen!«

»Hast doch keine Schwingen,
Durch Wolken zu dringen!
Mußt immerfort schauen
Die Ströme, die Auen –
Die werden dir singen
Von Ihm Tag und Nacht,
Mit Wahnsinnesmacht
Die Seele umschlingen.«

So singt, wie Sirenen,
Von hellblauen, schönen
Vergangenen Zeiten
Der Abend von weiten,
Versinkt dann im Tönen,
Erst Busen, dann Mund
Im blühenden Grund.
O schweiget Sirenen!

O wecket nicht wieder!
Denn zaub'rische Lieder
Gebunden hier träumen
Auf Feldern und Bäumen,
Und ziehen mich nieder
So müde vor Weh
Zu tiefstillem See –
O weckt nicht die Lieder!

Du kennst ja die Wellen
Des Sees, sie schwellen
In magischen Ringen.
Ein wehmütig Singen
Tief unter den Quellen
Im Schlummer dort hält
Verzaubert die Welt.
Wohl kennst du die Wellen!

Kühl wird's auf den Gängen,
Vor alten Gesängen
Möcht's Herz mir zerspringen.
So will ich denn singen!
Schmerz fliegt ja auf Klängen
Zu himmlischer Lust,
Und still wird die Brust
Auf kühlgrünen Gängen.

Laß fahren die Träume!
Der Mond scheint durch Bäume,
Die Wälder nur rauschen,
Die Täler still lauschen,
Wie einsam die Räume!
Ach, niemand ist mein!
Herz, wie so allein!
Laß fahren die Träume!

Der Herr wird dich führen.
Tief kann ich ja spüren
Der Sterne still Walten.
Der Erde Gestalten
Kaum hörbar sich rühren.
Durch Nacht und durch Graus
Gen Morgen, nach Haus –
Ja, Gott wird mich führen!

Ein tiefer Schmerz schnitt durch seine Seele, als er ausge-
lesen hatte. »Welche uralte Melodie! sagte er in Gedanken
versunken und halblaut, welche träumerische Verwirrung
der Gedanken, wie das Bild eines müden, halbwahnsinni-
gen Schmerzes.« – Johanna, so hieß Ludwigs Frau, sah
ihn bei diesen fast unwillkürlich ausgesprochenen Worten
erschrocken und fragend an. »Ich bitte Sie, fuhr Leonhardt
sehr gerührt fort, erzählen Sie mir recht ausführlich, wie es
meinem lieben Ludwig durch die lange lange Zeit ergangen,
es ist nicht möglich, es kann mir da nichts fremde sein.« –
»Das Leben ist anders, als es sich die Jugend denkt«, sagte
Johanna und lächelte, um die Tränen wegzulächeln, von
denen ihre schönen Augen feucht wurden. Darauf ordnete
sie noch ruhig einiges in dem Zimmer und führte Leonhardten ins Freie. Eine angenehme Abendkühle wehte schon
von den Bergen hernieder. Sie setzten sich auf die steinerne
Bank vor der Haustür und Johanna begann folgendermaßen
zu erzählen:

Es war ein schöner Sommerabend, wie heute, mein Vater
saß hier auf der Bank, ich stand auf der Schwelle und fütterte
die Tauben, als ein fremder Herr zu Pferde in unsern Hof
gesprengt kam. Ich wollte zürnen, denn er verscheuchte mir
alle Tauben, die ich mit vieler Mühe kirre gemacht und um
mich her versammelt hatte. Aber ich konnte nicht böse sein,
als ich ihn ansah. – Es war Ludwig. Er hatte nach seines
Vaters Tode mit dem meinigen ein Geldgeschäft zu berichti-
gen, und wir gingen daher in das Haus hinein. Da ich
verschiedenemal aus- und eingehn mußte, um Obst und
Wein zu holen, bemerkte ich wohl, daß Er mich allemal
ansah und wenig auf die Rechnungen achtgab, die ihm mein
Vater vorlegte. Es fing indes an, dunkel zu werden. Ludwig
kam eben vom Hofe, wo er zu seinem Pferde gesehen hatte,
als auch ich von einem kleinen Gange in das Zimmer
zurückkehren wollte. Ich eilte was ich konnte, da ich ihn
hinter mir kommen sah, aber er holte mich an der Türe ein.
»Du bist recht schön, Schneewitchen!« flüsterte er mir leise

ins Ohr. Ich antwortete vor Angst nichts, sondern trat schnell vor ihm ins Zimmer.

Hier errötete Johanna, weil sie das gesagt hatte. Sie hatte während der Erzählung das kleinste Kind an der Brust und säugte es. Der ältere Knabe saß zu ihren Füßen eingeschlummert. Die untergehende Sonne warf ihre Rosen auf die liebliche Gruppe und gern hätte Leonhardt mit gerufen: Du bist recht schön, Schneewitchen. Sie fuhr weiter fort:

Aus dem Leben eines Taugenichts

Novelle

Erstes Kapitel

Das Rad an meines Vaters Mühle brauste und rauschte schon wieder recht lustig, der Schnee tröpfelte emsig vom Dache, die Sperlinge zwitscherten und tummelten sich dazwischen; ich saß auf der Türschwelle und wischte mir den Schlaf aus den Augen, mir war so recht wohl in dem warmen Sonnenscheine. Da trat der Vater aus dem Hause; er hatte schon seit Tagesanbruch in der Mühle rumort und die Schlafmütze schief auf dem Kopfe, der sagte zu mir: »Du Taugenichts! da sonnst du dich schon wieder und dehnst und reckst dir die Knochen müde, und läßt mich alle Arbeit allein tun. Ich kann dich hier nicht länger füttern. Der Frühling ist vor der Türe, geh auch einmal hinaus in die Welt und erwirb dir selber dein Brot.« – »Nun«, sagte ich, »wenn ich ein Taugenichts bin, so ist's gut, so will ich in die Welt gehen und mein Glück machen.« Und eigentlich war mir das recht lieb, denn es war mir kurz vorher selber eingefallen, auf Reisen zu gehn, da ich den Goldammer, der im Herbst und Winter immer betrübt an unserem Fenster sang: »Bauer, miet' mich, Bauer miet' mich!« nun in der schönen Frühlingszeit wieder ganz stolz und lustig vom Baume rufen hörte: »Bauer, behalt deinen Dienst!« – Ich ging also in das Haus hinein und holte meine Geige, die ich recht artig spielte, von der Wand, mein Vater gab mir noch einige Groschen Geld mit auf den Weg, und so schlenderte ich durch das lange Dorf hinaus. Ich hatte recht meine heimliche Freud', als ich da alle meine alten Bekannten und Kameraden rechts und links, wie gestern und vorgestern und immerdar, zur Arbeit hinausziehen, graben und pflügen sah, während ich so in die freie Welt hinausstrich. Ich rief den armen Leuten nach allen

Seiten recht stolz und zufrieden Adjes zu, aber es kümmerte
sich eben keiner sehr darum. Mir war es wie ein ewiger
Sonntag im Gemüte. Und als ich endlich ins freie Feld
hinauskam, da nahm ich meine liebe Geige vor, und spielte
und sang, auf der Landstraße fortgehend:

> Wem Gott will rechte Gunst erweisen,
> Den schickt er in die weite Welt,
> Dem will er seine Wunder weisen
> In Fels und Wald und Strom und Feld.
>
> Die Trägen, die zu Hause liegen,
> Erquicket nicht das Morgenrot,
> Sie wissen nur vom Kinderwiegen
> Von Sorgen, Last und Not um Brot.
>
> Die Bächlein von den Bergen springen,
> Die Lerchen schwirren hoch vor Lust,
> Was sollt' ich nicht mit ihnen singen
> Aus voller Kehl' und frischer Brust?
>
> Den lieben Gott laß ich nur walten;
> Der Lerchen, Bächlein, Wald und Feld
> Und Erd' und Himmel will erhalten,
> Hat auch mein' Sach' aufs Best' bestellt!

Indem wie ich mich so umsehe, kömmt ein köstlicher Reisewagen ganz nahe an mich heran, der mochte wohl schon
einige Zeit hinter mir drein gefahren sein, ohne daß ich es
merkte, weil mein Herz so voller Klang war, denn es ging
ganz langsam, und zwei vornehme Damen steckten die
Köpfe aus dem Wagen und hörten mir zu. Die eine war
besonders schön und jünger als die andere, aber eigentlich
gefielen sie mir alle beide. Als ich nun aufhörte zu singen, ließ die ältere stillhalten und redete mich holdselig an:
»Ei, lustiger Gesell, Er weiß ja recht hübsche Lieder zu singen.« Ich nicht zu faul dagegen: »Ew. Gnaden aufzuwarten,

wüßt' ich noch viel schönere.« Darauf fragte sie mich wieder: »Wohin wandert Er denn schon so am frühen Morgen?« Da schämte ich mich, daß ich das selber nicht wußte, und sagte dreist: »Nach W.«; nun sprachen beide miteinander in einer fremden Sprache, die ich nicht verstand. Die jüngere schüttelte einigemal mit dem Kopfe, die andere lachte aber in einem fort und rief mir endlich zu: »Spring Er nur hinten mit auf, wir fahren auch nach W.« Wer war froher als ich! Ich machte einen Reverenz und war mit einem Sprunge hinter dem Wagen, der Kutscher knallte und wir flogen über die glänzende Straße fort, daß mir der Wind am Hute pfiff.

Hinter mir gingen nun Dorf, Gärten und Kirchtürme unter, vor mir neue Dörfer, Schlösser und Berge auf; unter mir Saaten, Büsche und Wiesen bunt vorüberfliegend, über mir unzählige Lerchen in der klaren blauen Luft – ich schämte mich laut zu schreien, aber innerlichst jauchzte ich und strampelte und tanzte auf dem Wagentritt herum, daß ich bald meine Geige verloren hätte, die ich unterm Arme hielt. Wie aber denn die Sonne immer höher stieg, rings am Horizont schwere weiße Mittagswolken aufstiegen, und alles in der Luft und auf der weiten Fläche so leer und schwül und still wurde über dem leise wogenden Kornfeldern, da fiel mir erst wieder mein Dorf ein und mein Vater und unsere Mühle, wie es da so heimlich kühl war an dem schattigen Weiher, und daß nun alles so weit, weit hinter mir lag. Mir war dabei so kurios zumute, als müßt' ich wieder umkehren; ich steckte meine Geige zwischen Rock und Weste, setzte mich voller Gedanken auf den Wagentritt hin und schlief ein.

Als ich die Augen aufschlug, stand der Wagen still unter hohen Lindenbäumen, hinter denen eine breite Treppe zwischen Säulen in ein prächtiges Schloß führte. Seitwärts durch die Bäume sah ich die Türme von W. Die Damen waren, wie es schien, längst ausgestiegen, die Pferde abgespannt. Ich erschrak sehr, da ich auf einmal so allein saß, und sprang geschwind in das Schloß hinein, da hörte ich von oben aus dem Fenster lachen.

In diesem Schlosse ging es mir wunderlich. Zuerst wie ich mich in der weiten kühlen Vorhalle umschaue, klopft mir jemand mit dem Stocke auf die Schulter. Ich kehre mich schnell herum, da steht ein großer Herr in Staatskleidern, ein breites Bandelier von Gold und Seide bis an die Hüften übergehängt, mit einem oben versilberten Stabe in der Hand, und einer außerordentlich langen gebognen kurfürst-lichen Nase im Gesicht, breit und prächtig wie ein aufgebla-sener Puter, der mich frägt, was ich hier will. Ich war ganz verblüfft und konnte vor Schreck und Erstaunen nichts hervorbringen. Darauf kamen mehrere Bedienten die Trep-pe herauf und herunter gerennt, die sagten gar nichts, son-dern sahen mich nur von oben bis unten an. Sodann kam eine Kammerjungfer (wie ich nachher hörte) grade auf mich los und sagte: ich wäre ein charmanter Junge, und die gnädige Herrschaft ließe mich fragen, ob ich hier als Gärt-nerbursche dienen wollte? – Ich griff nach der Weste; meine paar Groschen, weiß Gott, sie müssen beim Herumtanzen auf dem Wagen aus der Tasche gesprungen sein, waren weg, ich hatte nichts als mein Geigenspiel, für das mir über-dies auch der Herr mit dem Stabe, wie er mir im Vorbei-gehn sagte, nicht einen Heller geben wollte. Ich sagte daher in meiner Herzensangst zu der Kammerjungfer: Ja, noch immer die Augen von der Seite auf die unheimliche Gestalt gerichtet, die immerfort wie der Perpendikel einer Turmuhr in der Halle auf und ab wandelte, und eben wieder majestä-tisch und schauerlich aus dem Hintergrunde heraufgezogen kam. Zuletzt kam endlich der Gärtner, brummte was von Gesindel und Bauerlümmel unterm Bart, und führte mich nach dem Garten, während er mir unterwegs noch eine lange Predigt hielt: wie ich nur fein nüchtern und arbeitsam sein, nicht in der Welt herumvagieren, keine brotlosen Künste und unnützes Zeug treiben solle, da könnt ich es mit der Zeit auch einmal zu was Rechtem bringen. – Es waren noch mehr sehr hübsche, gutgesetzte, nützliche Lehren, ich habe nur seitdem fast alles wieder vergessen. Überhaupt weiß ich eigentlich gar nicht recht, wie doch alles so gekommen war, ich sagte nur immerfort zu allem: Ja, – denn mir war wie einem Vogel, dem die Flügel begossen worden sind. – So war ich denn, Gott sei Dank, im Brote. –

In dem Garten war schön leben, ich hatte täglich mein warmes Essen vollauf, und mehr Geld als ich zu Weine brauchte, nur hatte ich leider ziemlich viel zu tun. Auch die Tempel, Lauben und schönen grünen Gänge, das gefiel mir alles recht gut, wenn ich nur hätte ruhig drin herumspazieren können und vernünftig diskurrieren, wie die Herren und Damen, die alle Tage dahin kamen. So oft der Gärtner fort und ich allein war, zog ich sogleich mein kurzes Tabakspfeifchen heraus, setzte mich hin, und sann auf schöne höfliche Redensarten, wie ich die eine junge schöne Dame, die mich in das Schloß mitbrachte, unterhalten wollte, wenn ich ein Kavalier wäre und mit ihr hier herumginge. Oder ich legte mich an schwülen Nachmittagen auf den Rücken hin, wenn alles so still war, daß man nur die Bienen sumsen hörte, und sah zu, wie über mir die Wolken nach meinem Dorfe zuflogen und die Gräser und Blumen sich hin und her bewegten, und gedachte an die Dame, und da geschah es denn oft, daß die schöne Frau mit der Gitarre oder einem Buche in der Ferne wirklich durch den Garten zog, so still, groß und freundlich wie ein Engelsbild, so daß ich nicht recht wußte, ob ich träumte oder wachte.

So sang ich auch einmal, wie ich eben bei einem Lusthause zur Arbeit vorbeiging, für mich hin:

> Wohin ich geh' und schaue,
> In Feld und Wald und Tal
> Vom Berg' ins Himmelsblaue,
> Viel schöne gnäd'ge Fraue,
> Grüß' ich Dich tausendmal.

Da seh' ich aus dem dunkelkühlen Lusthause zwischen den halbgeöffneten Jalousien und Blumen, die dort standen, zwei schöne junge frische Augen hervorfunkeln. Ich war ganz erschrocken, ich sang das Lied nicht aus, sondern ging, ohne mich umzusehen, fort an die Arbeit.

Abends, es war grade an einem Sonnabend, und ich stand eben in der Vorfreude kommenden Sonntags mit der Geige im Gartenhause am Fenster und dachte noch an die funkelnden Augen, da kommt auf einmal die Kammerjungfer durch die Dämmerung dahergestrichen. »Da schickt Euch die vielschöne gnädige Frau was, das sollt Ihr auf ihre Gesundheit trinken. Eine gute Nacht auch!« Damit setzte sie mir fix eine Flasche Wein aufs Fenster und war sogleich wieder zwischen den Blumen und Hecken verschwunden wie eine Eidechse.

Ich aber stand noch lange vor der wundersamen Flasche, und wußte nicht wie mir geschehen war. – Und hatte ich vorher lustig die Geige gestrichen, so spielt' und sang ich jetzt erst recht, und sang das Lied von der schönen Frau ganz aus und alle meine Lieder, die ich nur wußte, bis alle Nachtigallen draußen erwachten und Mond und Sterne schon lange über dem Garten standen. Ja, das war einmal eine gute schöne Nacht!

Es wird keinem an der Wiege gesungen, was künftig aus ihm wird, eine blinde Henne find't manchmal auch ein Korn, wer zuletzt lacht, lacht am besten, unverhofft kommt oft, der Mensch denkt und Gott lenkt, so meditier' ich, als ich am folgenden Tage wieder mit meiner Pfeife im Garten saß und es mir dabei, da ich so aufmerksam an mir heruntersah, fast vorkommen wollte, als wäre ich doch eigentlich ein rechter Lump. – Ich stand nunmehr, ganz wider meine sonstige Gewohnheit, alle Tage sehr zeitig auf, eh' sich noch der Gärtner und die andern Arbeiter rührten. Da war es so wunderschön draußen im Garten. Die Blumen, die Springbrunnen, die Rosenbüsche und der ganze Garten funkelten von der Morgensonne wie lauter Gold und Edelstein. Und in den hohen Buchenalleen, da war es noch so still, kühl und andächtig wie in einer Kirche, nur die Vögel flatterten und pickten auf dem Sande. Gleich vor dem Schlosse, grade unter den Fenstern, wo die schöne Frau wohnte, war ein blühender Strauch. Dorthin ging ich dann immer am frühesten Morgen und duckte mich hinter die Äste, um so nach den Fenstern zu sehen, denn mich im Freien zu produzieren hatt' ich keine Courage. Da sah ich nun allemal die allerschönste Dame noch heiß und halb verschlafen im schneeweißen Kleide an das offne Fenster hervortreten. Bald flocht sie sich die dunkelbraunen Haare und ließ dabei die anmutig spielenden Augen über Busch und Garten ergehen, bald bog und band sie die Blumen, die vor ihrem Fenster standen, oder sie nahm auch die Gitarre in den weißen Arm und sang dazu so wundersam über den Garten hinaus, daß sich mir noch das Herz umwenden will vor Wehmut, wenn mir eins von den Liedern bisweilen einfällt – und ach das alles ist schon lange her!

So dauerte das wohl über eine Woche. Aber das einemal, sie stand grade wieder am Fenster und alles war stille rings umher, fliegt mir eine fatale Fliege in die Nase und ich gebe mich an ein erschreckliches Niesen, das gar nicht enden will. Sie legt sich weit zum Fenster hinaus und sieht mich Ärmsten hinter dem Strauche lauschen. – Nun schämte ich mich und kam viele Tage nicht hin.

Endlich wagte ich es wieder, aber das Fenster blieb diesmal zu, ich saß vier, fünf, sechs Morgen hinter dem Strauche, aber sie kam nicht wieder ans Fenster. Da wurde mir die Zeit lang, ich faßte ein Herz und ging nun alle Morgen frank und frei längs dem Schlosse unter allen Fenstern hin. Aber die liebe schöne Frau blieb immer und immer aus. Eine Strecke weiter sah ich dann immer die andere Dame am Fenster stehn. Ich hatte sie sonst so genau noch niemals gesehen. Sie war wahrhaftig recht schön rot und dick und gar prächtig und hoffärtig anzusehn, wie eine Tulipane. Ich machte ihr immer ein tiefes Kompliment, und, ich kann nicht anders sagen, sie dankte mir jedesmal und nickte und blinzelte mit den Augen dazu ganz außerordentlich höflich. – Nur ein einzigesmal glaub' ich gesehn zu haben, daß auch die Schöne an ihrem Fenster hinter der Gardine stand und versteckt hervorguckte. –

Viele Tage gingen jedoch ins Land, ohne daß ich sie sah. Sie kam nicht mehr in den Garten, sie kam nicht mehr ans Fenster. Der Gärtner schalt mich einen faulen Bengel, ich war verdrüßlich, meine eigne Nasenspitze war mir im Wege, wenn ich in Gottes freie Welt hinaussah.

So lag ich eines Sonntags Nachmittag im Garten und ärgerte mich, wie ich so in die blauen Wolken meiner Tabakspfeife hinaussah, daß ich mich nicht auf ein anderes Handwerk gelegt, und mich also morgen nicht auch wenigstens auf einen blauen Montag zu freuen hätte. Die andern Bursche waren indes alle wohlausstaffiert nach den Tanzböden in der nahen Vorstadt hinausgezogen. Da wallte und wogte alles im Sonntagsputze in der warmen Luft zwischen den lichten Häusern und wandernden Leierkasten schwärmend hin und zurück. Ich aber saß wie ein Rohrdommel im Schilfe eines einsamen Weihers im Garten und schaukelte mich auf dem Kahne, der dort angebunden war, während die Vesperglocken aus der Stadt über den Garten herüberschallten und die Schwäne auf dem Wasser langsam neben mir hin und herzogen. Mir war zum Sterben bange. –

Während des hörte ich von weitem allerlei Stimmen, lustiges Durcheinandersprechen und Lachen, immer näher und näher, dann schimmerten rot' und weiße Tücher, Hüte und Federn durchs Grüne, auf einmal kommt ein heller lichter Haufen von jungen Herren und Damen vom Schlosse über die Wiese auf mich los, meine beide Damen mitten unter ihnen. Ich stand auf und wollte weggehen, da erblickte mich die ältere von den schönen Damen. »Ei, das ist ja wie gerufen«, rief sie mir mit lachendem Munde zu, »fahr' Er uns doch an das jenseitige Ufer über den Teich!« Die Damen stiegen nun eine nach der andern vorsichtig und furchtsam in

den Kahn, die Herren halfen ihnen dabei und machten sich
ein wenig groß mit ihrer Kühnheit auf dem Wasser. Als sich
darauf die Frauen alle auf die Seitenbänke gelagert hatten,
stieß ich vom Ufer. Einer von den jungen Herren, der ganz
vorn stand, fing unmerklich an zu schaukeln. Da wanden
sich die Damen furchtsam hin und her, einige schrien gar.
Die schöne Frau welche eine Lilie in der Hand hielt, saß
dicht am Bord des Schiffleins und sah still-lächelnd in die
klaren Wellen hinunter, die sie mit der Lilie berührte, so daß
ihr ganzes Bild zwischen den widerscheinenden Wolken und
Bäumen im Wasser noch einmal zu sehen war, wie ein
Engel, der leise durch den tiefen blauen Himmelsgrund
zieht.

Wie ich noch so auf sie hinsehe, fällt's auf einmal der
andern lustigen Dicken von meinen zwei Damen ein, ich
sollte ihr während der Fahrt eins singen. Geschwind dreht
sich ein sehr zierlicher junger Herr mit einer Brille auf der
Nase, der neben ihr saß, zu ihr herum, küßt ihr sanft die
Hand und sagt: »Ich danke ihnen für den sinnigen Einfall!
ein Volkslied, *gesungen* vom Volk in freiem Feld und Wald,
ist ein Alpenröslein auf der Alpe selbst, – die Wunderhörner
sind nur Herbarien, – ist die Seele der National-Seele.« Ich
aber sagte, ich wisse nichts zu singen, was für solche Herrschaften schön genug wäre. Da sagte die schnippische Kammerjungfer, die mit einem Korbe voll Tassen und Flaschen
hart neben mir stand und die ich bis jetzt noch gar nicht
bemerkt hatte: »Weiß Er doch ein recht hübsches Liedchen
von einer vielschönen Fraue.« – »Ja, ja, das sing Er nur recht
dreist weg«, rief darauf sogleich die Dame wieder. Ich
wurde über und über rot. – Indem blickte auch die schöne
Frau auf einmal vom Wasser auf, und sah mich an, daß es
mir durch Leib und Seele ging. Da besann ich mich nicht
lange, faßt' ein Herz, und sang so recht aus voller Brust und
Lust:

Wohin ich geh' und schaue,
In Feld und Wald und Tal
Vom Berg' hinab in die Aue:
Viel schöne, hohe Fraue,
Grüß ich Dich tausendmal.

In meinem Garten find' ich
Viel Blumen, schön und fein,
Viel Kränze wohl d'raus wind' ich
Und tausend Gedanken bind' ich
Und Grüße mit darein.

Ihr darf ich keinen reichen,
Sie ist zu hoch und schön,
Die müssen alle verbleichen,
Die Liebe nur ohne Gleichen
Bleibt ewig im Herzen stehn.

Ich schein' wohl froher Dinge
Und schaffe auf und ab,
Und, ob das Herz zerspringe,
Ich grabe fort und singe
Und grab' mir bald mein Grab.

Wir stießen ans Land, die Herrschaften stiegen alle aus, viele
von den jungen Herren hatten mich, ich bemerkt' es wohl,
während ich sang, mit listigen Mienen und Flüstern verspottet vor den Damen. Der Herr mit der Brille faßte mich im
Weggehen bei der Hand und sagte mir, ich weiß selbst nicht
mehr was, die ältere von meinen Damen sah mich sehr
freundlich an. Die schöne Frau hatte während meines ganzen Liedes die Augen niedergeschlagen und ging nun auch
fort und sagte gar nichts. — Mir aber standen die Tränen in
den Augen schon wie ich noch sang, das Herz wollte mir
zerspringen von dem Liede vor Scham und vor Schmerz,
es fiel mir jetzt auf einmal alles recht ein, wie *Sie* so schön ist
und ich so arm bin und verspottet und verlassen von der

Welt, – und als sie alle hinter den Büschen verschwunden waren, da konnt' ich mich nicht länger halten, ich warf mich in das Gras hin und weinte bitterlich.

Zweites Kapitel

Dicht am herrschaftlichen Garten ging die Landstraße vorüber, nur durch eine hohe Mauer von demselben geschieden. Ein gar sauberes Zollhäuschen mit rotem Ziegeldache war da erbaut, und hinter demselben ein kleines buntumzäuntes Blumengärtchen, das durch eine Lücke in der Mauer des Schloßgartens hindurch an den schattigsten und verborgensten Teil des letzteren stieß. Dort war eben der Zolleinnehmer gestorben, der das alles sonst bewohnte. Da kam des einen Morgens frühzeitig, da ich noch im tiefsten Schlafe lag, der Schreiber vom Schlosse zu mir und rief mich schleunigst zum Herrn Amtmann. Ich zog mich geschwind an und schlenderte hinter dem luftigen Schreiber her, der unterwegs bald da bald dort eine Blume abbrach und vorn an den Rock steckte, bald mit seinem Spazierstöckchen künstlich in der Luft herumfocht und allerlei zu mir in den Wind hineinparlierte, wovon ich aber nichts verstand, weil mir die Augen und Ohren noch voller Schlaf lagen. Als ich in die Kanzlei trat, wo es noch gar nicht recht Tag war, sah der Amtmann hinter einem ungeheuren Dintenfasse und Stößen von Papier und Büchern und einer ansehnlichen Perücke, wie die Eule aus ihrem Nest, auf mich und hob an: »Wie heißt Er? Woher ist Er? Kann Er schreiben, lesen und rechnen?« Da ich das bejahte, versetzte er: »Na, die gnädige Herrschaft hat Ihm, in Betrachtung Seiner guten Aufführung und besondern Meriten, die ledige Einnehmerstelle zugedacht.« – Ich überdachte in der Geschwindigkeit für mich meine bisherige Aufführung und Manieren, und ich mußte gestehen, ich fand am Ende selber, daß der Amtmann Recht hatte. – Und so war ich denn wirklich Zolleinnehmer, ehe ich mich's versah.

Ich bezog nun sogleich meine neue Wohnung und war in kurzer Zeit eingerichtet. Ich hatte noch mehrere Gerätschaften gefunden, die der selige Einnehmer seinem Nachfolger hinterlassen, unter andern einen prächtigen roten Schlafrock mit gelben Punkten, grüne Pantoffeln, eine Schlafmütze und einige Pfeifen mit langen Röhren. Das alles hatte ich mir schon einmal gewünscht als ich noch zu Hause war, wo ich immer unsern Pfarrer so kommode herumgehen sah. Den ganzen Tag, (zu tun hatte ich weiter nichts) saß ich daher auf dem Bänkchen vor meinem Hause in Schlafrock und Schlafmütze, rauchte Tabak aus dem längsten Rohre, das ich nach dem seligen Einnehmer gefunden hatte, und sah zu, wie die Leute auf der Landstraße hin und her gingen, fuhren und ritten. Ich wünschte nur immer, daß auch einmal ein paar Leute aus meinem Dorfe, die immer sagten, aus mir würde mein Lebtage nichts, hier vorüberkommen und mich so sehen möchten. – Der Schlafrock stand mir schön zu Gesichte, und überhaupt das alles behagte mir sehr gut. So saß ich denn da und dachte mir mancherlei hin und her, wie aller Anfang schwer ist, wie das vornehmere Leben doch eigentlich recht kommode sei, und faßte förmlich den Entschluß, nunmehr alles Reisen zu lassen, auch Geld zu sparen wie die andern, und es mit der Zeit gewiß zu etwas Großem in der Welt zu bringen. Inzwischen vergaß ich über meinen Entschlüssen, Sorgen und Geschäften die allerschönste Frau keineswegs.

Die Kartoffeln und anderes Gemüse, das ich in meinem kleinen Gärtchen fand, warf ich hinaus und bebaute es ganz mit den auserlesensten Blumen, worüber mich der Portier vom Schlosse mit der großen kurfürstlichen Nase, der, seitdem ich hier wohnte, oft zu mir kam und mein intimer Freund geworden war, bedenklich von der Seite ansah, und mich für einen hielt, den sein plötzliches Glück verrückt gemacht hätte. Ich aber ließ mich das nicht anfechten. Denn nicht weit von mir im herrschaftlichen Garten hörte ich feine Stimmen sprechen, unter denen ich die meiner schönen Frau

zu erkennen meinte, obgleich ich wegen des dichten Gebüsches niemand sehen konnte. Da band ich denn alle Tage
einen Strauß von den schönsten Blumen die ich hatte, stieg
jeden Abend, wenn es dunkel wurde, über die Mauer, und
legte ihn auf einen steinernen Tisch hin, der dort inmitten
einer Laube stand; und jeden Abend wenn ich den neuen
Strauß brachte, war der alte von dem Tische fort.

Eines Abends war die Herrschaft auf die Jagd geritten; die
Sonne ging eben unter und bedeckte das ganze Land mit
Glanz und Schimmer, die Donau schlängelte sich prächtig
wie von lauter Gold und Feuer in die weite Ferne, von allen
Bergen bis tief ins Land hinein sangen und jauchzten die
Winzer. Ich saß mit dem Portier auf dem Bänkchen vor
meinem Hause, und freute mich in der lauen Luft, und wie
der lustige Tag so langsam vor uns verdunkelte und verhallte. Da ließen sich auf einmal die Hörner der zurückkehrenden Jäger von Ferne vernehmen, die von den Bergen
gegenüber einander von Zeit zu Zeit lieblich Antwort gaben.
Ich war recht im innersten Herzen vergnügt und sprang auf
und rief wie bezaubert und verzückt vor Lust: »Nein, das ist
mir doch ein Metier, die edle Jägerei!« Der Portier aber
klopfte sich ruhig die Pfeife aus und sagte: »Das denkt Ihr
Euch just so. Ich habe es auch mitgemacht, man verdient
sich kaum die Sohlen, die man sich abläuft; und Husten und
Schnupfen wird man erst gar nicht los, das kommt von den
ewig nassen Füßen.« – Ich weiß nicht, mich packte da ein
närrischer Zorn, daß ich ordentlich am ganzen Leibe zitterte. Mir war auf einmal der ganze Kerl mit seinem langweiligen Mantel, die ewigen Füße, sein Tabaksschnupfen, die
große Nase und alles abscheulich. – Ich faßte ihn, wie außer
mir, bei der Brust und sagte: »Portier, jetzt schert Ihr Euch
nach Hause, oder ich prügle Euch hier sogleich durch!« Den
Portier überfiel bei diesen Worten seine alte Meinung,
ich wäre verrückt geworden. Er sah mich bedenklich und
mit heimlicher Furcht an, machte sich, ohne ein Wort zu
sprechen, von mir los und ging, immer noch unheimlich

nach mir zurückblickend, mit langen Schritten nach dem Schlosse, wo er atemlos aussagte, ich sei nun wirklich rasend geworden.

Ich aber mußte am Ende laut auflachen und war herzlich froh, den superklugen Gesellen los zu sein, denn es war grade die Zeit, wo ich den Blumenstrauß immer in die Laube zu legen pflegte. Ich sprang auch heute schnell über die Mauer und ging eben auf das steinerne Tischchen los, als ich in einiger Entfernung Pferdetritte vernahm. Entspringen konnt' ich nicht mehr, denn schon kam meine schöne gnädige Frau selber, in einem grünen Jagdhabit und mit nickenden Federn auf dem Hute, langsam und wie es schien in tiefen Gedanken die Allee herabgeritten. Es war mir nicht anders zumute, als da ich sonst in den alten Büchern bei meinem Vater von der schönen Magelone gelesen, wie sie so zwischen den immer näher schallenden Waldhornsklängen und wechselnden Abendlichtern unter den hohen Bäumen hervorkam, – ich konnte nicht vom Fleck. Sie aber erschrak heftig, als sie mich auf einmal gewahr wurde, und hielt fast unwillkürlich still. Ich war wie betrunken vor Angst, Herzklopfen und großer Freude, und da ich bemerkte, daß sie wirklich meinen Blumenstrauß von gestern an der Brust hatte, konnte ich mich nicht länger halten, sondern sagte ganz verwirrt: »Schönste gnädige Frau, nehmt auch noch diesen Blumenstrauß von mir, und alle Blumen aus meinem Garten und alles was ich habe. Ach könnt' ich nur für Euch ins Feuer springen!« – Sie hatte mich gleich anfangs so ernsthaft und fast böse angeblickt, daß es mir durch Mark und Bein ging, dann aber hielt sie, solange ich redete, die Augen tief niedergeschlagen. Soeben ließen sich einige Reuter und Stimmen im Gebüsch hören. Da ergriff sie schnell den Strauß aus meiner Hand und war bald, ohne ein Wort zu sagen, am andern Ende des Bogenganges verschwunden.

Seit diesem Abend hatte ich weder Ruh' noch Rast mehr. Es war mir beständig zumute wie sonst immer zu Hause, wenn der Frühling anfangen sollte, so unruhig und fröhlich, ohne daß ich wußte warum, als stünde mir ein großes Glück oder sonst etwas Außerordentliches bevor. Besonders das fatale Rechnen wollte mir nun erst gar nicht mehr von der Hand, und ich hatte, wenn der Sonnenschein durch den Kastanienbaum vor dem Fenster grüngolden auf die Ziffern fiel, und so fix vom Transport bis zum Latus und wieder hinauf und hinab addierte, gar seltsame Gedanken dabei, so daß ich manchmal ganz verwirrt wurde, und wahrhaftig nicht bis drei zählen konnte. Denn die acht kam mir immer vor wie meine dicke enggeschnürte Dame mit dem breiten Kopfputz, die böse sieben war gar wie ein ewig rückwärts zeigender Wegweiser oder Galgen. – Am meisten Spaß machte mir noch die neun, die sich mir so oft, eh' ich mich's versah, lustig als sechs auf den Kopf stellte, während die zwei wie ein Fragezeichen so pfiffig dreinsah, als wollte sie mich fragen: Wo soll das am Ende noch hinaus mit dir, du arme Null? Ohne *Sie*, diese schlanke Eins und Alles, bleibst du doch ewig Nichts!

Auch das Sitzen draußen vor der Tür wollte mir nicht mehr behagen. Ich nahm mir, um es kommoder zu haben, einen Schemel mit heraus und streckte die Füße darauf, ich flickte ein altes Parasol vom Einnehmer, und steckte es gegen die Sonne wie ein chinesisches Lusthaus über mich. Aber es half nichts. Es schien mir, wie ich so saß und rauchte und spekulierte, als würden mir allmählich die Beine immer länger vor Langerweile, und die Nase wüchse mir vom Nichtstun, wenn ich so stundenlang an ihr heruntersah. – Und wenn denn manchmal noch vor Tagesanbruch eine Extrapost vorbeikam, und ich trat halb verschlafen in die kühle Luft hinaus, und ein niedliches Gesichtchen, von dem man in der Dämmerung nur die funkelnden Augen sah, bog sich neugierig zum Wagen hervor und bot mir freundlich einen guten Morgen, in den Dörfern aber ringsumher krähten die Hähne so frisch über die leisewogenden Kornfelder herüber, und zwischen den Morgenstreifen hoch am Himmel schweiften schon einzelne zu früh erwachte Lerchen, und der Postillon nahm dann sein Posthorn und fuhr weiter und blies und blies – da stand ich lange und sah dem Wagen nach, und es war mir nicht anders, als müßt' ich nur sogleich mit fort, weit, weit in die Welt. –

Meine Blumensträuße legte ich indes immer noch, sobald die Sonne unterging, auf den steinernen Tisch in der dunkeln Laube. Aber das war es eben: damit war es nun aus seit jenem Abend. – Kein Mensch kümmerte sich darum: so oft ich des Morgens frühzeitig nachsah, lagen die Blumen noch immer da wie gestern, und sahen mich mit ihren verwelkten niederhängenden Köpfchen und darauf stehenden Tautropfen ordentlich betrübt an, als ob sie weinten. – Das verdroß mich sehr. Ich band gar keinen Strauß mehr. In meinem Garten mochte nun auch das Unkraut treiben wie es wollte, und die Blumen ließ ich ruhig stehn und wachsen bis der Wind die Blätter verwehte. War mir's doch eben so wild und bunt und verstört im Herzen.

In diesen kritischen Zeitläuften geschah es denn, daß einmal, als ich eben zu Hause im Fenster liege und verdrüßlich in die leere Luft hinaussehe, die Kammerjungfer vom Schlosse über die Straße dahergetrippelt kommt. Sie lenkte, da sie mich erblickte, schnell zu mir ein und blieb am Fenster stehen. – »Der gnädige Herr ist gestern von seiner Reise zurückgekommen«, sagte sie eilfertig. »So?« entgegnete ich verwundert – denn ich hatte mich schon seit einigen Wochen um nichts bekümmert, und wußte nicht einmal, daß der Herr auf Reisen war, – »da wird seine Tochter, die junge gnädige Frau, auch große Freude gehabt haben.« – Die Kammerjungfer sah mich kurios von oben bis unten an, so daß ich mich ordentlich selber besinnen mußte, ob ich was Dummes gesagt hätte. – »Er weiß aber auch gar nichts«, sagte sie endlich und rümpfte das kleine Näschen. »Nun«, fuhr sie fort, »es soll heute abend dem Herrn zu Ehren Tanz im Schlosse sein und Maskerade. Meine gnädige Frau wird auch maskiert sein, als Gärtnerin – versteh' Er mich recht –

als Gärtnerin. Nun hat die gnädige Frau gesehen, daß Er besonders schöne Blumen hat in seinem Garten.« – Das ist seltsam, dachte ich bei mir selbst, man sieht doch jetzt fast keine Blumen mehr vor Unkraut. – Sie aber fuhr fort: »Da nun die gnädige Frau schöne Blumen zu ihrem Anzuge braucht, aber ganz frische, die eben vom Beete kommen, so soll Er ihr welche bringen und heute abend, wenns dunkel geworden ist, damit unter dem großen Birnbaum im Schloßgarten warten, da wird sie dann kommen und die Blumen abholen.«

Ich war ganz verblüfft vor Freude über diese Nachricht, und lief in meiner Entzückung vom Fenster zu der Kammerjungfer hinaus. –

»Pfui, der garstige Schlafrock!« rief diese aus, da sie mich auf einmal so in meinem Aufzuge im Freien sah. Das ärgerte mich, ich wollte auch nicht dahinter bleiben in der Galanterie, und machte einige artige Kapriolen, um sie zu erhaschen und zu küssen. Aber unglücklicherweise verwickelte sich mir dabei der Schlafrock, der mir viel zu lang war, unter den Füßen, und ich fiel der Länge nach auf die Erde. Als ich mich wieder zusammenraffte, war die Kammerjungfer schon weit fort, und ich hörte sie noch von Ferne lachen, daß sie sich die Seiten halten mußte.

Nun aber hatt' ich was zu sinnen und mich zu freuen. *Sie* dachte ja noch immer an mich und meine Blumen! Ich ging in mein Gärtchen und riß hastig alles Unkraut von den Beeten, und warf es hoch über meinen Kopf weg in die schimmernde Luft, als zög' ich alle Übel und Melancholie mit der Wurzel heraus. Die Rosen waren nun wieder wie *ihr* Mund, die himmelblauen Winden wie ihre Augen, die schneeweiße Lilie mit ihrem schwermütig gesenkten Köpfchen sah ganz aus wie *Sie*. Ich legte alle sorgfältig in einem Körbchen zusammen. Es war ein stiller schöner Abend und kein Wölkchen am Himmel. Einzelne Sterne traten schon am Firmamente hervor, von weitem rauschte die Donau über die Felder herüber, in den hohen Bäumen im herrschaftlichen Garten neben mir sangen unzählige Vögel lustig durcheinander. Ach, ich war so glücklich!

Als endlich die Nacht hereinbrach, nahm ich mein Körbchen an den Arm und machte mich auf den Weg nach dem großen Garten. In dem Körbchen lag alles so bunt und anmutig durcheinander, weiß, rot, blau und duftig, daß mir ordentlich das Herz lachte, wenn ich hineinsah.

Ich ging voller fröhlicher Gedanken bei dem schönen Mondschein durch die stillen, reinlich mit Sand bestreuten Gänge über die kleinen weißen Brücken, unter denen die Schwäne eingeschlafen auf dem Wasser saßen, an den zierlichen Lauben und Lusthäusern vorüber. Den großen Birnbaum hatte ich gar bald aufgefunden, denn es war derselbe, unter dem ich sonst, als ich noch Gärtnerbursche war, an schwülen Nachmittagen gelegen.

Hier war es so einsam dunkel. Nur eine hohe Espe zitterte und flüsterte mit ihren silbernen Blättern in einem fort. Vom Schlosse schallte manchmal die Tanzmusik herüber. Auch Menschenstimmen hörte ich zuweilen im Garten, die kamen oft ganz nahe an mich heran, dann wurde es auf einmal wieder ganz still.

Mir klopfte des Herz. Es war mir schauerlich und seltsam zumute, als wenn ich jemanden bestehlen wollte. Ich stand lange Zeit stockstill an den Baum gelehnt und lauschte nach allen Seiten, da aber immer niemand kam, konnt' ich es nicht länger aushalten. Ich hing mein Körbchen an den Arm und kletterte schnell auf den Birnbaum hinauf, um wieder im Freien Luft zu schöpfen.

Da droben schallte mir die Tanzmusik erst recht über die Wipfel entgegen. Ich übersah den ganzen Garten und grade in die hellerleuchteten Fenster des Schlosses hinein. Dort drehten sich die Kronleuchter langsam wie Kränze von Sternen, unzählige geputzte Herren und Damen, wie in einem Schattenspiele, wogten und walzten und wirrten da bunt und unkenntlich durcheinander, manchmal legten sich welche ins Fenster und sahen hinunter in den Garten. Draußen vor dem Schlosse aber waren der Rasen, die Sträucher und die Bäume von den vielen Lichtern aus dem Saale wie vergoldet, so daß ordentlich die Blumen und die Vögel aufzuwachen schienen. Weiterhin um mich herum und hinter mir lag der Garten so schwarz und still.

Da tanzt *Sie* nun, dacht' ich in dem Baume droben bei mir selber, und hat gewiß lange wieder dich und deine Blumen vergessen. Alles ist so fröhlich, um dich kümmert sich kein Mensch. – Und so geht es mir überall und immer. Jeder hat sein Plätzchen auf der Erde ausgesteckt, hat seinen warmen Ofen, seine Tasse Kaffee, seine Frau, sein Glas Wein zu Abend, und ist so recht zufrieden; selbst dem Portier ist ganz wohl in seiner langen Haut. – Mir ist's nirgends recht. Es ist, als wäre ich überall eben zu spät gekommen, als hätte die ganze Welt gar nicht auf mich gerechnet. –

Wie ich eben so philosophiere, höre ich auf einmal unten im Grase etwas einherraschen. Zwei feine Stimmen sprachen ganz nahe und leise miteinander. Bald darauf bogen sich die Zweige in dem Gesträuch auseinander, und die Kammerjungfer steckte ihr kleines Gesichtchen, sich nach allen Seiten umsehend, zwischen der Laube hindurch. Der Mondschein funkelte recht auf ihren pfiffigen Augen, wie sie hervorguckten. Ich hielt den Atem an mich und blickte unverwandt hinunter. Es dauerte auch nicht lange, so trat wirklich die Gärtnerin, ganz so wie mir sie die Kammerjungfer gestern beschrieben hatte, zwischen den Bäumen heraus. Mein Herz klopfte mir zum Zerspringen. Sie aber hatte eine Larve vor und sah sich, wie mir schien, verwundert auf dem Platze um. – Da wollt's mir vorkommen, als wäre sie gar nicht recht schlank und niedlich. – Endlich trat sie ganz nahe an den Baum und nahm die Larve ab. – Es war wahrhaftig die andere ältere gnädige Frau!

Wie froh war ich nun, als ich mich hier oben in Sicherheit befand, daß ich mich vom ersten Schreck erholt hatte, daß ich mich hier oben in Sicherheit befand. Wie in aller Welt, dachte ich, kommt *die* nur jetzt hierher? wenn nun die liebe schöne gnädige Frau die Blumen abholt,

– das wird eine schöne Geschichte werden! Ich hätte am
Ende weinen mögen vor Ärger über den ganzen Spektakel.

Indem hub die verkappte Gärtnerin unten an: »Es ist so
stickend heiß droben im Saale, ich mußte mich ein wenig
abkühlen gehen in der freien schönen Natur.« Dabei fächelte
sie sich mit der Larve in einem fort und blies die Luft von
sich. Bei dem hellen Mondschein konnt' ich deutlich erkennen, wie ihr die Flechsen am Halse ordentlich aufgeschwollen waren; sie sah ganz erbost aus und ziegelrot im Gesichte.
Die Kammerjungfer suchte unterdes hinter allen Hecken
herum, als hätte sie eine Stecknadel verloren. –

»Ich brauche so notwendig noch frische Blumen zu meiner Maske«, fuhr die Gärtnerin von neuem fort, »wo er auch
stecken mag!« – Die Kammerjungfer suchte und kicherte
dabei immerfort heimlich in sich selbst hinein. – »Sagtest du
was, Rosette?« fragte die Gärtnerin spitzig. – »Ich sage was
ich immer gesagt habe«, erwiderte die Kammerjungfer und
machte ein ganz ernsthaftes treuherziges Gesicht, »der ganze Einnehmer ist und bleibt ein Lümmel, er liegt gewiß
irgendwo hinter einem Strauche und schläft.«

Mir zuckte es in allen meinen Gliedern, herunterzusprin-
gen und meine Reputation zu retten – da hörte man auf
einmal ein großes Pauken und Musizieren und Lärmen vom
Schlosse her.

Nun hielt sich die Gärtnerin nicht länger. »Da bringen die
Menschen«, fuhr sie verdrüßlich auf, »dem Herrn das Vivat.
Komm, man wird uns vermissen!« – Und hiermit steckte sie
die Larve schnell vor und ging wütend mit der Kammerjungfer nach dem Schlosse zu fort. Die Bäume und Sträucher
wiesen kurios, wie mit langen Nasen und Fingern hinter ihr
drein, der Mondschein tanzte noch fix, wie über eine Klavia-
tur, über ihre breite Taille auf und nieder, und so nahm sie,
so recht wie ich auf dem Theater manchmal die Sängerinnen
gesehn, unter Trompeten und Paukenschall ihren Abzug.

Ich aber wußte in meinem Baume droben eigentlich gar
nicht recht, wie mir geschehen, und richtete nunmehr meine

Augen unverwandt auf das Schloß hin; denn ein Kreis hoher Windlichter unten an den Stufen des Einganges warf dort einen seltsamen Schein über die blitzenden Fenster und weit in den Garten hinein. Es war die Dienerschaft, die soeben ihrer jungen Herrschaft ein Ständchen brachte. Mitten unter ihnen stand der prächtig aufgeputzte Portier wie ein Staatsminister, vor einem Notenpulte, und arbeitete sich emsig an einem Fagott ab.

Wie ich mich soeben zurechtsetzte, um der schönen Serenade zuzuhören, gingen auf einmal oben auf dem Balkon des Schlosses die Flügeltüren auf. Ein hoher Herr, schön und stattlich in Uniform und mit vielen funkelnden Sternen, trat auf den Balkon heraus, und an seiner Hand – die schöne junge gnädige Frau, in ganz weißem Kleide, wie eine Lilie in der Nacht, oder wie wenn der Mond über das klare Firmament zöge.

Ich konnte keinen Blick von dem Platze verwenden, und Garten, Bäume und Felder gingen unter vor meinen Sinnen, wie sie so wundersam beleuchtet von den Fackeln, hoch und schlank dastand, und bald anmutig mit dem schönen Offizier sprach, bald wieder freundlich zu den Musikanten herunternickte. Die Leute unten waren außer sich vor Freude, und ich hielt mich am Ende auch nicht mehr und schrie immer aus Leibeskräften Vivat mit. –

Als sie aber bald darauf wieder von dem Balkon verschwand, unten eine Fackel nach der andern verlöschte, und die Notenpulte weggeräumt wurden, und nun der Garten rings umher auch wieder finster wurde und rauschte wie vorher – da merkt' ich erst alles – da fiel es mir auf einmal aufs Herz, daß mich wohl eigentlich nur die Tante mit den Blumen bestellt hatte, daß die Schöne gar nicht an mich dachte und lange verheiratet ist, und daß ich selber ein großer Narr war.

Alles das versenkte mich recht in einen Abgrund von Nachsinnen. Ich wickelte mich, gleich einem Igel, in die Stacheln meiner eignen Gedanken zusammen; vom Schlosse schallte die Tanzmusik nur noch seltner herüber, die Wolken wanderten einsam über den dunkeln Garten weg. Und so saß ich auf dem Baume droben, wie die Nachteule, in den Ruinen meines Glücks die ganze Nacht hindurch.

Die kühle Morgenluft weckte mich endlich aus meinen Träumereien. Ich erstaunte ordentlich, wie ich so auf einmal um mich her blickte. Musik und Tanz war lange vorbei, im Schlosse und rings um das Schloß herum auf dem Rasenplatze und den steinernen Stufen und Säulen sah alles so still, kühl und feierlich aus; nur der Springbrunnen vor dem Eingange plätscherte einsam in einem fort. Hin und her in den Zweigen neben mir erwachten schon die Vögel, schüttelten ihre bunten Federn und sahen, die kleinen Flügel dehnend, neugierig und verwundert ihren seltsamen Schlafkameraden an. Fröhlich schweifende Morgenstrahlen funkelten über den Garten weg auf meine Brust.

Da richtete ich mich in meinem Baume auf, und sah seit langer Zeit zum erstenmale wieder einmal so recht weit in das Land hinaus, wie da schon einzelne Schiffe auf der Donau zwischen den Weinbergen herabfuhren, und die noch leeren Landstraßen wie Brücken über das schimmernde Land sich fern über die Berge und Täler hinausschwangen.

Ich weiß nicht wie es kam – aber mich packte da auf einmal wieder meine ehemalige Reiselust: alle die alte Wehmut und Freude und große Erwartung. Mir fiel dabei zugleich ein, wie nun die schöne Frau droben auf dem Schlosse zwischen Blumen und unter seid'nen Decken schlummerte, und ein Engel bei ihr auf dem Bette säße in der Morgenstille. – Nein, rief ich aus, fort muß ich von hier, und immer fort, so weit als der Himmel blau ist!

Und hiermit nahm ich mein Körbchen, und warf es hoch in die Luft, so daß es recht lieblich anzusehen war, wie die Blumen zwischen den Zweigen und auf dem grünen Rasen unten bunt umherlagen. Dann stieg ich selber schnell herunter und ging durch den stillen Garten auf meine Wohnung zu. Gar oft blieb ich da noch stehen auf manchem Plätzchen, wo ich sie sonst wohl einmal gesehen, oder im Schatten liegend an *Sie* gedacht hatte.

In und um mein Häuschen sah alles noch so aus, wie ich es gestern verlassen hatte. Das Gärtchen war geplündert und wüst, im Zimmer drin lag noch das große Rechnungsbuch aufgeschlagen, meine Geige, die ich schon fast ganz vergessen hatte, hing verstaubt an der Wand. Ein Morgenstrahl aber, aus dem gegenüberstehenden Fenster, fuhr grade blitzend über die Saiten. Das gab einen rechten Klang in meinem Herzen. Ja, sagt' ich, komm nur her, du getreues Instrument! Unser Reich ist nicht von dieser Welt! –

Und so nahm ich die Geige von der Wand, ließ Rechnungsbuch, Schlafrock, Pantoffeln, Pfeifen und Parasol liegen und wanderte, arm wie ich gekommen war, aus meinem Häuschen und auf der glänzenden Landstraße von dannen.

Ich blickte noch oft zurück; mir war gar seltsam zumute, so traurig und doch auch wieder so überaus fröhlich, wie ein Vogel, der aus seinem Käfig ausreißt. Und als ich schon eine weite Strecke gegangen war, nahm ich draußen im Freien meine Geige vor und sang:

> Den lieben Gott laß ich nur walten;
> Der Bächlein, Lerchen, Wald und Feld
> Und Erd' und Himmel tut erhalten,
> Hat auch mein Sach' aufs Best' bestellt!

Das Schloß, der Garten und die Türme von Wien waren schon hinter mir im Morgenduft versunken, über mir jubilierten unzählige Lerchen hoch in der Luft; so zog ich zwischen den grünen Bergen und an lustigen Städten und Dörfern vorbei gen Italien hinunter.

Drittes Kapitel

Aber das war nun schlimm! Ich hatte noch gar nicht daran gedacht, daß ich eigentlich den rechten Weg nicht wußte. Auch war rings umher kein Mensch zu sehen in der stillen Morgenstunde, den ich hätte fragen können, und nicht weit von mir teilte sich die Landstraße in viele neue Landstraßen, die gingen weit, weit über die höchsten Berge fort, als führten sie aus der Welt hinaus, so daß mir ordentlich schwindelte, wenn ich recht hinsah.

Endlich kam ein Bauer des Weges daher, der, glaub ich, nach der Kirche ging, da es heut eben Sonntag war, in einem altmodischen Überrocke mit großen silbernen Knöpfen und einem langen spanischen Rohr mit einem sehr massiven silbernen Stockknopf darauf, der schon von weiten in der Sonne funkelte. Ich frug ihn sogleich mit vieler Höflichkeit: »Können Sie mir nicht sagen, wo der Weg nach Italien geht?« – Der Bauer blieb stehen, sah mich an, besann sich dann mit weit vorgeschobner Unterlippe, und sah mich wieder an. Ich sagte noch einmal: »nach Italien, wo die Pomeranzen wachsen.« – »Ach was gehn mich Seine Pomeranzen an!« sagte der Bauer da, und schritt wacker wieder weiter. Ich hätte dem Manne mehr Konduite zugetraut, denn er sah recht stattlich aus.

Was war nun zu machen? Wieder umkehren und in mein Dorf zurückgehn? Da hätten die Leute mit den Fingern auf mich gewiesen, und die Jungen wären um mich herumgesprungen: Ei, tausend willkommen aus der Welt! wie sieht es denn aus in der Welt? hat er uns nicht Pfefferkuchen mitgebracht aus der Welt? – Der Portier mit der kurfürstlichen Nase, welcher überhaupt viele Kenntnisse von der Weltgeschichte hatte, sagte oft zu mir: »Wertgeschätzter Herr Einnehmer! Italien ist ein schönes Land, da sorgt der liebe Gott für alles, da kann man sich im Sonnenschein auf den Rücken legen, so wachsen einem die Rosinen ins Maul, und wenn einen die Tarantel beißt, so tanzt man mit ungemeiner Gelenkigkeit, wenn man auch sonst nicht tanzen gelernt hat.« – Nein, nach Italien, nach Italien! rief ich voller Vergnügen aus, und rannte, ohne an die verschiedenen Wege zu denken, auf der Straße fort, die mir eben vor die Füße kam.

Als ich eine Strecke so fortgewandert war, sah ich rechts von der Straße einen sehr schönen Baumgarten, wo die Morgensonne so lustig zwischen den Stämmen und Wipfeln hindurchschimmerte, daß es aussah, als wäre der Rasen mit goldenen Teppichen belegt. Da ich keinen Menschen erblickte, stieg ich über den niedrigen Gartenzaun und legte mich recht behaglich unter einem Apfelbaum ins Gras, denn von dem gestrigen Nachtlager auf dem Baume taten mir noch alle Glieder weh. Da konnte man weit ins Land hinaussehen, und da es Sonntag war, so kamen bis aus der weitesten Ferne Glockenklänge über die stillen Felder herüber und geputzte Landleute zogen überall zwischen Wiesen und Büschen nach der Kirche. Ich war recht fröhlich im Herzen, die Vögel sangen über mir im Baume, ich dachte an meine Mühle und an den Garten der schönen gnädigen Frau, und wie das alles nun so weit weit lag – bis ich zuletzt einschlummerte. Da träumte mir, als käme die schöne Fraue aus der prächtigen Gegend unten zu mir gegangen oder eigentlich langsam geflogen zwischen den Glockenklängen, mit langen weißen Schleiern, die im Morgenrote wehten. Dann war es wieder, als wären wir gar nicht in der Fremde, sondern bei meinem Dorfe an der Mühle in den tiefen Schatten. Aber da war alles still und leer, wie wenn die Leute Sonntag in der Kirche sind und nur der Orgelklang durch die Bäume herüberkommt, daß es mir recht im Herzen weh tat. Die schöne Frau aber war sehr gut und freundlich, sie hielt mich an der Hand und ging mit mir, und sang in einem fort in dieser Einsamkeit das schöne Lied, das sie damals immer frühmorgens am offenen Fenster zur Gitarre gesungen hat, und ich sah dabei ihr Bild in dem stillen Weiher, noch viel tausendmal schöner, aber mit sonderbaren großen

Augen, die mich so starr ansahen, daß ich mich beinah gefürchtet hätte. – Da fing auf einmal die Mühle, erst in einzelnen langsamen Schlägen, dann immer schneller und heftiger an zu gehen und zu brausen, der Weiher wurde dunkel und kräuselte sich, die schöne Fraue wurde ganz bleich und ihre Schleier wurden immer länger und länger und flatterten entsetzlich in langen Spitzen, wie Nebelstreifen, hoch am Himmel empor; das Sausen nahm immer mehr zu, oft war es, als bliese der Portier auf seinem Fagott dazwischen, bis ich endlich mit heftigem Herzklopfen aufwachte.

Es hatte sich wirklich ein Wind erhoben, der leise über mir durch den Apfelbaum ging; aber was so brauste und rumorte, war weder die Mühle noch der Portier, sondern derselbe Bauer, der mir vorhin den Weg nach Italien nicht zeigen wollte. Er hatte aber seinen Sonntagsstaat ausgezogen und stand in einem weißen Kamisol vor mir. »Na«, sagte er, da ich mir noch den Schlaf aus den Augen wischte, »will Er etwa hier Poperenzen klauben, daß Er mir das schöne Gras so zertrampelt, anstatt in die Kirche zu gehen, Er Faulenzer!« – Mich ärgert' es nur, daß mich der Grobian aufgeweckt hatte. Ich sprang ganz erbost auf und versetzte geschwind: »Was, Er will mich hier ausschimpfen? Ich bin Gärtner gewesen, eh' Er daran dachte, und Einnehmer, und wenn Er zur Stadt gefahren wäre, hätte Er die schmierige Schlafmütze vor mir abnehmen müssen, und hatte mein Haus und meinen roten Schlafrock mit gelben Punkten.« – Aber der Knollfink scherte sich gar nichts darum, sondern stemmte beide Arme in die Seiten und sagte bloß: »Was will Er denn? he! he!« Dabei sah ich, daß es eigentlich ein kurzer, stämmiger, krummbeiniger Kerl war, und vorstehende glotzende Augen und eine rote etwas schiefe Nase hatte. Und wie er immerfort nichts weiter sagte als: »he! – he!« – und dabei jedesmal einen Schritt näher auf mich zukam, da überfiel mich auf einmal eine so kuriose grausliche Angst, daß ich mich schnell aufmachte, über den Zaun sprang und, ohne mich umzusehen, immer fort querfeldein lief, daß mir die Geige in der Tasche klang.

Als ich endlich wieder still hielt, um Atem zu schöpfen, war der Garten und das ganze Tal nicht mehr zu sehen, und ich stand in einem schönen Walde. Aber ich gab nicht viel darauf acht, denn jetzt ärgerte mich das Spektakel erst recht, und daß der Kerl mich immer *Er* nannte, und ich schimpfte noch lange im Stillen für mich. In solchen Gedanken ging ich rasch fort und kam immer mehr von der Landstraße ab, mitten in das Gebirge hinein. Der Holzweg, auf dem ich fortgelaufen war, hörte auf und ich hatte nur noch einen kleinen wenig betretenen Fußsteig vor mir. Ringsum war niemand zu sehen und kein Laut zu vernehmen. Sonst aber war es recht anmutig zu gehn, die Wipfel der Bäume rauschten und die Vögel sangen sehr schön. Ich befahl mich daher Gottes Führung, zog meine Violine hervor und spielte alle meine liebsten Stücke durch, daß es recht fröhlich in dem einsamen Walde erklang.

Mit dem Spielen ging es aber auch nicht lange, denn ich stolperte dabei jeden Augenblick über die fatalen Baumwurzeln, auch fing mich zuletzt an zu hungern, und der Wald wollte noch immer gar kein Ende nehmen. So irrte ich den ganzen Tag herum, und die Sonne schien schon schief zwischen den Baumstämmen hindurch, als ich endlich in ein kleines Wiesental hinauskam, das rings von Bergen eingeschlossen und voller roter und gelber Blumen war, über denen unzählige Schmetterlinge im Abendgolde herumflatterten. Hier war es so einsam, als läge die Welt wohl hundert Meilen weit weg. Nur die Heimchen zirpten, und ein Hirt lag drüben im hohen Grase und blies so melancholisch auf seiner Schalmei, daß einem das Herz vor Wehmut hätte zerspringen mögen. Ja, dachte ich bei mir, wer es so gut hätte, wie so ein Faulenzer! unsereiner muß sich in der Fremde herumschlagen und immer attent sein. – Da ein schönes klares Flüßchen zwischen uns lag, über das ich nicht herüberkonnte, so rief ich ihm von weiten zu: wo hier das nächste Dorf läge? Er ließ sich aber nicht stören, sondern streckte nur den Kopf ein wenig aus dem Grase hervor, wies mit seiner Schalmei auf den andern Wald hin und blies ruhig wieder weiter.

Unterdes marschierte ich fleißig fort, denn es fing schon an zu dämmern. Die Vögel, die alle noch ein großes Geschrei gemacht hatten, als die letzten Sonnenstrahlen durch den Wald schimmerten, wurden auf einmal still, und mir fing beinah an angst zu werden, in dem ewigen einsamen Rauschen der Wälder. Endlich hörte ich von ferne Hunde bellen. Ich schritt rascher fort, der Wald wurde immer lichter und lichter, und bald darauf sah ich zwischen den letzten Bäumen hindurch einen schönen grünen Platz, auf dem viele Kinder lärmten, und sich um eine große Linde herumtummelten, die recht in der Mitte stand. Weiterhin an dem Platze war ein Wirtshaus, vor dem einige Bauern um einen Tisch saßen und Karten spielten und Tabak rauchten. Von der andern Seite saßen junge Bursche und Mädchen vor der Tür, die die Arme in ihre Schürzen gewickelt hatten und in der Kühle miteinander plauderten.

Ich besann mich nicht lange, zog meine Geige aus der Tasche, und spielte schnell einen lustigen Ländler auf, während ich aus dem Walde hervortrat. Die Mädchen verwunderten sich, die Alten lachten, daß es weit in den Wald hineinschallte. Als ich aber so bis zu der Linde gekommen war, und mich mit dem Rücken dranlehnte, und immer fortspielte, da ging ein heimliches Rumoren und Gewisper unter den jungen Leuten rechts und links, die Bursche legten endlich ihre Sonntagspfeifen weg, jeder nahm die Seine, und eh' ichs mich versah, schwenkte sich das junge Bauernvolk tüchtig um mich herum, die Hunde bellten, die Kittel flogen, und die Kinder standen um mich im Kreise, und sahen mir neugierig ins Gesicht und auf die Finger, wie ich so fix damit hantierte.

Wie der erste Schleifer vorbei war, konnte ich erst recht sehen, wie eine gute Musik in die Gliedmaßen fährt. Die

Bauerburschen, die sich vorher, die Pfeifen im Munde, auf
den Bänken reckten und die steifen Beine von sich streckten,
waren nun auf einmal wie umgetauscht, ließen ihre bunten
Schnupftücher vorn am Knopfloch lang herunterhängen und
kapriolten so artig um die Mädchen herum, daß es eine
rechte Lust anzuschauen war. Einer von ihnen, der sich
schon für was Rechtes hielt, haspelte lange in seiner We-
stentasche, damit es die andern sehen sollten, und brachte
endlich ein kleines Silberstück heraus, das er mir in die Hand
drücken wollte. Mich ärgerte das, wenn ich gleich dazumal
kein Geld in der Tasche hatte. Ich sagte ihm, er sollte nur
seine Pfennige behalten, ich spielte nur so aus Freude, weil
ich wieder bei Menschen wäre. Bald darauf aber kam ein
schmuckes Mädchen mit einer großen Stampe Wein zu mir.
»Musikanten trinken gern«, sagte sie, und lachte mich
freundlich an, und ihre perlweißen Zähne schimmerten recht
charmant zwischen den roten Lippen hindurch, so daß ich
sie wohl hätte darauf küssen mögen. Sie tunkte ihr Schnäbelchen in den Wein, wobei ihre Augen über das Glas weg auf
mich herüberfunkelten, und reichte mir darauf die Stampe
hin. Da trank ich das Glas bis auf den Grund aus, und spielte
dann wieder von Frischem, daß sich alles lustig um mich
herumdrehte.

Die Alten waren unterdes von ihrem Spiel aufgebrochen,
die jungen Leute fingen auch an müde zu werden und
zerstreuten sich, und so wurde es nach und nach ganz still
und leer vor dem Wirtshause. Auch das Mädchen, das mir
den Wein gereicht hatte, ging nun nach dem Dorfe zu, aber
sie ging sehr langsam, und sah sich zuweilen um, als ob sie
was vergessen hätte. Endlich blieb sie stehen und suchte
etwas auf der Erde, aber ich sah wohl, daß sie, wenn sie sich
bückte, unter dem Arme hindurch nach mir zurückblickte.
Ich hatte auf dem Schlosse Lebensart gelernt, ich sprang also
geschwind herzu und sagte: »Haben Sie etwas verloren,
schönste Mamsell?« – »Ach nein«, sagte sie und wurde über
und über rot, »es war nur eine Rose – will Er sie haben?« –

Ich dankte und steckte die Rose ins Knopfloch. Sie sah mich sehr freundlich an und sagte: »Er spielt recht schön.« – »Ja«, versetzte ich, »das ist so eine Gabe Gottes.« – »Die Musikanten sind hier in der Gegend sehr rar«, hub das Mädchen dann wieder an und stockte und hatte die Augen beständig niedergeschlagen. »Er könnte sich hier ein gutes Stück Geld verdienen – auch mein Vater spielt etwas die Geige und hört gern von der Fremde erzählen – und mein Vater ist sehr reich.« – Dann lachte sie auf und sagte: »Wenn Er nur nicht immer solche Grimassen machen möchte, mit dem Kopfe, beim Geigen!« – »Teuerste Jungfer«, erwiderte ich, »erstlich: nennen Sie mich nur nicht immer Er; sodann mit dem Kopftremulenzen, das ist einmal nicht anders, das haben wir Virtuosen alle so an uns.« – »Ach so!« entgegnete das Mädchen. Sie wollte noch etwas mehr sagen, aber da entstand auf einmal ein entsetzliches Gepolter im Wirtshause, die Haustüre ging mit großem Gekrache auf und ein dünner Kerl kam wie ein ausgeschoßner Ladstock herausgeflogen, worauf die Tür sogleich wieder hinter ihm zugeschlagen wurde.

Das Mädchen war bei dem ersten Geräusch wie ein Reh davongesprungen und im Dunkel verschwunden. Die Figur vor der Tür aber raffte sich hurtig wieder vom Boden auf und fing nun an mit solcher Geschwindigkeit gegen das Haus loszuschimpfen, daß es ordentlich zum Erstaunen war. »Was!« schrie er, »ich besoffen? ich die Kreidestriche an der verräucherten Tür nicht bezahlen? Löscht sie aus, löscht sie aus! Hab' ich Euch nicht erst gestern übern Kochlöffel balbiert und in die Nase geschnitten, daß Ihr mir den Löffel morsch entzwei gebissen habt? Balbieren macht einen Strich – Kochlöffel, wieder ein Strich – Pflaster auf die Nase, noch ein Strich – wieviel solche hundsföttische Striche wollt Ihr denn noch bezahlt haben? Aber gut, schon gut! ich lasse das ganze Dorf, die ganze Welt ungeschoren. Lauft meinetwegen mit Euren Bärten, daß der liebe Gott am jüngsten Tage nicht weiß, ob Ihr Juden seid oder

Christen! Ja, hängt Euch an Euren eignen Bärten auf, Ihr zottigen Landbären!« Hier brach er auf einmal in ein jämmerliches Weinen aus und fuhr ganz erbärmlich durch die Fistel fort: »Wasser soll ich saufen, wie ein elender Fisch? ist das Nächstenliebe? Bin ich nicht ein Mensch und ein ausgelernter Feldscher? Ach, ich bin heute so in der Rage! Mein Herz ist voller Rührung und Menschenliebe!« Bei diesen Worten zog er sich nach und nach zurück, da im Hause alles still blieb. Als er mich erblickte, kam er mit ausgebreiteten Armen auf mich los, ich glaube der tolle Kerl wollte mich ambrasieren. Ich sprang aber auf die Seite, und so stolperte er weiter, und ich hörte ihn noch lange, bald grob bald fein, durch die Finsternis mit sich diskurrieren.

Mir aber ging mancherlei im Kopfe herum. Die Jungfer, die mir vorhin die Rose geschenkt hatte, war jung, schön und reich – ich konnte da mein Glück machen, eh' man die Hand umkehrte. Und Hammel und Schweine, Puter und fette Gänse mit Äpfeln gestopft – ja, es war mir nicht anders, als säh' ich den Portier auf mich zukommen: »Greif zu, Einnehmer, greif zu! jung gefreit hat niemand gereut, wer's Glück hat, führt die Braut heim, bleibe im Lande und nähre dich tüchtig.« In solchen philosophischen Gedanken setzte ich mich auf dem Platze, der nun ganz einsam war, auf einen Stein nieder, denn an das Wirtshaus anzuklopfen traute ich mich nicht, weil ich kein Geld bei mir hatte. Der Mond schien prächtig, von den Bergen rauschten die Wälder durch die stille Nacht herüber, manchmal schlugen im Dorfe die Hunde an, das weiter im Tale unter Bäumen und Mondschein wie begraben lag. Ich betrachtete das Firmament, wie da einzelne Wolken langsam durch den Mondschein zogen und manchmal ein Stern weit in der Ferne herunterfiel. So, dachte ich, scheint der Mond auch über meines Vaters Mühle und auf das weiße gräfliche Schloß. Dort ist nun auch schon alles lange still, die gnädige Frau schläft, und die Wasserkünste und Bäume im Garten rauschen noch immer fort wie damals, und allen ist's gleich, ob ich noch da bin, oder in der Fremde, oder gestorben. – Da kam mir die Welt auf einmal so entsetzlich weit und groß vor, und ich so ganz allein darin, daß ich aus Herzensgrunde hätte weinen mögen.

Wie ich noch immer so dasitze, höre ich auf einmal aus der Ferne Hufschlag im Walde. Ich hielt den Atem an und lauschte, da kam es immer näher und näher, und ich konnte schon die Pferde schnauben hören. Bald darauf kamen auch wirklich zwei Reiter unter den Bäumen hervor, hielten am Saume des Waldes an und sprachen heimlich sehr eifrig miteinander, wie ich an den Schatten sehen konnte, die plötzlich über den mondbeglänzten Platz vorschossen, und mit langen dunklen Armen bald dahin bald dorthin wiesen. – Wie oft, wenn mir zu Hause meine verstorbene Mutter von wilden Wäldern und martialischen Räubern erzählte, hatte ich mir sonst immer heimlich gewünscht, eine solche Geschichte selbst zu erleben. Da hatt' ich's nun auf einmal für meine dummen frevelmütigen Gedanken! – Ich streckte mich nun an dem Lindenbaum, unter dem ich gesessen, ganz unmerklich so lang aus, als ich nur konnte, bis ich den ersten Ast erreicht hatte und mich geschwinde hinaufschwang. Aber ich baumelte noch mit halbem Leibe über dem Aste und wollte soeben auch meine Beine nachholen, als der eine von den Reitern rasch hinter mir über den Platz dahertrabte. Ich drückte nun die Augen fest zu in dem dunkeln Laube, und rührte und regte mich nicht. – »Wer ist da?« rief es auf einmal dicht hinter mir. »Niemand!« schrie ich aus Leibeskräften vor Schreck, daß er mich doch noch erwischt hatte. Insgeheim mußte ich aber doch bei mir lachen, wie die Kerls sich schneiden würden, wenn sie mir die leeren Taschen umdrehten. – »Ei, ei«, sagte der Räuber wieder, »wem gehören denn aber die zwei Beine, die da herunterhängen?« – Da half nichts mehr. »Nichts weiter«, versetzte ich, »als ein paar arme, verirrte Musikantenbeine«, und ließ mich rasch wieder auf den Boden herab, denn ich schämte mich auch, länger wie eine zerbrochene Gabel da über dem Aste zu hängen.

Das Pferd des Reiters scheute, als ich so plötzlich vom Baume herunterfuhr. Er klopfte ihm den Hals und sagte lachend: »Nun wir sind auch verirrt, da sind wir rechte Kameraden; ich dächte also, du hälfest und ein wenig den Weg nach B. aufsuchen. Es soll dein Schade nicht sein.« Ich hatte nun gut beteuern, daß ich gar nicht wüßte, wo B. läge, daß ich lieber hier im Wirtshause fragen, oder sie in das Dorf hinunterführen wollte. Der Kerl nahm gar keine Räson an. Er zog ganz ruhig eine Pistole aus dem Gurt, die recht hübsch im Mondschein funkelte. »Mein Liebster«, sagte er dabei sehr freundschaftlich zu mir, während er bald den Lauf der Pistole abwischte, bald wieder prüfend an die Augen hielt, »mein Liebster, du wirst wohl so gut sein, selber nach B. vorauszugehn.«

Da war ich nun recht übel daran. Traf ich den Weg, so kam ich gewiß zu der Räuberbande und bekam Prügel, da ich kein Geld bei mir hatte, traf ich ihn nicht – so bekam ich auch Prügel. Ich besann mich also nicht lange und schlug den ersten besten Weg ein, der an dem Wirtshause vorüber vom Dorfe abführte. Der Reiter sprengte schnell zu seinem Begleiter zurück, und beide folgten mir dann in einiger Entfernung langsam nach. So zogen wir eigentlich recht närrisch auf gut Glück in die mondhelle Nacht hinein. Der Weg lief immerfort im Walde an einem Bergeshange fort. Zuweilen konnte man über die Tannenwipfel, die von unten herauflangten und sich dunkel rührten, weit in die tiefen stillen Täler hinaussehen, hin und her schlug eine Nachtigall, Hunde bellten in der Ferne in den Dörfern. Ein Fluß rauschte beständig aus der Tiefe und blitzte zuweilen im Mondschein auf. Dabei das einförmige Pferdegetrappel und das Wirren und Schwirren der Reiter hinter mir, die unaufhörlich in einer fremden Sprache miteinander plauderten, und das helle Mondlicht und die langen Schatten der Baumstämme, die wechselnd über die beiden Reiter wegflogen, daß sie mir bald schwarz, bald hell, bald klein, bald wieder riesengroß vorkamen. Mir verwirrten sich ordentlich die Gedanken, als läge ich in einem Traum und könnte gar nicht aufwachen. Ich schritt immer stramm vor mich hin. Wir müssen, dachte ich, doch am Ende aus dem Walde und aus der Nacht herauskommen.

Endlich flogen hin und wieder schon lange rötliche Scheine über den Himmel, ganz leise, wie wenn man über einen Spiegel haucht, auch eine Lerche sang schon hoch über dem stillen Tale. Da wurde mir auf einmal ganz klar im Herzen bei dem Morgengruße, und alle Furcht war vorüber. Die beiden Reiter aber streckten sich, und sahen sich nach allen Seiten um, und schienen nun erst gewahr zu werden, daß wir doch wohl nicht auf dem rechten Wege sein mochten. Sie plauderten wieder viel, und ich merkte wohl, daß sie von mir sprachen, ja es kam mir vor, als finge der eine sich vor mir zu fürchten an, als könnt ich wohl gar so ein heimlicher Schnapphahn sein, der sie im Walde irreführen wollte. Das machte mir Spaß, denn je lichter es ringsum wurde, je mehr Courage kriegt' ich, zumal da wir soeben auf einen schönen freien Waldplatz herauskamen. Ich sah mich daher nach allen Seiten ganz wild um, und pfiff dann ein paarmal auf den Fingern, wie die Spitzbuben tun, wenn sie sich einander Signale geben wollen.

»Halt!« rief auf einmal der eine von den Reitern, daß ich ordentlich zusammenfuhr. Wie ich mich umsehe, sind sie beide abgestiegen und haben ihre Pferde an einen Baum angebunden. Der eine kommt aber rasch auf mich los, sieht mir ganz starr ins Gesicht, und fängt auf einmal ganz unmäßig an zu lachen. Ich muß gestehen, mich ärgerte das unvernünftige Gelächter. Er aber sagte: »Wahrhaftig, das ist der Gärtner, wollt' sagen: Einnehmer vom Schloß!«

Ich sah ihn groß an, wußt' mich aber seiner nicht zu erinnern, hätt' auch viel zu tun gehabt, wenn ich mir alle die jungen Herren hätte ansehen wollen, die auf dem Schloß ab und zu ritten. Er aber fuhr mit ewigem Gelächter fort: »Das ist prächtig! Du vazierst, wie ich sehe, wir brauchen eben einen Bedienten, bleib bei uns, da hast du ewige Vakanz.« – Ich war ganz verblüfft und sagte endlich, daß ich soeben auf einer Reise nach Italien begriffen wäre. – »Nach Italien?!« entgegnete der Fremde, »eben dahin wollen auch wir!« – »Nun, wenn *das* ist!« rief ich aus und zog voller Freude meine Geige aus der Tasche und strich, daß die Vögel im Walde aufwachten. Der Herr aber erwischte geschwind den andern Herrn und walzte mit ihm wie verrückt auf dem Rasen herum.

Dann standen sie plötzlich still. »Bei Gott«, rief der eine, »da seh' ich schon den Kirchturm von B.! nun, da wollen wir bald unten sein.« Er zog seine Uhr heraus und ließ sie repetieren, schüttelte mit dem Kopfe, und ließ noch einmal schlagen. »Nein«, sagte er, »das geht nicht, wir kommen so zu früh hin, das könnte schlimm werden!«

Darauf holten sie von ihren Pferden Kuchen, Braten und Weinflaschen, breiteten eine schöne bunte Decke auf dem grünen Rasen aus, streckten sich darüber hin und schmausten sehr vergnüglich, teilten auch mir von allem sehr reichlich mit, was mir gar wohl bekam, da ich seit einigen Tagen schon nicht mehr vernünftig gespeist hatte. – »Und daß du's weißt«, sagte der eine zu mir, – »aber du kennst uns doch nicht?« – ich schüttelte mit dem Kopfe. – »Also, daß du's weißt: ich bin der Maler Leonhard, und das dort ist – wieder ein Maler – Guido geheißen.«

Ich besah mir nun die beiden Maler genauer bei der Morgendämmerung. Der eine, Herr Leonhard, war groß, schlank, braun, mit lustigen feurigen Augen. Der andere war viel jünger, kleiner und feiner, auf altdeutsche Mode gekleidet, wie es der Portier nannte, mit weißem Kragen und bloßen Hals, um den die dunkelbraunen Locken herabhingen, die er oft aus dem hübschen Gesichte wegschütteln mußte. – Als dieser genug gefrühstückt hatte, griff er nach meiner Geige, die ich neben mir auf den Boden gelegt hatte, setzte sich damit auf einen umgehauenen Baumast, und

klimperte darauf mit den Fingern. Dann sang er dazu so hell
wie ein Waldvögelein, daß es mir recht durchs ganze Herz
klang:

> Fliegt der erste Morgenstrahl
> Durch das stille Nebeltal,
> Rauscht erwachend Wald und Hügel:
> Wer da fliegen kann, nimmt Flügel!
>
> Und sein Hütlein in die Luft
> Wirft der Mensch vor Lust und ruft:
> Hat Gesang doch auch noch Schwingen,
> Nun so will ich fröhlich singen!

Dabei spielten die rötlichen Morgenscheine recht anmutig
über sein etwas blasses Gesicht und die schwarzen verliebten
Augen. Ich aber war so müde, daß sich mir die Worte und
Noten, während er so sang, immer mehr verwirrten, bis ich
zuletzt fest einschlief.

Als ich nach und nach wieder zu mir selber kam, hörte ich
wie im Traume die beiden Maler noch immer neben mir
sprechen und die Vögel über mir singen, und die Morgenstrahlen schimmerten mir durch die geschlossenen Augen,
daß mir's innerlich so dunkelhell war, wie wenn die Sonne
durch rotseidene Gardinen scheint. Come é bello! hört' ich
da dicht neben mir ausrufen. Ich schlug die Augen auf, und
erblickte den jungen Maler, der im funkelnden Morgenlicht
über mich hergebeugt stand, so daß beinah nur die großen
schwarzen Augen zwischen den herabhängenden Locken zu
sehen waren.

Ich sprang geschwind auf, denn es war schon heller Tag
geworden. Der Herr Leonhard schien verdrüßlich zu sein,
er hatte zwei zornige Falten auf der Stirn und trieb hastig
zum Aufbruch. Der andere Maler aber schüttelte seine
Locken aus dem Gesicht und trällerte, während er sein Pferd
aufzäumte, ruhig ein Liedchen vor sich hin, bis Leonhard
zuletzt plötzlich laut auflachte, schnell eine Flasche ergriff,

die noch auf dem Rasen stand und den Rest in die Gläser einschenkte. »Auf eine glückliche Ankunft!« rief er aus, sie stießen mit den Gläsern zusammen, es gab einen schönen Klang. Darauf schleuderte Leonhard die leere Flasche hoch ins Morgenrot, daß es lustig in der Luft funkelte.

Endlich setzten sie sich auf ihre Pferde, und ich marschierte frisch wieder nebenher. Gerade vor uns lag ein unübersehliches Tal, in das wir nun hinunter zogen. Da war ein Blitzen und Rauschen und Schimmern und Jubilieren! Mir war so kühl und fröhlich zumute, als sollt' ich von dem Berge in die prächtige Gegend hinausfliegen.

Viertes Kapitel

Nun ade, Mühle und Schloß und Portier! Nun ging's, daß mir der Wind am Hute pfiff. Rechts und links flogen Dörfer, Städte und Weingärten vorbei, daß es einem vor den Augen flimmerte; hinter mir die beiden Maler im Wagen, vor mir vier Pferde mit einem prächtigen Postillon, ich hoch oben auf dem Kutschbock, daß ich oft ellenhoch in die Höhe flog.

Das war so zugegangen: Als wir vor B. ankommen, kommt schon am Dorfe ein langer, dürrer, grämlicher Herr im grünen Flauschrock uns entgegen, macht viele Bücklinge vor den Herrn Malern und führt uns in das Dorf hinein. Da stand unter den hohen Linden vor dem Posthause schon ein prächtiger Wagen mit vier Postpferden bespannt. Herr Leonhard meinte unterwegs, ich hätte meine Kleider ausgewachsen. Er holte daher geschwind andere aus seinem Mantelsack hervor, und ich mußte einen ganz neuen schönen Frack und Weste anziehn, die mir sehr vornehm zu Gesicht standen, nur daß mir alles zu lang und weit war und ordentlich um mich herum schlotterte. Auch einen ganz neuen Hut bekam ich, der funkelte in der Sonne, als wär' er mit frischer Butter überschmiert. Dann nahm der fremde grämliche Herr die beiden Pferde der Maler am Zügel, die Maler sprangen in den Wagen, ich auf den Bock, und so flogen wir schon fort, als eben der Postmeister mit der Schlafmütze aus dem Fenster guckte. Der Postillon blies lustig auf dem Horne, und so ging es frisch nach Italien hinein.

Ich hatte eigentlich da droben ein prächtiges Leben, wie der Vogel in der Luft, und brauchte doch dabei nicht selbst zu fliegen. Zu tun hatte ich auch weiter nichts, als Tag und Nacht auf dem Bocke zu sitzen, und bei den Wirtshäusern manchmal Essen und Trinken an den Wagen herauszubringen, denn die Maler sprachen nirgends ein, und bei Tage zogen sie die Fenster am Wagen so fest zu, als wenn die Sonne sie erstechen wollte. Nur zuweilen steckte der Herr Guido sein hübsches Köpfchen zum Wagenfenster heraus und diskurrierte freundlich mit mir, und lachte dann den Herrn Leonhard aus, der das nicht leiden wollte, und jedesmal über die langen Diskurse böse wurde. Ein paarmal hätte ich bald Verdruß bekommen mit meinem Herrn. Das einemal, wie ich bei schöner, sternklarer Nacht droben auf dem Bock die Geige zu spielen anfing, und sodann späterhin wegen des Schlafes. Das war aber auch ganz zum Erstaunen! Ich wollte mir doch Italien recht genau besehen, und riß die Augen alle Viertelstunden weit auf. Aber kaum hatte ich ein Weilchen so vor mich hingesehen, so verschwirrten und verwickelten sich mir die sechzehn Pferdefüße vor mir wie Filet so hin und her und übers Kreuz, daß mir die Augen gleich wieder übergingen, und zuletzt geriet ich in ein solches entsetzliches und unaufhaltsames Schlafen, daß gar kein Rat mehr war. Da mocht' es Tag oder Nacht, Regen oder Sonnenschein, Tirol oder Italien sein, ich hing bald rechts, bald links, bald rücklings über den Bock herunter, ja manchmal tunkte ich mit solcher Vehemenz mit dem Kopfe nach dem Boden zu, daß mir der Hut weit vom Kopfe flog, und der Herr Guido im Wagen laut aufschrie.

So war ich, ich weiß selbst nicht wie, durch halb Welschland, das sie dort Lombardei nennen, durchgekommen, als wir an einem schönen Abend vor einem Wirtshause auf dem Lande stillhielten. Die Postpferde waren in dem daranstoßenden Stationsdorfe erst nach ein paar Stunden bestellt, die Herren Maler stiegen daher aus und ließen sich in ein besonderes Zimmer führen, um hier ein wenig zu rasten und einige Briefe zu schreiben. Ich aber war sehr vergnügt darüber, und verfügte mich sogleich in die Gaststube, um endlich wieder einmal so recht mit Ruhe und Kommodität zu essen und zu trinken. Da sah es ziemlich lüderlich aus. Die Mägde gingen mit zerzottelten Haaren herum, und hatten die offnen Halstücher unordentlich um das gelbe Fell hängen. Um einen runden Tisch saßen die Knechte vom Hause in blauen Überziehhemden beim Abendessen, und glotzten mich zuweilen von der Seite an. Die hatten alle kurze, dicke Haarzöpfe und sahen so recht vornehm wie junge Herrlein aus. – Da bist du nun, dachte ich bei mir, und aß fleißig fort, da bist du nun endlich in dem Lande, woher immer die kuriosen Leute zu unserm Herrn Pfarrer kamen, mit Mausefallen und Barometern und Bildern. Was der Mensch doch nicht alles erfährt, wenn er sich einmal hinterm Ofen hervormacht!

Wie ich noch eben so esse und meditiere, wuscht ein Männlein, das bis jetzt in einer dunklen Ecke der Stube bei seinem Glase Wein gesessen hatte, auf einmal aus seinem Winkel wie eine Spinne auf mich los. Er war ganz kurz und bucklicht, hatte aber einen großen grauslichen Kopf mit einer langen römischen Adlernase und sparsamen roten Backenbart, und die gepuderten Haare standen ihm von allen Seiten zu Berge, als wenn der Sturmwind durchgefahren wäre. Dabei trug er einen altmodischen, verschossenen Frack, kurze plüschene Beinkleider und ganz vergelbte seidene Strümpfe. Er war einmal in Deutschland gewesen, und dachte Wunder wie gut er deutsch verstünde. Er setzte sich zu mir und frug bald das, bald jenes, während er immerfort Tabak schnupfte: ob ich der Servitore sei? wenn wir arriware? ob wir nach Roma kehn? aber das wußte ich alles selber nicht, und konnte auch sein Kauderwelsch gar nicht verstehn. »Parlez vous françois?« sagte ich endlich in meiner Angst zu ihm. Er schüttelte mit dem großen Kopfe, und das war mir sehr lieb, denn ich konnte ja auch nicht französisch. Aber das half alles nichts. Er hatte mich einmal recht aufs Korn genommen, er frug und frug immer wieder; je mehr wir parlierten, je weniger verstand einer den andern, zuletzt wurden wir beide schon hitzig, so daß mir's manchmal vorkam, als wollte der Signor mit seiner Adlernase nach mir hacken, bis endlich die Mägde, die den babylonischen Diskurs mit angehört hatten, uns beide tüchtig auslachten. Ich aber legte schnell Messer und Gabel hin und ging vor die Haustür hinaus. Denn mir war in dem fremden Lande nicht anders, als wäre ich mit meiner deutschen Zunge tausend Klafter tief ins Meer versenkt, und allerlei unbekanntes Gewürm ringelte sich und rauschte da in der Einsamkeit um mich her, und glotzte und schnappte nach mir.

Draußen war eine warme Sommernacht, so recht um passatim zu gehn. Weit von den Weinbergen herüber hörte man noch zuweilen einen Winzer singen, dazwischen blitzte es manchmal von ferne, und die ganze Gegend zitterte und säuselte im Mondenschein. Ja manchmal kam es mir vor, als schlüpfte eine lange dunkle Gestalt hinter den Haselnußsträuchern vor dem Hause vorüber und guckte durch die Zweige, dann war alles auf einmal wieder still. – Da trat der Herr Guido eben auf den Balkon des Wirtshauses heraus. Er bemerkte mich nicht, und spielte sehr geschickt auf einer Zither, die er im Hause gefunden haben mußte, und sang dann dazu wie eine Nachtigall.

Schweigt der Menschen laute Lust:
Rauscht die Erde wie in Träumen
Wunderbar mit allen Bäumen,
Was dem Herzen kaum bewußt,
Alte Zeiten, linde Trauer,
Und es schweifen leise Schauer
Wetterleuchtend durch die Brust.

Ich weiß nicht, ob er noch mehr gesungen haben mag, denn ich hatte mich auf die Bank vor der Haustür hingestreckt, und schlief in der lauen Nacht vor großer Ermüdung fest ein.

Es mochten wohl ein paar Stunden ins Land gegangen sein, als mich ein Posthorn aufweckte, das lange Zeit lustig in meine Träume hereinblies, ehe ich mich völlig besinnen konnte. Ich sprang endlich auf, der Tag dämmerte schon an den Bergen, und die Morgenkühle rieselte mir durch alle Glieder. Da fiel mir erst ein, daß wir ja um diese Zeit schon wieder weit fort sein wollten. Aha, dachte ich, heut ist einmal das Wecken und Auslachen an mir. Wie wird der Herr Guido mit dem verschlafenen Lockenkopfe herausfahren, wenn er mich draußen hört! So ging ich in den kleinen Garten am Hause dicht unter die Fenster, wo meine Herren wohnten, dehnte mich noch einmal recht ins Morgenrot hinein und sang fröhlichen Mutes:

Wenn der Hoppevogel schreit,
Ist der Tag nicht mehr weit,
Wenn die Sonne sich auftut,
Schmeckt der Schlaf noch so gut! –

Das Fenster war offen, aber es blieb alles still oben, nur der Nachtwind ging noch durch die Weinranken, die sich bis in das Fenster hineinstreckten. – Nun was soll denn das wieder bedeuten? rief ich voll Erstaunen aus, und lief in das Haus und durch die stillen Gänge nach der Stube zu. Aber da gab es mir einen rechten Stich ins Herz. Denn wie ich die Türe aufreiße, ist alles leer, darin kein Frack, kein Hut, kein Stiefel. – Nur die Zither, auf der Herr Guido gestern gespielt hatte, hing an der Wand, auf dem Tische mitten in der Stube lag ein schöner voller Geldbeutel, worauf ein Zettel geklebt war. Ich hielt ihn näher ans Fenster, und traute meinen Augen kaum, es stand wahrhaftig mit großen Buchstaben darauf: Für den Herrn Einnehmer!

Was war mir aber das alles nütze, wenn ich meine lieben lustigen Herrn nicht wiederfand? Ich schob den Beutel in meine tiefe Rocktasche, das plumpte wie in einen tiefen Brunn, daß es mich ordentlich hintenüber zog. Dann rannte ich hinaus, machte einen großen Lärm und weckte alle Knechte und Mägde im Hause. Die wußten gar nicht, was ich wollte, und meinten, ich wäre verrückt geworden. Dann aber verwunderten sie sich nicht wenig, als sie oben das leere Nest sahen. Niemand wußte etwas von meinen Herren. Nur die eine Magd – wie ich aus ihren Zeichen und Gestikulationen zusammenbringen konnte – hatte bemerkt, daß der Herr Guido, als er gestern abends auf dem Balkon sang, auf einmal laut aufschrie, und dann geschwind zu dem andern Herrn in das Zimmer zurückstürzte. Als sie hernach in der Nacht einmal aufwachte, hörte sie draußen Pferdegetrappel. Sie guckte durch das kleine Kammerfenster und sah den bucklichten Signor, der gestern so viel mit mir gesprochen hatte, auf einem Schimmel im Mondschein quer übers Feld galoppieren, daß er immer ellenhoch überm Sattel in die Höhe flog und die Magd sich bekreuzte, weil es aussah, wie ein Gespenst, das auf einem dreibeinigen Pferde reitet. – Da wußt' ich nun gar nicht, was ich machen sollte.

Unterdes aber stand unser Wagen schon lange vor der Türe angespannt und der Postillon stieß ungeduldig ins Horn, daß er hätte bersten mögen, denn er mußte zur bestimmten Stunde auf der nächsten Station sein, da alles durch Laufzettel bis auf die Minute vorausbestellt war. Ich rannte noch einmal um das ganze Haus herum und rief die Maler, aber niemand gab Antwort, die Leute aus dem Hause liefen zusammen und gafften mich an, der Postillon fluchte, die Pferde schnaubten, ich, ganz verblüfft, springe endlich geschwind in den Wagen hinein, der Hausknecht schlägt die Türe hinter mir zu, der Postillon knallt und so ging's mit mir fort in die weite Welt hinein.

Fünftes Kapitel

Wir fuhren nun über Berg und Tal Tag und Nacht immer fort. Ich hatte gar nicht Zeit, mich zu besinnen, denn wo wir hinkamen, standen die Pferde angeschirrt, ich konnte mit den Leuten nicht sprechen, mein Demonstrieren half also nichts; oft, wenn ich im Wirtshause eben beim besten Essen war, blies der Postillon, ich mußte Messer und Gabel wegwerfen und wieder in den Wagen springen, und wußte doch eigentlich gar nicht, wohin und weswegen ich just mit so ausnehmender Geschwindigkeit fortreisen sollte.

Sonst war die Lebensart gar nicht so übel. Ich legte mich, wie auf einem Kanapee, bald in die eine, bald in die andere Ecke des Wagens, und lernte Menschen und Länder kennen, und wenn wir durch Städte fuhren, lehnte ich mich auf beide Arme zum Wagenfenster heraus und dankte den Leuten, die höflich vor mir den Hut abnahmen oder ich grüßte die Mädchen an den Fenstern wie ein alter Bekannter, die sich dann immer sehr verwunderten, und mir noch lange neugierig nachguckten.

Aber zuletzt erschrak ich sehr. Ich hatte das Geld in dem gefundenen Beutel niemals gezählt, den Postmeistern und Gastwirten mußte ich überall viel bezahlen, und ehe ich mich's versah, war der Beutel leer. Anfangs nahm ich mir vor, sobald wir durch einen einsamen Wald führen, schnell aus dem Wagen zu springen und zu entlaufen. Dann aber tat es mir wieder leid, nun den schönen Wagen so allein zu

lassen, mit dem ich sonst wohl noch bis ans Ende der Welt
fortgefahren wäre.

Nun saß ich eben voller Gedanken und wußte nicht aus
noch ein, als es auf einmal seitwärts von der Landstraße
abging. Ich schrie zum Wagen heraus, auf den Postillon:
wohin er denn fahre? Aber ich mochte sprechen, was ich
wollte, der Kerl sagte immer bloß: »Si, Si, Signore!« und
fuhr immer über Stock und Stein, daß ich aus einer Ecke des
Wagens in die andere flog.

Das wollte mir gar nicht in den Sinn, denn die Landstraße
lief grade durch eine prächtige Landschaft auf die unter-
gehende Sonne zu, wohl wie in ein Meer von Glanz und
Funken. Von der Seite aber, wohin wir uns gewendet hatten, lag ein wüstes Gebürge vor uns mit grauen Schluchten,
zwischen denen es schon lange dunkel geworden war. –
Je weiter wir fuhren, je wilder und einsamer wurde die
Gegend. Endlich kam der Mond hinter den Wolken hervor, und schien auf einmal so hell zwischen die Bäume und
Felsen herein, daß es ordentlich grauslich anzusehen war.
Wir konnten nur langsam fahren in den engen steinigten
Schluchten, und das einförmige ewige Gerassel des Wagens
schallte an den Steinwänden weit in die stille Nacht, als
führen wir in ein großes Grabgewölbe hinein. Nur von
vielen Wasserfällen, die man aber nicht sehen konnte, war
ein unaufhörliches Rauschen tiefer im Walde, und die
Käuzchen riefen aus der Ferne immerfort: »Komm mit,
Komm mit!« – Dabei kam es mir vor, als wenn der Kutscher, der, wie ich jetzt erst sah, gar keine Uniform hatte
und kein Postillon war, sich einigemal unruhig umsahe
und schneller zu fahren anfing, und wie ich mich recht
zum Wagen herauslegte, kam plötzlich ein Reiter aus dem
Gebüsch hervor, sprengte dicht vor unseren Pferden quer
über den Weg, und verlor sich sogleich wieder auf der
andern Seite im Walde. Ich war ganz verwirrt, denn,
soviel ich bei dem hellen Mondschein erkennen konnte,
war es dasselbe buckliche Männlein auf seinem Schimmel,

das in dem Wirtshause mit der Adlernase nach mir ge-
hackt hatte. Der Kutscher schüttelte den Kopf und lachte
laut auf über die närrische Reiterei, wandte sich aber dann
rasch zu mir um, sprach sehr viel und sehr eifrig, wovon
ich leider nichts verstand, und fuhr dann noch rascher
fort.

Ich aber war froh, als ich bald darauf von ferne ein Licht
schimmern sah. Es fanden sich nach und nach noch mehrere
Lichter, sie wurden immer größer und heller, und endlich
kamen wir an einigen verräucherten Hütten vorüber, die wie
Schwalbennester auf dem Felsen hingen. Da die Nacht warm
war, so standen die Türen offen, und ich konnte darin die
hell erleuchteten Stuben und allerlei lumpiges Gesindel
sehen, das wie dunkle Schatten um das Herdfeuer herum-
hockte. Wir aber rasselten durch die stille Nacht einen
Steinweg hinan, der sich auf einen hohen Berg hinaufzog.
Bald überdeckten hohe Bäume und herabhängende Sträucher den ganzen Hohlweg, bald konnte man auf einmal
wieder das ganze Firmament, und in der Tiefe die weite stille
Runde von Bergen, Wäldern und Tälern übersehen. Auf
dem Gipfel des Berges stand ein großes altes Schloß mit
vielen Türmen im hellsten Mondenschein. – »Nun Gott
befohlen!« rief ich aus, und war innerlich ganz munter
geworden vor Erwartung, wo sie mich da am Ende noch
hinbringen würden.

Es dauerte wohl noch eine gute halbe Stunde, ehe wir
endlich auf dem Berge am Schloßtore ankamen. Das ging in
einen breiten runden Turm hinein, der oben schon ganz
verfallen war. Der Kutscher knallte dreimal, daß es weit in
dem alten Schlosse widerhallte, wo ein Schwarm von Dohlen ganz erschrocken plötzlich aus allen Luken und Ritzen
herausfuhr und mit großem Geschrei die Luft durchkreuzte.
Darauf rollte der Wagen in den langen, dunklen Torweg
hinein. Die Pferde gaben mit ihren Hufeisen Feuer auf dem
Steinpflaster, ein großer Hund bellte, der Wagen donnerte
zwischen den gewölbten Wänden. Die Dohlen schrien noch

immer dazwischen – so kamen wir mit einem entsetzlichen Spektakel in den engen gepflasterten Schloßhof.

Eine kuriose Station! dachte ich bei mir, als nun der Wagen still stand. Da wurde die Wagentür von draußen aufgemacht, und ein alter langer Mann mit einer kleinen Laterne sah mich unter seinen dicken Augenbrauen grämlich an. Er faßte mich dann unter den Arm und half mir, wie einem großen Herrn, aus dem Wagen heraus. Draußen vor der Haustür stand eine alte, sehr häßliche Frau im schwarzen Kamisol und Rock, mit einer weißen Schürze und schwarzen Haube, von der ihr ein langer Schnipper bis an die Nase herunterhing. Sie hatte an der einen Hüfte einen großen Bund Schlüssel hängen und hielt in der andern einen altmodischen Armleuchter mit zwei brennenden Wachskerzen. Sobald sie mich erblickte, fing sie an tiefe Knixe zu machen und sprach und frug sehr viel durcheinander. Ich verstand aber nichts davon und machte immerfort Kratzfüße vor ihr, und es war mir eigentlich recht unheimlich zumute.

Der alte Mann hatte unterdes mit seiner Laterne den Wagen von allen Seiten beleuchtet und brummte und schüttelte den Kopf, als er nirgend einen Koffer oder Bagage fand. Der Kutscher fuhr darauf, ohne Trinkgeld von mir zu fordern, den Wagen in einen alten Schoppen, der auf der Seite des Hofes schon offenstand. Die alte Frau aber bat mich sehr höflich durch allerlei Zeichen, ihr zu folgen. Sie führte mich mit ihren Wachskerzen durch einen langen schmalen Gang, und dann eine kleine steinerne Treppe herauf. Als wir an der Küche vorbeigingen, streckten ein paar junge Mägde neugierig die Köpfe durch die halbgeöffnete Tür und guckten mich so starr an, und winkten und nickten einander heimlich zu, als wenn sie in ihrem Leben noch kein Mannsbild gesehen hätten. Die Alte machte endlich oben eine Türe auf, da wurde ich anfangs ordentlich ganz verblüfft. Denn es war ein großes schönes herrschaftliches Zimmer mit goldenen Verzierungen an der Decke, und an den Wänden hingen prächtige Tapeten mit allerlei Figu-

ren und großen Blumen. In der Mitte stand ein gedeckter
Tisch mit Braten, Kuchen, Salat, Obst, Wein und Konfekt,
daß einem recht das Herz im Leibe lachte. Zwischen den
beiden Fenstern hing ein ungeheurer Spiegel, der vom Boden bis zur Decke reichte.

Ich muß sagen, das gefiel mir recht wohl. Ich streckte
mich ein paarmal und ging mit langen Schritten vornehm im
Zimmer auf und ab. Dann konnt' ich aber doch nicht
widerstehen, mich einmal in einem so großen Spiegel zu
besehen. Das ist wahr, die neuen Kleider vom Herrn Leonhard standen mir recht schön, auch hatte ich in Italien so ein
gewisses feuriges Auge bekommen, sonst aber war ich grade
noch so ein Milchbart, wie ich zu Hause gewesen war, nur
auf der Oberlippe zeigten sich erst ein paar Flaumfedern.

Die alte Frau mahlte indes in einem fort mit ihrem zahnlo-
sen Munde, daß es nicht anders aussah, als wenn sie an der
langen herunterhängenden Nasenspitze kaute. Dann nötigte
sie mich zum Sitzen, streichelte mir mit ihren dürren Fingern das Kinn, nannte mich poverino! wobei sie mich aus
den roten Augen so schelmisch ansah, daß sich ihr der eine
Mundwinkel bis an die halbe Wange in die Höhe zog, und
ging endlich mit einem tiefen Knix zur Türe hinaus.

Ich aber setzte mich zu dem gedeckten Tisch, während
eine junge hübsche Magd hereintrat, um mich bei der Tafel
zu bedienen. Ich knüpfte allerlei galanten Diskurs mit ihr
an, sie verstand mich aber nicht, sondern sah mich immer
ganz kurios von der Seite an, weil mir's so gut schmeckte,
denn das Essen war delikat. Als ich satt war und wieder
aufstand, nahm die Magd ein Licht von der Tafel und führte
mich in ein anderes Zimmer. Da war ein Sofa, ein kleiner
Spiegel und ein prächtiges Bett mit grün-seidenen Vorhängen. Ich frug sie mit Zeichen, ob ich mich da hineinlegen
sollte? Sie nickte zwar: »Ja«, aber das war denn doch nicht
möglich, denn sie blieb wie angenagelt bei mir stehen.
Endlich holte ich mir noch ein großes Glas Wein aus der
Tafelstube herein und rief ihr zu: »felicissima notte!« denn

so viel hatt' ich schon italienisch gelernt. Aber wie ich das
Glas so auf einmal ausstürzte, bricht sie plötzlich in ein
verhaltnes Kichern aus, wird über und über rot, geht in die
Tafelstube und macht die Türe hinter sich zu. »Was ist da zu
lachen?« dachte ich ganz verwundert, »ich glaube die Leute
in Italien sind alle verrückt.«

Ich hatte nun nur immer Angst vor dem Postillon, daß der
gleich wieder zu blasen anfangen würde. Ich horchte am
Fenster, aber es war alles stille draußen. Laß ihn blasen!
dachte ich, zog mich aus und legte mich in das prächtige
Bett. Das war nicht anders, als wenn man in Milch und
Honig schwämme! Vor den Fenstern rauschte die alte Linde
im Hofe, zuweilen fuhr noch eine Dohle plötzlich vom
Dache auf, bis ich endlich voller Vergnügen einschlief.

Sechstes Kapitel

Als ich wieder erwachte, spielten schon die ersten Morgenstrahlen an den grünen Vorhängen über mir. Ich konnte
mich gar nicht besinnen, wo ich eigentlich wäre. Es kam mir
vor, als führe ich noch immer fort im Wagen, und es hätte
mir von einem Schlosse im Mondschein geträumt und von
einer alten Hexe und ihrem blassen Töchterlein.

Ich sprang endlich rasch aus dem Bette, kleidete mich an,
und sah mich dabei nach allen Seiten in dem Zimmer um. Da
bemerkte ich eine kleine Tapetentür, die ich gestern gar
nicht gesehen hatte. Sie war nur angelehnt, ich öffnete sie,
und erblickte ein kleines nettes Stübchen, das in der Morgendämmerung recht heimlich aussah. Über einen Stuhl
waren Frauenkleider unordentlich hingeworfen, auf einem
Bettchen daneben lag das Mädchen, das mir gestern abends
bei der Tafel aufgewartet hatte. Sie schlief noch ganz ruhig
und hatte den Kopf auf den weißen bloßen Arm gelegt, über
den ihre schwarzen Locken herabfielen. Wenn die wußte,
daß die Tür offen war! sagte ich zu mir selbst und ging in

mein Schlafzimmer zurück, während ich hinter mir wieder
schloß und verriegelte, damit das Mädchen nicht erschrek-
ken und sich schämen sollte, wenn sie erwachte.

Draußen ließ sich noch kein Laut vernehmen. Nur ein
früherwachtes Waldvöglein saß vor meinem Fenster auf
einem Strauch, der aus der Mauer herauswuchs, und sang
schon sein Morgenlied. »Nein«, sagte ich, »du sollst mich
nicht beschämen und allein so früh und fleißig Gott lo-
ben!« – Ich nahm schnell meine Geige, die ich gestern auf
das Tischchen gelegt hatte, und ging hinaus. Im Schlosse war
noch alles totenstill, und es dauerte lange, ehe ich mich aus
den dunklen Gängen ins Freie herausfand.

Als ich vor das Schloß heraustrat, kam ich in einen großen
Garten, der auf breiten Terrassen, wovon die eine immer
tiefer war als die andere, bis auf den halben Berg herunter-
ging. Aber das war eine lüderliche Gärtnerei. Die Gänge
waren alle mit hohem Grase bewachsen, die künstlichen
Figuren von Buchsbaum waren nicht beschnitten und
streckten, wie Gespenster, lange Nasen oder ellenhohe spitzige Mützen in die Luft hinaus, daß man sich in der Dämmerung ordentlich davor hätte fürchten mögen. Auf einige
zerbrochene Statuen über einer vertrockneten Wasserkunst
war gar Wäsche aufgehängt, hin und wieder hatten sie
mitten im Garten Kohl gebaut, dann kamen wieder ein paar
ordinäre Blumen, alles unordentlich durcheinander, und
von hohem wilden Unkraut überwachsen, zwischen dem
sich bunte Eidechsen schlängelten. Zwischen den alten
hohen Bäumen hindurch aber war überall eine weite, einsame Aussicht, eine Bergkoppe hinter der andern, so weit
das Auge reichte.

Nachdem ich so ein Weilchen in der Morgendämmerung
durch die Wildnis umherspaziert war, erblickte ich auf der
Terrasse unter mir einen langen schmalen blassen Jüngling in
einem langen braunen Kaputrock, der mit verschränkten
Armen und großen Schritten auf und ab ging. Er tat als sähe
er mich nicht, setzte sich bald darauf auf eine steinerne Bank

hin, zog ein Buch aus der Tasche, las sehr laut, als wenn er predigte, sah dabei zuweilen zum Himmel, und stützte dann den Kopf ganz melancholisch auf die rechte Hand. Ich sah ihm lange zu, endlich wurde ich doch neugierig, warum er denn eigentlich so absonderliche Grimassen machte, und ging schnell auf ihn zu. Er hatte eben einen tiefen Seufzer ausgestoßen und sprang erschrocken auf, als ich ankam. Er war voller Verlegenheit, ich auch, wir wußten beide nicht, was wir sprechen sollten, und machten immerfort Komplimente voreinander, bis er endlich mit langen Schritten in das Gebüsch Reißaus nahm. Unterdes war die Sonne über dem Walde aufgegangen, ich sprang auf die Bank hinauf und strich vor Lust meine Geige, daß es weit in die stillen Täler herunterschallte. Die Alte mit dem Schlüsselbunde, die mich schon ängstlich im ganzen Schlosse zum Frühstück aufgesucht hatte, erschien nun auf der Terrasse über mir, und verwunderte sich, daß ich so artig auf der Geige spielen konnte. Der alte grämliche Mann vom Schlosse fand sich dazu und verwunderte sich ebenfalls, endlich kamen auch noch die Mägde, und alles blieb oben voller Verwunderung stehen, und ich fingerte und schwenkte meinen Fidelbogen immer künstlicher und hurtiger und spielte Kadenzen und Variationen, bis ich endlich ganz müde wurde.

Das war nun aber doch ganz seltsam auf dem Schlosse! Kein Mensch dachte da ans Weiterreisen. Das Schloß war auch gar kein Wirtshaus, sondern gehörte, wie ich von der Magd erfuhr, einem reichen Grafen. Wenn ich mich dann manchmal bei der Alten erkundigte, wie der Graf heiße, wo er wohne? Da schmunzelte sie immer bloß, wie den ersten Abend, da ich auf das Schloß kam, und kniff und winkte mir so pfiffig mit den Augen zu, als wenn sie nicht recht bei Sinne wäre. Trank ich einmal an einem heißen Tage eine ganze Flasche Wein aus, so kicherten die Mägde gewiß, wenn sie die andere brachten, und als mich dann gar einmal nach einer Pfeife Tabak verlangte, ich ihnen durch Zeichen

beschrieb, was ich wollte, da brachen alle in ein großes
unvernünftiges Gelächter aus. – Am verwunderlichsten war
mir eine Nachtmusik, die sich oft, und grade immer in den
finstersten Nächten, unter meinem Fenster hören ließ. Es
griff auf einer Gitarre immer nur von Zeit zu Zeit einzelne,
ganz leise Klänge. Das einemal aber kam es mir vor, als
wenn es dabei von unten: »pst! pst!« heraufrief. Ich fuhr
daher geschwind aus dem Bett, und mit dem Kopf aus dem
Fenster. »Holla! heda! wer ist da draußen?« rief ich hinunter. Aber es antwortete niemand, ich hörte nur etwas sehr
schnell durch die Gesträuche fortlaufen. Der große Hund im
Hofe schlug über meinem Lärm ein paarmal an, dann war
auf einmal alles wieder still, und die Nachtmusik ließ sich
seitdem nicht wieder vernehmen.

Sonst hatte ich hier ein Leben, wie sich's ein Mensch nur
immer in der Welt wünschen kann. Der gute Portier! er
wußte wohl was er sprach, wenn er immer zu sagen pflegte,
daß in Italien einem die Rosinen von selbst in den Mund
wüchsen. Ich lebte auf dem einsamen Schlosse wie ein
verwunschener Prinz. Wo ich hintrat, hatten die Leute eine
große Ehrerbietung vor mir, obgleich sie schon alle wußten,
daß ich keinen Heller in der Tasche hatte. Ich durfte nur
sagen: »Tischchen deck' Dich!« so standen auch schon
herrliche Speisen, Reis, Wein, Melonen und Parmesankäse
da. Ich ließ mir's wohlschmecken, schlief in dem prächtigen
Himmelbett, ging im Garten spazieren, musizierte und half
wohl auch manchmal in der Gärtnerei nach. Oft lag ich auch
stundenlang im Garten im hohen Grase, und der schmale
Jüngling (es war ein Schüler und Verwandter der Alten, der
eben jetzt hier zur Vakanz war), ging mit seinem langen
Kaputrock in weiten Kreisen um mich herum, und murmelte dabei, wie ein Zauberer, aus seinem Buche, worüber
ich dann auch jedesmal einschlummerte. – So verging ein
Tag nach dem andern, bis ich am Ende anfing, von dem
guten Essen und Trinken ganz melancholisch zu werden.
Die Glieder gingen mir von dem ewigen Nichtstun ordent-

lich aus allen Gelenken, und es war mir, als würde ich vor
Faulheit noch ganz auseinanderfallen.

In dieser Zeit saß ich einmal an einem schwülen Nachmit-
tage im Wipfel eines hohen Baumes, der am Abhange stand,
und wiegte mich auf den Ästen langsam über dem stillen,
tiefen Tale. Die Bienen summten zwischen den Blättern um
mich herum, sonst war alles wie ausgestorben, kein Mensch
war zwischen den Bergen zu sehen, tief unter mir auf den
stillen Waldwiesen ruhten die Kühe auf dem hohen Grase.
Aber ganz von weiten kam der Klang eines Posthorns über
die waldigen Gipfel herüber, bald kaum vernehmbar, bald
wieder heller und deutlicher. Mir fiel dabei auf einmal ein
altes Lied recht aufs Herz, das ich noch zu Hause auf meines
Vaters Mühle von einem wandernden Handwerksburschen
gelernt hatte, und ich sang:

> Wer in die Fremde will wandern,
> Der muß mit der Liebsten gehn,
> Es jubeln und lassen die andern
> Den Fremden alleine stehn.

> Was wisset Ihr, dunkele Wipfeln
> Von der alten schönen Zeit?
> Ach, die Heimat hinter den Gipfeln,
> Wie liegt sie von hier so weit.

> Am liebsten betracht ich die Sterne,
> Die schienen, wenn ich ging zu ihr,
> Die Nachtigall hör' ich so gerne,
> Sie sang vor der Liebsten Tür.

> Der Morgen, das ist meine Freude!
> Da steig ich in stiller Stund'
> Auf den höchsten Berg in die Weite,
> Grüß Dich Deutschland aus Herzensgrund!

Es war, als wenn mich das Posthorn bei meinem Liede aus der Ferne begleiten wollte. Es kam, während ich sang, zwischen den Bergen immer näher und näher, bis ich es endlich gar oben auf dem Schloßhofe schallen hörte. Ich sprang rasch vom Baume herunter. Da kam mir auch schon die Alte mit einem geöffneten Pakete aus dem Schlosse entgegen. »Da ist auch etwas für sie mitgekommen«, sagte sie, und reichte mir aus dem Paket ein kleines niedliches Briefchen. Es war ohne Aufschrift, ich brach es schnell auf. Aber da wurde ich auch auf einmal im ganzen Gesichte so rot, wie eine Päonie, und das Herz schlug mir so heftig, daß es die Alte merkte, denn das Briefchen war von – meiner schönen Fraue, von der ich manches Zettelchen bei dem Herrn Amtmann gesehen hatte. Sie schrieb darin ganz kurz: »Es ist alles wieder gut, alle Hindernisse sind beseitigt. Ich benutze heimlich diese Gelegenheit, um die erste zu sein, die Ihnen diese freudige Botschaft schreibt. Kommen, eilen Sie zurück. Es ist so öde hier und ich kann kaum mehr leben, seit Sie von uns fort sind. Aurelie.«

Die Augen gingen mir über, als ich das las, vor Entzücken und Schreck und unsäglicher Freude. Ich schämte mich vor dem alten Weibe, die mich wieder abscheulich anschmunzelte, und flog wie ein Pfeil bis in den allereinsamsten Winkel des Gartens. Dort warf ich mich unter den Haselnußsträuchern ins Gras hin, und las das Briefchen noch einmal, sagte die Worte auswendig für mich hin, und las dann wieder und immer wieder, und die Sonnenstrahlen tanzten zwischen den Blättern hindurch über den Buchstaben, daß sie sich wie goldene und hellgrüne und rote Blüten vor meinen Augen ineinanderschlangen. Ist sie am Ende gar nicht verheiratet gewesen? dachte ich, war der fremde Offizier damals vielleicht ihr Herr Bruder, oder ist er nun tot, oder bin ich toll, oder – »Das ist alles einerlei!« rief ich endlich und sprang auf, »nun ist's ja klar, sie liebt mich ja, sie liebt mich!«

Als ich aus dem Gesträuch wieder hervorkroch, neigte sich die Sonne zum Untergange. Der Himmel war rot, die Vögel sangen lustig in allen Wäldern, die Täler waren voller Schimmer, aber in meinem Herzen war es noch viel tausendmal schöner und fröhlicher!

Ich rief in das Schloß hinein, daß sie mir heut das Abendessen in den Garten herausbringen sollten. Die alte Frau, der alte grämliche Mann, die Mägde, sie mußten alle mit heraus und sich mit mir unter dem Baume an den gedeckten Tisch setzen. Ich zog meine Geige hervor und spielte und aß und trank dazwischen. Da wurden sie alle lustig, der alte Mann strich seine grämlichen Falten aus dem Gesicht und stieß ein Glas nach dem andern aus, die Alte plauderte in einem fort, Gott weiß was; die Mägde fingen an auf dem Rasen miteinander zu tanzen. Zuletzt kam auch noch der blasse Student neugierig hervor, warf einige verächtliche Blicke auf das Spektakel, und wollte ganz vornehm wieder weitergehen. Ich aber nicht zu faul, sprang geschwind auf, erwischte ihn, eh' er sich's versah, bei seinem langen Überrock, und walzte tüchtig mit ihm herum. Er strengte sich nun an, recht zierlich und neumodisch zu tanzen, und füßelte so emsig und künstlich, daß ihm der Schweiß vom Gesicht herunterfloß und die langen Rockschöße wie ein Rad um uns herumflogen. Dabei sah er mich aber manchmal so kurios mit verdrehten Augen an, daß ich mich ordentlich vor ihm zu fürchten anfing und ihn plötzlich wieder losließ.

Die Alte hätte nun gar zu gern erfahren, was in dem Briefe stand, und warum ich denn eigentlich heut' auf einmal so lustig war. Aber das war ja viel zu weitläufig, um es ihr auseinandersetzen zu können. Ich zeigte bloß auf ein paar Kraniche, die eben hoch über uns durch die Luft zogen, und sagte: »ich müßte nun auch so fort und immer fort, weit in die Ferne!« – Da riß sie die vertrockneten Augen weit auf, und blickte, wie ein Basilisk, bald auf mich, bald auf den alten Mann hinüber. Dann bemerkte ich, wie die beiden heimlich die Köpfe zusammensteckten, so oft ich mich wegwandte, und sehr eifrig miteinander sprachen, und mich dabei zuweilen von der Seite ansahen.

Das fiel mir auf. Ich sann hin und her, was sie wohl mit mir vorhaben möchten. Darüber wurde ich stiller, die Sonne war auch schon lange untergegangen, und so wünschte ich allen gute Nacht und ging nachdenklich in meine Schlafstube hinauf.

Ich war innerlich so fröhlich und unruhig, daß ich noch lange im Zimmer auf und nieder ging. Draußen wälzte der Wind schwere schwarze Wolken über den Schloßturm weg, man konnte kaum die nächsten Bergkoppen in der dicken Finsternis erkennen. Da kam es mir vor, als wenn ich im Garten unten Stimmen hörte. Ich löschte mein Licht aus und stellte mich ans Fenster. Die Stimmen schienen näher zu kommen, sprachen aber sehr leise miteinander. Auf einmal gab eine kleine Laterne, welche die eine Gestalt unterm Mantel trug, einen langen Schein. Ich erkannte nun den grämlichen Schloßverwalter und die alte Haushälterin. Das Licht blitzte über das Gesicht der Alten, das mir noch niemals so gräßlich vorgekommen war, und über ein langes Messer, das sie in der Hand hielt. Dabei konnte ich sehen, daß sie beide eben nach meinem Fenster hinaufsahen. Dann schlug der Verwalter seinen Mantel wieder dichter um, und es war bald alles wieder finster und still.

Was wollen die, dachte ich, zu dieser Stunde noch draußen im Garten? Mich schauderte, denn es fielen mir alle Mordgeschichten ein, die ich in meinem Leben gehört hatte, von Hexen und Räubern, welche Menschen abschlachten, um ihre Herzen zu fressen. Indem ich noch so nachdenke, kommen Menschentritte, erst die Treppe herauf, dann auf dem langen Gange ganz leise, leise auf meine Türe zu, dabei war es, als wenn zuweilen Stimmen heimlich miteinander wisperten. Ich sprang schnell an das andere Ende der Stube hinter einen großen Tisch, den ich, sobald sich etwas rührte, vor mir aufheben, und so mit aller Gewalt auf die Türe losrennen wollte. Aber in der Finsternis warf ich

einen Stuhl um, daß es ein entsetzliches Gepolter gab. Da
wurde es auf einmal ganz still draußen. Ich lauschte hinter
dem Tisch und sah immerfort nach der Tür, als wenn ich
sie mit den Augen durchstechen wollte, daß mir ordentlich die Augen zum Kopfe herausstanden. Als ich mich
ein Weilchen wieder so ruhig verhalten hatte, daß man die
Fliegen an der Wand hätte gehen hören, vernahm ich,
wie jemand von draußen ganz leise einen Schlüssel ins
Schlüsselloch steckte. Ich wollte nun eben mit meinem
Tische losfahren, da drehte es den Schlüssel langsam dreimal in der Tür um, zog ihn vorsichtig wieder heraus
und schnurrte dann sachte über den Gang und die Treppe
hinunter.

Ich schöpfte nun tief Atem. Oho, dachte ich, da haben sie
dich eingesperrt, damit sie's kommode haben, wenn ich erst
fest eingeschlafen bin. Ich untersuchte geschwind die Tür.
Es war richtig, sie war fest verschlossen, ebenso die andere
Tür, hinter der die hübsche bleiche Magd schlief. Das war
noch niemals geschehen, solange ich auf dem Schlosse
wohnte.

Da saß ich nun in der Fremde gefangen! Die schöne Frau
stand nun wohl an ihrem Fenster und sah über den stillen
Garten nach der Landstraße hinaus, ob ich nicht schon am
Zollhäuschen mit meiner Geige dahergestrichen komme, die
Wolken flogen rasch über den Himmel, die Zeit verging –
und ich konnte nicht fort von hier! Ach, mir war so weh im
Herzen, ich wußte gar nicht mehr, was ich tun sollte. Dabei
war mir's auch immer, wenn die Blätter draußen rauschten,
oder eine Ratte am Boden knosperte, als wäre die Alte durch
eine verborgene Tapetentür heimlich hereingetreten und
lauere und schleiche leise mit dem langen Messer durchs
Zimmer.

Als ich so voll Sorgen auf dem Bette saß, hörte ich auf
einmal seit langer Zeit wieder die Nachtmusik unter meinen
Fenstern. Bei dem ersten Klange der Gitarre war es mir nicht
anders, als wenn mir ein Morgenstrahl plötzlich durch die

Seele führe. Ich riß das Fenster auf und rief leise herunter, daß ich wach sei. »Pst, pst!« antwortete es von unten. Ich besann mich nun nicht lange, steckte das Briefchen und meine Geige zu mir, schwang mich aus dem Fenster, und kletterte an der alten, zersprungenen Mauer hinab, indem ich mich mit den Händen an den Sträuchern, die aus den Ritzen wuchsen, anhielt. Aber einige morsche Ziegel gaben nach, ich kam ins Rutschen, es ging immer rascher und rascher mit mir, bis ich endlich mit beiden Füßen aufplumpte, daß mir's im Gehirnkasten knisterte.

Kaum war ich auf diese Art unten im Garten angekommen, so umarmte mich jemand mit solcher Vehemenz, daß ich laut aufschrie. Der gute Freund aber hielt mir schnell die Finger auf den Mund, faßte mich bei der Hand und führte mich dann aus dem Gesträuch ins Freie hinaus. Da erkannte ich mit Verwunderung den guten langen Studenten, der die Gitarre an einem breiten, seidenen Bande um den Hals hängen hatte. – Ich beschrieb ihm nun in größter Geschwindigkeit, daß ich aus dem Garten hinauswollte. Er schien aber das alles schon lange zu wissen, und führte mich auf allerlei verdeckten Umwegen zu dem untern Tore in der hohen Gartenmauer. Aber da war nun auch das Tor wieder fest verschlossen! Doch der Student hatte auch das schon vorbedacht, er zog einen großen Schlüssel hervor und schloß behutsam auf.

Als wir nun in den Wald hinaustraten und ich ihn eben noch um den besten Weg zur nächsten Stadt fragen wollte, stürzte er plötzlich vor mir auf ein Knie nieder, hob die eine Hand hoch in die Höh, und fing an zu fluchen und an zu schwören, daß es entsetzlich anzuhören war. Ich wußte gar nicht, was er wollte, ich hörte nur immerfort: Idio und cuore und amore und furore! Als er aber am Ende gar anfing, auf beiden Knien schnell und immer näher auf mich zuzurutschen, da wurde mir auf einmal ganz grauslich, ich merkte wohl, daß er verrückt war, und rannte, ohne mich umzusehen, in den dicksten Wald hinein.

Ich hörte nun den Studenten wie rasend hinter mir drein-
schreien. Bald darauf gab noch eine andere grobe Stimme
vom Schlosse her Antwort. Ich dachte mir nun wohl, daß sie
mich aufsuchen würden. Der Weg war mir unbekannt, die
Nacht finster, ich konnte ihnen leicht wieder in die Hände
fallen. Ich kletterte daher auf den Wipfel einer hohen Tanne
hinauf, um bessere Gelegenheit abzuwarten.

Von dort konnte ich hören, wie auf dem Schlosse eine
Stimme nach der andern wach wurde. Einige Windlichter
zeigten sich oben und warfen ihre wilden roten Scheine über
das alte Gemäuer des Schlosses und weit vom Berge in die
schwarze Nacht hinein. Ich befahl meine Seele dem lieben
Gott, denn das verworrene Getümmel wurde immer lauter
und näherte sich immer mehr und mehr. Endlich stürzte der
Student mit einer Fackel unter meinem Baume vorüber, daß
ihm die Rockschöße weit im Winde nachflogen. Dann schienen sie sich alle nach und nach auf eine andere Seite des
Berges hinzuwenden, die Stimmen schallten immer ferner
und ferner, und der Wind rauschte wieder durch den stillen
Wald. Da stieg ich schnell von dem Baume herab, und lief
atemlos weiter in das Tal und die Nacht hinaus.

Siebentes Kapitel

Ich war Tag und Nacht eilig fortgegangen, denn es sauste
mir lange in den Ohren, als kämen die von dem Berge mit
ihrem Rufen, mit Fackeln und langen Messern noch immer
hinter mir drein. Unterwegs erfuhr ich, daß ich nur noch ein
paar Meilen von Rom wäre. Da erschrak ich ordentlich vor
Freude. Denn von dem prächtigen Rom hatte ich schon zu
Hause als Kind viele wunderbare Geschichten gehört, und
wenn ich dann an Sonntagsnachmittagen vor der Mühle im
Grase lag und alles ringsum so stille war, da dachte ich mir
Rom wie die ziehenden Wolken über mir, mit wundersamen
Bergen und Abgründen am blauen Meer, und goldnen

Toren und hohen glänzenden Türmen, von denen Engel in goldenen Gewändern sangen. – Die Nacht war schon wieder lange hereingebrochen, und der Mond schien prächtig, als ich endlich auf einem Hügel aus dem Walde heraustrat, und auf einmal die Stadt in der Ferne vor mir sah. – Das Meer leuchtete von weiten, der Himmel blitzte und funkelte unübersehbar mit unzähligen Sternen, darunter lag die heilige Stadt, von der man nur einen langen Nebelstreif erkennen konnte, wie ein eingeschlafner Löwe auf der stillen Erde, und Berge standen daneben, wie dunkle Riesen, die ihn bewachten.

Ich kam nun zuerst auf eine große, einsame Heide, auf der es so grau und still war wie im Grabe. Nur hin und her stand ein altes verfallenes Gemäuer oder ein trockener wunderbar gewundener Strauch; manchmal schwirrten Nachtvögel durch die Luft, und mein eigener Schatten strich immerfort lang und dunkel in der Einsamkeit neben mir her. Sie sagen, daß hier eine uralte Stadt und die Frau Venus begraben liegt, und die alten Heiden zuweilen noch aus ihren Gräbern heraufsteigen und bei stiller Nacht über die Heide gehn und die Wanderer verwirren. Aber ich ging immer grade fort und ließ mich nichts anfechten. Denn die Stadt stieg immer deutlicher und prächtiger vor mir herauf, und die hohen Burgen und Tore und goldenen Kuppeln glänzten so herrlich im hellen Mondschein, als ständen wirklich die Engel in goldenen Gewändern auf den Zinnen und sängen durch die stille Nacht herüber.

So zog ich denn endlich, erst an kleinen Häusern vorbei, dann durch ein prächtiges Tor in die berühmte Stadt Rom hinein. Der Mond schien zwischen den Palästen, als wäre es heller Tag, aber die Straßen waren schon alle leer, nur hin und wieder lag ein lumpiger Kerl, wie ein Toter, in der lauen Nacht auf den Marmorschwellen und schlief. Dabei rauschten die Brunnen auf den stillen Plätzen, und die Gärten an der Straße säuselten dazwischen und erfüllten die Luft mit erquickenden Düften.

Wie ich nun eben so weiter fortschlendere, und vor Vergnügen, Mondschein und Wohlgeruch gar nicht weiß, wohin ich mich wenden soll, läßt sich tief aus dem einen Garten eine Gitarre hören. Mein Gott, denk' ich, da ist mir wohl der tolle Student mit dem langen Überrock heimlich nachgesprungen! Darüber fing eine Dame in dem Garten an überaus lieblich zu singen. Ich stand ganz wie bezaubert, denn es war die Stimme der schönen gnädigen Frau, und dasselbe welsche Liedchen, das sie gar oft zu Hause am offnen Fenster gesungen hatte.

Da fiel mir auf einmal die schöne alte Zeit mit solcher Gewalt aufs Herz, daß ich bitterlich hätte weinen mögen, der stille Garten vor dem Schloß in früher Morgenstunde, und wie ich da hinter dem Strauch so glückselig war, ehe mir die dumme Fliege in die Nase flog. Ich konnte mich nicht länger halten. Ich kletterte auf den vergoldeten Zieraten über das Gittertor, und schwang mich in den Garten hinunter, woher der Gesang kam. Da bemerkte ich, daß eine schlanke weiße Gestalt von fern hinter einer Pappel stand und mir erst verwundert zusah, als ich über das Gitterwerk kletterte, dann aber auf einmal so schnell durch den dunklen Garten nach dem Hause zuflog, daß man sie im Mondschein kaum füßeln konnte. »Das war sie selbst!« rief ich aus, und das Herz schlug mir vor Freude, denn ich erkannte sie gleich an den kleinen, geschwinden Füßchen wieder. Es war nur schlimm, daß ich mir beim Herunterspringen vom Gartentore den rechten Fuß etwas vertreten hatte, ich mußte daher erst ein paarmal mit dem Beine schlenkern, eh' ich zu dem Hause nachspringen konnte. Aber da hatten sie unterdes Tür und Fenster fest verschlossen. Ich klopfte ganz bescheiden an, horchte und klopfte wieder. Da war es nicht anders, als wenn es drinnen leise flüsterte und kicherte, ja einmal kam es mir vor, als wenn zwei helle Augen zwischen den Jalousien im Mondschein hervorfunkelten. Dann war auf einmal wieder alles still.

»Sie weiß nur nicht, daß *ich* es bin«, dachte ich, zog die
Geige, die ich allzeit bei mir trage, hervor, spazierte damit
auf dem Gange vor dem Hause auf und nieder, und spielte
und sang das Lied von der schönen Frau, und spielte voll
Vergnügen alle meine Lieder durch, die ich damals in den
schönen Sommernächten im Schloßgarten, oder auf der
Bank vor dem Zollhause gespielt hatte, daß es weit bis in die
Fenster des Schlosses hinüberklang. – Aber es half alles
nichts, es rührte und regte sich niemand im ganzen Hause.
Da steckte ich endlich meine Geige traurig ein, und legte
mich auf die Schwelle vor der Haustür hin, denn ich war
sehr müde von dem langen Marsch. Die Nacht war warm,
die Blumenbeete vor dem Hause dufteten lieblich, eine
Wasserkunst weiter unten im Garten plätscherte immerfort
dazwischen. Mir träumte von himmelblauen Blumen, von
schönen, dunkelgrünen, einsamen Gründen, wo Quellen
rauschten und Bächlein gingen, und bunte Vögel wunderbar
sangen, bis ich endlich fest einschlief.

Als ich aufwachte, rieselte mir die Morgenluft durch alle
Glieder. Die Vögel waren schon wach und zwitscherten auf
den Bäumen um mich herum, als ob sie mich für'n Narren
haben wollten. Ich sprang rasch auf und sah mich nach allen
Seiten um. Die Wasserkunst im Garten rauschte noch
immerfort, aber in dem Hause war kein Laut zu vernehmen.
Ich guckte durch die grünen Jalousien in das eine Zimmer
hinein. Da war ein Sofa, und ein großer runder Tisch mit
grauer Leinwand verhangen, die Stühle standen alle in großer Ordnung und unverrückt an den Wänden herum; von
außen aber waren die Jalousien an allen Fenstern heruntergelassen, als wäre das ganze Haus schon seit vielen Jahren
unbewohnt. – Da überfiel mich ein ordentliches Grausen
vor dem einsamen Hause und Garten und vor der gestrigen
weißen Gestalt. Ich lief, ohne mich weiter umzusehen,
durch die stillen Lauben und Gänge, und kletterte geschwind
wieder an dem Gartentor hinauf. Aber da blieb ich wie
verzaubert sitzen, als ich auf einmal von dem hohen Gitter-

werk in die prächtige Stadt hinuntersah. Da blitzte und
funkelte die Morgensonne weit über die Dächer und in die
langen stillen Straßen hinein, daß ich laut aufjauchzen
mußte, und voller Freude auf die Straße hinuntersprang.

Aber wohin sollt’ ich mich wenden in der großen fremden
Stadt? Auch ging mir die konfuse Nacht und das welsche
Lied der schönen gnädigen Frau von gestern noch immer im
Kopfe hin und her. Ich setzte mich endlich auf den steinernen Springbrunnen, der mitten auf dem einsamen Platze
stand, wusch mir in dem klaren Wasser die Augen hell und
sang dazu:

> Wenn ich ein Vöglein wär’,
> Ich wüßt’ wohl, wovon ich sänge,
> Und auch zwei Flüglein hätt’,
> Ich wüßt’ wohl, wohin ich mich schwänge!

»Ei, lustiger Gesell, du singst ja wie eine Lerche beim ersten
Morgenstrahl!« sagte da auf einmal ein junger Mann zu mir,
der während meines Liedes an den Brunnen herangetreten
war. Mir aber, da ich so unverhofft Deutsch sprechen hörte,
war es nicht anders im Herzen, als wenn die Glocke aus
meinem Dorfe am stillen Sonntagsmorgen plötzlich zu mir
herüberklänge. »Gott, willkommen, bester Herr Landsmann!« rief ich aus und sprang voller Vergnügen von dem
steinernen Brunnen herab. Der junge Mann lächelte und sah
mich von oben bis unten an. »Aber was treibt Ihr denn
eigentlich hier in Rom?« fragte er endlich. Da wußte ich nun
nicht gleich, was ich sagen sollte, denn daß ich soeben der
schönen gnädigen Frau nachspränge, mocht’ ich ihm nicht
sagen. »Ich treibe«, erwiderte ich, »mich selbst ein bißchen
herum, um die Welt zu sehn.« – »So so!« versetzte der junge
Mann und lachte laut auf, »da haben wir ja *ein* Metier. Das
tu’ ich eben auch, um die Welt zu sehn, und hinterdrein
abzumalen.« – »Also ein Maler!« rief ich fröhlich aus, denn
mir fiel dabei Herr Leonhard und Guido ein. Aber der Herr

ließ mich nicht zu Worte kommen. »Ich denke«, sagte er, »du gehst mit und frühstückst bei mir, da will ich dich selbst abkonterfeien, daß es eine Freude sein soll!« – Das ließ ich mir gern gefallen, und wanderte nun mit dem Maler durch die leeren Straßen, wo nur hin und wieder erst einige Fensterladen aufgemacht wurden und bald ein paar weiße Arme, bald ein verschlafnes Gesichtchen in die frische Morgenluft hinausguckte.

Er führte mich lange hin und her durch eine Menge konfuser enger und dunkler Gassen, bis wir endlich in ein altes verräuchertes Haus hineinwuchsten. Dort stiegen wir eine finstre Treppe hinauf, dann wieder eine, als wenn wir in den Himmel hineinsteigen wollten. Wir standen nun unter dem Dache vor einer Tür still, und der Maler fing an in allen Taschen vorn und hinten mit großer Eilfertigkeit zu suchen. Aber er hatte heute früh vergessen zuzuschließen und den Schlüssel in der Stube gelassen. Denn er war, wie er mir unterweges erzählte, noch vor Tagesanbruch vor die Stadt hinausgegangen, um die Gegend bei Sonnenaufgang zu betrachten. Er schüttelte nur mit dem Kopfe und stieß die Türe mit dem Fuße auf.

Das war eine lange, lange große Stube, daß man darin hätte tanzen können, wenn nur nicht auf dem Fußboden alles vollgelegen hätte. Aber da lagen Stiefeln, Papiere, Kleider, umgeworfene Farbentöpfe, alles durcheinander; in der Mitte der Stube standen große Gerüste, wie man zum Birnenabnehmen braucht, ringsum an der Wand waren große Bilder angelehnt. Auf einem langen hölzernen Tische war eine Schüssel, worauf, neben einem Farbenkleckse, Brot und Butter lag. Eine Flasche Wein stand daneben.

»Nun eßt und trinkt erst, Landsmann!« rief mir der Maler zu. – Ich wollte mir auch sogleich ein paar Butterschnitten schmieren, aber da war wieder kein Messer da. Wir mußten erst lange in den Papieren auf dem Tische herumrascheln, ehe wir es unter einem großen Pakete endlich fanden. Darauf riß der Maler das Fenster auf, daß die frische Morgenluft fröhlich das ganze Zimmer durchdrang. Das war eine herrliche Aussicht weit über die Stadt weg in die Berge hinein, wo die Morgensonne lustig die weißen Landhäuser und Weingärten beschien. – »Vivat unser kühlgrünes Deutschland da hinter den Bergen!« rief der Maler aus und trank dazu aus der Weinflasche, die er mir dann hinreichte. Ich tat ihm höflich Bescheid, und grüßte in meinem Herzen die schöne Heimat in der Ferne noch viel tausendmal.

Der Maler aber hatte unterdes das hölzerne Gerüst, worauf ein sehr großes Papier aufgespannt war, näher an das Fenster herangerückt. Auf dem Papiere war bloß mit großen schwarzen Strichen eine alte Hütte gar künstlich abgezeichnet. Darin saß die heilige Jungfrau mit einem überaus schönen, freudigen und doch recht wehmütigen Gesichte. Zu ihren Füßen auf einem Nestlein von Stroh lag das Jesuskind, sehr freundlich, aber mit großen ernsthaften Augen. Draußen auf der Schwelle der offnen Hütte aber knieten zwei Hirtenknaben mit Stab und Tasche. – »Siehst du«, sagte der Maler, »dem einen Hirtenknaben da will ich deinen Kopf aufsetzen, so kommt dein Gesicht doch auch etwas unter die Leute, und will's Gott, sollen sie sich daran noch erfreuen, wenn wir beide schon lange begraben sind und selbst so still und fröhlich vor der heiligen Mutter und ihrem Sohne knien, wie die glücklichen Jungen hier.« – Darauf ergriff er einen alten Stuhl, von dem ihm aber, da er ihn aufheben wollte, die halbe Lehne in der Hand blieb. Er paßte ihn geschwind wieder zusammen, schob ihn vor das Gerüst hin, und ich mußte mich nun darauf setzen und mein Gesicht etwas von der Seite, nach dem Maler zu, wenden. – So saß ich ein paar Minuten ganz still, ohne mich zu rühren. Aber ich weiß nicht, zuletzt konnt' ich's gar nicht recht aushalten, bald juckte mich's da, bald juckte mich's dort. Auch hing mir grade gegenüber ein zerbrochner halber Spiegel, da mußt ich immerfort hineinsehn, und machte, wenn er eben malte, aus Langeweile allerlei Gesichter und Grimassen. Der Maler, der es bemerkte, lachte endlich laut auf und winkte mir mit der Hand, daß ich wieder aufstehen sollte. Mein Gesicht auf dem Hirten war auch schon fertig, und sah so klar aus, daß ich mir ordentlich selber gefiel.

Er zeichnete nun in der frischen Morgenkühle immer fleißig fort, während er ein Liedchen dazu sang und zuweilen durch das offne Fenster in die prächtige Gegend hinausblickte. Ich aber schnitt mir unterdes noch eine Butterstolle und ging damit vergnügt im Zimmer auf und ab und besah mir die Bilder, die an der Wand aufgestellt waren. Zwei darunter gefielen mir ganz besonders gut. »Habt Ihr die auch gemalt?« frug ich den Maler. »Warum nicht gar!« erwiderte er, »die sind von den berühmten Meistern Leonardo da Vinci und Guido Reni – aber da weißt du ja doch nichts davon!« – Mich ärgerte der Schluß der Rede. »O«, versetzte ich ganz gelassen, »die beiden Meister kenne ich wie meine eigne Tasche.« – Da machte er große Augen. »Wieso?« frug er geschwind. »Nun«, sagte ich, »bin ich nicht mit ihnen Tag und Nacht fortgereist, zu Pferde und zu Fuß und zu Wagen, daß mir der Wind am Hute pfiff, und hab' sie alle beide in der Schenke verloren, und bin dann allein in ihrem Wagen mit Extrapost immer weitergefahren, daß der Bombenwagen immerfort auf zwei Rädern über die entsetzlichen Steine flog, und« – »Oho! Oho!« unterbrach mich der Maler, und sah mich starr an, als wenn er mich für verrückt hielte. Dann aber brach er plötzlich in ein lautes Gelächter aus. »Ach«, rief er, »nun versteh' ich erst, du bist mit zwei Malern gereist, die Guido und Leonhard hießen?« – Da ich das bejahte, sprang er rasch auf und sah mich nochmals von oben bis unten ganz genau an. »Ich glaube gar«, sagte er, »am Ende – spielst du die Violine?« – Ich schlug auf meine Rocktasche, daß die Geige darin einen Klang gab. – »Nun wahrhaftig«, versetzte der Maler, »da war eine Gräfin aus Deutschland hier, die hat sich in allen Winkeln von Rom nach den beiden Malern und nach einem jungen Musikanten mit der Geige erkundigen lassen.« – »Eine junge Gräfin aus Deutschland?« rief ich voller Entzücken aus, »ist der Portier

mit?« – »Ja das weiß ich alles nicht«, erwiderte der Maler,
»ich sah sie nur einigemal bei einer Freundin von ihr, die
aber auch nicht in der Stadt wohnt. – Kennst du die?« fuhr
er fort, indem er in einem Winkel plötzlich eine Leinwand-
decke von einem großen Bilde in die Höhe hob. Da war
mir's doch nicht anders, als wenn man in einer finstern Stube
die Lade aufmacht und einem die Morgensonne auf einmal
über die Augen blitzt, es war – die schöne gnädige Frau! –
sie stand in einem schwarzen Samtkleide im Garten, und
hob mit der einen Hand den Schleier vom Gesicht und sah
still und freundlich in eine weite prächtige Gegend hinaus. Je
länger ich hinsah, je mehr kam es mir vor, als wäre es der
Garten am Schlosse, und die Blumen und Zweige wiegten
sich leise im Winde, und unten in der Tiefe sähe ich mein
Zollhäuschen und die Landstraße weit durchs Grüne, und
die Donau und die fernen blauen Berge.

»Sie ist's, sie ist's!« rief ich endlich, erwischte meinen
Hut, und rannte rasch zur Tür hinaus, die vielen Treppen
hinunter, und hörte nur noch, daß mir der verwunderte
Maler nachschrie, ich sollte gegen Abend wiederkommen,
da könnten wir vielleicht mehr erfahren!

Achtes Kapitel

Ich lief mit großer Eilfertigkeit durch die Stadt, um mich
sogleich wieder in dem Gartenhause zu melden, wo die
schöne Frau gestern abend gesungen hatte. Auf den Straßen
war unterdes alles lebendig geworden, Herren und Damen
zogen im Sonnenschein und neigten sich und grüßten bunt
durcheinander, prächtige Karossen rasselten dazwischen,
und von allen Türmen läutete es zur Messe, daß die Klänge
über dem Gewühle wunderbar in der klaren Luft durcheinander hallten. Ich war wie betrunken von Freude und von
dem Rumor, und rannte in meiner Fröhlichkeit immer grade
fort, bis ich zuletzt gar nicht mehr wußte, wo ich stand. Es

war wie verzaubert, als wäre der stille Platz mit dem Brunnen, und der Garten, und das Haus bloß ein Traum gewesen, und beim hellen Tageslicht alles wieder von der Erde verschwunden.

Fragen konnte ich nicht, denn ich wußte den Namen des Platzes nicht. Endlich fing es auch an sehr schwül zu werden, die Sonnenstrahlen schossen recht wie sengende Pfeile auf das Pflaster, die Leute verkrochen sich in die Häuser, die Jalousien wurden überall wieder zugemacht, und es war auf einmal wie ausgestorben auf den Straßen. Ich warf mich zuletzt ganz verzweifelt vor einem großen schönen Hause hin, vor dem ein Balkon mit Säulen breiten Schatten warf, und betrachtete bald die stille Stadt, die in der plötzlichen Einsamkeit bei heller Mittagsstunde ordentlich schauerlich aussah, bald wieder den tiefblauen, ganz wolkenlosen Himmel, bis ich endlich vor großer Ermüdung gar einschlummerte. Da träumte mir, ich läge bei meinem Dorfe auf einer einsamen grünen Wiese, ein warmer Sommerregen sprühte und glänzte in der Sonne, die soeben hinter den Bergen unterging, und wie die Regentropfen auf den Rasen fielen, waren es lauter schöne bunte Blumen, so daß ich davon ganz überschüttet war.

Aber wie erstaunte ich, als ich erwachte, und wirklich eine Menge schöner frischer Blumen auf und neben mir liegen sah! Ich sprang auf, konnte aber nichts Besonderes bemerken, als bloß in dem Hause über mir ein Fenster ganz oben voll von duftenden Sträuchen und Blumen, hinter denen ein Papagei unablässig plauderte und kreischte. Ich las nun die zerstreuten Blumen auf, band sie zusammen und steckte mir den Strauß vorn ins Knopfloch. Dann aber fing ich an, mit dem Papagei ein wenig zu diskurrieren, denn es freute mich, wie er in seinem vergoldeten Gebauer mit allerlei Grimassen herauf und herunter stieg und sich dabei immer ungeschickt über die große Zehe trat. Doch ehe ich mich's versah, schimpfte er mich »furfante!« Wenn es gleich eine unvernünftige Bestie war, so ärgerte es mich doch. Ich schimpfte

ihn wieder, wir gerieten endlich beide in Hitze, je mehr ich
auf deutsch schimpfte, je mehr gurgelte er auf italienisch
wieder auf mich los.

Auf einmal hörte ich jemanden hinter mir lachen. Ich
drehte mich rasch um. Es war der Maler von heute früh.
»Was stellst du wieder für tolles Zeug an!« sagte er, »ich
warte schon eine halbe Stunde auf dich. Die Luft ist wieder
kühler, wir wollen in einen Garten vor der Stadt gehen, da
wirst du mehrere Landsleute finden und vielleicht etwas
Näheres von der deutschen Gräfin erfahren.«

Darüber war ich außerordentlich erfreut, und wir traten
unsern Spaziergang sogleich an, während ich den Papagei
noch lange hinter mir dreinschimpfen hörte.

Nachdem wir draußen vor der Stadt auf schmalen steinigten Fußsteigen lange zwischen Landhäusern und Weingärten
hinaufgestiegen waren, kamen wir an einen kleinen hochgelegenen Garten, wo mehrere junge Männer und Mädchen im
Grünen um einen runden Tisch saßen. Sobald wir hineintra-
ten, winkten uns alle zu, uns still zu verhalten, und zeigten
auf die andere Seite des Gartens hin. Dort saßen in einer
großen, grünverwachsenen Laube zwei schöne Frauen an
einem Tisch einander gegenüber. Die eine sang, die andere
spielte Gitarre dazu. Zwischen beiden hinter dem Tische
stand ein freundlicher Mann, der mit einem kleinen Stäbchen zuweilen den Takt schlug. Dabei funkelte die Abendsonne durch das Weinlaub, bald über die Weinflaschen und
Früchte, womit der Tisch in der Laube besetzt war, bald
über die vollen, runden, blendendweißen Achseln der Frau
mit der Gitarre. Die andere war wie verzückt und sang auf
italienisch ganz außerordentlich künstlich, daß ihr die Flechsen am Halse aufschwollen.

Wie sie nun soeben, mit zum Himmel gerichteten Augen,
eine lange Kadenz anhielt, und der Mann neben ihr mit
aufgehobenem Stäbchen auf den Augenblick paßte, wo sie
wieder in den Takt einfallen würde, und keiner im ganzen
Garten zu atmen sich unterstand, da flog plötzlich die

Gartentüre weit auf, und ein ganz erhitztes Mädchen und hinter ihr ein junger Mensch mit einem feinen, bleichen Gesicht stürzten in großem Gezänke herein. Der erschrokkene Musikdirektor blieb mit seinem aufgehobenen Stabe wie ein versteinerter Zauberer stehen, obgleich die Sängerin schon längst den langen Triller plötzlich abgeschnappt hatte, und zornig aufgestanden war. Alle übrigen zischten den Neuangekommenen wütend an. »Barbar!« rief ihm einer von den runden Tische zu, »du rennst da mitten in das sinnreiche Tableau von der schönen Beschreibung hinein, welche der selige Hoffmann, Seite 347 des ›Frauentaschenbuchs für 1816‹, von dem schönen Hummelschen Bilde gibt, das im Herbst 1814 auf der Berliner Kunstausstellung zu sehen war!« – Aber das half alles nichts. »Ach was!« entgegnete der junge Mann, »mit Euren Tableaus von Tableaus! Mein selbst erfundenes Bild für die andern, und mein Mädchen für mich allein! So will ich es halten! O du Ungetreue, du Falsche!« fuhr er dann von neuem gegen das arme Mädchen fort, »du kritische Seele, die in der Malerkunst nur den Silberblick, und in der Dichtkunst nur den goldenen Faden sucht, und keinen Liebsten, sondern nur lauter Schätze hat! Ich wünsche dir hinführo, anstatt eines ehrlichen malerischen Pinsels, einen alten Duca mit einer ganzen Münzgrube von Diamanten auf der Nase, und mit hellen Silberblick auf der kahlen Platte, und mit Goldschnitt auf den paar noch übrigen Haaren! Ja nur heraus mit dem verruchten Zettel, den du da vorhin vor mir versteckt hast! Was hast du wieder angezettelt? Von wem ist der Wisch, und an wen ist er?«

Aber das Mädchen sträubte sich standhaft, und je eifriger die anderen erbosten jungen Menschen umgaben und ihn mit großem Lärm zu trösten und zu beruhigen suchten, desto erhitzter und toller wurde er von dem Rumor, zumal da das Mädchen auch ihr Mäulchen nicht halten konnte, bis sie endlich weinend aus dem verworrenen Knäuel hervorflog, und sich auf einmal ganz unverhofft an meine Brust

stürzte, um bei mir Schutz zu suchen. Ich stellte mich auch
sogleich in die gehörige Positur, aber da die andern in dem
Getümmel soeben nicht auf uns acht gaben, kehrte sie
plötzlich das Köpfchen nach mir herauf und flüsterte mir
mit ganz ruhigem Gesicht sehr leise und schnell ins Ohr:
»Du abscheulicher Einnehmer! um dich muß ich das alles
leiden. Da steck' den fatalen Zettel geschwind zu dir, du
findest darauf bemerkt, wo wir wohnen. Also zur bestimmten Stunde, wenn du ins Tor kommst, immer die einsame
Straße rechts fort! –«

Ich konnte vor Verwunderung kein Wort hervorbringen,
denn wie ich sie nun erst recht ansah, erkannte ich sie auf
einmal: es war wahrhaftig die schnippische Kammerjungfer
vom Schloß, die mir damals an dem schönen Samstags-
abende die Flasche mit Wein brachte. Sie war mir sonst
niemals so schön vorgekommen, als da sie sich jetzt so
erhitzt an mich lehnte, daß die schwarzen Locken über
meinen Arm herabhingen. – »Aber, verehrteste Mamsell«,
sagte ich voller Erstaunen, »wie kommen Sie« – »Um Gotteswillen, still nur, jetzt still!« erwiderte sie, und sprang
geschwind von mir fort auf die andere Seite des Gartens, eh'
ich mich noch auf alles recht besinnen konnte.

Unterdes hatten die andern ihr erstes Thema fast ganz
vergessen, zankten aber untereinander recht vergnüglich
weiter, indem sie dem jungen Menschen beweisen wollten,
daß er eigentlich betrunken sei, was sich für einen ehrlieben-
den Maler gar nicht schicke. Der runde fixe Mann aus der
Laube, der – wie ich nachher erfuhr – ein großer Kenner und
Freund von Künsten war, und aus Liebe zu den Wissenschaften gern alles mitmachte, hatte auch sein Stäbchen
weggeworfen, und flankierte mit seinem fetten Gesicht, das
vor Freundlichkeit ordentlich glänzte, eifrig mitten im
dicksten Getümmel herum, um alles zu vermitteln und zu
beschwichtigen, während er dazwischen immer wieder die
lange Kadenz und das schöne Tableau bedauerte, das er mit
vieler Mühe zusammengebracht hatte.

Mir aber war es so sternklar im Herzen, wie damals an dem glückseligen Sonnabend, als ich am offnen Fenster vor der Weinflasche bis tief in die Nacht hinein auf der Geige spielte. Ich holte, da der Rumor gar kein Ende nehmen wollte, frisch meine Violine wieder hervor und spielte, ohne mich lange zu besinnen, einen welschen Tanz auf, den sie dort im Gebirge tanzen, und den ich auf dem alten, einsamen Waldschlosse gelernt hatte.

Da reckten sie alle die Köpfe in die Höh. »Bravo, bravissimo! ein deliziöser Einfall!« rief der lustige Kenner von den Künsten, und lief sogleich von einem zum andern, um ein ländliches Divertissement, wie er's nannte, einzurichten. Er selbst machte den Anfang, indem er der Dame die Hand reichte, die vorhin in der Laube Gitarre gespielt hatte. Er begann darauf außerordentlich künstlich zu tanzen, schrieb mit den Fußspitzen allerlei Buchstaben auf den Rasen, schlug ordentliche Triller mit den Füßen, und machte von Zeit zu Zeit ganz passable Luftsprünge. Aber er bekam es bald satt, denn er war etwas korpulent. Er machte immer kürzere und ungeschicktere Sprünge, bis er endlich ganz aus dem Kreise heraustrat und heftig pustete und sich mit seinem schneeweißen Schnupftuch unaufhörlich den Schweiß abwischte. Unterdes hatte auch der junge Mensch, der nun wieder ganz gescheut geworden war, aus dem Wirtshause Kastagnetten herbeigeholt, und ehe ich mich's versah, tanzten alle unter den Bäumen bunt durcheinander. Die untergegangene Sonne warf noch einige rote Widerscheine zwischen die dunklen Schatten und über das alte Gemäuer und die von Efeu wild überwachsenen halb versunkenen Säulen hinten im Garten, während man von der andern Seite tief unter den Weinbergen die Stadt Rom in den Abendgluten liegen sah. Da tanzten sie alle lieblich im Grünen in der klaren stillen Luft, und mir lachte das Herz recht im Leibe, wie die schlanken Mädchen, und die Kammerjungfer mitten unter ihnen, sich so mit aufgehobenen Armen wie heidnische Waldnymphen zwischen dem Laubwerk schwangen, und

dabei jedesmal in der Luft mit den Kastagnetten lustig dazu
schnalzten. Ich konnte mich nicht länger halten, ich sprang
mitten unter sie hinein und machte, während ich dabei
immerfort geigte, recht artige Figuren.

Ich mochte eine ziemliche Weile so im Kreise herumgesprungen sein, und merkte gar nicht, daß die andern unterdes anfingen müde zu werden und sich nach und nach von
dem Rasenplatze verloren. Da zupfte mich jemand von
hinten tüchtig an den Rockschößen. Es war die Kammerjungfer. »Sei kein Narr«, sagte sie leise, »du springst ja wie
ein Ziegenbock! Studiere deinen Zettel ordentlich, und
komm bald nach, die schöne junge Gräfin wartet.« – Und
damit schlüpfte sie in der Dämmerung zur Gartenpforte
hinaus, und war bald zwischen den Weingärten verschwunden.

Mir klopfte das Herz, ich wäre am liebsten gleich nachgesprungen. Zum Glück zündete der Kellner, da es schon
dunkel geworden war, in einer großen Laterne an der Gartentür Licht an. Ich trat heran und zog geschwind den Zettel
heraus. Da war ziemlich kritzlich mit Bleifeder das Tor und
die Straße beschrieben, wie mir die Kammerjungfer vorhin
gesagt hatte. Dann stand: »Elf Uhr an der kleinen Türe.«

Da waren noch ein paar lange Stunden hin! – Ich wollte
mich demungeachtet sogleich auf den Weg machen, denn ich
hatte keine Rast und Ruhe mehr; aber da kam der Maler, der
mich hierher gebracht hatte, auf mich los. »Hast du das
Mädchen gesprochen?« frug er, »ich seh' sie nun nirgends
mehr; das war das Kammermädchen von der deutschen
Gräfin.« »Still, still!« erwiderte ich, »die Gräfin ist noch in
Rom.« »Nun desto besser«, sagte der Maler, »so komm und
trink' mit uns auf ihre Gesundheit!« und damit zog er mich,
wie sehr ich mich auch sträubte, in den Garten zurück.

Da war es unterdes ganz öde und leer geworden. Die
lustigen Gäste wanderten, jeder sein Liebchen am Arm,
nach der Stadt zu, und man hörte sie noch durch den stillen
Abend zwischen den Weingärten plaudern und lachen,

immer ferner und ferner, bis sich endlich die Stimmen tief in dem Tale im Rauschen der Bäume und des Stromes verloren. Ich war nur noch mit meinem Maler, und dem Herrn Eckbrecht – so hieß der andre junge Maler, der sich vorhin so herumgezankt hatte – allein oben zurückgeblieben. Der Mond schien prächtig im Garten zwischen die hohen dunklen Bäume herein, ein Licht flackerte im Winde auf dem Tische vor uns und schimmerte über den vielen vergoßnen Wein auf der Tafel. Ich mußte mich mit hinsetzen und mein Maler plauderte mit mir über meine Herkunft, meine Reise, und meinen Lebensplan. Herr Eckbrecht aber hatte das junge hübsche Mädchen aus dem Wirtshause, nachdem sie uns Flaschen auf den Tisch gestellt, vor sich auf den Schoß genommen, legte ihr die Gitarre in den Arm, und lehrte sie ein Liedchen darauf klimpern. Sie fand sich auch bald mit den kleinen Händchen zurecht, und sie sangen dann zusammen ein italienisches Lied, einmal er, dann wieder das Mädchen eine Strophe, was sich in dem schönen stillen Abend prächtig ausnahm. – Als das Mädchen dann weggerufen wurde, lehnte sich Herr Eckbrecht mit der Gitarre auf der Bank zurück, legte seine Füße auf einen Stuhl, der vor ihm stand, und sang nun für sich allein viele herrliche deutsche und italienische Lieder, ohne sich weiter um uns zu bekümmern. Dabei schienen die Sterne prächtig am klaren Firmament, die ganze Gegend war wie versilbert vom Mondschein, ich dachte an die schöne Fraue, an die ferne Heimat, und vergaß darüber ganz meinen Maler neben mir. Zuweilen mußte Herr Eckbrecht stimmen, darüber wurde er immer ganz zornig. Er drehte und riß zuletzt an dem Instrument, daß plötzlich eine Saite sprang. Da warf er die Gitarre hin und sprang auf. Nun wurde er erst gewahr, daß mein Maler sich unterdes über seinen Arm auf den Tisch gelegt hatte und fest eingeschlafen war. Er warf schnell einen weißen Mantel um, der auf einem Aste neben dem Tische hing, besann sich aber plötzlich, sah erst meinen Maler, dann mich ein paarmal scharf an, setzte sich darauf, ohne sich lange zu bedenken, grade vor mich auf den Tisch hin, räusperte sich, rückte an seiner Halsbinde, und fing dann auf einmal an, eine Rede an mich zu halten. »Geliebter Zuhörer und Landsmann!« sagte er, »da die Flaschen beinah leer sind, und da die Moral unstreitig die erste Bürgerpflicht ist, wenn die Tugenden auf die Neige gehen, so fühle ich mich aus landsmännlicher Sympathie getrieben, dir einige Moralität zu Gemüte zu führen. – Man könnte zwar meinen«, fuhr er fort, »du seist ein bloßer Jüngling, während doch dein Frack über seine besten Jahre hinaus ist; man könnte vielleicht annehmen, du habest vorhin wunderliche Sprünge gemacht, wie ein Satyr; ja, einige möchten wohl behaupten, du seiest wohl gar ein Landstreicher, weil du hier auf dem Lande bist und die Geige streichst; aber ich kehre mich an solche oberflächliche Urteile nicht, ich halte mich an deine feingespitzte Nase, ich halte dich für ein vazierendes Genie.« – Mich ärgerten die verfänglichen Redensarten, ich wollte ihm soeben recht antworten. Aber er ließ mich nicht zu Worte kommen. »Siehst du«, sagte er, »wie du dich schon aufbläßt von dem bißchen Lobe. Gehe in dich, und bedenke dieses gefährliche Metier! Wir Genies – denn ich bin auch eins – machen uns aus der Welt ebensowenig, als sie aus uns, wir schreiten vielmehr ohne besondere Umstände in unsern Siebenmeilenstiefeln, die wir bald mit auf die Welt bringen, grade auf die Ewigkeit los. O höchst klägliche, unbequeme, breitgespreizte Position, mit dem einen Beine in der Zukunft, wo nichts als Morgenrot und zukünftige Kindergesichter dazwischen, mit dem andern Beine noch mitten in Rom auf der Piazza del Popolo, wo das ganze Säkulum bei der guten Gelegenheit mit will und sich an den Stiefel hängt, daß sie einem das Bein ausreißen möchten! Und alle das Zucken, Weintrinken und Hungerleiden lediglich für die unsterbliche Ewigkeit! Und siehe meinen Herrn Kollegen dort auf der Bank, der gleichfalls ein Genie ist; ihm wird die *Zeit* schon zu lang, was wird er erst in der Ewigkeit anfangen?! Ja, hochgeschätzter Herr Kollege, du und ich und die Sonne, wir sind heute früh zusammen aufgegangen, und haben den ganzen Tag gebrütet und gemalt, und es war alles schön – und nun fährt die schläfrige Nacht mit ihrem Pelzärmel über die Welt und hat alle Farben verwischt.« Er sprach noch immerfort und war dabei mit seinen verwirrten Haaren von dem Tanzen und Trinken im Mondschein ganz leichenblaß anzusehen.

Mir aber graute schon lange vor ihm und seinem wilden Gerede, und als er sich nun förmlich zu dem schlafenden Maler herumwandte, benutzte ich die Gelegenheit, schlich, ohne daß er es bemerkte, um den Tisch, aus dem Garten heraus, und stieg, allein und fröhlich im Herzen, an dem Rebengeländer in das weite, vom Mondschein beglänzte Tal hinunter.

Von der Stadt her schlugen die Uhren Zehn. Hinter mir hörte ich durch die stille Nacht noch einzelne Gitarrenklänge und manchmal die Stimmen der beiden Maler, die nun auch nach Hause gingen, von ferne herüberschallen. Ich lief daher so schnell, als ich nur konnte, damit sie mich nicht weiter ausfragen sollten.

Am Tore bog ich sogleich rechts in die Straße ein, und ging mit klopfendem Herzen eilig zwischen den stillen Häusern und Gärten fort. Aber wie erstaunte ich, als ich da auf einmal auf dem Platze mit dem Springbrunnen herauskam, den ich heute am Tage gar nicht hatte finden können. Da stand das einsame Gartenhaus wieder, im prächtigsten Mondschein, und auch die schöne Fraue sang im Garten wieder dasselbe italienische Lied, wie gestern abend. – Ich rannte voller Entzücken erst an die kleine Tür, dann an die Haustür, und endlich mit aller Gewalt an das große Gartentor, aber es war alles verschlossen. Nun fiel mir erst ein, daß es noch nicht elf geschlagen hatte. Ich ärgerte mich über die langsame Zeit, aber über das Gartentor klettern, wie gestern, mochte ich wegen der guten Lebensart nicht. Ich ging daher ein Weilchen auf dem einsamen Platze auf und ab, und setzte mich endlich wieder auf den steinernen Brunnen voll Gedanken und stiller Erwartung hin.

Die Sterne funkelten am Himmel, auf dem Platze war alles leer und still, ich hörte voll Vergnügen dem Gesange der schönen Frau zu, der zwischen dem Rauschen des Brunnens aus dem Garten herüberklang. Da erblick' ich auf einmal eine weiße Gestalt, die von der andern Seite des Platzes herkam, und grade auf die kleine Gartentür zuging. Ich blickte durch den Mondflimmer recht scharf hin – es war der wilde Maler in seinem weißen Mantel. Er zog schnell einen Schlüssel hervor, schloß auf, und ehe ich mich's versah, war er im Garten drin.

Nun hatte ich gegen den Maler schon von Anfang eine absonderliche Pike wegen seiner unvernünftigen Reden. Jetzt aber geriet ich ganz außer mir vor Zorn. Das liederliche Genie ist gewiß wieder betrunken, dachte ich, den Schlüssel hat er von der Kammerjungfer, und will nun die gnädige Frau beschleichen, verraten, überfallen. – Und so stürzte ich durch das kleine, offen gebliebene Pförtchen in den Garten hinein.

Als ich eintrat, war es ganz still und einsam darin. Die Flügeltür vom Gartenhause stand offen, ein milchweißer Lichtschein drang daraus hervor, und spielte auf dem Grase und den Blumen vor der Tür. Ich blickte von weitem herein. Da lag in einem prächtigen grünen Gemach, das von einer weißen Lampe nur wenig erhellt war, die schöne gnädige Frau, mit der Gitarre im Arm, auf einem seidenen Faulbettchen, ohne in ihrer Unschuld an die Gefahren draußen zu denken.

Ich hatte aber nicht lange Zeit, hinzusehen, denn ich bemerkte soeben, daß die weiße Gestalt von der andern Seite ganz behutsam hinter den Sträuchern nach dem Gartenhause zuschlich. Dabei sang die gnädige Frau so kläglich aus dem Hause, daß es mir recht durch Mark und Bein ging. Ich besann mich daher nicht lange, brach einen tüchtigen Ast ab, rannte damit gerade auf den Weißmantel los, und schrie aus vollem Halse »Mordjo!« daß der ganze Garten erzitterte.

Der Maler, wie er mich so unverhofft daherkommen sah, nahm schnell Reißaus, und schrie entsetzlich. Ich schrie noch besser, er lief nach dem Hause zu, ich ihm nach – und ich hätt' ihn beinah schon erwischt, da verwickelte ich mich mit den Füßen in den fatalen Blumenstücken, und stürzte auf einmal der Länge nach vor der Haustür hin.

»Also du bist es, Narr!« hört' ich da über mir ausrufen, »hast du mich doch fast zum Tode erschreckt!« – Ich raffte mich geschwind wieder auf, und wie ich mir den Sand und die Erde aus den Augen wische, steht die Kammerjungfer vor mir, die soeben bei dem letzten Sprunge den weißen Mantel von der Schulter verloren hatte. »Aber«, sagte ich ganz verblüfft, »war denn der Maler nicht hier?« – »Ja freilich«, entgegnete sie schnippisch, »sein Mantel wenigstens, den er mir, als ich ihn vorhin im Tor begegnete, umgehangen hat, weil mich fror.« – Über dem Geplauder war nun auch die gnädige Frau von ihrem Sofa aufgesprungen, und kam zu uns an die Tür. Mir klopfte das Herz zum Zerspringen. Aber wie erschrak ich, als ich recht hinsah und, anstatt der schönen gnädigen Frau, auf einmal eine ganz fremde Person erblickte!

Es war eine etwas große korpulente, mächtige Dame mit einer stolzen Adlernase und hochgewölbten schwarzen Augenbrauen, so recht zum Erschrecken schön. Sie sah mich mit ihren großen funkelnden Augen so majestätisch an, daß ich mich vor Ehrfurcht gar nicht zu lassen wußte. Ich war ganz verwirrt, ich machte in einem fort Komplimente, und wollte ihr zuletzt gar die Hand küssen. Aber sie riß ihre Hand schnell weg, und sprach dann auf italienisch zu der Kammerjungfer, wovon ich nichts verstand.

Unterdes aber war von dem vorigen Geschrei die ganze Nachbarschaft lebendig geworden. Hunde bellten, Kinder schrien, zwischendurch hörte man einige Männerstimmen, die immer näher und näher auf den Garten zukamen. Da blickte mich die Dame noch einmal an, als wenn sie mich mit feurigen Kugeln durchbohren wollte, wandte sich dann rasch nach dem Zimmer zurück, während sie dabei stolz und gezwungen auflachte, und schmiß mir die Türe vor der Nase zu. Die Kammerjungfer aber erwischte mich ohne weiteres beim Flügel, und zerrte mich nach der Gartenpforte.

»Da hast du wieder einmal recht dummes Zeug gemacht«, sagte sie unterweges voller Bosheit zu mir. Ich wurde auch schon giftig. »Nun zum Teufel!« sagte ich, »habt Ihr mich denn nicht selbst hierher bestellt?« – »Das ist's ja eben«, rief die Kammerjungfer, »meine Gräfin meinte es so gut mit dir, wirft dir erst Blumen aus dem Fenster zu, singt Arien – und *das* ist nun ihr Lohn! Aber mit dir ist nun einmal nichts anzufangen, du trittst dein Glück ordentlich mit Füßen.« – »Aber«, erwiderte ich, »ich meinte die Gräfin aus Deutschland, die schöne gnädige Frau –« »Ach«, unterbrach sie mich, »die ist ja lange schon wieder in Deutschland, mitsamt deiner tollen Amour. Und da lauf du nur auch wieder hin! Sie schmachtet ohnedies nach dir, da könnt ihr zusammen die Geige spielen und in den Mond gucken, aber daß du mir nicht wieder unter die Augen kommst!«

Nun aber entstand ein entsetzlicher Rumor und Spektakel hinter uns. Aus dem anderen Garten kletterten Leute mit Knüppeln hastig über den Zaun, andere fluchten und durchsuchten schon die Gänge, desperate Gesichter mit Schlafmützen guckten im Mondschein bald da bald dort über die Hecken, es war, als wenn der Teufel auf einmal aus allen Hecken und Sträuchern Gesindel heckte. – Die Kammerjungfer fackelte nicht lange. »Dort, dort läuft der Dieb!« schrie sie den Leuten zu, indem sie dabei auf die andere Seite des Gartens zeigte. Dann schob sie mich schnell aus dem Garten, und klappte das Pförtchen hinter mir zu.

Da stand ich nun unter Gottes freiem Himmel wieder auf dem stillen Platze mutterseelenallein, wie ich gestern angekommen war. Die Wasserkunst, die mir vorhin im Mondschein so lustig flimmerte, als wenn Englein darin auf und

nieder stiegen, rauschte noch fort wie damals, mir aber war
unterdes alle Lust und Freude in den Brunn gefallen. – Ich
nahm mir nun fest vor, dem falschen Italien mit seinen
verrückten Malern, Pomeranzen und Kammerjungfern auf
ewig den Rücken zu kehren, und wanderte noch zur selbi-
gen Stunde zum Tore hinaus.

Neuntes Kapitel

> Die treuen Berg' steh'n auf der Wacht:
> »Wer streicht bei stiller Morgenzeit
> Da aus der Fremde durch die Heid'?« –
> Ich aber mir die Berg' betracht'
> Und lach' in mich vor großer Lust,
> Und rufe recht aus frischer Brust
> Parol und Feldgeschrei sogleich:
> Vivat Östreich!
>
> Da kennt mich erst die ganze Rund,
> Nun grüßen Bach und Vöglein zart
> Und Wälder rings nach Landesart,
> Die Donau blitzt aus tiefem Grund,
> Der Stephansturm auch ganz von fern
> Guckt übern Berg und säh' mich gern,
> Und ist er's nicht, so kommt er doch gleich,
> Vivat Östreich!

Ich stand auf einem hohen Berge, wo man zum erstenmal
nach Östreich hineinsehen kann, und schwenkte voller
Freude noch mit dem Hute und sang die letzte Strophe, da
fiel auf einmal hinter mir im Walde eine prächtige Musik von
Blasinstrumenten mit ein. Ich dreh' mich schnell um und
erblicke drei junge Gesellen in langen blauen Mänteln, davon bläst der eine Oboe, der andere die Klarinett, und der
dritte, der einen alten Dreistutzer auf dem Kopfe hatte, das

Waldhorn – die akkompagnierten mich plötzlich, daß der ganze Wald erschallte. Ich, nicht zu faul, ziehe meine Geige hervor, und spiele und singe sogleich frisch mit. Da sah einer den andern bedenklich an, der Waldhornist ließ dann zuerst seine Bausbacken wieder einfallen und setzte sein Waldhorn ab, bis am Ende alle stille wurden, und mich anschauten. Ich hielt verwundert ein, und sah sie auch an. – »Wir meinten«, sagte endlich der Waldhornist, »weil der Herr so einen langen Frack hat, der Herr wäre ein reisender Engländer, der hier zu Fuß die schöne Natur bewundert; da wollten wir uns ein Viatikum verdienen. Aber, mir scheint, der Herr ist selber ein Musikant.« – »Eigentlich ein Einnehmer«, versetzte ich, »und komme direkt von Rom her, da ich aber seit geraumer Zeit nichts mehr eingenommen, so habe ich mich unterweges mit der Violine durchgeschlagen.« – »Bringt nicht viel heutzutage!« sagte der Waldhornist, der unterdes wieder an den Wald zurückgetreten war, und mit seinem Dreistutzer ein kleines Feuer anfachte, das sie dort angezündet hatten. »Da gehn die blasenden Instrumente schon besser«, fuhr er fort; »wenn so eine Herrschaft ganz ruhig zu Mittag speist, und wir treten unverhofft in das gewölbte Vorhaus und fangen alle drei aus Leibeskräften zu blasen an – gleich kommt ein Bedienter herausgesprungen mit Geld oder Essen, damit sie nur den Lärm wieder loswerden. Aber will der Herr nicht eine Kollation mit uns einnehmen?«

Das Feuer loderte nun recht lustig im Walde, der Morgen war frisch, wir setzten uns alle rings umher auf den Rasen, und zwei von den Musikanten nahmen ein Töpfchen, worin Kaffee und auch schon Milch war, vom Feuer, holten Brot aus ihren Manteltaschen hervor, und tunkten und tranken abwechselnd aus dem Topfe, und es schmeckte ihnen so gut, daß es ordentlich eine Lust war anzusehen. – Der Waldhornist aber sagte: »Ich kann das schwarze Gesöff nicht vertragen«, und reichte mir dabei die eine Hälfte von einer großen übereinandergelegten Butterschnitte, dann brachte er eine Flasche Wein zum Vorschein. »Will der Herr nicht auch einen Schluck?« – Ich tat einen tüchtigen Zug, mußte aber schnell wieder absetzen und das ganze Gesicht verziehn, denn es schmeckte wie Drei-Männer-Wein. »Hiesiges Gewächs«, sagte der Waldhornist, »aber der Herr hat sich in Italien den deutschen Geschmack verdorben.«

Darauf kramte er eifrig in seinem Schubsack und zog endlich unter allerlei Plunder eine alte zerfetzte Landkarte hervor, worauf noch der Kaiser in vollem Ornate zu sehen war, den Zepter in der rechten, den Reichsapfel in der linken Hand. Er breitete sie auf dem Boden behutsam auseinander, die andern rückten näher heran, und sie beratschlagten nun zusammen, was sie für eine Marschroute nehmen sollten.

»Die Vakanz geht bald zu Ende«, sagte der eine, »wir müssen uns gleich von Linz links abwenden, so kommen wir noch bei guter Zeit nach Prag.« – »Nun wahrhaftig!« rief der Waldhornist, »wem willst du da was vorpfeifen? nichts als Wälder und Kohlenbauern, kein geläuterter Kunstgeschmack, keine vernünftige freie Station!« – »O Narrenspossen!« erwiderte der andere, »die Bauern sind mir grade die Liebsten, die wissen am besten, wo einen der Schuh drückt, und nehmens nicht so genau, wenn man manchmal eine falsche Note bläst.« – »Das macht, du hast kein point d'honneur«, versetzte der Waldhornist, »odi profanum vulgus et arceo, sagt der Lateiner.« – »Nun, Kirchen aber muß es auf der Tour doch geben«, meinte der Dritte, »so kehren wir bei den Herren Pfarrern ein.« – »Gehorsamster Diener!« sagte der Waldhornist, »die geben kleines Geld und große Sermone, daß wir nicht so unnütz in der Welt herumschweifen, sondern uns besser auf die Wissenschaften applizieren sollen, besonders wenn sie in mir den künftigen Herrn Konfrater wittern. Nein, nein, Clericus clericum non decimat. Aber was gibt es denn da überhaupt für große Not? die Herren Professoren sitzen auch noch im Karlsbade, und halten selbst den Tag nicht so genau ein.« – »Ja, distinguendum est inter et inter«, erwiderte der andere, »quod licet Jovi, non licet bovi!«

Ich aber merkte nun, daß es Prager Studenten waren, und bekam einen ordentlichen Respekt vor ihnen, besonders da ihnen das Latein nur so wie Wasser vom Munde floß. – »Ist der Herr auch ein Studierter?« fragte mich darauf der Waldhornist. Ich erwiderte bescheiden, daß ich immer besondere Lust zum studieren, aber kein Geld gehabt hätte. – »Das tut gar nichts«, rief der Waldhornist, »wir haben auch weder Geld, noch reiche Freundschaft. Aber ein gescheuter Kopf muß sich zu helfen wissen. Aurora musis amica, das heißt zu deutsch: mit vielem Frühstücken sollst du dir nicht die Zeit verderben. Aber wenn dann die Mittagsglocken von Turm zu Turm und von Berg zu Berg über die Stadt gehen, und nun die Schüler auf einmal mit großem Geschrei aus dem alten finstern Kollegium herausbrechen und im Sonnenscheine durch die Gassen schwärmen – da begeben wir uns bei den Kapuzinern zum Pater Küchenmeister und finden unsern gedeckten Tisch, und ist er auch nicht gedeckt, so steht doch für jeden ein voller Topf darauf, da fragen wir nicht viel danach und essen, und perfektionieren uns dabei noch im Lateinischsprechen. Sieht der Herr, so studieren wir von einem Tage zum andern fort. Und wenn dann endlich die Vakanz kommt, und die andern fahren und reiten zu ihren Eltern fort, da wandern wir mit unsern Instrumenten unterm Mantel durch die Gassen zum Tore hinaus, und die ganze Welt steht uns offen.«

Ich weiß nicht – wie er so erzählte – ging es mir recht durchs Herz, daß so gelehrte Leute so ganz verlassen sein sollten auf der Welt. Ich dachte dabei an mich, wie es mir eigentlich selber nicht anders ginge, und die Tränen traten mir in die Augen. – Der Waldhornist sah mich groß an. »Das tut gar nichts«, fuhr er wieder weiter fort, »ich möchte gar nicht so reisen: Pferde und Kaffee und frischüberzogene Betten, und Nachtmützen und Stiefelknecht vorausbestellt. Das ist just das Schönste, wenn wir so frühmorgens heraustreten, und die Zugvögel hoch über uns fortziehn, daß wir gar nicht wissen, welcher Schornstein heut für uns raucht, und gar nicht voraussehen, was uns bis zum Abend noch für ein besonderes Glück begegnen kann.« – »Ja«, sagte der andere, »und wo wir hinkommen und unsere Instrumente herausziehen, wird alles fröhlich, und wenn wir dann zur Mittagsstunde auf dem Lande in ein Herrschaftshaus treten, und im Hausflur blasen, da tanzen die Mägde miteinander vor der Haustür, und die Herrschaft läßt die Saaltür etwas aufmachen, damit sie die Musik drin besser hören, und durch die Lücke kommt das Tellergeklapper und der Bratenduft in den freudenreichen Schall herausgezogen, und die Fräuleins an der Tafel verdrehen sich fast die Hälse, um die Musikanten draußen zu sehn.« – »Wahrhaftig«, rief der Waldhornist mit leuchtenden Augen aus, »laßt die andern nur ihre Kompendien repetieren, *wir* studieren unterdes in dem großen Bilderbuche, das der liebe Gott uns draußen aufgeschlagen hat! Ja glaub' nur der Herr, aus uns werden grade die rechten Kerls, die den Bauern dann was zu erzählen wissen und mit der Faust auf die Kanzel schlagen, daß den Knollfinken unten vor Erbauung und Zerknirschung das Herz im Leibe bersten möchte.«

Wie sie so sprachen, wurde mir so lustig in meinem Sinn, daß ich gleich auch hätte mit studieren mögen. Ich konnte mich gar nicht satt hören, denn ich unterhalte mich gern mit studierten Leuten, wo man etwas profitieren kann. Aber es konnte gar nicht zu einem recht vernünftigen Diskurse kommen. Denn dem einen Studenten war vorhin angst geworden, weil die Vakanz so bald zu Ende gehen sollte. Er hatte daher hurtig sein Klarinett zusammengesetzt, ein Notenblatt vor sich auf das aufgestemmte Knie hingelegt, und exerzierte sich eine schwierige Passage aus einer Messe ein, die er mitblasen sollte, wenn sie nach Prag zurückkamen. Da saß er nun und fingerte und pfiff dazwischen manchmal so falsch, daß es einem durch Mark und Bein ging und man oft sein eigenes Wort nicht verstehen konnte.

Auf einmal schrie der Waldhornist mit seiner Baßstimme. »Topp, da hab' ich es«, er schlug dabei fröhlich auf die

Landkarte neben ihm. Der andere ließ auf einen Augenblick von seinem fleißigen Blasen ab, und sah ihn verwundert an. »Hört«, sagte der Waldhornist, »nicht weit von Wien ist ein Schloß, auf dem Schlosse ist ein Portier, und der Portier ist mein Vetter! Teuerste Kondiszipels, da müssen wir hin, machen dem Herrn Vetter unser Kompliment, und er wird dann schon dafür sorgen, wie er uns wieder weiter fortbringt!« – Als ich das hörte, fuhr ich geschwind auf. »Bläst er nicht auf dem Fagott?« rief ich, »und ist von langer grader Leibesbeschaffenheit, und hat eine große vornehme Nase?« – Der Waldhornist nickte mit dem Kopfe. Ich aber embrassierte ihn vor Freuden, daß ihm der Dreistutzer vom Kopfe fiel, und wir beschlossen nun sogleich, alle miteinander im Postschiffe auf der Donau nach dem Schloß der schönen Gräfin hinunterzufahren.

Als wir an das Ufer kamen, war schon alles zur Abfahrt bereit. Der dicke Gastwirt, bei dem das Schiff über Nacht angelegt hatte, stand breit und behaglich in seiner Haustür, die er ganz ausfüllte, und ließ zum Abschied allerlei Witze und Redensarten erschallen, während in jedem Fenster ein Mädchenkopf herausfuhr und den Schiffern noch freundlich zunickte, die soeben die letzten Pakete nach dem Schiffe schafften. Ein ältlicher Herr mit einem grauen Überrock und schwarzen Halstuch, der auch mitfahren wollte, stand am Ufer, und sprach sehr eifrig mit einem jungen schlanken Bürschchen, das mit langen ledernen Beinkleidern und knapper, scharlachroter Jacke vor ihm auf einem prächtigen Engländer saß. Es schien mir zu meiner großen Verwunderung, als wenn sie beide zuweilen nach mir hinblickten und von mir sprächen. – Zuletzt lachte der alte Herr, das schlanke Bürschchen schnalzte mit der Reitgerte, und sprengte, indem er ihm über die Lerchen über ihm um die Wette, durch die Morgenluft in die blitzende Landschaft hinein.

Unterdes hatten die Studenten und ich unsere Kasse zusammengeschossen. Der Schiffer lachte und schüttelte den Kopf, als ihm der Waldhornist damit unser Fährgeld in lauter Kupferstücken aufzählte, die wir mit großer Not aus allen unsern Taschen zusammengebracht hatten. Ich aber jauchzte laut auf, als ich auf einmal wieder die Donau so recht vor mir sah; wir sprangen geschwind auf das Schiff hinauf, der Schiffer gab das Zeichen, und so flogen wir nun im schönsten Morgenglanze zwischen den Bergen und Wiesen hinunter.

Da schlugen die Vögel im Walde, und von beiden Seiten klangen die Morgenglocken von fern aus den Dörfern, hoch in der Luft hörte man manchmal die Lerchen dazwischen. Von dem Schiffe aber jubilierte und schmetterte ein Kanarienvogel mit darein, daß es eine rechte Lust war.

Der gehörte einem hübschen jungen Mädchen, die auch mit auf dem Schiffe war. Sie hatte den Käfig dicht neben sich stehen, von der andern Seite hielt sie ein feines Bündel Wäsche unterm Arm, so saß sie ganz still für sich und sah recht zufrieden bald auf ihre neue Reiseschuhe, die unter dem Röckchen hervorkamen, bald wieder in das Wasser vor sich hinunter, und die Morgensonne glänzte ihr dabei auf der weißen Stirn, über der sie die Haare sehr sauber gescheitelt hatte. Ich merkte wohl, daß die Studenten gern einen höflichen Diskurs mit ihr angesponnen hätten, denn sie gingen immer an ihr vorüber, und der Waldhornist räusperte sich dabei und rückte bald an seiner Halsbinde, bald an dem Dreistutzer. Aber sie hatten keine rechte Courage, und das Mädchen schlug auch jedesmal die Augen nieder, sobald sie ihr näherkamen.

Besonders aber genierten sie sich vor dem ältlichen Herrn, mit dem grauen Überrock, der nun auf der andern Seite des Schiffes saß, und den sie gleich für einen Geistlichen hielten. Er hatte ein Brevier vor sich, in welchem er las, dazwischen aber oft in die schöne Gegend von dem Buche aufsah, dessen Goldschnitt und die vielen dareingelegten bunten Heiligenbilder prächtig im Morgenschein blitzten. Dabei bemerkte er auch sehr gut, was auf dem Schiffe vorging, und erkannte bald die Vögel an ihren Federn; denn es dauerte nicht lange,

so redete er einen von den Studenten lateinisch an, worauf
alle drei herantraten, die Hüte vor ihm abnahmen, und ihm
wieder lateinisch antworteten.

Ich aber hatte mich unterdes ganz vorn auf die Spitze des
Schiffes gesetzt, ließ vergnügt meine Beine über dem Wasser
herunterbaumeln, und blickte, während das Schiff so fort
flog und die Wellen unter mir rauschten und schäumten,
immerfort in die blaue Ferne, wie da ein Turm und ein
Schloß nach dem andern aus dem Ufergrün hervorkam,
wuchs und wuchs, und endlich hinter uns wieder verschwand. Wenn ich nur *heute* Flügel hätte! dachte ich, und
zog endlich vor Ungeduld meine liebe Violine hervor, und
spielte alle meine ältesten Stücke durch, die ich noch zu
Hause und auf dem Schloß der schönen Frau gelernt hatte.

Auf einmal klopfte mir jemand von hinten auf die Achsel.
Es war der geistliche Herr, der unterdes sein Buch wegge-
legt, und mir schon ein Weilchen zugehört hatte. »Ei«, sagte
er lachend zu mir, »ei, ei, Herr Ludi magister, Essen und
Trinken vergißt er.« Er hieß mich darauf meine Geige
einstecken, um einen Inbiß mit ihm einzunehmen, und
führte mich zu einer kleinen lustigen Laube, die von den
Schiffern aus jungen Birken und Tannenbäumchen in der
Mitte des Schiffes aufgerichtet worden war. Dort hatte er
einen Tisch hinstellen lassen, und ich, die Studenten, und
selbst das junge Mädchen mußten uns auf die Fässer und
Pakete ringsherum setzen.

Der geistliche Herr packte nun einen großen Braten und
Butterschnitten aus, die sorgfältig in Papier gewickelt
waren, zog auch aus einem Futteral mehrere Weinflaschen
und einen silbernen, innerlich vergoldeten Becher hervor,
schenkte ein, kostete erst, roch daran und prüfte wieder
und reichte dann einem jeden von uns. Die Studenten saßen
ganz kerzengrade auf ihren Fässern, und aßen und tranken
nur sehr wenig vor großer Devotion. Auch das Mädchen
tauchte bloß das Schnäbelchen in den Becher, und blickte
dabei schüchtern bald auf mich, bald auf die Studenten,

aber je öfter sie uns ansah, je dreister wurde sie nach und nach.

Sie erzählte endlich dem geistlichen Herrn, daß sie nun zum erstenmale von Hause in Kondition komme, und soeben auf das Schloß ihrer neuen Herrschaft reise. Ich wurde über und über rot, denn sie nannte dabei das Schloß der schönen gnädigen Frau. – Also das soll meine zukünftige Kammerjungfer sein! dachte ich und sah sie groß an, und mir schwindelte fast dabei. – »Auf dem Schlosse wird es bald eine große Hochzeit geben«, sagte darauf der geistliche Herr. »Ja«, erwiderte das Mädchen, die gern von der Geschichte mehr gewußt hätte; »man sagt, es wäre schon eine alte, heimliche Liebschaft gewesen, die Gräfin hätte es aber niemals zugeben wollen.« Der Geistliche antwortete nur mit: »Hm, hm!« während er seinen Jagdbecher vollschenkte, und mit bedenklichen Mienen daraus nippte. Ich aber hatte mich mit beiden Armen weit über den Tisch vorgelegt, um die Unterredung recht genau anzuhören. Der geistliche Herr bemerkte es. »Ich kann's Euch wohl sagen«, hub er wieder an, »die beiden Gräfinnen haben mich auf Kundschaft ausgeschickt, ob der Bräutigam schon vielleicht hier in der Gegend sei. Eine Dame aus Rom hat geschrieben, daß er schon lange von dort fort sei. – « Wie er von der Dame aus Rom anfing, wurd' ich wieder rot. »Kennen denn Ew. Hochwürden den Bräutigam?« fragte ich ganz verwirrt. – »Nein«, erwiderte der alte Herr, »aber er soll ein luftiger Vogel sein.« – »O ja«, sagte ich hastig, »ein Vogel, der aus jeden Käfig ausreißt, sobald er nur kann, und lustig singt, wenn er wieder in der Freiheit ist.« – »Und sich in der Fremde herumtreibt«, fuhr der Herr gelassen fort, »in der Nacht passatim geht, und am Tage vor den Haustüren schläft.« – Mich verdroß das sehr. »Ehrwürdiger Herr«, rief ich ganz hitzig aus, »da hat man Euch falsch berichtet. Der Bräutigam ist ein moralischer, schlanker, hoffnungsvoller Jüngling, der in Italien in einem alten Schlosse auf großen Fuß gelebt hat, der mit lauter Gräfinnen, berühmten Malern und Kammerjungfern umgegangen ist, der sein Geld sehr wohl zu Rate zu halten weiß, wenn er nur welches hätte, der« – »Nun, nun, ich wußte nicht, daß Ihr ihn so gut kennt«, unterbrach mich hier der Geistliche, und lachte dabei so herzlich, daß er ganz blau im Gesichte wurde, und ihm die Tränen aus den Augen rollten. – »Ich hab' doch aber gehört«, ließ sich nun das Mädchen wieder vernehmen, »der Bräutigam wäre ein großer, überaus reicher Herr.« – »Ach Gott, ja doch, ja! Konfusion, nichts als Konfusion!« rief der Geistliche und konnte sich noch immer vor Lachen nicht zugute geben, bis er sich endlich ganz verhustete. Als er sich wieder ein wenig erholt hatte, hob er den Becher in die Höh und rief: »das Brautpaar soll leben!« – Ich wußte gar nicht, was ich von dem Geistlichen und seinem Gerede denken sollte, ich schämte mich aber, wegen der römischen Geschichten, ihm hier vor allen Leuten zu sagen, daß ich selber der verlorene glückselige Bräutigam sei.

Der Becher ging wieder fleißig in die Runde, der geistliche Herr sprach dabei freundlich mit allen, so daß ihm bald ein jeder gut wurde, und am Ende alles fröhlich durcheinander sprach. Auch die Studenten wurden immer redseliger und erzählten von ihren Fahrten im Gebirge, bis sie endlich gar ihre Instrumente holten und lustig zu blasen anfingen. Die kühle Wasserluft strich dabei durch die Zweige der Laube, die Abendsonne vergoldete schon die Wälder und Täler, die schnell an uns vorüberflogen, während die Ufer von den Waldhornsklängen widerhallten. – Und als dann der Geistliche von der Musik immer vergnügter wurde und lustige Geschichten aus seiner Jugend erzählte: wie auch er zur Vakanz über Berge und Täler gezogen, und oft hungrig und durstig, aber immer fröhlich gewesen, und wie eigentlich das ganze Studentenleben eine große Vakanz sei zwischen der engen düstern Schule und der ernsten Amtsarbeit – da tranken die Studenten noch einmal herum, und stimmten dann frisch ein Lied an, daß es weit in die Berge hineinschallte:

Nach Süden nun sich lenken
Die Vöglein allzumal,
Viel' Wandrer lustig schwenken
Die Hüt' im Morgenstrahl.
Das sind die Herrn Studenten,
Zum Tor hinaus es geht,
Auf ihren Instrumenten
Sie blasen zum Valet:
Ade in die Läng' und Breite
O Prag, wir ziehn in die Weite!
Et habeat bonam pacem,
Qui sedet post fornacem!

Nachts wir durchs Städtlein schweifen,
Die Fenster schimmern weit,
Am Fenster dreh'n und schleifen
Viel schön geputzte Leut.
Wir blasen vor den Türen
Und haben Durst genung,
Das kommt vom Musizieren,
Herr Wirt, einen frischen Trunk!
Und siehe über ein Kleines
Mit einer Kanne Weines
Venit ex sua domo –
Beatus ille homo!

Nun weht schon durch die Wälder
Der kalte Boreas,
Wir streichen durch die Felder,
Von Schnee und Regen naß,
Der Mantel fliegt im Winde,
Zerrissen sind die Schuh,
Da blasen wir geschwinde
Und singen noch dazu:
Beatus ille homo
Qui sedet in sua domo
Et sedet post fornacem
Et habet bonam pacem!

Ich, die Schiffer und das Mädchen, obgleich wir alle kein Latein verstanden, stimmten jedesmal jauchzend in den letzten Vers mit ein, ich aber jauchzte am allervergnügtesten, denn ich sah soeben von fern mein Zollhäuschen und bald darauf auch das Schloß in der Abendsonne über die Bäume hervorkommen.

Zehntes Kapitel

Das Schiff stieß an das Ufer, wir sprangen schnell ans Land und verteilten uns nun nach allen Seiten im Grünen, wie Vögel, wenn das Gebauer plötzlich aufgemacht wird. Der geistliche Herr nahm eiligen Abschied und ging mit großen Schritten nach dem Schlosse zu. Die Studenten dagegen wanderten eifrig nach einem abgelegenen Gebüsch, wo sie noch geschwind ihre Mäntel ausklopfen, sich in dem vorüberfließenden Bache waschen, und einer den andern rasieren wollten. Die neue Kammerjungfer endlich ging mit ihrem Kanarienvogel und ihrem Bündel unterm Arm nach dem Wirtshause unter dem Schloßberge, um bei der Frau Wirtin, die ich ihr als eine gute Person rekommandiert hatte, ein besseres Kleid anzulegen, ehe sie sich oben im Schlosse vorstellte. Mir aber leuchtete der schöne Abend recht durchs Herz, und als sie sich nun alle verlaufen hatten, bedachte ich mich nicht lange und rannte sogleich nach dem herrschaftlichen Garten hin.

Mein Zollhaus, an dem ich vorbei mußte, stand noch auf der alten Stelle, die hohen Bäume aus dem herrschaftlichen Garten rauschten noch immer darüber hin, ein Goldammer, der damals auf dem Kastanienbaume vor dem Fenster jedesmal bei Sonnenuntergang sein Abendlied gesungen hatte, sang auch wieder, als wäre seitdem gar nichts in der Welt vorgegangen. Das Fenster im Zollhause stand offen, ich lief voller Freuden hin und steckte den Kopf in die Stube hinein. Es war niemand darin, aber die Wanduhr pickte noch immer ruhig fort, der Schreibtisch stand am Fenster, und die lange

Pfeife in einem Winkel, wie damals. Ich konnte nicht widerstehen, ich sprang durch das Fenster hinein, und setzte mich an den Schreibtisch vor das große Rechenbuch hin. Da fiel der Sonnenschein durch den Kastanienbaum vor dem Fenster wieder grüngolden auf die Ziffern in dem aufgeschlagenen Buche, die Bienen summten wieder an dem offnen Fenster hin und her, der Goldammer draußen auf dem Baume sang fröhlich immerzu. – Auf einmal aber ging die Türe aus der Stube auf, und ein alter, langer Einnehmer in meinem punktierten Schlafrock trat herein! Er blieb in der Türe stehen, wie er mich so unversehens erblickte, nahm schnell die Brille von der Nase, und sah mich grimmig an. Ich aber erschrak nicht wenig darüber, sprang, ohne ein Wort zu sagen, auf, und lief aus der Haustür durch den kleinen Garten fort, wo ich mich noch bald mit den Füßen in dem fatalen Kartoffelkraut verwickelt hätte, das der alte Einnehmer nunmehr, wie ich sah, nach des Portiers Rat statt meiner Blumen angepflanzt hatte. Ich hörte noch, wie er vor die Tür herausfuhr und hinter mir drein schimpfte, aber ich saß schon oben auf der hohen Gartenmauer, und schaute mit klopfendem Herzen in den Schloßgarten hinein.

Da war ein Duften und Schimmern und Jubilieren von allen Vöglein; die Plätze und Gänge waren leer, aber die vergoldeten Wipfel neigten sich im Abendwinde vor mir, als wollten sie mich bewillkommnen, und seitwärts aus dem tiefen Grunde blitzte zuweilen die Donau zwischen den Bäumen nach mir herauf.

Auf einmal hörte ich in einiger Entfernung im Garten singen:

> Schweigt der Menschen laute Lust:
> Rauscht die Erde wie in Träumen
> Wunderbar mit allen Bäumen,
> Was dem Herzen kaum bewußt,
> Alte Zeiten, linde Trauer,
> Und es schweifen leise Schauer
> Wetterleuchtend durch die Brust.

Die Stimme und das Lied klang mir so wunderlich, und doch wieder so altbekannt, als hätte ich's irgend einmal im Traume gehört. Ich dachte lange, lange nach. – »Das ist der Herr Guido!« rief ich endlich voller Freude, und schwang mich schnell in den Garten hinunter – es war dasselbe Lied, das er an jenem Sommerabend auf dem Balkon des italienischen Wirtshauses sang, wo ich ihn zum letztenmal gesehn hatte.

Er sang noch immer fort, ich aber sprang über Beete und Hecken dem Liede nach. Als ich nun zwischen den letzten Rosensträuchern hervortrat, blieb ich plötzlich wie verzaubert stehen. Denn auf dem grünen Platze am Schwanenteich, recht vom Abendrot beschienen, saß die schöne gnädige Frau, in einem prächtigen Kleide und einem Kranz von weißen und roten Rosen in dem schwarzen Haar, mit niedergeschlagenen Augen auf einer Steinbank und spielte während des Liedes mit ihrer Reitgerte vor sich auf dem Rasen, grade so wie damals auf dem Kahne, da ich ihr das Lied von der schönen Frau vorsingen mußte. Ihr gegenüber saß eine andre junge Dame, die hatte den weißen runden Nacken voll brauner Locken gegen mich gewendet, und sang zur Gitarre, während die Schwäne auf dem stillen Weiher langsam im Kreise herumschwammen. – Da hob die schöne Frau auf einmal die Augen, und schrie laut auf, da sie mich erblickte. Die andere Dame wandte sich rasch nach mir herum, daß ihr die Locken ins Gesicht flogen, und da sie mich recht ansah, brach sie in ein unmäßiges Lachen aus, sprang dann von der Bank und klatschte dreimal mit den Händchen. In demselben Augenblick kam eine große Menge kleiner Mädchen in blütenweißen kurzen Kleidchen mit grünen und roten Schleifen zwischen den Rosensträuchern hervorgeschlüpft, so daß ich gar nicht begreifen konnte, wo sie alle gesteckt hatten. Sie hielten eine lange Blumengirlande in den Händen, schlossen schnell einen Kreis um mich, tanzten um mich herum und sangen dabei:

Wir bringen Dir den Jungfernkranz
Mit veilchenblauer Seide,
Wir führen Dich zu Lust und Tanz,
Zu neuer Hochzeitsfreude.
Schöner, grüner Jungfernkranz,
Veilchenblaue Seide.

Das war aus dem Freischützen. Von den kleinen Sängerinnen erkannte ich nun auch einige wieder, es waren Mädchen aus dem Dorfe. Ich kneipte sie in die Wangen und wäre gern aus dem Kreise entwischt, aber die kleinen schnippischen Dinger ließen mich nicht heraus. – Ich wußte gar nicht, was die Geschichte eigentlich bedeuten sollte, und stand ganz verblüfft da.

Da trat plötzlich ein junger Mann in feiner Jägerkleidung aus dem Gebüsch hervor. Ich traute meinen Augen kaum – es war der fröhliche Herr Leonhard! – Die kleinen Mädchen öffneten nun den Kreis und standen auf einmal wie verzaubert, alle unbeweglich auf einem Beinchen, während sie das andere in die Luft streckten, und dabei die Blumengirlanden mit beiden Armen hoch über den Köpfen in die Höh' hielten. Der Herr Leonhard aber faßte die schöne gnädige Frau, die noch immer ganz still stand und nur manchmal auf mich herüberblickte, bei der Hand, führte sie bis zu mir und sagte:

»Die Liebe – darüber sind nun alle Gelehrten einig – ist eine der couragiösesten Eigenschaften des menschlichen Herzens, die Bastionen von Rang und Stand schmettert sie mit einem Feuerblicke darnieder, die Welt ist ihr zu eng und die Ewigkeit zu kurz. Ja, sie ist eigentlich ein Poetenmantel, den jeder Phantast einmal in der kalten Welt umnimmt, um nach Arkadien auszuwandern. Und je entfernter zwei getrennte Verliebte voneinander wandern, in desto anständigern Bogen bläst der Reisewind den schillernden Mantel hinter ihnen auf, desto kühner und überraschender entwickelt sich der Faltenwurf, desto länger und länger wächst der

Talar den Liebenden hinten nach, so daß ein Neutraler nicht
über Land gehen kann, ohne unversehens auf ein paar solche
Schleppen zu treten. O teuerster Herr Einnehmer und Bräutigam! obgleich Ihr in diesem Mantel bis an den Gestaden
der Tiber dahinrauschtet, das kleine Händchen Eurer gegenwärtigen Braut hielt Euch dennoch am äußersten Ende der
Schleppe fest, und wie Ihr zucktet und geigtet und rumortet,
Ihr mußtet zurück in den stillen Bann ihrer schönen Augen. – Und nun dann, da es so gekommen ist, Ihr zwei
lieben, lieben närrischen Leute! schlagt den seligen Mantel
um Euch, daß die ganze andere Welt rings um Euch untergeht – liebt Euch wie die Kaninchen und seid glücklich!«

Der Herr Leonhard war mit seinem Sermon kaum erst
fertig, so kam auch die andere junge Dame, die vorhin das
Liedchen gesungen hatte, auf mich los, setzte mir schnell
einen frischen Myrtenkranz auf den Kopf, und sang dazu
sehr neckisch, während sie mir den Kranz in den Haaren
festrückte und ihr Gesichtchen dabei dicht vor mir war:

> Darum bin ich dir gewogen,
> Darum wird dein Haupt geschmückt,
> Weil der Strich von deinem Bogen
> Öfters hat mein Herz entzückt.

Dann trat sie wieder ein paar Schritte zurück. – »Kennst du
die Räuber noch, die dich damals in der Nacht vom Baume
schüttelten?« sagte sie, indem sie einen Knix mir machte und
mich so anmutig und fröhlich ansah, daß mir ordentlich das
Herz im Leibe lachte. Darauf ging sie, ohne meine Antwort
abzuwarten, rings um mich herum. »Wahrhaftig noch ganz
der alte, ohne allen welschen Beischmack! aber nein, sieh
doch nur einmal die dicken Taschen an!« rief sie plötzlich zu
der schönen gnädigen Frau, »Violine, Wäsche, Barbiermes-
ser, Reisekoffer, alles durcheinander!« Sie drehte mich dabei
nach allen Seiten, und konnte sich vor Lachen gar nicht
zugute geben. Die schöne gnädige Frau war unterdes noch

immer still, und mochte gar nicht die Augen aufschlagen vor
Scham und Verwirrung. Oft kam es mir vor, als zürnte sie
heimlich über das viele Gerede und Spaßen. Endlich stürzten ihr plötzlich Tränen aus den Augen, und sie verbarg ihr
Gesicht an der Brust der andern Dame. Diese sah sie erst
erstaunt an, und drückte sie dann herzlich an sich.

Ich aber stand ganz verdutzt da. Denn je genauer ich die
fremde Dame betrachtete, desto deutlicher erkannte ich sie,
es war wahrhaftig niemand anders, als – der junge Herr
Maler Guido!

Ich wußte gar nicht was ich sagen sollte, und wollte
soeben näher nachfragen, als Herr Leonhard zu ihr trat und
heimlich mit ihr sprach. »Weiß er denn noch nicht?« hörte
ich ihn fragen. Sie schüttelte mit dem Kopfe. Er besann sich
darauf einen Augenblick. »Nein, nein«, sagte er endlich, »er
muß schnell alles erfahren, sonst entsteht nur neues Geplauder und Gewirre.«

»Herr Einnehmer«, wandte er sich nun zu mir, »wir
haben jetzt nicht viel Zeit, aber tue mir den Gefallen und
wundere dich hier in aller Geschwindigkeit aus, damit du
nicht hinterher durch Fragen, Erstaunen und Kopfschütteln
unter den Leuten alte Geschichten aufrührst, und neue
Erdichtungen und Vermutungen ausschüttelst.« – Er zog
mich bei diesen Worten tiefer in das Gebüsch hinein, während das Fräulein mit der, von der schönen gnädigen Frau
weggelegten Reitgerte in der Luft focht und alle ihre Locken
tief in das Gesichtchen schüttelte, durch die ich aber doch
sehen konnte, daß sie bis an die Stirn rot wurde. – »Nun
denn«, sagte Herr Leonhard, »Fräulein Flora, die hier soeben tun will, als hörte und wüßte sie von der ganzen
Geschichte nichts, hatte in aller Geschwindigkeit ihr Herz-
chen mit jemandem vertauscht. Darüber kommt ein andrer
und bringt ihr mit Prologen, Trompeten und Pauken wiederum *sein* Herz dar und will ihr Herz dagegen. Ihr Herz ist
aber schon bei jemand, und jemands Herz bei ihr, und der
jemand will sein Herz nicht wiederhaben, und ihr Herz

nicht wieder zurückgeben. Alle Welt schreit – aber du hast wohl noch keinen Roman gelesen?« – Ich verneinte es. – »Nun, so hast du doch einen mitgespielt. Kurz: das war eine solche Konfusion mit den Herzen, daß der Jemand – das heißt ich – mich zuletzt selbst ins Mittel legen mußte. Ich schwang mich bei lauer Sommernacht auf mein Roß, hob das Fräulein als Maler Guido auf das andere und so ging es fort nach Süden, um sie in einem meiner einsamen Schlösser in Italien zu verbergen, bis das Geschrei wegen der Herzen vorüber wäre. Unterweges aber kam man uns auf die Spur, und von dem Balkon des welschen Wirtshauses, vor dem du so vortrefflich Wache schliefst, erblickte Flora plötzlich unsere Verfolger.« – »Also der bucklichte Signor?« – »War ein Spion. Wir zogen uns daher heimlich in die Wälder, und ließen dich auf dem vorbestellten Postkurse allein fortfahren. Das täuschte unsere Verfolger, und zum Überfluß auch noch meine Leute auf dem Bergschlosse, welche die verkleidete Flora stündlich erwarteten, und mit mehr Diensteifer als Scharfsinn dich für das Fräulein hielten. Selbst hier auf dem Schlosse glaubte man, daß Flora auf dem Felsen wohne, man erkundigte sich, man schrieb an sie – hast du nicht ein Briefchen erhalten?« – Bei diesen Worten fuhr ich blitzschnell mit dem Zettel aus der Tasche. – »Also dieser Brief?« – »Ist an mich«, sagte Fräulein Flora, die bisher auf unsre Rede gar nicht achtzugeben schien, riß mir den Zettel rasch aus der Hand, überlas ihn und steckte ihn dann in den Busen. – »Und nun«, sagte Herr Leonhard, »müssen wir schnell in das Schloß, da wartet schon alles auf uns. Also zum Schluß, wie sich's von selbst versteht und einem wohlerzognen Romane gebührt: Entdeckung, Reue, Versöhnung, wir sind alle wieder lustig beisammen, und übermorgen ist Hochzeit!«

Da er noch so sprach, erhob sich plötzlich in dem Gebüsch ein rasender Spektakel von Pauken und Trompeten, Hörnern und Posaunen; Böller wurden dazwischen gelöst und Vivat gerufen, die kleinen Mädchen tanzten von neuem, und aus allen Sträuchern kam ein Kopf über dem andern hervor, als wenn sie aus der Erde wüchsen. Ich sprang in dem Geschwirre und Geschleife ellenhoch von einer Seite zur andern, da es aber schon dunkel wurde, erkannte ich erst nach und nach alle die alten Gesichter wieder. Der alte Gärtner schlug die Pauken, die Prager Studenten in ihren Mänteln musizierten mitten darunter, neben ihnen fingerte der Portier wie toll auf seinem Fagott. Wie ich den so unverhofft erblickte, lief ich sogleich auf ihn zu, und embrassierte ihn heftig. Darüber kam er ganz aus dem Konzept. »Nun wahrhaftig und wenn der bis ans Ende der Welt reist, er ist und bleibt ein Narr!« rief er den Studenten zu, und blies ganz wütend weiter.

Unterdes war die schöne gnädige Frau vor dem Rumor heimlich entsprungen, und flog wie ein aufgescheuchtes Reh über den Rasen tiefer in den Garten hinein. Ich sah es noch zur rechten Zeit und lief ihr eiligst nach. Die Musikanten merkten in ihrem Eifer nichts davon, sie meinten nachher: wir wären schon nach dem Schlosse aufgebrochen, und die ganze Bande setzte sich nun mit Musik und großem Getümmel gleichfalls dorthin auf den Marsch.

Wir aber waren fast zu gleicher Zeit in einem Sommerhause angekommen, das am Abhange des Gartens stand, mit dem offnen Fenster nach dem weiten tiefen Tale zu. Die Sonne war schon lange untergegangen hinter den Bergen, es schimmerte nur noch wie ein rötlicher Duft über dem warmen, verschallenden Abend, aus dem die Donau immer vernehmlicher heraufrauschte, je stiller es ringsum wurde. Ich sah unverwandt die schöne Gräfin an, die ganz erhitzt vom Laufen dicht vor mir stand, so daß ich ordentlich hören konnte, wie ihr das Herz schlug. Ich wußte nun aber gar nicht, was ich sprechen sollte vor Respekt, da ich auf einmal so allein mit ihr war. Endlich faßte ich ein Herz, nahm ihr kleines weißes Händchen – da zog sie mich schnell an sich und fiel mir um den Hals, und ich umschlang sie fest mit beiden Armen.

Sie machte sich aber geschwind wieder los und legte sich ganz verwirrt in das Fenster, um ihre glühenden Wangen in der Abendluft abzukühlen. – »Ach«, rief ich, »mir ist mein Herz recht zum Zerspringen, aber ich kann mir noch alles nicht recht denken, es ist mir alles noch wie ein Traum!« – »Mir auch«, sagte die schöne gnädige Frau. »Als ich vergangenen Sommer«, setzte sie nach einer Weile hinzu, »mit der Gräfin aus Rom kam, und wir das Fräulein Flora glücklich gefunden hatten, und mit zurückbrachten, von dir aber dort und hier nichts hörten – da dacht' ich nicht, daß alles noch so kommen würde! Erst heut zu Mittag sprengte der Jockei, der gute flinke Bursch, atemlos auf den Hof und brachte die Nachricht, daß du mit dem Postschiffe kämst.« – Dann lachte sie still in sich hinein. »Weißt du noch«, sagte sie, »wie du mich damals auf dem Balkon zum letztenmal sahst? das war grade wie heute, auch so ein stiller Abend, und Musik im Garten.« – »Wer ist denn eigentlich gestorben?« frug ich hastig. – »Wer denn?« sagte die schöne Frau und sah mich erstaunt an. – »Der Herr Gemahl von Ew. Gnaden«, erwiderte ich, »der damals mit auf dem Balkon stand.« – Sie wurde ganz rot. »Was hast du auch für Seltsamkeiten im Kopfe!« rief sie aus, »das war ja der Sohn von der Gräfin, der eben von Reisen zurückkam, und es traf grade auch mein Geburtstag, da führte er mich mit auf den Balkon hinaus, damit ich auch ein Vivat bekäme. – Aber deshalb bist du wohl damals von hier fortgelaufen?« – »Ach Gott, freilich!« rief ich aus, und schlug mich mit der Hand vor die Stirn. Sie aber schüttelte mit dem Köpfchen und lachte recht herzlich.

Mir war so wohl, wie sie so fröhlich und vertraulich neben mir plauderte, ich hätte bis zum Morgen zuhören mögen. Ich war so recht seelenvergnügt, und langte eine Hand voll Knackmandeln aus der Tasche, die ich noch aus Italien mitgebracht hatte. Sie nahm auch davon, und wir knackten nun und sahen zufrieden in die stille Gegend hinaus. – »Siehst du«, sagte sie nach einem Weilchen wieder, »das weiße Schlößchen, das da drüben im Mondschein glänzt, das hat uns der Graf geschenkt, samt dem Garten und den Weinbergen, da werden wir wohnen. Er wußt' es schon lange, daß wir einander gut sind, und ist dir sehr gewogen, denn hätt' er dich nicht mitgehabt, als er das Fräulein aus der Pensionsanstalt entführte, so wären sie beide erwischt worden, ehe sie sich vorher noch mit der Gräfin versöhnten, und alles wäre anders gekommen.« – »Mein Gott, schönste, gnädigste Gräfin«, rief ich aus, »ich weiß gar nicht mehr, wo mir der Kopf steht vor lauter unverhofften Neuigkeiten; also der Herr Leonhard?« – »Ja, ja«, fiel sie mir in die Rede, »so nannte er sich in Italien; dem gehören die Herrschaften da drüben, und er heiratet nun unserer Gräfin Tochter, die schöne Flora. – Aber was nennst du mich denn Gräfin?« – Ich sah sie groß an. – »Ich bin ja gar keine Gräfin«, fuhr sie fort, »unsere gnädige Gräfin hat mich nur zu sich aufs Schloß genommen, da mich mein Onkel, der Portier, als kleines Kind und arme Waise mit hierher brachte.«

Nun war's mir doch nicht anders, als wenn mir ein Stein vom Herzen fiele! »Gott segne den Portier«, versetzte ich ganz entzückt, »daß er unser Onkel ist! ich habe immer große Stücke auf ihn gehalten.« – »Er meint es auch gut mit dir«, erwiderte sie, »wenn du dich nur etwas vornehmer hieltest, sagt er immer. Du mußt dich jetzt auch eleganter kleiden.« – »O«, rief ich voller Freuden, »englischen Frack, Strohhut und Pumphosen und Sporen! und gleich nach der Trauung reisen wir fort nach Italien, nach Rom, da gehn die schönen Wasserkünste, und nehmen die Prager Studenten mit und den Portier!« – Sie lächelte still und sah mich recht vergnügt und freundlich an, und von fern schallte immerfort die Musik herüber, und Leuchtkugeln flogen vom Schloß durch die stille Nacht über die Gärten, und die Donau rauschte dazwischen herauf – und es war alles, alles gut!

Viel Lärmen um Nichts

Novelle

Wenn wir Schatten euch beleidigt,
O so glaubt – und wohl verteidigt
Sind wir dann! – ihr Alle schier
Habet nur geschlummert hier,
Und geschaut in Nachtgesichten
Eures eigenen Hirnes Dichten.

Shakspeare's Sommernachtstraum

»Wem gehört der prächtige Palast dort unten?« fragte Prinz Romano, auf dem schlanken Engländer nach seinen Begleitern zurückgewandt, indem sie soeben auf einer Höhe aus dem Walde hervorkamen und auf einmal eine weite, reiche Tiefe vor sich erblickten. – »Dem Herrn Publikum!« erwiderte ein schöner Jüngling aus dem Gefolge. – »Wie! Also hier wohnt der wunderliche Kauz? kennst du ihn denn?« rief der Prinz verwundert aus. – »Nur dem Rufe nach«, entgegnete der Jüngling, sichtbar verwirrt und mit flüchtigem Erröten.

Die untergehende Sonne beglänzte unterdes scharf die schönen Umrisse des Palastes; heiter und wohnlich erhob er sich über die weiten, fruchtbaren Ebenen, mit den Spiegelfenstern noch hell herüberleuchtend, während die Felder ringsum schon zu verdunkeln anfingen. Ein schöner Garten umgab das Schloß und schien im Abendduft mit der Landschaft und dem schimmernden Strome, bis weit an die fernen blauen Berge hin, zusammenzufließen.

»Göttliche Ironie des Reiselebens!« sagte der Prinz zu seinen Begleitern. »Wer von euch hätte nicht schon sattsam von diesem Publikum gehört, über ihn gelacht und sich geärgert? Es juckt mich lange in allen Talenten, ihm einmal ein Schnippchen zu schlagen, und wenn es euch recht ist, so sprechen wir heute über Nacht bei ihm ein. Laßt mich nur machen, es gibt die köstlichste Novelle!« – Der Einfall wurde von der ganzen Gesellschaft mit lautem Beifall aufgenommen, und alle lenkten sogleich der breiten, glänzenden Kunststraße zu, die nach dem Palast zu führen schien.

Es war anmutig anzusehen, wie die bunten Reiter beim Gesang der Waldvögel langsam die grüne Anhöhe hinabzogen, bald zwischen den Bäumen verschwindend, bald wieder vom Abendrote hell beleuchtet. Am wohlgefälligsten aber spielten die Abendlichter über der zierlichen Gestalt jenes schönen Jünglings, der vorhin dem Prinzen den Besitzer des Palastes genannt hatte. Der muntere Bursch, soeben als ausgelernter Jäger aus der Fremde zurückkehrend, hatte sich im Gebirge verirrt. So traf ihn die Gesellschaft im Walde, welcher er sich nun auf einige Tagereisen angeschlossen. Sein frisches, fröhliches Wesen schien den ganzen bunten Trupp wunderbar zu beleben. Denn während seine Augen mit schalkischem Wohlgefallen auf den vornehmen Anführern des Zuges ruhten, führte er hinten ein unausgesetztes Witzgefecht mit den Jägern, oder er sang zu allgemeinem Ergötzen die herrlichsten Jagdlieder. Der Kammerherr des Prinzen schrieb die Lieder sorgfältig auf, und ärgerte sich dann, wenn der Bursch sie das nächste Mal wieder ganz anders sang, so daß er mit Notieren der Varianten gar nicht zu Ende kommen konnte. – Der Prinz aber hatte seine eigenen Pläne dabei: er gedachte sich des hübschen, gewandten Jungen in den nächsten Tagen als Pagen und Liebesboten sehr vorteilhaft zu bedienen. Die junge Gräfin Aurora nämlich, von deren poetischen Natur und Zauberschönheit bei allen Poeten im Lande groß Geschrei war, wurde aus Italien auf ihren Gütern in dieser Gegend hier erwartet, und Romano war soeben aufgebrochen, die Wunderbare kennenzulernen und ihr auf seine Weise den Hof zu machen.

Es war schon dunkel geworden, als die Gesellschaft fröhlich schwätzend in dem Park des Herrn Publikum anlangte. Mit Verwunderung gewahrten sie hier, je tiefer sie hinein-

ritten, eine unerklärliche Bewegung und Unruhe; es war,
als rührten die Gebüsche sich rings umher in der Dämmerung, einzelne Figuren schlüpften hastig da und dort hervor, andere schienen erschrocken dem Schlosse zuzueilen.
Jetzt sahen sie auch in dem Palaste Lichter durch die ganze
Reihe der Fenster auf und nieder irren, eine halberleuchtete
Krone drehte sich oben, bald noch eine und wieder eine.
Auf einmal stiegen draußen mehrere Leuchtkugeln empor,
und ließen plötzlich in wunderbarem bleichen Licht eine
stille Gemeinde fremder Gesichter bemerken, die fast ge-
spensterhaft aus allen Büschen hervorblickten. »Meine Nähe und unser Entschluß hier einzusprechen muß auf dem
Schlosse verraten sein«, sagte der Prinz mit vornehmer
Nachlässigkeit; »es ist ein unbequemes Wesen um den Dichterruhm!«

In diesem Augenblick wölbte sich ein Mondscheinregen-
bogen luftig vor ihnen über die Wipfel, auf dessen Höhe eine
goldene Lyra, von einem Lorbeerkranz umwunden, sichtbar
wurde. – »Zart – sinnig!« rief der überraschte und geschmei-
chelte Prinz aus, mußte aber schnell abbrechen, um seinen Engländer zu bändigen, der immer ungebärdiger um
sich blickte und schnaubte, als sie unter dem glänzenden
Triumphtor einzogen. Unterdes gab der unversehene Knall
eines Böllers das Signal zum Abbrennen eines ausgedehnten
Feuerwerks, das plötzlich den ganzen Platz in einen feurigen
Zaubergarten verwandelte. Jetzt war das Pferd nicht länger
zu halten; pfeilschnell zwischen dem Sprühen und Prasseln,
über Blumen und Hecken gerade fort, flog es an den Feuer-
rädern und Tempeln vorüber, die Begleiter konnten nicht
so rasch nach, die Zuschauer aus den Büschen schrien:
»Hurra!« Mit Schrecken sah der Prinz im Fluge immer näher
und näher den Palast vor sich, Fackeln am Eingange, und die
Herren des Hauses mit zahlreicher Gesellschaft zum Empfange feierlich die Treppe herabsteigen. Mitten in dieser
Verwirrung begann endlich das geängstigte Roß auf dem
freien Rasenteppich zu bocken, und so unter den wunder-

lichsten Sprüngen langte der Prinz wie auf einem toll gewordenen Schaukelpferde vor dem Palast an. – »Mein Gott!« rief ihm der Herr Publikum entgegen, »lassen Sie sich herab!« – »Bitte sehr, nichts von Herablassung«, erwiderte der Prinz, schon ganz schief vom Sattel hängend, während er den Hut vom Kopf verlor. Hier wurde ein zweiter Böller gelöst, das Pferd feuerte noch einmal wütend aus, und Romano lag auf dem Sande.

Während sich dieses vor dem Palast begab, sah man zwischen den Schlaglichtern des verlöschenden Feuerwerks eine junge Dame zu Pferde die Allee heransprengen. Die wunderbare Beleuchtung gab der hohen schlanken Gestalt etwas Wildschönes, und ein freudiges: Ach! begrüßte von allen Seiten die Erscheinung. Ein reichgeschmückter Jockei der Dame hatte unterdes Romanos lediges Pferd ergriffen. Sie selbst aber schwang sich schnell vom Sattel und trat mit besorgten fragenden Blicken zu dem gefallenen Prinzen. Dieser, als er die herabgebeugte Gestalt und die schönen großen Augen zwischen den herabwallenden Locken so plötzlich über sich erblickte, erhob sich gewandt auf ein Knie vor ihr, und sagte, zierlich ihre Hand küssend: »Nun weiß ich, an welchen Sternen sich diese verzauberten Gebüsche entzündet haben!« – Die Dame lächelte schweigend und schien unruhig und vergeblich mit den Augen jemand in dem Kreise der Umstehenden zu suchen. Prinz Romano aber sprang ohne alle Verlegenheit auf, schüttelte sich ab, reichte der Schönen seinen Arm und führte sie die breite Treppe hinan, während der etwas korpulente Herr Publikum, der gar nicht wußte wie ihm geschah, Mühe hatte, ihnen so rasch zu folgen.

Oben aber entstand nunmehr die größte Konfusion. Durch eine glänzende Reihe hellerleuchteter Gemächer bewegte sich eine zahlreiche Versammlung in festlicher Erwartung, alle Augen waren auf das eintretende Paar gerichtet, der Prinz grüßte vornehm nach allen Seiten. Da kam plötzlich Herr Publikum atemlos nach. »Romano?«

hörte ihn der Prinz hinter sich eifrig zu den Nachfolgenden sagen; »Prinz Romano? Verfasser von –? ich wüßte nicht – habe nicht die Ehre.« – Die Dame sah verwundert bald den Sprechenden, bald den Prinzen an: »Wer von Ihnen beiden ist denn aber nun eigentlich der Herr Publikum?« – »Sind Sie denn nicht seine Tochter?« fragte der Prinz, nicht weniger erstaunt. – Hier wurden sie durch Herrn Publikum unterbrochen, der in eiliger Geschäftigkeit, mit dem seidenen Schnupftuch sich den Schweiß trocknend, der Dame seinen Arm reichte. »Konfusion, lauter Konfusion!« sagte er voller Verwirrung; »Mondschein, Regenbogen, Böller, Mißverständnis, ein unerwarteter Gast – Alles zu früh abgefeuert; sobald Sie kamen, Gnädigste, sollten sie abgebrannt werden.« – Hiermit war er mit der Gefeierten in der Menge verschwunden, alles drängte neugierig nach. – »Wer ist die Dame?« fragte der Prinz einen der Nachzügler. – »Die schöne Gräfin Aurora«, war die Antwort.

Es war noch alles still im Schloß nach dem Feste, das bis tief in die Nacht hinein gedauert hatte. Nur Prinz Romano, die Heimlichkeit der Morgenzeit benutzend, stand schon eifrig vor dem hohen Wandspiegel zwischen Kämmen, Flaschen und Büchschen, die auf allen Stühlen umherlagen. Dem Rausch einer wüst durchlebten Jugend war frühzeitig ein fataler Katzenjammer gefolgt, und sein Haupt insbesondere hatte in den mannigfachen Raufereien mit den Leidenschaften bedeutend Haare lassen müssen. Alle diese Defekte geschickt zu decken, war heut sein erstes Tagewerk, da er leider aus Erfahrung wußte, daß vor den Augen der Damen von Auroras Alter der Lorbeerkranz die Glatze eines Dichters nicht zu verbergen vermag. – Draußen aber ging der herrlichste Sommermorgen funkelnd an allen Fenstern des Palastes vorüber, alle Vögel sangen in der schönen Einsamkeit, während von fern aus den Tälern die Morgenglocken

über den Garten heraufklangen. Da vernahm der Prinz
zwischen den blitzenden Gebüschen unten abgebrochen
einzelne volle Gitarren-Akkorde. Das konnte er niemals
ohne innerliche Resonanz ertragen, die frühesten Jugend-
erinnerungen klangen sogleich mit an: ferne blaue Berge,
Reisebilder, italienische Sommernächte, erlebte und gelesene. Auch heute vermochte er dem Zuge poetischer Kameradschaft nicht zu widerstehen, er warf Kämme und Büchsen fort und eilte die breiten stillen Marmortreppen hinab, in
den Park hinaus.

Ein frischer Morgenwind ging durch die Wipfel, aber in
dem Rauschen war ringsumher kein Lautenklang mehr
zu vernehmen. Der Prinz horchte, schritt dann tiefer in
das taufrische Labyrinth hinein, und lauschte wieder. Da
glaubte er in einiger Entfernung sprechen zu hören, als eine
plötzliche Wendung des Ganges ihm einen unerwarteten
Anblick eröffnete. Ein junger Mann nämlich, in leichter
Reisekleidung und eine Gitarre im Arm, hatte sich soeben über den Zaun in den Garten geschwungen; ein Jäger
saß noch auf dem Zaune, beide waren bemüht, einem kurzen wohlbeleibten Manne gleichfalls herüberzuhelfen. »Sind
Eurer nicht noch mehr dahinter?« – fragte der Jäger mit
pfiffiger Miene. »Dummes Zeug!« erwiderte der Dicke,
mühsam kletternd und halb zu dem andern gewendet; »ihr
habt immer solche absonderliche Streiche im Kopf, und
meint, es sei poetisch, weil's kurios ist. Da brauch' ich
keinen solchen nichtswürdigen Zaun dazu, ich trage die
rechte Himmelsleiter allezeit bei mir, die leg ich an gerade in
die Luft, wo mir's beliebt, und auf der klettre ich fixer
hinan, als ihr alle zusammen!« – Hier wandte sich der
Fremde mit der Gitarre rasch herum, Prinz Romano blieb in
höchster Überraschung wie eingewurzelt stehen.

»Mein Gott!« rief er, »Graf Leontin – aus ›Ahnung und
Gegenwart‹!« – »Ist gleich an der Gitarre zu erkennen«, fiel
ihm der Dicke ins Wort; »er kann nicht wohl gespeist zu
haben sagen, ohne einen Griff in die Saiten dazu.« – »Der

Dichter Faber«, sagte Leontin, den Dicken präsentierend,
»noch immer der Alte; er kann, wie ein Bär, nicht ohne
Brummen tanzen.« – »Aber, liebe Herzensjungen«, entgegnete der Prinz, »ich versteh' noch immer nicht – wie kommt
ihr hierher, was wollt ihr?« – »Der schönen Aurora im
Vorüberziehen ein Ständchen bringen«, erwiderte Leontin. – »Ständchen?« rief Prinz Romano begeistert aus; »Morgenständchen im Garten? O da muß ich mit! wo ist ihr
Schlafgemach?« – »Der Jäger da will uns weisen«, sagte
Leontin; »von ihm erfuhren wir's, daß die Gräfin hier ist.« –
»Pst! pst! wir sind schon unter der Schußweite der Fenster!«
unterbrach sie hier Herr Faber, indem er, ungeachtet seiner
Korpulenz, gebückt und voller Eifer auf den Zehen fortzog,
als wollte er ein Vogelnest beschleichen. Der Jäger führte ihn
unablässig in die Kreuz und Quer, der breite Dichter stolperte und schimpfte, der Jäger sprach lustig Mut zu, die
andern folgten lachend. So zog das wunderliche Häuflein
zankend, schwirrend und sumsend durch die stille Morgenluft bis an eine Rosenhecke, wo ihr Führer sie endlich
aufstellte. Die Schloßfenster leuchteten wie glänzende
Augen zu ihnen herüber; Leontin griff, ohne sich lange zu
besinnen, in die Saiten, Faber übernahm die Baßpartie, und
sie sangen munter:

> In den Wipfeln frische Lüfte,
> Fern melod'scher Quellen Fall,
> Durch die Einsamkeit der Klüfte
> Waldeslaut und Vogelschall,
> Scheuer Träume Spielgenossen,
> Steigen all' beim Morgenschein
> Auf des Weinlaubs schwanken Sprossen,
> Dir ins Fenster aus und ein.
> Und wir nah'n noch halb in Träumen,
> Und wir tun in Klängen kund,
> Was da draußen in den Bäumen
> Singt der weite Frühlingsgrund.

Regt der Tag erst laut die Schwingen:
Sind wir alle wieder weit –
Aber tief im Herzen klingen
Lange nach noch Lust und Leid.

»Ein charmantes Lied!« unterbrach sie hier der entzückte
Prinz. – »Still, still«, sagte Faber, »da wackelte eben die
Gardine oben im Fenster!« – »Wahrhaftig«, rief Romano,
»seht ihr, zwei göttliche Augen blitzen heimlich zwischen
den Vorhängen hindurch!« – Sie sangen von neuem:

Dicke Liederknospen grünen
Hier vom Wipfel bis zum Grund –
Einen Blick aus den Gardinen,
Und der Strauch blüht liebesbunt!

Jetzt öffnete sich wirklich das verhängnisvolle Fenster. –
Herr Publikum, eine schneeweiße Schlafmütze auf dem
Kopfe, lehnte sich breit und behaglich heraus und gähnte,
als wollte er den ganzen Morgen verschlingen. Die Sänger
starrten wie versteinert durch ihr Versteck in den unverhofften Rachen. »Danke, danke, meine unsichtbaren Freunde,
für diese angenehme Aufmerksamkeit!« sagte der Mäcenas
oben, noch immer gähnend und mit der fetten Hand vornehm herabwinkend. »Zu viel Ehre – mein geringes Interesse an den schönen Künsten und Wissenschaften – es freut
mich, daß es solche zarte Anerkennung –« – Aber Leontin
ließ ihn nicht ausreden, er griff wütend in die Saiten und
übersang ihn:

Was hast du für ein großes Maul,
Kannst sprechen ganz besunder;
Lob' mich auch mal, sei nicht so faul!
Lobst sonst ja manchen Plunder.

Der ganz verdutzte Publikum, als er sich recht besann, wie ihm eigentlich geschehen, geriet über diesen unerwarteten Gruß in einen unmäßigen Zorn. »Wer tat mir das!« schrie er, »und in meinem eigenen Garten! Greift mir die impertinenten Kerls!« – Er rief nun eine Menge von Dienern bei ihren Namen, daß er ganz blau im Gesicht wurde. Über dem Geschrei erhob sich durch den ganzen Palast, treppauf treppab, ein verworrenes Rumoren, von allen Seiten fuhren Gesichter neugierig aus allen Fenstern, durch den stillen Garten selbst hörte man schon einzelne Stimmen suchend schweifen. Der Morgenspuk in der Rosenhecke aber war bereits nach verschiedenen Richtungen hin zerstiebt. Leontin konnte vor Lachen fast nicht mehr weiter, der Prinz, aus Besorgnis sich in dem fremden Hause lächerlich zu machen, fand es am geratensten, mit den andern gleichfalls Reißaus zu nehmen; Faber dagegen, den gleich anfangs bei dem überraschenden Anblick des ungeheuren, butterglänzenden Gesichts im Fenster eine wunderliche Furcht ergriffen hatte, war schon ein gut Stück voraus, und keuchte und schimpfte auf Leontins unaufhörliche Narrenstreiche und auf den Jäger, der sie vor die falschen Fenster geführt. Der letztere hatte sich inzwischen verloren, Romano aber glaubte bald da bald dort in den Gebüschen neben sich kichern zu hören und Florentins, seines hübschen Jägerbürschchens, Stimme zu erkennen.

Als sie sich draußen im Walde in Sicherheit sahen, warf sich Leontin erschöpft auf den Rasen hin, Faber ging vor ihm mit schnellen Schritten auf und nieder, sich emsig die Hände reibend, wie einer der mit sich selbst zufrieden ist. – »Ihr seid an allem schuld, Faber«, sagte Leontin; »Ihr seid schon zu schwer, Ihr fallt überall durch auf dem Glatteis der Liebe, und reißt uns mit fort.« – »Was, Reißen! Durchfall« entgegnete der vergnügte Dichter; »der Publikum hat doch seinen köstlichen Ärger weg!« Dazwischen schwor er wieder, den schuftigen Jäger durchzuprügeln, und sollt' es am jüngsten Tage sein. – »Und Sie, Durchlaucht, haben als Volontär die Retirade mitgemacht«, sagte Leontin zum Prinzen. – »Was war zu tun?« erwiderte dieser, »meine Freiersfüße mußten wohl für eure Verse das Fersengeld mitbezahlen.« – »Wie! Freiersfüße? wem setzen Sie darauf nach, wenn man fragen darf?« – »Dem edelsten Wilde, mein' ich, um das jemals ein Jäger Hörner angesetzt, in das jeder Waidmann geschossen ist, mit einem Wort, wisset, meine Freunde: ich möchte beinah gesonnen sein, um die Hand der schönen Gräfin Aurora zu werben.« – Hier brachen Leontin und Faber, zu des Prinzen Erstaunen, plötzlich in ein unaufhaltsames Gelächter aus. »Die Gräfin Aurora?!« – riefen sie, immerfort lachend, einer nach dem andern aus – »eben so gut könnte man die Göttin Diana unter die Haube bringen – oder der Thetis den Verlobungsring an den rosigen Finger stecken – oder die Phantasie heiraten – und alle neun Musen dazu!«

Der empfindliche Prinz hatte unterdes mit dem vornehmsten Gesicht, das ihm zu Gebot stand, seine Lorgnette hervorgezogen und nahm die Gegend, und dann die Lachenden ruhig in Augenschein. »Ich muß gestehen«, sagte er endlich, das unerträgliche Gelächter unterbrechend, »Sie liebten doch früher eine gewisse geniale Eleganz, lieber Graf; es fiel mir schon vorhin auf, Sie in diesem wunderlichen, altmodischen Aufzuge wiederzusehen. Nehmt mir's nicht übel, ihr Herren, ihr seht aus wie die Trümmer eines reduzierten Freikorps.« – »Vortrefflich, Prinz!« rief Leontin, »Sie haben da recht den Nagel auf den Kopf getroffen! Ja, das fliegende Korps der Jugend, dem wir angehörten, ist längst aufgelöst, das Handgeld flüchtiger Küsse vergeudet; diese ästhetischen Grafen und Barone, diese langhaarigen reisenden Maler, die genialen Frauen zu Pferde, sie sind nach allen Richtungen hin zerstreut; unsere tapfersten Anführer hat der Himmel quiesziert, ein neues, aus unserer Schule entlaufenes Geschlecht hat neue, grade, langweilige Chausseen gezogen, und wir stehen wie vergessene Wegwei-

ser in der alten, schönen Wildnis.« – Der Prinz fuhr fast
verlegen mit der Hand über die Stirn, er konnte ein aberma-
liges Gefühl von Kameradschaft mit diesem verunglückten
Freikorps nicht unterdrücken. »Teuerster Graf«, sagte er,
»Sie pflegten von jeher gern zu übertreiben.« – »Ja, Pferde,
Liebe, Lust und Witz«, erwiderte Leontin; »daher bring' ich
sie nun alle ein bißchen lahm aus der Kampagne zurück.« –

   Hier wurden sie durch Faber unterbrochen. Der ermüdete
Poet hatte sich in die warme Morgensonne bequem hinge-
lagert, und fing soeben auf die furchtbarste Weise zu schnarchen an.

   »Gott behüt uns!« – rief der erschrockene Prinz aus,
indem er den Schlafenden durch die Lorgnette aufmerksam
betrachtete. – »Sehen Sie doch, wie er sich nun abquält, ein
gelindes Tabaksschmauchen nachzuahmen – jetzt bläst er sich
wieder mächtig auf; das ist ja als wenn der Teufel die
Baßgeige striche! – und nun auf einmal mit einem Schlagtril-
ler alles wieder abgeschnappt – ich glaube, er erstickt an
seinem Ärger über Herrn Publikum. Was hat er denn eigentlich mit dem?«

   »Der Entschlafene«, erwiderte Leontin, »war in der letzteren Zeit als Hofdichter beim Herrn Publikum angestellt. –
Das ging auch anfangs vortrefflich, er wurde gehau'n,
geschnitten, gestochen, ich meine: in Stein und Kupfer, die
Damen rissen sich ordentlich um seine Romantik. Als sie
nun aber nach und nach ein wenig abgerissen wurde, da war
nichts weiter dahinter. Es war ein Skandal! Er konnte nicht
so geschwind die neumodische klassische Toga umschlagen,
verwickelte sich in der Hast mit Arm und Beinen in die
schottischen Plaids und gab immer mehr Blößen – ja zuletzt
sagte ihm Herr Publikum gerade auf den Kopf: er sei nun
gänzlich aus der Mode geraten, ja es gebe überhaupt gar
keine solche humoristische Hagestolzen, wie er, in der
Wirklichkeit, er sei eigentlich ein bloßes in Gedanken ste-
hengebliebenes Hirngespinst, das für nicht vorhanden zu
achten. – So hatte die atemlose Zeit auch ihn übergerannt,

und ich fand den abgedankten Dichter, an seiner eigenen Existenz verzweifelnd, hier im Walde unfern von meinem Schlosse wieder.« – »Wie«, rief der Prinz aus, »so wohnen Sie jetzt hier in der Nähe?«

»Allerdings«, entgegnete Leontin. »Die spröde Welt, die wir als unser Lustrevier erobern wollten, hat uns nach und nach bis auf ein einsames Waldschloß zurückgedrängt, und die von der alten Garde tun mir die Ehre an, sich um die zerrissene Standarte der Romantik zu versammeln, die ich auf der Zinne des Kastells aufgesteckt. Dort rumoren wir auf unsere eigene Hand lustig fort, gefallen uns selbst, und ignorieren das andre. Rauschen und singen doch die Wälder noch immerfort wie in der Jugend, und jeden Frühling wirbelt die Lerche die alten Gesellen zusammen, und von Zeit zu Zeit besucht uns dort wohl noch unser schönes Waldlieb.«

Hier sprang Leontin plötzlich auf, und auch der Prinz wandte, angenehm überrascht, seine Blicke nach den Felsen; denn ein wunderschöner Gesang klang auf einmal aus dem Walde zu ihnen herüber. Sie konnten etwa folgende Worte verstehen:

> Lindes Rauschen in den Wipfeln,
> Vöglein, die ihr fernab fliegt,
> Bronnen von den stillen Gipfeln,
> Sagt, wo meine Heimat liegt?
>
> Heut' im Traum sah ich sie wieder,
> Und von allen Bergen ging
> Solches Grüßen zu mir nieder,
> Daß ich an zu weinen fing.
>
> Ach, hier auf den fremden Gipfeln:
> Menschen, Quellen, Fels und Baum,
> Wirres Rauschen in den Wipfeln –
> Alles ist mir wie ein Traum.

Jetzt erschien der Sänger im hellsten Glanz der Morgenlichter zwischen den Bäumen – es war Florentin, das
Jägerbürschchen aus Romanos Begleitung. Er stutzte und
brach schnell sein Lied ab, als er den Prinzen unten bemerkte.

»Dacht' ich's doch!« rief Leontin, die leuchtende Erscheinung freudig anstaunend. – Faber rieb sich verwirrt die
Augen. »Es träumte mir eben«, sagte er, »ein Engel zöge
singend über mir durch die Morgenluft.« – Unterdes aber
war Florentin schon bei ihnen, faßte Leontin und Faber, wie
alte Bekannte, rasch bei den Händen und führte sie tiefer in
den Wald hinein. – Der Prinz hörte sie untereinander
lachen, dann wieder sehr eifrig und heimlich sprechen;
Florentins Stimme klang immerfort wie ein Glöckchen zwischen dem Vogelsang herüber.

Als sie zurückkehrten, schienen Leontin und Faber
zerstreut und unruhig, wie Leute, die plötzlich einen Anschlag gefaßt haben. »Wir müssen schnell weiter, auf eine
lustige Hochzeit dann!« sagte Leontin zum Prinzen, und
lud ihn noch heiter ein, ihn auf seinem Kastell zu besuchen.
Dann eilte er sogleich mit Faber den Berg hinab, wo auf
einer Waldwiese ein Jäger mit ihren Pferden im Schatten
ruhte.

Florentin aber war ebenso eilig im Walde wieder verschwunden.

Erstaunt und verwirrt stand nun der Prinz in der unerwarteten Einsamkeit. Da sah er unten die beiden Freunde schon
fern zwischen Weinbergen und blühenden Gärten in die
glänzende Landschaft hinausziehen, und Schlösser, Türme
und Berge erglühten purpurn, und ein leiser Hauch wehte
den Klang der Morgenglocken und Lerchensang und Düfte
erquickend herauf, als läge das Land der Jugend dort in der
blitzenden Ferne. Hoch oben auf den Felsen aber erschien
Florentin noch einmal, schwenkte seinen Hut, und sang den
Fortziehenden nach:

Munt're Vögel in den Wipfeln,
Ihr Gesellen dort im Tal,
Grüßt mir von den fremden Gipfeln
Meine Heimat tausendmal!

Vom Garten des Herrn Publikum bringt der Wind unverhofft ein sonderbares, unerklärliches Gesumse zu uns herüber, es scheint nicht Mühlengebraus, nicht Katzengefecht, noch Murmeln rieselnder Bäche, sondern vielmehr das alles zusammen. Je mehr wir uns indes mit gebührender Vorsicht nähern, je deutlicher unterscheiden wir nach und nach das verworrene Geschnatter verschiedener Menschenstimmen durcheinander, von Zeit zu Zeit von dem durchdringenden Schrei eines Papageis aus den Fenstern des Palastes überkreischt. Durch eine Öffnung des Gebüsches endlich übersehen wir den schönen Gartenplatz vor dem Schlosse, wo beim lieblichen Morgenschein viele wohlgekleidete Personen verschiedenen Alters und Standes zwischen den blühenden Sträuchern und funkelnden Strahlen der Wasserkünste zufrieden auf und nieder wandeln und plaudern, häufig im Eifer des Gesprächs sich den Schweiß von der Stirn wischen und wieder plaudern. – Nur Herz gefaßt! noch einige Schritte vorwärts: und wir können alles bequem vernehmen.

»Nur das prüde Vornehmtun jener literarischen Aristokratie nicht hineingemengt!« rief soeben ein langer, schlichter Mann mit grauem Überrock und grauem Gesicht. – »Lassen Sie sich umarmen, Lieber!« unterbricht ihn begeistert ein blonder, junger Mann, dessen volle Wangen von unverderbter Jugend strotzen; »das wär' es eben auch was ich meine! Jawohl, diese poetische Vornehmheit, die so gern überall das Pfauenrad der großen Welt schlägt, was ist sie anders, als jene perfide, über allen Erscheinungen, über Gutem und Bösem, mit gleichem Indifferentism schwebende Ironie; Glatteis, auf dem jede hohe Empfindung,

Tugend und Menschenwürde lächerlich ausglitschen; kalt, kalt, kalt, daß mich in innerster Seele schaudert! O über die vermessene Lüge göttlicher Objektivität! Heraus, Poet, mit deiner rechten Herzensmeinung hinter deinen elenden Objekten! Ehrlich dein Innerstes ausgesprochen! – Viele *(durcheinander)*: Ja, gesprochen, immerzu gesprochen! – Junger Mann: Meine Herren! Sie verstehen mich nicht, ich wollte –. – Viele: Wir wollen nichts verstehen! Wir wollen Natur! – Edelmut – gerührtes Familienglück! – Grauer: He, Ruhe da! das ist ja, als wär' auf einmal ein Sack voll Plunder gerissen! – Dichterin *(sich hindurchdrängend)*: Was für Ungezogenheit! Pfui doch, Sie treten mir ja das Kleid ab! O diese starken, wilden Männerherzen! – Junger Mann: Verehrungwürdigste, in welchem Aufzuge! die Nachthaube ganz schief – und – o wer hätte Ihnen das zugetraut! – noch im fliegenden Nachtgewande. – Dichterin *(sich betrachtend)*: O Gott! ich bitte Sie, sehen Sie ein wenig auf die andere Seite, ich verberge mich in mich selbst! – der Schmelz des jungen Tages – meine Ungeduld, meine Zerstreuung, das erste Lied der Nachtigall, ich konnt' es nicht erwarten, ich stürz' hinaus – ach, wir Dichterinnen schwärmen so gern über die engen Zwinger der Alltagswelt hinaus. Erlauben Sie! *(Sie nimmt das Schnupftuch des jungen Mannes, und schlägt es sich als Halstuch um.)* Aber erzählen Sie doch, was ist denn eigentlich los hier? – Junger Mann: Ein neuer Gedanke von der höchsten Wichtigkeit, dessen Folgen für die ganze Literatur sich schwer berechnen lassen. Denn jede neue Idee ist wie der erste Morgenblick; erst rötet er leise die Berge und die Wipfel, dann zündet er plötzlich da, dort mit flammendem Blick einen Strom, einen Turm in der Ferne; nun qualmen und teilen und schlingen sich die Nebel in der Tiefe, der Kreis erweitert sich fern und ferner, die blühenden Länder tauchen unermeßlich auf – wer sagt da, wo das enden will! – Nun ich weiß, Verehrteste, Sie teilten schon längst unsre Überzeugung, daß jene überspannten künstlichen Erfindungen in der Poesie uns der

Natur entfremden und nach und nach ein wunderliches, konventionelles, nirgends vorhandenes, *geschriebenes* Leben über dem Lebendigen gebildet, ich möchte sagen: eine Bibel über die Tradition gesetzt haben, daß wir also eiligst zur Wirklichkeit zurückkehren müssen, daß –. – D i c h t e r i n : Kürzer! ich bitte, fassen Sie sich kürzer, mir wird ganz flau. – G r a u e r : Kurz: wir machen hier soeben Novelle. Dieser Garten, der Palast, das Vorwerk, die Stallungen und Düngerhaufen dahinter sind unser Schauplatz; was da aufduckt in dem Revier, italienische Gräfin oder deutscher Michel oder anderes Vieh, wird ohne Barmherzigkeit unmittelbar aus dem Leben gegriffen. Und nun ohne weiteres Gefackel frisch zugegriffen! denn wenn ich des Morgens so kühl und nüchtern bin, da komponier' ich den Teufel und seine Großmutter zusammen! – V i e l e *(mit großem Lärm)*: Bravo! Sie sind unser Mann! diese Laune, dieser Humor! – J u n g e r M a n n : Also es bleibt bei dem entworfenen Plane der Novelle. Alles einfach, natürlich: wir führen die schöne Gräfin Aurora mit dem einzigen Manne, welcher dieser berühmten Musenhand würdig, mit unserm unvergleichlichen Herrn Publikum, langsam, Schritt vor Schritt durch das dunkle Labyrinth des menschlichen Herzens zum Trau-altar. Dieses Tappen, dieses Fliehen und Schmachten der wachsenden Leidenschaft ist der goldene Faden, an den sich von selbst, gleich Perlen, die köstlichsten Gespräche über Liebe, Schönheit, Ehe reihen – o, teuerste Freunde, ich bin so voller Abhandlungen! – E n g l ä n d e r *(mit Weltverachtung hinzutretend)*: Und der Sturm, der um des Herzens Firnen rast? und das Grauen, das wie der Schatten eines unsichtbaren Riesen sich über die gebrochenen Lebensbäume legt? – Ich bestehe durchaus auf ein wild zerrissenes Gemüt in der Novelle! – D i c h t e r i n : Furchtbarer, ungeheurer Mann! – G r a u e r : Das ist gleich gemacht. Der Prinz Romano hat ganz das liederliche Aussehen eines unglücklichen Liebhabers. Er geht, wie ihr wißt, auf Freiersbeinen, die sind dünn genug, da lassen wir den englischen Sturm schneidend hin-

durch pfeifen. – J u n g e r   M a n n : Still! da kommt die
Gräfin mit Herrn Publikum. – Nun frisch daran!

Wirklich sah man die Genannten soeben aus dem Schlosse
treten, in galanter Wechselrede begriffen, wie man aus der
ungewohnten besonderen Beweglichkeit des Herrn Publikum abnehmen konnte, der immer sehr viel auf guten Ton
hielt. Die Novellenmacher verneigten sich ehrerbietig, Publikum nickte vornehm. Gräfin Aurora aber hatte heut in
der Tat etwas von Morgenröte, wie sie zwischen den leisen
Nebeln ihres Schleiers, den sie mit dem schönen Arm mannigfach zu wenden wußte, so leicht und zierlich nach allen
Seiten grüßte, und ihre Blicke zündeten, zwar nicht die
Turmknöpfe, aber die Sturmköpfe ringsumher. Ein Geflüster der Entzückung ging durch die Versammlung. Der
Graue bemächtigte sich geschickt des fetten Ohrs des Herrn
Publikum. »O«, rief er ihm leise zu, »dreimal selig der, dem
diese Blicke gelten!« Publikum lächelte zufrieden.

Der Vorschlag der rüstigen Herren, an dem herrlichen
Morgen eine Promenade in das nächste Tal vorzunehmen,
wurde mit Beifall aufgenommen. Sie aber hatten ihre eigenen
Gedanken bei diesem Vorschlage. Um ihre projektierte
Novelle gehörig zu motivieren, sollte Herr Publikum zuerst
der Gräfin mit seiner Weltmacht imponieren und sodann in
der Einsamkeit der schönen Natur Gelegenheit finden, diesen Eindruck zu benutzen, und die Überraschte mit den
Blumenketten der Liebe zu fesseln. Zu diesem Zweck lenkten sie den Spaziergang ohne weiteres aus dem Garten nach
dem sogenannten praktischen Abgrund hin. Und in der Tat,
die Schlauen wußten wohl, was sie taten. Denn schon im
Hinabsteigen mußten der Gräfin sogleich einzelne Gestalten
auffallen, die gebückt, wie Eulen, in den Felsenritzen kauer-
ten. – »Künstler, Landschafter«, sagte Publikum, »die
armen Teufel quälen sich vom frühesten Morgen für mich
ab.« Hier verbreitete er sich sofort gelehrt über die verschiedenen Tinten der Landschaftsmalerei, wäre aber dabei mit
seiner Kunstkenntnis bald garstig in die Tinte gekommen,

wenn die aufmerksamen Novellisten nicht zu rechter Zeit ausgeholfen hätten. Indes waren sie auf einen Felsenvorsprung aus dem Gebüsch getreten, da lag in einem weiten Tale zu ihren Füßen plötzlich ein seltsames Chaos: blanke Häuser, Maschinen, wunderliche Türmchen und rote Dächer, zu beiden Seiten einer Kunststraße an den Bergeshängen übereinanderragend. Es war aus dieser Vogelperspektive, als überblickte man auf einmal eine Weihnachtsausstellung, alles rein und zierlich, alles bewegte sich, klippte und klappte, zuweilen ertönte ein Glöckchen dazwischen, zahllose Männchen eilten geschäftig hin und her, daß es einem vor den Augen flimmerte, wenn man lange in das bunte Gewirr hineinsah.

Der junge Mann trat erklärend zu der erstaunten Gräfin. »Der Puls dieses bewunderungswürdigen Umlaufs von Kräften und Gedanken ist unser hochverehrter Herr Publikum«, – sagte er, während sie rasch herabstiegen – »um seinetwillen, zu seinem Besten sind alle diese Anlagen entstanden.« Er begann nun eine wohlgedachte und herrlich stilisierte Abhandlung über die ernste praktische Richtung unserer Zeit, die wir aber leider nicht wiederzugeben vermögen, da man inzwischen den Grund erreicht hatte und vor dem wachsenden Lärm, dem Hämmern und Klopfen kein Wort verstehen konnte.

Aurora war ganz verblüfft, und wußte nicht, wohin sie in dem Getöse sich wenden sollte, als eine, wie es schien, mit Dampf getriebene ungeheure Maschine durch die Eleganz ihres Baues ihre besondere Aufmerksamkeit auf sich zog. Sie näherte sich neugierig, und bemerkte, wie hier von der einen Seite unablässig ganze Stöße von dicken, in Schweinsleder gebundenen Folianten in den Beutelkasten geworfen wurden, unter denen sie mit Verwunderung den Grafen Khevenhüller nebst andern Chroniken zu erkennen glaubte. Eine große Menge zierlich gekleideter Herren, weiße Küchenschürzen vorgebunden und die feinen Hemdeärmel aufgestreift, eilten auf und ab, das Schroten, Malen und Ausbeuteln zu besorgen, während armes, ausgehungertes Volk gierig bemüht war, den Abfall aufzuraffen. – »Das will wieder nicht vom Fleck!« rief Herr Publikum den Arbeitern zu; »rasch, nur rasch!« – Darauf führte er die Gräfin in das andere Ende der Maschine und es dauerte nicht lange, so spuckte ein bronzener Delphin die verarbeiteten Folianten als ein zierliches »Vielliebchen« in Taschenformat und in Maroquin gebunden zu ihren Füßen aus. Publikum überreichte es, als das Neueste vom Jahre, galant der Gräfin. Aurora wollte sich totlachen und steckte das niedliche Dingelchen in ihren Strickbeutel.

Sie hätte sich gern noch anderweit im Fabrikwesen näher instruiert, aber das Treiben auf der Kunststraße, die sie soeben betreten, nahm alle ihre Sinne in Anspruch. Das war ein Fahren, Schnurren, Reiten und Drängen! Mitten durch das Gewirr sahen sie einen Postillon mit flämischen Stiefeln mit einem großen Schnurrbart und von martialischem Ansehen, in gestrecktem Galopp auf sich zufliegen. Es war ein literarischer Klatsch-Kurier. Er parierte sein schäumendes Roß kunstgerecht grade vor Herrn Publikum, und überreichte ihm seine Depesche. Die Novellisten standen in höchster Spannung und murmelten geheimnisvoll untereinander. – »Schon gut«, sagte Publikum, den Kurier mit einem leichten Kopfnicken entlassend. Darauf überflog er das Schreiben für sich, lachte einmal laut auf, rief dann: »Ha!« und steckte die Papiere in die Tasche. Aurora aber sah ihn unverwandt an. – Sie bekam eine große Idee von dem Manne.

Inzwischen hatten die Novellisten einen Fußpfad eingeschlagen, der seitwärts aus dem praktischen Abgrund ins Gebirge führte. Der verworrene Lärm hinter ihnen vertoste mit jedem Schritt immer mehr und mehr und Aurora atmete frisch auf, als sie nun wieder das Rauschen des Waldes und einer einsamen Wassermühle vernahm, auf welche sie zugingen. Ermüdet von dem müßigen Umherschlendern, lagerte die bunte Gesellschaft sich fröhlich auf den Rasen. Es war ein schattenkühles, freundliches Tal, ringsum von Bergen und Wäldern eingeschlossen; der Mühlbach murmelte über das Gestein und blinkende Kiesel durch die schöne Abgeschiedenheit, über ihnen hin flogen schimmernde Tauben säuselnd der Mühle zu, die Novellisten rieben sich freudig die Hände und hofften das Beste.

Aber hier begegnete Herrn Publikum unerwartet etwas ganz Fatales. Mitten in diesem Sukzeß nämlich bekam er plötzlich einen Anfall seines alten Übels, der Langeweile. Er verbarg vergeblich sein wiederholtes Gähnen hinter dem seidenen Taschentuch, er versuchte etwas über die schöne Natur zu sagen, aber es wollte ihm gerade gar nichts einfallen. Endlich setzte er sich durchaus in den Kopf, auf diesem herrlichen Platze eine Kavatine zu singen, da er ein eifriger Dilettant in allen schönen Künsten war und sich besonders auf seine Stimme viel einbildete. Die Novellenmacher erschraken, denn er nahm sich beim Singen eben nicht vorteilhaft aus. Aber da half nun einmal alles nichts. Ein Diener mußte ihm ein großes Notenblatt reichen, der kurze runde Mann stellte sich, das linke Bein ein wenig vorgeschoben, räuspernd zurecht, strich ein paarmal seinen Backenbart, und sang eine italienische verliebte Arie, wobei er den fetten Mund nach der einen Seite wunderlich abwärts zog und von Zeit zu Zeit der Gräfin über das Blatt einen zärtlichen Blick zuwarf. – Aurora sah mit einem leisen schlauen Lächeln den Sänger unter ihren langen schwarzen Augenwimpern halb erstaunt, halb triumphierend an, und die Novelle schien sich in der Tat ihrer idyllischen Katastrophe zu nähern, als auf einmal Waldhornsklänge von den Bergen unwillkommen in die schönsten Koloraturen des Sängers einfielen. – Herr Publikum brach ärgerlich ab und meinte, es seien ohne Zweifel wieder Raubschützen von des Grafen Leontins Schlosse. Unterdes kamen die Klänge immer näher und näher, von Berg zu Berg einander rufend und Antwort gebend, daß der muntere Widerhall in allen Schlüften erwachte. Plötzlich tat die Morgensonne oben im

Walde einen Blitz, und Aurora sprang mit einem freudigen: »Ach!« empor. Denn auf einem Felsen über ihnen wurde auf einmal Prinz Romano in prächtiger Jagdkleidung zwischen den Bäumen sichtbar, wie ein König der Wälder, malerisch auf seine funkelnde Büchse gestützt.

Der Prinz nämlich, die sachte, rieselnde Manier der Novellenmacher gründlich verachtend, hatte bei seiner Rückkehr aus dem Walde kaum von dem Morgenspaziergange der Schloßbewohner gehört, als er sich sogleich voll romantischer Wut in seine schönsten Jagdkleider warf, mit Florentin und seinen Jägern von neuem in den Wald lief, und dort die letztern geschickt auf den Bergen verteilte, um die Gräfin, wie wir eben gesehen, in seiner Art würdig zu begrüßen. So war er in dem günstigsten Moment der ersten Überraschung oben auf dem Felsen hervorgetreten und betrachtete nun mit innerster Zufriedenheit die bunte Gruppe der Erstaunten unten im Tale. – »Sieh nur« – sagte er zu Florentin, der ihm schelmisch über die Achsel guckte – »sieh nur die Gräfin, wie die zwei Sterne da aus der Waldesnacht zu mir herauffunkeln! es kömmt überall nur darauf an, daß man sich in die rechte, poetische Beleuchtung zu stellen weiß.« – »In der Tat, gnädiger Herr«, erwiderte Florentin, »Sie nehmen sich so stellweis vortrefflich aus, es ist ein rechtes Vergnügen, Sie in der Ferne zu sehen – und wenn die Gräfin nicht zu wild ist, so muß sie wohl ein Erbarmen fühlen.« – »Ach, was wild da!« meinte der Prinz, »Cupido ist ein wackerer Schütz, die Sprödeste guckt doch zwischen den Fingern nach dem hübschen, nackten Bübchen hin. Laß mich nur machen!« – Und hiermit stieg er rasch und wohlgemut den Berg hinunter. Je tiefer er aber auf den abgelegenen Fußpfaden in den Wald herabkam, je seltsamer wurde ihm zumute. Wunderliche Erinnerungen flogen ihn an, er glaubte die Bäume, die Felsen zu kennen, und blieb oft, sich besinnend, stehen. Jetzt wurde ein Kirchturm in der Ferne sichtbar, ein rotes Ziegeldach schimmerte plötzlich zwischen den Wipfeln aus dem Grunde herauf. – »Wie ist mir denn!« rief er endlich ganz verwirrt aus, »hier bin ich vor langer Zeit schon einmal gewesen – gerade an einem solchen Morgen war es – da muß ein Brunnen sein: da traf ich das schöne Müllermädchen zum ersten Mal – glückliche Jugendzeit! Wie manche schöne Nacht schlich da der ungekannte Wanderer zur Mühle, bis er mit dem letzten Stern auf immer im Morgenrot wieder verschwand. – Wahrhaftig, das ist der Grund, da ist die Mühle – grade jetzt! Verdammter Zufall!« –

Währenddes ging er auf den altbekannten Pfaden immer weiter und weiter; er war wie im Traum, bunte Schmetterlinge flatterten wieder über dem stillen Grunde, der Mühlbach rauschte, die Vögel sangen lustig, wie damals. Nun kamen auch die hohen Linden, dann der Brunnen – da blieb er auf einmal fast erschrocken stehen. Denn auch sein damaliges Liebchen kniete, Wasser schöpfend, wieder am Brunnen. Als sie so plötzlich den Fremden erblickte, setzte sie langsam den Krug weg, und sah ihn unter dem Strohhut lange Zeit groß an. Es waren die alten, schönen Züge, aber gebräunt, und von Sorge und Arbeit wunderbar verwandelt.

»Kann ich wieder mit dir gehen?« redete sie Romano endlich an.

»Nein«, erwiderte sie ruhig, »ich bin längst verheiratet. – Wie ist es denn dir seitdem gegangen?« fuhr sie fort, »es ist lange her, daß du mich verlassen hast.« – Darauf sah sie ihn von neuem aufmerksam an, und sagte: »Du bist heruntergekommen.«

»Und weiß doch selber nicht wie!« – entgegnete der Prinz ziemlich verlegen. Da bemerkte er, daß ihr Tränen in den Augen standen, und faßte gerührt ihre Hand, die sich aber so rauh anfühlte, daß es ihm recht in der Seele fatal war.

In demselben Augenblick trat die Gesellschaft vom Schlosse, welche der Waldhornsklang weiter in das Tal verlockt hatte, unerwartet aus dem Gebüsch, und ein zweideutiges Lachen, sowie das eifrige Hervorholen der Lorgnetten zeigte, daß man die sonderbare Vertraulichkeit des verliebten Prinzen gar wohl bemerkt hatte. Die schöne Müllerin warf, indem sie sich wandte, einen stolzen Blick auf das vornehme Gesindel, und alle Augen folgten unwillkürlich der hohen schlanken Gestalt, als sie, den Krug auf dem Kopfe, langsam zwischen den dunklen Schatten verschwand.

———————

Dieses Ereignis an Amors falscher Mühle, das allerdings nicht in Romanos Rechnung gelegen, hatte bei den verschiedenen Zuschauern einen sehr verschiedenen Eindruck hinterlassen. Die Novellenmacher fühlten eine köstliche Schadenfreude, etwa wie schlechte Autoren, wenn ein Rezensent einem berühmten Manne einen tüchtigen Tintenklecks anhängt. Herr Publikum, der überhaupt immer erst durch andere auf Gedanken gebracht werden mußte, schmunzelte nur, und beschloß insgeheim, bei nächster schicklicher Gelegenheit einmal selbst einen einsamen Spaziergang nach der Mühle zu unternehmen. – Gräfin Aurora dagegen begegnete seitdem dem Prinzen überaus schnippisch, zeigte sich launenhaft, und begünstigte auf eine auffallende Weise den armen Publikum, der vor lauter Wonne kaum zu Atem kommen konnte.

Romano aber benahm sich ganz und gar unbegreiflich. Ohne die geringste Spur von Gram oder Scham, schien er die Gräfin nicht mehr zu beachten, als der Anstand eben unausweichlich erforderte, und trieb sich fortwährend wildlustig unter den Jägern umher, mit denen er bald nach den höchsten Wipfeln schoß, bald neue schöne Jagdlieder einübte.

Aurora brachte einmal boshaft die Rede auf die schöne Müllerin – der Prinz lobte sogleich enthusiastisch ihre Taille und die antike Grazie, mit der sie den Krug getragen. – Die Gräfin, als er gerade im Garten war, entwickelte, im Ballspiel mit Herrn Publikum über den Rasen schwebend, die zierlichsten Formen – der Prinz ließ eben sein Pferd satteln und ritt spazieren. – Das war ein Pfiffikus! Aurora hätte weinen mögen vor verbissenem Ärger!

So war die Nacht herangekommen und versenkte Lust und Not. Einzelne Mondblicke schossen durch das zerrissene Gewölk, der Wind drehte knarrend die Wetterfahnen auf dem Schlosse, sonst herrschte eine tiefe Stille im Garten, wo Katzen und Iltis leise über die einsamen Gänge schlüpften. Nur der dunkelmütige Engländer, den wir unter den Novellenmachern kennengelernt, war noch wach und schritt tiefsinnig auf und nieder. Er liebte es, in solchen Nächten zu wandeln, womöglich ohne Hut, mit vom Winde zerworrenem Haar, um nach behaglich durchschwärmten Tagen seine Seele in der Finsternis mit Verzweiflung aufzublasen, gleichsam einen melancholischen Schnaps zu nehmen. Heute aber galt es eigentlich dem Prinzen Romano, der noch immer von seinem Spazierritt nicht wiedergekommen war. Wie eine Kreuzspinne lauerte er am Eingange des Gartens auf den Zurückkehrenden, um ihm bei so gelegener Stunde einen giftigen Stich von Eifersucht beizubringen, und ihn sodann, der Exposition gemäß, als unglücklichen Liebhaber, in die projektierte Novelle einzuspinnen.

Die Turmglocke im Dorfe unten schlug eben Mitternacht, da hörte er endlich ein Roß schnauben, die Hufe im Dunkeln sprühten Funken über das Gestein, es war Romano.

Kaum war er abgestiegen und in den Garten getreten, um sich nach dem Schlosse zu begeben, als ihn der Engländer, verstört und geheimnisvoll, bei beiden Händen faßte und rasch in den finstersten Baumgang mit sich fortriß. Mit schneidender Beredsamkeit verbreitete er sich hier über die sichtlich wachsende Neigung der Gräfin Aurora zu Herrn Publikum, tat Seitenblicke auf jeden ihrer verräterischen Blicke und auf ihre Worte, zwischendurch wieder ihre schöne Gestalt, ihr zauberisches Auge geschickt beleuchtend. Zu seinem Befremden aber blieb der Prinz ganz gelassen, und replizierte immer nur mit einem fast ironischen: »Hm – ha – was Sie sagen!« – Schon gut, eben die rechte

Stimmung, dieses sich selbst zerknirschende Verstummen! dachte der Engländer, und fuhr nur um so eifriger fort, mit häufigem teuflischen Hohnlachen, über Liebe, Treue, Glück und Welt. – Inzwischen hatte Romano in einem entfernten Gebüsch ein leises Flüstern vernommen. Er glaubte die Stimme zu kennen und stand wie auf Nadeln, denn der Engländer wurde immer pathetischer.

»Sie sind mir langweilig, Herr!« wandte sich da der Prinz plötzlich zu ihm. Der Überraschte starrte ihn in höchster Entrüstung an. – Währenddes aber waren sie eben an die Schwelle eines Pavillons gekommen, der Engländer trat hinein. Romano warf schnell die Tür hinter ihm zu und verschloß sie, ohne auf das Toben des melancholischen Kobolds zu achten, das nur die Fledermäuse und Krähen in den nächsten Wipfeln aufscheuchte.

Jetzt folgte der erlöste Prinz rasch den Stimmen in der Ferne. Sie schienen sich, zu seinem Erstaunen, an dem Flügel des Palastes zu verlieren, wo Aurora schlief. Ein Licht schimmerte noch aus ihrem Fenster, und säumte das Laub der nächsten Bäume mit leisem Glanz. Romano stellte sich ins Gebüsch und wartete lange, bald an den Baum gelehnt, bald sich ungeduldig auf den Zehen erhebend. Manchmal war es ihm, als höre er sie lachen, oft glaubte er, die Schatten zweier Gestalten im Zimmer deutlich zu unterscheiden. Dann verlosch auf einmal das Licht, und es wurde oben und unten so still, daß er das Bellen der Hunde aus den fernen Dörfern hören konnte. Da ging plötzlich ein Pförtchen unten, das zu Auroras Gemächern führte, sachte auf, eine männliche Gestalt schlüpfte daraus hervor, flog eilig über die Rasenplätze und Blumenbeete, und war in demselben Augenblick in der Nacht wieder verschwunden. – »Was ist das?!« rief der Prinz verwundert aus – er glaubte in der flüchtigen Gestalt seinen Jäger Florentin erkannt zu haben. – Noch lange stand er nachdenklich still. Dann schien ihm auf einmal ein neuer Gedanke durch die Seele zu schießen. »Prächtig! herrlich! nun wird die Sache

erst verwickelt und interessant!« rief er, indem er hastig
tiefer in den einsamen Garten hineinschritt und sich eifrig
die Hände rieb, wie einer, der plötzlich einen großen
Anschlag gefaßt hat.

Auf dem Schlosse war ein bunter, lebhafter Tag vorübergezogen. Gräfin Aurora, von Romanos Waldhornsgruß aufgeregt, war in ihrer Launenhaftigkeit plötzlich auf die Waid-
lust verfallen, und der galante Publikum hatte nicht ver-
säumt, sogleich auf morgen eine große Jagd in dem nahen
Waldgebirge anzuordnen. Erst spät vertoste im Dorf und
auf den Gartenplätzen die fröhliche Wirrung der Zurüstun-
gen, und noch bis tief in die Nacht hörte man einzelne
Waldhornsklänge und den Gesang der vorausziehenden
Jäger über den stillen Garten herüberklingen. Da saß Aurora
in einem abgelegenen Gemache am halbgeöffneten Fenster,
und freute sich der schönen sternklaren Nacht über den
Wäldern und Bergen draußen, die für morgen das herrlichste
Jagdwetter zu verkünden schien. Sie hatte sich hinter die
Fenstergardine verborgen, sehr leise mit ihrer Kammerjungfer plaudernd. Sie schienen noch jemand zu erwarten und
blickten von Zeit zu Zeit ungeduldig in den Garten hinaus. –
»Horch«, sagte die Gräfin, »ist das der Wald, der so
rauscht? Es ist recht verdrießlich, ich hatte mir schon alles so
lustig ausgesonnen für morgen, und nun wird mir ordentlich
angst; die dummen alten Bäume vor dem Hause, die finstern
Berge, die stille Gegend: es sieht alles so ernsthaft und
anders aus, als man sich's bei Tage denkt – wo er auch gerade
heute bleibt!« – »Wer denn?« fragte die Kammerjungfer
schalkhaft, »der spröde Prinz?« – »Hm, wenn ich just
wollte« – erwiderte Aurora.

Hier wurden sie durch eine Stimme unter dem Fenster
unterbrochen. Es war ein Jäger, der so spät noch seine Flinte
zu putzen begann und fröhlich dazu sang:

Wir waren ganz herunter,
Da sprach Diana ein,
Die blickt so licht und munter,
Nun geht's zum Wald hinein!

»Da meint er mich!« flüsterte die Gräfin. – Der Jäger aber
sang von neuem:

Im Dunklen Äuglein funkeln,
Cupido schleichet leis,
Die Bäume heimlich munkeln –
Ich weiß wohl was ich weiß!

»Was will er davon wissen, der Narr!« sagte Aurora erschrocken; »kommen wir fort, ich fürchte mich beinah.« –
Die Kammerjungfer schüttelte bedenklich ihr Köpfchen,
indem sie vorsichtig oben das Fenster wieder schloß.

Währenddes ritt der Prinz Romano – wir wissen nicht
weshalb – beim hellsten Mondschein ganz allein mitten
durch die phantastische Einsamkeit des Gebirges dem
Schlosse des Grafen Leontin zu. Vor Heimlichkeit und Eile
hatte er, ohne einen Führer mitzunehmen, nach den
Beschreibungen der Landleute den nächsten Waldpfad eingeschlagen. Die Wälder rauschten durch die weite Stille, aus
der Ferne hörte man nur den dumpfen Schlag eines Eisenhammers, von Zeit zu Zeit stutzte sein Pferd schnaubend.
Bald aber teilten sich die Wege in den verschiedensten
Richtungen, die betretenen schienen weit abzuführen, die
wilderen verloren sich ganz und gar im Gestein. Manchmal
glaubte er Hundegebell aus den Tälern zu vernehmen, aber
wenn er hinablenken wollte, stand er plötzlich vor jähen,
finsteren Abgründen, bis er zuletzt sich selbst eingestehen
mußte, sich gänzlich verirrt zu haben.

»Desto schöner!« rief er aus, stieg ab, band sein Pferd an
einen Baum, und streckte sich auf den Rasen hin, um die
Morgendämmerung abzuwarten. Wie manche schöne Som-

mernacht, dachte er, habe ich auf meinen Jugendfahrten
schon so verbracht und in der dichterischen Stille, heimlich
bildend, den grauen Vorhang angestarrt, hinter dem die
frischen Morgen, blitzenden Ströme und duftigen Täler des
reichen unbekannten Lebens vor mir aufsteigen sollten. –
Ein naher Bach plauderte verwirrend in seine Gedanken
herein, die Wipfel über ihm rauschten einförmig immer fort
und fort, so schlummerte er endlich ein, und der Mond warf
seine bleichen Schimmer über die schöne wüste Gestalt, wie
über die Trümmer einer zerfallenen verlornen Jugend.

Da träumte ihm, er stände auf dem schönen Neckar-
gebirge von Heidelberg. Aber der Sommer war vorbei, die
Sonne war lange untergegangen, ihn schauerte in der herbstlichen Kühle. Nur das Jauchzen verspäteter Winzer verhallte
noch, fast wehmütig, in den Tälern unten, von Zeit zu Zeit
flogen einzelne Leuchtkugeln in die stille Luft. Manche
zerplatzte plötzlich in tausend Funken und beleuchtete
im Niederfallen langvergessene, wunderschöne Gegenden.
Auch seine ferne Heimat erkannte er darunter, es schien
schon alles zu schlafen dort, nur die weißen Statuen im
Garten schimmerten seltsam in dem scharfen Licht. Dann
verschlang die Nacht auf einmal alles wieder. Über die Berge
aber ging ein herrlicher Gesang, mit wunderbaren, bald
heiteren, bald wehmütigen Tönen. Das ist ja das alte, schöne
Lied! dachte er, und folgte nun bergauf, bergab den Klängen, die immerfort vor ihm herflohen. Da sah er Dörfer,
Seen und Städte seitwärts in den Tälern liegen, aber alles so
still und bleich im Mondschein, als wäre die Welt gestorben.
So kam er endlich an ein offenes Gartentor, ein Diener lag
auf der Schwelle ausgestreckt wie ein Toter. – Desto besser,
so schleich' ich unbemerkt zum Liebchen, sagte er zu sich
selbst, und trat hinein. Dort regte sich kein Blättchen in
allen Bäumen den ganzen weiten Garten entlang, der prächtig im Mondschein glänzte, nur ein Schwan, den Kopf unter
dem Flügel versteckt, beschrieb auf einem Weiher, wie im
Traume, stille, einförmige Kreise; schöne, nackte Götterbil-

der waren auf ihren Gestellen eingeschlafen, daß die steinernen Haare über Gesicht und Arme herabhingen. – Als er sich verwundert umsah, erblickte er plötzlich Ihre hohe anmutige Gestalt, verlockend zwischen den dunkeln Bäumen hervor. Geliebteste! rief er voll Freude, dich meint' ich doch immer nur im Herzensgrunde, dich mein' ich noch heut! – Wie er sie aber verfolgte, kam es ihm vor, als wäre es sein eigener Schatten, der vor ihm über den Rasen herfloh, und sich zuletzt in einem dunkeln Gebüsch verlor. Endlich hatte er sie erreicht, er faßte ihre Hand, sie wandte sich. – Da blieb er erstarrt stehen – denn er war es selber, den er an der Hand festhielt. – Laß' mich los! schrie er, du bist's nicht, es ist ja alles nur ein Traum! – Ich bin und war es nimmer, antwortete sein gräßliches Ebenbild, du wachst nur jetzt, und träumtest sonst. – Nun fing das Gespenst mit einer grinsenden Zärtlichkeit ihn zu liebkosen an. Entsetzt floh er aus dem Garten, an dem toten Diener vorüber; es war, als streckten und dehnten sich hinter ihm die erwachten Marmorbilder, und ein widerliches Lachen schallte durch die Lüfte. – Als er atemlos wieder im Freien anlangte, befand er sich auf einem sehr hohen Berge unter dem unermeßlichen Sternenhimmel. Aber die Sterne über ihm schienen sich sichtbar durcheinander zu bewegen; allmählich wuchs und wuchs oben ein Brausen, Knarren und Rücken, endlich flog der Mond in einem großen Bogen über den Himmel, die Milchstraße drehte sich wie ein ungeheures Feuerrad, erst langsam, dann immer schneller und wilder in entsetzlichem Schwunge, daß er vor Schwindel zu Boden stürzte. Mitten durch das schneidende Sausen hörte er eine Glocke schlagen, es war, als schlüg' es seine Todesstunde. Da fiel ihm ein, daß es eben Mitternacht sei. Das ist's auch, dachte er, da stellt ja der liebe Gott die Uhr der Zeit. – Und als er wieder aufblickte, war alles finster geworden, nur das Rauschen eines weiten Sternenmantels ging noch durch die Einsamkeit des Himmels, und auch den Gesang, als sängen Engel ein Weihnachtslied, hörte er wieder hoch in den Lüften so über alle Beschreibung freudig erklingen, daß er vor tiefer Lust und Wehmut aufwachte.

Er konnte sich zwischen den Bäumen und Bergen gar nicht wieder zurechtfinden und blickte verstört in der fremden Gegend umher. Da lag weit und breit alles so still im schönsten Mondglanz. Zu seinem großen Erstaunen aber glaubte er auf der Waldwiese unter sich den Jäger Florentin zu bemerken. Er schien an einem Bache sich zu waschen, seine dunklen Locken verschatteten sein Gesicht, der Mondschein spielte, wie liebestrunken, über den schönen entblößten Nacken und die Schultern des Jünglings. Dann horchte Florentin plötzlich auf, denn von den Bergen ließ sich derselbe Gesang wieder vernehmen, den der Prinz schon im Traum gehört hatte.

Romano schloß verwirrt die Augen, um die lieblichen Traumbilder nicht zu verscheuchen. Da war es ihm, als hörte er durch die Stille der Nacht den jungen Jäger zwischen dem Flüstern der Wipfel und Blätter unten mit jemand sprechen. Als er die Augen wieder aufschlug, sah er, wie soeben ein fremder Mann, mit langem weißen Bart und weitem, faltigen Mantel, von dem Jüngling fortschritt. Ihn graute fast, denn der Alte kam ihm bekannt vor, er glaubte den alten wahnsinnigen Harfner aus »Wilhelm Meister« zu erkennen. Betroffen und erschüttert sprang er nun auf. Da flog auch Florentin schon über die tauige Wiese, und alles war, wie ein Elfenspuk, auf einmal zerstoben. Nur der Gesang verhallte noch in der weitesten Ferne, und aus dem Zwielicht des anbrechenden Morgens ragten die Türme eines alten Schlosses traumhaft über den Wald hervor.

»Was für ein Phantast ist doch die Nacht!« – sagte der Prinz zu sich selbst, noch immer in das mondbeglänzte Tal hinabstarrend. »Und das ist wohl gar schon Leontins verwünschtes Schloß!« rief er dann freudig aus, schüttelte schnell die schwülen Träume ab, schwang sich wieder auf sein Roß und ritt wohlgemut der neuen Erscheinung zu.

Die Wälder in der Runde rauschten noch verschlafen, in den Tälern aber krähten die Hähne, und hin und her blitzten schon Ströme und einzelne Dächer im Morgenlicht auf. So war er lange, in sich selbst versunken, den alten Türmen entgegen geritten, die sich immer höher aus dem stillen Grau erhoben, als er plötzlich hinter einem dichten unzugänglichen Gebüsch vor sich sehr heftig reden hörte. Er hielt einen Augenblick an, und vernahm deutlich die Worte:

»Wo führst du mich hin, aus Grau durch Nacht zur Hölle?! Ich geh' nicht weiter – hier endest du, und alles bricht zusammen!« – Eine andere Stimme, wie es schien, rief nun, wie aus tiefstem Weh: »Erbarmen!«

Romano stutzte. Verwirrt noch, wie er war, von der schlaflosen träumerischen Nacht, schien ihm dies ein unverhofftes preiswürdiges Abenteuer. Er faßte sich ein Herz, und rief in das Gebüsch hninein: »Zurück, Vermessener, wer Du auch seist! Die mordbrütende Nacht schlägt über Dir ihren dunklen Mantel auseinander und das Auge Gottes blickt wieder durch die Welt!«

Hierauf wurde auf einmal alles still, und der Prinz, dadurch ermutigt, wiederholte seinen Donnerruf.

Der Unbekannte hinter dem Busch aber schien inzwischen durch die Zweige die Gestalt des Reiters ins Auge gefaßt zu haben, die in ihrem überwachten Zustande auf dem müden Roß allerdings an Don Quixote gemahnte. Dies mochte ihm Mut einflößen, und er erwiderte plötzlich mit kecker gewaltiger Stimme: »Verwegener! greife nicht in das Rad fremder Verhängnisse! Weiche von mir, so dir dein Leben teuer ist!«

Nach dieser Stimme schien es ein grober massiver Kerl zu sein. Der Prinz geriet in einige Verlegenheit, er war unbewaffnet und auf keine Weise auf solche unerwartet entschlossene Antwort gefaßt gewesen. Während er aber noch so nachsann, was hier zu tun oder zu lassen, erhob der Unsichtbare schon wieder seine Stimme. »Hoho!« rief er, »Morgenstunde hat Blut im Munde. Das Messer ist gewetzt, das Wild umsetzt, ein reicher Fang, Hussa zum letzten Gang!«

Jetzt schien er durch das Gebüsch hervorbrechen zu wollen. Romano wandte sein Pferd, aber es verwickelte sich zwischen Wurzeln und Sträuchern, er konnte weder vor- noch rückwärts. Zum Glück bemerkte er soeben in der Nähe einige Hirten, und schrie aus Leibeskräften: »Zu Hülfe! zu Hülfe! Räuber, Mörder! Faßt den Kerl, bindet ihn!«

Die Hirten, junge fröhliche Burschen, ließen sich das nicht zweimal sagen; sie sprangen rasch herbei, und es entspann sich hinter dem Gebüsch ein verworrenes Trampeln, Balgen und Schimpfen. Als der Prinz sich nun vorsichtig wieder näherte, hatten sie den Wilden schon beim Kragen: einen kurzen dicken Mann, der in größter Wut mit den Beinen nach allen Seiten um sich stieß.

»Nun, das ist gar das Unglaublichste! Herr Faber!« – rief Romano voller Erstaunen aus. Es war in der Tat niemand anders, als der alte Dichter. – »Das kommt von Euren tollen Streichen!« schrie er dem Prinzen entgegen; »schon vom nüchternen Morgen seid Ihr im romantischen Tran!« – In dem Getümmel flogen seine Manuskripte auf dem Rasen umher. Da verstand er keinen Spaß; außer sich vor Zorn, versetzte er mit unglaublicher Behendigkeit dem einen eine tüchtige Ohrfeige. Aber die Hirten ließen sich nicht irre machen. Sie hatten lange genug auf eine Gelegenheit gewartet, an dem Poeten einmal ihr Mütchen zu kühlen, der ihnen in seinem vornehmen, gelehrten Müßiggange von jeher ein Ärgernis war. Und so schleppten sie ihn denn, trotz aller Gegenrede, in einem Anfall handgreiflichen Humors als Arrestanten nach dem Schlosse zu.

Es war ein wunderlicher Zug. Faber, da er sich überwältigt sah, erschöpfte sich in wütenden Vergleichungen zwischen jungen Sauschlingeln und alten Hauklingen, die beide ungeschliffen seien, zwischen Bauern und Wallnußbäumen, die am besten gediehen, wenn man mit Knitteln nach ihnen schmisse. Dazwischen rief er wieder lachend dem Prinzen zu: »Aber Ihr habt Euch trefflich gefürchtet vor mir!« – »Jawohl, schon gut, mein Lieber!« erwiderte Romano, und hielt jedesmal sein Pferd an, wenn der Gefangene sich umwandte; denn er hatte insgeheim die Meinung gefaßt, daß Herr Faber an periodischem Wahnsinn leide, und eben seinen Anfall habe.

Über dem Lärm und Gezänk in der frühen Morgenstille wurde alles wach, wo sie vorüberzogen. Hunde bellten, Bauernköpfe fuhren verschlafen und verwundert aus den kleinen Fenstern.

So waren sie, um eine Bergesecke tretend, plötzlich an eine hohe Felsenwand gekommen, von der Leontins alte Burg fast senkrecht herabschaute. In dem einen Erker flog rasch ein Fenster auf. Eine wunderschöne Frauengestalt, noch halb entkleidet wie es schien, den Busen von den herabbringelnden Locken verhüllt, bog sich neugierig über den Abgrund hinaus und bedeckte mit der kleinen, weißen Hand die Augen vor der Morgensonne. Die Hirten schienen sich auf einmal ihres Unterfangens zu schämen, und hatten bei der schönen Erscheinung ihren Gefangenen blöde losgelassen. – »Ich appelliere, als ein Dichter, von dem Gericht der Pairs und vom Haus der Gemeinen an den hohen Minnehof!« rief der befreite Faber zu seiner Retterin hinauf. – »Aber was brecht ihr denn so wütend den Tag an? ist denn ein ganzer Sommertag nicht lang genug zu Narrenstreichen?« schallte die lieblichste Stimme, wie aus Morgenlüften, zu ihnen hernieder. – Faber aber trat vor die gewaltigen Schranken, sich feierlich verteidigend, und es kam nun heraus, daß er, von Hundegetön und Hörnergeheul aus Schlaf und Schloß vertrieben, in der Morgeneinsamkeit des Waldes an seinem neuen Trauerspiele habe weiterdichten wollen und eben eine Stelle daraus rezitierte, als der Prinz ankam, den er sogleich erkannt, und das Mißverständnis bemerkend, ihn mit trefflichem Erfolge ins Bockshorn zu jagen versucht habe.

Darüber wurde die Dame erst den Fremden gewahr. Sie warf erschrocken einen fragenden Blick auf ihn, schloß dann schnell das Fenster, und die freudige Erscheinung, deren Züge Romano aus dem blendenden Sonnenglanze nicht zu erkennen vermochte, war plötzlich, wie ein Morgentraum, wieder verschwunden. – Auch die Hirten hatten sich währenddes im Grünen verlaufen; Herr Faber dagegen war schon weit fort, und haschte eifrig die verlornen Blätter seines Trauerspiels, die der Morgenwind, wie Schmetterlinge, mutwillig umhertrieb. Und so sah sich denn Romano in der feierlichen Morgenstille auf einmal wieder einsam vor dem fremden, rätselhaften Schlosse, noch immer in das funkelnde Fenster hinauf starrend, als plötzlich einer seiner vertrautesten Jäger in gestrecktem Galopp über den Waldgrund dahergeflogen kam. »Was bringst du?« rief ihm Romano gespannt entgegen. – »Sie haben sich nach der andern Seite des Gebirges gewandt, es ist alles verloren!« erwiderte der Jäger atemlos. – »Wissen es die andern? Rücken deine Gesellen nach?« – »Nein, denn der Graf Leontin ist nicht im Schloß.« – »Nicht zu Hause?!« rief der Prinz, »so führe mich rasch zu ihm!«

Hiermit setzte der Jäger die Sporen wieder ein, Romano sprengte nach, und der Wächter, der eben von der Schloßwarte den Tag anblies, sah verwundert die beiden fremden Reiter unten in die beglänzte Landschaft hinausjagen.

Schöne, fröhliche Jugendzeit, was tauchst du, wie ein wunderbares Land im Traume, wieder vor mir auf! Die Morgenglocken tönen von neuem durch die weite Stille, es ist als hört' ich Gottes leisen Tritt in den Fluren, und ferne Schlösser erst und Burgen hängen glühend über dem Zauberduft. Wer ahnt, was das geheimnisvolle Rauschen der verträumten Wälder mir verkünden will? – ich höre die Ströme unten gehen, und weiß nicht, wohin sie ziehn, ich bin so voller Glanz und Klang und Liebe, und weiß noch nicht, wo mein künftiges Liebchen wohnt! – Da über die Berge, zwischen den ersten Morgenlichten, sehe ich einen

jungen rüstigen Gesellen wandern, einen grünen Eichen-
zweig auf dem Hut, die braunen Locken vom Tau funkelnd,
so frisch und keck, als ging's ins Paradies. Und mir ist, als
müßt' ich alles liegen lassen und wieder mitreisen, als nun
die Sonne plötzlich die schimmernden Abgründe aufdeckt,
und der Gesell im Wandern in die Täler hinaussingt:

> Vom Grund bis zu den Gipfeln,
> So weit man sehen kann,
> Jetzt blüht's in allen Wipfeln,
> Nun geht das Wandern an:
>
> Die Quellen von den Klüften,
> Die Ström' auf grünem Plan,
> Die Lerchen hoch in Lüften,
> Der Dichter frisch voran.
>
> Und die im Tal verderben
> In trüber Sorgen Haft,
> Er möcht' sie alle werben
> Zu dieser Wanderschaft.
>
> Und von den Bergen nieder
> Erschallt sein Lied ins Tal,
> Und die zerstreuten Brüder
> Faßt Heimweh allzumal.
>
> Da wird die Welt so munter
> Und nimmt die Reiseschuh,
> Sein Liebchen mitten drunter
> Die nickt ihm heimlich zu.
>
> Und über Felsenwände
> Und auf dem grünen Plan
> Das wirrt und jauchzt ohn' Ende –
> Nun geht das Wandern an!

Nun aber war es wirklich, als würde das Lied auf einmal
lebendig; denn Stimmen ließen sich plötzlich im Walde
vernehmen, einzelne Jäger erschienen bald da, bald dort, im
Morgenglanz an den Klippen hängend und wieder verschwindend, dazwischen lange gezogene Waldhornsklänge
bis weit in die fernsten Schlüfte hinein, lustiges Hussa,
Roßgewieher, Schüsse und Hundegebell, und über den
grünen Plan unten sprengte eine Frauengestalt in prächtigem
Jagdkleid, mit den hohen Federn ihres grünsamtnen Baretts
sich in den heitern Morgenlüften zierlich auf dem Zelter
wiegend, und fröhlich nach der glänzenden Reiterschar ihrer
Begleiter zurückgewandt, von der bei jedem ihrer Worte ein
beifälliges, entzücktes Lachen heraufschallte. – Dem Wandrer aber flog bei dem unerwarteten Anblick eine leuchtende
Erinnerung durch die Seele, die ganze Erscheinung war ihm
wie eine wunderbare Verheißung; er schwenkte jauchzend
seinen Hut über den Vorüberziehenden und blickte ihnen
nach, bis sie alle im Walde wieder verschwunden waren.
»Seht Ihr ihn?« sagte Gräfin Aurora heimlich vergnügt zu
Herrn Publikum – denn niemand anders waren die Jagenden
unten – »seht Ihr den Prinzen Romano oben? Ich wußt' es
wohl, daß er nicht lange wegbleiben wird. Aber was geht
es mich an! wir tun, als hätten wir ihn nicht bemerkt.«
– »Vortrefflich, Göttliche! – gewiß romantische Flausen
wieder – verdammtes Beest!« – erwiderte Publikum in
tausend Nöten, ängstlich den straubigen Hals seines unruhigen Kleppers streichelnd, der soeben zum Schrecken des
furchtsamen Reiters mit weit vorgestreckten Nüstern in die
frische Morgenluft hinauswieherte.
So waren sie von neuem auf einen freien grünen Platz
gekommen, als plötzlich vor ihnen ein verworrenes Geschrei
aus dem Walde brach; mehrere Schüsse fielen auf einmal,
und ein wütender Eber, von wilden Rüden gehetzt, mit den
gefletschten Hauern Schaum und Blut und Überreste des
durchbrochenen Netzes nach allen Seiten um sich schleu-
dernd, stürzte gerade auf die Reiter los. Nun war es nicht

anders, als ob ein Wirbelwind durch einen Trödelmarkt führe; Hüte, Tücher und Federn flatterten auf einmal über dem Rasen umher, die scheu gewordenen Pferde drängten und bäumten, Hallo und Angstgeschrei dazwischen; Aurora war mit ihrem Gewande in einen mutwilligen Strauch geraten, das schönste Knie blitzte blendend durch das Getümmel. Vor allen aber sah man Herrn Publikum wie einen zusammengerollten dicken Knäul, den Hals seines Pferdes umklammernd, weithin über den Anger fliegen; die kecken Novellisten feuerten tapfer drein, aber jeder Schuß klatschte so wunderlich in der Luft, daß jedesmal die Jäger in der Runde laut auflachten.

Unterdes war das Ungetüm, mit der verbissenen Meute an den Fersen, pfeilschnell vorübergeschossen. Die Zersprengten sammelten sich wieder, man atmete tief auf, lachte und scherzte; jeder wollte zum Schutz der Damen besondern Mut bewiesen haben. Auch den unaufhaltsamen Publikum hatten die Wildtreiber im Gehölz wieder aufgefangen. Er war ganz außer sich vor Zorn, mit nie gesehener Beweglichkeit bald sein Halstuch lüftend, bald nach allen Seiten schnell ausspuckend, schimpfte er auf seine Leute, die ihm so ein tolles unbändiges Roß gegeben, auf das liederliche Zaumzeug und das ganze dumme, rohe Jagdvergnügen. »Wer tat das?« rief er endlich, rot und blau im Gesicht wie ein kalkutischer Hahn. »Wer tat das?« gellerten die, nun aus Gefälligkeit gleichfalls entrüsteten Novellisten nach. Und so mit Hall und Widerhall, dem keine Antwort folgte, vertoste endlich der ganze Schwarm im Walde wieder.

Die Jäger wußten recht gut, wer es getan, sie mochten's aber nicht verraten. Florentin hatte die Flinten für die Literatoren blind geladen, und soeben den umstellten Eber heimlich aus dem Garne grade auf die Herrschaft losgelassen. –

Weit davon fanden späterhin einige von ihnen das mutwillige Jägerbürschchen mitten im wildesten Gebirge, Pferd und Reiter atemlos und fast taumelnd vor übergroßer Ermüdung. Er hörte kaum auf ihre Erzählung von dem Erfolge seines Schwanks. »Was kümmert's mich!« unterbrach er sie heftig, wie ein übellaunisches Kind; »es ist mir alles verdreht und verdrießlich, ich mag nicht mehr jagen! ich mag nicht mehr reiten! ich will allein sein! Ich bitt' euch, ihr lieben, närrischen, langweiligen Leute, laßt mich allein!« – Und kaum hatten die Jäger kopfschüttelnd ihn wieder verlassen, so warf er sich in der Einsamkeit vom Pferde in das hohe Gras und weinte bitterlich – leichte Wolken flogen eilig über das stille, enge Waldtal fort, in weiter Ferne verhallte noch das Lied des fremden Wanderers auf den Höhen.

———

Es war schon dunkel geworden, da schritt der wandernde Sänger noch immer rüstig durch den Wald. Er blieb soeben ungewiß an einem Kreuzwege stehen, als er plötzlich Stimmen und Pferdetritte in der Ferne hinter sich vernahm. Sie schienen sich in stolpernder Eile zu nähern, und bald konnte er deutlich unterscheiden, was sie sprachen. – »Das kommt bei den Schnurren heraus«, sagte der eine; »Zeit und Mühe verloren, und wenn es lange so dauert, verlier' ich meine Beine dazu, denn sie hängen mir nur noch wie ein Paar ausgestopfte Lederhosen am Leibe.« – »Du hast sonst einen feinen Verstand«, entgegnete der andere; »aber wenn du einmal hungrig wirst, bist du ganz gemein und unerträglich. Da wirst du ganz Magen mit einigen schlottrichen Darmkanälen von Gedanken, die von keinem Dufte träumen, als dem eines Schweinebratens, und von keinem Innerlichen, als dem einer dicken Blutwurst.«

Jetzt kamen – als ob sie den verlornen Tag suchten – zwei Männer, jeder sein Pferd hinter sich am Zügel führend, zum Vorschein, in denen wir sogleich den Prinzen Romano und seinen Jäger wiedererkennen. Sie hatten im blinden Eifer immer über das Ziel hinausgeschossen, den Grafen Leontin überall verfehlt, und kehrten nun ermüdet und verdrießlich von der vergeblichen Irrfahrt zurück. – Kaum erblickte

Romano den Fremden, als er ihm mit übertriebener Tapferkeit, womit Erschrockene wieder erschrecken wollen, ein
furchtbares Halt! zurief. Dann, nach und nach näher tretend
und ihn vom Kopf bis zu den Füßen betrachtend, fragte er
ihn endlich gelassener: ob er den Grafen Leontin kenne, und
ihm vielleicht in diesem Walde begegnet sei? – »Ich kenne
ihn nicht«, erwiderte der Wanderer, »aber ich möchte ihm
wohl begegnen. Im letzten Dorfe unten sagte man mir, er sei
soeben von einer Jagd heimgekehrt, und ich gedenke noch
heut auf seinem Schlosse, von dem ich schon viel Seltsames
gehört, einzusprechen.«

Das wollte eben Romano auch, und sie beschlossen nun,
die Fahrt gemeinschaftlich fortzusetzen. – Die Pferde waren
müde, der Weg uneben, so wanderten denn alle zu Fuß
nebeneinander hin; der Tritt der Rosse an den Steinen und
Wurzeln schallte durch die weite Stille, über ihnen blitzten
die Sterne im dunklen Laub, oft sahen sie einander von der
Seite schweigend an, um die Signatur der unbekannten
Gesichter bei flüchtigem Mondblick zu erraten. – Der heitere fremde Wanderer brach zuerst das Schweigen. Mit der
glücklichen Unbefangenheit der Jugend erzählte er, während sie so durch die Nacht fortzogen, mancherlei aus
seinem früheren Lebenslauf. Er nannte sich Willibald. Der
Sturm der Zeit, der so viele Sterne verlöscht und neue
entzündet, hatte auch den Stammbaum seines alten berühmten Geschlechts zerzaust; seine Eltern starben an gebroche-
nem Stolz, ihre Güter und seine Heimat waren längst an
andre Besitzer gekommen, die er nicht einmal dem Namen
nach kannte. Aber Unglück gibt einen tiefen Klang in einem
tüchtigen Gemüt, und hatte auch ihn frühzeitig durch den
tragischen Ernst des Lebens der Poesie zugewendet. Mit
freudigem Schauer fühlte er sich bald einer andern, wunderbaren Adelskette angehörig, über welche die Zeit keine
Gewalt hat, und rasch Konnexionen, Brotperspektiven und
allen Plunder, der das Gemeine bändigt, von sich abschüttelnd, zog er nun eben arm, aber frei und vergnügt, in die

Welt, wie in sein weites, fröhliches Reich hinaus. Nur seine schöne Heimat, die am Ausgange dieses Gebirges lag, und an der seine Seele mit aller Macht jugendlicher Erinnerungen hing, wollte er noch einmal wiedersehen und dann sich nach Italien wenden.

Während dieser Mitteilungen hatten die Wanderer kaum bemerkt, daß ein furchtbares Gewitter im Anzuge war. Bald aber hallte der Donner immer vernehmlicher zwischen den dunkeln Bergen herauf, ferne Blitze erleuchteten oft plötzlich wunderbare Abgründe neben ihnen, die sich sogleich wieder schlossen. Willibald schaute freudig in die prächtige Nacht. Romano dagegen, der von frühester Jugend an seine Katzennatur bei Gewittern nicht überwinden konnte, wurde immer unruhiger. Er drückte bei jedem Blitze die Augen fest zu, er versuchte ein paarmal zu singen, aber es half alles nichts; er mußte sich endlich entweder der Länge nach auf die Erde hinstrecken, oder unausgesetzt laut reden. Glücklicherweise fiel ihm soeben ein seltsames Abenteuer ein, das ihm früher einmal in solcher Gewitternacht begegnet. Und ohne darnach zu fragen, ob Willibald auf ihn höre, ging er so dicht als möglich neben ihm her und hub, schnell fortschreitend und sich nach und nach immer mutiger sprechend, sogleich folgendermaßen zu erzählen an:

»Als ich nach den unglücklichen Kriegen meinem heimkehrenden Regimente nacheilte, erlebte ich eine ähnliche Nacht, und in dieser Nacht wunderbare Dinge, vor denen uns heute der Himmel bewahren möge! Ich hatte nämlich damals, um sicherer und fröhlicher zu reisen, mich einem, desselben Weges ziehenden Reiterhäuflein angeschlossen, mit dem ich an einem heitern Sommerabend auf einem von Bergen eingeschlossenen Wiesental anlangte. Ein Dorf war in dem nächsten Umkreise nicht zu erblicken, dagegen hatte ein altes, schwerfälliges Schloß, das ganz einsam auf einem der Hügel emporragte, schon in der Ferne meine Aufmerksamkeit auf sich gezogen. Da die Nacht bereits hereingebrochen und in dem Schlosse schwerlich für so viele Pferde gehöriges Unterkommen zu finden war, so beschloß der Trupp, die schöne Nacht im Freien zuzubringen. Mir aber war ein unnützer Biwak mit seinen, alle Glieder durchrieselnden Morgenschauern eben nicht sehr gelegen, außerdem hätte ich gern die nähere Bekanntschaft des Schlosses gemacht, das recht geheimnisvoll durch die Nacht herschaute. Ich ritt daher mit mehr abenteuerlicher Neugier, als Vorsicht, nur von meinem Bedienten begleitet, nach der Burg hin.

Das Tor war geschlossen. Wir klopften lange vergeblich. Endlich, als mein sonst phlegmatischer Bedienter, dem überhaupt dieses Abenteuer nicht willkommen war, sich erboste und mit seinem Säbelgriff so unermüdlich anhammerte, daß es dumpf durch das alte Gemäuer widerhallte, knarrte eine Tür, und wir sahen den Schein eines sich von innen nahenden Lichtes über die Mauern schweifen. Das Tor wurde, nicht ohne große Anstrengung, geöffnet, und ein alter Mann, der das Ansehen eines Dieners hatte, trat mit weit vorgesteckter brennender Kerze hastig hervor, beschaute uns in höchst gespannter, fast trotziger Erwartung von oben bis unten, und fragte dann sichtbar beruhigter und mit einem Gemisch von Verlegenheit und Ironie: was diesem Schlosse die Ehre eines so späten Besuches verschaffe? Ich eröffnete ihm meinen Wunsch, hier zu übernachten. – ›Das wird nicht gut angehen‹, sagte der Alte. ›Die Herrschaft‹, setzte er mit einer seltsamen Miene hinzu, ›die Herrschaft schläft schon lange.‹ – ›Nun, so laß sie schlafen‹, erwiderte ich, ›wir sind genügsam, und es gilt auch nur bis zu Tagesanbruch.‹

Der Alte schien sich einen Augenblick zu besinnen, maß uns noch einmal mit scharfen Blicken, und wies dann endlich meinem Bedienten einen vom Tore weit abgelegenen Stall an, wo der übelgelaunte Knappe, etwas von elendem Hundeloch usw. unter dem Bart murmelnd, die ermüdeten Pferde hineinzog. Darauf führte mich unser Schloßwart, stillschweigend voranleuchtend, über den weiten gepflasterten Hof, eine steinerne Treppe hinauf, welche, wie ich bei dem flüchtigen Scheine der Kerze bemerken konnte, nicht im besten Stande zu sein schien. Wir traten in ein altes Gemach, worin, zu meinem Erstaunen, ein fertiges Bett und alles zum Empfang eines Gastes eingerichtet war. ›Ihr seid nicht unvorbereitet, wie ich sehe‹, sagte ich lächelnd zu dem Alten. – ›Das bringen die häufigen Durchmärsche so mit sich‹, erwiderte dieser und entfernte sich schnell, kehrte aber bald mit einer Flasche Wein und einem kalten, ziemlich knappen Imbiß wieder zurück. Ich wollte nach dem Namen und sonstigen näheren Verhältnis der Schloßbewohner fragen; aber der Alte entschlüpfte mir gewandt mit einem tiefen Bückling und ließ sich nicht wieder sehen.

Ich hatte nun Muße genug, mich in meiner sonderbaren Behausung genauer umzusehen. Das einfache Feldbett, ein altmodischer, mit Leder überzogener und mit kleinen gelben Zwacken verzierter, ziemlich wackliger Lehnstuhl, und ein ungeheurer Tisch von gleicher Beschaffenheit machten das ganze Stubengerät aus. In dem hohen Bogenfenster schienen oben mehrere kleine Scheiben zu fehlen. Die Wände waren nur noch zum Teil mit schweren, an manchen Stellen von oben bis unten aufgerissenen Tapeten bedeckt, von denen mich halb verblichene lebensgroße Bilder bei dem ungewissen Licht der Kerze fast schauerlich anblickten. Alles erregte das wehmütige Gefühl vergangener Herrlichkeit. – Ich legte mich in das Fenster, das auf das Tal hinausging, aus welchem ich gekommen war. Es blitzte von fern, unten sah ich die Feuer des Biwaks und konnte in der grellen Beleuchtung die Gestalten der darum gelagerten Reiter unterscheiden, von denen von Zeit zu Zeit ein fröhliches Lied und das Wiehern einzelner Rosse durch die mondhelle Nacht herüberschallte.

Da fiel es mir aufs Herz, daß ich heut, wider meine sonstige Gewohnheit, vergessen hatte, vor allem andern nach meinen Pferden zu sehen. Ich ging daher noch einmal in den Hof hinunter. In dem unwirtlichen halbverfallenen Stalle fand ich meinen Bedienten im tiefsten Schlafe, und die Pferde so sicher und gut aufgehoben, als es hier die Umstände erlaubten. Ich lehnte die alte Tür wieder an, konnte aber auf dem Rückwege nicht unterlassen, einen Augenblick in dem geräumigen Hofe zu verweilen, und den wunderlichen Bau genauer zu betrachten, dessen Umrisse im Mondschein nur um desto schärfer hervortraten. Das Schloß bildete ein vollständig geschlossenes Viereck, an dessen innerer Seite eine, von mancherlei kleinen Treppen und Erkern verworren unterbrochne steinerne Galerie herumlief, auf welche die Türen, zum Teil auch einzelne Fenster der Gemächer hinausgingen. Eine Totenstille herrschte in dem ganzen finstern Bau, nur die verrosteten Wetterhähne drehten sich knarrend im Winde, der sich jetzt heftiger erhoben hatte, und schwere, dunkle Wolken über den einsamen Hof hinwegtrieb. Indem ich eben wieder die große Treppe hinaufsteigen wollte, bemerkte ich einen schwachen flüchtigen Lichtschimmer, der von dem entgegengesetzten Flügel des Schlosses herüberzukommen schien. Ich scheute nicht die Mühe, auf kleinen, zum Teil schwankenden Stiegen zu jenem Teile der Galerie zu gelangen, und überzeugte mich nun bald, daß das Licht aus einem, zwar ängstlich, aber doch nicht sorgsam genug verhangenen Fenster hervorbrach, welches auf die Galerie hinaussah. Ich blickte durch die kleine Öffnung und sah mit Entsetzen mitten im Gemach auf einem köstlichen Teppich einen schönen, mit einem langen grünen Gewande und blitzenden Gürtel geschmückten weiblichen Leichnam ausgestreckt, die Hände über der Brust gefaltet, das Gesicht mit einem weißen Tuche verdeckt. Der alte Schloßwart, den Rücken nach dem Fenster gewendet, war im Hintergrunde beschäftigt, eine mattlodernde Lampe in Ordnung zu bringen, während er, wie es schien, Gebete leise vor sich hermurmelte. Mich schauerte bei diesem unerwarteten Anblick, mir fielen die Worte des Alten wieder ein: die Herrschaft schläft. –«

»Wahrhaftig!« unterbrach hier Willibald lächelnd den Erzähler; »Sie Hoffmannisieren recht wacker.« – Indem aber blitzte es soeben wieder. Romano blieb die Antwort schuldig, drückte die Augen ein, und fuhr eifrig und überlaut zu erzählen fort:

»Ich eilte nun in der ersten Bestürzung fort nach meinem Schlafgemach, um meine Waffen zu holen und hier vielleicht ein schauderhaftes Verbrechen an das Tageslicht zu bringen. Indes, noch ehe ich über die verschiedenen Treppen und verwickelten Gänge den andern Schloßflügel erreichte, besann ich mich, wie nutzlos mein Unternehmen jetzt im Finstern, in einem mir gänzlich unbekannten Hause sein müßte, dessen vielfache Ausgänge und Erker den kundigen Bewohnern tausend Schlupfwinkel darboten. Ich beschloß daher nach einigem Nachdenken den Tag abzuwarten, und bis dahin ein wachsames Auge auf alles zu haben, was in dem Schlosse vorgehen möchte.

Zu diesem Behuf ließ ich die Tür meines Gemaches offen, aus welchem ich einen Teil der Galerie und den ganzen Hof übersehen konnte. – Draußen im Felde waren die Stimmen der Reiter verschollen und die Wachtfeuer ausgelöscht. Der Sturm erhob sich immer stärker und ging mit entsetzlichen Jammertönen durch das alte Gemäuer. Auch meine Kerze war unterdes ausgebrannt. – Gespannt und auf jeden Laut aufhorchend, setzte ich mich daher völlig angekleidet auf mein Bett und malte mir auf dem dunklen Grund der Nacht wilde phantastische Bilder aus.

Eine schauerliche Vorstellung reihte sich verworren an die andere, bis ich endlich, der Ermüdung erliegend, in unruhigen Träumen einschlummerte. Plötzlich fuhr ich von meinem Lager auf, von einem heftigen Donnerschlage aufgeschreckt. Ich sprang an die Stubentür, von der mich ein kalter Wind anblies. Es war ein furchtbares Gewitter, so recht ingrimmig, ohne Regen. Eine dicke Finsternis verhüllte Schloß, Hof und Himmel.« – Hier zuckte von neuem ein Blitz leuchtend über die ganze Gegend, und Leontins Schloß, wie in Feuer getaucht, stand auf einmal vor ihnen über dem Walde. – »In der Tat«, sagte Romano erstaunt,

»wüßte ich nicht – grade so sah damals das Spukschloß aus!
– Doch eilen wir, unser Weg und meine Geschichte sind
gleich zu Ende.« Er fuhr wieder fort:

»Wie ich nun so aus der Tür in das Dunkel hinausstarre,
schlängelt sich plötzlich ein Blitz über den Zinnen und ich
erblickte mit Grausen in der Tür, welche aus dem gegenüberstehenden Schloßflügel auf den Hof hinausführte, das
tote Fräulein mit demselben grünen Gewande und funkelndem Gürtel, wie ich sie in jenem Gemache gesehen, stumm
und regungslos aufgerichtet, das Gesicht leichenweiß und
unbeweglich; über den Rücken wallte ein langer dunkler
Mantel herab. Neben ihr stand eine hohe Gestalt, in einen,
gleichfalls dunklen weiten Mantel tief verhüllt.

Die Finsternis verschlang sogleich wieder die flüchtige
Erscheinung. Ich heftete meine Blicke durchdringend und
unausgesetzt auf den grauenvollen Punkt, als nach einer
geraumen Pause abermals einer von jenen langen, oder
vielmehr sich unaufhörlich wiederholenden Blitzen erfolgte,
wo sich gleichsam der ganze Himmel wie ein rotes Auge
aufzutun scheint und eine gräßliche Beleuchtung über die
stille Erde umherwirft.

Da sah ich, wie das Fräulein mit dem entsetzlich starren
Gesicht, die andre dunkle Gestalt und noch ein dritter
Vermummter, in welchem ich den alten Schloßwart zu
erkennen glaubte, sich im Hofe, ohne ein Wort miteinander
zu wechseln, feierlich auf drei schwarze Rosse erhoben,
deren Mähnen, so wie die Enden der weiten, faltigen Mäntel
in dem Gewitterwinde wild umherflatterten. Lautlos, wie
ein Leichenzug, bewegte sich darauf die seltsame Erscheinung durch das geöffnete Schloßtor, den Hügel hinab,
immer tiefer, weiter.«

»Was ist das!« schrie hier Romano plötzlich voll Entsetzen auf. Auch Willibald stutzte, betroffen in die Ferne
hinausstarrend. Das wilde Wetterleuchten hatte das Schloß
vor ihnen wieder grauenhaft erhellt, und im Tore erblickten
sie deutlich die Leichenbraut mit dem grünen Gewande und

funkelnden Gürtel, zwei dunkle Gestalten neben ihr, lautlos
auf drei schwarzen Rossen, die faltigen Mäntel im Winde
flatternd, als wollten sie eben wieder ihren nächtlichen Aus-
zug beginnen.

»Nun, das ist der wunderlichste Ausgang Ihrer Geschichte!« sagte Willibald, sich schnell fassend, als die zurückkehrende Finsternis auf einmal alles wieder bedeckt
hatte. – »Ausgang?« rief Romano ganz verstört, »sahen Sie
denn nicht, wie sie entsetzlich immer fortspielt?« – »Aber
erfuhren Sie denn damals nicht –?« – »Nein, nein«, erwiderte der Prinz hastig; »kehrte ich doch am Morgen das
ganze Haus um, alles leer, wüst, verfallen, ohne Fenster und
voll Schutt, hohes Gras auf dem gepflasterten Hofe; die
Bauern sagten nachher, das Schloß sei seit hundert Jahren
nicht mehr bewohnt.«

Währenddes hatte Willibald den Prinzen unter den Arm
gefaßt, und riß ihn über Stock und Stein durch die Finsternis
mit sich fort. Der heftige Gewitterwind blies an den Felsen-
nasen um sie her, zwischendurch hörten sie ein verworrenes
Gemurmel, wie von vielen Stimmen, und immer stärker, je
näher sie dem Schloß kamen; zuweilen war es ihnen als
schweife der Widerschein einer Fackel flüchtig über das alte
Gemäuer der Burg.

So standen sie, eh' sie's dachten, vor dem Tor. Die
gespenstischen Reitergestalten waren verschwunden. Der
erste aber, der ihnen entgegentrat, war der alte geheimnisvolle Diener, eine brennende Kerze vorhaltend und die
Eindringenden trotzig betrachtend. – Da hielt sich Romano
nicht länger, seine Einbildung war von dem raschen Gange,
dem Sturm und den wilden Erscheinungen bis zum Wahnsinn empört. »Schläft Deine Herrschaft noch immer, ver-
fluchter alter Daniel!« rief er außer sich, den Alten an der
Brust fassend. Dieser, voll Zorn über den unerwarteten
Überfall, faßte ihn sogleich wieder und rang mit ihm. Willibald sprang erschrocken dem bedrängten Prinzen zu Hülfe,

große Hunde schlugen an, eine wachsende Bewegung erwachte tief in dem dunklen Torwege.

»Was macht ihr wieder für höllischen Lärm, ihr Phanta-
sten!« donnerte da eine Stimme aus dem Hintergrunde
dazwischen. Ein hoher schöner Mann im langen faltigen
Reitermantel, die von allen Seiten an ihn heraufspringenden
Doggen beschwichtigend, trat plötzlich hervor. – »Graf
Leontin!« rief Romano aus, seinen Daniel schnell loslassend
– Beide sahen einander eine Zeitlang erstaunt an.

Endlich nahm der ganz verwirrte Prinz wieder das Wort.
»Wer«, sagte er, »ritt vor kurzem hier ins Tor?« – »Ich, von
der Jagd, wo uns die Nacht und das gräuliche Wetter
überraschte!« erwiderte Leontin. – »Aber ich sah doch alles
ebenso vor langer Zeit im wüsten Schloß an der Donau,
diesen Alten, beim Widerschein der Blitze die vermummten
Reiter im Tor.« – Hier brach Leontin plötzlich in ein
unmäßiges Gelächter aus. »Wie!« rief er, »Sie waren es? Wer
konnte auch in dem verrufenen Schloß so spät noch Gäste
erwarten! Die Verlegenheit war groß, Sie nahmen das Zimmer ein, das der Alte heimlich für uns bereitet hatte.« –
»Und das Fräulein in der Mitte«, fuhr Romano fort, »mit
dem totenbleichen, schönen, starren Gesicht.« – »Freilich«,
versetzte Leontin, noch heftiger lachend; »wir trauten dem
unbekannten Gaste nicht, und hatten Larven vorgesteckt,
denn ich entführte eben damals meine Julie.«

Das hatte der wundersüchtige Romano am allerwenigsten
erwartet, er verachtete im Herzen diese nüchterne Auflösung, und folgte schweigend dem heiteren Leontin, der nun
die unverhofften Gäste, als eine köstliche Ausgeburt dieser
kreisenden Nacht, in seine Burg führte. Der alte Diener ging
mit seiner Kerze voran, leise etwas von verrückten Prinzen
in den Bart murmelnd und manchmal noch einen wütenden
Blick auf Romano zurückschleudernd. So schritten sie durch
einen ganz wüsten Schloßflügel, die hohen Fensterbogen
standen leer, der flackernde Schein der Kerze schweifte
flüchtig über die Stukkatur an den Decken der verfallenen

Gemächer; zwischen zerrissenen Fahnen, die im Zugwinde flatterten, starrten ganz gewappnete Ritterbilder die Vorübereilenden gespenstisch aus den geschlossenen Visieren an. Über eine enge Wendeltreppe gelangten sie dann auf eine steinerne Galerie, die am Innern des Schlosses fortzulaufen schien, und von der man den Burghof überblicken konnte. Dort sah es wie ein Schlupfwinkel von Räubern oder Schmugglern aus: verworrene Stimmen durcheinander, Windlichter in dem steinernen Springbrunnen sich spiegelnd, Rosse, lechzende Hunde, Jäger und Waffen, alles von Zeit zu Zeit vom bleichen Widerschein der Blitze, wie in wilden Träumen, wunderbar erleuchtet.

Endlich traten sie in einen ungeheuern Saal, in dessen Mitte Herr Faber ganz allein an einem großen runden Tische saß und unmäßig speiste, ohne aufzusehen und die Kommenden sonderlich zu beachten. Ein Fenster mußte irgendwo schlecht verwahrt sein, denn das einzige Licht auf dem Tische wehte und warf ungewisse Scheine über die Ahnenbilder an den Wänden und in den hintern, dämmernden Raum des Saales, wo eine unkenntliche Gestalt auf der Erde zu liegen schien; mit Erstaunen glaubte Romano, als er genau hinblickte, den wahnsinnigen Harfner wiederzuerkennen, der dort über seiner Harfe eingeschlafen war. – In einer Fensternische aber saß eine junge schöne Frau, mit einer Gitarre im Arm in die vom Gewitter beleuchtete Gegend hinausschauend. Sie hörten sie, im Eintreten, eben noch singen:

> Aus der Heimat hinter den Blitzen rot
> Da kommen die Wolken her,
> Aber Vater und Mutter sind lange tot,
> Es kennt mich dort keiner mehr.
> Wie bald, wie bald kommt die stille Zeit,
> Da ruhe ich auch, und über mir
> Rauschet die schöne Waldeinsamkeit
> Und keiner mehr kennt mich auch hier.

»Schon wieder das Lied!« rief ihr Leontin zu, seine Brauen finster zusammenziehend. Da sprang sie schnell auf. »Es ist schon wieder vorüber«, sagte sie, und fiel ihm heiter um den Hals. – »Das ist die Leichenbraut mit dem funkelnden Gürtel!« – so stellte Leontin seine Gemahlin Julie lächelnd dem Prinzen vor. Sie errötete, und Romano erkannte sogleich die schlanke Gestalt wieder, die er schon heute am frühen Morgen im Erker erblickt hatte. Mit romanesker Galanterie sagte er, fein auf ihr wehmütiges Lied anspielend: sie sei ein zarter Waldhornslaut, berufen, weiterhin in den Tälern den Frühling zu wecken, nicht aber an den finstern Tannenwipfeln dieser starren Waldeinsamkeit ihren melodischen Zauber zu verhauchen. – Sie sah ihn mit den frischen klaren Augen groß an, lachte ihm, als er fertig war, geradezu ins Gesicht und wandte sich dann ohne weiteres, um in der verworrenen Wirtschaft zur Aufnahme der späten Gäste das Nötige zu besorgen.

Romano sah ihr nicht ohne einige Empfindlichkeit nach, als seine Blicke zufällig an der gegenüberstehenden Wand auf ein Porträt fielen, das seine ganze Aufmerksamkeit in Anspruch nahm. Es war ein überaus schönes Mädchengesicht, mutwillig aus einer seltsamen phantastischen Tracht hervorguckend, als fragt’ es ihn neckend: kennst Du mich? – Er wußt’ es, er hatte diese wunderbaren Züge oft gesehen, und konnte sich doch durchaus nicht besinnen. Voll Neugierde fragte er endlich den Grafen Leontin. – »Weitläuftige Verwandtschaft«, erwiderte dieser flüchtig, mit sichtbarer Verlegenheit. Er schien die Fremden von dem Bilde ablenken zu wollen, und nötigte sie eilig zum Niedersetzen; aber jeder der altväterischen Stühle, sowie er ihn ergriff, ließ, der eine die Lehne, der andere ein Bein fahren. – »Ich sitze auf dem guten« – sagte Faber, ruhig weiter essend, und Leontin bat nun lachend seine Gäste, lieber mit ihm auf die Galerie hinauszukommen, wo es an handfesten steinernen Bänken nicht fehle.

So lagerte sich denn die ganze Gesellschaft abenteuerlich genug unter den Spitzbogen des alten Altans; ein schwerfälliger Tisch, Weinflaschen und Gläser wurden mit bedeutendem Lärm herbeigeschafft, auch Julie und Faber – letzterer zu Romanos großem Verdruß mit einer langen qualmenden Tabakspfeife – fanden sich wieder ein, und ein vielfach bewegtes Gespräch belebte bald den wunderlichen Kreis. Unten im Hofe aber war währenddes schon alles still geworden, auch das Gewitter hatte sich verzogen, es blitzte nur noch in weiter Ferne, und über dem verfallenen Schloßflügel sah man von allen Seiten die wunderbare Gegend im Mondschein wieder heraufglänzen.

Leontins unverwüstliche Heiterkeit und sein guter Wein, der nicht geschont wurde, überwanden bald alle Müdigkeit, und man beschloß einmütig, den kurzen noch übrigen Teil der schönen Nacht hier zusammenzubleiben. Ein jeder mußte nun eine Novelle aus seinem Leben zum besten geben. Die Reihe traf zuletzt Willibald, der von dieser märchenhaften Umgebung tief aufgeregt schien. Mit besonderem Behagen setzten sich die andern den schönen klaren Augen des Wanderdichters gegenüber, als dieser endlich folgendermaßen zu erzählen begann:

»In den Herbstferien wanderte ich als Student mit mehreren fröhlichen Gesellen aus Halle nach dem Harzgebirge. Ich gedenke noch heut mit eigenem Vergnügen des frischen kühlen Morgens, wie wir vor Tagesanbruch durch die alten stillen Gassen zogen, und hinter den noch fest zugezogenen Fenstervorhängen unsern eingebildeten Liebchen, die wir kaum einmal im Leben von fern gesehen hatten, unser Ade zuriefen. Die Jugend, sagt man, blicke die Welt anders an als andere vernünftige Leute, sehe im funkelnden Wald Diana vorübersprengen, und aus den Strömen schöne Nixen wunderbar grüßend auftauchen. Ich aber bilde mir ein, aus jungen Philistern werden alte Philister, und wer dagegen einmal wahrhaft jung gewesen, der bleibt's zeitlebens. Denn das Leben ist ja doch nur ein wechselndes Morgenrot, die

Ahnungen und Geheimnisse werden mit jedem Schritt nur
größer und ernster, bis wir endlich von dem letzten Gipfel
die Wälder und Täler hinter uns versinken und vor uns im
hellen Sonnenschein das andere Land sehen, das die Jugend
meinte.

Diesmal war es indes nur der kurze bunte Reisetag, der
dämmernd hinter uns versank, als wir fröhlich auf dem
heiteren Stufenberge rasteten. Die Abendsonne funkelte
noch in den Fenstern des Wirtshauses, vor welchem wir
über die Buchenwipfel die glänzende Landschaft und weiterhin das Vorgebirge des Harzes überschauten, das sich schon
rätselhaft mit Abendnebeln zu bekränzen anfing. Mir fielen
alle alten schönen Sagen dieser romantischen Gegend ein,
und ich dichtete die wunderlichsten Reiseabenteuer in das
wachsende Dunkel hinein. Auf dem grünen Rasenplatze vor
dem Wirtshause sang ein Mädchen, wie ein Waldvöglein,
zur Harfe; fremde Wanderer kamen und schieden; wir aber
hatten uns dicht am Abhange um einen, mit Weinflaschen
wohlbesetzten Tisch gelagert, und meine Gefährten erman-
gelten nicht, ihre Schätzchen, die sie zu Hause hatten oder
nicht hatten, hochleben zu lassen. Mir kam das in diesem
Augenblick unbeschreiblich abgeschmackt vor, in meiner
Seele leuchtete auf einmal ein Bild wunderbarer Schönheit
wieder auf, das ich oft im Traume gesehen, und seitdem auf
manchem alten schönen Bilde wiederzuerkennen geglaubt
hatte. Vom Wein und dem Rauschen der Wälder und Täler
unter uns wie von unsichtbaren Flügeln gehoben, sprang ich
plötzlich auf; die untergehende Sonne warf eben ihr purpur-
nes Licht über die Gegend: ich trank aus voller Seele auf das
Wohl meiner künftigen Geliebten, warf meinen Ring in das
leere Glas, und schleuderte Glas und Ring in funkelndem
Bogen weit in das Abendrot hinaus.

Da aber begab sich's wunderbar. Denn in demselben
Augenblick sahen wir unten eine Dame auf einem jener
rehfüßigen arabischen Zelter über den grünen Plan spren-
gen, als flöge eine reizende Huri, im Abendwinde von

bunten Schals und reichen, schwarzen Locken umflattert, über die Oase der beglänzten Landschaft. Sie wandte sich lautlachend nach zwei jungen Reitern zurück, vor denen sie, wie zum Scherz, nach dem Saum des Waldes entfloh, wo eine andere Dame die Flüchtigen zu erwarten schien.

Da bemerkte sie den Blitz meines Ringes in der Luft. Sie schaute erstaunt zu mir herauf; im selben Moment tat die untergegangene Sonne noch einen feuerroten Blick über die ganze Gegend, und wir sahen die Reitergestalten nur noch wie bunte, sich jagende Schmetterlinge über den stillen, ernsten Grund dahinschweben.

Meine Reisegesellen feuerten der schönen Reiterin munter gute und schlechte Witze nach, verglichen sie mit einer Bachantin, mit Luna und Fortuna, bis sie zuletzt darüber untereinander in ein gelehrtes, mythologisches Gezänk gerieten. Mich ärgerte das Geschwätz, aber ich hütete mich wohl, mit darein zu reden, denn mein Anschlag war gefaßt. Und als sie sich alle endlich zur Ruhe begeben hatten, bezeichnete ich ihnen mit Kreide auf der Tür den Ort, wo ich morgen abend wieder mit ihnen zusammentreffen wollte, und stieg beim prächtigsten Mondschein den Berg hinab.

Ich hatte mir den Platz genau gemerkt, wo die Reiterin mit ihrem Gefolge verschwunden war; es gab nur *einen* Weg, ich schritt bald in tiefem Waldesdunkel, bald über hellbeschienene Wiesen frisch und fröhlich fort, und kam endlich an ein einsames Gasthaus, das im klaren Mondschein am Ausgange des Waldes lag. Es war alles unendlich still ringsumher, doch glaubte ich unten im Hause noch Stimmen zu vernehmen. Ich klopfte an, die Wirtsleute waren noch wach, und ich erfuhr zu meiner unbeschreiblichen Freude, daß wirklich zwei Damen zu Pferde, die eine jung, schön, mit langen, wallenden Locken, nebst ihren Begleitern hier eingekehrt, und in den oberen Zimmern übernachteten, wo sie sich aber bereits der Ruhe überlassen hätten, um morgen mit Tagesanbruch den Roßtrapp zu besteigen.

Bei dieser Nachricht blitzte mir ein Gedanke durch die Seele. Ich erkundigte mich sogleich nach dem, für die Damen bestimmten Führer, einem jungen, schlanken Burschen von meiner Größe, und überredete ihn mit Hülfe eines großen Teils meiner kleinen Barschaft, mir auf einen halben Tag seinen Kittel und Wanderstecken abzutreten. Ich kannte den Weg nach dem Roßtrapp von einer früheren Reise sehr genau, und beschloß in dieser Verkleidung morgen die Damen zu führen.

Die Stuben im Hause waren alle besetzt, ich bestieg daher ohne weiteres den Heuboden für die wenigen Stunden der warmen Nacht. Aber ich hatte keine Rast vor fröhlichen Gedanken, und setzte mich, wie ein träumender Vogel, auf die obersten Sprossen der Leiter in das Dachfenster. Da lag der weite, stille Kreis von Bergen im hellen Mondschein vor mir, zahllose Sterne flimmerten, und das Zirpen der Heimchen schallte von den fernen Wiesen durch die große Einsamkeit herüber.

Endlich hielt ich's nicht länger aus, ich stieg wieder herab, wandelte eine Zeitlang hinter dem Gebüsch vor den beglänzten Fenstern des Wirtshauses auf und nieder, und begann zuletzt mit großer Lust ein Ständchen zu singen, das ich vor mehreren Jahren an meine künftige Geliebte gedichtet hatte. Es dauerte auch nicht lange, so glaubte ich oben einige Bewegung zu bemerken. Aber wer beschreibt meinen Schrecken, als sich nun plötzlich leise das Fenster öffnete, und eine gar nicht mehr junge dickliche Dame, mit zahllosen Papilloten um den Kopf, breit und behaglich sich herauslehnte!

»Ei, ei«, lispelte sie, ohne mich zu sehen, mit fetter Stimme herab; »ist das wohl fein, müde Reisende in der süßesten Ruhe zu stören?« – »Ei, ei, daß dich –!« dachte auch ich unten, und sang in meiner Herzensangst nur um so lauter fort. – Die Dame hustete oben ein paarmal heimlich genug. »Man will sich nicht zeigen, wie's scheint!«, sagte sie dann empfindlich. Hinter den Gardinen aber glaubte ich noch eine andere weibliche Gestalt lachend und lauschend zu gewahren. – Voller Ärger sang ich nun mein langes Lied bis zu Ende, und verzweifelt wieder vom Anfang an. – »Ach, das ist ja ennuyant, das ewige Gesinge!« rief jetzt die Dame, da das Ding kein Ende nehmen wollte, und schmiß mir droben das Fenster vor der Nase zu.

Hier wurde der Erzähler durch ein lautes Auflachen der Gräfin Julie unterbrochen, die schon vorhin einige Mal heimlich gekichert hatte. – »Was haben Sie denn?« fragte er die Schöne, »mir war es eben nicht sonderlich zum Lachen.« – »Nichts, nichts«, entgegnete Julie errötend und beschwichtigend, »nur weiter, weiter!« – Willibald sah sie erstaunt an und fuhr nach einer Pause wieder fort:

»Es war und blieb nun auf einmal alles mäuschenstill im ganzen Hause. – »Und ich bekomme dich doch zu sehen, mein sprödes Lieb!« sagte ich zu mir selbst, bestieg halb lachend, halb ärgerlich über das verunglückte Ständchen, meinen Heuboden wieder, wickelte mich vergnügt in das Heu und meine verliebte Gedanken, und war bald fest eingeschlafen.

Aber wie erschrak ich, als ich erwachte und mir durch alle Luken und Ritzen des Daches die Morgensonne schon hell in die Augen schien. Ich fuhr hastig in meine geborgten Bauerkleider, und eilte hinunter. Die Wirtsleute lachten mich über meine städtische Langschläferei tüchtig aus, und erzählten, wie sie Mühe gehabt, die, wegen der Saumseligkeit des Führers unwilligen Fremden zu begütigen. Während der Wirt mich endlich wecken wollte, seien die Damen bereits aufgebrochen; wenn ich aber auf den Fußsteigen, wie ich behauptete, genau Bescheid wisse, könne ich sie sehr bald noch einholen. Hier war keine Zeit zu verlieren, ich ergriff meinen langen Stab, und kletterte, ohne mich erst auf die Fußsteige einzulassen, den steilen Berg gerade hinan. Bald hörte ich auch wirklich Stimmen in der Ferne, sie schienen eine andere Richtung genommen zu haben, als die Reisenden gewöhnlich einzuschlagen pflegen. Ich sprang, glitt und schurrte über Stock und Stein, nur eine jähe Kluft trennte mich noch von ihnen, ich setzte meinen Stecken ein, und schwang mich mit einem gewaltigen Satze über Kluft und Gebüsch auf den Rasenabhang hinaus, wo die Wanderer eben zu rasten schienen.

Alle fuhren mit einem Schrei auf, als ich so plötzlich, wie vom Himmel, unter sie niederfuhr. Die schöne Reiterin stand zunächst, und betrachtete mich lange schweigend von oben bis unten. Fast hätte ich sie nicht wiedererkannt, so gar nicht bachantisch oder amazonenhaft, so milde, still und über alle Beschreibung schön erschien sie heut. Auch die ältere Dame ruhte, sehr erhitzt und pustend, auf einem Baumstamme, und rief mir zu: wenn ich hier die Wege kennte, sollte ich bei ihnen bleiben und sie auf dem allernächsten hinaufführen. Beide schienen in mir den nächtlichen Sänger nicht zu ahnen, und ich hütete mich, wie ihr wohl denken könnt, mich zu verraten.

Ich werde es niemals vergessen, wie heiter die schlanke Gestalt meiner jungen Dame, die jetzt dicht am grünen Abhange stand, sich auf dem himmelblauen Hintergrunde abzeichnete, und als sie darauf, zweien neben ihr stehenden jungen Männern die fernen Städte und Dörfer nennend, in die unermeßliche Aussicht hinauswies, da war es, als zöge ihr Rosenfinger eben erst die silbernen Ströme, die duftigen Fernen und die blauen Berge dahinter, und vergolde Seen, Hügel und Wälder, und alle rauschten und jauchzten, wie frühlingstrunken, zu der Zauberin herauf.

Ich aber jauchzte am fröhlichsten in mich hinein, als sich der bunte Zug nun endlich in Bewegung setzte. Ich schritt voran, und hinter mir in der morgenheitern Einsamkeit die Schöne, zwischen dem Waldesrauschen und Vogelschall mit der lieblichsten Stimme plaudernd und scherzend. Nun waren mir zwar die beiden jungen Begleiter gleich von Anfang gar nicht recht gewesen, aber ich bemerkte bald, wie sie mit ihnen nur wunderlich spielte und häufig auf die zierlichste Weise ihr Pantöffelchen über sie schwang. Ja, als das ältere Frauenzimmer von neuem ausruhen mußte, gab sie ihnen geradezu auf, bei der Dame zurückzubleiben, sie selbst wollte unterdes voraus. Hiermit flog sie wie ein Reh über den grünen Plan, und eh sie im Gebüsch verschwand, wandte sie sich noch einmal zurück und streifte mich mit einem flüchtigen Blick, daß es mir recht durch die Seele drang.

So rasch ich nachfolgte, konnte ich sie doch erst am Gipfel des Roßtrapps wieder erreichen. Hier fand ich sie, zu meinem Entsetzen, auf dem letzten, überhangenden Felsen sitzen, vergnügt mit den roten Reiseschuhen über dem schwindelerregenden Abgrunde baumelnd. Wie einen Nachtwandler auf dem Rande der Zinne, wagte ich sie nicht anzureden. Sie aber hatte mich kaum erblickt, als sie, die reichen Locken aus der Stirn schüttelnd, mir zurief: »Da möcht' ich gern hinunter. Ein rechter Führer muß jeden Steg kennen, führ' mich geschwind hinab, ehe die andern nachkommen.«

Ich kannte in der Tat einen Pfad zu den Schlünden, und, ohne das Wagstück zu bedenken, nickte ich ihr zu, und machte mich auf den Weg. Das schien ihr zu gefallen, sie sah mich einen Augenblick überrascht und verwundert an, dann sprang sie schnell auf und folgte. – Nun aber war mir's wie im Traume, als so auf einmal das wunderschöne Mädchen, allein mit mir, an jähen Abgründen vorüber von Fels zu Fels in die lautlose Öde hinabstieg, und wie in einem Zauberbrunnen das Himmelblau über uns immer dunkler wurde, immer finsterer das wilde Grün, immer vernehmlicher von unten das Brausen der Bäche in der endlosen Einsamkeit. – Einmal reichte ich ihr helfend die Hand, sie wollte mich erst mit der rechten fassen, zog sie aber, errötend, schnell wieder zurück und gab die andere. »Du magst mir auch der rechte Arbeiter sein«, sagte sie; »hast ja Hände wie ein Mädchen.« – Jetzt sprang ich über einen tiefen Felsen auf die gegenüberstehende Klippe, sie mußte mir nach. Der Platz war eng, ich breitete beide Arme ihr entgegen, und als sie mir so an die

Brust flog, daß mich ihr Atem berührte und ihre Locken mich verhüllten, da umschlang ich sie fest, und drückte einen brennenden Kuß auf ihren schönen Mund.

»Pfui!« rief sie, sich hastig losmachend und den Mund wischend; »siehst du, mit deinen dummen Flausen hast du den rechten Weg verfehlt! Dort geht's hinaus!« – Hiermit war sie mir lachend auf einmal in dem verworrenen Gebüsch verschwunden. Mit Erstaunen glaubte ich, als sie schnell die Zweige auseinanderbog, an ihrer rechten Hand meinen Ring zu bemerken, den ich vom Stufenberge hinabgeworfen hatte.

Verblüfft, ratlos, recht im innersten Herzen verirrt, stand ich nun in der Wildnis. Vergebens suchte ich meine Schöne wieder zu erhaschen, oft glaubte ich ihr schon ganz nahe zu sein, da tauchte sie mit unbegreiflicher Kühnheit plötzlich fern über den Wipfeln auf, um sich, wie ein Waldvöglein, gleich wieder in dem Grün zu versenken. Dann hörte ich ihr liebliches Lachen herüberschallen, sie winkte und rief mich, immerfort neckend, bald da bald dort, bald unter mir, bald über mir. Dazwischen rauschten die verborgenen Wasser, verirrte glänzende Schmetterlinge flatterten, wie abgewehte Blütenflocken, taumelnd an meinem Hute vorüber zum Abgrund, nur zuweilen noch klang Vogelschall von dem morgenhellen Bord der Felsen herunter – es war mir, als sei ich in dieser Abgeschiedenheit in ein wahnsinniges Märchen wunderbar verstrickt.

Endlich glaubte ich meine Schöne wieder in der Tiefe zu vernehmen, als ich sie plötzlich mit lautem Lachen, wie einen Elfen hoch über mir schwebend, auf der obersten Zinne des Berges erblickte, die wir vorhin verlassen. Da erwachte in mir der ganze herbe Jünglingsstolz verschmähter Liebe, ich warf meinen Wanderstecken weit von mir, daß er an den Felsen zersprang, und wandte mich zürnend völlig in den Abgrund.

Das schien sie nicht erwartet zu haben. Wenigstens kam sie mir, als ich noch einmal hinaufblickte, auf einmal bleich

und erschrocken vor, ja im eiligen Niedersteigen, zwischen
dem Rauschen der Wipfel und Bäche, war es mir zu meinem
größten Erstaunen, als nannte sie wiederholt meinen eigenen
wirklichen Namen, als riefe sie mir, wie aus tiefster Seele
nach: mein lieber, lieber Willibald! –

So töricht ist ein Verliebter! Dieser vertrauliche Ruf
wandte mir ganz das Herz um. Ich erklomm von neuem
mühselig den Berg, ich suchte, rief nach allen Weltgegenden
hinaus, aber es blieb alles still in der Runde, und nirgends
war eine Spur von der wunderlichen Gesellschaft mehr
wiederzufinden. – Ermüdet kam ich am Ende auf den aben-
teuerlichsten Umwegen unerwartet zu demselben einsamen
Wirtshause, von dem ich am Morgen ausgegangen: über
dem Walde war wieder der ferne Kirchturm zu sehen, rechts
der Stufenberg in stillem Abendschein; und ganz verwirrt
wußte ich nicht wie mir geschehen, als nun die Leute
im Hause, da ich nach der Schönen fragte, mich groß
und verwundert ansahen. Eine Gesellschaft, wie ich sie
beschrieb, hatte hier gar nicht übernachtet; eine ältliche
etwas starke Dame, sagten sie, und ein hübsches blondhaari-
ges Mädchen seien zwar, bloß in Begleitung eines Reit-
knechts, heute früh von hier weitergewandert, aber mein
wunderbares Waldlieb mit den reichen schwarzen Locken
wollte kein Mensch gesehen haben. –

Ich fand sie niemals wieder. Ihr Bild aber blieb seitdem
leuchtend in meiner Seele, und als ich nun einsam heimwan-
derte, hatte der Herbst schon seine Sommerfäden über die
Felder gespannt, wie goldene Saiten im Morgenglanz, die bei
jedem Windeshauch einen wehmütigen Klang über die Erde
gaben. « –

Hier endigte Willibald seine Erzählung, und bemerkte
erst jetzt, daß alle seine Zuhörer, von der Anstrengung des
vorigen Tages überwältigt, fest eingeschlafen waren. Wie
Tote lagen die Männer mit den bleichen, scharfgezeichneten
Gesichtern umher, Julie war auf Leontins Schoß gesunken,
seine Knie mit ihren herabwallenden Locken verhüllend.

Draußen aber glänzte herrlicher Mondschein über der leise rauschenden Gegend, nur einzelne Damhirsche weideten unten am Fuße des alten Schlosses. Willibald blickte wunderbar bewegt in die weite Einsamkeit hinaus, es war ihm alles wie ein Zaubermärchen hier, als müßte sein verlornes Lieb ihm wieder irgend ein Zeichen geben in dieser prächtigen Mondnacht.

Als der Turmwächter bei Anbruch des Tages hoch über den Schlummernden sein geistliches Lied durch die stillen Lüfte sang, erhob sich unten allmählich einer nach dem andern, in die falbe Morgenkühle schauend.

Romano aber sprang verstört und erschrocken auf, plötzlich des eigentlichen Zweckes seines Besuchs gedenkend, den er über den nächtlichen Erzählungen gänzlich vergessen hatte. Ohne Zeitverlust führte er nun den Grafen Leontin in den entlegensten Teil der Galerie, wo beide lange Zeit sehr lebhaft miteinander sprachen und endlich in größtem Eifer nach dem Hofe eilten. Niemand wußte, was sie vorhatten, aber im ganzen Hause entstand auf einmal ein verworrenes Durcheinanderrennen, Briefe wurden geschrieben, Boten zu Pferde abgeschickt, und bald darauf sah man den Prinzen und Leontin selbst, jeden in verschiedenen Richtungen, in den Wald hinaussprengen. – Auch Willibald, den die Sehnsucht nach seiner Heimat aus diesem unbehaglichen Rumor forttrieb, hatte sich währenddes wieder aufgemacht. Julie sah ihn aus ihrem Fenster schon in der Ferne wandern. Sie hätte ihm so gern noch gesagt, daß sie selbst es war, die mit ihrer Begleiterin in dem einsamen Wirtshause sein Ständchen belauscht, und daß sie gar wohl wisse, wer und wo seine Schöne vom Roßtrapp sei. Aber sie winkte ihm vergeblich mit dem Schnupftuche nach, er war schon in dem taufunkelnden Morgenschimmer versunken.

Wir aber lassen den Glücklichen wandern und wenden uns aus dem Morgenrot nach dem dunkeln Gebirge zurück, wo wir Publikums Jagd verlassen haben. Der Abend sinkt schon nieder auf die stillen Schlüfte, da finden wir den Troß in einem abgelegenen Tal, ein altes Jägerhaus, wie Bienen im Abendgold, mit verworrenem Gesumse umschwärmend. Drin wird tüchtig gekocht, denn so oft die Tür sich öffnet, sieht man eine große Flamme lodern, und dicken Bratenduft herausqualmen. Vor der Tür aber sitzen Aurora und Herr Publikum einträchtig beisammen, über dessen Haupte sich das Hirschgeweih am Gesims des Hauses recht stattlich ausnimmt. Er hat Auroras Hand gefaßt, sie läßt sie ruhig in der seinen, da es schon kühl wird, aber ihre Gedanken sind offenbar nicht bei der Hand, sie schaut halb langweilig, halb verdrießlich vor sich hin. Währenddes sind die besorgten Novellenmacher fleißig bemüht, den Honigseim poetischer Reden zu ihrem Hochzeitsfladen zusammenzukneten. Am zierlichsten unter ihnen drückt sich dabei der schwungreiche, junge Mann aus. Aber da begegnet ihm unerwartet etwas Außerordentliches. Denn indem er zur Gräfin von der Liebe spricht und immer wieder spricht, hat er sich auf einmal unversehens selbst in sie verliebt: von unmerkbarem Händedrücken, worüber sie jedesmal mit leisem Lächeln quittiert, durch das allmählich wachsende Feuerwerk loser Schwärmereien und brünstiger Blicke gerät er endlich ganz in den holden Wahnsinn. Vergebens treten die Novellisten, denen er wie eine tolle Hummel ihr Novellengespinst zu zerarbeiten droht, ihm heimlich auf die große Zehe, der Schrei des Schmerzes macht seinen sentenziösen Paroxismus nur noch pikanter; der erschrockene Publikum, der gar nicht weiß, was los ist, fängt an sich vor ihm zu fürchten, da ergreift endlich der Graue den Rasenden ohne weiteres beim Kragen, und der ganze Haufe wälzt sich mit ihm in das Jägerhaus, wo man durch die heftig hinter ihnen zugeworfene Tür noch einen bedeutenden Lärm vernimmt.

Unterdes aber hatte ein Jäger vor Herrn Publikum und der Gräfin ein wohlbesetztes Tischchen hingestellt. Da war es um Publikum geschehen. Er band sich feierlich eine große

Serviette wie zum Rasieren unter das Kinn, stülpte die Ärmel auf, setzte sich, ein paarmal beide Ellbogen erhebend, breit und behaglich zurecht, und begann sogleich mit ebenso viel Ernst als Fertigkeit mit den Kinnbacken zu mahlen. Aurora versuchte mehrere Mal ein witziges Gespräch anzuknüpfen. Aber beim Essen verstand er keinen Spaß; unaufhörlich nach allen Seiten hin Fleisch, Pfeffer, Salz zulangend, gab er nur halbe oder gar keine Antwort. Er schien ganz eine dicke, fette Zunge voll Wohlgeschmack geworden zu sein, und bemerkte nicht einmal, wie die Gräfin, das gerümpfte Näschen vornehm aufwerfend, endlich rasch aufstand, und empfindlich sich allein in den nahen Wald begab, um hier auf einem kurzen Spaziergange ihren Verdruß abzukühlen.

Die Dämmerung war schon hereingebrochen, nur einzelne Vögel sangen noch tiefer im Gebirge, die Abendluft spielte leise in allen Blättern. Da hörte sie auf einmal ein Geräusch, und bald darauf Gesang in der Ferne. Sie trat neugierig näher und wurde endlich eine dunkle Gestalt gewahr, halb versteckt hinter Felsen und Gebüsch. »Wußt' ich's ja doch!« sagte sie, heimlich in sich hineinlachend. – Und sie irrte sich wirklich nicht in dem Karbonaro-Mantel, an dem sie sogleich den Prinzen Romano wieder erkannte.

Der anschlägische Prinz umkreiste schon lange das Jägerhaus, wie der Fuchs den Taubenschlag. Da er aber von den Strapazen der vergangenen Nacht plötzlich heiser geworden, so hatte sich Leontin hinter ihm unter den Mantel verborgen und sang und agierte nun für ihn aus dem faltigen Karbonaro heraus. Bald aber fand Romano die Aktion übertrieben, das Lied nicht zart genug. Leontin verteidigte sich, darüber bekamen sie unter dem Mantel Händel und gerieten miteinander, erst leise dann immer heftiger, in einen lebhaften Wortwechsel über das schicklichste Metrum für ein Ständchen. – Aurora stutzte, als sie aber auf einmal vier Arme aus dem Mantel sich hervorarbeiten sah, ergriff sie ein Grauen und sie stürzte unaufhaltsam nach dem Jägerhause zurück. Da brach Romano plötzlich hervor, Leontin hatte kaum Zeit, in größter Eile zu entfliehen.

Die atemlose Gräfin schrie laut auf, da der Prinz, der mit seinen langen Beinen ihr den Vorsprung abgewonnen hatte, auf einmal zierlich auf einem Knie vor ihr lag. »Mit wem sprachen Sie soeben?« fragte die Erschrockene, noch immer ängstlich um sich her blickend. – »Mit mir selbst im Traume von dir!« – »Es lief doch aber jemand fort von Ihnen?« – »Mein Schatten wahrscheinlich.« – »Ach, es scheint ja weder Sonne noch Mond!« – »Desto besser, so belauscht uns nur die Venus vom Himmel.« – »Und vier Arme leibhaftig!« – »Oh, hätt' ich deren viertausendvierhundertundvierundvierzig, dich zu umschlingen!«

Das klang der Gräfin denn doch gar zu appetitlich. Sie hob mit einem zärtlichen Blick den Prinzen vom Rasen auf, der nicht versäumte, sogleich seine Kniescheibe sorgfältig abzustäuben. Er bat die Reizende, sich noch ein Weilchen im Walde zu ergehen, sie nickte schlau mit dem schönen Köpfchen, und so wandelten denn die Glücklichen unbelauscht nebeneinander her.

Romano hatte mit malerischer Nachlässigkeit seinen Mantel halb über die Achsel zurückgeschlagen, er sprach von dem Bad in den kosenden Abendlüften, von den Dämmerlauben des Gemüts, von den nackten Bübchen, die in dem duftigen Laube zielen. Aber die nackten Bübchen guckten schon aus Auroras Augen, sie ging so unbedenklich in all diese Dämmerlauben ein, und wenn es so fortwährte, blieb fast nichts mehr zu erobern an ihr. – Das war dem Prinzen gar nicht recht; er hatte sich's so schön ausgesonnen, allen Aufwand steigender Verführungskünste, die Schnöde allmählich poetisch zu verlocken – er war ganz verstimmt.

Auf einmal stand Aurora still. »Ich höre keine Stimmen mehr vom Jägerhause«, sagte sie, nach allen Seiten umschauend, »wir haben uns verirrt.« – »Hat keine Not«, erwiderte Romano, »mir leuchten zwei helle Sterne auf dem stillen Meer der Nacht.« – Hiermit bog er schnell vom Wege auf einen freien Platz hinaus, wo Aurora mit Erstaunen einen Reitknecht mit zwei zierlich aufgezäumten Pferden erblickte. »Mein Bursch kann zu Fuß wandern«, sagte der Prinz, »und wenn Sie sich meines Rößleins bedienen wollen, so besteig' ich das seinige, und führe Sie bequem und luftig heim.«

Die ermüdete Gräfin, um bei längerem Ausbleiben Aufsehen im Jägerhause zu verhüten, nahm den Vorschlag an und so ritten sie bald vertraulich plaudernd in die warme Nacht hinein. Aber die Venus ging unter, der Mond ging auf, und sie ritten noch fort und immer fort.

»Wo führen Sie mich hin?« sagte endlich die Gräfin wieder; »da hör' ich einen Eisenhammer in weiter Ferne.« – »Wird Amors Mühle sein«, meinte der Prinz, »die arbeitet am lustigsten in solcher Stunde.« – Mein Gott, ich glaube gar, der will mich entführen, dachte Aurora bei sich, senkte nachdenklich das Köpfchen und wiegte sich mit einem angenehmen schauerlichen Gefühl in der Erinnerung aller nächtlichen Entführungsgeschichten, die sie in den schmierigen, halbzerlesenen Romanen aus der Leihbibliothek so oft in Gedanken mitgemacht hatte.

Unterdes wechselten neben ihnen unbekannte Gegenden und Abgründe rätselhaft im dämmernden Mondlicht, da stutzten plötzlich ihre schnaubenden Rosse; vor ihnen schoß auf einmal eine wunderliche Gestalt Burtzelbäume quer über den Weg, eine zweite folgte, und noch eine, andere standen seitwärts am Wege auf den Köpfen, und verschwanden schnell, wie sich die Reiter nahten. – »Das kommt bei dem dummen Zeuge heraus!« brach da die heftig erschrockene Gräfin plötzlich los; »ich möcht' auch in aller Welt nur wissen, was es hier zu entführen gibt! Ich habe weder einen tyrannischen Vater noch eine geizige Tante, ich bin ganz frei, ich kann jeden Augenblick heiraten!« – »Romano schwieg ganz still, denn ihm fing selbst an Angst zu werden vor den unerklärlichen Erscheinungen. War ihm bei hellem Tage ein gewöhnliches Rendezvous zu gemein gewesen, so verwünschte er nun insgeheim seine unüberwindliche Sucht nach genialen Abenteuern und wäre am liebsten wieder umgekehrt.

In großer Verlegenheit spähte er soeben nach allen Seiten umher, als sich plötzlich eine Rakete prasselnd und sprühend über dem dunkeln Walde emporriß. »Dorthin, dorthin!« rief Romano voll Freude, und drückte die Sporen ein, daß die erstaunte Gräfin kaum folgen konnte.

Wie im Fluge erreichten sie nun bald einen einsamen, rings von Felsen eingeschlossenen Platz, von dessen anderem Ende ihnen ein Gemäuer entgegen schimmerte. Es war eine Waldkapelle, das verabredete Ziel Romanos, wo er seine schöne Beute einstweilen verbergen und mit Leontin das Weitere beraten wollte. – Mehrere Windlichter bewegten sich an der Klause und beleuchteten wunderbar den Rasen, die Steine und Felsen in der nächtlichen Einsamkeit. Da schoß der Gräfin auf einmal das Blatt – mit klopfendem Herzen sah sie unverwandt in das Spiel der wandelnden Lichter. Romano aber stutzte, er konnte durchaus nicht begreifen, wozu Leontin, allem Geheimnis zum Trotz, so viele Personen hier versammelt hatte. Und als er nun, indem er näher kam, immer mehr fremde Gesichter erblickte, lauter festlich geschmückte Leute, als er dann auch Leontin darunter erkannte, einen Klapphut unter dem Arm und einen dicken Blumenstrauß vor der Brust, ja als endlich gar ein Geistlicher mit einer Kerze in der Hand majestätisch den Haufen teilte, da wurde Romanos Gesicht immer länger und länger vor wachsendem Grausen.

Unterdes hatte Leontin schon die Gräfin vom Pferde gehoben, die sehr heiter und gemütlich war, und sich hier sogleich recht wie zu Hause zu befinden schien. Auch Romano stieg verwirrt und zögernd ab. Da trat der Geistliche, von dem er kein Auge verwandte, feierlich hervor und redete die Neuangekommenen folgendermaßen an:

»Hochverehrte! Sie stehen hier soeben in dem tugendhaften Begriff, das angenehme Bündnis Ihrer Herzen mit dem süßen Mundlack des Jaworts zu versiegeln. Indem wir daher, Vielverliebte, in diesem feierlichen Augenblick gleichsam mit einem Fuß schon das Bett der Ehe bestiegen, lassen Sie uns dasselbe noch einmal mit gebührendem Ernste betrachten! – Es ist ein Himmelbett – denn die schönsten Engel predigen hinter seiner Gardine. Es ist ein Thronbett – denn gekrönte Häupter ruhen darauf. Es ist ein Paradebett, auf dem verblichene Junggesellen im erhabensten Schmuck stiller Männerwürde, will sagen: in langem damastenen Schlafrock und blendendweißer Zipfelmütze ausgestellt werden, zum Hohn und heimlichen Neid jener schäbigen Rotte von verwegenen Hagestolzen und Familienglücksverächtern. – Ja, du, vergangener Junggesell, gerührter Bräutigam! über dessen ehrwürdigem Scheitel endlich die Aurora deiner letzten Liebe aufgegangen, der – .«

Hier stockte er plötzlich – seine Augen suchten rings in dem Kreise umher, Romano war nirgends zu sehen. – Ein verworrenes Gemurmel ging bei dieser unerwarteten Entdeckung durch die ganze Versammlung, Leontin wurde unruhig, man suchte in der Kapelle, man rief laut nach den verschiedensten Richtungen, alles vergeblich. Endlich hörten sie von einem Jäger, daß der Prinz gleich zu Anfang der Rede, während alle Blicke auf den Prediger und die schöne Braut gerichtet waren, unbemerkt fortgeschlichen, im nahen Gebüsch sich in verstörter Hast auf ein Pferd geworfen, und wie besessen in den Wald hinausgesprengt sei. – Späterhin erfuhr Leontin, wie er mitten in derselben Nacht, ganz verwirrt, auf Publikums Schloß angekommen, seine Leute eilig geweckt, und, in unaufhaltsamem Entsetzen vor dem Ehestande, zu allgemeinem Erstaunen noch vor Tagesanbruch abgereist, ohne daß jemand erraten konnte, wohin er sich gewendet. –

Das war ein Strich durch die ganze Narrenrechnung. Die Gäste sahen in ihren feierlichen Hochzeitskleidern einer den andern spöttisch an, Leontin lachte unmäßig, mehrere erbosten sich über die Mücken, die sie durch ihre ganz unnützen Eskarpins stachen. Am ungebändigsten aber war der Geistliche, der in dieser Verwirrung Bart, Kappe und Salbung verloren hatte. Er beteuerte, es sei unter solchem Volk leichter pokulieren als kopulieren, und schwur, seine Rede, die eben erst witzig werden sollte, bis zu Ende zu halten, und wenn er sie an die Bäume richten müßte. Bei diesen Worten blickte ihn Aurora schärfer an – sie traute ihren Augen nicht: es war der ihr wohlbekannte Poet Faber! – Da brach plötzlich ihre bisher nur mit Mühe verhaltene übelste Laune los. Sie schimpfte, ohne weiter mehr nach Grazie zu fragen, auf die Phantasten, die ihr durch ihre Tollheiten die Haube dicht überm Kopfe wegpariert hatten, aber sie frage, meinte sie, wenig darnach, sie wolle auch ohne solche Flausenmacher doch unter die Haube kommen, es gebe noch andere, reiche und würdige Leute, die sie besser zu schätzen wüßten.

Sie war noch lange nicht mit allem fertig, was sie auf dem Herzen hatte, als sie zu ihrem Erstaunen sich auf einmal allein auf dem Platz erblickte. Hochrot vor Ärger, ließ sie sich mit erzwungenem Stolz auf der Rasenbank vor der Klause nieder, sie konnte nicht begreifen, welche neue Narrheit plötzlich wieder in die wunderliche Gesellschaft gefahren. Sie sah Leontin und seine Spießgesellen in großem Eifer durcheinanderrennen, die Herren gürteten ihre Hirschfänger um, Leontin schien heimlich und leise Befehle zu erteilen, und in wenigen Minuten hatte sich alles in den nahen Wald verlaufen. Jetzt hörte sie nur noch hin und her Gewisper unter den dunkeln Bäumen, manchmal war es ihr, als vernähme sie von Ferne Pferdegetrappel, dann wieder alles totenstill – fast fing sie sich im Ernste zu fürchten an.

Plötzlich geschieht ein Schrei im Walde, mehrere Pistolen werden abgefeuert, zwischen dem Geknatter: Degengeklirr und fremde Stimmen, immer näher und näher, und mit großem Lärm stürzt endlich der ganze verworrene Haufen vom Walde grade auf die Klause her.

Aurora, die sich erschrocken in die Kapelle zurückgezogen hatte, bemerkte durch das Fenstergitter, daß Leontin
und die Seinigen mehrere Gefangene einbrachten; aber wie
groß war ihr Erstaunen, als sie mitten darunter einen Mann
zu gewahren glaubte, der, außer sich vor Zorn, schimpfend
und vergeblich mit Arm und Beinen zerrend, von vier
handfesten Jägern auf den Schultern wie im Triumphe einhergetragen wurde. – »Er räsoniert noch, bindet ihn, knebelt ihn!« rief der nacheilende Faber, der jetzt ein besonders martialisches Ansehen hatte. Über den Spektakel kam
auch Leontin mit einer Fackel herbei, beleuchtete den geängstigten Gefangenen, und prallte bei seinem Anblick erschrocken zurück. – »Unmöglich!« rief er aus, »Sie sind
es, Herr Publikum? mitten in der Nacht ohne Schlafrock!
ich hoffe doch nicht, daß einen so soliden Mann etwa gar
der Klang zierlicher Pantöffelchen verlockt hat – wir glaubten uns hierin der Geisterstunde plötzlich von Räubern
überfallen.« – »Pantöffelchen! Räuber! Das ist es grade!«
erwiderte der noch atemlose Publikum, den die Jäger unterdes respektvoll losgelassen hatten; »der Prinz Romano
hat die Gräfin Aurora entführt, wir setzen soeben dem
Räuber nach.« – Aber Leontin, der, durch einen Jäger von
der unerwarteten Ankunft Publikums benachrichtigt, den
ganzen Rumor angezettelt hatte, hörte auf nichts, sondern
rannte in einem Anfall wütender Courtoisie bald zu den
gleichfalls eingefangenen Novellisten, bald zu ihrem dikken Meister, überall das räuberische Mißverständnis entschuldigend, und stülpte zuletzt, gegen plötzliche Erkältung, dem letztern die weiße Nachtmütze eines Jägers auf
den Kopf. Der schlaue Publikum ließ alles geduldig über
sich ergehen, denn er hatte insgeheim eine ebenso große
Abneigung als unüberwindliche Furcht vor der phantastischen Grobheit des Grafen, er lobte und belachte jeden
seiner Einfälle, und schrie ihn, in seiner Herzensangst, vor
den empörten Novellenmachern als ein echtes Kunstgenie
aus.

Währenddes aber war auch Aurora aus ihrer Klause ge-brochen, und erschien plötzlich, wie eine Fee die Menge teilend, in dem Kreise der Fackeln. – »Auf ewig!« sagte sie feierlich zu dem überraschten Publikum, ihm die schöne Hand reichend, die dieser mit inbrünstigen Küssen bedeckte. Ein freudiges Ach! ging durch die Runde der erstaunten Novellisten. Aurora aber blickte triumphierend über den breiten Rücken des küssenden Publikums nach Leontin und seinen Gesellen hin, als wollte sie sagen: »Nun, sehr ihr wohl?! –«

Jetzt hatte auch Publikum wieder Mut gewonnen, und befahl sogleich nach den ersten Verständigungen mit einem vornehmen Ton, nach seinem Schlosse aufzubrechen. Ver-gebens versprach Leontin, zum Polterabend Herrn Publi-kum mit einem Pistol den Zipfel seiner Schlafmütze vom Kopfe zu schießen, den Wald anzuzünden, ja sie alle mitein-ander betrunken zu machen.

Der glückliche Bräutigam, der in seiner Seligkeit ganz vergaß, seine Nachthaube abzunehmen, bedauerte mit hof-färtiger Herablassung Leontins Einsamkeit, die zu solchem Feste keine passenden Mittel böte; wenn es aber der Gräfin Julie an irgendeinem Agrément fehlen sollte, so möge sie sich nur immer nachbarlich und vertrauensvoll an seine künftige Gemahlin, die Gräfin Aurora wenden. – »Köst-lich!« entgegnete Leontin, »meiner Julie kommt manchmal der Einfall, in vollem neumodischen Kopfputz auf die Jagd zu reiten, sie wird sich dann, wenn Sie erlauben, von der Gräfin Aurora frisieren lassen, ich weiß, die versteht das wie keine andere. Nadeln mit doppelten Spitzen will ich schon selbst dazu mitbringen.« – Da wandte sich Herr Publikum mit einer kalten Verbeugung, schlug im Weggehn auf seinem Bauche dem Leontin noch heimlich und vorsichtig, damit er's nicht bemerkte, ein Schnippchen, und bestieg mit sei-nem Gefolge die bereits vorgeführten Rosse.

Leontin sah ihnen lange kopfschüttelnd nach. Plötzlich schien ihm ein Gedanke zu kommen, er verfolgte pfeilschnell die Reiter. »Aber hört doch!« rief er, »seid ihr denn wirklich toll? ihr seid ja abscheulich angeführt. So hört doch!«

Die Glücklichen hörten jedoch nicht mehr. – Faber hatte unterdes eine Violine ergriffen, und geigte dem Zuge lustig nach, Raketen wurden geworfen, die Jäger lösten die, für Romanos Kopulation herbeigeschafften Kanonen, die ein entsetzliches Geböller in den nächtlichen Schlüften machten. – Herr Publikum aber mit seiner Schlafmütze, Aurora und die Novellisten zogen alle vergnügt von dannen, um ihre Novelle mit einer weitläufigen Hochzeit zu beschließen.

In derselben angenehmen Jahreszeit hatte Schreiber dieses das Glück, mehrere der denkwürdigen Personen dieser Geschichte selbst kennenzulernen. Als nämlich die Kunde von der ebenso unglaublichen als für uns Poeten erwünschten Verbindung zwischen Herrn Publikum und der berühmten Gräfin Aurora von Stadt zu Stadt erscholl, war auch ich aufgebrochen, um zum Hochzeitsfeste dem Herrn Publikum eine mit besonderm Fleiße von mir ausgearbeitete Novelle persönlich zu verehren. In meinem neuen engen Frack, der meiner sonst ganz hübschen aber etwas langen und schmalen Figur ein noch knapperes Ansehen gab, mein Manuskript fest unter den Arm geklemmt, strich ich zufrieden über Land, und memorierte unterweges laut die recht schön ausgedachte Anrede, womit ich das Werkchen überreichen wollte.

Aber wie es den Dichtern oft zu gehen pflegt, daß sie überall zu spät kommen, wo es was Gutes gibt, so gewahrte ich auch, mit nicht geringem Schrecken, als ich bei einbrechender Nacht an Publikums Palast anlangte, daß die Hochzeit eben schon in vollem Gange war. Das ganze Schloß flimmerte von Kronleuchtern, Trompeten raseten, Tanzende schleiften in wechselndem Glanze an den Fenstern vorüber, während andere Paare, heimlich plaudernd, sich in die stille Nachtluft hinauslehnten. Unten rannten viele Bediente mit prächtig duftenden Gerichten an mir vorbei, und mochten mich, mit einem Paket unterm Arme, wohl für einen vazierenden Musikanten halten. Die Musik aber schlang sich immer wehmütiger durch die schirmenden Wipfel über mir, ich lehnte mich an einen Baum, und gedachte der bessern Tage meiner fröhlichen Jugendzeit; neue Gedichte tauchten aus den Klängen in meiner Seele auf, und ich war im besten Zuge, mein Manuskript, Publikum und alles zu vergessen, weshalb ich eigentlich hierher gewandert war.

Da hörte ich plötzlich in einiger Entfernung ein leises Geräusch unten am Schloß, und bald darauf sagte eine liebliche Stimme: »Aber wenn mich die ganze gebildete Welt so findet, so muß es doch auch wirklich so sein! Und ich brauche Sie nun nicht weiter mehr, und verbitte mir von nun an alle Hofmeisterei.« – »O du Verblendete!« entgegnete eine andere Stimme; »so fahre denn hin! ich wende meine Hand von dir, und lasse dich in der Gewalt der Philister.« – Hier streifte ein Lichtstrahl aus dem Fenster über das Gebüsch, ein wunderschönes Frauenbild mit Diadem und funkelndem Geschmeide blitzte plötzlich aus der Nacht auf, und war in demselben Augenblick auch wieder verschwunden.

Geblendet starrte ich noch hin, als sich auf einmal in derselben Gegend ein großer Lärm erhob. »Dort lief er hin!« rief eine zornige Stimme. Es war der junge Mann von den Novellenmachern, wie ich späterhin erfuhr. Er hatte einen verliebten jungen Fant das Haus umschleichen gesehen, den er soeben mit gezogenem Degen zu verfolgen schien. Aber in seiner moralischen Wut rannte der Tugendheld bei der Dunkelheit einem Bedienten mit einer großen Pastete über den Haufen, und hatte gleich darauf sich selbst mit dem Degen am eignen Rockschoß an einem Baume festgespickt.

Indem ich ihm eilig zu Hülfe springen will, bricht plötzlich ein feines Jägerbürschchen, wie ein gehetztes Reh,

durch das Gebüsch und stürzt atemlos gerade in meine
Arme. Und eh' ich mich noch besinnen kann, drängt er
mich, öfters scheu zurückblickend, in wunderlichem Ungestüm über Beete und Blumen mit sich fort. – »Aber was
soll's denn?!« rief ich endlich tiefer im Garten aus. – Da
stutzte das Bürschchen, das mich wahrscheinlich verkannt
hatte, und sah mich von oben bis unten verwundert an.
»Wer bist du denn eigentlich?« fragte er dann, »und was
wolltest du hier?« – Ich berichtete ihm nun mit kurzen
Worten meinen Namen, Metier, und den Zweck meiner
Reise. Darüber wollt' er sich auf einmal totlachen, und
lachte immer unvernünftiger, je mehr ich meine gerechte
Empfindlichkeit zeigte. »Die Anrede«, sagte er, »mußt du
an mich halten, ich werde dir zeigen, wie du dazu agieren
sollst. – Aber die Hochzeit! – Ich will ja eben auch heiraten.«

Unterdes waren wir an den Ausgang des Parks gekommen, zwei gesattelte Pferde standen dort am Zaun. »Nur
schnell, schnell!« rief er wieder, »du kannst doch reiten? Ich
muß rasch fort, und fürcht' mich so allein.« – Ich wußte in
der Eile gar nicht, wie mir geschah, er schob mich
geschwind auf das eine Pferd hinauf, schwang sich auf das
andere, und, eh' ich mich's versah, ging's pfeilschnell in die
weite Nacht hinaus.

Draußen klang die Tanzmusik uns noch lange über die
stillen Felder nach, das Schloß lag wie eine feurige Insel über
dem dunklen Walde. Ich betrachtete öfters den lustigen
Jäger von der Seite, und verwunderte mich über seine große
Schönheit. Da hört' ich auf einmal aus dem fernen Gebüsch
im Vorüberreiten einen überaus lieblichen Gesang erschallen, es war als ob der Mondschein klänge:

> Bleib' bei uns! wir haben den Tanzplan im Tal
> Bedeckt mit Mondesglanze,
> Johanniswürmchen erleuchten den Saal,
> Die Heimchen spielen zum Tanze.

Ich konnte durchaus niemanden erblicken. Aber *Florentin* –
so nannte sich das Jägerbürschchen – antwortete ihnen zu
meinem Erstaunen, und zankte sich ordentlich mit den
wunderlichen Musikanten. »Warum nicht gar!« rief er fast
unwillig nach dem Walde gewendet aus; »jetzt hab’ ich keine
Zeit, heut laßt mich in Frieden. Was wißt ihr von meiner
Not!« – Wälder, Wiesen und Dörfer flogen unterdes im
hellen Mondschein vorüber, aus den Gebüschen sang es von
neuem hinter uns drein:

> Stachelbeer’ weiß es und stichelt auf dich –
> Will – Wili – wir verraten es nicht –
> Sie sagt’ es dem Bächlein im Grunde,
> Das hörten die Bäume und wundern sich,
> Das Bächlein macht’ auf sich zur Stunde
> Und plaudert’ es aus durch den ganzen Wald:
> Wil – Wili – Wilibald! –

Die Sterne fingen schon an zu verlöschen, als wir nach dem
tollen Ritt an einem Schloß im Gebirge endlich Halt machten. Ein Brunnen plätscherte verschlafen vor dem stillen
Hause, auf dem steinernen Geländer schlief ein Storch auf
einem Beine, und fuhr über dem Geräusch, das wir machten,
erschrocken mit dem Kopf unter den Flügeldecken hervor,
uns mit den klugen Augen verwundert ansehend. Florentin
aber tat hier sogleich wie zu Hause. »Ach nein, lieber
Adebar, es ist noch lange Zeit, uns was zu bringen!« sagte
er, den Vogel streichelnd, der vergnügt seine Federn auf-
schüttelte und mit den Flügeln schlug. Dann klopfte er eilig
an ein Fenster des Schlosses. Es wurde von innen geöffnet,
ein hübsches Mädchen steckte erstaunt das Köpfchen hervor. »War er hier?« fragte Florentin hastig. – »Niemand!«
war die Antwort. – Da wandte sich Florentin wieder zu mir,
er schien sehr bestürzt. Das Mädchen schloß, mit einem

Seitenblick nach mir herüber, ihr Fenster, mein Begleiter aber zog rasch einen Schlüssel aus der Tasche, und öffnete die Haupttür des Schlosses. – Wir betraten schweigend eine unabsehbare Reihe prächtiger Gemächer, wo die durch rotseidene Gardinen brechende Dämmerung kaum noch die Schildereien erraten ließ, die in vergoldeten Rahmen an den Wänden umherhingen, der getäfelte Fußboden glänzte in dem ungewissen Schimmer, eine Flötenuhr in einem der letzten Zimmer begann ihr Spiel und schallte fast geisterartig durch diese Einsamkeit.

Da stieß Florentin in einem der Säle eine Mitteltür auf; sie schien nach dem Garten zu gehn, denn eine duftige Kühle quoll uns plötzlich erfrischend entgegen. Jenseits ging soeben der Mond hinter den dunklen Bergen unter, von der andern Seite flog schon eine leise Röte über den ganzen Himmel, die geheimnisvolle Gegend aber lag unten wunderbar bleich in der Dämmerung, nur im Tale fern blitzte zuweilen schon ein Strom auf. Vor uns schienen verborgene Wasserkünste zu rauschen, eine Nachtigall tönte manchmal dazwischen wie im Traume. –

Florentin hatte sich auf die Schwelle des Schlosses gesetzt, schaute, den Kopf in die Hand gestützt, in die Gegend hinaus und sang:

> Es geht wohl anders, als du meinst,
> Derweil du rot und fröhlich scheinst
> Ist Lenz und Sonnenschein verflogen,
> Die liebe Gegend schwarz umzogen;
> Und kaum hast du dich ausgeweint,
> Lacht alles wieder, die Sonne scheint –
> Es geht wohl anders als man meint.

Hier brach er plötzlich selbst in Weinen aus. Ich wußte mir gar keinen Rat mit ihm, er war ganz untröstlich, und lachte doch wieder dazwischen, so oft ich ihn mit angemessenen Worten zu beruhigen suchte. »Nein, nein«, rief er dann von

neuem schluchzend, »es ist alles vorbei, ich hätte ihn über
den Possen nicht so gehn lassen sollen, nun ist er auf immer
verloren!« – »Aber wer denn?« fragte ich schon halb unwillig. – Da hob er auf einmal, gespannt in die Ferne hinaushor-
chend, das Köpfchen, daß ihm die Tränen wie Tau von den
schönen Augen sprühten, sprang dann rasch auf und war,
eh' ich's mich versah, in dem Garten verschwunden.

Betroffen folgte ich seiner Spur im tauigen Grase; einzelne
Schlaglichter fielen schon durch die Wipfel, von fern hörte
ich zwischen dem Schwirren frühergewachter Lerchen einen
schönen Gesang durch die stille Luft herübertönen. Endlich
nach langem Umherirren vernahm ich ganz in der Nähe
Florentins munteres Geplauder wieder. Aber wie erstaunte
ich, als ich, plötzlich aus dem Gebüsch hervortretend, einen
fremden Mann am Abhang des Gartens vor mir ruhen sah.
Auf seinem Ränzel ihm zu Füßen saß Florentin, er hatte das
Köpfchen vor sich auf den Wanderstab des Fremden gestützt, und sah diesem überaus fröhlich ins Gesicht. Bunte
Vögel pickten vor ihnen auf dem Rasen und guckten aus
allen Zweigen, und machten lange Hälse, um den Fremden
zu sehen. Hinter den fernen blauen Bergen aber ging soeben
die Sonne auf, und blitzte so morgenfrisch über die Landschaft und den Garten, daß die Wasserkünste sich, wie
jauchzend, aus den Gebüschen emporschwangen.

Jetzt erst in der Blendung besann ich mich recht. »Willibald!« rief ich voller Erstaunen. – Er war der Fremde, ich
kannte ihn noch von Halle her, und hatte einmal mit ihm
eine Fahrt nach dem Harz gemacht, von der er nachher viel
Wunderbares zu erzählen wußte. – Er wandte sich bei dem
Klang meiner Stimme schnell herum. »Auch du! – – und hier
mein liebes Liebchen vom Roßtrapp!« sagte er, auf Florentin
weisend.

»Wie! dieser – diese – dieses Florentin? wessen Geschlechts eigentlich –?«

»Gräflichen, mein Guter, namens Aurora.«

»Was! die hält ja eben Hochzeit mit Herrn Publikum!« –

»Ach, das ist meine gewesene Jungfer«, lachte der nunmehr gewesene Florentin; »ich gab sie für mich aus, um die tollen Freier zu foppen, und nun haben sie sie wahrhaftig geheiratet! Mich merkte keiner, nur der spitzige Romano hätte mich bald an meinem Bilde erkannt, das der unvorsichtige Leontin in seinem alten Rittersaale hängen ließ.« – »Aber sieh nur, wie schön!« – wandte sie sich wieder zu Willibald, bald ihn bald die Gegend betrachtend, daß man nicht wußte, wen sie eigentlich meine. »Ich kaufte das Gut nur für dich, nun ist alles wieder dein – und ich dazu«, fuhr sie errötend und ihr Gesicht an seiner Brust verbergend leise fort; »und nun brechen wir bald zusammen nach Italien auf, ich sehne mich schon recht nach meiner Heimat!«

Hier hob mir plötzlich der Morgenwind ein gut Teil meiner Novelle aus der Rocktasche. Sie hatte sogleich die flatternden Papiere erhascht, und blätterte auf ihrem Knie, bald lachend, bald kopfschüttelnd darin. »Nein, nein«, sagte sie dann zu mir, »das ist nichts, schreibe lieber unsere Geschichte hier auf, die Bäume blühen ja grade, und alle Vögel singen, so weit man hören kann.« –

Und nun ging es lustig her auf dem Schlosse. Gräfin Aurora erzählte mir alles, wie es sich begeben, von Anfang bis zu Ende. Ich aber sitze vergnügt in dem prächtigen Garten, einen Teller mit frischen Pfirsichen neben mir, die sie zum Andenken mit ihren kleinen weißen Zähnchen angebissen; die Morgenluft blättert lustig vor mir in den Papieren, seitwärts weiden Damhirsche im schattigen Grunde, und indem ich dieses schreibe, ziehn unten Aurora und Willibald soeben durch die glänzende Landschaft nach Italien fort, ich höre sie nur noch von ferne singen:

> Und über die Felsenwände
> Und auf dem grünen Plan
> Das wirrt und jauchzt ohn' Ende,
> Nun geht das Wandern an!

Auch ich war in Arkadien!

Da säß' ich denn glücklich wieder hinter meinem Pulte, um dir meinen Reisebericht abzustatten. Es ist mir aber auf dieser Reise so viel wunderliches begegnet, daß ich in der Tat nicht recht weiß, wo ich anfangen soll. Am besten, ich hebe, wie die Rosine aus dem Kuchen, ohne weiteres sogleich das Hauptabenteuer für dich aus.

Du weißt, ich lebte seit langer Zeit fast wie ein Einsiedler und habe von der Welt und ihrer Juli-Revolution leider wenig Notiz genommen. Als ich meinen letzten Ausflug machte, war eben die Deutschheit aufgekommen und stand in ihrer dicksten Blüte. Ich kehrte daher auch diesmal nach Möglichkeit das Deutsche heraus, ja ich hatte mein gescheiteltes Haar, wie Albrecht Dürer, schlicht herabwachsen lassen und mir bei meinem Schneider, nicht ohne gründliche historische Vorstudien, einen gewissen germanischen Reiseschnitt besonders bestellt. Aber da kam ich gut an! Schon auf dem Postwagen – dieser fliegenden Universität – in den nächsten Kaffeehäusern, Konditoreien und Tabagien konnte ich mit ebenso viel Erstaunen als Beschämung gewahr werden, wie weit ich in der Kultur zurück war.

Die Deutschen, fand ich, waren unterdes französisch, die Franzosen deutsch, beide aber wiederum ein wenig polnisch geworden; jeder wenigstens verlangt das liberum veto für sich und möchte in Europa einen großen polnischen Reichstag stiften. Ich gestehe, daß mir weder das Polnische noch das Französische so gar geläufig ist, und ich stand daher ziemlich verblüfft da in meinem altdeutschen Rocke. Doch zur Sache:

Eines Tages nun kehrte ich in dem, dir wohl noch bekannten, großen Gasthofe »Zum goldenen Zeitgeist« ein. Das war, wie du dich erinnern wirst, zu unserer Zeit die ästhetische Börse der Schöngeister, wo wir bei einem Schoppen sauren Landweines gemütlich die Valuta und den täglichen

Kurs der Poeten notierten. Da ging es damals ziemlich still
her, denn wir hatten alle mehr Witz als Geld. Höchstens
einige Gitarrenklänge, ein paar Toasts, oder ein leidlicher
Lärm, wenn wir um Schlegels Luzinde zankten, oder einen
zufällig verlaufenen Kotzebuaner herausschmissen. Ich frug
sogleich eifrig nach den alten Gesellen. Aber sie waren wie
verschollen, man wollte sich nicht einmal ihrer Namen mehr
zu entsinnen wissen. Einen nur wies mir der Kellner mit
ironischem Lächeln nach: vom goldenen Zeitgeiste links ab,
die erste Quergasse rechts, dann ins nächste Sackgäßchen
wieder halb links bis ans Ende – ich glaube, der ironische
Kellner wollte mich zur Welt hinausweisen. Nun ist es
allerdings richtig: Einige hat seitdem der Pegasus abgeworfen, andere haben ihn selbst abgeschafft, weil er Futter
braucht und keines gibt. Genug, auch hier war alles verwandelt.

Dagegen verspürte ich jetzt im Hause eine wunderliche
Unruhe; ein scharfer Zugwind pfiff durch alle Gänge, die
Türen klappten heftig auf und zu, fremde Leute mit sehr
erhitzten Gesichtern rannten hin und her, besprachen sich
heimlich miteinander und rannten wieder, kurz: ein Rumoren, Gehen und Kommen, treppauf, treppab, als wollte
der ganze Zeitgeist plötzlich mit der Schnellpost aufbrechen.

Noch mehr aber stieg meine Verwunderung, als ich des
Abends mich zu der Fremdentafel begab. Schon beim Ein-
tritt in den langen, gewölbten Eßsaal fiel mir eine Reihe
hoher Betpulte auf, die an den Wänden aufgestellt waren.
Vor den Pulten knieten viele elegant gekleidete Herren jedes
Alters und beteten mit großer Devotion aus aufgeschlagenen
Folianten, in denen sie von Zeit zu Zeit geräuschvoll blätter-
ten. Andere schritten eifrig im Saale auf und nieder, und
schienen das eben Gelesene mit vieler Anstrengung zu
memorieren. Ich hielt jene Folianten für Evangelienbücher
oder Missalien, mußte aber, da ich an den Pulten einmal
näher vorüberzustreifen wagte, zu meinem Erstaunen be-

merken, daß es kolossale Zeitungen waren, englische und französische.

Als mich endlich einige dieser Devoten gewahr wurden, kamen sie schnell auf mich zu und begrüßten mich mit einer sonderbaren kurzen Verneigung nach der linken Seite hin, wobei sie mich scharf ansahen und irgendeine Erwiderung zu erwarten schienen. Diese linkische Begrüßung wiederholte sich, so oft ein Neuer ankam, worauf, wie ich bemerkte, jeder Eintretende sogleich ernst und stolz mit einem kurzen: »Preßfreiheit«, »Garantie« oder »Konstitution« antwortete. – Ich muß gestehen, mir war dabei ein wenig bang zumute, denn, je mehr der Saal sich allmählich füllte, je mehr wuchs ein seltsames, geheimnisvolles Knurren und Murmeln unter ihnen, allerlei Zeichen und Gewirre. Ja der Kellner selbst, als er mir den Speiszettel reichte, kniff mich dabei so eigen in die Finger, daß ich in der Angst unwillkürlich mit einem Freimaurer-Händedruck replizierte; aber weit gefehlt! Der Kerl wandte schon wieder mit seinem fatalen ironischen Lächeln mir verächtlich den Rücken.

Bei Tische selbst aber präsidierte ein großer, breiter, starker Mann mit dickem Backenbart und Adlernase, den sie den Professor nannten. Nachdem er gleich beim ersten Niedersitzen einen Sessel eingebrochen und mit den Ellenbogen einige Gläser umgeworfen hatte, streifte er sich beide Ärmel auf, und begann mit einem gewissen martialischen Anstande den Braten zu zerlegen. Nichtsdestoweniger harangierte er zu gleicher Zeit die Gesellschaft in einer abstrakten Rede über Freiheit, Toleranz, und wie das alles endlich zur Wahrheit werden müsse. Dabei langte er über den halben Tisch weg bald nach dem Salzfaß, bald nach der Pfefferbüchse, und schnitt und trank und sprach und kaute mit solchem Nachdruck, daß er ganz rotblau im Gesichte wurde. Aller Augen hingen an seinem glänzenden Munde, nicht ohne schmachtende Seitenblicke auf den Braten, denn er aß beim Vorschneiden in der Tat nicht nur das beste, sondern fast alles allein auf. Einige benutzten die Momente, wo er den Mund zu voll genommen hatte, um selbst zu Worte zu kommen; sie gaben von dem vorhin Memorierten, wie ich leicht bemerken konnte, da ich selbst vor dem Essen auf meiner Stube im Moniteur geblättert hatte. Nur ein einziger, ein neidgelber schlanker Mensch, der bei dem Vorschneiden des Professors so seine eigenen Gedanken zu haben schien, unternahm es, dem letzteren mit scheuer, dünner Stimme zu widersprechen. Die Toleranz, wagte er zu meinen, könne nur dann eine Wahrheit werden, wenn beim Essen wie im Staat, jeder Gast und jedes Volk seinen Braten und seine Freiheit apart für sich habe usw. Der Unglückselige! Erschrocken sahen die anderen den Professor an, wie er es aufnähme. Dieser aber geruhete, zwischen den Weinflaschen hindurch einen zornigen, zerschmetternden Blick auf den Sprecher zu schleudern. Da sprang sogleich die ganze Gesellschaft von den Stühlen auf, nahm den Dünnen ohne weiteres in ihre Mitte, und eh' ich mich besinnen konnte, war er zum Saale hinaus, ich sah nur seine Rockschöße noch um den Türpfosten fliegen. – Darauf ergriff jeder sein volles Glas, drängte sich um den Professor und trank ihm, mit einer tiefen Verbeugung, auf die untertänigste Gesundheit der Freiheit zu.

Jetzt wurde, mit nicht geringem Lärm, noch eine Menge anderer Toasts ausgebracht, die ich dir nicht zu nennen vermag; es schienen sämtliche Begriffe aus des Professors Kompendium des Naturrechts zu sein. Ich weiß nur, daß nach und nach die Zungen, dann die Köpfe schwer und immer schwerer wurden, bis zuletzt alle, wie nasse Kleidungsstücke, rings über den Stühlen umherhingen. Die Kerzen flackerten verlöschend durch den weiten, stillen Saal und warfen ungewisse Scheine über die bleichen, totenähnlichen Gesichter der Schlafenden. Mir ward ganz unheimlich; ich sah unwillkürlich in meinen Taschenkalender und gewahrte mit Schauern, daß heute Walpurgis war. –

Nur der Professor allein hatte sich aufrecht erhalten, der konnte was vertragen. Er schritt mächtig im Saale auf und nieder, seine Augen rollten, sein Kopf dampfte sichtbar aus den emporgesträubten Haaren. Auf einmal blieb er dicht vor mir stehen, und maß mich mit den Blicken vom Scheitel bis zur Zehe. Sie gefallen mir, sagte er endlich, solche Leute können wir brauchen. Sehen Sie hier in die Runde: die matten Wichte da sind von dem bißchen Patriotismus schon umgefallen. – Ich wußte nicht, was ich entgegnen sollte. – Er aber schritt noch einmal den Saal entlang, dann sagte er plötzlich: Kurz und gut, solche Stunde kehrt so leicht nicht wieder. Wollen Sie mit mir auf den Blocksberg? – Ich sah ihn groß an, da er aber noch immer fragend vor mir stand, wandte ich im höchsten Erstaunen meine Aufklärung ein, schon Nicolai und Biester hätten ja längst bewiesen – Ach, dummes Zeug!, erwiderte er, das ist ja eben die Aufklärung.

Hier wurden wir durch ein schallendes Gewieher von draußen unterbrochen. Ich trat an das Fenster und bemerkte – obgleich wir uns im zweiten Stockwerk befanden – dicht vor den Scheiben ein gewaltiges, störriges und sträubiges Roß, das mit flatternder Mähne in der Luft zu schweben schien. Der Kellner, in einen roten Karbonaromantel gehüllt, hielt das Pferd mit großer Anstrengung an einer langen Leine fest. Ich hätte es ohne Bedenken für den Pegasus gehalten, wenn es nicht Schlangenfüße und ungeheuere Fledermausflügel gehabt hätte. – Jetzt nur nicht lange gefackelt, es ist die höchste Zeit!, rief der Professor, schlug mit *einem* Ruck die Scheiben ein, schob mich durchs Fenster auf das Roß, schwang sich hinter mich, und, wie aus einer Bombe geschossen, flogen wir plötzlich zwischen den Giebeln und Schornsteinen in die stille Nacht hinaus.

Mir vergingen Atem und Gedanken bei diesem unverhofften Ritt; ich war es ganz ungewohnt, mich so ohne weiteres über alles Bestehende hinwegzusetzen und zwischen Himmel ⟨und⟩ Erde im leeren Nichts zu schweben. Mein Begleiter dagegen, wie ich wohl bemerken konnte, schien sich

hier erst recht zu Hause zu befinden. Zwischen Schlaf und
Wachen die Marseillaise summend, schmauchte er behaglich eine Zigarre, und bollerte nur von Zeit zu Zeit ungeduldig mit seinen Stiefeln an die Rippen unserer geflügelten
Bestie. Da hatte ich denn Muße genug, mich nach allen
Seiten hin umzusehen. Tief unter uns lag es wie eine Länder-
karte: Städte, Dörfer, Hügel und Wälder flogen wechselnd
im Mondschein vorüber. Nur an manchen einzelnen Flek-
ken schien die Nacht wunderlich zu gären. Ungeheuere
Staubwirbel schlangen sich durcheinander, und so oft der
Wind den Qualm auf Augenblicke teilte, erschien es darunter wie kochende Schlammvulkane.

Vor uns aber im Grau der Nacht stand, allmählich wachsend, eine große, dunkele Wolke; ich erkannte bald, daß es
der Blocksberg war, auf den wir zuflogen. Je näher wir
kamen, je mehr füllte die Luft sich rings umher mit seltsamem Sausen, fernem Rufen und dem Geheul vaterländischer
Gesänge. Zahllose Gestalten huschten überall durch den
Wind, an denen wir aber, da sie schlechter beritten waren,
pfeifend vorüberrauschten. Mit Verwunderung bemerkte
ich unter ihnen bekannte Redakteurs liberaler Zeitschriften, sie ritten auf großen Schreibfedern, welche manchmal
schnaubend spritzelten, um den guten Städten unten, die
rein und friedlich im Mondglanze lagen, tüchtige Dinten-
kleckse anzuhängen.

Bald konnten wir nun auch die einzelnen Konturen und
Felsengruppen des Berges selbst deutlich unterscheiden.
Sehen Sie nur, wie es da wimmelt! rief mir mein Professor
zu, indem er endlich den Schlaf aus den Augen wischte und
sich auf dem Rücken des Tieres vergnügt zurechtrückte.
Und in der Tat, aus allen Steinritzen und Felsenspalten
unten sah ich unabsehbare Scharen aufducken, klettern und
steigen, oft plötzlich über das lockere Gerölle hinabschur-
rend und immer wieder unverdrossen emporklimmend.
Mein Gott, wo kommt alle der Plunder her!, dachte ich bei
mir. Da hörte ich auf einmal Gesang erschallen. Es war eine

Prozession weißgekleideter liberaler Mädchen, die sich ab-
quälten, einen gestickten Banner zu dem Feste hinaufzutra-
gen. Der Wind zerarbeitete gar wacker die große Fahne, in
deren flatternde Zipfel, so oft sie die Erde streiften, sich
Eidechsen und dicke Kröten anhingen. Noch schlimmer
schien es weiter unten mehreren anständig gekleideten Männern zu ergehen, die sich vergeblich dem andern luftigen
Gesindel nachzukommen bemühten. Der Professor rieb sich
lustig die Hände. Es geschieht ihnen schon recht, sagte er,
das sind die Doktrinärs, halb des Himmels und halb des
Teufels, sie wollen es mit keinem verderben. – Ich konnte
nun deutlich vernehmen, wie diese Unglücklichen jede, an
ihnen vorüberhuschende Gestalt mit weitläufigen Demon-
strationen beredt harangierten. Aber, ehe sie sich's versahen,
kehrte ein fliegender Besen sich schnell in der Luft um und
schlug ihnen die Hüte vom Kopf, oder ein Bock, den sie
eben überzeugt zu haben glaubten, stieß sie plötzlich von
der mühsam erklommenen Höhe kopfüber wieder hinab.
Noch lange hörte ich sie aus ferner Tiefe kläglich rufen:
nehmt uns mit, nehmt uns doch mit!, worauf jedesmal ein
schadenfrohes Gelächter aus allen Schlüften erschallte.

Lärm, Gewirre, Drängen, Fluchen und Stoßen nahmen
jetzt mit jeder Minute betäubend zu. Von Zeit zu Zeit aber
schoß zwischen dem Gestrüpp und Geklüfte eine ungeheure
goldflammende Schlange, wie glühende Lava das unermeßliche Getümmel plötzlich beleuchtend, den ganzen Berg hinunter, und ein allgemeines Hurra begrüßte sie vom Gipfel
bis in die tiefsten Gründe hinab. Ich glaubte, das gölte
unserer Ankunft, und dankte, mit gebührender Höflichkeit
mein Haupt entblößend. – Aber sind Sie toll?, fuhr mich der
Professor zornig an, indem er mir den Hut bis über die
Augen wieder aufstülpte – solche servile Gewohnheiten
deutschen Knechtsinns!

Hier stießen wir, etwa in der Mitte des Berges, plötzlich
ans Land. Unser Roß wälzte sich sogleich zur Seite und
nahm, nach dem ermüdenden Fluge, ein Schlammbad. Wir

aber drangen weiter vor. Halten Sie sich nur an meinen
Rockschoß, rief mir der Professor zu, und machte ohne
Umstände mit beiden Ellenbogen Platz. Da konnte ich be-
merken, in welchem Ansehen der starke Mann hier stand.
Von allen Seiten wichen die Wimmelnden, so gut es gehen
wollte, ehrerbietig aus, obgleich es mir vorkam, als zwickten
sie, so oft er sich wandte, mich hinterrücks heimlich in die
Waden.

Unter solchen Gewaltstreichen erreichten wir endlich eine
Restauration, die, ziemlich geschmacklos, sich unter einem
dreifarbigen Zelte befand, auf welchem ein fuchsroter alter
Hahn saß und unaufhörlich krähte. *Sieben Pfeifer* saßen zur
Seiten auf einem Stein und bliesen das ça ira von Anfang bis
zu Ende und wieder und immer wieder von vorn, so langweilig, als bliesen sie schon auf dem letzten Loche. Auf der
Tribüne der Restauration aber stand der *Wirt* und schrie
mitten durch das Geblase mit durchdringender Stimme seine
Wunderbüchsen und Likörflaschen aus: Konstitutionswasser, doppelt Freiheit! Unten schossen Kinder Burzelbäume
und warfen jauchzend ihre roten Mützchen in die Luft, das
Volk war wie besessen, sie würgten einander ordentlich,
jeder wollte sein Geld zuerst los sein.

Hatte ich nun aber den Professor schon im goldenen
Zeitgeist bewundert, so mußte ich ihn jetzt fast vergöttern.
Stürzte er doch fünf, sechs Flaschen abgezogener Garantie
hinunter, ohne sich zu schütteln, und fand zuletzt alle das
Zeug noch nicht scharf genug! Auch ich mußte davon
kosten, konnte es aber nicht herunterbringen, so widerlich
fuselte der Schnaps. Alles Pariser Fabrikat!, rief mir der
Professor zu. – Muß auf dem Transport ein wenig gelitten
haben, erwiderte ich bescheiden. – Kleinigkeit!, mengte sich
der Wirt herein, man tut etwas gestoßenen Pfeffer daran, die
Leute mögen's nicht, wenn es nicht in die Zunge beißt.

Währenddes war der Professor schon mit beiden Füßen in
ein Paar dicke Schmierstiefeln gefahren; ich mußte eiligst
desgleichen tun. Wir müssen nun immer weiter hinauf, sagte

er, wer mit der Zeit fortgehn will, der muß sich vorsehn, da geht's durch dick und dünn. In der Tat begann nun auch von allen Seiten ein allgemeiner Aufbruch, als wenn man kochenden Brei im Kessel umrührte. Bald darauf aber schien der ganze Zug an der Spitze auf einmal wieder in Stocken zu geraten. Es entstand vorn ein Drängen und Wogen, dann ein heftiges Gezänk, das sich nach und nach, wie ein Lauffeuer, nach allen Richtungen hin verbreitete; man konnte zuletzt durch den Lärm nur noch einzelne grobe Stimmen deutlicher unterscheiden, die beinah wie Rebellion klangen. – Was gibt's denn? schrie der Professor voller Ungeduld. Da kamen mehrere junge Doktoren plötzlich herangestürzt, schreckensbleich und mit allen Zeichen der Verzweiflung, der eine hatte seinen Hut, der andere seinen Rockschoß in dem Getümmel verloren. Alles aus!, riefen sie atemlos, sie wollen hier bei der Schnapsbude bleiben, es geht *ein* Schrei durchs ganze Volk nach Braten und Likör, sie mögen nichts von Freiheit und Prinzipien mehr wissen, sie wollen durchaus nicht weiter fortschreiten! – So fraternisiert doch mit dem Lumpengesindel, riet der Professor. – Zu spät!, entgegneten jene, sie sind alle schon betrunken. O unsere Reputation! Was wird die öffentliche Meinung sagen? wir kommen um ein Dezennium zurück! – Nun so soll sie doch!, donnerte der Professor mit seiner Stentorstimme ganz wütend in das dickste Getümmel hinein, wollt ihr wohl frei und patriotisch und gebildet sein in des Teufels Namen! Hiermit stemmte er mit hinreißender Gewalt seinen breiten Rücken gegen die rebellische Masse, die entlaufenen Doktoren und andere Honoratioren folgten mutig seinem Beispiel, die liberalen Mädchen mit ihrer Fahne wallten singend voran, die sieben Pfeifer spielten auf, und so rückte über lüderliche Handwerker und betrunkene alte Weiber hinweg, die noch auf dem Boden keiften, die ganze Konfusion unter dem ungeheuersten Lärm und Gezänke langsam der Höhe zu.

Mir klopfte das Herz, als wir uns endlich der Stelle näherten, wo der berühmte Hexenaltar steht; ich blickte

nach allen Seiten, ob nicht bald eine Teufelsklaue aus den
Nebeln langte, die, wie Drachenleiber, vor uns den Boden
streiften. Auf einmal tat es einen kurzen matten Blitz, als
wenn es dem Himmel von der Pfanne gebrannt wäre. Was
auch der Professor sagen mag, ich laß es mir nicht ausstrei-
ten, ich sah damals einen Kerl mit Kolophonium und
Laterne schnell hinter den einen Felsen huschen. Eh' ich
indes noch darüber reiflich nachdenken konnte, erfolgte ein
zweiter, ordentlicher Blitz, das Nachtgewölk teilte sich
knarrend – und auf dem Hexensteine vor uns, in bläulicher
bengalischer Beleuchtung, stand plötzlich ein ziemlich
leichtfertig angezogenes Frauenzimmer zierlich auf einem
Bein, beide Arme über sich emporgeschwungen, zu ihren
beiden Seiten zwei elegant gekleidete junge Männer in Schuh
und Strümpfen und Klapphüte unter den Armen, mit den
beiden anderen Armen über dem Haupte der Dame in
malerischer Stellung einen luftigen Schwibbogen bildend.

In demselben Augenblick lag auch die ganze Schar der
Wallfahrer, mit den Angesichtern auf den Boden gestreckt,
in tiefster Anbetung versunken. Ich erschrak, als ich fragend
um mich her schaute und mich auf einmal als den einzigen
Aufrechtstehenden befand in der kuriosen Gemeine. – Die
öffentliche Meinung!, rief da leise eine Stimme hinter mir,
und zugleich fühlte ich ein Paar Fäuste so derb in beiden
Kniekehlen, daß ich gleichfalls auf meine Knie hinstürzte.

Als ich einigermaßen wieder zur Besinnung gekommen
war, stand mein Professor schon vor dem Altar und hielt
eine gutgesetzte Rede an die öffentliche Meinung. Er sprach
und log wie gedruckt: von ihren außerordentlichen Eigenschaften, dann von den Volkstugenden, von Preßfreiheit
und dem allgemeinen Schrei danach. Ich aber wußte wohl,
was sie geschrien hatten und wer eigentlich gepreßt worden
war.

Die Rede dauerte erstaunlich lange. Die arme öffentliche
Meinung konnt' es kaum mehr aushalten, sie stellte sich bald
auf dieses bald auf jenes Bein, das andere vor sich in die Luft

streckend, wie eine Gans, die Langeweile hat. Da hatte ich denn Zeit genug, sie mir recht genau zu betrachten. Sie trug ein prächtiges Ballkleid von Schiller-Taft, der bei der bengalischen Beleuchtung wechselnd in allen Farben spielte, ihre Finger funkelten von Ringen, von der Stirn blitzte ein ungeheueres regardez moi, aber alles, wie mir schien, von böhmischen Steinen. Übrigens war sie etwas kurzer, derber Konstitution, daher stand sie auf dem Kothurn, während dicke Sträuße hoher Pfauenfedern von ihrer turmähnlichen Frisur herabnickten. Ein leises Bärtchen auf der Oberlippe stand ihr gar nicht übel; dabei aber hatte sie ein gewisses air enragé, ich weiß nicht, ob von Schminke, oder von der gezwungenen Stellung, oder ob sie gleichfalls gegen die Nachtluft einen Schnaps genommen hatte.

Währenddes war der Professor allmählich in seiner Redewut fast außer sich geraten. »Triumph! Triumph!« schrie er ganz rotblau im Gesicht, »das Volk hat sich selbst geistig emanzipiert! Die Augen Europas – was sag' ich Europas! – des Weltbaues, sind in diesem hochwichtigen Augenblick auf uns gerichtet. Ja, wenn man mich hier niederwürfe und knebelte, die Gewalt der Wahrheit würde den Knebel aus dem Munde speien, und gefesselt von dem Boden noch würde himmelwärts ich schreien: es werde Licht, es weiche die Finsternis, nieder mit der Zensur!«

Ein ungeheueres Bravo-Gebrüll donnerte den ganzen Berg hinab und wieder herauf. Einige Stimmen riefen: Da capo!, der Professor, der sich unterdes ein wenig erholt hatte, schickte sich auch unverdrossen an, von neuem loszulegen, und ich glaube in der Tat, er spräche noch heut, wenn die öffentliche Meinung, die sich seit geraumer Zeit schon zu ennuyieren schien, nicht schnell vom Altar herabgesprungen wäre, sein Haupt mit ihrem Fächer berührend, als wollte sie ihn zum Ritter schlagen.

Darauf rauschte sie in ihrem Taftgewande wohlgefällig durch die Reihen ihrer Getreuen. Da entstand aber bald ein außerordentliches Gedränge um sie her. Jeder wollte wenig-

stens den Saum ihres Kleides küssen, wobei sie denn manchem mit ihrem Pantöffelchen unversehens einen derben
Tritt versetzte, oder wohl auch ihr Schnupftuch fallen ließ
und sich dann totlachen wollte, wenn sie sich darum rissen,
um es ihr zu apportieren. Viele junge Autoren umschwärm-
ten sie von allen Seiten und suchten sich durch elegante
Konversation und politische Witze bei ihr zu insinuieren,
während sie jeden Laut aus dem Munde der Angebeteten
eifrig in ihre Etuikalender notierten. Mehrere ernstere Männer dagegen schritten nebenher und lasen ihr mit lauter
Stimme die schönsten Paragraphen ihrer neuen Kompendien
vor. Sie aber ließ ihre spielenden Augen durch die Scharen
ergehen, und hatte gar bald einen Studenten erspäht, der,
unablässig nach Freiheit schreiend, sich mit Ziegenhainer
und Kanonen in dem Gedränge Bahn machte. Er war auf
seinem Stiefelknecht hergeritten, ein junger Bursch von
kräftigem Gliederbau, mehr Bart als Gesicht, mehr Stiefel
als Mann. Sie winkte ihn heran, hing sich ohne weiteres an
seinen Arm und, eh' ich's mich versah, war sie mitten durch
das Getümmel im Dunkel der verschwiegenen Nacht mit
ihm verschwunden.

Ich schaute dem Paar, ganz erstaunt, noch lange nach,
wäre aber dabei um ein Haar umgerannt worden. Denn die
anderen schienen eben nicht viel aus dem Verschwinden zu
machen, vielmehr sah ich sie nun, mit einer mir unerklärlichen Geschäftigkeit, plötzlich in großer Eile hin und her
laufen, den Professor mitten unter ihnen, voller Eifer anord-
nend, rufend und treibend. Einige hatten sich an den Zipfel
eines vorüberfliegenden Nebelstreifs gehängt und bogen ihn
herunter, andere rollten ein leichtes Gewölk wie einen Vorhang auf, während wieder andere sich wunderlich in eine
schwere dicke Wolke hineinarbeiteten, die sich auch wirklich nach und nach in Bäume, Felsen und Häuser zu gestalten anfing. Im Hintergrunde aber schien sich ein seltsames
Wolkengerüst mit Logen und Galerien langsam aufzubauen,
alles grau in grau; dazwischen pfiff ein heftiger Zugwind,

daß ich meinen Hut mit beiden Händen auf dem Kopfe festhalten mußte, und die Fackeln warfen wilde rote Streiflichter zwischen die Wolkengebilde, überall ein chaotisches Dehnen und Wogen, als sollte die Welt von neuem erschaffen werden. – Vom Professor erfuhr ich endlich im Fluge, daß man in aller Geschwindigkeit eine Bühne einrichte, um vor den Augen der öffentlichen Meinung sich die Zukunft ein wenig einzuexerzieren.

In der Tat, ich bemerkte nun auch bald, wie jene Galerien sich allmählich mit Zuschauern füllten, aber lauter nur halbkenntliche Gestalten, deren Gliedmaßen nebelhaft auseinanderzufließen schienen; ich glaube, es war auch ein zukünftiges Publikum, das in der Eile noch nicht ganz fertig geworden war, aber doch schon sehr laut plauderte. Nur die Hauptloge stand noch leer; sie war prächtig ausgeschmückt, über ihr funkelte eine Sonne im Brillantfeuer, deren Gesicht, zu meinem großen Erstaunen, grauenhaft die Augen rollte und bald schmunzelte, bald gähnte. – Endlich erschien die öffentliche Meinung mit bedeutendem Geräusch in der Loge, das ganze Publikum stand auf und verneigte sich ehrerbietig. In demselben Augenblick wurde ein Böller gelöst und, ohne Ouvertüre, Prolog oder anderen Übergang, ging unten sogleich die Zukunft los.

Zuerst kam ein langer Mann in schlichter bürgerlicher Kleidung plötzlich dahergestürzt, ein Purpurmantel flog von seiner Schulter hinter ihm her, eine Krone saß ihm in der Eile etwas schief auf dem Haupt; dabei die Adlernase, die kleinen blitzenden Augen, die flammendrote Stirn: er war offenbar seines Gewerbes ein Tyrann. Er schritt heftig auf und ab, sich manchmal mit dem Purpurmantel den Schweiß von der Stirn wischend, und studierte in einem dicken Buche über Urrecht und Menschheitswohl, wie ich an den großen goldnen Buchstaben auf dem Rücken des Buches erkennen konnte. Ein Oberpriester im Talar eines ägyptischen Weisen schritt ihm mit einer brennenden Kerze feierlich voran. Ich hätte beinah laut aufgelacht: es war

wahrhaftig niemand anders, als mein Professor! Er hatte
nicht geringe Not hier, denn, um immer in gehöriger Distanz voranzubleiben, suchte er, halb rückwärts gewendet,
Schnelligkeit und Richtung in den Augen des Tyrannen
vorauszulesen, der oft anhielt, oft plötzlich wieder rasch
vorschritt und dem Professor unverhofft auf die Fersen trat.
Auf einmal blieb der Tyrann mit über der Brust verschränkten Armen, wie in tiefes Nachsinnen versunken, stehen.
Dann, nach einer gedankenschweren Pause, rief er plötzlich:
Ja, seid umschlungen, Millionen! Es weiche die Finsternis,
nieder mit der Zensur! – Da klatschte die öffentliche Meinung, von neuem, die andern folgten, der Tyrann verneigte
sich, die Krone vom Kopfe lüftend, und verschwand mit
Würde hinter den Wolkenkulissen.

Jetzt blieb der Professor in seinem Priestertalar allein
zurück. Er schien die Exposition des Ganzen machen zu
wollen und freute sich in einem salbungsreichen Monologe
weitläufig über die gute Applikation des Tyrannen, wie er
schon seit geraumer Frist sich auf den Patriotismus lege und
es sich recht sauer werden lasse, mit der Zeit fortzuschreiten
usw. Während er so deklamierte, traten noch andere und
immer mehrere Oberpriester herzu, jeder von ihnen hatte
gleichfalls ein brennendes Licht in der Hand. Sie verneigten
sich erst verbindlich einer vor dem andern und drückten
dann ihr gerechtes Erstaunen aus, wie sie in Behandlung des
Tyrannen und sonst im Fache der Vaterländerei bereits
so Großes vollbracht, wobei sie sich wechselseitig auf das
vergnüglichste lobten. Das schien aber nicht ernstlich
gemeint, denn jeder Lobende wandte sich jedesmal mit
einem verächtlichen Achselzucken von dem eben Belobten
und suchte ihm heimlich von seinem tropfenden Lichte
einige Kleckse auf den weißen Talar beizubringen, bei welcher Gelegenheit ich denn bemerkte, daß ihre Kerzen bloße
Talglichter waren und einen üblen Dunst verbreiteten.

Zwei von den Oberpriestern schienen besonders ihr vertrauliches Stündchen zu haben. Sie nahmen eine Prise Tabak zusammen und beklagten sich, daß es so langsam ginge in der Welt. Sie würden endlich auch alt und schäbig, und ihre Kerzen brennten sie bald auf die Finger. Das Volk werde es am Ende noch merken, daß sie den Tyrannen nur darum in solchen Edelmut und Resignation brächten, um dann selber auf seinem Throne Platz zu nehmen und kommode zu regieren, wie es ihnen eben konveniere. Jeder von ihnen habe doch unten, der eine sein Schätzchen, die durchaus Königin, der andere einen lüderlichen Vetter, der Minister werden wolle. – Vergeblich hustete der Professor immer lauter und lauter, vergebens schimpfte er halb leise: seid ihr betrunken, daß ihr das alles hier vor dem Volke ausplaudert! – Endlich erscholl ein Schrei des einen plauderhaften Oberpriesters; der Professor hatte dem Unglücklichen insgeheim auf sein bestes Hühnerauge getreten.

Glücklicherweise indes war das ganze Gespräch nicht bis zu den Ohren der öffentlichen Meinung gekommen. Diese hatte schon lange nicht mehr aufgepaßt, sie schwatzte mit ihren Nachbarn, bog sich weit aus der Loge hervor und musterte das Publikum durch ihr Opernglas. Der Schrei des Getretenen erregte endlich ihre Aufmerksamkeit. Sie meinte, sie hätten da unten wieder einen philosophischen Zank, was sie jederzeit gewaltig langweilte. Sie ergriff daher rasch ihre Papageno-Flöte, die sie beständig am Halse trug, und fing in ihrer Launenhaftigkeit einen Contre-Tanz zu blasen an. Umsonst protestierten die erschrockenen Oberpriester, das liege ja gar nicht im Plane des Stückes, es half alles nichts, sie mußten, ohne alles vernünftige Motiv, nach ihrer Pfeife tanzen. Das war wie ein Fackeltanz betrunkener Derwische, die langen Habite flogen, bläuliche Irrlichter, wie sie sprangen, schlugen foppend zwischen ihnen aus dem Boden auf, sie betropften sich mit den Talglichtern von oben bis unten, daß es eine Schande war, und der Schweiß strömte von ihren Angesichtern, bis sie endlich in verwegenen Luftsprüngen plötzlich nach allen Seiten auseinanderstoben. Mein armer Professor war dabei unversehens in einen Sumpf

geraten; ich sprang herbei und half ihm heraus, aber den
einen Schmierstiefel mußte er doch drin stecken lassen.

Die hurtige Zukunft inzwischen ging über umgefallene
Oberpriester und Schmierstiefeln unaufhaltsam ihren Gang
weiter fort. Ein Mittelgewölk wurde schnell aufgerollt und
man übersah auf einmal einen weiten Marktplatz voll der
lebhaftesten Geschäftigkeit, von den schönsten Palästen
umgeben. Aber die Besitzer der letzteren schienen ausgezogen oder verstorben zu sein; wenigstens erblickte man überall nur Tagelöhner und Fabrikarbeiter, die sich selbst ihre
Stiefel putzten, ihre Frauen hingen durchlöcherte Wäsche
über die marmornen Fensterbrüstungen zum Trocknen aus,
mit den offnen Fenstern klappte der Wind, und von Zeit zu
Zeit flogen die Scherben einer zerbrochenen Scheibe den
Vorüberwandelnden an die Köpfe. Anderes Volk, als hätte
man einen Sack voll Lumpen ausgeschüttet, sonnte sich,
behaglich über die Marmortreppen der Paläste hingestreckt.
Eine prächtige, mit vier Pferden bespannte Staatskarosse
rollte über den Platz; mit Erstaunen sah ich am Wagenfenster den nackten Ellenbogen eines Handwerkers, der aus
dem zerrissenen Ärmel sich in der Sonne spiegelte. Hinten
auf dem Wagentritt aber standen zwei Kavaliere und blickten im Bewußtsein aufgeklärten Edelmuts stolz von der
Höhe herab, zu der ihre starken Seelen sich zu erheben
gewußt.

Das Patriarchalische dieses rührenden Völkerglücks wurde nur durch einen betäubenden Lärm auf dem Platze selbst
unterbrochen. Da gab's ein Heben, Messen, Hämmern und
Klappern. Es waren die Oberpriester und andere Gelehrte;
sie bauten eine große Regierungsmaschine nach der neuesten
Erfindung des Professors, der sich darauf ein Patent erteilen
zu lassen im Sinne führte.

Mitten durch dieses Getümmel aber sah man den Tyrannen in Pantoffeln und Schlafrock, als Landesvater unter
seinen Kindern, mit einer langen Pfeife auf und nieder
wandeln. Krone und Mantel hatte er unterdes an einen

Türpfosten an den Nagel gehängt, mit dem Szepter rührte eine rüstige Schneiderfrau im Kessel den Brei für ihre Gesellen um. Er selbst hatte, des Budgets eingedenk, sogar den Gebrauch eines Hutes verschmäht, um ihn nicht durch vieles Grüßen abzunutzen. Überhaupt schien er es in der Popularität schon ziemlich weit gebracht zu haben, nur faßte er es offenbar noch etwas ungeschickt an. So kostete er z. B. unnützerweise von dem Brei im Kessel und verbrannte sich den Mund, ja alle zehn Schritte rief er wiederholt: où peut-on être mieux, qu'au sein de sa famille!, was die Kerls, die kein Französisch verstanden, für eine jesuitische Zauberformel hielten.

Dazwischen gähnte er dann zuweilen wie eine Hyäne, als wollte er seine Untertanen verschlingen. Da wurde dem Professor, der es bemerkte, ein wenig angst. Er suchte seine Aufmerksamkeit auf die neue Regierungsmaschine zu lenken. Aber der Tyrann konnte sich durchaus nicht darein verstehen, die Pfeife ging ihm aus, sein Verstand stand ihm still dabei. Vergeblich sprachen die Oberpriester, erklärend, von Intelligenz, Garantien, Handels-, Rede-, Gedanken-, Gewerbe-, Preß- und anderer Freiheit. Ja, wenn ich nur etwas davon hätt', entgegnete der Tyrann, kaltblütig seine Pfeife ausklopfend. Man sah es ihm an, wie er sich bezwang und abstrapazierte, human zu sein, er sah schon ordentlich angegriffen aus von den Bürgertugenden.

Bis hierher war nun alles ganz vortrefflich gegangen. Aber, wie es wohl im Leben geschieht, es gehört oft nur ein kleiner Stein dazu, um in den weisesten Kopf ein Loch zu schlagen. So begab sich's nun auch hier. Der Tyrann, an nichts als seine Fortschritte denkend, war eben bescheiden zur Seite getreten, um seine Tabakspfeife von neuem zu stopfen, als er plötzlich mit langen Schritten und allen Symptomen langverhaltener Wut, wie ein leuchtendes Ungewitter, wieder hervorstürzte; seine Stirn glühte aus dem bleichen Gesicht, die Augen funkelten, der Schlafrock rauschte weit im Winde – das Volk hatte ihm seinen Tabaksbeutel gestohlen! Der Professor, als er ihn so daherfliegen sah, erschrak sehr. Um Gotteswillen!, rief er ihm entgegen, wie wird Ihnen? woher dieser unverhoffte Rückfall? Sie bringen uns das ganze Stück ins Wackeln! – Die öffentliche Meinung pfiff aus Leibeskräften, das gebildete Publikum pochte in gerechtem Unwillen, die Oberpriester langten in der Angst eine Konstitution nach der anderen aus den Taschen und warfen sie dem Wüterich zwischen die langen Beine, um ihn zum Stolpern zu bringen. Alles vergebens! Er wollte von Bürgertugend, Popularität und Völkerglück nichts mehr hören, und nahm, wie ein Stier, einen entsetzlichen Anlauf, um die ganze Zukunft umzurennen.

Doch die Konfusion sollte noch immer größer werden. Den Faulenzern auf dem Platze, die sich hier eigentlich durch Selbstdenken hatten emanzipieren sollen, war inzwischen auch die Zeit lang geworden. Was haben sie zu tun? Während die anderen an der Regierungsmaschine arbeiten, nehmen sie, ganz wider den Plan des Stückes, heimlich Krone und Purpurmantel vom Nagel, holen den Szepter dazu und begeben sich damit ohne weiteres nach der Restauration. Unterweges kriegen sie Händel untereinander, zerreißen sich und ihre Beute und lassen sich für die Stücke in der Restauration Schnaps geben. Der Wirt, ein anschlägischer Kopf, wie er diese unerwartete Wendung der Staatsaktion sieht, besinnt sich nicht lange, zapft und läßt laufen was er hat, leimt und flickt die Stücke schnell wieder zusammen, legt selber Kron' und Mantel an, nimmt das Szepter in die Rechte und führt die freudetrunkene Bande, wie einen Kometenschweif, nach der Bühne zurück.

War nun die Zukunft vorhin schon im Wackeln, so schien sie jetzt ganz und gar in Stücke gehn zu wollen. Derweil die Oberpriester und Schriftgelehrten noch immer beflissen waren, den empörten Tyrannen wieder zu zähmen, ging auf einmal ein Mittelvorhang auf und man erblickte im Hintergrunde den Thron selbst, auf dem soeben der Wirt aus der Restauration sich breit und vergnüglich zurechtsetzte, wie einer, der mit seiner eigenen Pfiffigkeit wohl zufrieden war. Seine ganze Nation drängte sich, taumelte, lag und hing über Stufen und Lehne des Throns um ihn her, so daß er gleich zum Anfang von seinem Szepter einen nachdrücklichen Gebrauch machen mußte.

Der Professor und die Seinigen aber standen unten wie angedonnert, sie trauten sich nicht an den unerwarteten Usurpator und feuerten nur aus der Ferne mit wütenden Blicken. Dann traten sie schnell auf die Seite, steckten die Köpfe zusammen und schienen zu konspirieren. Mit Erstaunen glaubte ich dabei einigemal meinen Namen nennen zu hören, und konnte wohl bemerken, daß sie mich öfters bedeutungsvoll ansahen. Mein Gott, dachte ich, nun kommst du am Ende noch selbst mit in das Stück hinein, und ein heimliches Entsetzen rieselte mir durch alle Glieder. Es dauerte auch nicht lange, so kam der Professor auf mich zugeflogen, riß mir meinen Oberrock vom Leibe und zog mir rasch ein prächtiges Hofkleid an, ein anderer rasierte mich, ein dritter steckte mir einen dicken Blumenstrauß vorn ins Knopfloch – ich wußte nicht wie mir geschah. In der Eile erfuhr ich dann: wie sie der Meinung seien, ich als Uneingeweihter bringe hier alles in solche Unordnung durch meine kritische Gegenwart; auch könnte ich wohl, wenn ich morgen vom Blocksberg käme, unten alles ausplaudern. Umbringen wollten sie mich nicht, weil ich der öffentlichen Meinung ausnehmend gefalle; ich müsse mich daher mit der letzteren sogleich vermählen, um ganz der Ihrige zu werden. – Aber das ist ja ein Vergnügen zum Tollwerden!, rief ich auf das heftigste erschrocken aus. – Bah, Kleinigkeit, fiel mir der Professor in die Rede, wir alle, die Sie hier sehen, sind schon mit ihr verheiratet. – Mich schauerte bei dem Gedanken dieser ungeheueren Schwägerschaft!

Unterdes waren die anderen Gelehrten dennoch mit dem Volke um den Besitz des Thrones handgemein geworden; darüber bekamen die Prinzipien Luft, die sie in die Regierungsmaschine verbaut hatten. Eins nach dem andern

streckte neugierig den Kopf hervor, und da es so lustig
herging draußen, rüttelten und schüttelten sie und brachen
den ganzen Plunder entzwei. Da sah man dort einen dünnen
Paragraphen, dort ein schweres Korollarium, hier einen
luftigen Heischesatz aus den Trümmern steigen, und kaum
fühlten sie sich frei, so lagen sie einander auch schon wieder
in den Haaren und stürzten raufend in das dickste Getümmel.

Nun entstand eine allgemeine Schlägerei, da wußte keiner
mehr, wer Freund oder Feind war! Dazwischen raste der
Sturm, Besen flogen, tiefer unten krähte der rote Hahn
wieder, bliesen die sieben Pfeifer, schrie der Wirt, die Bühne
suchte die alte Freiheit und rührte und reckte sich in wilde
Nebelqualme auseinander, ein entsetzliches übermensch-
liches Lachen ging durch die Lüfte, der ganze Berg schien
auf einmal sich in die Runde zu drehen, erst langsam, dann
geschwinder und immer geschwinder – mir vergingen die
Gedanken, ich stürzte besinnungslos zu Boden.

Als ich die Augen wieder aufschlug, lag ich ruhig in dem
Gasthofe zum goldenen Zeitgeist im Bett. Die Sonne schien
schon hell ins Zimmer, der fatale Kellner stand neben mir
und lächelte wieder so ironisch, daß ich mich schämte, nach
dem Professor, dem Pegasus und dem Blocksberg zu fragen.
Ich griff verwirrt nach meinem Kopf: ich fühlte so etwas
von Katzenjammer. Und in der Tat, da ich's jetzt recht
betrachte, ich weiß nicht, ob nicht am Ende alles bloß ein
Traum war, der mir, wie eine Fata Morgana, die duftigen
Küsten jenes volksersehnten Eldorados vorgespiegelt. Dem
aber sei nun wie ihm wolle, genug: auch ich war in Arkadien!

Eine Meerfahrt

Es war im Jahre 1540, als das valenzische Schiff Fortuna die Linie passierte und nun in den atlantischen Ozean hinausstach, der damals noch einem fabelhaften Wunderreiche glich, hinter dem Columbus kaum erst die blauen Bergesspitzen einer neuen Welt gezogen hatte. Das Schiff hatte eben nicht das beste Aussehen, der Wind pfiff wie zum Spott durch die Löcher in den Segeln, aber die Mannschaft, lumpig, tapfer und allezeit vergnügt, fragte wenig darnach, sie fuhren immerzu und wollten mit Gewalt neue Länder entdecken. Nur der Schiffshauptmann Alvarez stand heute nachdenklich an den Mast gelehnt, denn eine rasche Strömung trieb sie unaufhaltsam ins Ungewisse von Amerika ab, wohin er wollte. Von der Spitze des Verdecks aber schaute der fröhliche Don Antonio tiefaufatmend in das fremde Meer hinaus, ein armer Student aus Salamanka, der von der Schule neugierig mitgefahren war, um die Welt zu sehen. Dabei hatte er heimlich noch die Absicht und Hoffnung, von seinem Oheim Don Diego Kunde zu erhalten, der vor vielen Jahren auf einer Seereise verschollen war und von dessen Schönheit und Tapferkeit er als Kind so viel erzählen gehört, daß es noch immer wie ein Märchen in seiner Seele nachhallte. – Ein frischer Wind griff unterdes rüstig in die geflickten Segel, die künstlich geschnitzte bunte Glücksgöttin am Vorderteil des Schiffes glitt heiter über die Wogen, den wandelbaren Tanzboden Fortunas. Und so segelten die kühnen Gesellen wohlgemut in die unbekannte Ferne hinaus, aus der ihnen seltsame Abenteuer, zackiges Gebirge und stille blühende Inseln wie im Traume allmählich entgegendämmerten. Schon zwei Tage waren sie in derselben Richtung fortgesegelt, ohne ein Land zu erblicken, als sie unerwartet in den Zauberbann einer Windstille gerieten, die das Schiff fast eine Woche lang mit unsichtbarem Anker festhielt. Das war eine entsetzliche Zeit. Der hagere gelbe

Alvarez saß unbeweglich auf seinem ledernen Armstuhle und warf kurze scharfe Blicke in alle Winkel, ob ihm nicht jemand guten Grund zu ordentlichem Zorne geben wollte, die Schiffsleute zankten um nichts vor Langeweile, dann wurde oft alles auf einmal wieder so still, daß man die Ratten im untern Raum schaben hörte. Antonio hielt es endlich nicht länger aus und eilte auf das Verdeck, um nur frische Luft zu schöpfen. Dort hingen die Segel und Taue schlaff an den Masten, ein Matrose mit offener brauner Brust lag auf dem Rücken und sang ein valenzianisches Lied, bis auch er einschlief. Antonio aber blickte in das Meer, es war so klar, daß man bis auf den Grund sehen konnte, das Schiff hing in der Öde wie ein dunkler Raubvogel über den unbekannten Abgründen, ihm schwindelte zum erstenmal vor dem Unternehmen, in das er sich so leicht gestürzt. Da gedachte er der fernen schattigen Heimat, wie er dort als Kind an solchen schönen Sommertagen mit seinen Verwandten oft vor dem hohen Schloß im Garten gesessen, wo sie nach den Segeln fern am Horizonte aussahen, ob nicht Diegos Schiff unter ihnen. Aber die Segel zogen wie stumme Schwäne vorüber, die Wartenden droben wurden alt und starben, und Diego kam nicht wieder, kein Schiffer brachte jemals Kunde von ihm. – Das Angedenken an diese stille Zeit wollte ihm das Herz abdrücken, er lehnte sich an den Bord und sang für sich:

> Ich seh' von des Schiffes Rande
> Tief in die Flut hinein:
> Gebirge und grüne Lande,
> Der alte Garten mein,
> Die Heimat im Meeresgrunde,
> Wie ich's oft im Traum mir gedacht,
> Das dämmert alles da drunten
> Als wie eine prächtige Nacht.

Die zackigen Türme ragen,
Der Türmer, er grüßt mich nicht,
Die Glocken nur hör' ich schlagen
Vom Schloß durch das Mondenlicht,
Und den Strom und die Wälder rauschen
Verworren vom Grunde her,
Die Wellen vernehmen's und lauschen
So still übers ganze Meer.

Don Diego auf seiner Warte
Sitzet da unten tief,
Als ob er mit langem Barte
Über seiner Harfe schlief.
Da kommen und gehn die Schiffe
Darüber, er merkt es kaum,
Von seinem Korallenriffe
Grüßt er sie wie im Traum.

Und wie er noch so sann, kräuselte auf einmal ein leiser
Hauch das Meer immer weiter und tiefer, die Segel schwell-
ten allmählich, das Schiff knarrte und reckte sich wie aus
dem Schlaf und aus allen Luken stiegen plötzlich wilde
gebräunte Gestalten empor, da sie die neue Bewegung spür-
ten, sie wollten sich lieber mit dem ärgsten Sturme herum-
zausen, als länger so lebendig begraben liegen. Auf einmal
schrie es Land! vom Mastkorbe, Land, Land! Antonio
kletterte in seinem buntseidenen Wams wie ein Papagei auf
der schwankenden Strickleiter den Hauptmast hinan, er
wollte das Land zuerst begrüßen. Alvarez eilte nach seiner
Karte, da war aber alles leer auf der Stelle, wo sie soeben sich
befinden mußten. Baccalaureus, Herzensjunge! schrie er
herauf, schaff mir einen schwarzen Punkt auf die Karte hier,
ich mach dich zum Doktor drin, was siehst du? – Ein blauer
Berg taucht auf, rief Antonio hinab, jetzt wieder einer – ich
glaub' es sind Wolken, es dehnt sich und steigt im Nebel wie
Turmspitzen. – Nein, jetzt unterscheide ich Gipfel, o wie

das schön ist! und helle Streifen dazwischen in der Abendsonne, unten dunkelt's schon grün, die Gipfel brennen wie
Gold. – Gold? rief der Hauptmann und hatte sein altes
Perspektiv genommen, er zielte und zog es immer länger
und länger, er schwor, es sei das reiche Indien, das unbekannte große Südland, das damals alle Abenteurer suchten.

In diesem Augenblicke aber waren plötzlich alle Gesichter
erbleichend in die Höh' gerichtet: ein dunkler Geier von
riesenhafter Größe hing mit weit ausgespreizten Flügeln
gerade über dem Schiff, als könnt' er die Beute von Galgen-
vögeln nicht erwarten. Bei dem Anblick ging ein Gemurmel,
erst leise, dann immer lauter, durch das ganze Schiff, alle
hielten es für ein Unglückszeichen. Endlich brach das
Schiffsvolk los, sie wollten nicht weiter und drangen ungestüm in den Hauptmann, von dem verhängnisvollen Eiland
wieder abzulenken. Da zog Alvarez heftig seinen funkelnden Ring vom Finger, lud ihn schweigend in seine Muskete
und schoß nach dem Vogel. Dieser, tödlich getroffen, wie es
schien, fuhr pfeilschnell durch die Lüfte, dann sah man ihn
taumelnd immer tiefer nach dem Lande hin in der Abendglut
verschwinden. Meld' dem Land, daß sein Herr kommt –
sagte Alvarez nachschauend, auf seine Muskete gestützt –
und wer mir den Ring wiederbringt, soll Statthalter des
Reichs sein! – Hat sich was wiederzubringen, brummte
einer, der Ring war nur von böhmischen Steinen!

Indem aber fing die Luft schon zu dunkeln an, man
beschloß daher, den folgenden Tag abzuwarten, bevor man
sich der unbekannten Küste näherte. Die Segel wurden
eiligst eingezogen, die Anker geworfen und auf Bord und
Masten Wachen ausgestellt. Aber keiner konnte schlafen vor
Erwartung und Freude, die Matrosen lagen in der warmen
Sommernacht plaudernd auf dem Verdecke umher, Alvarez,
Antonio und die Offiziere saßen zusammen vorn auf Fortunas Schopfe, unter ihnen schlugen die Wellen leise ans
Schiff, während fern am Horizont die Nacht sich mit Wet-
terleuchten kühlte. Der vielgereiste Alvarez erzählte ver-

gnügt von seinen frühern Fahrten, von ganz smaragdenen
Felsenküsten, an denen er einmal gescheitert, von prächtigen
Vögeln, die wie Menschen sängen und die Seeleute tief in die
Wälder verlockten, von wilden Prinzessinnen auf goldenen
Wagen, die von Pfauen gezogen würden. – Wer da! rief da
auf einmal eine Wache an, alles sprang rasch hinzu. Wer da,
oder ich schieße! schrie der Posten von neuem. Da aber alles
stille blieb, ließ er langsam seine Muskete wieder sinken und
sagte nun aus, es sei ihm schon lange gewesen, als hörte er
in der See flüstern, immer näher, bald da bald dort, dann
habe plötzlich die Flut ganz in der Nähe aufgerauscht. Alle
lauschten neugierig hinaus, sie konnten aber nichts entdekken, nur einmal war's ihnen selber, als hörten sie Ruderschlag von ferne. – Unterdes aber war der Mond aufgegangen und sie bemerkten nun, daß sie dem Lande näher waren,
als sie geglaubt hatten. Dunkle Wolken flogen wechselnd
darüber, der Mond beleuchtete verstohlen ein Stück wunderbares Gebirge mit Zacken und jähen Klüften, immer
höher stieg am Reihe Gipfel hinter der andern empor, der
Wind kam vom Lande, sie hörten drüben einen Vogel
melancholisch singen und ein tiefes Rauschen dazwischen,
sie wußten nicht, ob es die Wälder waren oder die Brandung. So starrten sie lange schweigend in die dunkle Nacht,
als auf einmal einer den andern flüsternd anstieß. Sirenen!
hieß es da plötzlich von Mund zu Munde, seht da, ein
ganzes Nest von Sirenen! – und in der Ferne glaubten sie
wirklich schlanke weibliche Gestalten in der schimmernden
Flut spielend auftauchen und wieder verschwinden zu
sehen. – Die erwisch' ich! rief Alvarez, der sich indes rasch
mit Degen, Muskete und Pistolen schon bis an die Zähne
bewaffnet hatte und eiligst auf der Schiffsleiter in das kleine
Boot hinabstieg. Antonio folgte fast unwillkürlich. – Gott
schütz', der Hauptmann wird verliebt, bindet ihn! riefen
da mehrere Stimmen verworren durcheinander. Alle wollten nun die tolle Abfahrt hindern, da sie aber das Boot fest-
hielten, zerhieb Alvarez zornig mit seinem Schwerte das

Tau und die beiden Abenteurer ruderten allein in den Mondglanz hinaus. Die zurückkehrende Flut trieb sie unmerklich immer weiter dem Lande zu, ein erquickender Duft von unbekannten Kräutern und Blüten wehte ihnen von der Küste entgegen, so fuhren sie dahin. Auf einmal aber bedeckte eine schwere Wolke den Mond und als er endlich wieder hervortrat, war See und Ufer still und leer, als hätte der fliegende Wolkenschatten alles abgefegt. Betroffen blickten sie umher, da hatten sie zu ihrem Schrecken hinter einer Landzunge nun auch ihr Schiff aus dem Gesicht verloren. Die wachsende Flut riß sie unaufhaltsam nach dem Strande, das Ufer, wie sie so pfeilschnell dahin flogen, wechselte grauenhaft im verwirrenden Mondlicht, auf einsamem Vorsprunge aber saß es wie ein Riese in weiten grauen Gewändern, der über dem Rauschen des Meeres und der Wälder eingeschlafen. – Diego! sagte Antonio halb für sich. – Alvarez aber, in Zorn und Angst, feuerte wütend sein Pistol nach der grauen Gestalt ab. In demselben Augenblick stieß das Boot so hart auf den Grund, daß der weiße Gischt der Brandung hoch über ihnen zusammenschlug. Alvarez schwang sich kühn auf einen Uferfels, den erschrockenen Antonio gewaltsam mit sich emporreißend, hinter ihnen zerschellte das Boot in tausend Trümmer. Aber so zerschlagen und ganz durchnäßt, wie er war, kletterte der Hauptmann eilig weiter hinan, und auf dem ersten Gipfel zog er sogleich seinen Degen, stieß ihn in den Boden und nahm feierlich Besitz von diesem Lande mit allen seinen Buchten, Vorgebirgen und etwa dazugehörigen Inseln. Amen! sagte Antonio, sich das Wasser von den Kleidern schüttelnd, nun aber wollt ich, wir wären mit Ehren wieder von dieser fürstlichen Höhe hinunter, ich gebe Euch keinen Pfeffersack für Euer ganzes zukünftiges Königreich! – Zukünftiges? erwiderte Alvarez, das ist mir just das liebste dran! Mit Kron' und Szepter auf dem Throne sitzen, Audienz geben, mit den Gesandten parlieren: was macht unser Herr Vetter von England usw.? Langweiliges Zeug! Da lob' ich mir einen Regenbogen, zweifelhafte Türme von Städten, die ich noch nicht sehe, blaues Gebirge im Morgenschein, es ist als ritt'st du in den Himmel hinein; kommst du erst hin, ist's langweilig. Um ein Liebchen werben ist charmant; heiraten: wiederum langweilig! Hoffnung ist meine Lust, was ich liebe, muß fern liegen wie das Himmelreich.

> Soll Fortuna mir behagen,
> Will ich über Strom und Feld
> Wie ein schlankes Reh sie jagen
> Lustig, bis ans End' der Welt!

Eigentlich aber sang er mit seiner heisern Stimme nur, um sich selber die Grillen zu versingen, denn ihre Lage war übel genug. Zu den Ihrigen wieder zurückzufinden, konnten sie nicht hoffen, ohne sich ihnen durch Signale kundzugeben; Feuer anzünden aber, schießen oder sonstigen Lärm machen, wollten sie nicht, um das wilde Gesindel nicht gegen sich aufzustören, das vielleicht in den umherliegenden Klüften nistete. Da beschlossen sie endlich, einen der höhern Berggipfel zu besteigen, dort wollten sie sich erst umsehen und im schlimmsten Falle den Morgen abwarten. Als sie nun aber in solchen Gedanken immer tiefer in das Gebirge hineingingen, kam ihnen nach und nach alles gar seltsam vor. Der Mondschein beleuchtete wunderlich Wälder, Berge und Klüften, zuweilen hörten sie Quellen aufrauschen, dann wieder tiefe weite Täler, wo hohe Blumen und Palmen wie in Träumen standen. Fremde Rehe grasten auf einem einsamen Bergeshange, die reckten scheu die langen schlanken Hälse empor, dann flogen sie pfeilschnell durch die Nacht, daß es noch weit zwischen den stillen Felswänden donnerte.

Jetzt glaubte Antonio in der Ferne ein Feuer zu bemerken. Alvarez sagte: wo in diesen Ländern eine reiche Goldader durchs Gebirge ginge, da gebe es oft solchen Schein in stillen Nächten. Sie verdoppelten daher ihre Schritte, leis und vorsichtig ging es über mondbeglänzte Heiden, das Licht wurde immer breiter und breiter, schon sahen sie den Widerschein jenseits an den Klippen des gegenüberstehenden Berges spielen. Auf einmal standen sie vor einem jähen Abhange und blickten erstaunt in ein tiefes, rings von Felsen eingeschlossenes Tal hinab; kein Pfad schien zwischen den starren Zacken hinabzuführen, die Felswände waren an manchen Stellen wunderbar zerklüftet, aus einer dieser Klüfte drang der trübe Schein hervor, den sie von weitem bemerkt hatten. Zu ihrem Entsetzen sahen sie dort einen wilden Haufen dunkler Männer, Windlichter in den Händen, abgemessen und lautlos im Kreise herumtanzen, während sie manchmal dazwischen bald mit ihren Schilden, bald mit den Fackeln zusammenschlugen, daß die sprühenden Funken sie wie ein Feuerregen umgaben. Inmitten dieses Kreises aber, auf einem Moosbette, lag eine junge schlanke Frauengestalt, den schönen Leib ganz bedeckt von ihren langen Locken, und Arme, Haupt und Brust mit funkelnden Spangen und wilden Blumen geschmückt, als ob sie schliefe, und so oft die Männer ihre Fackeln schüttelten, konnten sie deutlich das schöne Gesicht der Schlummernden erkennen.

Es ist Walpurgis heut, flüsterte Alvarez nach einer kleinen Pause, da sind die geheimen Fenster der Erde erleuchtet, daß man bis ins Zentrum schauen kann. – Aber Antonio hörte nicht, er starrte ganz versunken und unverwandt nach dem schönen Weibe hinab. Vermaledeiter Hexensabbat ist's, sagte der Hauptmann wieder, Frau Venus ist's! in dieser Nacht alljährlich opfern sie ihr heimlich, *ein* Blick von ihr, wenn sie erwacht, macht wahnsinnig. – Antonio, so verwirrt er von dem Anblick war, ärgerte doch die Unwissenheit des Hauptmanns. Was wollt Ihr? entgegnete er leise, die Frau Venus hat ja niemals auf Erden wirklich gelebt, sie war immer nur so ein Symbolum der heidnischen Liebe, gleichsam ein Luftgebild, eine Schimäre. Horatius sagt von ihr: Mater saeva cupidinum. – Sprecht nicht lateinisch hier, das ist just ihre Muttersprache! unterbrach ihn Alvarez heftig

und riß den Studenten vom Abgrunde durch Hecken und
Dornen mit sich fort. Der Teufel, sagte er, als sie schon eine
Strecke fortgelaufen waren, der Teufel – Wollt sagen: der –
nun, Ihr wißt schon, man darf ihn heut nicht beim Namen
nennen – der hat für jeden seine besondern Finten, unsereins
faßt er geradezu beim Schopf, eh' man sich's versieht, euch
Gelehrte nimmt er säuberlich zwischen zwei Finger wie eine
Prise Tabak.

Unter diesem Diskurs stolperten sie, von Schweiß trie-
fend, im Dunkeln über Stock und Stein, einmal kam's ihnen
vor, als flöge eine Mädchengestalt über die Heide, aber der
Hauptmann drückte fest die Ohren an. So waren sie in
größter Eile, ohne es selbst zu bemerken, nach und nach
schon wieder tief ins Tal hinabgekommen, als ihnen plötzlich ein: Halt, wer da! entgegenschallte. Da war es ihnen doch
nicht anders, als ob sie eine Engelsposaune vom Himmel
anbliese! – He Landsmann, Kameraden, Hollahoh! schrie
Alvarez aus vollem Halse; sie traten aus dem Wald und
sahen nun die Schiffsmannschaft auf einer Wiese am Meere
um Feldfeuer gelagert, die warfen so lustige Scheine über
die Gestalten mit den wilden Bärten, breit aufgekrämpten
Hüten und langen Flinten, daß Antonio recht das Herz im
Leibe lachte.

Alvarez aber, noch ganz verstört von der verworrenen
Nacht, trat sogleich mitten unter die Überraschten und
erzählte, wie sie eben aus dem Venusberge kämen und die
Frau Venus auf diamantenem Throne gesehen hätten, was
sie da erlebt, wollt' er keinem wünschen, denn er müßte
gleich toll werden darüber. – Kerl, warum senkst du die
Hellebarde nicht, wenn dein Hauptmann vor dir steht? fuhr
er dazwischen die Schildwache an, die sich neugierig ebenfalls genähert hatte. Der Soldat aber schüttelte den Kopf, als
kennte er ihn nicht mehr. Da trat der Schiffslieutenant
Sanchez keck aus dem Gedränge hervor, er trug das Haupt-
mannszeichen an seinem Hut. Es sei hier alles in guter
Ordnung, sagte er zu Alvarez, er habe sie verlassen in der

Not und Fremde, auch hätten sie sein Boot zertrümmert
gefunden, da habe die Mannschaft nach Seegebrauch einen
neuen Anführer gewählt, *er* sei jetzt der Hauptmann! – Was,
schrie Alvarez, Hauptmann geworden, wie man einen
Handschuh umdreht, wie ein Pilz über Nacht? – Der
schlaue Sanchez aber lächelte sonderbar. Über Nacht? sagte
er, könnt Ihr etwa im Venusberg wissen, was es an der Zeit
ist? Oho, wie lange denkt Ihr denn, daß Ihr fort gewesen,
nun? – Alvarez war ganz betreten, die furchtbare Sage vom
Venusberg fiel ihm jetzt erst recht aufs Herz, er traute sich
selber nicht mehr. – Wißt Ihr denn nicht, sagte Sanchez, ihm
immer dreister unter das Gesicht tretend, wißt Ihr nicht, daß
mancher als schlanker Jüngling in den Venusberg gegangen
und als alter Greis mit grauem Barte zurückgekommen, und
meint doch, er sei nur ein Stündlein oder vier zu Biere
gewesen, und keiner im Dorfe kannte ihn mehr, und – wie er
aber dem Alvarez so nahe trat, gab ihm dieser auf einmal
eine so derbe Ohrfeige, daß der Hauptmannshut vom Kopfe
fiel, denn er hatte sich unterdes rund umgesehen und wohl
bemerkt, daß die andern kaum um ein paar Stunden älter
geworden, seitdem er sie verlassen. Sanchez griff wütend
nach seinem Degen, Alvarez auch, die andern drängten sich
wild heran, einige wollten dem alten Hauptmann, andere
dem neuen helfen. Da sprang Antonio mitten in den dichtesten Haufen, die Streitenden teilend. Seid ihr Christen? rief
er, blickt um euch her, auf was habt ihr eure Sach' gestellt,
daß ihr so übermütig seid? Diese alten starren Felsen, die
nur mit den Wolken verkehren, fragen nichts nach euch und
werden sich eurer nimmermehr erbarmen. Oder baut ihr auf
die Nußschale, die da draußen auf den Wellen schwankt?
Der Herr allein tut's! Er hat uns mit seinen himmlischen
Sternen durch die Einsamkeit der Nächte nach einer fremden Welt herübergeleuchtet und geht nun im stillen Morgengrauen über die Felsen und Wogen, daß es wie Morgenglok-
ken fern durch die Lüfte klingt, wer weiß, welchen von uns

sie abrufen – und anstatt niederzusinken im Gebet, laßt ihr
eure blutdürstigen Leidenschaften wie Hunde gegeneinander los, daß wir alle davon zerrissen werden. Er hat recht!
sagte Alvarez, seinen Degen in die Scheide stoßend. Sanchez
traute dem Alvarez nicht, doch hätte er auffahren mögen vor
Ärger, und wußte nicht, an wem er ihn auslassen sollte. Ihr
seid ein tapferer Ritter Rhetorio, sagte er, habt Ihr noch
mehr so schöne Sermone im Halse? – Ja, um jeden frechen
Narren damit zu Grabe zu sprechen, entgegnete Antonio. –
Oho, rief Sanchez, so müßt Ihr Feldpater werden, ich will
Euch die Tonsur scheren, mein Degen ist just heute haar-
scharf. Da fuhr Alvarez auf: wer dem Antonio ans Leder
wolle, müsse erst durch seinen eignen Koller hindurch. Aber
Antonio hatte schon seinen Degen gezogen, trat mit zierlichem Anstande vor und sagte zum Lieutenant, daß sie die
Sache als Edelleute abmachen wollten. Alvarez und mehrere
andere begleiteten nun die beiden weiterhin bis zum Saume
des Waldes, die Schwerter wurden geprüft und der Kampfplatz mit feierlichem Ernst umschritten. Die Palmen streckten ihre langen Blätter und Fächer verwundert über die
fremden Gesellen hinaus. Gar bald aber blitzte der Mond in
den blanken Waffen, denn Sanchez griff sogleich an und
verschwor sich im Fechten, Antonio solle seinen Degen
hinunterschlucken bis an den Griff. Der Student aber wußte
schöne gute Hiebe und Finten von der Schule zu Salamenka
her, parierte künstlich, maß und stach und versetzte dem
Prahlhans, ehe er sich's versah, einen Streich über den
rechten Arm, daß ihm der Degen auf die Erde klirrte. Nun
faßte Sanchez das Schwert mit der Linken und stürzte in
blinder Wut von neuem auf seinen Gegner; er hätte sich
selbst Antonios Degenspitze in den Leib gerannt, aber die
andern unterliefen ihn schnell und warfen ihn rücklings zu
Boden, denn jetzt erst bemerkten sie, daß er schwer betrunken war. In der Hitze des Kampfes hatte er völlig die
Besinnung verloren, sie mußten ihn an die Lagerfeuer zu-

rücktragen, wo sie nun seine Wunde verbanden. Da hielt er
sich für tot und fing sich selber ein Grablied zu singen an,
aber es wollte nicht stimmen, er sah ganz unkenntlich aus,
bis er endlich umsank und fest einschlief. – Das ist gut, er
hat die Rebellion mit seinem Blut wieder abgewaschen, sagte
Alvarez vergnügt, denn alle waren dem Lieutenant gewogen, weil er Not und Lust brüderlich mit seinen Kameraden
teilte und in der Gefahr allezeit der erste war.

Unterdes aber hatte die Schiffsmannschaft eilig bunte
Zelte aufgeschlagen und plauderte und schmauste vergnügt.
Antonio mußte auf viele Gesundheiten fleißig Bescheid tun,
sie erklärten ihn alle für einen tüchtigen Kerl. Dazwischen
schwirrte eine Zither vom letzten Zelte, der Schiffskoch
spielte den Fandango, während einige Soldaten auf dem
Rasen dazu tanzten. Von Zeit zu Zeit aber rief Alvarez den
Schildwachen zu, auf ihrer Hut zu sein, denn weit in der
Nacht hörte man zuweilen ein seltsames Rufen im fernen
Gebirge. Nach einer Stunde etwa erwachte der Lieutenant
plötzlich und sah verwirrt bald seinen Arm an, bald in der
fremden Runde umher, aber er verwunderte sich nicht
lange, denn dergleichen war ihm oft begegnet. Vom Meere
wehte nun schon die Morgenluft erfrischend herüber, ihn
schauerte innerlich, da faßte er einen Becher mit Wein und
tat einen guten Zug; dann sang er, noch halb im Taumel,
und die andern stimmten fröhlich ein:

> Ade, mein Schatz, du mocht'st mich nicht,
> Ich war dir zu geringe,
> Und wenn mein Schiff in Stücken bricht,
> Hörst du ein süßes Klingen,
> Ein Meerweib singt, die Nacht ist lau,
> Die stillen Wolken wandern,
> Da denk an mich, 's ist meine Frau,
> Nun such' dir einen andern.

Ade, ihr Landsknecht', Musketier'!
Wir ziehn auf wildem Rosse,
Das bäumt und überschlägt sich schier
Vor manchem Felsenschosse,
Lindwürmer links bei Blitzesschein,
Der Wassermann zur Rechten,
Der Haifisch schnappt, die Möwen schrei'n –
Das ist ein lustig Fechten!

Streckt nur auf eurer Bärenhaut
Daheim die faulen Glieder,
Gott Vater aus dem Fenster schaut,
Schickt seine Sündflut wieder.
Feldwebel, Reiter, Musketier,
Sie müssen all' ersaufen,
Derweil auf der Fortuna wir
Im Paradies einlaufen.

Hier wurden sie auf einmal alle still, denn zwischen den
Morgenlichtern über der schönen Einsamkeit erschien
plötzlich auf einem Felsen ein hoher Mann, seltsam in weite
bunte Gewande gehüllt. Als er in der Ferne das Schiff
erblickte, tat er einen durchdringenden Schrei, dann, beide
Arme hoch in die Lüfte geschwungen, stürzte er durch das
Dickicht herab und warf sich unten auf seine Knie auf den
Boden, die Erde inbrünstig küssend. Nach einigen Minuten
aber erhob er sich langsam und überschaute verwirrt den
Kreis der Reisenden, die sich neugierig um ihn versammelt
hatten, es war ein Greis von fast grauenhaftem verwilderten
Ansehn. Wie erschraken sie aber, als er sie auf einmal
spanisch anredete, wie einer, der die Sprache lange nicht
geredet und fast vergessen hatte. Ihr habt euch, sagte er, alle
sehr verändert in der einen langen Nacht, daß wir uns nicht
gesehen. Darauf nannte er mehrere unter ihnen mit fremden
Namen und erkundigte sich nach Personen, die ihnen gänzlich unbekannt waren.

Die Umstehenden bemerkten jetzt mit Erstaunen, daß sein Gewand aus europäischen Zeugen bunt zusammengeflickt war, um die Schultern hatte er phantastisch einen köstlichen halbverblichenen Teppich wie einen Mantel geworfen. Sie fragten ihn, wer er sei und wie er hierher gekommen? Darüber schien der Unbekannte in ein tiefes Nachsinnen zu versinken. In Valenzia, sagte er endlich halb für sich leise und immer leiser sprechend, in Valenzia zwischen den Gärten, die nach dem Meere sich senken, da wohnt ein armes schönes Mädchen und wenn es Abend wird, öffnet sie das kleine Fenster und begießt ihre Blumen, da sang ich manche Nacht vor ihrer Tür. Wenn ihr sie wiederseht, sagt ihr – daß ich – sagt ihr – Hier stockte er, starr vor sich hinsehend, und stand wie im Traume. Alvarez entgegnete: Das Mädchen, wenn sie etwa seine Liebste gewesen, müsse nun schön hübsch alt oder längst gestorben sein. – Da sah ihn der Fremde plötzlich mit funkelnden Augen an. Das lügt Ihr, rief er, sie ist nicht tot, sie ist nicht alt! – Wer lügt? entgegnete Alvarez ganz hitzig. – Elender, erwiderte der Alte, sie schläft nur jetzt, bei stiller Nacht erwacht sie oft und spricht mit mir. Ich dürfte nur ein einz'ges Wort ins Ohr ihr sagen und ihr seid verloren, alle verloren. – Was will der Prahlhans? fuhr Alvarez von neuem auf.

Sie wären gewiß hart aneinandergeraten, aber der Unbekannte hatte sich schon in die Klüfte zurückgewandt. Vergeblich setzten ihm die Kühnsten nach, er kletterte wie ein Tiger, sie mußten vor den entsetzlichen Abgründen stillstehen; nur einmal noch sahen sie seine Gewänder durch die Wildnis fliegen, dann verschlang ihn die Öde.

Wunderbar – sagte Antonio, ihm in Gedanken nachsehend – es ist, als wäre er in dieser Einsamkeit in seiner Jugend eingeschlummert, den Wechsel der Jahre verschlafend und spräch' nun irre aus der alten Zeit. – Hier wurden sie von einigen Schiffssoldaten unterbrochen, die währenddes einen Berggipfel erstiegen hatten und nun ihren Kameraden unten unablässig zuriefen und winkten. Alles kletterte eilfertig hinauf, auch Alvarez und Antonio folgten und bald hörte man droben ein großes Freudengeschrei und sah Hüte, Degenkoppeln und leere Flaschen durcheinander in die Luft fliegen. Denn von dem vorspringenden Berge sahen sie auf einmal in ein weites gesegnetes Tal wie in einen unermeßlichen Frühling hinein. Blühende Wälder rauschten herauf, unter Kokospalmen standen Hütten auf luftigen Auen, von glitzernden Bächen durchschlängelt, fremde bunte Vögel zogen darüber wie abgewehte Blütenflocken. – Vivat der Herr Vizekönig Don Alvarez! rief die Schiffsmannschaft jubelnd und hob den Hauptmann auf ihren Armen hoch empor. Dieser, auf ihren breiten Schultern sich zurechtsetzend, nahm das lange Perspektiv und musterte zufrieden sein Land.

Der Student Antonio aber saß doch noch höher zwischen den Blättern einer Palme, wo er mit den jungen Augen weit über Land und Meer sehen konnte. Es war ihm fast wehmütig zumute, als er in der stillen Morgenzeit unten Hähne krähen hörte und einzelne Rauchsäulen aufsteigen sah. Aber die Hähne krähten nicht in den Dörfern, sondern wild im Walde und der Rauch stieg aus fernen Kratern, zur Warnung, daß sie auf unheimlichem vulkanischen Boden standen.

Plötzlich kam ein Matrose atemlos dahergerannt und erzählte, wie er tiefer im Gebirge auf Eingeborene gestoßen, die wären anfangs scheu und trotzig gewesen, auf seine wiederholten Fragen aber hätten sie ihn endlich an ihren König verwiesen und ihm das Schloß desselben in der Ferne gezeigt. – Er führte die andern sogleich höher zwischen den Klippen hinauf und sie erblickten nun wirklich gegen Osten hin wunderbare Felsen am Strande, seltsam zerrissen und gezackt gleich Türmen und Zinnen. Unten schien ein Garten wie ein bunter Teppich sich auszubreiten, von dem Felsen aber blitzte es in der Morgensonne, sie wußten nicht, waren es Waffen oder Bäche; der Wind kam von dort her, da hörten sie es zuweilen wie ferne Kriegsmusik durch die Morgenluft herüberklingen.

Einige meinten, man müsse den wilden Landsmann wieder aufsuchen, als Wegweiser und Dolmetsch, aber wer konnte ihn aus dem Labyrinth des Gebirges herausfinden, auch schien es töricht, sich einem Wahnsinnigen zu vertrauen, denn für einen solchen hielten sie alle den wunderlichen Alten. Alvarez beschloß daher, die Verwegensten zu einer bewaffneten feierlichen Gesandtschaft auszuwählen, er selbst wollte sie gleich am folgenden Morgen zu der Residenz des Königs führen, dort hofften sie nähere Auskunft von der Natur und Beschaffenheit des Landes und vielleicht auch über den rätselhaften Spanier zu erhalten.

Das war den abenteuerlichen Gesellen eben recht, sie schwärmten nun in aller Eile wieder den Berg hinab und bald sah man ihr Boot zwischen dem Schiffe und dem Ufer hin und her schweben, um alles Nötige zu der Fahrt herbeizuholen. Auf dem Lande aber wurde das kleine Lager schleunig mit Wällen umgeben, einige fällten Holz zu den Palisaden, andere putzten ihre Flinten, Alvarez stellte die Wachen aus, alles war in freudigem Alarm und Erwartung der Dinge, die da kommen sollten. – Mitten in diesen Vorbereitungen saß Antonio in seinem Zelt und arbeitete mit allem Fleiß eine feierliche Rede aus, die der Hauptmann morgen an dem wilden Hofe halten wollte. Der Abend dunkelte schon wieder, draußen hörte er nur noch die Stimmen und den Klang der Äxte im Wald, seine Rede war ihm zu seiner großen Zufriedenheit geraten, er war lange nicht so vergnügt gewesen.

Die Sonne ging eben auf, das ganze Land schimmerte wie ein stiller Sonntagsmorgen, da hörte man ein Kriegslied von ferne herüberklingen, eine weiße Fahne mit dem kastilianischen Wappen flatterte durch die grüne Landschaft. Don Alvarez war's, der zog schon so früh mit dem Häuflein, das

er zu der Ambassade ausgewählt, nach der Richtung ins
Blaue hinein, wo sie gestern die Residenz des Königs erblickt hatten. Die Schalksnarren hatten sich zu dem Zuge auf
das allervortrefflichste ausgeputzt. Voran mit der Fahne
schritt ein Trupp Soldaten, die Morgensonne vergoldete
ihnen lustig die Bärte und flimmerte in ihren Hellebarden,
als hätten sich einige Sterne im Morgenrot verspätet. Ihnen
folgten mehrere Matrosen, welche auf einer Bahre die für
den König bestimmten Geschenke trugen: Pfannen, zer-
schlagene Kessel und was sonst die Armut an altem Gerümpel zusammengefegt. Darauf kam Alvarez selbst. Er hatte,
um sich bei den Wilden ein vornehmes Ansehen zu geben,
den Schiffsesel bestiegen, eine große Allongenperücke aufgesetzt und einen alten weiten Scharlachmantel umgehängt,
der ihn und den Esel ganz bedeckte, sodaß es aussah, als ritt'
der lange hagre Mann auf einem Steckenpferde über die
grüne Au. Der dicke Schiffskoch aber war als Page ausgeschmückt, der hatte die größte Not, denn der frische See-
wind wollte ihm alle Augenblick das knappe Federbarett
vom Kopfe reißen, während der Esel von Zeit zu Zeit
gelassen einen Mund voll frischer Kräuter nahm. Antonio
ging als Dolmetsch neben Alvarez her, denn er hatte schon
zu Hause die indischen Sprachen mit großem Fleiß studiert.
Alvarez aber zankte in einem fort mit ihm; er wollte in die
Rede, die er soeben memorierte, noch mehr Figuren und
Metaphern haben, gleichsam einen gemalten Schnörkel vor
jeder Zeile. Dem Antonio aber fiel durchaus nichts mehr
ein, denn der steigende Morgen vergoldete rings um sie her
die Anfangsbuchstaben einer wunderbaren unbekannten
Schrift, daß er innerlich still wurde vor der Pracht.

Ihre Fahrt ging längs der Küste fort, bald sahen sie das
Meer über die Landschaft leuchten, bald waren sie wieder in
tiefer Waldeinsamkeit. Der rüstige Sanchez streifte unterdes
jägerhaft umher.

Kaum hatte der Zug die Gebirgsschluchten erreicht, als
ein Wilder, im Dickicht versteckt, in eine große Seemuschel

stieß. Ein zweiter gab Antwort und wieder einer, so lief der
Schall plötzlich von Gipfel zu Gipfel über die ganze Insel,
daß es tief in den Bergen widerhallte. Bald darauf sahen sie's
hier und da im Walde aufblitzen, bewaffnete Haufen mit
hellen Speeren und Schilden brachen in der Ferne aus dem
Gebirge wie Waldbäche und schienen alle auf einen Punkt
der Küste zuzueilen. Antonion klopfte das Herz bei dem
unerwarteten Anblick. Sanchez aber schwenkte seinen Hut
in der Morgenluft vor Lust. So rückte die Gesandtschaft
unerschrocken fort; die Hütten, die sie seitwärts in der
Ferne sahen, schienen verlassen, die Gegend wurde immer
höher und wilder. Endlich, um eine Bergesecke biegend,
erblickten sie plötzlich das Ziel ihrer Wanderschaft: den
senkrechten Fels mit seinen wunderlichen Bogen, Zacken
und Spitzen, von Bächen zerrissen, die sich durch die Einsamkeit herabstürzten, dazwischen saßen braune Gestalten,
so still, als wären sie selber von Stein, man hörte nichts, als
das Rauschen der Wasser und jenseits die Brandung im
Meere. In demselben Augenblick aber tat es einen durchdringenden Metallklang wie auf einen großen Schild, alle die
Gestalten auf den Klippen sprangen plötzlich rasselnd mit
ihren Speeren auf und rasch zwischen dem Waldesrauschen,
den Bächen und Zacken stieg ein junger, hoher, schlanker
Mann herab mit goldenen Spangen, den königlichen Feder-
mantel um die Schultern und einen bunten Reiherbusch auf
dem Haupt, wie ein Goldfasan. Er sprach noch im Herab-
kommen mit den andern und rief den Spaniern gebieterisch
zu. Da aber niemand Antwort gab, blieb er auf seine Lanze
gestützt vor ihnen stehen. Alvarez' Perücke schien ihm
besonders erstaunlich, er betrachtete sie lange unverwandt,
man sah fast nur das Weiße in seinen Augen.

Antonio war ganz konfus, denn zu seinem Schrecken
hatte er schon bemerkt, daß er trotz seiner Gelehrsamkeit
kein Wort von des Königs Sprache verstand. Der unverzagte
Alvarez aber fragte nach nichts, er ließ die Tragbahre mit
dem alten Gerümpel dem Könige vor die Füße setzen,

rückte sich auf seinem Esel zurecht und hielt sogleich mit großem Anstande seine wohlverfaßte Anrede, während einige andere hinten feierlich die Zipfel seines Scharlachmantels hielten. Da konnte sich der König endlich nicht länger überwinden, er rührte neugierig mit seinem Speer an Alvarez' Perücke, sie ließ zu seiner Verwunderung und Freude wirklich vom Kopfe des Redners los und, mit leuchtenden Augen zurückgewandt, wies er sie hoch auf der Lanze seinem Volke. Ein wildes Jauchzen erfüllte die Luft, denn ein großer Haufe brauner Gestalten hatte sich unterdes nachgedrängt, Speer an Speer, daß der ganze Berg wie ein ungeheurer Igel anzusehen war.

Der König hatte unterdes gewinkt, einige Wilde traten mit großen Körben heran, der König griff mit beiden Händen hinein und schüttete auf einmal Platten, Körner und ganze Klumpen Goldes auf seine erstaunten Gäste aus, daß es lustig durcheinanderrollte. Da sah man in dem unverhofften Goldregen plötzlich ein Streiten und Jagen unter den Spaniern, jeder wollte alles haben und je mehr sie lärmten und zankten, je mehr warf der König aus, ein spöttisches Lächeln zuckte um seinen Mund, daß seine weißen Zähne manchmal hervorblitzten wie bei einem Tiger. Währenddes aber schwärmten die Eingeborenen von beiden Seiten aus den Schluchten hervor, mit ihren Schilden und Speeren die Raufenden wild umtanzend.

Da war Alvarez der erste, der sich schnell besann. Ehre über Gold und Gott über alles! rief er, seinen Degen ziehend und stürzte in den dicken Knäuel der Seinigen, um sie mit Gewalt auseinanderzuwirren. Christen, schrie er, wollt ihr euch vom Teufel mit Gold mästen lassen, damit er euch nachher die Hälse umdreht, wie Gänsen? Sehr ihr nicht, wie er mit seiner Leibgarde den Ring um euch zieht? – Aber der Teufel hatte sie schon verblendet; um nichts von ihrem Golde zurückzugeben, entflohen sie einzeln vor dem Hauptmann, sich im Walde verlaufend mit den lächerlich vollgepfropften Taschen. Nur einige alte Soldaten sammel-

ten sich um Alvarez und den Lieutenant. Die Eingeborenen
stutzten, da sie die bewegliche Burg und die Musketen
plötzlich zielend auf sich gerichtet sahen, sie schienen den
Blitz zu ahnden, der an den dunkeln Röhren hing, sie
blieben zaudernd stehen. So entkam der Hauptmann mit
seinen Getreuen dem furchtbaren Kreise der Wilden, ehe er
sich noch völlig hinter ihnen geschlossen hatte.

In der Eile aber hatte auch dieses Häuflein den ersten
besten Pfad eingeschlagen und war, ohne es zu bemerken,
immer tiefer in den Wald geraten. Der nahm kein Ende, die
Sonne brannte auf die nackten Felsen und als sie sich endlich
senkte, hatten sie sich gänzlich verirrt. Jetzt brach die Nacht
herein, ein schweres Gewitter, das lange in der Ferne über
dem Meere gespielt, zog über das Gebirge; den armen
Antonio hatten sie gleich beim Anbruch der Dunkelheit
verloren. So stoben sie wie zerstreute Blätter im Sturme
durch die schreckliche Nacht, nur die angeschwollenen
Bäche rauschten zornig in der Wildnis, dazwischen das
blendende Leuchten der Blitze, das Schreien der Wilden und
die Signalschüsse der Verirrten aus der Ferne. – Horcht,
sagte Sanchez, das klingt so hohl unter den Tritten, als ging
ich über mein Grab und die Wetter breiten sich drüber wie
schwarze Bahrtücher mit feurigen Blumen durchwirkt, das
wär' ein schönes Soldatengrab! – Schweig, fuhr ihn Alvarez
an, wie kommst Du jetzt darauf? – Das kommt von dem
verdammten Trinken, entgegnete Sanchez, da werd' ich zu
Zeiten so melancholisch darnach. Er sang:

> Und wenn es einst dunkelt,
> Der Erd' bin ich satt,
> Durchs Abendrot funkelt
> Eine prächtige Stadt;
> Von den goldenen Türmen
> Singet der Chor,
> Wir aber stürmen
> Das himmlische Tor!

Was ist das! rief plötzlich ein Soldat. Sie sahen einen Fremden mit bloßem Schwerte durch die Nacht auf sich zustürzen, sein Mantel flatterte weit im Winde. – Beim Glanz der Blitze erkannten sie ihren wahnsinnigen Landsmann wieder. – Hallo! rief ihm Sanchez freudig entgegen, hat dich der Lärm und das Schießen aus deinen Felsenritzen herausgelockt, kannst du das Handwerk nicht lassen? – Der Alte aber, scheu zurückblickend, ergriff hastig die Hand des Lieutenants und drängte alle geheimnisvoll und wie in wilder Flucht mit sich fort. Noch ist es Zeit, sagte er halbleise, ich rette euch noch, nur rasch, rasch fort, es brennt, seht, wie die blauen Flämmchen hinter mir aus dem Boden schlagen, wo ich trete! – Führ' uns ordentlich und red' nicht so toll in der verrückten Nacht! entgegnete Alvarez ärgerlich. – Da leuchtete ein Blitz durch des Alten fliegendes Haar. Er blieb stehen und zog die Locken über das Gesicht durch seine weitausgespreizten Finger. Grau, alles grau geworden in *einer* Nacht – sagte er mit schmerzlichem Erstaunen – aber es könnte noch alles gut werden, setzte er nach einem Augenblick hinzu, wenn sie mich nur nicht immer verfolgte. – Wo? wer? fragte Sanchez. – Die grausilberne Schlange, erwiderte der Alte heimlich und riß die Erstaunten wieder mit sich durch das Gestein. Plötzlich aber schrie er laut auf: da ist sie wieder! – Alles wandte sich erschrocken um. – Er meinte den Strom, der, soeben tief unter dem Felsen vorüberschießend, im Wetterleuchten heraufblickte. – Ehe sie sich aber noch besannen, flog der Unglückliche schon durch das Dickicht fort, die Haare stiegen ihm vor Entsetzen zu Berge, so war er ihnen bald in der Dunkelheit zwischen den Klüften verschwunden.

Währenddes irrte Antonio verlassen im Gebirge umher. In der Finsternis war er unversehens von den Seinigen abgekommen. Als er's endlich bemerkte, waren sie schon weit; da hörte er plötzlich wieder Tritte unter sich und eilte darauf zu, bis er mit Schrecken gewahr wurde, daß es Eingeborene

waren, die hastig und leise, als hätten sie einen heimlichen
Anschlag, vorüberstreiften, ohne ihn zu sehen. Ihn schauerte und doch war's ihm eigentlich recht lieb so. Er dachte
übers Meer nach Hause, wie nun alle dort ruhig schliefen
und nur die Turmuhr über dem mondbeschienenen Hof
schlüge und die Bäume dunkel rauschten im Garten. Wie
grauenhaft waren ihm da vom Balkon oft die Wolken vorgekommen, die über das stille Schloß gingen, wie Gebirge im
Traum. Und jetzt stand er wirklich mitten in dem Wolkengebirge, so rätselhaft sah hier alles aus in dieser wilden
Nacht! Nur zu, blas' nur immer zu, blinder Sturm, glühe
ihr Blitze! rief er aus und schaute recht zufrieden und tapfer
umher, denn alles Große ging durch seine Seele, das er auf
der Schule aus den Büchern gelernt, Julius Cäsar, Brutus,
Hannibal und der alte Cid. – Da brannte ihn plötzlich sein
Gold in der Tasche, auch er hatte sich nicht enthalten
können, in dem Goldregen mit seinem Hütlein einige Körner aufzufangen. – Frei vom Mammon will ich schreiten auf
dem Felde der Wissenschaft, sagte er und warf voll Verachtung den Goldstaub in den Sturm, es gab kaum einen
Dukaten, aber er fühlte sich noch einmal so leicht.

Unterdes war das Gewitter rasch vorübergezogen, der
Wind zerstreute die Wolken wie weiße Nachtfalter in wildem Fluge über den ganzen Himmel, nur tief am Horizont
noch schweiften die Blitze, die Nacht ruhte ringsher auf den
Höhen aus. Da fühlte Antonio erst die tiefe Einsamkeit,
verwirrt eilte er auf den verschlungenen Pfaden durch das
Labyrinth der Klippen lange fort. Wie erschrak er aber, als
er auf einmal in derselben Gegend herauskam, aus der sie am
Morgen entflohen. Der Fels des Königs mit seinen seltsamen
Schluften und Spitzen stand wieder vor ihm, nur an einem
andern Abhange desselben schien er sich zu befinden. Jetzt
aber war alles so stumm dort, die Wellen plätscherten einförmig, riesenhaftes Unkraut bedeckte überall wildzerwor-
fenes Gemäuer. – Antonio sah sich zögernd nach allen Seiten
um. Schon gestern hatten ihn die Mauertrümmer, die fast

wie Leichensteine aus dem Grün hervorragten, rätselhaft
verlockt. Jetzt konnte er nicht länger widerstehen, er zog
heimlich seine Schreibtafel hervor, um den kostbaren Schatz
von Inschriften und Bilderzeichen, die er dort vermutete,
wie im Fluge zu erheben.

Da aber wurde er zu seinem Erstaunen erst gewahr, daß er
eigentlich mitten in einem Garten stand. Gänge und Beete
mit Buchsbaum eingefaßt, lagen umher, eine Allee führte
nach dem Meere hin, die Kirschbäume standen in voller
Blüte. Aber die Beete waren verwildert, Rehe weideten auf
den einsamen Gängen, an den Bäumen schlangen sich
üppige Ranken wild bis über die Wipfel hinaus, von wunderbaren hohen Blumen durchglüht. Seitwärts standen die
Überreste einer verfallenen Mauer, die Sterne schienen
durch das leere Fenster, in dem Fensterbogen schlief ein
Pfau, den Kopf unter die schimmernden Flügel versteckt.

Antonio wandelte wie im Traum durch die verwilderte
Pracht, kein Laut rührte sich in der ganzen Gegend, da
war es ihm plötzlich, als sähe er fern am andern Ende der
Allee jemand zwischen den Bäumen gehen, er hielt den
Atem an und blickte noch einmal lauschend hin, aber es
war alles wieder still, es schien nur ein Spiel der wankenden Schatten. Da kam er endlich in eine dunkle Laube, die
der Wald sich selber lustig gewoben, das schien ihm so
heimlich und sicher, er wollt' nur einen Augenblick rasten
und streckte sich ins hohe Gras. Ein würziger Duft wehte
nach dem Regen vom Walde herüber, die Blätter flüsterten
so schläfrig in der leisen Luft, müde sanken ihm die Augen
zu.

Die wunderbare Nacht aber sah immerfort in seinen
Schlaf hinein und ließ ihn nicht lange ruhen, und als er
erwachte, hörte er mit Schrecken neben sich atmen. Er
wollte rasch aufspringen, aber zwei Hände hielten ihn am
Boden fest. Beim zitternden Mondesflimmer durchs Laub
glaubte er eine schlanke Frauengestalt zu erkennen: – Ich
wußte es wohl, daß du kommen würdest, redete sie ihn in

spanischer Sprache an. – So bist du eine Christin? fragte er
ganz verwirrt. – Sie schwieg. – Hast du mich denn schon
jemals gesehen? – Gestern nachts bei unserm Fest, erwiderte
sie, du warst allein mit Euerm Seekönig. – Eine entsetzliche
Ahnung flog durch Antonios Seele, er mühte sich in der
Finsternis vergeblich, ihre Züge zu erkennen, draußen gingen Wolken wechselnd vorüber, zahllose Johanniswürmchen umkreisten leuchtend den Platz. – Da hörte er fern von
den Höhen einen schönen männlichen Gesang. Wer singt
da? fragte er erstaunt. – Still, still, erwiderte die Unbekannte, laß den nur in Ruh. Hier bist du sicher, niemand
besucht diesen stillen Garten mehr, sonst war es anders –
dann sang sie selber wie in Gedanken:

> Er aber ist gefahren
> Weit übers Meer hinaus,
> Verwildert ist der Garten,
> Verfallen liegt sein Haus.
>
> Doch nachts im Mondenglanze
> Sie manchmal noch erwacht,
> Löst von dem Perlenkranze
> Ihr Haar, das wallt wie Nacht.
>
> So sitzt sie auf den Zinnen,
> Und über ihr Angesicht
> Die Perlen und Tränen rinnen,
> Man unterscheid't sie nicht.

Da teilte ein frischer Wind die Zweige, im hellen Mondlicht
erkannte Antonio plötzlich die »Frau Venus« wieder, die sie
gestern nachts schlummernd in der Höhle gesehen, ihre
eigenen Locken wallten wie die Nacht. – Ein Grauen überfiel ihn, er merkte erst jetzt, daß er unter glühenden Mohn-
blumen wie begraben lag. Schauernd sprang er empor und
schüttelte sich ab, sie wollte ihn halten, aber er riß sich von
ihr los. Da tat sie einen durchdringenden Schrei, daß es ihm

durch Mark und Bein ging, dann hörte er sie in herzzerrei-
ßender Angst rufen, schelten und rührend flehen.

Aber er war schon weit fort, der Gesang auf den Höhen
war verhallt, die Wälder rauschten ihm wieder erfrischend
entgegen, hinter ihm versank allmählich das schöne Weib,
das Meer und der Garten, nur zuweilen noch hörte er ihre
Klagen wie das Schluchzen einer Nachtigall von ferne durch
den Wind herüberklingen.

> Du sollst mich doch nicht fangen,
> Duftschwüle Zaubernacht!
> Es steh'n mit goldnem Prangen
> Die Stern' auf stiller Wacht
> Und machen unterm Grunde,
> Wo du verirret bist,
> Getreu die alte Runde,
> Gelobt sei Jesus Christ!
>
> Wie bald in allen Bäumen
> Geht nun die Morgenluft,
> Sie schütteln sich in Träumen,
> Und durch den roten Duft
> Eine fromme Lerche steiget,
> Wenn alles still noch ist,
> Den rechten Weg dir zeiget –
> Gelobt sei Jesus Christ!

So sang es im Gebirge, unten aber standen zwei spanische
Soldaten fast betroffen unter den Bäumen, denn es war
ihnen, als ginge ein Engel singend über die Berge, um den
Morgen anzubrechen. Da stieg ein Wanderer rasch zwischen
den Klippen herab, sie erkannten zu ihrer großen Freude
den Studenten Antonio, er schien bleich und zerstört. –
Gott sei Dank, daß Ihr wieder bei uns seid! rief ihm der eine
Soldat entgegen. Ihr hättet uns beinah konfus gemacht mit

Eurem Gloria, meinte der andere, Ihr habt eine gute geistliche Kehle. Wo kommt Ihr her? – Aus einem tiefen Berg-
werke, sagte Antonio, wo mich der falsche Flimmer verlockt
– wie so unschuldig ist hier draußen die Nacht! – Bergwerk?
wo habt Ihr's gefunden? fragten die Soldaten mit hastiger
Neugier. – Wie, sprach ich von einem Bergwerk? erwiderte
Antonio zerstreut, wo sind wir denn? – Die Soldaten zeigten
über den Wald, dort läge ihr Landungsplatz. Sie erzählten
ihm nun, wie die zersprengte Gesandtschaft unter großen
Mühseligkeiten endlich wieder das Lager am Strande erreicht. Da habe der brave Alvarez, da er den Antonio dort
nicht gefunden, sie beide zurückgeschickt, um ihn aufzusuchen und wenn sie jeden Stein umkehren und jede Palme
schütteln sollten. Antonio schien wenig darauf zu hören.
Die Soldaten aber meinten, es sei diese Nacht nicht geheuer
im Gebirge, sie nahmen daher den verträumten Studenten
ohne weiteres in ihre Mitte und schritten rasch mit ihm fort.

So waren sie in kurzer Zeit bei ihren Zelten angelangt.
Dort stand Alvarez wie ein Wetterhahn auf dem frisch
aufgeworfenen Erdwall, vor Ungeduld sich nach allen Winden drehend. Er schimpfte schon von weitem, da er endlich
den Verirrten ankommen sah. Ein Weltentdecker, sagte er,
muß den Kompaß in den Füßen haben, in der Wildnis bläst
der Sturm die Studierlampe aus, da schlägt ein kluger Kopf
sich Funken aus den eignen Augen. Was da Logik und
Rhetorik! Sie hätten deinen Kopf aufgefressen mit allen
Wissenschaften drin, aber ich hatt's ihnen zugeschworen, sie
mußten zum Nachtisch alle unsere bleiernen Pillen schluk-
ken, oder meine eignen alten Knochen nachwürgen. Du bist
wohl recht verängstigt und müde, amer Junge, Gott, wie du
aussiehst! – Nun ergriff er den Studenten vor Freuden beim
Kopf, strich ihm die vollen braunen Locken aus der Stirn
und führte ihn eilig ins Lager in sein eignes Zelt, wo er sich
sogleich auf eine Matte hinstrecken mußte. Im Lager aber
war schon ein tiefes Schweigen, die müden Gesellen lagen
schlafend wie Tote umher. Nur der Lieutenant Sanchez

wollte diese Nacht nicht mehr schlafen oder ruhen, er saß
auf den zusammengelegten Waffen der Mannschaft; eine
Flasche in der Hand, trank er auf eine fröhliche Auferstehung, der Nachtwind spielte mit der roten Hahnfeder auf
seinem Hut, der ihm verwegen auf einem Ohr saß; er war
wahrhaftig schon wieder berauscht. Antonio mußte nun
seine Abenteuer erzählen. Er berichtete verworren und zerstreut, in seinem Haar hing noch eine Traumblume aus dem
Garten. Alvarez blieb dabei, das Frauenzimmer sei die Frau
Venus gewesen und jene Höhle, die sie in der Walpurgisnacht entdeckt, der Eingang zum Venusberge. Sanchez aber
rückte immer näher, während er hastig ein Glas nach dem
andern hinunterstürzte; er fragte wunderlich nach der Lage
der Höhle, nach dem Wege dahin, sie mußten ihm alles ausführlich beschreiben. – Auf einmal war er heimlich verschwunden.

Der Abenteurer schlich sich sacht und vorsichtig durch
die schläfrigen Posten, über dem Gespräch hatte ihn plötzlich das Gelüsten angewandelt, den dunkeln Vorhang der
phantastischen Nacht zu lüften – er wollte die Frau Venus
besuchen. Er hatte sich Felsen, Schlünde und Stege aus
Alvarez' Rede wohl gemerkt, es traf alles wunderbar zu. So
kam er in kurzer Zeit an das stille Tal. Ein schmaler Felsen-
pfad führte fast unkenntlich zwischen dem Gestrüpp hinab, die Sterne schienen hell über den Klippen, er stieg im
trunkenen Übermut in den Abgrund. Da brach plötzlich ein
Reh neben ihm durch das Dickicht, er zog schnell seinen
Degen. Hoho, Ziegenbock! rief er, hast du die Hexe abgeworfen, die zu meiner Hochzeit ritt! Das ist eine bleiche
schläfrige Zeit zwischen Morgen und Nacht, da schauern die
Toten und schlüpfen in ihre Gräber, daß man die Leichentü-
cher durchs Land streichen hört. Wo sich eine verspätet
beim Tanz, ich greif sie, sie soll meine Brautjungfer sein. –
Zum Teufel, red' vernehmlicher, Waldeinsamkeit! ich kann
ja dein Lied aus alter Zeit, wenn wir auf wilder Freite in
Flandern nachts an den Wällen lagen vor mancher schönen

Stadt, die von den schlanken Türmen mit ihrem Glocken-
spiele durch die Luft musizierte. Die Sterne löschen schon
aus, wer weiß, wer sie wiedersieht! – Nur leise, sacht
zwischen den Werken, in den Laufgräben fort! die Wolken
wandern, die Wächter schlafen auf den Wällen, in ihre
grauen Mäntel gehüllt, sie tun, als wären sie von Stein. –
Verfluchtes Grauen, ich seh' dich nicht, was hauchst du
mich so kalt an, ich ringe mit dir auf der Felsenwand, du
bringst mich nicht hinunter!

Jetzt stand er auf einmal vor der Kluft, die Alvarez und
Antonio in jener Nacht gesehen. Es war die erste geheimnisvolle Morgenzeit, in dem ungewissen Zwielicht erblickte er
die junge schlanke Frauengestalt, ganz wie sie ihm beschrieben worden, auf dem Moosbett in ihrem Schmucke schlummernd, den schönen Leib von ihren Locken verdeckt. Alte
halbverwitterte Fahnen, wie es schien, hingen an der Wand
umher, der Wind spielte mit den Lappen, hinten in der
Dämmerung, den Kopf vornübergebeugt, saß es wie eine
eingeschlafene Gestalt.

Es ist die höchste Zeit, flüsterte Sanchez ganz verblendet,
sonst versinkt alles wieder, schon hör' ich Stimmen gehn.
Wie oft schon sah ich im Wein ihr Bild, das war so schön
und wild in des Bechers Grund. Einen Kuß auf ihren Mund,
so sind wir getraut, eh' der Morgen graut. – So taumelte der
Trunkene nach der Schlummernden hin, er fuhr schauernd
zusammen, als er sie anfaßte, ihre Hand war eiskalt. Im
Gehen aber hatte er sich mit den Sporen in die Trümmer am
Boden verwickelt, eine Rüstung an der Wand stürzte rasselnd zusammen, die alten Fahnen flatterten im Wind, bei
dem Dämmerschein war's ihm, als rührte sich alles und
dunkle Arme wänden sich aus der Felswand. Da sah er
plötzlich im Hintergrunde den schlafenden Wächter sich
aufrichten, daß ihn innerlich grauste. An dem irren funkelnden Blick glaubte er den alten wahnsinnigen Spanier wiederzuerkennen, der warf, ohne ein Wort zu sagen, seinen
weiten Mantel über die Schultern zurück, ergriff das neben

ihm stehende Schwert und drang mit solcher entsetzlichen
Gewalt auf ihn ein, daß Sanchez kaum Zeit hatte, seine
wütenden Streiche aufzufangen. Bei dem Klange ihrer
Schwerter aber fuhren große scheußliche Fledermäuse aus
den Felsenritzen und durchkreisten mit leisem Fluge die
Luft, graue Nebelstreifen dehnten und reckten sich wie
Drachenleiber verschlafen an den Wipfeln, dazwischen wurden Stimmen im Walde wach, bald hier, bald dort, eine
weckte die andre, aus allen Löchern, Hecken und Klüften
stieg und kroch es auf einmal, wilde dunkle Gestalten im
Waffenschmuck, und alles stürzte auf Sanchez zusammen.
Nun, nun, steht's so! rief der verzweifelte Lieutenant, laß
mich los, alter Narr mit deinem verwitterten Bart! Das ist
keine Kunst, so viele über einen. Schickt mir euern Meister
selber her, es gelüstet mich recht, mit ihm zu fechten! Aber
der Teufel hat keine Ehre im Leibe. Ihr höllisches Ungezie-
fer, nur immer heraus vor meine christliche Klinge! nur
immerzu, ich hau mich durch! – So, den Degen in der Faust,
wich er, wie ein gehetztes Wild, kämpfend von Stein zu
Stein, das einsame Felsental hallte von den Tritten und
Waffen, im Osten hatte der Morgen schon wie ein lustiger
Kriegsknecht die Blutfahne ausgehangen.

Im Lager flackerten unterdes nur noch wenige Wachtfeuer
halberlöschend, eine Gestalt nach der andern streckte sich in
der Morgenkühle, einige saßen schon wach auf ihrem Mammon und besprachen das künftige Regiment der Insel. Plötzlich riefen draußen die Schildwachen an, sie hatten Lärm im
Gebirge gehört. Jetzt vermißte man erst den Lieutenant.
Alles sprang bestürzt zu den Waffen, keiner wußte, was das
bedeuten könnte. Der Lärm aber, als sie so voller Erwartung
standen, ging über die Berge wie ein Sturm wachsend immer
näher, man konnte schon deutlich dazwischen das Klirren
der Waffen unterscheiden. Da, im falben Zwielicht, sahen
sie auf einmal den Sanchez droben aus dem Walde daherstei-
gen, bleich und verstört, mit den Geistern fechtend. Hinter
ihm drein aber toste eine wilde Meute, es war, als ob aller

Spuk der Nacht seiner blutigen Fährte folgte. Sein Frevel, wie es schien, hatte das dunkle Wetter, das schon seit gestern grollend über den Fremden hing, plötzlich gewendet, von allen Höhen stürzten bewaffnete Scharen wie reißende Ströme herab, der Klang der Schilde, das Schreien und der Widerhall zwischen den Felsen verwirrte die Stille und bald sahen sich die Spanier von allen Seiten umzingelt. – Macht dem Lieutenant Luft! rief Alvarez und warf sich mit einigen Soldaten mitten in den dicksten Haufen. Schon hatten sie den Sanchez gefaßt und führten den Wankenden auf einen freien Platz am Meer, aber zu spät, von vielen Pfeilen durchbohrt, brach er neben seinen Kameraden auf dem Rasen zusammen – sein Wort war gelöst, er hatte sich wacker durchgeschlagen.

Bei diesem Anblick ergriff alle eine unsägliche Wut, keiner dachte mehr an sich im Schmerz, sie mähten sich wie die Todesengel in die dunkeln Scharen hinein, Alvarez und Antonio immer tapfer voran. Da erblickten sie auf einmal ihren wahnsinnigen Landsmann, mitten durch das Getümmel mit dem Schwert auf sie eindringend. Vergebens riefen sie ihm warnend zu – er stürzte sich selbst in ihre Speere, ein freudiges Leuchten ging über sein verstörtes Gesicht, daß sie ihn fast nicht wiedererkannten, dann sahen sie ihn taumeln und mit durchbohrtem Herzen tot zu Boden sinken. – Ein entsetzliches Rachegeschrei erhob sich über dem Toten, die Wilden erneuerten mit verdoppeltem Grimm ihren Angriff, es war, als ständen die Erschlagenen hinter ihnen wieder auf, immer neue scheußliche Gestalten wuchsen aus dem Blut, schon rannten sie jauchzend nach dem Strand, um die Spanier von ihrem Schiffe abzuschneiden. Jetzt war die Not am höchsten, ein jeder befahl sich Gott, die Spanier fochten nicht mehr für ihr Leben, nur um einen ehrlichen Soldatentod. – Da ging es auf einmal wie ein Schauder durch die unabsehliche feindliche Schar, alle Augen waren starr nach dem Gebirge zurückgewandt. Auch Antonio und Alvarez standen ganz verwirrt mitten in der blutigen Arbeit. Denn

zwischen den Palmenwipfeln in ihrem leuchtenden Toten-
schmucke kam die Frau Venus, die wilden Horden teilend,
von den Felsen herab. Da stürzten plötzlich die Eingebornen wie in Anbetung auf ihr Angesicht zur Erde, die Spanier
atmeten tief auf, es war auf einmal so still, daß man die
Wälder von den Höhen rauschen hörte.

Indem sie aber noch so staunend stehn, tritt die Wunderbare mitten unter sie, ergreift Sanchez' Mantel, den sie
seltsam um ihren Leib schlägt und befiehlt ihnen, sich rasch
in das Boot zu werfen, ehe der Zauber gelöst. Darauf
umschlingt sie Antonion, halb drängt, halb trägt sie ihn ins
Boot hinein, die andern, ganz verdutzt, bringen eiligst Sanchez' Leichnam nach, alles stürzt in die Barke. So gleiten sie
schweigend dahin, schon erheben sich einzelne Gestalten
wieder am Ufer, ein leises Murmeln geht wachsend durch
die ganze furchtbare Menge, da haben sie glücklich ihr Schiff
erreicht. Dort aber faßt die Unbekannte sogleich das Steuer,
die stille See spiegelt ihr wunderschönes Bild, ein frischer
Wind vom Lande schwellt die Segel und als die Sonne
aufgeht, lenkt sie getrost zwischen den Klippen in den Glanz
hinaus.

Die Spanier wußten nicht, wie ihnen geschehen. Als sie sich
vom ersten Schreck erholt, gedachten sie erst ihrer Gold-
klumpen wieder, die sie auf der Insel zurückgelassen. Da
fuhren sie dann wieder so arm und lumpig von dannen, wie
sie gekommen. Der Teufel hat's gegeben, der Teufel hat's
genommen, sagte der spruchreiche Alvarez verdrießlich. –
Darüber aber hatten sie den armen Sanchez fast vergessen,
der auf dem Verdeck unter einer Fahne ruhte. Alvarez
beschloß nun, vor allem andern ihm die letzte Ehre anzutun,
wie es einem tapfern Seemann gebührte. Er berief sogleich
die ganze Schiffsmannschaft, die einen stillen Kreis um den
Toten bildete, dann trat er in die Mitte, um die Leichenrede
zu halten. Seht da, den gewesenen Lieutenant, sagte er,

nehmt Euch ein Exempel dran, die ihr immer meint, Unkraut verdürb' nicht. Ja, da seht ihn liegen, er war tapfer, oftmals betrunken, aber tapfer – weiter bracht' er's nicht, denn die Stimme brach ihm plötzlich und Tränen stürzten ihm aus den Augen, als er den treuen Kumpan so bleich und still im lustigen Morgenrot daliegen sah. Einige Matrosen hatten ihn unterdes in ein Segeltuch gewickelt, andere schwenkten die Flaggen über ihm auf eine gute Fahrt auf dem großen Meere der Ewigkeit – dann ließen sie ihn an Seilen über Bord ins feuchte Grab hinunter. So ist denn, sagte Alvarez, sein Leiblied wahr geworden: »Ein Meerweib singt, die Nacht ist lau, da denkt an mich, 's ist meine Frau.« Man soll den Teufel nicht an die Wand malen. – Kaum aber hatte der Tote unten die kalte See berührt, als er auf einmal in seinem Segeltuch mit großer Vehemenz zu arbeiten anfing. Ihr Narren, ihr, schimpfte er, was, Wein soll das sein? elendes Wasser ist's! – Die Matrosen hätten vor Schreck beinah Strick und Mann fallenlassen, aber Alvarez und Antonio sprangen rasch hinzu und zogen voller Freuden den Ungestümen wieder über Bord hinauf. Hier drängten sich nun die Überraschten von allen Seiten um ihn herum und während die einen seine Wunden untersuchten und verbanden, andere jauchzend ihre Hüte in die Luft warfen, glotzte der unsterbliche Lieutenant alle mit seinen hervorstehenden Augen stumm und verwogen an, bis sein Blick endlich die wunderbare Führerin des Schiffes traf. Da schrie er plötzlich auf: Die ist's! ich selber sah sie in den Klüften auf dem Moosbett schlafen!

Aller Augen wandten sich nun von neuem auf die schöne Fremde, die, auf das Steuer gelehnt, gedankenvoll nach der fernen Küste hinübersah. Keiner traute ihr, Antonio aber erkannte bei dem hellen Tageslicht das Mädchen aus dem wüsten Garten wieder. Da faßte Alvarez sich ein Herz, trat vor und fragte sie, wer sie eigentlich wäre? – Alma, war ihre Antwort. – Warum sie zu ihnen gekommen? – Weil sie Euch erschlagen wollten, erwiderte sie in ihrem gebrochenen Spa-

nisch. – Ob sie mit ihnen fahren und ihm als Page dienen
wolle? – Nein, sie wolle dem Antonio dienen. – Woher sie
denn aber Spanisch gelernt? – Vom Alonzo, den sie ersto-
chen hätten. – Den tollen Alten, fiel hier Sanchez hastig ein,
wer war er und wie kam er zu dir? – Ich weiß nicht,
entgegnete Alma. – Kurz und gut, hob Alvarez wieder an,
war die Frau Venus auf Walpurgisnacht auf eurer Insel?
Oder bist du gar selber die Frau Venus? Habt ihr beide –
wollt' sagen, du oder die Frau Venus – dazumal in der
Felsenkammer geschlafen? – Sie schüttelte verneinend den
Kopf. – Nun, so mag der Teufel daraus klug werden! ich
will mich heute gar nicht mehr wundern, Frau Venus,
Urgande, Megära, das kommt und geht so, rief der Hauptmann ungeduldig aus und benannte das Eiland, dessen blaue
Gipfel soeben im Morgenduft versanken, ohne weiteres die
Venusinsel, von der Frau Venus, die nicht da war.

Die darauffolgende Nacht war schön und sternklar, die
Fortuna mit ihren weißen Segeln glitt wie ein Schwan durch
die mondlichte Stille. Da trat Antonio leise auf das Verdeck
hinaus, er hatte keine Rast und Ruh, es war ihm, als müßte
er die schöne Fremde bewachen, die sorglos unten ruhte.
Wie erstaunte er aber, als er das Mädchen droben schon
wach und ganz allein erblickte, es war alles so einsam in die
Runde, nur manchmal schnalzte ein Fisch im Meer, sie aber
saß auf dem Boden mitten zwischen wunderlichem Kram,
ein Spiegel, Kämme, ein Tamburin und Kleidungsstücke
lagen verworren um sie her. Sie kam ihm wie eine Meerfei
vor, die bei Nacht aus der Flut gestiegen, sich heimlich
putzt, wenn alle schlafen. Er blieb scheu zwischen dem
Tauwerk stehen, wo sie ihn nicht bemerken konnte. Da sah
er, wie sie nun einzelne Kleidungsstücke flimmernd gegen
den Mond hielt, er erkannte seinen eignen Sonntagsstaat,
den er ihr gestern gezeigt: die gestickte Feldbinde, das rot-

samtne weißgestickte Wämschen. Sie zog es eilig an; Antonio war schlank und fein gebaut, es paßte ihr alles wie angegossen. Darauf legte sie den blendendweißen Spitzenkragen um Hals und Brust und drückte das Barett mit den nickenden Federn auf das Lockenköpfchen. Als sie fertig war, sprang sie auf, sie schien sich über sich selbst zu verwundern, so schön sah sie aus. Da stieß sie unversehens mit den Sporen an das Tamburin am Boden. Sie ergriff es rasch, und den tönenden Reif hoch über sich schwingend, fing sie mit leuchtenden Augen zu tanzen an, fremd und doch zierlich, und sang dazu:

> Bin ein Feuer hell, das lodert
> Von dem grünen Felsenkranz,
> Seewind ist mein Buhl' und fodert
> Mich zum lust'gen Wirbeltanz,
> Kommt und wechselt unbeständig.
> Steigend wild,
> Neigend mild
> Meine schlanken Lohen wend' ich,
> Komm' nicht nah mir, ich verbrenn' dich!

> Wo die wilden Bäche rauschen
> Und die hohen Palmen stehn,
> Wenn die Jäger heimlich lauschen,
> Viele Rehe einsam gehn.
> Bin ein Reh, flieg durch die Trümmer
> Über die Höh,
> Wo im Schnee
> Still die letzten Gipfel schimmern,
> Folg' mir nicht, erjagst mich nimmer!

> Bin ein Vöglein in den Lüften,
> Schwing' mich übers blaue Meer,
> Durch die Wolken von den Klüften
> Fliegt kein Pfeil mehr bis hierher,

Und die Au'n und Felsenbogen,
Waldeseinsamkeit
Weit, wie weit,
Sind versunken in die Wogen –
Ach ich habe mich verflogen!

Bei diesen Worten warf sie sich auf den Boden nieder, daß das Tamburin erklang, und weinte. – Da trat Antonio rasch hinzu, sie fuhr empor und wollte entfliehen. Als sie aber seine Stimme über sich hörte, lauschte sie hoch auf, strich mit beiden Händen die aufgelösten Locken von den verweinten Augen und sah ihn lächelnd an.

Antonio, wie geblendet, setzte sich zu ihr an den Bord und pries ihren wunderbaren Tanz. Sie antwortete kein Wort darauf, sie war erschrocken und in Verwirrung. Endlich sagte sie schüchtern und leise: sie könne nicht schlafen vor Freude, es sei ihr so licht im Herzen. – Gerade so geht mir's auch, dachte er und schaute sie noch immer ganz versunken an. Da fiel ihm eine goldne Kette auf, die aus ihrem Wämschen blinkte. Sie bemerkte es und verbarg sie eilig. Antonio stutzte. Von wem hast du das kostbare Angedenken? fragte er. – Von Alonzo, erwiderte sie zögernd. – Wunderbar, fuhr er fort, gesteh' es nur, du weißt es ja doch, wer der Alte war und wie er übers Meer gekommen. Und du selbst – wir sahn dich schlummern in der Kluft beim Fackeltanz, und dann an jenem blutigroten Morgen warf sich das Volk erschrocken vor dir hin – wer bist du? – Sie schwieg mit tiefgesenkten Augen und wie er so fortredend in sie drang, brach endlich ein Strom von Tränen unter den langen schwarzen Wimpern hervor. Ach, ich kann ja nicht dafür! rief sie aus und bat ihn ängstlich und flehentlich, er sollt' es nicht verlangen, sie könn' es ihm nicht sagen, sonst würde er böse sein und sie verjagen. – Antonio sah sie verwundert an, sie war so schön, er reichte ihr die Hand. Als sie ihn so freundlich sah, rückte sie näher und plauderte so vertraulich, als wären sie jahrelang schon beisammen. Sie erzählte von

der Nacht auf dem Gebirge, wo sie ihn beim flüchtigen
Fackelschein zum erstenmal gesehn, wie sie dann traurig
gewesen, als er damals im Garten sie so schnell verließ, sie
meinte, die Wilden würden ihn erschlagen.

Antonion aber war's bei dem Ton ihrer Stimme, als hörte
er zur Frühlingszeit die erste Nachtigall in seines Vaters
Garten. Die Sterne schienen so glänzend, die Wellen zitterten unter ihnen im Mondenschein, nur von ferne kühlte sich
die Luft mit Blitzen, bis endlich Alma vor Schlaf nicht mehr
weiterkonnte und müde ihr Köpfchen senkte.

Auch Antonio war zuletzt eingeschlummert. Da träumte
ihm von dem schönen verwilderten Garten, es war, als
wollt' ihm der Vogel in dem ausgebrochenen Fensterbogen
im Schlaf von Diego erzählen, der unter den glühenden
Blumen sich verirrt. Und als er so, noch halb im Traume, die
Augen aufschlug, flog schon ein kühler Morgenwind kräuselnd über die See, er blickte erschrocken umher, da hörte er
wieder die Frau Venus neben sich atmen wie damals und von
fern stiegen die Zacken und Felsen der Insel allmählich im
Morgengraun wieder empor, dazwischen glaubte er wirklich
den Vogel im Gebirge singen zu hören. Jetzt ruft es auch
plötzlich: Land! aus dem Mastkorb; verschlafene Matrosen
erheben sich, im Innern des Schiffs beginnt ein seltsames
Murmeln und Regen. Nun fährt Alma verwirrt aus dem
Schlafe empor. Da sie die Wälder, Felsen und Palmen sieht,
springt sie voller Entsetzen auf und wirft einen dunkeln
tödlichen Blick auf Antonio. Du hast mich verraten, ihr
wollt mich bei den Meinigen heimlich wieder aussetzen! ruft
sie aus und schwingt sich behende auf den Bord des Schiffes,
um sich ins Meer zu stürzen. – Aber Antonio faßte sie
schnell um den Leib, sie stutzte und sah ihn erstaunt mit
ungewissen Blicken an. Unterdes war auch Alvarez auf dem
Verdeck erschienen: still, still, rief er den Leuten zu, nur
sacht, eh' sie uns drüben merken! Er ließ die Anker werfen,
das Boot wurde leise und geräuschlos heruntergelassen, die
Berge und Klüfte breiteten sich immer mächtiger in der

Dämmerung aus. Da zweifelte Antonio selbst nicht länger, daß es auf Alma abgesehn. Ganz außer sich schwang er die arme Verratne auf seinen linken Arm, zog mit der rechten seinen Degen und rief vortretend mit lauter Stimme: es sei schändlich, treulos und undankbar, das Mädchen wider ihren Willen wieder auf die Insel zu setzen, von der sie alle eben erst mit Gefahr ihres Lebens gerettet. Aber er wolle sie bis zu seinem letzten Atemzuge verteidigen und mit ihr stehn oder fallen, wie ein Baum mit seiner Blüte!

Zu seiner Verwunderung erfolgte auf diese tapfere Anrede ein schallendes Gelächter. Was Teufel machst du denn für ein Geschrei, verliebter Baccalaureus! sagte Alvarez, wir wollen hier geschwind, eh' etwa noch die Wilden erwachen, frisches Wasser holen von den unverhofften Bergen, du siehst ja doch, 's ist ein ganz anderes Land! Nun sah es Antonio freilich auch, freudig und beschämt, denn die Morgenlichter spielten schon über den unbekannten Gipfeln. Alma aber hatte ihn fest umschlungen und bedeckte ihn mit glühenden Küssen. – Die Sonne vergoldete soeben Himmel, Meer und Berge und in dem Glanze trug Antonio sein Liebchen hurtig in das Boot, das nun durch die Morgenstille nach dem fremden Lande hinüberglitt.

Alma war die erste, die ans Land sprang, wie ein Kind lief sie erstaunt und neugierig umher. Es blitzte noch alles vom Tau, Menschen waren nirgends zu sehen, nur einzelne Vögel sangen hie und da in der Frische des Morgens. Die praktischen Seeleute hatten indes gar bald eine Quelle, Kokosund Brotbäume in Menge entdeckt, es ärgerte sie nur, daß die liebe Gottesgabe nicht auch schon gebacken war.

Alvarez aber, da heute eben ein Sonntag traf, beschloß auf dem gesegneten Eilande einige Tage zu rasten, um das Schiff und die Verwundeten und Kranken wieder völlig instandzusetzen. Währenddes waren mehrere auf den nächsten Gipfel gestiegen und erblickten überrascht jenseits des Gebirges eine weite lachende Landschaft. Auf ihr Geschrei kam auch der Hauptmann mit Antonio und Alma herbei. Das ist ja wie in Spanien, sagte Alvarez erfreut, hier möcht' ich ausruh'n, wenn's einmal Abend wird und die alten Segel dem Sturme nicht mehr halten. – Sie konnten der Versuchung nicht widerstehen, die Gegend näher zu betrachten, sie wanderten weiter den Berg hinunter und kamen bald in ein schönes grünes Tal. Auf dem letzten Abhange aber hielten sie plötzlich erschrocken still: ein einfaches Kreuz stand dort unter zwei schattigen Linden. Da knieten sie alle schweigend nieder, Alma sah sie verwundert an, dann sank auch sie auf ihre Knie in der tiefen Sonntagsstille, es war, als zöge ein Engel über sie dahin.

Als sie sich vom Gebet wieder erhoben, bemerkten sie erst einen zierlichen Garten unter dem Kreuz, den die Bäume von oben verdeckt hatten. Voll Erstaunen sahen sie sehr sorgfältig gehaltene Blumenbeete, Gänge und Spaliere, die Bienen summten in den Wipfeln, die in voller Blüte standen, aber der Gärtner war nirgends zu finden. – Da schrie Alma auf einmal erschrocken auf, als hätte sie auf eine Schlange getreten, sie hatte menschliche Fußtapfen auf dem tauigen Rasen entdeckt. – Den wollen wir wohl erwischen, rief Alvarez, und die Wanderer folgten sogleich begierig der frischen Spur. Sie ging jenseits auf die Berge, sie glaubten den Abdruck von Schuhen zu erkennen. Unverdrossen stiegen sie nun zwischen den Felsen das Gebirge hinan, aber bald war die Fährte unter Steinen und Unkraut verschwunden, bald erschien sie wieder deutlich im Gras, so führte sie immer höher und höher hinauf und verlor sich zuletzt auf den obersten Zacken, wie in den Himmel. – Es ist heut Sonntag, der Gärtner ist wohl der liebe Gott selber, sagte Alvarez, betroffen in der Wildnis umherschauend.

In dieser Zeit aber war die Sonne schon hoch gestiegen und brannte sengend auf die Klippen, sie mußten die weitere Nachforschung für jetzt aufgeben und kehrten endlich mit

vieler Mühe wieder zu den Ihrigen am Strande zurück. Als
sie dort ihr Abenteuer erzählten, wollte alles sogleich in das
neuentdeckte Tal stürzen. Aber Alvarez schlug klirrend an
seinen Degengriff und verbot feierlich allen und jedem, das
stille Revier nicht anders als unter seinem eignen Kommando zu betreten. Denn, sagte er, das sei keine Soldaten-
spelunke, um dort Karten zu spielen, da stecke was Absonderliches dahinter. – Vergebens zerbrachen sie sich nun die
Köpfe, was es mit dem Garten für ein Bewenden habe, denn
ein Haus war nirgends zu sehen und soviel hatten sie schon
von den Bergen bemerkt, daß das Land eine, wie es schien,
unbewohnte Insel von sehr geringem Umfange war. Man
beschloß endlich, sich hier an der Küste ein wenig einzurichten und am folgenden Tage gleich in der frühesten
Morgenkühle die Untersuchung gemeinschaftlich fortzusetzen.

Unterdes hatten die Zimmerleute schon ihre Werkstatt am
Meere aufgeschlagen, rings hämmerte und klapperte es
lustig, einige schweiften mit ihren Gewehren umher, andere
flickten die Segel im Schatten der überhängenden Felsen,
während fremde Vögel über ihnen bei dem ungewohnten Lärm ihre bunten Hälse neugierig aus dem Dickicht
streckten.

Mit dem herannahenden Abend versammelte sich nach und
nach alles wieder unter den Felsen, die Jäger kehrten von
den Bergen zurück und warfen ihre Beute auf den Rasen, da
lag viel fremdes Getier umher, die Schützen an ihren
Gewehren müde daneben. Indem kam ein Soldat, der sich
auf der Jagd verspätet, ganz erschrocken aus dem Walde und
sagte aus, er sei hinter einem schönen scheuen Vogel weit
von hier zwischen die höchsten Felsen geraten und als er
eben auf den Vogel angelegt, habe er plötzlich in der Wildnis
ein riesengroßes Heiligenbild auf einer Klippe erblickt, daß
ihm die Büchse aus der Hand gesunken. Die ersten Abend-

sterne am Firmament hätten das Haupt des Bildes wie ein
Heiligenschein umgeben, darauf habe es auf einmal sich
bewegt und sei langsam wie ein Nebelstreif mitten durch den
Fels gegangen, er habe es aber nicht wieder gesehen und vor
Grauen kaum den Rückweg gefunden. – Das ist der Gärtner, den wir heut früh schon suchten, rief Alvarez, hastig
aufspringend. Dabei traute er nun doch dem unschuldigen
Aussehn der Insel nicht und beschloß, noch in dieser Stunde
selber auf Kundschaft auszugehen, damit sie nicht etwa
mitten in der Nacht unversehens überfallen würden. Das
war dem abenteuerlichen Sanchez eben recht, auch Antonio
und Alma erboten sich tapfer, den Hauptmann zu begleiten.
Alvarez stellte nun eilig einzelne Posten auf die nächsten
Höhen aus, wer von ihnen den ersten Schuß im Gebirge
hörte, sollte antworten und auf dieses Signal die ganze
Mannschaft nachkommen. Darauf bewaffnete er sorgfältig
sich und seine Begleiter, auch Alma mußte einen Hirschfänger umschnallen, jeder steckte aus Vorsicht noch ein Windlicht zu sich, der Soldat aber, der die seltsame Nachricht
gebracht, mußte voran auf demselben Wege, den er gekommen; so zog das kleine Häuflein munter in das wachsende
Dunkel hinein.

Schon waren die Stimmen unter ihnen nach und nach
verhallt, nur manchmal leuchtete das Wachtfeuer noch
durch die Wipfel, die Gegend wurde immer kühler und
öder. Alma war echt zu Hause hier, sie sprang wie ein Reh
von Klippe zu Klippe und half lachend dem steifen Alvarez,
wenn ihm vor einem Sprunge graute. Der Soldat vorn aber
schwor, daß sie nun schon bald in der Gegend sein müßten,
wo er das Bild gesehen. Darüber wurde Sanchez ganz ungeduldig. Heraus, Nachteule, aus deinem Felsennest! rief er
aus und feuerte schnell sein Gewehr in die Luft ab. Die nahe
hohe Felsenwand brach den Schall und warf ihn nach der See
zurück, es blieb alles totenstill im Gebirge. – Da glaubten sie
plötzlich eine Glocke in der Ferne zu hören, die Luft kam
von den Bergen, sie unterschieden immer deutlicher den

Klang. Ganz verwirrt blieben nun alle lauschend stehen, über ihnen aber brach der Mond durch die Wolken und beleuchtete die unbekannten Täler und Klüfte, als sie auf einmal eine schöne tiefe Stimme in ihrer Landessprache singen hörten:

> Komm, Trost der Welt, du stille Nacht!
> Wie steigst du von den Bergen sacht,
> Die Lüfte alle schlafen,
> Ein Schiffer nur noch, wandermüd,
> Singt übers Meer sein Abendlied
> Zu Gottes Lob im Hafen.
>
> Die Jahre wie die Wolken gehn
> Und lassen mich hier einsam stehn,
> Die Welt hat mich vergessen,
> Da tratst du wunderbar zu mir,
> Wenn ich beim Waldesrauschen hier
> In stiller Nacht gesessen.
>
> O Trost der Welt, du stille Nacht,
> Der Tag hat mich so müd' gemacht,
> Das weite Meer schon dunkelt,
> Laß ausruhn mich von Lust und Not,
> Bis daß das ew'ge Morgenrot
> Den stillen Wald durchfunkelt.

Die Wandrer horchten noch immer voll Erstaunen, als der Gesang schon lange wieder in dem Gewölk verhallt war, das soeben vor ihnen mit leisem Fluge die Wipfel streifte. Alvarez erholte sich zuerst. Still, still, sagte er, nur sachte mir nach, vielleicht überraschen wir ihn. – Sie schlichen nun durch das Dickicht leise und vorsichtig immer tiefer in den feuchten Nebel hinein, niemand wagte zu atmen – als plötzlich der Vorderste mit großem Geschrei auf einen Fremden stieß, jetzt schrie wieder einer und noch einer auf, manchmal klang es wie Waffengerassel von ferne. Überwacht und

aufgeregt wie sie waren, zog jeder sogleich seinen Degen.
Indem sahen sie auch schon mehre halbkenntlich zwischen
den Klippen herandringen, die unerschrockenen Abenteurer
stürzten blind auf sie ein, da klirrte Schwert an Schwert im
Dunkeln, immer neue Gestalten füllten den Platz, als
wüchse das Gezücht aus dem Boden nach. – In diesem
Getümmel bemerkte niemand, wie ein fernes Licht, immer
näher und näher, das Laub streifte, auf einmal brach der
Widerschein durch die Zweige, den Kampfplatz scharf beleuchtend, und die Fechtenden standen plötzlich ganz verblüfft vor altbekannten Gesichtern – denn die vermeintlichen Wilden waren niemand anders, als ihre Kameraden
von unten, die verabredetermaßen auf Sanchez' Schuß zu
Hülfe gekommen.

Da ist er! schrie hier plötzlich der Soldat, der vorhin den
Alvarez heraufgeführt. Alle wandten sich erschrocken um:
ein schöner riesenhafter Greis mit langem weißen Bart, in
rauhe Felle gekleidet, eine brennende Fackel in der Hand,
stand vor ihnen und warf dem Sanchez die Fackel an den
Kopf, daß ihn die Funken knisternd umsprühten. Ruhe da!
rief er; was treibt euch, hier die Nacht mit wüstem Lärm zu
brechen, das wilde Meer murrt nur von fern am Fuß der
Felsen und alle blinden Elemente hielten Frieden hier seit
dreißig Jahren in schöner Eintracht der Natur, und die
ersten Christen, die ich wiedersehe, bringen Krieg, Empörung, Mord.

Hier erblickte er Alma, deren Gesicht von der Fackel hell
beleuchtet war, da wurde er auf einmal still. – Die erstaunten
Gesellen standen scheu im Kreise, sie hielten ihn insgeheim
für einen wundertätigen Magier. Diese Pause benutzte Alvarez und trat, seinen Degen einsteckend, einige Schritte vor.
Ihr sollt nicht glauben, sagte er, daß wir loses Gesindel
seien, das da ermangelt, einem frommen Waldbruder die
gebührende Reverenz zu erweisen; mit dem Lärm vorhin,
das war nur so eine kleine Konfusion. – Der Einsiedler aber
schien nicht darauf zu hören, er sah noch immer Alma an,

dann, wie in Gedanken in dem Kreise umherschauend, fragte er, woher sie kämen? – Das wußte nun Alvarez selber nicht recht und berichtete kurz und verworren von der Frau Venus, von Händeln mit den Wilden, von einem prächtigen Reich, das sie entdeckt, aber wieder verloren. – Der Alte betrachtete unterdes noch einmal alle in die Runde. Nach kurzem Schweigen sagte er darauf: es sei schon dunkle Nacht und seine Klause liege weit von hier, auch habe er oben nicht Raum für so viele unerwartete Gäste, am folgenden Tage aber wollte er sie mit allem, dessen sie zur Reise bedürften, aus dem Überfluß versehen, womit ihn Gott gesegnet. Der Hauptmann solle jetzt die Seinen zum Ankerplatz zurückführen und morgen, wenn sie die Frühglocke hörten, mit wenigen Begleitern wiederkommen.

Die Wandrer sahen einander zögernd an, sie hätten lieber noch heut den Waldbruder beim Wort genommen. Aber in seinem strengen Wesen war etwas Unüberwindliches, das zugleich Gehorsam und Vertrauen erweckte. Er selbst ergriff rasch die Fackel, an der die andern ihre Windlichter anzünden mußten, und zeigte ihnen, voranschreitend, einen von Zweigen verdeckten Felsenweg, der unmittelbar zum Strande führte. Als sie nach kurzem Gange zwischen den Bäumen heraustraten, sahen sie schon das Meer wieder heraufleuchten, tief unter ihnen riefen die zurückgebliebenen Wachen einander von ferne an. – Mein Gott, sagte der Einsiedler fast betroffen, das habe ich lange nicht gehört, es ist doch ein herrlich Ding um die Jugend. – Dann grüßt' er alle noch einmal und wandte sich schnell in die Finsternis zurück. Unten aber erschraken die Wachen, da sie ein Licht nach dem andern aus den Klüften steigen und durch die Nacht schweifen sahen, als kämen die verstörten Gebirgsgeister den stillen Wald herab.

Der folgende Tag graute noch kaum, da fuhr Alma schon von ihrem bunten Teppich auf, sie hatte vor Freude auf die bevorstehende Fahrt die ganze Nacht nur leise geschlummert und immerfort von dem Gebirge und dem Einsiedler geträumt. Erstaunt sah sie sich nach allen Seiten um, Antonio lag zu ihren Füßen im Gras. Es war noch alles still, die Wachtfeuer flackerten erlöschend im Zwielicht. Da überfiel Alma ein seltsames Grauen in der einsamen Fremde, sie konnt' es nicht lassen, sie stieß Antonion leis und zögernd an. Der verträumte Student richtete sich schnell auf und sah ihr in die klaren Augen. Sie aber wies aufhorchend nach dem Gebirge. Da hörte er hoch über ihnen auch schon die Morgenglocke des Einsiedlers durch die Luft herüberklingen und bei dem Klange fuhren die Langschläfer an den Feuern, einer nach dem andern, empor. Jetzt trat auch Alvarez schon völlig bewaffnet aus dem Zelte und teilte mit lauter Stimme seine Befehle für den kommenden Tag aus. Sanchez sollte heute das Kommando am Strande führen, er mochte ihn nicht wieder auf die Berge mitnehmen, da er ihm überall unverhofften Lärm und Verwirrung anrichtete. Bald wimmelte es nun wieder bunt über den ganzen Platz und ehe noch die Sonne sich über dem Meere erhob, brach der Hauptmann schon, nur von Alma und Antonio begleitet, zu dem Waldbruder auf.

Alma hatte sich alle Stege von gestern wohl gemerkt und kletterte munter voraus. Antonio trug mühsam ein großes dickes Buch unter dem Arme, in welchem er mit jugendlicher Wißbegierde und Selbstzufriedenheit merkwürdige Pflanzen aufzutrocknen und zu beschreiben pflegte. Alma meinte, er mache Heu für den Schiffsesel und brachte ihm Disteln und anderes nichtswürdiges Unkraut in Menge. Das verdroß ihn sehr, er suchte ihr in aller Geschwindigkeit einen kurzen Begriff von dem Nutzen der Wissenschaft beizubringen. Aber sie lachte ihn aus und steckte sich die schönsten frischen Blumen auf den Hut, daß sie selbst wie die Gebirgsflora anzusehen war. – Auf einmal starrten alle überrascht in die Höh. Denn fern auf einem Felsen, der die andern Gipfel überschaute, trat plötzlich der Einsiedler mitten ins Morgenrot, als wär' er ganz von Feuer; er schien die Wandrer kaum zu bemerken, so versunken war er in den Anblick des Schiffs, das unten ungeduldig wie ein mutiges Roß auf den Wellen tanzte. Jetzt fiel es dem Alvarez erst aufs Herz, daß er ein verkleidetes Mädchen zu dem frommen Manne mit heraufbringen wolle. Er bestand daher ungeachtet Antonios Fürbitten darauf, daß Alma zurückkehren und ihre Wiederkehr unten erwarten solle. Sie war betroffen und traurig darüber; als sie aber endlich die Skrupel des Hauptmanns begriff, schien sie schnell einen heimlichen Anschlag zu fassen, sah sich noch einmal genau die Gegend an und sprang dann, ohne ein Wort zu sagen, wieder nach dem Lagerplatze hinab.

Unterdes hatte der Einsiedler oben die Ankommenden gewahrt und wies ihnen durch Zeichen den nächsten Pfad zu dem Gipfel, wo er sie mit großer Freude willkommen hieß. Laßt uns die Morgenkühle noch benutzen, sagte er dann nach kurzer Rast, und führte seine Gäste sogleich wieder weiter zwischen die Berggipfel hinein. Sie gingen lange an Klüften und rauschenden Bächen vorüber, sie erstaunten, wie rüstig ihr Führer voranschritt. So waren sie auf einem hochgelegenen freien Platze angekommen, der nach der Gegend, wo das Schiff vor Anker lag, von höhern Felsen und Wipfeln ganz verschattet war; von der andern Seite aber sah man weit in die fruchtbaren Täler hinaus, während zu ihren Füßen der Garten heraufduftete, den sie schon gestern zufällig entdeckt hatten. – Das ist mein Haus, sagte der Einsiedler und zeigte auf eine Felsenhalle im Hintergrund. Die Morgensonne schien heiter durch die offene Tür und beleuchtete einfaches Hausgerät und ein Kreuz an der gegenüberstehenden Wand, unter dem ein schönes Schwert hing. Die Ermüdeten mußten sich nun auf die Rasenbank vor der Klause lagern, der Einsiedler aber brachte zu ihrer Verwunderung Weinflaschen und köstliches Obst, schenkte die Gläser voll und trank auf den Ruhm Altspaniens. Unterdes hatte der Morgen ringsum alles vergoldet und funkelte lustig in den Gläsern und Waffen, ein Reh weidete neben ihnen und schöne bunte Vögel flatterten von den Zweigen und naschten vertraulich mit von dem Frühstück der Fremden.

Hier saßen sie lange zusammen in der erfrischenden Kühle. Der Einsiedler erkundigte sich nach ihrem gemeinschaftlichen Vaterlande, aber er sprach von so alten Zeiten und Begebenheiten, daß ihm fast nur Antonio aus seinen Schulbüchern noch Bescheid zu geben wußte. Da sie ihn aber so heiter sahen, drangen sie endlich in ihn, ihnen seinen eigenen Lebenslauf und wie er auf diese Insel gekommen, ausführlich zu erzählen. Da besann er sich einen Augenblick. Es ist mir alles nur noch wie ein Traum, sagte er darauf, die fröhlichen Gesellen meiner Jugend, die sich daran ergötzen könnten, sind lange tot, andere Geschlechter gehen unbekümmert über ihre Gräber, und ich stehe zwischen den Leichensteinen allein wie in tiefem Abendrote. Doch sei es drum, ich schwieg so lange Zeit, daß mir das Herz recht aufgeht bei den heimatlichen Lauten; ich will euch von allem treulich Kunde geben, vielleicht erinnert sich doch noch jemand meiner, wenn ihr's zu Hause wiedererzählt. So rückten sie denn im Grünen näher zusammen und der Alte hub folgendermaßen an:

Geschichte des Einsiedlers

Die letzte Macht der Mohren war zertrümmert, die Zeit war alt und die Waffen verklungen, unsere Burgen standen einsam über wallenden Kornfeldern, das Gras wuchs auf den Zinnen, da blickte mancher vom Walle übers Meer und sehnte sich nach einer neuen Welt. Ich war damals noch jung, vor meiner Seele dämmerte bei Tag und Nacht ein wunderbares Reich mit blühenden Inseln und goldenen

Türmen aus den Fluten herauf – so rüstete ich freudig ein Schiff aus, um es zu erobern.

Was soll ich euch von den ersten Wochen der Fahrt erzählen, von den vorüberfliegenden Küsten, von der Meereseinsamkeit und den weitgestirnten prächtigen Nächten, ihr kennt's ja so gut, wie ich. Es sind jetzt gerade dreißig Jahre, es war des Königs Namenstag, wir fuhren auf offner unbekannter See. Ich hatte zur Gedächtnisfeier des Tages ein Fest auf dem Verdeck bereitet, die Tische waren gedeckt, wir saßen unter bunten Fahnen in der milden Luft, einige sangen spanische Lieder zur Zither, glänzende Fische spielten neben dem Schiff, ein frischer Wind schwellte die Segel. Da, indem wir so der fernen Heimat gedachten, sahen wir auf einmal verflogene Paradiesvögel über uns durch die klaren Lüfte schweifen, alle hießen's für die Verheißung eines nahen Landes. Und was für ein Land muß das sein, rief ich aufspringend, wo der Wind solche Blüten herüberweht! Wir hofften alle das wunderbare Eldorado zu entdecken. Aber mein Lieutenant, ein junger, stiller und finsterer Mann, entgegnete in seiner melancholischen Weise: das Eldorado liege auf dem großen Meere der Ewigkeit, es sei töricht, es unter den Wolken zu suchen. – Das verdroß mich. Ich schenkte rasch mein Glas voll. Wer's hier nicht sucht, der findet's nimmer, rief ich, durch! und wenns am Monde hinge. Aber wie ich anstieß, sprang mein Glas mitten entzwei, mir graute – da rief's auf einmal vom Mastkorbe: Land!

Alles fuhr nun freudig erschrocken auf, wir waren fern von allen bekannten Küsten, es mußte ein ganz fremdes Land sein. Wir sahen erst nur einen Nebelstreif, dann allmählich wuchs und dehnte sich's wie ein Wolkengebirge. Unterdes aber kam der Abend, die Luft dunkelte schläfrig und verdeckte alles wieder. – Wir gingen nun so nah am Strande als möglich vor Anker, um mit Tagesanbruch zu landen. O der schönen erwartungsvollen Nacht! Es war so still, daß wir die Wälder von der Küste rauschen hörten, ein

köstlicher Duft von Kräutern wehte herüber, im Walde sang
ein Vogel mit fremdem Schalle, manchmal trat der Mond
plötzlich hervor und beleuchtete flüchtig wunderbare Gipfel
und Klüfte.

Als endlich der Morgen anbrach, standen wir schon alle
wanderfertig auf dem Verdecke vor dem blitzenden Eilande.
Ich werde den Anblick niemals vergessen – mir war's als
schlüge die strenge Schöne, die ich oft im Traume gesehen,
ihre Schleier zurück und ich säh' ihr auf einmal in die wilden
dunkeln Augen. – Wir landeten nun und richteten uns
fröhlich am Fuß des Gebirges ein, ich aber machte sogleich
mit mehreren Begleitern einen Streifzug ins Land. Wir fanden alles wild und schön, fremde Tiere flogen scheu vor uns
in das Dickicht, weiterhin stießen wir auf ein Dorf in einem
fruchtbaren Felsentale, die Schmetterlinge flatterten friedlich in den blühenden Bäumen, aber die Hütten waren leer
und alles so still in der Einsamkeit zwischen den Klüften und
Wasserfällen, als wäre der Morgen der Engel des Herrn, der
die Menschen aus dem Paradiese gejagt und nun zürnend mit
dem Flammenschwerte auf den Bergen stände.

Als ich zurückkehrte, ließ ich der Vorsicht wegen einige
Feldschlangen vom Schiffe bringen und unsern Lagerplatz
verschanzen, da ich beschlossen hatte, das Land genau zu
durchforschen. So war die Nacht herangekommen. Ich hatte
wenig Ruh vor schweren seltsamen Träumen und als ich das
eine Mal aufwachte, war unser Wachtfeuer fast schon ausgebrannt, es konnte nicht mehr weit vom Tage sein. Ich begab
mich daher zu den äußersten Posten, die ich am Abend
ausgestellt, die waren sehr erfreut, mich zu sehen, denn sie
hatten die ganze Nacht über eine wunderliche Unruhe im
Gebirge bemerkt, ohne erraten zu können, was es gebe. Ich
legte mich mit dem Ohr an den Boden, da war's zu meinem
Erstaunen, als vernähm' ich den schweren Marsch bewaffneter Scharen in der Ferne. Manchmal erschallte es weit in den
Bäumen wie Nachtgeflügel, das aufgeschreckt durch die
Zweige bricht, dann war alles wieder still. Indem ich aber

noch so lauschte, hör' ich auf einmal ein Flüstern dicht neben mir im Dunkeln. Ich trat einige Schritte zurück, meine Jagdtasche war mit Feuerwerk wohl versehen, ich warf schnell eine Leuchtkugel nach dem Gebirge hinaus. Da bot sich uns plötzlich der wunderbarste Anblick dar: bei dem hellen Widerschein sahen wir einen furchtbaren Kreis bewaffneter dunkler Gestalten, lauernd an die Palmen gelehnt, hinter Steinen im Dickicht, Kopf an Kopf bis tief in den finstern Wald hinein. Alle Augen folgten dem feurigen Streif der Leuchtkugel, und als sie prasselnd in der Luft zerplatzte, richteten sich mehre auf und betrachteten erstaunt die funkelnden Sterne, die im Niedersinken die Wipfel vergoldeten. Unterdes waren auch die Feuerzeichen die Unsrigen, die auf meinen Befehl bekleidet und mit den Waffen geruht hatten, erschreckt und noch halbverschlafen herbeigeeilt. Als nun die Wilden das Wirren und ängstliche Hin- und Herlaufen bemerkten, sprangen sie plötzlich aus ihrem Hinterhalt, ein Hagel von Speeren und Steinen flog hinter ihnen drein, ich hatte kaum Zeit, die Meinigen zu ordnen. Ich ließ fürs erste nur blind feuern, die Eingebornen stutzten, da sie sich aber alle unversehrt fühlten, lachten sie wild und griffen nun um so wütender an. Eine zweite scharfe Ladung empfing die Verwegenen, wir sahen einige von ihnen getroffen sinken, die hintersten aber gewahrten es nicht und drängten immer unaufhaltsamer über die Gefallenen vor. Mehrere von den Unsrigen wollten unterdes mitten in dem Getümmel ein Weib mit fliegendem Haar gesehen haben, die wie ein Würgengel unter ihren eigenen Leuten die Zurückweichenden mit ihrem Speer durchbohrte, es entstand ein dumpfes scheues Gemurmel von einer schönen wilden Zauberin, die Meinigen fingen an zu wanken. Jetzt zauderte ich nicht länger, ich befahl unsere Feldschlange loszubrennen, der Schuß weckte einen anhaltenden furchtbaren Widerhall zwischen den Bergen und riß eine breite Lücke in den dichtesten Haufen der Wilden. Das entschied den Kampf; wie vor einer unbegreiflichen übermenschlichen

Gewalt standen sie eine Zeitlang regungslos, dann wandte sich auf einmal die ganze Schar mit durchdringendem Geheul, durch den Pulverdampf sahen wir sie ihre Toten und Verwundeten auf den Rücken eilig fortschleppen und in wenigen Minuten war alles zwischen dem Unkraut und den Felsenritzen wie ein Nachtspuk in der Morgendämmerung verschlüpft, die nun allmählich wachsend das Gebirge erhellte.

Wir standen noch ganz verwirrt, wie nach einem unerhörten Traume. Ich ließ darauf die Verwundeten zurückbringen und sammelte die Frischesten und Kühnsten, um den Saum des Waldes von dem Gesindel völlig zu säubern. So schritten wir eben vorsichtig in die Berge hinein, als plötzlich auf einem Felsen über uns zwischen den Wipfeln eine hohe schlanke Mädchengestalt von so ausnehmender Schönheit erschien, daß alle, die auf sie zielten, ihre Arme sinken ließen. Sie war in ein buntgeflecktes Pantherfell gekleidet, das von einem funkelnden Gürtel über den Hüften zusammengehalten wurde, mit Bogen und Köcher, wie die heidnische Göttin Diana. Sie redete uns furchtlos und wie es schien, zürnend an, aber keiner verstand die Sprache und der Klang ihrer Stimme verhallte in den Lüften, bis sie endlich selbst zwischen den Bäumen wieder verschwand.

Mein Lieutenant insbesondere war von der wunderbaren Erscheinung ganz verwirrt. Er pflegte sonst nicht viel Worte zu machen, jetzt aber funkelten seine Augen, ich hatte ihn noch nie so heftig gesehn. Er nannte das Mädchen eine teuflische Hexe, man müsse sie tot oder lebendig fangen und verbrennen, er selbst erbot sich, sogleich Jagd auf sie zu machen. Ich verwies ihm seine unsinnige Rede. Wir brauchten, sagte ich, vor allem einige Tage Ruh und frische Lebensmittel, dazu müßten wir jetzt Frieden halten mit den Eingebornen. Der Lieutenant aber war bei seinem stillen Wesen leicht zum Zorne zu reizen, er hieß mich selber des Teufels Zuhalter und verschwor sich, wenn ihm keiner beistehn wollte, das christliche Werk allein zu vollbringen. Und mit diesen Worten stieg er eilig das Gebirge hinan, ehe wir ihn zurückhalten konnten. Vergebens riefen wir ihm warnend, bittend und drohend nach, ich selbst durchschweifte mit vielen andern fruchtlos die nächsten Berge, es sah ihn niemand wieder.

Dieses ganz unerwartete Ereignis machte mir große Sorge, denn entweder wandte der Unglückliche durch sein Unternehmen das kaum vorübergezogene Ungewitter von neuem auf uns zurück, oder ich verlor, was wahrscheinlicher war, einen redlichen und tapfern Offizier. Das letzte schien leider zutreffen zu wollen, denn alle unsere Nachforschungen blieben ohne Erfolg, mehrere Tage waren seitdem vergangen, meine Leute gaben ihn schon auf. Da beschloß ich endlich, mir um jeden Preis Gewißheit über sein Schicksal zu verschaffen. Ich ließ unser Lager abbrechen, lichtete die Anker und segelte, mich immer möglichst dicht zum Lande haltend, weiter an der Küste herab.

Wir fuhren nun abwechselnd an wilden und lachenden Gestaden vorüber, aber, wo wir auch ans Land stiegen, sahen wir's verlassen, die Eingebornen flohen scheu vor uns in die Wälder, von dem Lieutenant war keine Spur zu entdekken. – So hatten wir uns einmal beim ersten Morgengrauen in einem von Bergen umgebenen Tale gelagert, das mir besonders anmutig und reich bevölkert schien, wie ich aus den vielen Stimmen abnahm, die wir nachts von der Küste gehört hatten. Ich ließ unsern Lagerplatz sogleich mit Zweigen eines Baumes bestecken, von dem ich wußte, daß er in diesen Weltgegenden als Zeichen des Friedens und der Freundschaft angesehen wird, flatternde Bänder und bunte Teppiche wurden ringsum an Stangen ausgehängt, unsere Spielleute mußten dazu musizieren, das klang gar lustig in der Einsamkeit, die nun schon von der schönsten Morgenröte nach und nach erhellt wurde. Ich hatte mich in meiner Erwartung auch nicht getäuscht, denn es währte nicht lange, so erschienen einzelne Wilde neugierig hie und da wie Raben an den Klippen, jetzt erkannten wir auch im steigenden

Morgen die Gegend ringsumher, fruchtbare Gründe, Wasserfälle und wunderbar gezackte Felsen, die wie Burgen über den Wäldern hingen.

Bald darauf aber sahen wir es fern am Saum des Waldes in der Morgensonne schimmern. Ein unübersehbarer Zug von Wilden bewegte sich jetzt unter den Bäumen die nachtkühlen Schlüfte herab, voran schwärmten hohe schlanke Bursche über den beglänzten Wiesengrund, die gewandt ihre blinkenden Speere in die Luft warfen und wieder auffingen. So im künstlichen Kampfspiel bald sich verschlingend, bald wieder auseinanderfliegend, nahten sie sich langsam unserm Lager, dazwischen sang der Zug dahinter ein rauhes aber gewaltiges Lied und so oft sie schwiegen, gaben andere von den Bergen Antwort.

Ich wußte nicht, was ich von dem seltsamen Beginnen halten sollte. Mir war aber alles daran gelegen, mit ihnen in ein friedliches Verständnis zu kommen. Ich hieß daher meine Leute die Feldschlange laden und sich kampffertig halten, während ich selber allein den Ankommenden entgegenging, das grüne Reis hoch über meinem Hute schwenkend. Da gewahrte ich an der Spitze des Zuges mehrere schöne junge Männer in kriegerischem Schmuck, die über ihren Köpfen breite Schilde wie ein glänzendes Dach emporhielten. Auf diesen aber erblickte ich zu meinem Erstaunen das Wundermädchen wieder, die wir damals auf dem Felsen gesehn. Mit dem schlanken Pantherleib, zu beiden Seiten von den langen dunklen Locken umwallt, ruhte sie in ihrer strengen Schönheit wie eine furchtbare Sphinx auf den Schilden.

Kaum aber hatte sie mich erblickt, als sie sich rasch von ihrem Sitze schwang und auf mich zueilte, die turnierenden Bursche stoben zu beiden Seiten auseinander und senkten ehrerbietig die Lanzen vor ihr – es war die Königin des Landes.

Sie trat, während die andern in einem weiten Halbkreise zurückblieben, mitten unter uns mit einem Anstande, der uns alle erstaunen machte, und betrachtete mich, als den vermeintlichen König der Fremden, lange Zeit mit ernsten Blicken. Ich ließ ihr einen bunten Teppich zum Sitze über den Rasen breiten und überreichte ihr dann ein Geschenk von Glaskorallen, Tüchern und Bändern. Sie nahm alles wie einen schuldigen Tribut an, ohne sich jedoch, nach einem flüchtigen Blick darauf, weiter darum zu bekümmern, ihre Seele schien von ganz andern Gedanken erfüllt. Unterdes war auch ihr Gefolge nach und nach vertraulicher geworden. Einzelne näherten sich den Unsrigen, einer von ihnen benutzte die Verwirrung, rollte schnell einen Teppich auf und entfloh damit nach dem Walde. Die Königin bemerkte es, rasch aufspringend zog sie einen Pfeil aus ihrem Köcher und durchbohrte den Fliehenden, daß er tot ins Gras stürzte; da hing die ganze Schar wie eine dunkle Wolke wieder unbeweglich am Saume des Waldes.

Mir graute, sie aber wandte sich von neuem zu uns, ihre Blicke spielten umher, sie schien etwas mit den Augen zu suchen. Endlich erblickt sie's: es war unsere Feldschlange. Sie betrachtete sie mit großer Aufmerksamkeit, auf ihr Begehren mußte ich sie wenden und losbrennen lassen. Bei dem Knall stürzten die Eingebornen zu Boden, das Mädchen schauerte kaum und stand wie eine Zauberin in dem ringelnden Dampf. Dann aber flog sie pfeilschnell nach der Gegend, wohin der Schuß gefallen. Ich folgte ihr, denn es schien mir ratsam, ihr die unwiderstehliche Gewalt unseres Geschützes begreiflich zu machen. Es war ein abgelegener Ort tief im Walde, wo die Kugel einen Baum zerschmettert hatte; Stamm, Krone und Äste lagen zerrissen umher, wie vom Blitz gespalten. – Als sich die Königin von der furchtbaren Wirkung des Schusses überzeugt hatte, wurde sie ganz nachdenklich und traurig; wie vernichtet setzte sie sich auf den Rasen hin. So saß sie lange stumm, ich hatte sie noch nicht so nah gesehn, nun fesselte mich ihre Schönheit und ganz verwirrt und geblendet drückte ich flüchtig ihre Hand. Da wandte sie fast betroffen ihr Gesicht nach mir herum und sprang dann plötzlich wild auf, daß ich zusammenschrak. Sie eilte nach unserm Lagerplatz zurück, dort hatte sie, eh' ich's noch hindern konnte, unsere Schiffsfahne ergriffen und schwenkte sie hoch in der Luft, uns alle auf ihre Berge einladend. Ich hatte kaum noch Zeit genug, die nötigen Wachen am Strande anzuordnen, denn sie flog schon mit dem weißen flatternden Banner voran. Von Zeit zu Zeit, während wir vorsichtig folgten, erschien sie über den Wipfeln auf überhängenden Felsen, daß uns grauste, und so oft sie oben sichtbar wurde, jauchzten die Eingebornen ihr zu und ihre Hörner schmetterten dazwischen, daß es weit im Gebirge widerhallte.

Ich übergehe hier unsern Empfang und ersten Aufenthalt auf diesen Felsen, die scheue Gastfreundschaft der Wilden, unser Lagern über den Klüften, die herrlichen Morgen und die wunderbaren Nächte – es ist mir von allem nur noch das Bild der Königin in der Seele zurückgeblieben. Denn sie selber war wie das Gebirge, in launenhaftem Wechsel bald scharf gezackt, bald sammetgrün, jetzt hell und blühend bis in den fernsten tiefsten Grund, dann alles wieder grauenhaft verdunkelt. Wie oft stand ich damals auf den Bergen und schaute in das blaue Meer! Den Lieutenant hatte ich lange aufgegeben, der Wind wehte günstig, alles war zur Abfahrt bereit – und doch mußte ich mich immer wieder zurückwenden in jene wildschöne Einsamkeit.

In dieser Zeit schweifte ich oft mit der Königin auf der Jagd umher. Auf einem solchen Streifzuge war ich eines Tages weit von ihr abgekommen. Vergebens rief ich ihren Namen, die Täler unten ruhten schwül, nur der Widerhall gab Antwort zwischen den Felsen. Auf einmal erblickte ich sie fern im Walde, es war, als ginge jemand unter den Bäumen eilig von ihr fort. Als ich aber hinaufkam, war alles wieder still; dann aber hörte ich sie singen über mir, eine so wunderbare Melodie, daß es mir die Seele wandte. So verlockte sie mich immer weiter in die Wildnis, ihr Lied war auch verklungen, kein Vogel sang mehr in dieser unwirtbaren Höhe – da, wie ich mich einmal plötzlich wende, steht sie auf einer Klippe in der Waldesstille, den Bogen lauernd auf mich angelegt. – Ich starrte sie erschrocken an, sie aber lachte und ließ den Bogen sinken, zwischen den Wasserfällen im Widerschein der Abendlichter zu mir herabsteigend. – Es war eine öde Gebirgsebene hoch über allen Wäldern, der Abend dunkelte schon. Sie setzte sich zu mir ins Gras, mir graute, denn um ihren Hals bemerkte ich eine Perlenschnur von Zähnen erschlagener Feinde. Und dennoch wandte ich keinen Blick von ihr, gleichwie man gern in ein Gewitter schaut. So lag ich, den Kopf in meine Hand gestützt, ganz in den Anblick ihrer wunderbaren Erscheinung versunken. Da sie's aber gewahrte, wandte sie sich plötzlich von mir, schwenkte aufspringend ihren Jagdspeer über sich und sang ein seltsames Lied, es waren in unserer Sprache etwa folgende Worte:

> Bin ein Feuer hell, das lodert
> Von dem grünen Felsenkranz,
> Seewind ist mein Buhl' und fodert
> Mich zum lust'gen Wirbeltanz,
> Kommt und wechselt unbeständig.
> Steigend wild,
> Neigend mild,
> Meine schlanken Lohen wend' ich,
> Komm' nicht nah mir, ich verbrenn' dich!

Bei diesen Worten versank Antonio in Nachsinnen, es war offenbar dasselbe Lied, das damals Alma tanzend auf dem Schiffe gesungen. Er mochte aber jetzt den Einsiedler nicht unterbrechen, der in seiner Erzählung folgendermaßen fortfuhr:

Dieser Abend gab den Ausschlag. Damals tat ich einen heimlichen Schwur, mich selber für die Königin zu opfern. Ich gelobte, Europa zu entsagen für immer, um sie und ihr Volk zum Christentum zu bekehren und dann mit ihr das

Eiland zu regieren zu Gottes Ehre. – Ich Tor, ich bildete mir
ein, den Himmel zu erobern, und meinte doch nur das
schöne Weib! Mein Plan war bald gemacht. Erst mußt' ich
sichern Boden haben unter mir. Unter meinen Leuten befanden sich geschickte Werkmeister aller Art; Holz, Steine und
was zum Bauen nötig, lag verworren umher, ich ließ rasch
zugreifen und auf dem Vorgebirg, welches das ganze Land
beherrschte, eine feste Burg errichten zu Schutz und Trutz,
und pflanzte einen Garten daneben nach unserer Weise.

Nur wenigen von den Meinen hatte ich das eigentliche
Vorhaben angedeutet, die andern blendete das Gold, das
überall verlockend durch den grünen Teppich der Insel
schimmerte. Die Königin wußte nicht wie ihr geschah, erst
wollte sie's hindern, dann stutzte sie und staunte, und
während sie noch so zögernd sann und schwankte, wuchsen
die Hallen und Bogen und Lauben ihr schon über dem
Haupt zusammen und alles schoß üppig auf und rauschte
und blühte, als sollt' es ein ewiger Frühling sein.

Dazumal an einem Sonntage besichtigte ich das neue
Werk, meine Leute waren lustig im Grünen zerstreut, ich
hatte Wein unter sie verteilen lassen, denn morgen sollten
die Kanonen vom Schiff auf die Mauern gebracht und die
Burg feierlich eingeweiht werden. Ich ging durch den einsamen Hof und freute mich, wie die jungen Weinranken
überall an den Pfeilern und Wänden hinaufkletterten. Es war
ein schwüler Nachmittag, die Bäume flüsterten so seltsam
über die Mauer, die Arbeit ruhte weit und breit, nur manchmal schlüpfte eine bunte Schlange durch das Gras, während
einzelne Wolken träg und müßig über die Gegend hinzogen.
Draußen aber schillerte der junge Garten im Sonnenglanze,
wie mit offnen Augen schlafend, als wollt' er mir im Traum
etwas sagen. Ich trat hinaus und streckte mich endlich
ermattet vor dem Tor unter die blühenden Bäume, wo mich
die Bienen gar bald in Schlummer summten. – So mochte ich
lange geschlafen haben, als ich plötzlich Stimmen zu hören
glaubte.

Ich bog die Zweige auseinander und erblickte wirklich mehre Eingeborne im Burghof, sie strichen, heimlich und scheu umherschauend, an den Mauern hin, ich erkannte die Häuptlinge der Insel an ihrem Schmuck. Im ersten Augenblick glaubte ich, es gelte mir, aber sie konnten mich nicht bemerken. Zu meinem Entsetzen aber gewahre ich nun auch unsern Lieutenant mitten unter ihnen mit verworrenem Bart, bleich und verwildert wie ein Gespenst, er redet geläufig ihre Mundart, sie sprechen leise und lebhaft untereinander. Darauf alles auf einmal wieder totenstill – da erblickte ich die Königin am jenseitigen Tor, in ihrem Pantherkleid mit dem Bogen, ganz wie ich sie zum ersten Mal gesehen. Sie macht mit ihrem Pfeile wunderliche Zeichen in die Luft und plötzlich, schnell und lautlos, ist alles wieder zerstoben. – Ich rieb mir die Augen, die ganze Erscheinung war mir wie ein Spuk.

Als ich mich ein wenig besonnen, sprang ich hastig auf, da ich aber an den Bergrand trat, stand schon der Abend dunkelrot über der Insel, aus dem Waldgrunde unter mir hörte ich die Meinigen singen. Ich eilte sogleich nach der Gegend des Gebirges hin, wo die Königin mit den Häuptlingen verschwunden war. Da sah ich jemand fern unter den Bäumen sich ungewiß bewegen, bald rasch vortretend, bald wieder zögernd und unschlüssig zurückkehrend. Auf einmal kam er wie rasend auf mich hergestürzt – es war der Lieutenant. Fort, fort! schrie er, die Nacht bricht schon herein, laßt alles stehn, werft euch auf euer Schiff und flieht, nur fort! – Mir flog eine schreckliche Ahnung durch die Seele. Überläufer! rief ich, meinen Degen ziehend, du hast uns verraten, das Kainszeichen brennt dir blutrot an der Stirn! – Wo, wo brennt's? entgegnete er erschrocken, sich wild nach allen Seiten umsehend. – Aus deinen Augen lodert es versengend, sagte ich; – das ist nicht wahr, erwiderte er, im Walde brennt's unter meinen Füßen, in meinem Haar, in meinen Eingeweiden brennt's! und mit diesen Worten ergriff er sein Schwert und drang verzweifelt auf mich ein. Hier, Aug' in

Aug', sieh nicht so scheu hinweg! rief ich ihm zu. Ich weiß nicht, täuschte mich die Dämmerung, aber mir war's, als böt er recht mit Herzenslust die entblößte Brust oft wehrlos meiner Degenspitze – mir graute, ihn zu morden.

Da, während wir so fechten, tritt auf einmal die Königin aus dem Walde und mitten zwischen uns. Der Lieutenant, da er sie erblickt, taumelt wie geblendet einige Schritte zurück. Dann seinen Degen plötzlich zu ihren Füßen niederwerfend, ruft er aus: Da nimm's, ich *kann* nicht! Und in demselben Augenblick bricht er zusammen, auf den Boden schlagend. – Die Königin aber neigte sich über ihn und nannte ihn beim Namen so lieblich mit dem wunderbaren Klange ihrer Stimme, daß er verwirrt den Kopf erhob und lauschte. Da setzte sie mutwillig ihren Fuß auf seinen Nakken; geh nur, geh, sagte sie, und ein spöttisches Lächeln flog um ihren Mund. Und zu meinem Erstaunen raffte nun der Lieutenant, seinen Degen fassend, sich rasch wieder empor, seine Augen funkelten irr über die hohe Gestalt, die er, ich sah's wohl, tödlich haßte und rasend liebte, er konnte meinen Blick nicht ertragen, seine Kleider waren mit Blut bespritzt von einer leichten Wunde am Arm, aber er bemerkte es nicht. So stürzte er von neuem fort in den Wald und ein blutiger Streif bezeichnete seine Spur im Grase.

Nun wandte sich die Königin wieder zu mir, ich fragte sie, wo der Lieutenant so lange gewesen? Sie schien zerstreut und gab verworren Antwort. Drauf fragte ich, wohin sie ging? – Auf den Anstand, entgegnete sie lachend, der Wind weht vom Gebirge, da wechselt das Wild, es gibt heut ein lustiges Jagen! Jetzt traten wir droben aus dem Gesträppe, da sah ich tief unter uns meine gesamte Mannschaft, in buntem Gemisch mit vielen Eingebornen um Becher und Würfelspiel gelagert. Von der einen Seite ragte meine halbfertige Burg über die Wipfel, die Luft dunkelte schon, Vögel schwärmten kreischend um die Mauern. – Ich hatte keine Ruh, es trieb mich zu den Meinen, die Königin führte mich auf dem nächsten Wege hinab. Sie lauschte oft in die Ferne, da hörte ich Stimmen, bald da, bald dort ein Laut, dann sah ich Rauchsäulen im Walde aufsteigen, ich hielt es für Höhenrauch nach dem schwülen Tage. Unterdes aber kam die Nacht und der Mond, die Bäche rauschten im Dunkeln neben uns, die Königin wurde immer schöner und wilder, sie riß am Wege leuchtende Blumen ab und kränzte sich und mich damit; so stieg sie mit mir von Klippe zu Klippe, selber wie die Nacht. Nun standen wir am letzten Abhange, schon konnte ich die Stimmen der Meinigen im Waldgrunde unterscheiden, da trat sie plötzlich vor mir auf den Fels hinaus und schleuderte ihren Jagdspeer übers Tal. Kaum aber sahen die unten zerstreuten Wilden ihn funkelnd blitzen über sich, so sprangen alle jauchzend auf und warfen sich wie Tigerkatzen über meine Leute, die sich der Tücke nicht versahen. Jetzt wurde mir auf einmal alles schrecklich klar. Ich zog und hieb voll Zorn erst nach der Königin, sie aber flog schon ferne durch den Wald, so stürzt' ich nun den Meinigen zu Hülfe. Diese waren hart bedrängt, nur wenige hatten so schnell zu ihren Waffen gelangen können, ich sammelte, so gut es ging, die Verwirrten, meine unerwartete Gegenwart belebte alle und in kurzer Zeit war das verräterische Gesindel wieder verjagt.

Aber rings am Saume des Waldes schwoll und wuchs nun die Schar unermeßlich, zahllose dunkle Gestalten mit Feuerbränden wirrten sich kreuzend durch die Nacht und steckten in grauenvoller Geschäftigkeit ringsum die Wälder an. Die Sonne hatte wochenlang gesengt über dem Lande, da griff das Feuer, an den Felswänden auf- und niedersteigend, lustig in die alten Wipfel, der Sturm faßte und rollte die Flammen auf, wie blutige Fahnen, in der entsetzlichen Beleuchtung sah ich die Königin auf ihren Knien, als wollte sie die Lohen auf uns wenden mit ihrem schrecklichen Gebet. Kaum noch vermochten wir zu atmen in dem Rauch, der von Pfeilen schwirrte, von allen Seiten rückt' es rasch heran, das Schrein, das sprühende Knistern und Prasseln, nur manchmal von dem Donner stürzender Bäume unterbrochen; schon lief das Feuer in dem verdorrten Heidekraut über den Waldgrund, uns immer enger umzingelnd mit seinem furchtbaren Ringe. Da in der höchsten Not teilte der Wind auf einen Augenblick den Qualm und wir gewahrten plötzlich eine dunkle Furt in den Flammenwogen. Ein reißender Waldstrom rang dort mit dem wilden Feuermanne, der zornig Wurzeln, Stämme und Kronen darüber geworfen hatte. Das rettete uns, wir eilten über die lodernden Brücken und erreichten in der allgemeinen Verwirrung glücklich das Meer, eh' uns der große Haufen bemerkte.

Als wir aber an den Strand kamen, sahen wir zu unserm Schrecken unser Boot schon von Eingebornen besetzt. Die Königin war's mit vielen bewaffneten Häuptlingen, sie schienen von unserm Schiffe herzukommen und sprangen soeben leis und heimlich ans Land. Da sie uns erblickten, nicht weniger überrascht als wir, umringten sie eiligst ihre Königin und suchten uns in die Flammen zurückzutreiben. Auf diesem einsamen Platze aber waren wir die Mehrzahl, es entstand ein verzweifelter Kampf, denn unser aller Leben hing an einer Viertelstunde. Vergebens streckte die Königin mit ihrem tödlichen Geschoß meine kühnsten Gesellen zu Boden, die Häuptlinge fochten sterbend noch auf den Knien und als der letzte sank, schwang ich die Schreckliche gewaltsam auf meinen Arm und stürzte mich mit ihr und den wenigen, die mir geblieben, in das Boot. – Es war die höchste Zeit, denn schon drangen die Eingebornen aus allen Felsenspalten und brennenden Waldtrümmern wie ein Schwarm Salamander auf uns ein, und kaum hatten wir den Bord des Schiffs erklommen, so wimmelte die See von unzähligen bewaffneten Nachen. Ich ließ schnell die Anker lichten, ein frischer Wind schwellte die Segel, die Wilden folgten und bedeckten das Schiff mit einem Pfeilregen.

Nun aber brach auf dem Schiffe selbst der rohe Grimm der verwilderten Soldaten aus. Sie hatten, eh' ich sie zügeln konnte, die Königin gebunden und verhöhnten sie mit gemeinen Spottreden; sie aber saß stolz und schweigend unter ihnen, als wäre sie noch die Herrin hier und *wir* ihre Gefangenen. Auf einmal erkannte sie einen Häuptling, der sich auf einem Kahne tollkühn genähert. Sich gewaltsam auf dem Verdeck hoch aufrichtend, fragte sie: ob alle Weißen von der Insel vertilgt seien? und da er's bejahte, winkte sie ihnen zu, unser Schiff zu verlassen. Die Wilden zögerten erschrocken und verwirrt, ein dunkles Gemurmel ging durch den ganzen Schwarm. Da befahl sie ihnen noch einmal mit lauter Stimme, eiligst an den Strand zurückzukehren, und zu unserm Erstaunen wandten sich alle, Boot auf Boot, aber ein wehklagender Abschiedsgesang erfüllte die Luft wie ein Grabeslied.

Mir war das Betragen der Königin unbegreiflich. Noch einmal leuchtete mir die Hoffnung auf, sie wolle alles verlassen und mit uns ziehn, als plötzlich der Schreckensruf: Feuer! aus dem untern Schiffsraum erscholl. Todbleiche Gesichter, auf das Verdeck stürzend, bestätigten das furchtbare Unheil. Das Feuer hatte die Planken der Pulverkammer gefaßt, an Löschen war nicht mehr zu denken, wir waren alle unrettbar verloren. Mich überflog eine gräßliche Ahnung. Ich sah die Königin durchdringend an; sie flüsterte mir heimlich zu: sie selber habe das Schiff angesteckt, als sie vorhin am Bord gewesen. – Jetzt züngelten die Flammen schon aus allen Luken aufs Verdeck hinauf, da, mitten in der entsetzlichen Verwirrung, zerriß sie plötzlich ihre Banden und freudig und unverwandt nach den brennenden Wäldern schauend, streckte sie beide Arme frei in die sternklare Nacht wie ein Engel des Todes. In demselben Augenblick aber fühlte ich einen dumpfen Schlag, die Bretter wichen unter mir, meine Sinne vergingen, ich sah nur noch einen unermeßlichen Feuerblick, wie tief in die Ewigkeit hinein.

Als ich wieder zu mir selbst kam, war alles still überm Meer, nur dunkle Trümmer des Schiffs und zerrissene Leichname meiner Landsleute trieben einzeln umher. Ich hatte im Todeskampf einen Mastbaum fest umklammert. Jetzt bemerkte ich einen Nachen der Eingebornen, der verlassen sich neben mir auf den Wellen schaukelte. Verwundet und zerschlagen wie ich war, bot ich meine letzten Kräfte auf und warf mich todmüde hinein. Der Wind trieb mich dicht an dem umbuschten Gestade hin, der Mond schien blaß durch die Rauchwolken, auf der Insel aber hatte unterdes das Feuer auch meine Burg ergriffen, die Flammen schlugen aus allen Fenstern, langsam neigte sich der Turm, und Bogen auf Bogen stürzte alles donnernd in die Glut zusammen. Da sah ich im hellen Widerschein der Flammen fern die Leiche der Königin schwimmen in bleicher Todesschönheit, als schliefe sie auf dem Meere. Auf einem vorspringenden Felsen aber stand der Lieutenant, auf sein blutiges Schwert gestützt, ganz allein, vom Feuer verbrannt; er bemerkte mich nicht, mein Schifflein flog um die Klippe – ich sah ihn niemals wieder.

Hier schwieg der Einsiedler, seine Seele schien tief bewegt. Da ihn aber seine Gäste noch immer fragend ansahen, hub er nach einem Weilchen von neuem an: Was wäre nach jener Nacht noch weiter zu berichten! Ich rang mit Hunger, Sturm und Wogen, ich wünschte mir tausendmal den Tod und haschte doch begierig die zerstreuten Lebensmittel, Werkzeuge und Gerätschaften auf, die der Wind von dem zertrümmerten Schiff an meinen Nachen spülte. So warf die See mich endlich am dritten Tage an dies Eiland. – Hier zwischen diesen Wäldern stieg ich in die Felseneinsamkeit hinauf: meine Jugend, mein Ruhm und meine Liebe waren hinter mir im Meere versunken und kampfesmüd hing ich mein Schwert an diesen Baum; da seht, da hängt's noch heut, von Blüten ganz verhüllt.

So seid Ihr Don Diego von Leon! fuhr hier Antonio plötzlich auf, das Wappen seines Oheims auf dem Degengriff erkennend.

Der war ich ehemals in der Welt, erwiderte der Einsiedler, wie kennt Ihr mich?

Aber der überraschte Antonio lag schon zu seinen Füßen und umklammerte seine Knie, daß ihn des Alten langer weißer Bart wie Höhenrauch umwallte.

Noch bevor dies an der Klause vorging, war Alvarez unruhig aufgestanden und weiterhin unter die Bäume getreten, denn er glaubte einen seltsamen Gesang im Walde zu hören. Nun vernahm es auch der Einsiedler. Auf einmal richete dieser sich gewaltsam aus Antonios Armen auf. Im Namen Gottes, rief er nach dem Walde hin, wende dich ab und gehe ein zur ewigen Ruh! Antonio und Alvarez schauten erschrocken nach dem Fleck, wohin er starrte und sahen mit Grauen die Frau Venus von der andern Insel zwischen den wechselnden Schatten über den Bergrücken schweifen. Der Hauptmann zog seinen Degen, man hörte die Flüchtige immer deutlicher und näher durch das Dickicht brechen. Jetzt trat sie unter den Bäumen hervor – es war Alma in der Tracht und dem Schmuck ihrer Heimat, so stand sie scheu und atemlos, sie hatte es unten nicht länger ausgehalten und schon lange Antonion zwischen den Felsen wieder aufgesucht.

Der Einsiedler verwendete keinen Blick von ihr. Wer bist Du? sagte er endlich. Du schaust wie sie und bist es doch nicht! – Alma aber war ganz verwirrt und sah ängstlich einen nach dem andern an. Ich kann ja nichts dafür, erwiderte sie dann zögernd, sie sagten's immer, daß ich aussäh wie meine Muhme, die tote Königin. – Mein Gott, fiel hier Alvarez ein, ihr macht mich ganz konfus; so war das also die Insel der wilden Königin, von der wir hergekommen? – Alma nickte mit dem Köpfchen. Auch die Meinigen, sagte sie, hielten mich damals, als wir fortfuhren, für die verstorbene Königin, sonst hätten sie euch sicherlich erschlagen. – Da das Mädchen sah, daß ihr niemand zürne, wurde sie wieder heiterer und gesprächiger. Sie erzählte nun, daß sie gar oft in ihrer Heimat von alten Leuten gehört, wie die tapfere Königin mit einem spanischen Schiff, das sie selber angezündet, in die Luft geflogen, in jener Schreckensnacht hätten sie dann ihren Leichnam aus dem Meere gefischt und mit den eroberten Fahnen und Waffen der Fremden in die Königsgruft gelegt, wo die besondere eisige Luft die Toten unversehrt erhalte. Nur Alonzo allein sei von den Spaniern zurückgeblieben. – Wie! rief Alvarez, so war der wahnsinnige Alte in seinem tollen Ornat derselbe gewesene Schiffslieutenant! – Alma aber fuhr fort: der arme Alonzo bewachte seitdem die tote Königin bei Tag und Nacht, und meint', sie schliefe nur, bis er bei unsrer Abfahrt selbst den Tod gefunden. – Der Einsiedler war während dieser Erzählung in tiefes Nachdenken versunken. Entsetzlich! sagte er dann halb für sich, nun ist er abgelöst von seiner schauerlichen Wacht – Gott sei ihm gnädig!

Unterdes war Alma in die Felsenhalle gegangen und untersuchte dort alles mit furchtsamer Neugier. Alvarez aber rief sie wieder heraus, sie mußte sich zu ihnen vor die Klause setzen und nun ging es an ein Fragen und Erzählen aus der alten Zeit, daß keiner merkte, wie die Nacht allmählich schon Berg und Tal verschattete.

Tiefer unten aber rumorte es noch immer im Walde, Sanchez machte eifrig die Runde, denn gab es hier auch nichts zu bewachen, den müßigen Gesellen war es in ihrer Langenweile eben nur um den Lärm zu tun. In einzelnen Trupps auf den waldigen Abhängen um die Wachtfeuer gelagert, sangen sie aus der Ferne schöne Lieder und so oft sie pausierten, hörte man Meer und Wald heraufrauschen. Das hatte die arme Alma lange nicht gehört; sie plauderte froh in ihrer fremden Sprache und sang und tanzte den Kriegstanz ihres Volks. Diegos Augen aber ruhten bald auf ihr, bald auf dem blühenden Antonio, ihm war, als spiegelte sich wunderbar sein Leben wie ein Traum noch einmal wieder.

Die Spanier lagen noch mehrere Tage auf dieser Insel, um
günstigen Wind abzuwarten. Don Diego hatte, als er sein
Haus im Felsen baute, Gold in Menge gefunden, das lag
seitdem vergessen im Schutt. Jetzt fiel's ihm wieder ein, er
verteilte den Schatz nach Amt und Würden an seine armen
Gäste. Da war ein Jubilieren, Prahlen und Projektemachen
unter dem glückseligen Schwarm, jeder wollte was Rechtes
ausbrüten über seinem unverhofften Mammon und ließ
allmählich die lustigen Reiseschwingen sinken in der schweren Vergoldung. Den Studenten Antonio aber verlangte
wieder recht nach den duftigen Gärten der Heimat, um dort
in den blühenden Wipfeln mit seinem schönen fremden
Wandervöglein sich sein Nest zu bauen. So beschlossen sie
alle einmütig, die neue Welt vorderhand noch unentdeckt zu
lassen und vergnügt in die gute alte wieder heimzukehren. –
Diego schüttelte halb unwillig den Kopf. So, sagte er, hätte
ich nicht getan, als ich noch jung war.

In dieser Zeit erwachte einmal Alma mitten in der schönsten Sommernacht, es war als hätte sie jemand im Schlafe auf
die Stirn geküßt. Sie fuhr erschrocken halb empor und sah
soeben Don Diego von dem Platze fortgehn, der zu ihrem
Erstaunen ganz still und verlassen war. Als sie sich aber
völlig ermunterte, vernahm sie tiefer unten ein verworrenes
Getümmel, es war als sei plötzlich über Nacht der Frühling
gekommen: ein Jubel und Rufen und Durcheinanderrennen
den ganzen Strand entlang.

Jetzt kamen auch mehrere Soldaten mit gefüllten Schläu-
chen von den Quellen im Walde herab. Viktoria! riefen sie
ihr zu, der Wind hat sich gedreht, nun geht's nach Spanien.
– Da sprang Alma pfeilschnell auf, suchte emsig alles zusammen und schnürte ihr Bündel und jauchzte in sich, sie
meinte, sie hätte den gestirnten Himmel noch niemals so
weit und schön gesehen!

Indem sie aber noch so fröhlich hantierte, sah sie Antonio
mit Don Diego eilig und in lebhaftem Gespräch vom Strande
kommen. Auf der Klippe über ihr stand Diego plötzlich

still. Nun geh' hinab, sagte er zu Antonio, du beredest mich nicht, ich bleibe hier.

Mein Leben ist wie ein Gewitter schön und schrecklich vorübergezogen und die Blitze spielen nur noch fern am Horizont wie in eine andere Welt hinüber. Du aber sollst dir erst die Sporen verdienen, kehre zurück in die Welt und haue dich tüchtig durch, daß du dir einst auch solchen Fels eroberst, der die Wetter bricht – weiter bringt es doch keiner. Fahre wohl! – Hier umarmte er gerührt den Jüngling und verschwand in der Wildnis. Antonio sah ihm lange in die nachtkühle Einsamkeit nach. – Da erblickte er auf einmal Alma dicht vor sich, schwang sie auf seinen Arm hoch in das aufdämmernde Morgenrot und stürzte mit ihr hinab.

Und als die Sonne aufging, flog das Schiff schon übers blaue Meer, der frische Morgenwind schwellte die Segel, Alma saß vergnügt mit ihrem Reisebündel und schaute in die glänzende Ferne, die Schiffer sangen wieder das Lied von der Fortuna, auf dem allmählich versinkenden Felsen der Insel aber stand Diego und segnete noch einmal die fröhlichen Gesellen, denen auch wir eine glückliche Fahrt nachrufen.

Das Schloß Dürande

Novelle

In der schönen Provence liegt ein Tal zwischen waldigen Bergen, die Trümmer des alten Schlosses Dürande sehen über die Wipfel in die Einsamkeit herein; von der andern Seite erblickt man weit unten die Türme der Stadt Marseille; wenn die Luft von Mittag kommt, klingen bei klarem Wetter die Glocken herüber, sonst hört man nichts von der Welt. In diesem Tale stand ehemals ein kleines Jägerhaus, man sah's vor Blüten kaum, so überwaldet war's und weinumrankt bis an das Hirschgeweih über dem Eingang; in stillen Nächten, wenn der Mond hell schien, kam das Wild oft weidend, bis auf die Waldeswiese vor der Tür. Dort wohnte dazumal der Jäger Renald, im Dienst des alten Grafen Dürande, mit seiner jungen Schwester Gabriele ganz allein, denn Vater und Mutter waren lange gestorben.

In jener Zeit nun geschah es, daß Renald einmal an einem schwülen Sommerabend, rasch von den Bergen kommend, sich nicht weit von dem Jägerhaus mit seiner Flinte an den Saum des Waldes stellte. Der Mond beglänzte die Wälder, es war so unermeßlich still, nur die Nachtigallen schlugen tiefer im Tal, manchmal hörte man einen Hund bellen aus den Dörfern oder den Schrei des Wildes im Walde. Aber er achtete nicht darauf, er hatte heut ein ganz anderes Wild auf dem Korn. Ein junger, fremder Mann, so hieß es, schleiche abends heimlich zu seiner Schwester, wenn er selber weit im Forst; ein alter Jäger hatte es ihm gestern vertraut, der wußte es vom Waldhüter, dem hatt' es ein Köhler gesagt. Es war ihm ganz unglaublich, wie sollte sie zu der Bekanntschaft gelangt sein? Sie kam nur sonntags in die Kirche, wo er sie niemals aus den Augen verlor. Und doch wurmte ihn das Gerede, er konnte sich's nicht aus dem Sinn schlagen, er wollte endlich Gewißheit haben. Denn der Vater hatte ihm, sterbend, das Mädchen auf die Seele gebunden, er hätte sein Herzblut gegeben für sie.

So drückte er sich lauernd an die Bäume im wechselnden Schatten, den die vorüberfliegenden Wolken über den stillen Grund warfen. Auf einmal aber hielt er den Atem an, es regte sich am Hause und zwischen den Weinranken schlüpfte eine schlanke Gestalt hervor; er erkannte sogleich seine Schwester an dem leichten Gang; o mein Gott dachte er, wenn alles nicht wahr wäre! Aber in demselben Augenblick streckte sich ein langer dunkler Schatten neben ihr über den mondbeschienenen Rasen, ein hoher Mann trat rasch aus dem Hause, dicht in einen schlechten grünen Mantel gewickelt, wie ein Jäger. Er konnte ihn nicht erkennen, auch sein Gang war ihm durchaus fremd; es flimmerte ihm vor den Augen, als könnte er sich in einem schweren Traume noch nicht recht besinnen.

Das Mädchen aber, ohne sich umzusehen, sang mit fröhlicher Stimme, daß es dem Renald wie ein Messer durchs Herz ging:

> Ein' Gems auf dem Stein,
> Ein Vogel im Flug,
> Ein Mädel, das klug,
> Kein Bursch holt die ein!

Bist du toll! rief der Fremde, rasch hinzuspringend.

Es ist dir schon recht, entgegnete sie lachend, so werd' ich dir's immer machen; wenn du nicht artig bist, sing ich aus Herzensgrund. Sie wollte von neuem singen, er hielt ihr aber voll Angst mit der Hand den Mund zu. Da sie so nahe vor ihm stand, betrachtete sie ihn ernsthaft im Mondschein. Du hast eigentlich recht falsche Augen, sagte sie; nein, bitte mich nicht wieder so schön, sonst sehn wir uns niemals wieder, und das tut uns beiden leid. – Herr Jesus! schrie sie auf einmal, denn sie sah plötzlich den Bruder hinterm Baum nach dem Fremden zielen. – Da, ohne sich zu besinnen, warf sie sich hastig dazwischen, so daß sie, den Fremden umklammernd, ihn ganz mit ihrem Leibe bedeckte. Renald zuckte, da er's sah, aber es war zu spät, der Schuß fiel, daß es tief durch die Nacht widerhallte. Der Unbekannte richtete sich in dieser Verwirrung hoch empor, als wär' er plötzlich größer geworden, und riß zornig ein Taschenpistol aus dem Mantel; da kam ihm auf einmal das Mädchen so bleich vor; er wußte nicht, war es vom Mondlicht oder vor Schreck. Um Gottes willen, sagte er, bist du getroffen?

Nein, nein, erwiderte Gabriele, ihm unversehens und herzhaft das Pistol aus der Hand windend, und drängte ihn heftig fort. Dorthin, flüsterte sie, rechts über den Steg am Fels, nur fort, schnell fort!

Der Fremde war schon zwischen den Bäumen verschwunden, als Renald zu ihr trat. Was machst du da für dummes Zeug! rief sie ihm entgegen, und verbarg rasch Arm und Pistol unter der Schürze. Aber die Stimme versagte ihr, als er nun dicht vor ihr stand und sie sein bleiches Gesicht bemerkte. Er zitterte am ganzen Leibe und auf seiner Stirn zuckte es zuweilen, wie wenn es von ferne blitzte. Da gewahrte er plötzlich einen blutigen Streif an ihrem Kleide. Du bist verwundet, sagte er erschrocken, und doch war's, als würde ihm wohler beim Anblick des Bluts; er wurde sichtbar milder und führte sie schweigend in das Haus. Dort pinkte er schnell Licht an, es fand sich, daß die Kugel ihr nur leicht den rechten Arm gestreift; er trocknete und verband die Wunde, sie sprachen beide kein Wort miteinander. Gabriele hielt den Arm fest hin und sah trotzig vor sich nieder, denn sie konnte gar nicht begreifen, warum er böse sei; sie fühlte sich so rein von aller Schuld, nur die Stille jetzt unter ihnen wollte ihr das Herz abdrücken, und sie atmete tief auf, als er endlich fragte: wer es gewesen? – Sie beteuerte nun, daß sie das nicht wisse, und erzählte, wie er an einem schönen Sonntagsabend, als sie eben allein vor der Tür gesessen, zum ersten Male von den Bergen gekommen und sich zu ihr gesetzt, und dann am folgenden Abend wieder und immer wieder gekommen, und wenn sie ihn fragte, wer er sei, nur lachend gesagt: ihr Liebster.

Unterdes hatte Renald unruhig ein Tuch aufgehoben und das Pistol entdeckt, das sie darunter verborgen hatte. Er erschrak auf das heftigste und betrachtete es dann aufmerksam von allen Seiten. – Was hast du damit? sagte sie erstaunt; wem gehört es? Da hielt er's ihr plötzlich funkelnd am Licht vor die Augen: Und du kennst ihn wahrhaftig nicht?

Sie schüttelte mit dem Kopf.

Ich beschwöre dich bei allen Heiligen, hub er wieder an, sag mir die Wahrheit!

Da wandte sie sich auf die andere Seite. Du bist heute rasend, erwiderte sie, ich will dir gar keine Antwort mehr geben.

Das schien ihm das Herz leichter zu machen, daß sie ihren Liebsten nicht kannte, er glaubte es ihr, denn sie hatte ihn noch niemals belogen. Er ging nun einige Mal finster in der Stube auf und nieder. Gut, gut, sagte er dann, meine arme Gabriele, so mußt du gleich morgen zu unserer Muhme ins Kloster; mach' dich zurecht, morgen, ehe der Tag graut, führ' ich dich hin. Gabriele erschrak innerlichst, aber sie schwieg und dachte: kommt Tag, kommt Rat. Renald aber steckte das Pistol zu sich und sah noch einmal nach ihrer Wunde, dann küßte er sie noch herzlich zur guten Nacht.

Als sie endlich allein in ihrer Schlafkammer war, setzte sie sich angekleidet aufs Bett und versank in ein tiefes Nachsinnen. Der Mond schien durchs offne Fenster auf die Heiligenbilder an der Wand, im stillen Gärtchen draußen zitterten die Blätter in den Bäumen. Sie wand ihre Haarflechten auf, daß ihr die Locken über Gesicht und Achseln herabrollten, und dachte vergeblich nach, wen ihr Bruder eigentlich im Sinn habe und warum er vor dem Pistol so sehr erschrokken – es war ihr alles wie im Traume. Da kam es ihr ein paarmal vor, als ginge draußen jemand sachte ums Haus. Sie lauschte am Fenster, der Hund im Hofe schlug an, dann war alles wieder still. Jetzt bemerkte sie erst, daß auch ihr Bruder

noch wach war; anfangs glaubte sie, er rede im Schlaf, dann
aber hörte sie deutlich, wie er auf seinem Bett vor Weinen
schluchzte. Das wandte ihr das Herz, sie hatte ihn noch
niemals weinen sehen, es war ihr nun selber, als hätte sie was
verbrochen. In dieser Angst beschloß sie, ihm seinen Willen
zu tun; sie wollte wirklich nach dem Kloster gehen, die
Priorin war ihre Muhme, der wollte sie alles sagen und sie
um ihren Rat bitten. Nur das war ihr unerträglich, daß ihr
Liebster nicht wissen sollte, wohin sie gekommen. Sie wußte
wohl, wie herzhaft er war und besorgt um sie; der Hund
hatte vorhin gebellt, im Garten hatte es heimlich geraschelt
wie Tritte, wer weiß, ob er nicht nachsehen wollte, wie es
ihr ging nach dem Schrecken. – Gott, dachte sie, wenn er
noch draußen stünd'! – Der Gedanke verhielt ihr fast den
Atem. Sie schnürte sogleich eilig ihr Bündel, dann schrieb
sie für ihren Bruder mit Kreide auf den Tisch, daß sie noch
heute allein ins Kloster fortgegangen. Die Türen waren nur
angelehnt, da schlich sie vorsichtig und leise aus der Kam-
mer über den Hausflur in den Hof, der Hund sprang
freundlich an ihr herauf, sie hatte Not, ihn am Pförtchen
zurückzuweisen; so trat sie endlich mit klopfendem Herzen
ins Freie.

Draußen schaute sie sich tiefaufatmend nach allen Seiten
um, ja sie wagte es sogar, noch einmal bis an den Gartenzaun zurückzugehen, aber ihr Liebster war nirgend zu
sehen, nur die Schatten der Bäume schwankten ungewiß
über den Rasen. Zögernd betrat sie nun den Wald und blieb
immer wieder stehen und lauschte; es war alles so still, daß
ihr graute in der großen Einsamkeit. So mußte sie nun
endlich doch weitergehen, und zürnte heimlich im Herzen
auf ihren Schatz, daß er sie in ihrer Not so zaghaft verlassen.
Seitwärts im Tal aber lagen die Dörfer in tiefer Ruh. Sie kam
am Schloß des Grafen Dürande vorbei, die Fenster leuchteten im Mondschein herüber, im herrschaftlichen Garten
schlugen die Nachtigallen und rauschten die Wasserkünste;
das kam ihr so traurig vor, sie sang für sich das alte Lied:

Gut Nacht, mein Vater und Mutter,
Wie auch mein stolzer Bruder,
Ihr seht mich nimmer mehr!
Die Sonne ist untergegangen
Im tiefen, tiefen Meer.

Der Tag dämmerte noch kaum, als sie endlich am Abhange
der Waldberge bei dem Kloster anlangte, das mit verschlossenen Fenstern noch wie träumend, zwischen kühlen, duftigen Gärten lag. In der Kirche aber sangen die Nonnen
soeben ihre Metten durch die weite Morgenstille, nur einzelne, früh erwachte Lerchen draußen stimmten schon mit
ein in Gottes Lob. Gabriele wollte abwarten, bis die Schwestern aus der Kirche zurückkämen, und setzte sich unterdes
auf die breite Kirchhofsmauer. Da fuhr ein zahmer Storch,
der dort übernachtet, mit seinem langen Schnabel unter den
Flügeln hervor und sah sie mit den klugen Augen verwundert an; dann schüttelte er in der Kühle sich die Federn auf
und wandelte mit stolzen Schritten wie eine Schildwacht den
Mauerkranz entlang. Sie aber war so müde und überwacht,
die Bäume über ihr säuselten noch so schläfrig, sie legte den
Kopf auf ihr Bündel und schlummerte fröhlich unter den
Blüten ein, womit die alte Linde sie bestreute.

Als sie erwachte, sah sie eine hohe Frau in faltigen Gewändern über sich gebeugt, der Morgenstern schimmerte
durch ihren langen Schleier, es war ihr, als hätt' im Schlaf die
Mutter Gottes ihren Sternenmantel um sie geschlagen. Da
schüttelte sie erschrocken die Blütenflocken aus dem Haar
und erkannte ihre geistliche Muhme, die zu ihrer Verwunderung, als sie aus der Kirche kam, die Schlafende auf der
Mauer gefunden. Die Alte sah ihr freundlich in die schönen,
frischen Augen. Ich hab dich gleich daran erkannt, sagte sie,
als wenn mich deine selige Mutter ansähe! – Nun mußte sie
ihr Bündel nehmen und die Priorin schritt eilig ins Kloster

voraus; sie gingen durch kühle dämmernde Kreuzgänge, wo
soeben noch die weißen Gestalten einzelner Nonnen, wie
Geister vor der Morgenluft, lautlos verschlüpften. Als sie in
die Stube traten, wollte Gabriele sogleich ihre Geschichte
erzählen, aber sie kam nicht dazu. Die Priorin, so lange wie
auf eine selige Insel verschlagen, hatte so viel zu erzählen
und zu fragen von dem jenseitigen Ufer ihrer Jugend, und
konnte sich nicht genug verwundern, denn alle ihre Freunde
waren seitdem alt geworden oder tot und eine andere Zeit
hatte alles verwandelt, die sie nicht mehr verstand. Geschäftig in redseliger Freude strich sie ihrem lieben Gast die
Locken aus der glänzenden Stirn wie einem kranken Kinde,
holte aus einem altmodischen, künstlich geschnitzten Wand-
schrank Rosinen und allerlei Naschwerk, und fragte und
plauderte immer wieder. Frische Blumensträuße standen in
bunten Krügen am Fenster, ein Kanarienvogel schmetterte
gellend dazwischen, denn die Morgensonne funkelte draußen schon durch die Wipfel und vergoldete wunderbar die
Zelle, das Betpult und die schwergewirkten Lehnstühle;
Gabriele lächelte fast betroffen, wie in eine neue ganz
fremde Welt hinein.

Noch an demselben Tage kam auch Renald zum Besuch;
sie freute sich außerordentlich, es war ihr, als hätte sie ihn
ein Jahr lang nicht gesehn. Er lobte ihren raschen Entschluß
von heute Nacht und sprach viel und heimlich mit der
Priorin; sie horchte ein paarmal hin, sie hätte so gern
gewußt, wer ihr Geliebter sei, aber sie konnte nichts erfahren. Dann mußte sie auch wieder heimlich lachen, daß die
Priorin so geheimnisvoll tat, denn sie merkt' es wohl, sie
wußt' es selber nicht. – Es war indes beschlossen worden,
daß sie für's erste noch im Kloster bleiben sollte. Renald war
zerstreut und eilig, er nahm bald wieder Abschied und
versprach, sie abzuholen, sobald die rechte Zeit gekommen.

Aber Woche auf Woche verging und die rechte Zeit war
noch immer nicht da. Auch Renald kam immer seltener
und blieb endlich ganz aus, um dem ewigen Fragen seiner

Schwester nach ihrem Schatze auszuweichen, denn er
konnte oder mochte ihr nichts von ihm sagen. Die Priorin
wollte die arme Gabriele trösten, aber sie hatt' es nicht
nötig, so wunderbar war das Mädchen seit jener Nacht
verwandelt. Sie fühlte sich, seit sie von ihrem Liebsten getrennt, als seine Braut vor Gott, der wolle sie bewahren. Ihr
ganzes Dichten und Trachten ging nun darauf, ihn selber
auszukundschaften, da ihr niemand beistand in ihrer Einsamkeit. Sie nahm sich daher eifrig der Klosterwirtschaft an,
um mit den Leuten in der Gegend bekannt zu werden; sie
ordnete alles in Küche, Keller und Garten, alles gelang ihr,
und, wie sie so sich selber half, kam eine stille Zuversicht
über sie wie Morgenrot, es war ihr immer, als müßt' ihr
Liebster plötzlich einmal aus dem Walde zu ihr kommen.

Damals saß sie eines Abends noch spät mit der jungen
Schwester Renate am offenen Fenster der Zelle, aus dem
man in den stillen Klostergarten und über die Gartenmauer
weit ins Land sehen konnte. Die Heimchen zirpten unten
auf den frischgemähten Wiesen, überm Walde blitzte es
manchmal aus weiter Ferne. Da läßt mein Liebster mich
grüßen, dachte Gabriele bei sich. – Aber Renate blickte
verwundert hinaus; sie war lange nicht wach gewesen um
diese Zeit. Sieh nur, sagte sie, wie draußen alles anders
aussieht im Mondschein, der dunkle Berg drüben wirft
seinen Schatten bis an unser Fenster, unten erlischt ein
Lichtlein nach dem andern im Dorfe. Was schreit da für ein
Vogel? – Das ist das Wild im Walde, meinte Gabriele. –

Wie du auch so allein im Dunkeln durch den Wald gehen
kannst, sagte Renate wieder; ich stürbe vor Furcht. Wenn
ich so manchmal durch die Scheiben heraussehe in die tiefe
Nacht, dann ist mir immer so wohl und sicher in meiner
Zelle wie unterm Mantel der Mutter Gottes.

Nein, entgegnete Gabriele, ich möcht' mich gern einmal
bei Nacht verirren recht im tiefsten Wald, die Nacht ist wie
im Traum so weit und still, als könnt' man über die Berge
reden mit allen, die man lieb hat in der Ferne. Hör nur, wie

der Fluß unten rauscht und die Wälder, als wollten sie auch mit uns sprechen und könnten nur nicht recht! – Da fällt mir immer ein Märchen ein dabei, ich weiß nicht, hab ich's gehört, oder hat mir's geträumt.

Erzähl's doch, ich bete unterdes meinen Rosenkranz fertig, sagte die Nonne, und Gabriele setzte sich fröhlich auf die Fußbank vor ihr, wickelte vor der kühlen Nachtluft die Arme in ihre Schürze und begann sogleich folgendermaßen:

Es war einmal eine Prinzessin in einem verzauberten Schlosse gefangen, das schmerzte sie sehr, denn sie hatte einen Bräutigam, der wußte gar nicht, wohin sie gekommen war, und sie konnte ihm auch kein Zeichen geben, denn die Burg hatte nur ein einziges, festverschlossenes Tor nach einem tiefen, tiefen Abhang hin, und das Tor bewachte ein entsetzlicher Riese, der schlief und trank und sprach nicht, sondern ging nur immer Tag und Nacht vor dem Tore auf und nieder wie der Perpendikel einer Turmuhr. Sonst lebte sie ganz herrlich in dem Schloß; da war Saal an Saal, einer immer prächtiger als der andere, aber niemand drin zu sehen und zu hören, kein Lüftchen ging und kein Vogel sang in den verzauberten Bäumen im Hofe, die Figuren auf den Tapeten waren schon ganz krank und bleich geworden in der Einsamkeit, nur manchmal warf sich das trockne Holz an den Schränken vor Langeweile, daß es weit durch die öde Stille schallte, und auf der hohen Schloßmauer draußen stand ein Storch, wie eine Vedette, den ganzen Tag auf einem Bein.

Ach, ich glaube gar, du stichelst auf unser Kloster, sagte Renate. Gabriele lachte und erzählte munter fort:

Einmal aber war die Prinzessin mitten in der Nacht aufgewacht, da hörte sie ein seltsames Sausen durch das ganze Haus. Sie sprang erschrocken ans Fenster und bemerkte zu ihrem großen Erstaunen, daß es der Riese war, der eingeschlafen vor dem Tore lag und mit solcher grausamer Gewalt schnarchte, daß alle Türen, so oft er den Atem einzog und wieder ausstieß, von dem Zugwind klappend

auf und zu flogen. Nun sah sie auch, so oft die Türe nach
dem Saale aufging, mit Verwunderung, wie die Figuren auf
den Tapeten, denen die Glieder schon ganz eingerostet
waren von dem langen Stillstehen, sich langsam dehnten und
reckten; der Mond schien hell über den Hof, da hörte sie
zum erstenmal die verzauberten Brunnen rauschen, der
steinerne Neptun unten saß auf dem Rand der Wasserkunst
und strählte sich sein Binsenhaar; alles wollte die Gelegenheit benutzen, weil der Riese schlief; auch der steife Storch
machte so wunderliche Kapriolen auf der Mauer, daß sie
lachen mußte, und hoch auf dem Dach drehte sich der
Wetterhahn und schlug mit den Flügeln und rief immerfort:
kick, kick dich um, ich seh' ihn gehn, ich sag' nicht wen!
Am Fenster aber sang lieblich der Wind: komm mit geschwind! und die Bächlein schwatzten draußen untereinander im Mondglanz, wie wenn der Frühling anbrechen sollte,
und sprangen glitzernd und wispernd über die Baumwurzeln: bist du bereit? wir haben nicht Zeit, weit, weit, in die
Waldeinsamkeit! – Nun, nun, nur Geduld, ich komm' ja
schon, sagte die Prinzessin ganz erschrocken und vergnügt,
nahm schnell ihr Bündel unter den Arm und trat vorsichtig
aus dem Schlafzimmer; zwei Mäuschen kamen ihr atemlos nach und brachten ihr noch den Fingerhut, den sie in
der Eile vergessen. Das Herz klopfte ihr, denn die Brunnen
im Hofe rauschten schon wieder schwächer, der Flußgott
streckte sich taumelnd wieder zum Schlafe zurecht, auch der
Wetterhahn drehte sich nicht mehr; so schlich sie leise, leise
die stille Treppe hinab. –

Ach Gott, wenn der Riese jetzt aufwacht! sagte Renate
ängstlich.

Die Prinzessin hatte auch Angst genug, fuhr Gabriele
fort, sie hob sich das Röckchen, daß sie nicht an seinen
langen Sporen hängen blieb, stieg geschickt über den einen,
dann über den andern Stiefel, und noch einen herzhaften
Sprung – jetzt stand sie draußen am Abhang. Da aber war's
einmal schön! da flogen die Wolken und rauschte der Strom

und die prächtigen Wälder im Mondschein, und auf dem Strom fuhr ein Schifflein, saß ein Ritter darin. –

Das ist ja grade wie jetzt hier draußen, unterbrach sie Renate, da fährt auch noch einer im Kahn dicht unter unserm Garten; jetzt stößt er ans Land –

Freilich, – sagte Gabriele mutwillig und setzte sich ins Fenster, und wehte mit ihrem weißen Schnupftuch hinaus – und grüß dich Gott, rief da die Prinzessin, grüß dich Gott in die weite, weite Fern', es ist ja keine Nacht so still und tief, als meine Lieb'!

Renate faßte sie lachend um den Leib, um sie zurückzuziehen. – Herr Jesus! schrie sie da plötzlich auf, ein fremder Mann, dort an der Mauer hin! – Gabriele ließ erschrocken ihr Tuch sinken, es flatterte in den Garten hinab. Ehe sie sich aber noch besinnen konnte, hatte Renate schon das Fenster geschlossen; sie war voll Furcht, sie mochte nichts mehr von dem Märchen hören und trieb Gabrielen hastig aus der Tür, über den stillen Gang in ihre Schlafkammer.

Gabriele aber, als sie allein war, riß noch rasch in ihrer Zelle das Fenster auf. Zu ihrem Schreck bemerkte sie nun, daß das Tuch unten von dem Strauche verschwunden war, auf den es vorhin geflogen. Ihr Herz klopfte heftig, sie legte sich hinaus, so weit sie nur konnte, da glaubte sie draußen den Fluß wieder aufrauschen zu hören, drauf schallte Ruderschlag unten im Grunde, immer ferner und schwächer, dann alles, alles wieder still – so blieb sie verwirrt und überrascht am Fenster, bis das erste Morgenlicht die Bergesgipfel rötete. –

Bald darauf traf der Namenstag der Priorin, ein Fest, worauf sich alle Hausbewohner das ganze Jahr hindurch freuten; denn auf diesen Tag war zugleich die jährliche Weinlese auf einem nahgelegenen Gute des Klosters festgesetzt, an welcher die Nonnen mit teilnahmen. Da verbreitete sich, als der Morgenstern noch durch die Lindenwipfel in die kleinen Fenster hineinfunkelte, schon eine ungewohnte, lebhafte Bewegung durch das ganze Haus, im

Hofe wurden die Wagen von dem alten Staube gereinigt, in ihren besten, blütenweißen Gewändern sah man die Schwestern in allen Gängen geschäftig hin und her eilen; einige versahen noch ihre Kanarienvögel sorgsam mit Futter, andere packten Taschen und Schachteln, als gälte es eine wochenlange Reise. – Endlich wurde von dem zahlreichen Hausgesinde ausführlich Abschied genommen, die Kutscher knallten und die Karawane setzte sich langsam in Bewegung. Gabriele fuhr nebst einigen auserwählten Nonnen an der Seite der Priorin in einem, mit vier alten dicken Rappen bespannten Staatswagen, der mit seinem altmodischen, vergoldeten Schnitzwerk einem chinesischen Lusthause gleichsah. Es war ein klarer, heiterer Herbstmorgen, das Glockengeläute vom Kloster zog weit durchs stille Land, der Alteweibersommer flog schon über die Felder, überall grüßten die Bauern ehrerbietig den ihnen wohlbekannten geistlichen Zug.

Wer aber beschreibt nun die große Freude auf dem Gratialgute, die fremden Berge, Täler und Schlösser umher, das stille Grün und den heitern Himmel darüber, wie sie da in dem mit Astern ausgeschmückten Gartensaal um eine reichliche Kollation vergnügt auf den altfränkischen Kanapees sitzen und die Morgensonne die alten Bilder römischer Kirchen und Paläste an den Wänden bescheint und vor den Fenstern die Sperlinge sich lustig tummeln und lärmen im Laub, während draußen weißgekleidete Dorfmädchen unter den schimmernden Bäumen vor der Tür ein Ständchen singen.

Die Priorin aber ließ die Kinder hereinkommen, die scheu und neugierig in dem Saal umherschauten, in den sie das ganze Jahr über nur manchmal heimlich durch die Ritzen der verschlossenen Fensterladen geguckt hatten. Sie streichelte und ermahnte sie freundlich, freute sich, daß sie in dem Jahre so gewachsen, und gab dann jedem aus ihrem Gebetbuch ein buntes Heiligenbild und ein großes Stück Kuchen dazu.

Jetzt aber ging die rechte Lust der Kleinen erst an, da nun wirklich zur Weinlese geschritten wurde, bei der sie mithelfen und naschen durften. Da belebte sich allmählich der Garten, fröhliche Stimmen da und dort, geputzte Kinder, die große Trauben trugen, flatternde Schleier und weiße schlanke Gestalten zwischen den Rebengeländern schimmernd und wieder verschwindend, als wanderten Engel über den Berg. Die Priorin saß unterdes vor der Haustür und betete ihr Brevier und schaute oft über das Buch weg nach den vergnügten Schwestern; die Herbstsonne schien warm und kräftig über die stille Gegend und die Nonnen sangen bei der Arbeit:

> Es ist nun der Herbst gekommen,
> Hat das schöne Sommerkleid
> Von den Feldern weggenommen,
> Und die Blätter ausgestreut,
> Vor dem bösen Winterwinde
> Deckt er warm und sachte zu
> Mit dem bunten Laub die Gründe,
> Die schon müde gehn zur Ruh.

Einzelne verspätete Wandervögel zogen noch über den Berg und schwatzten vom Glanz der Ferne, was die glücklichen Schwestern nicht verstanden. Gabriele aber wußte wohl, was sie sangen, und ehe die Priorin sich's versah, war sie auf die höchste Linde geklettert; da erschrak sie, wie so groß und weit die Welt war. – Die Priorin schalt sie aus und nannte sie ihr wildes Waldvöglein. Ja, dachte Gabriele, wenn ich ein Vöglein wäre! Dann fragte die Priorin, ob sie von da oben das Schloß Dürande überm Walde sehen könne? Alle die Wälder und Wiesen, sagte sie, gehören dem Grafen Dürande; er grenzt hier an, das ist ein reicher Herr! Gabriele aber dachte an *ihren* Herrn, und die Nonnen sangen wieder:

> Durch die Felder sieht man fahren
> Eine wunderschöne Frau,
> Und von ihren langen Haaren
> Goldne Fäden auf der Au
> Spinnet sie und singt im Gehen:
> Eia, meine Blümelein,
> Nicht nach andern immer sehen,
> Eia, schlafet, schlafet ein.

Ich höre Waldhörner!, rief hier plötzlich Gabriele; es verhielt ihr fast den Atem vor Erinnerung an die alte schöne
Zeit. – Komm schnell herunter, mein Kind, rief ihr die
Priorin zu. Aber Gabriele hörte nicht darauf, zögernd und
im Hinabsteigen noch immer zwischen den Zweigen hinausschauend, sagte sie wieder: Es bewegt sich drüben am Saum
des Waldes; jetzt seh’ ich Reiter; wie das glitzert im Sonnenschein! sie kommen grad auf uns her.

Und kaum hatte sie sich vom Baum geschwungen, als
einer von den Reitern, über den grünen Plan dahergeflogen,
unter den Linden anlangte und mit höflichem Gruß vor der
Priorin stillhielt. Gabriele war schnell in das Haus gelaufen,
dort wollte sie durchs Fenster nach dem Fremden sehn.
Aber die Priorin rief ihr nach: der Herr sei durstig, sie solle
ihm Wein herausbringen. Sie schämte sich, daß er sie auf
dem Baume gesehn, so kam sie furchtsam mit dem vollen
Becher vor die Tür mit gesenkten Blicken, durch die langen
Augenwimpern nur sah sie das kostbare Zaumzeug und die
Stickerei auf seinem Jagdrock im Sonnenschein flimmern.
Als sie aber an das Pferd trat, sagte er leise zu ihr: er sehe
doch ihre dunkeln Augen im Wein sich spiegeln wie in einem
goldnen Brunnen. Bei dem Klang der Stimme blickte sie
erschrocken auf – der Reiter war ihr Liebster – sie stand wie
verblendet. Er trank jetzt auf der Priorin Gesundheit, sah
aber dabei über den Becher weg Gabrielen an und zeigte ihr
verstohlen ihr Tuch, das sie in jener Nacht aus dem Fenster
verloren. Dann drückte er die Sporen ein und, flüchtig

dankend, flog er wieder fort zu dem bunten Schwarm am
Walde, das weiße Tuch flatterte weit im Winde hinter ihm
her.

Sieh nur, sagte die Priorin lachend, wie ein Falk', der eine
Taube durch die Luft führt!

Wer war der Herr? frug endlich Gabriele tief aufatmend. –
Der junge Graf Dürande, hieß es. – Da tönte die Jagd schon
wieder fern und immer ferner den funkelnden Wald entlang,
die Nonnen aber hatten in ihrer Fröhlichkeit von allem
nichts bemerkt und sangen von neuem:

> Und die Vöglein hoch in Lüften
> Über blaue Berg' und Seen,
> Zieh'n zur Ferne nach den Klüften,
> Wo die hohen Zedern stehn,
> Wo mit ihren goldnen Schwingen
> Auf des Benedeiten Gruft
> Engel Hosiannah singen,
> Nächtens durch die stille Luft.

––––––––––

Etwa vierzehn Tage darauf schritt Renald eines Morgens still
und rasch durch den Wald nach dem Schloß Dürande,
dessen Türme finster über die Tannen hersahen. Er war
ernst und bleich, aber mit Hirschfänger und leuchtendem
Bandelier wie zu einem Feste geschmückt. In der Unruhe
seiner Seele war er der Zeit um ein gut Stück vorausgeschrit-
ten, denn als er ankam, war die Haustür noch verschlossen
und alles still, nur die Dohlen erwachten schreiend auf den
alten Dächern. Er setzte sich unterdes auf das Geländer der
Brücke, die zum Schlosse führte. Der Wallgraben unten lag
lange trocken, ein marmorner Apollo mit seltsamer Locken-
perücke spielte dort zwischen gezirkelten Blumenbeeten die
Geige, auf der ein Vogel sein Morgenlied pfiff; über den
Helmen der steinernen Ritterbilder am Tor brüsteten sich

breite Aloen; der Wald, der alte Schloßgesell, war wunderlich verschnitten und zerquält, aber der Herbst ließ sich sein Recht nicht nehmen und hatte alles phantastisch gelb und rot gefärbt, und die Waldvögel, die vor dem Winter in die Gärten flüchteten, zwitscherten lustig von Wipfel zu Wipfel. – Renald fror, er hatte Zeit genug und überdachte noch einmal alles: wie der junge Graf Dürande wieder nach Paris gereist, um dort lustig durchzuwintern, wie er selbst darauf mit fröhlichem Herzen zum Kloster geeilt, um seine Schwester abzuholen. Aber da war Gabriele heimlich verschwunden, man hatte einmal des Nachts einen fremden Mann am Kloster gesehn; niemand wußte, wohin sie gekommen. –

Jetzt knarrte das Schloßtor, Renald sprang schnell auf, er verlangte seinen Herrn, den alten Grafen Dürande, zu sprechen. Man sagte ihm, der Graf sei eben erst aufgewacht; er mußte noch lange in der Gesindestube warten zwischen Überresten vom gestrigen Souper, zwischen Schuhbürsten, Büchsen und Katzen, die sich verschlafen an seinen blanken Stiefeln dehnten, niemand fragte nach ihm. Endlich wurde er in des Grafen Garderobe geführt, der alte Herr ließ sich soeben frisieren und gähnte unaufhörlich. Renald bat nun ehrerbietig um kurzen Urlaub zu einer Reise nach *Paris*. Auf die Frage des Grafen, was er dort wolle, entgegnete er verwirrt: seine Schwester sei dort bei einem weitläuftigen Verwandten – er schämte sich herauszusagen, was er dachte. Da lachte der Graf. Nun, nun, sagte er, mein Sohn hat wahrhaftig keinen übeln Geschmack. Geh Er nur hin, ich will Ihm an seiner Fortune nicht hinderlich sein; die Dürandes sind in solchen Affären immer splendid; so ein junger wilder Schwan muß gerupft werden, aber mach' Er's mir nicht zu arg. – Dann nickte er mit dem Kopfe, ließ sich den Pudermantel umwerfen und schritt langsam zwischen zwei Reihen von Bedienten, die ihn im Vorüberwandeln mit großen Quasten einpuderten, durch die entgegengesetzte Flügeltür zum Frühstück. Die Bedienten kicherten heimlich – Renald schüttelte sich wie ein gefesselter Löwe.

Noch an demselben Tage trat er schon seine Reise an.

Es war ein schöner blanker Herbstabend, als er in der Ferne Paris erblickte; die Ernte war längst vorüber, die Felder standen alle leer, nur von der Stadt her kam ein verworrenes Rauschen über die stille Gegend, daß ihn heimlich schauerte. Er ging nun an prächtigen Landhäusern vorüber durch die langen Vorstädte immer tiefer in das wachsende Getöse hinein, die Welt rückte immer enger und dunkler zusammen, der Lärm, das Rasseln der Wagen betäubte, das wechselnde Streiflicht aus den geputzten Laden blendete ihn; so war er ganz verwirrt, als er endlich im Wind den roten Löwen, das Zeichen seines Vetters, schwanken sah, der in der Vorstadt einen Weinschank hielt. Dieser saß eben vor der Tür seines kleinen Hauses und verwunderte sich nicht wenig, da er den verstaubten Wandersmann erkannte. Doch Renald stand wie auf Kohlen. War Gabriele bei dir? fragte er gleich nach der ersten Begrüßung gespannt. – Der Vetter schüttelte erstaunt den Kopf, er wußte von nichts. – Also doch! sagte Renald, mit dem Fuß auf die Erde stampfend; aber er konnte es nicht über die Lippen bringen, was er vermute und vorhabe.

Sie gingen nun in das Haus und kamen in ein langes wüstes Gemach, das von einem Kaminfeuer im Hintergrunde ungewiß erleuchtet wurde. In den roten Widerscheinen saß dort ein wilder Haufe umher: abgedankte Soldaten, müßige Handwerksbursche und dergleichen Hornkäfer, wie sie in der Abendzeit um die großen Städte schwärmen. Alle Blicke aber hingen an einem hohen, hagern Manne mit bleichem, scharfgeschnittenem Gesicht, der, den Hut auf dem Kopf und seinen langen Mantel stolz und vornehm über die linke Achsel zurückgeschlagen, mitten unter ihnen stand. – Ihr seid der Nährstand, rief er soeben aus; wer aber die andern nährt, der ist ihr Herr; hoch auf, ihr Herren! – Er hob ein Glas, alles jauchzte wild auf und griff nach den Flaschen, er aber tauchte kaum die feinen Lippen in den dunkelroten Wein, als schlürft' er Blut, seine spielenden Blicke gingen über dem Glase kalt und lauernd in die Runde.

Da funkelte das Kaminfeuer über Renalds blankes Bandelier, das stach plötzlich in ihre Augen. Ein starker Kerl mit rotem Gesicht und Haar wie ein brennender Dornbusch, trat mit übermütiger Bettelhaftigkeit dicht vor Renald und fragte, ob er dem Großtürken diene? Ein anderer meinte, er habe ja da, wie ein Hund, ein adeliges Halsband umhängen. – Renald griff rasch nach seinem Hirschfänger, aber der lange Redner trat dazwischen, sie wichen ihm scheu und ehrerbietig aus. Dieser führte den Jäger an einen abgelegenen Tisch und fragte, wohin er wolle. Da Renald den Grafen Dürande nannte, sagte er: Das ist ein altes Haus, aber der Totenwurm pickt schon drin, ganz von Liebschaften zerfressen. – Renald erschrak, er glaubte, jeder müßte ihm seine Schande an der Stirn ansehn. Warum kommt Ihr grade auf die Liebschaften? fragte er zögernd. – Warum? erwiderte jener, sind sie nicht die Herren im Forst, ist das Wild nicht ihres, hohes und niederes? Sind wir nicht verfluchte Hunde und lecken die Schuh, wenn sie uns stoßen? – Das verdroß Renald; er entgegnete kurz und stolz: der junge Graf Dürande sei ein großmütiger Herr, er wolle nur sein Recht von ihm und weiter nichts. – Bei diesen Worten hatte der Fremde ihn aufmerksam betrachtet und sagte ernst: Ihr seht aus wie ein Scharfrichter, der, das Schwerte unterm Mantel, zu Gerichte geht; es kommt die Zeit, gedenkt an mich, Ihr werdet der Rüstigsten einer sein bei der blutigen Arbeit. – Dann zog er ein Blättchen hervor, schrieb etwas mit Bleistift darauf, versiegelte es am Licht und reichte es Renald hin. Die Grafen hier kennen mich wohl, sagte er; er solle das nur abgeben an Dürande, wenn er einen Strauß mit ihm habe, es könnte ihm vielleicht von Nutzen sein. – Wer ist der Herr? fragte Renald seinen Vetter, da der Fremde sich rasch wieder wandte. – Ein Feind der Tyrannen, entgegnete der Vetter leise und geheimnisvoll.

Dem Renald aber gefiel hier die ganze Wirtschaft nicht, er war müde von der Reise und streckte sich bald in einer Nebenkammer auf das Lager, das ihm der Vetter angewiesen. Da konnte er vernehmen, wie immer mehr und mehr Gäste nebenan allmählich die Stube füllten; er hörte die Stimme des Fremden wieder dazwischen, eine wilde Predigt, von der er nur einzelne Worte verstand, manchmal blitzte das Kaminfeuer blutrot durch die Ritzen der schlechtverwahrten Tür; so schlief er spät unter furchtbaren Träumen ein.

Der Ball war noch nicht beendigt, aber der junge Graf Dürande hatte dort so viel Wunderbares gehört von den feurigen Zeichen einer Revolution, vom heimlichen Aufblitzen kampffertiger Geschwader, Jakobiner, Volksfreunde und Royalisten, daß ihm das Herz schwoll wie im nahenden Gewitterwinde. Er konnte es nicht länger aushalten in der drückenden Schwüle. In seinen Mantel gehüllt, ohne den Wagen abzuwarten, stürzte er sich in die scharfe Winternacht hinaus. Da freute er sich, wie draußen fern und nah die Turmuhren verworren zusammenklangen im Wind, und die Wolken über die Stadt flogen und der Sturm sein Reiselied pfiff, lustig die Schneeflocken durcheinander wirbelnd: Grüß' mir mein Schloß Dürande! rief er dem Sturme zu; es war ihm so frisch zumut, als müßt' er, wie ein lediges Roß, mit jedem Tritte Funken aus den Steinen schlagen.

In seinem Hotel aber fand er alles wie ausgestorben, der Kammerdiener war vor Langeweile fast eingeschlafen, die jüngere Dienerschaft ihren Liebschaften nachgegangen, niemand hatte ihn so früh erwartet. Schauernd vor Frost, stieg er die breite, dämmernde Treppe hinauf, zwei tief herabgebrannte Kerzen beleuchteten zweifelhaft das vergoldete Schnitzwerk des alten Saales, es war so still, daß er den Zeiger der Schloßuhr langsam fortrücken und die Wetterfahnen im Winde sich drehen hörte. Wüst und überwacht

warf er sich auf eine Ottomane hin. Ich bin so müde, sagte
er, so müde von Lust und immer Lust, langweilige Lust! ich
wollt', es wäre Krieg! – Da war's ihm, als hört' er draußen
auf der Treppe gehn mit leisen langen Schritten, immer
näher und näher. Wer ist da? rief er. – Keine Antwort. –
Nur zu, mir eben recht, meinte er, Hut und Handschuh
wegwerfend, rumor' nur zu, spukhafte Zeit, mit deinem
fernen Wetterleuchten über Stadt und Land, als wenn die
Gedanken aufstünden überall und schlaftrunken nach den
Schwertern tappten. Was gehst du in Waffen rasselnd um
und pochst an die Türen unserer Schlösser bei stiller Nacht;
mich gelüstet mit dir zu fechten; herauf, du unsichtbares
Kriegsgespenst!

Da pocht' es wirklich an der Tür. Er lachte, daß der Geist
die Herausfoderung so schnell angenommen. In keckem
Übermut rief er: herein! Eine hohe Gestalt im Mantel trat in
die Tür; er erschrak doch, als diese den Mantel abwarf und
er Renald erkannte, denn er gedachte der Nacht im Walde,
wo der Jäger auf ihn gezielt. – Renald aber, da er den Grafen
erblickte, ehrerbietig zurücktretend, sagte: er habe den
Kammerdiener hier zu finden geglaubt, um ihn anzumel-
den. Er sei schon öfters zu allen Tageszeiten hier gewesen,
jedesmal aber, unter dem Vorwand, daß die Herrschaft
nicht zu Hause oder beschäftigt sei, von den Pariser Bedienten zurückgewiesen worden, die ihn noch nicht kannten;
so habe er denn heut auf der Straße gewartet, bis der Graf
zurückkäme.

Und was willst du denn von mir? fragte der Graf, ihn mit
unverwandten Blicken prüfend.

Gnädiger Herr, erwiderte der Jäger nach einer Pause, Sie
wissen wohl, ich hatte eine Schwester, sie war meine einzige
Freude und mein Stolz – sie ist eine Landläuferin geworden,
sie ist fort.

Der Graf machte eine heftige Bewegung, faßte sich aber
gleich wieder und sagte halb abgewendet: Nun, und was
geht das mich an?

Renalds Stirn zuckte wie fernes Wetterleuchten, er schien
mit sich selber zu ringen. Gnädiger Herr, rief er darauf im
tiefsten Schmerz, gnädiger Herr, gebt mir meine arme
Gabriele zurück!

Ich? fuhr der Graf auf, zum Teufel, wo ist sie?

Hier – entgegnete Renald ernst.

Der Graf lachte laut auf und, den Leuchter ergreifend,
stieß er rasch eine Flügeltür auf, daß man eine weite Reihe
glänzender Zimmer übersah. Nun, sagte er mit erzwungener
Lustigkeit, so hilf mir suchen. Horch, da raschelt was hinter
der Tapete, jetzt hier, dort, nun sage mir, wo steckt sie?

Renald blickte finster vor sich nieder, sein Gesicht
verdunkelte sich immer mehr. Da gewahrte er Gabrielens
Schnupftuch auf einem Tischchen; der Graf, der seinen
Augen gefolgt war, stand einen Augenblick betroffen. –
Renald hielt sich noch, es fiel ihm der Zettel des Fremden
wieder ein, er wünschte immer noch, alles in Güte abzuma-
chen, und reichte schweigend dem Grafen das Briefchen hin.
Der Graf, ans Licht tretend, erbrach es schnell, da flog eine
dunkle Röte über sein ganzes Gesicht. – Und weiter nichts?
murmelte er leise zwischen den Zähnen, sich die Lippen
beißend. Wollen sie mir drohen, mich schrecken? – Und
rasch zu Renald gewandt, rief er: Und wenn ich deine ganze
Sippschaft hätt', ich gäb' sie nicht heraus! Sag deinem Bett-
ler-Advokaten, ich lachte sein und wär zehntausendmal
noch stolzer als er, und wenn ihr beide euch im Hause zeigt,
laß ich mit Hunden euch vom Hofe hetzen, das sag' ihm;
fort, fort, fort! – Hiermit schleuderte der den Zettel dem
Jäger ins Gesicht, und schob ihn selber zum Saal hinaus, die
eigene Tür hinter ihm zuwerfend, daß es durchs ganze öde
Haus erschallte.

Renald stand, wild um sich blickend, auf der stillen
Treppe. Da bemerkte er erst, daß er den Zettel noch krampf-
haft in den Händen hielt; er entfaltete ihn hastig und las an
dem flackernden Licht einer halbverlöschten Laterne die
Worte: »Hütet Euch. Ein Freund des Volks.« –

Unterdes hörte er oben den Grafen heftig klingeln; mehre
Stimmen wurden im Hause wach, er stieg langsam hinunter
wie ins Grab. Im Hofe blickte er noch einmal zurück, die
Fenster des Grafen waren noch erleuchtet, man sah ihn im
Saale heftig auf und nieder gehen. Da hörte Renald auf
einmal draußen durch den Wind singen:

> Am Himmelsgrund schießen
> So lustig die Stern',
> Dein Schatz läßt dich grüßen
> Aus weiter, weiter Fern!
>
> Hat eine Zither gehangen
> An der Tür unbeacht',
> Der Wind ist gegangen
> Durch die Saiten bei Nacht.
>
> Schwang sich auf dann vom Gitter
> Über die Berge, über'n Wald –
> Mein Herz ist die Zither
> Gibt einen fröhlichen Schall.

Die Weise ging ihm durch Mark und Bein; er kannte sie
wohl. – Der Mond streifte soeben durch die vorüberfliegenden Wolken den Seitenflügel des Schlosses, da glaubte er in
dem einen Fenster flüchtig Gabrielen zu erkennen; als er
sich aber wandte, wurde es schnell geschlossen. Ganz
erschrocken und verwirrt warf er sich auf die nächste Tür,
sie war fest zu. Da trat er unter das Fenster und rief leise aus
tiefster Seele hinauf, ob sie drin wider ihren Willen festge-
halten werde? so solle sie ihm ein Zeichen geben, es sei keine
Mauer so stark als die Gerechtigkeit Gottes. – Es rührte sich
nichts als die Wetterfahne auf dem Dach. – Gabriele, rief er
nun lauter, meine arme Gabriele, der Wind in der Nacht
weint um dich an den Fenstern, ich liebte dich so sehr, ich
lieb' dich noch immer, um Gottes willen komm herab zu
mir, wir wollen miteinander fortziehen, weit, weit fort, wo

uns niemand kennt, ich will für dich betteln von Haus zu Haus, es ist ja kein Lager so hart, kein Frost so scharf, keine Not so bitter als die Schande.

Er schwieg erschöpft, es war alles wieder still, nur die Tanzmusik von dem Balle schallte noch von fern über den Hof herüber; der Wind trieb große Schneeflocken schräg über die harte Erde, er war ganz verschneit. – Nun, so gnade uns beiden Gott! sagte er, sich abwendend, schüttelte den Schnee vom Mantel und schritt rasch fort.

Als er zu der Schenke seines Vetters zurückkam, fand er zu seinem Erstaunen das ganze Haus verschlossen. Auf sein heftiges Pochen trat der Nachbar, sich vorsichtig nach allen Seiten umsehend, aus seiner Tür, er schien auf des Jägers Rückkehr gewartet zu haben und erzählte ihm geheimnisvoll: das Nest nebenan sei ausgenommen, Polizeisoldaten hätten heute Abend den Vetter plötzlich abgeführt, niemand wisse wohin. – Den Renald überraschte und verwunderte nichts mehr, und zerstreut mit flüchtigem Danke nahm er alles an, als der Nachbar nun auch das gerettete Reisebündel des Jägers unter dem Mantel hervorbrachte und ihm selbst eine Zuflucht in seinem Hause anbot.

Gleich am andern Morgen aber begann Renald seine Runde in der weitläuftigen Stadt, er mochte nichts mehr von der Großmut des stolzen Grafen, er wollte jetzt nur sein *Recht*! So suchte er unverdrossen eine Menge Advokaten hinter ihren großen Dintenfässern auf, aber die sahen's gleich alle den goldbortenen Rauten seines Rockes an, daß sie nicht aus seiner eigenen Tasche gewachsen waren; der eine verlangte unmögliche Zeugen, der andere Dokumente, die er nicht hatte, und alle foderten Vorschuß. Ein junger reicher Advokat wollte sich totlachen über die ganze Geschichte; er fragte, ob die Schwester jung, schön, und erbot sich, den ganzen Handel umsonst zu führen und die arme Waise dann zu sich ins Haus zu nehmen, während ein andrer gar das Mädchen selber heiraten wollte, wenn sie fernerhin beim Grafen bliebe. – In tiefster Seele empört,

wandte sich Renald nun an die Polizeibehörde; aber da
wurde er aus einem Revier ins andere geschickt, von Pontius
zu Pilatus, und jeder wusch seine Hände in Unschuld,
niemand hatte Zeit, in dem Getreibe ein vernünftiges Wort
zu hören, und als er endlich vor das rechte Büro kam,
zeigten sie ihm ein langes Verzeichnis der Dienstleute und
Hausgenossen des Grafen Dürande: seine Schwester war
durchaus nicht darunter. Er habe Geister gesehen, hieß es,
er solle keine unnützen Flausen machen; man hielt ihn für
einen Narren, und er mußte froh sein, nur ungestraft wieder
unter Gottes freien Himmel zu kommen. Da saß er nun
todmüde in seiner einsamen Dachkammer, den Kopf in die
Hand gestützt; seine Barschaft war mit dem frühzeitigen
Schnee auf den Straßen geschmolzen, jetzt wußt' er keine
Hülfe mehr, es ekelte ihm recht vor dem Schmutz der Welt.
In diesem Hinbrüten, wie wenn man beim Sonnenglanz die
Augen schließt, spielten feurige Figuren wechselnd auf dem
dunkeln Grund seiner Seele: schlängelnde Zornesblitze und
halbgeborne Gedanken blutiger Rache. In dieser Not betete
er still für sich; als er aber an die Worte kam: »vergib uns
unsere Schuld, als auch wir vergeben unseren Schuldnern«,
fuhr er zusammen; er konnte es dem Grafen nicht vergeben.
Angstvoll und immer brünstiger betete er fort. – Da sprang
er plötzlich auf, ein neuer Gedanke erleuchtete auf einmal
sein ganzes Herz. Noch war nicht alles versucht, nicht alles
verloren, er beschloß, den König selber anzutreten – so hatte
er sich nicht vergeblich zu Gott gewendet, dessen Hand auf
Erden ja der König ist.

Ludwig XVI. und sein Hof waren damals in Versailles;
Renald eilte sogleich hin und freute sich, als er bei seiner
Ankunft hörte, daß der König, der unwohl gewesen, heute
zum ersten Male wieder den Garten besuchen wolle. Er
hatte zu Hause mit großem Fleiß eine Supplik aufgesetzt,
Punkt für Punkt, das himmelschreiende Unrecht und seine
Foderung, alles wie er es dereinst vor Gottes Thron zu
verantworten gedachte. Das wollte er im Garten selbst

übergeben, vielleicht fügte es sich, daß er dabei mit dem König sprechen durfte; so, hoffte er, könne noch alles wieder gut werden.

Vielerlei Volk, Neugierige, Müßiggänger und Fremde hatten sich unterdes schon unweit der Türe, aus welcher der König treten sollte, zusammengestellt. Renald drängte sich mit klopfendem Herzen in die vorderste Reihe. Es war einer jener halbverschleierten Wintertage, die lügenhaft den Sommer nachspiegeln, die Sonne schien lau, aber falsch über die stillen Paläste, weiterhin zogen Schwäne auf den Weihern, kein Vogel sang mehr, nur die weißen Marmorbilder standen noch verlassen in der prächtigen Einsamkeit. Endlich gaben die Schweizer das Zeichen, die Saaltür öffnete sich, die Sonne tat einen kurzen Blick über funkelnden Schmuck, Ordensbänder und blendende Achseln, die schnell, vor dem Winterhauch, unter schimmernden Tüchern wieder verschwanden. Da schallt' es auf einmal: Vive le roi! durch die Lüfte und im Garten, so weit das Auge reichte, begannen plötzlich alle Wasserkünste zu spielen, und mitten in dem Jubel, Rauschen und Funkeln schritt der König in einfachem Kleide langsam die breiten Marmorstufen hinab. Er sah traurig und bleich – eine leise Luft rührte die Wipfel der hohen Bäume und streute die letzten Blätter wie einen Goldregen über die fürstlichen Gestalten. Jetzt gewahrte Renald mit einiger Verwirrung auch den Grafen Dürande unter dem Gefolge, er sprach soeben halbflüsternd zu einer jungen schönen Dame. Schon rauschten die taftenen Gewänder immer näher und näher. Renald konnte deutlich vernehmen, wie die Dame, ihre Augen gegen Dürande aufschlagend, ihn neckend fragte, was er drin sehe, daß sie ihn so erschreckten? –

Wunderbare Sommernächte meiner Heimat, erwiderte der Graf zerstreut. Da wandte sich das Fräulein lachend, Renald erschrak, ihr dunkles Auge war wie Gabrielens in ihren fröhlichen Tagen – es wollte ihm das Herz zerreißen.

Darüber hatte er alles andere vergessen, der König war fast vorüber; jetzt drängte er sich nach, ein Schweizer aber stieß ihn mit der Partisane zurück, er drang noch einmal verzweifelt vor. Da bemerkt ihn Dürande, er stutzt einen Augenblick, dann, schnell gesammelt, faßt er den Zudringlichen rasch an der Brust und übergibt ihn der herbeieilenden Wache. Der König über dem Getümmel wendet sich fragend. Ein Wahnsinniger, entgegnet Dürande. –

Unterdes hatten die Soldaten den Unglücklichen umringt, die neugierige Menge, die ihn für verrückt hielt, wich scheu zurück, so wurde er ungehindert abgeführt. Da hörte er hinter sich die Fontänen noch rauschen, dazwischen das Lachen und Plaudern der Hofleute in der lauen Luft; als er aber einmal zurückblickte, hatte sich alles schon wieder nach dem Garten hingekehrt, nur ein bleiches Gesicht aus der Menge war noch zurückgewandt und funkelte ihm mit scharfen Blicken nach. Er glaubte schaudernd den prophetischen Fremden aus des Vetters Schenke wiederzuerkennen.

———

Der Mond bescheint das alte Schloß Dürande und die tiefe Waldesstille am Jägerhaus, nur die Bäche rauschen so geheimnisvoll in den Gründen. Schon blüht's in manchem tiefen Tal und nächtliche Züge heimkehrender Störche hoch in der Luft verkünden in einzelnen halbverlornen Lauten, daß der Frühling gekommen. Da fahren plötzlich Rehe, die auf der Wiese vor dem Jägerhaus gerastet, erschrocken ins Dickicht, der Hund an der Tür schlägt an, ein Mann steigt eilig von den Bergen, bleich, wüst, die Kleider abgerissen, mit wildverwachsenem Bart – es ist der Jäger Renald.

Mehre Monate hindurch war er in Paris im Irrenhause eingesperrt gewesen; je heftiger er beteuerte, verständig zu sein, für desto toller hielt ihn der Wärter; in der Stadt aber hatte man jetzt Wichtigeres zu tun, niemand bekümmerte sich um ihn. Da ersah er endlich selbst seinen Vorteil, die

Hinterlist seiner verrückten Mitgesellen half ihm treulich aus Lust an der Heimlichkeit. So war es ihm gelungen, in einer dunkeln Nacht mit Lebensgefahr sich an einem Seil herabzulassen und in der allgemeinen Verwirrung der Zeit unentdeckt aus der Stadt durch die Wälder, von Dorf zu Dorfe bettelnd, heimwärts zu gelangen. Jetzt bemerkte er erst, daß es von fern überm Walde blitzte, vom stillen Schloßgarten her schlug schon eine Nachtigall, es war ihm, als ob ihn Gabriele riefe. Als er aber mit klopfendem Herzen auf dem allbekannten Fußsteig immer weiter ging, öffnete sich bei dem Hundegebell ein Fensterchen im Jägerhaus. Es gab ihm einen Stich ins Herz; es war Gabrielens Schlafkammer, wie oft hatte er dort ihr Gesicht im Mondschein gesehen. Heut aber guckte ein Mann hervor und fragte barsch, was es draußen gäbe. Es war der Waldwärter, der heimtückische Rotkopf war ihm immer zuwider gewesen. Was macht Ihr hier in Renalds Haus? sagte er. Ich bin müde, ich will hinein. Der Waldwärter sah ihn von Kopf bis zu den Füßen an, er erkannte ihn nicht mehr. Mit dem Renald ist's lange vorbei, entgegnete er dann, der ist nach Paris gelaufen und hat sich dort mit verdächtigem Gesindel und Rebellen eingelassen, wir wissen's recht gut, jetzt habe ich seine Stelle vom Grafen. – Drauf wies er Renald am Waldesrand den Weg zum Wirtshause und schlug das Fenster wieder zu. – Oho, steht's so! dachte Renald. Da fielen seine Augen auf sein Gärtchen, die Kirschbäume, die er gepflanzt, standen schon in voller Blüte, es schmerzte ihn, daß sie in ihrer Unschuld nicht wußten, für wen sie blühten. Währenddes hatte sein alter Hofhund sich gewaltsam vom Stricke losgerissen, sprang liebkosend an ihm herauf und umkreiste ihn in weiten Freudesprüngen; er herzte sich mit ihm wie mit einem alten treuen Freunde. Dann aber wandte er sich rasch zum Hause; die Tür war verschlossen, er stieß sie mit einem derben Fußtritt auf. Drin hatte der Waldwärter unterdes Feuer gepinkt. Herr Jesus! rief er erschrocken, da er, entgegentretend, plötzlich beim Widerschein der Lampe den verwilderten Renald erkannte. Renald aber achtete nicht darauf, sondern griff nach der Büchse, die überm Bett an der Wand hing. Lump, sagte er, das schöne Gewehr so verstauben zu lassen! Der Waldwärter, die Lampe hinsetzend und auf dem Sprunge, durchs Fenster zu entfliehen, sah den furchtbaren Gast seitwärts mit ungewissen Blicken an. Renald bemerkte, daß er zitterte. Fürcht' dich nicht, sagte er, dir tu' ich nichts, was kannst du dafür; ich hol mir nur die Büchse, sie ist vom Vater, sie gehört mir und nicht dem Grafen, und so wahr der alte Gott noch lebt, so hol ich mir auch mein *Recht*, und wenn sie's im Turmknopf von Dürande versiegelt hätten, das sag den Grafen und wer's sonst wissen will. – Mit diesen Worten pfiff er dem Hunde und schritt wieder in den Wald hinaus, wo ihn der Waldwärter bei dem wirren Wetterleuchten bald aus den Augen verloren hatte.

Währenddes schnurrten im Schloß Dürande die Gewichte der Turmuhr ruhig fort, aber die Uhr schlug nicht, und der verrostete Weiser rückte nicht mehr von der Stelle, als wäre die Zeit eingeschlafen auf dem alten Hofe beim einförmigen Rauschen der Brunnen. Draußen, nur manchmal vom fernen Wetterleuchten zweifelhaft erhellt, lag der Garten mit seinen wunderlichen Baumfiguren, Statuen und vertrockneten Bassins wie versteinert im jungen Grün, das in der warmen Nacht schon von allen Seiten lustig über die Gartenmauer kletterte und sich um die Säulen der halbverfallenen Lusthäuser schlang, als wollt' nun der Frühling alles erobern. Das Hausgesinde aber stand heimlich untereinander flüsternd auf der Terrasse, denn man sah es hier und da brennen in der Ferne; der Aufruhr schritt wachsend schon immer näher über die stillen Wälder von Schloß zu Schloß. Da hielt der kranke alte Graf um die gewohnte Stunde einsam Tafel im Ahnensaal, die hohen Fenster waren fest verschlossen, Spiegel, Schränke und Marmortische standen unverrückt umher wie in der alten Zeit, niemand durfte, bei seiner Ungnade, der neuen Ereignisse erwähnen, die er verächtlich ignorierte. So saß er, im Staatskleide, frisiert, wie eine geputzte Leiche am reichbesetzten Tisch vor den silbernen Armleuchtern und blätterte in alten Historienbüchern, seiner kriegerischen Jugend gedenkend. Die Bedienten eilten stumm über den glatten Boden hin und her, nur durch die Ritzen der Fensterladen sah man zuweilen das Wetterleuchten, und alle Viertelstunden hackte im Nebengemach die Flötenuhr knarrend ein und spielte einen Satz aus einer alten Opernarie.

Da ließen sich auf einmal unten Stimmen vernehmen, drauf hörte man jemand eilig die Treppe heraufkommen, immer lauter und näher. Ich muß herein! rief es endlich an der Saaltür, sich durch die abwehrenden Diener drängend, und bleich, verstört und atemlos stürzte der Waldwärter in den Saal, in wilder Hast dem Grafen erzählend, was ihm soeben im Jägerhaus mit dem Renald begegnet. –

Der Graf starrte ihn schweigend an. Dann, plötzlich einen Armleuchter ergreifend, richtete er sich zum Erstaunen der Diener ohne fremde Hülfe hoch auf. Hüte sich, wer einen Dürande fangen will! rief er, und gespenstisch wie ein Nachtwandler mit dem Leuchter quer durch den Saal schreitend, ging er auf eine kleine eichene Tür los, die zu dem Gewölbe des Eckturms führte. Die Diener, als sie sich vom ersten Entsetzen über sein grauenhaftes Aussehen erholt, standen verwirrt und unentschlossen um die Tafel. Um Gottes willen, rief da auf einmal ein Jäger herbeieilend, laßt ihn nicht durch, dort in dem Eckturm habe ich auf sein Geheiß heimlich alles Pulver zusammentragen müssen; wir sind verloren, er sprengt uns alle mit sich in die Luft! – Der Kammerdiener, bei dieser schrecklichen Nachricht, faßte sich zuerst ein Herz und sprang rasch vor, um seinen Herrn zurückzuhalten, die andern folgten seinem Beispiel. Der Graf aber, da er sich so unerwartet verraten und überwältigt sah, schleuderte dem Nächsten den Armleuchter an den Kopf, darauf, krank wie er war, brach er selbst auf dem Boden zusammen.

Ein verworrenes Durcheinanderlaufen ging nun durch das ganze Schloß; man hatte den Grafen auf sein seidenes Himmelbett gebracht. Dort versuchte er vergeblich, sich noch einmal emporzurichten, zurücksinkend rief er: Wer sagte da, daß der Renald nicht wahnsinnig ist? – Da alles still blieb, fuhr er leiser fort: Ihr kennt den Renald nicht, er kann entsetzlich sein, wie fressend Feuer – läßt man denn reißende Tiere frei aufs Feld? – Ein schöner Löwe, wie er die Mähnen schüttelt – wenn sie nur nicht so blutig wären! – Hier, sich plötzlich besinnend, riß er die müden Augen weit auf und starrte die umherstehenden Diener verwundert an.

Der bestürzte Kammerdiener, der seine Blicke allmählich verlöschen sah, redete von geistlichem Beistand, aber der Graf, schon im Schatten des nahenden Todes, verfiel gleich darauf von neuem in fieberhafte Phantasien. Er sprach von einem großen prächtigen Garten, und einer langen, langen Allee, in der ihm seine verstorbene Gemahlin entgegenkäme immer näher und heller und schöner. – Nein, nein, sagte er, sie hat einen Sternenmantel um und eine funkelnde Krone auf dem Haupt. Wie rings die Zweige schimmern von dem Glanz! – Gegrüßt seist du, Maria, bitt' für mich, du Königin der Ehren! – Mit diesen Worten starb der Graf.

Als der Tag anbrach, war der ganze Himmel gegen Morgen dunkelrot gefärbt; gegenüber aber stand das Gewitter bleifarben hinter den grauen Türmen des Schlosses Dürande, die Sterbeglocke ging in einzelnen, abgebrochenen Klängen über die stille Gegend, die fremd und wie verwandelt in der seltsamen Beleuchtung heraufblickte – da sahen einige Holzhauer im Walde den wilden Jäger Renald mit seiner Büchse und dem Hunde eilig in die Morgenglut hinabsteigen; niemand wußte, wohin er sich gewendet.

Mehre Tage waren seitdem vergangen, das Schloß stand wie verzaubert in öder Stille, die Kinder gingen abends scheu vorüber, als ob es drin spuke. Da sah man eines Tages plötzlich droben mehre Fenster geöffnet, buntes Reisegepäck lag auf dem Hofe umher, muntere Stimmen schallten wieder auf den Treppen und Gängen, die Türen flogen hallend auf und zu und vom Turme fing die Uhr trostreich wieder zu schlagen an. Der junge Graf Dürande war, auf die Nachricht vom Tode seines Vaters, rasch und unerwartet von Paris zurückgekehrt. Unterweges war er mehrmals verworrenen Zügen von Edelleuten begegnet, die schon damals flüchtend die Landstraßen bedeckten. Er aber hatte keinen Glauben an die Fremde und wollte ehrlich Freud und Leid mit seinem Vaterlande teilen. Wie hatte auch der erste Schreck aus der Ferne alles übertrieben! Er fand seine nächsten Dienstleute ergeben und voll Eifer und überließ sich gern der Hoffnung, noch alles zum Guten wenden zu können.

In solchen Gedanken stand er an einem der offenen Fenster, die Wälder rauschten so frisch herauf, das hatte er so lange nicht gehört, und im Tale schlugen die Vögel und jauchzten die Hirten von den Bergen, dazwischen hörte er unten im Schloßgarten singen:

> Wär's dunkel, ich läg' im Walde,
> Im Walde rauscht's so sacht,
> Mit ihrem Sternenmantel
> Bedecket mich da die Nacht,
> Da kommen die Bächlein gegangen:
> Ob ich schon schlafen tu?
> Ich schlaf' nicht, ich hör' noch lange
> Den Nachtigallen zu,
> Wenn die Wipfel über mir schwanken,
> Es klinget die ganze Nacht,
> Das sind im Herzen die Gedanken,
> Die singen, wenn niemand wacht.

Jawohl, gar manche stille Nacht, dachte der Graf, sich mit
der Hand über die Stirn fahrend. – Wer sang da? wandte er
sich dann zu den auspackenden Dienern; die Stimme schien
ihm so bekannt. Ein Jäger meinte, es sei wohl der neue
Gärtnerbursch aus Paris, der habe keine Ruh gehabt in der
Stadt; als sie fortgezogen, so sei er ihnen zu Pferde nachge-
kommen. Der? – sagte der Graf – er könnte sich kaum auf
den Burschen besinnen. Über den Zerstreuungen des Win-
ters in Paris war er nicht oft in den Garten gekommen; er
hatte den Knaben nur selten gesehn und wenig beachtet, um
so mehr freute ihn seine Anhänglichkeit.

Indes war es beinahe Abend geworden, da hieß der Graf
noch sein Pferd satteln, die Diener verwunderten sich, als
sie ihn bald darauf so spät und ganz allein noch nach dem
Walde hinreiten sahen. Der Graf aber schlug den Weg zu
dem nahen Nonnenkloster ein, und ritt in Gedanken rasch
fort, als gölt' es, ein lange versäumtes Geschäft nachzu-
holen; so hatte er in kurzer Zeit das stille Waldkloster
erreicht. Ohne abzusteigen, zog er hastig die Glocke am
Tor. Da stürzte ein Hund ihm entgegen, als wollt' er ihn
zerreißen, ein langer, bärtiger Mann trat aus der Kloster-
pforte und stieß den Köter wütend mit den Füßen; er
Hund heulte, der Mann fluchte, eine Frau zankte drin im
Kloster, sie konnten lange nicht zu Worte kommen. Der
Graf, befremdet von dem seltsamen Empfang, verlangte
jetzt schleunig die Priorin zu sprechen. – Der Mann sah ihn
etwas verlegen an, als schämte er sich. Gleich aber wieder in
alter Rohheit gesammelt, sagte er, das Kloster sei aufgehoben und gehöre der Nation; er sei der Pächter hier. Weiter
erfuhr nun der Graf noch, wie ein Pariser Kommissär das
alles so rasch und klug geordnet. Die Nonnen sollten nun in
weltlichen Kleidern hinaus in die Städte, heiraten und nütz-
lich sein; da zogen alle in einer schönen stillen Nacht aus
dem Tal, für das sie so lange gebetet, nach Deutschland
hinüber, wo ihnen in einem Schwesterkloster freundliche
Aufnahme angeboten worden.

Der überraschte Graf blickte schweigend umher, jetzt bemerkte er erst, wie die zerbrochenen Fenster im Winde klappten; aus einer Zelle unten sah ein Pferd schläfrig ins Grün hinaus, die Ziegen des Pächters weideten unter umgeworfenen Kreuzen auf dem Kirchhof, niemand wagte es, sie zu vertreiben; dazwischen weinte ein Kind im Kloster, als klagte es, daß es geboren in dieser Zeit. Im Dorfe aber war es wie ausgekehrt, die Bauern guckten scheu aus den Fenstern, sie hielten den Grafen für einen Herrn von der Nation. Als ihn aber nach und nach einige wiedererkannten, stürzte auf einmal alles heraus und umringte ihn, hungrig, zerlumpt und bettelnd. Mein Gott, mein Gott, dachte er, wie wird die Welt so öde! – Er warf alles Geld, das er bei sich hatte, unter den Haufen, dann setzte er rasch die Sporen ein und wandte sich wieder nach Hause.

Es war schon völlig Nacht, als er in Dürande ankam. Da bemerkte er mit Erstaunen im Schloß einen unnatürlichen Aufruhr, Lichter liefen von Fenster zu Fenster, und einzelne Stimmen schweiften durch den dunkeln Garten, als suchten sie jemand. Er schwang sich rasch vom Pferde und eilte ins Haus. Aber auf der Treppe stürzte ihm schon der Kammerdiener mit einem versiegelten Blatte atemlos entgegen: es seien Männer unten, die es abgegeben und trotzig Antwort verlangten. Ein Jäger, aus dem Garten hinzutretend, fragte ängstlich den Grafen, ob er draußen dem Gärtnerburschen begegnet? der Bursch habe ihn überall gesucht, der Graf möge sich aber hüten vor ihm, er sei in der Dämmerung verdächtig im Dorf gesehen worden, ein Bündel unterm Arm, mit allerlei Gesindel sprechend, nun sei er gar spurlos verschwunden.

Der Graf, unterdes oben im erleuchteten Zimmer angelangt, erbrach den Brief und las in schlechter, mit blasser Dinte mühsam gezeichneter Handschrift: Im Namen Gottes verordne ich hiermit, daß der Graf Hippolyt von Dürande auf einem, mit dem gräflichen Wappen besiegelten Pergament die einzige Tochter des verstorbenen Försters am

Schloßberg, Gabriele Dübois, als seine rechtmäßige Braut und künftiges Gemahl bekennen und annehmen soll. Dieses Gelöbnis soll heute bis elf Uhr nachts in dem Jägerhause abgeliefert werden. Ein Schuß aus dem Schloßfenster aber bedeutet: Nein. Renald.

Was ist die Uhr? fragte der Graf. – Bald Mitternacht, erwiderten einige, sie hätten ihn so lange im Walde und Garten vergeblich gesucht. – Wer von euch sah den Renald, wo kam er her? fragte er von neuem. Alles schwieg. Da warf er den Brief auf den Tisch. Der Rasende! sagte er, und befahl für jeden Fall die Zugbrücke aufzuziehen, dann öffnete er rasch das Fenster, und schoß ein Pistol, als Antwort in die Luft hinaus. Da gab es einen wilden Widerhall durch die stille Nacht, Geschrei und Rufen und einzelne Flinten- schüsse bis in die fernsten Schlünde hinein, und als der Graf sich wieder wandte, sah er in dem Saal einen Kreis verstörter Gesichter lautlos um sich her.

Er schalt sie Hasenjäger, denen vor Wölfen graute. Ihr habt lange genug Krieg gespielt im Walde, sagte er, nun wendet sich die Jagd, wir sind jetzt das Wild, wir müssen durch. Was wird es sein! Ein Tollhaus mehr ist wieder aufgeriegelt, der rasende Veitstanz geht durchs Land und der Renald geigt ihnen vor. Ich hab' nichts mit dem Volk, ich tat ihnen nichts als Gutes, wollen sie noch Besseres, sie sollen's ehrlich fodern, ich gäb's ihnen gern, abschrecken aber laß ich mir keine Hand breit meines alten Grund und Bodens; Trotz gegen Trotz!

So trieb er sie in den Hof hinab, er selber half die Pforten, Luken und Fenster verrammen. Waffen wurden rasselnd von allen Seiten herbeigeschleppt, sein fröhlicher Mut belebte alle. Man zündete mitten im Hofe ein großes Feuer an, die Jäger lagerten sich herum und gossen Kugeln in den roten Widerscheinen, die lustig über die stillen Mauern liefen – sie merkten nicht, wie die Raben, von der plötz- lichen Helle aufgeschreckt, ächzend über ihnen die alten Türme umkreisten. – Jetzt brachte ein Jäger mit großem

Geschrei den Hut und die Jacke des Gärtnerburschen, die er zu seiner Verwunderung, beim Aufsuchen der Waffen im Winkel eines abgelegenen Gemaches gefunden. Einige meinten, das Bürschchen sei vor Angst aus der Haut gefahren, andere schworen, er sei ein Schleicher und Verräter, während der alte Schloßwart Nicolo, schlau lächelnd, seinem Nachbar heimlich etwas ins Ohr flüsterte. Der Graf bemerkte es. Was lachst du? fuhr er den Alten an; eine entsetzliche Ahnung flog plötzlich durch seine Seele. Alle sahen verlegen zu Boden. Da faßte er den erschrockenen Schloßwart hastig am Arm und führte ihn mit fort in einen entlegenen Teil des Hofes, wohin nur einige schwankende Schimmer des Feuers langten. Dort hörte man beide lange Zeit lebhaft miteinander reden, der Graf ging manchmal heftig an dem dunkeln Schloßflügel auf und ab, und kehrte dann immer wieder fragend und zweifelnd zu dem Alten zurück. Dann sah man sie in den offenen Stall treten, der Graf half selbst eilig den schnellsten Läufer satteln, und gleich darauf sprengte Nicolo quer über den Schloßhof, daß die Funken stoben, durchs Tor in die Nacht hinaus. Reit' zu, rief ihm der Graf noch nach, frag', suche bis ans Ende der Welt.

Nun trat er rasch und verstört wieder zu den andern, zwei der zuverlässigsten Leute mußten sogleich bewaffnet nach dem Dorf hinab, um den Renald draußen aufzusuchen; wer ihn zuerst sähe, solle ihm sagen: er, der Graf, wolle ihm Satisfaktion geben wie einem Kavalier und sich mit ihm schlagen, Mann gegen Mann – mehr könne der Stolze nicht verlangen.

Die Diener starrten ihn verwundert an, er aber hatte unterdes einen rüstigen Jäger auf die Zinne gestellt, wo man am weitesten ins Land hinaussehen konnte. Was siehst du? fragte er, unten seine Pistolen ladend. Der Jäger erwiderte: die Nacht sei zu dunkel, er könne nichts unterscheiden, nur einzelne Stimmen höre er manchmal ferne im Feld und schweren Tritt, als zögen viele Menschen lautlos durch die

Nacht, dann alles wieder still. Hier ist's lustig oben, sagte er, wie eine Wetterfahne im Wind – was ist denn das? –

Wer kommt? fuhr der Graf hastig auf.

Eine weiße Gestalt, wie ein Frauenzimmer, entgegnete der Jäger, fliegt unten dicht an der Schloßmauer hin. – Er legte rasch seine Büchse an. Aber der Graf, die Leiter hinanfliegend, war schon selber droben und riß dem Zielenden heftig das Gewehr aus der Hand. Der Jäger sah ihn erstaunt an. Ich kann auch nichts mehr sehen, sagte er dann halb unwillig und warf sich nun auf die Mauer nieder, über den Rand hinausschauend: Wahrhaftig, dort an der Gartenecke ist noch ein Fenster offen, der Wind klappt mit den Laden, dort ist's hereingehuscht.

Die Zunächststehenden im Hofe wollten eben nach der bezeichneten Stelle hineilen, als plötzlich mehre Diener, wie Herbstblätter im Sturm über den Hof daherflogen; die Rebellen, hieß es, hätten im Seitenflügel eine Pforte gesprengt, andere meinten, der rotköpfige Waldwärter habe sie mit Hülfe eines Nachschlüssels heimlich durch das Kellergeschoß hereingeführt. Schon hörte man Fußtritte hallend auf den Gängen und Treppen und fremde, rauhe Stimmen da und dort, manchmal blitzte eine Brandfackel vorüberschweifend durch die Fenster. – Hallo, nun gilt's, die Gäste kommen, spielt auf zum Hochzeitstanze! rief der Graf, in niegefühlter Mordlust aufschauernd. Noch war nur erst ein geringer Teil des Schlosses verloren; er ordnete rasch seine kleine Schar, fest entschlossen, sich lieber unter den Trümmern seines Schlosses zu begraben, als in diese rohen Hände zu fallen.

Mitten in dieser Verwirrung aber ging auf einmal ein Geflüster durch seine Leute: der Graf zeigt sich doppelt im Schloß, der eine hatte ihn zugleich im Hof und am Ende eines dunkeln Ganges gesehen, einem andern war er auf der Treppe begegnet, flüchtig und auf keinen Anruf Antwort gebend, das bedeute seit uralter Zeit dem Hause großes Unglück. Niemand hatte jedoch in diesem Augenblick das

Herz und die Zeit, es dem Grafen zu sagen, denn soeben begann auch unten der Hof sich schon grauenhaft zu beleben; unbekannte Gesichter erschienen überall an den Kellerfenstern, die Kecksten arbeiteten sich gewaltsam hervor und sanken, ehe sie sich draußen noch aufrichten konnten, von den Kugeln der wachsamen Jäger wieder zu Boden, aber über ihre Leichen weg kroch und rang und hob es sich immer von neuem unaufhaltsam empor, braune verwilderte Gestalten, mit langen Vogelflinten, Stangen und Brecheisen, als wühlte die Hölle unter dem Schlosse sich auf. Es war die Bande des verräterischen Waldwärters, der ihnen heimtükkisch die Keller geöffnet. Nur auf Plünderung bedacht, drangen sie sogleich nach dem Marstall und hieben in der Eile die Stränge entzwei, um sich der Pferde zu bemächtigen. Aber die edeln schlanken Tiere, von dem Lärm und der gräßlichen Helle verstört, rissen sich los und stürzten in wilder Freiheit in den Hof; dort mit zornigfunkelnden Augen und fliegender Mähne, sah man sie bäumend aus der Menge steigen und Roß und Mann verzweifelnd durcheinander ringen beim wirren Wetterleuchten der Fackeln, Jubel und Todesschrei und die dumpfen Klänge der Sturmglocken dazwischen. Die versprengten Jäger fochten nur noch einzeln gegen die wachsende Übermacht; schon umringte das Getümmel immer dichter den Grafen, er schien unrettbar verloren, als der blutige Knäuel mit dem Ausruf: dort, dort ist er! sich plötzlich wieder entwirrte und alles dem andern Schloßflügel zuflog.

Der Graf, in einem Augenblick fast allein stehend, wandte sich tiefaufatmend und sah erstaunt das alte Banner des Hauses Dürande drüben vom Balkon wehen. Es wallte ruhig durch die wilde Nacht, auf einmal aber schlug der Wind wie im Spiel die Fahne zurück – da erblickte er mit Schaudern sich selbst dahinter, in seinen weißen Reitermantel tief gehüllt, Stirn und Gesicht von seinem Federbusch umflattert. Alle Blicke und Röhre zielten auf die stille Gestalt, doch dem Grafen sträubte sich das Haar empor, denn die

Blicke des furchtbaren Doppelgängers waren mitten durch
den Kugelregen unverwandt auf ihn gerichtet. Jetzt bewegte
es die Fahne, es schien ihm ein Zeichen geben zu wollen,
immer deutlicher und dringender ihn zu sich hinaufwin-
kend.

Eine Weile starrt er hin, dann von Entsetzen überreizt,
vergißt er alles andere und unerkannt den Haufen teilend,
der wütend nach dem Haupttor dringt, eilt er selbst dem
gespenstischen Schloßflügel zu. Ein heimlicher Gang, nur
wenigen bekannt, führt seitwärts näher zum Balkon, dort
stürzt er sich hinein; schon schließt die Pforte sich schallend
hinter ihm, er tappt am Pfeiler einsam durch die stille Halle,
da hört er atmen neben sich, es faßt ihn plötzlich bei der
Hand, schauernd sieht er das Banner und den Federbusch im
Dunkeln wieder schimmern. Da, den weißen Mantel zu-
rückschlagend, stößt es unten rasch eine Tür auf nach dem
stillen Feld, ein heller Mondenblick streift blendend die
Gestalt, sie wendet sich. – Um Gottes willen, *Gabriele*! ruft
der Graf und läßt verwirrt den Degen fallen.

Das Mädchen stand bleich, ohne Hut vor ihm, die
schwarzen Locken aufgeringelt, rings von der Fahne wunderbar umgeben. Sie schien noch atemlos. Jetzt zaudere
nicht, sagte sie, den ganz Erstaunten eilig nach der Tür
drängend, der alte Nicolo harrt deiner draußen mit dem
Pferde. Ich war im Dorf, der Renald wollte mich nicht
wiedersehn, so rannte ich ins Schloß zurück, zum Glück
stand noch ein Fenster offen, da fand ich dich nicht gleich
und warf mich rasch in deinen Mantel. Noch merken sie es
nicht, sie halten mich für dich; bald ist's zu spät, laß mich
und rette dich, nur schnell! – Dann setzte sie leiser hinzu:
und grüße auch das schöne Fräulein in Paris, und betet für
mich, wenn's euch wohlgeht.

Der Graf aber, in tiefster Seele bewegt, hatte sie schon fest
in beide Arme genommen und bedeckte den bleichen Mund
mit glühenden Küssen. Da wand sie sich schnell los. Mein
Gott, liebst du mich denn noch, ich meint', du freitest um

das Fräulein? sagte sie voll Erstaunen, die großen Augen fragend zu ihm aufgeschlagen. – Ihm war's auf einmal, wie in den Himmel hineinzusehen. Die Zeit fliegt heut entsetzlich, rief er aus, dich liebte ich immerdar, da nimm den Ring und meine Hand auf ewig, und so verlaß mich Gott, wenn ich je von dir lasse! – Gabriele, von Überraschung und Freude verwirrt, wollte niederknien, aber sie taumelte und mußte sich an der Wand festhalten. Da bemerkte er erst mit Schrecken, daß sie verwundet war. Ganz außer sich riß er sein Tuch vom Halse, suchte eilig mit Fahne, Hemd und Kleidern das Blut zu stillen, das auf einmal unaufhaltsam aus vielen Wunden zu quellen schien. In steigender, unsäglicher Todesangst blickte er nach Hülfe rings umher, schon näherten sich verworrene Stimmen, er wußte nicht, ob es Freund oder Feind. Sie hatte währenddes den Kopf müde an seine Schulter gelehnt. Mir flimmert's so schön vor den Augen, sagte sie, wie dazumal, als du durchs tiefe Abendrot noch zu mir kamst; nun ist ja alles, alles wieder gut.

Da pfiff plötzlich eine Kugel durch das Fenster herein. Das war der Renald! rief der Graf, sich nach der Brust greifend; er fühlte den Tod im Herzen. – Gabriele fuhr hastig auf. Wie ist dir? fragte sie erschrocken. Aber der Graf, ohne zu antworten, faßte heftig nach seinem Degen. Das Gesindel war leise durch den Gang herangeschlichen, auf einmal sah er sich in der Halle von bewaffneten Männern umringt. – Gute Nacht, mein liebes Weib! rief er da; und mit letzter, übermenschlicher Gewalt das von der Fahne verhüllte Mädchen auf den linken Arm schwingend, bahnt' er sich eine Gasse durch die Plünderer, die ihn nicht kannten und verblüfft von beiden Seiten vor dem Wütenden zurückwichen. So hieb er sich durch die offene Tür glücklich ins Freie hinaus, keiner wagte ihm aufs Feld zu folgen, wo sie in den schwankenden Schatten der Bäume einen heimlichen Hinterhalt besorgten.

Draußen aber rauschten die Wälder so kühl. Hörst du die Hochzeitsglocken gehn? sagte der Graf; ich spür schon

Morgenluft. – Gabriele konnte nicht mehr sprechen, aber sie sah ihn still und selig an. – Immer ferner und leiser verhallten unterdes schon die Stimmen vom Schlosse her, der Graf wankte verblutend, sein steinernes Wappenschild lag zertrümmert im hohen Gras, dort stürzt' er tot neben Gabrielen zusammen. Sie atmete nicht mehr, aber der Himmel funkelte von Sternen, und der Mond schien prächtig über das Jägerhaus und die einsamen Gründe; es war, als zögen Engel singend durch die schöne Nacht.

Dort wurden die Leichen von Nicolo gefunden, der vor Ungeduld schon mehrmals die Runde um das Haus gemacht hatte. Er lud beide mit dem Banner auf das Pferd, die Wege standen verlassen, alles war im Schloß, so brachte er sie unbemerkt in die alte Dorfkirche. Man hatte dort vor kurzem erst die Sturmglocke geläutet, die Kirchtür war noch offen. Er lauschte vorsichtig in die Nacht hinaus, es war alles still, nur die Linden säuselten im Wind, vom Schloßgarten hörte er die Nachtigallen schlagen, als ob sie im Traume schluchzten. Da senkte er betend das stille Brautpaar in die gräfliche Familiengruft und die Fahne darüber, unter der sie noch heut zusammen ausruhn. Dann aber ließ er mit traurigem Herzen sein Pferd frei in die Nacht hinauslaufen, segnete noch einmal die schöne Heimatsgegend und wandte sich rasch nach dem Schloß zurück, um seinen bedrängten Kameraden beizustehen; es war ihm, als könnte er nun selbst nicht länger mehr leben.

Auf den ersten Schuß des Grafen aus dem Schloßfenster war das raubgierige Gesindel, das durch umlaufende Gerüchte von Renalds Anschlag wußte, aus allen Schlupfwinkeln hervorgebrochen, er selbst hatte sich an der offenen Tür des Jägerhauses auf die Antwort gelauert und sprang bei dem Blitz im Fenster wie ein Tiger allen voraus, er war der Erste im Schloß. Hier, ohne auf das Treiben der andern zu achten, suchte er mitten zwischen den pfeifenden Kugeln in allen Gemächern, Gängen und Winkeln unermüdlich den Grafen auf. Endlich erblickt' er ihn durchs Fenster in der Halle, er hört' ihn drin sprechen, ohne Gabrielen in der Dunkelheit zu bemerken. Der Graf kannte den Schützen wohl, er hatte gut gezielt. Als Renald ihn getroffen taumeln sah, wandte er sich tiefaufatmend – sein Richteramt war vollbracht.

Wie nach einem schweren, löblichen Tagewerke durchschritt er nun die leeren Säle in der wüsten Einsamkeit zwischen zertrümmerten Tischen und Spiegeln, der Zugwind strich durch alle Zimmer und spielte traurig mit den Fetzen der zerrissenen Tapeten.

Als er durchs Fenster blickte, verwunderte er sich über das Gewimmel fremder Menschen im Hofe, die ihm geschäftig dienten wie das Feuer dem Sturm. Ein seltsam Gelüsten funkelte ihn da von den Wänden an aus dem glatten Getäfel, in dem der Fackelschein sich verwirrend spiegelte, als äugelte der Teufel mit ihm. – So war er in den Gartensaal gekommen. Die Tür stand offen, er trat in den Garten hinaus. Da schauerte ihn in der plötzlichen Kühle. Der untergehende Mond weilte noch zweifelnd am dunkeln Rand der Wälder, nur manchmal leuchtete der Strom noch herauf, kein Lüftchen ging, und doch rührten sich die Wipfel, und die Alleen und geisterhaften Statuen warfen lange, ungewisse Schatten dazwischen, und die Wasserkünste spielten und rauschten so wunderbar durch die weite Stille der Nacht. Nun sah er seitwärts auch die Linde und die mondbeglänzte Wiese vor dem Jägerhause; er dachte sich die verlorne Gabriele wieder in der alten unschuldigen Zeit als Kind mit den langen dunkeln Locken, es fiel ihm immer das Lied ein: »Gute Nacht, mein Vater und Mutter, wie auch mein stolzer Bruder«, – es wollte ihm das Herz zerreißen, er sang verwirrt vor sich hin, halb wie im Wahnsinn:

Meine Schwester, die spielt an der Linde. –
Stille Zeit, wie so weit, so weit!
Da spielten so schöne Kinder
Mit ihr in der Einsamkeit.

Von ihren Locken verhangen,
Schlief sie und lachte im Traum,
Und die schönen Kinder sangen
Die ganze Nacht unterm Baum.

Die ganze Nacht hat gelogen,
Sie hat mich so falsch gegrüßt,
Die Engel sind fortgeflogen
Und Haus und Garten stehn wüst.

Es zittert die alte Linde
Und klaget der Wind so schwer,
Das macht, das macht die Sünde –
Ich wollt', ich läg' im Meer. –

Die Sonne ist untergegangen
Und der Mond im tiefen Meer,
Es dunkelt schon über dem Lande;
Gute Nacht! seh' dich nimmermehr.

Wer ist da? rief er auf einmal in den Garten hinein. Eine
dunkle Gestalt unterschied sich halb kenntlich zwischen den
wirren Schatten der Bäume; erst hielt er es für eins der
Marmorbilder, aber es bewegte sich, er ging rasch darauf
los, ein Mann versuchte sich mühsam zu erheben, sank aber
immer wieder ins Gras zurück. Um Gott, Nicolo, du bist's!
rief Renald erstaunt; was machst du hier? – Der Schloßwart
wandte sich mit großer Anstrengung auf die andere Seite,
ohne zu antworten.

Bist du verwundet? sagte Renald, besorgt näher tretend,
wahrhaftig an dich dacht' ich nicht in dieser Nacht. Du
warst mir der Liebste immer unter allen, treu, zuverlässig,

ohne Falsch; ja, wär' die Welt wie du! Komm nur mit mir, du sollst herrschaftlich leben jetzt im Schloß auf deine alten Tage, ich will dich über alle stellen.

Nicolo aber stieß ihn zurück: Rühr mich nicht an, deine Hand raucht noch von Blut.

Nun, entgegnete Renald finster, ich meine, ihr solltet mir's alle danken, die wilden Tiere sind verstoßen in den wüsten Wald, es bekümmert sich niemand um sie, sie müssen sich ihr Futter selber nehmen – bah, und was ist Brot gegen Recht!

Recht? sagte Nicolo, ihn lange starr ansehend, um Gottes willen, Renald, ich glaube gar, du wußtest nicht –

Was wußt' ich nicht? fuhr Renald hastig auf.

Deine Schwester Gabriele –

Wo ist sie?

Nicolo wies schweigend nach dem Kirchhof; Renald schauderte heimlich zusammen. Deine Schwester Gabriele, fuhr der Schloßwart fort, hielt schon als Kind immer große Stücke auf mich, du weißt es ja; heut' Abend nun in der Verwirrung, eh's noch losging, hat sie in ihrer Herzensangst mir alles anvertraut.

Renald zuckte an allen Gliedern, als hinge in der Luft das Richtschwert über ihm. Nicolo, sagte er drohend, belüg' mich nicht, denn dir, grade dir glaube ich.

Der Schloßwart, seine klaffende Brustwunde zeigend, erwiderte: Ich rede die Wahrheit, so wahr mir Gott helfe, vor dem ich noch in dieser Stunde stehen werde! – Graf Hippolyt hat deine Schwester nicht entführt.

Hoho, lachte Renald, plötzlich wie aus unsäglicher Todesangst erlöst, ich sah sie selber in Paris am Fenster in des Grafen Haus.

Ganz recht, sagte Nicolo, aus Lieb' ist sie bei Nacht dem Grafen heimlich nachgezogen aus dem Kloster. –

Nun siehst du, siehst du wohl? ich wußt's ja doch. Nur weiter, weiter, unterbrach ihn Renald; große Schweißtropfen hingen in seinem wildverworrenen Haar.

Das arme Kind, erzählte Nicolo wieder, sie konnte nicht vom Grafen lassen; um ihm nur immer nahe zu sein, hat sie verkleidet als Gärtnerbursche sich verdungen im Palast, wo sie keiner kannte.

Renald, aufs äußerste gespannt, hatte sich unterdes neben dem Sterbenden, der immer leiser sprach, auf die Knie hingeworfen, beide Hände vor sich auf die Erde gestützt. Und der Graf, sagte er, der Graf, aber der Graf, was tat der? Er lockte, er kirrte sie, nicht wahr?

Wie sollt' er's ahnen! fuhr der Schloßwart fort; er lebte wie ein loses Blatt im Sturm von Fest zu Fest. Wie oft stand sie des Abends spät in dem verschneiten Garten vor des Grafen Fenstern, bis er nach Hause kam, wüst, überwacht – er wußte nichts davon bis heute abend. Da schickt' er mich hinaus, sie aufzusuchen; sie aber hatte sich dem Tode schon geweiht, in seinen Kleidern euch täuschend wollte sie eure Kugeln von seinem Herzen auf ihr eigenes wenden – o jammervoller Anblick – so fand ich beide tot im Felde Arm in Arm – der Graf hat ehrlich sie geliebt bis in den Tod – sie beide sind schuldlos – rein – Gott sei uns allen gnädig!

Renald war über diesen Worten ganz still geworden, er horchte noch immer hin, aber Nicolo schwieg auf ewig, nur die Gründe rauschten dunkel auf, als schauderte der Wald.

Da stürzte auf einmal vom Schloß die Bande siegestrunken über Blumen und Beete daher, sie schrien Vivat und riefen den Renald im Namen der Nation zum Herrn von Dürande aus. Renald, plötzlich sich aufrichtend, blickte wie aus einem Traum in die Runde. Er befahl, sie sollten schleunig alle Gesellen aus dem Schlosse treiben und keiner, bei Lebensstrafe, es wieder betreten, bis er sie riefe. Er sah so schrecklich aus, sein Haar war grau geworden über Nacht, niemand wagte es, ihm jetzt zu widersprechen. Darauf sahen sie ihn allein rasch und schweigend in das leere Schloß hineingehen, und während sie noch überlegen, was er vorhat und ob sie ihm gehorchen oder dennoch folgen sollen, ruft einer erschrocken aus: Herr Gott, der rote Hahn ist auf dem

Dach! und mit Erstaunen sehen sie plötzlich feurige Spitzen, bald da bald dort, aus den zerbrochenen Fenstern schlagen und an dem trocknen Sparrwerk hurtig nach dem Dache klettern. Renald, seines Lebens müde, hatte eine brennende Fackel ergriffen und das Haus an allen vier Ecken angesteckt. – Jetzt, mitten durch die Lohe, die der Zugwind wirbelnd faßte, sahen sie den Schrecklichen eilig nach dem Eckturme schreiten, es war, als schlüge Feuer auf, wohin er trat. Dort in dem Turme liegt das Pulver, hieß es auf einmal, und voll Entsetzen stiebte alles über den Schloßberg auseinander. Da tat es gleich darauf einen furchtbaren Blitz und donnernd stürzte das Schloß hinter ihnen zusammen. Dann wurde alles still; wie eine Opferflamme, schlank, mild und prächtig stieg das Feuer zum gestirnten Himmel auf, die Gründe und Wälder ringsumher erleuchtend – den Renald sah man nimmer wieder.

Das sind die Trümmer des alten Schlosses Dürande, die weinumrankt in schönen Frühlingstagen von den waldigen Bergen schauen. – Du aber hüte dich, das wilde Tier zu wecken in der Brust, daß es nicht plötzlich ausbricht und dich selbst zerreißt.

Die Entführung

Eine Novelle

Der Abend senkte sich schon über der fruchtbaren Landschaft, welche die Loire durchströmt, als ein junger Mann, jagdmüde und die Büchse über dem Rücken aus dem Walde tretend, unerwartet zwischen den grünen Bergen in der schönsten Einsamkeit ein altes Schloß erblickte. Er konnte durch die Wipfel nur erst Dach und Türme sehen, von Efeu überwachsen, mit geschlossenen Fenstern, halb wie im Schlafe. Neugierig drang er durch das verworrene Gebüsch die Anhöhe hinan, es schien der ehemalige Schloßgarten zu sein, denn künstliche Hecken durchschnitten oben den Platz, weiterhin schimmerte noch eine weiße Statue durch die Zweige, aber rings aus den Tälern ging der Frühling, mit Waldblumen funkelnd, lustig über die gezirkelten Beete und Gänge, alles prächtig verwildernd.

Jetzt, um eine Hecke biegend, sah er auf einmal das ganze Schloß vor sich, mitten im Grün, als wollt's in alle Fenster steigen; auf der steinernen Rampe vor der Saaltüre, vom Abendrot beschienen, saßen eine ältliche Dame und eine schlanke Mädchengestalt am Stickrahmen, ein zahmes Reh graste neben ihnen in der schönen Wildnis, alle drei den Ankommenden erstaunt betrachtend.

Dieser stutzte überrascht, aber schnell entschlossen, näherte er sich den Frauen und entschuldigte mit vielem Anstand seinen unwillkürlichen Überfall, er kenne hier die Waldgrenzen noch zu wenig, so sei er in dies fremde Revier geraten und lege nun als Wildschütz sein Geschick in ihre Hände. Die alte Dame, ohne seine Entschuldigung besonders zu beachten und ihn vom Kopf bis zu den Füßen mit den Blicken messend, bat ihn, da er fein gekleidet erschien, ziemlich kalt, neben ihnen Platz zu nehmen, indem sie auf einen Lehnstuhl wies, den auf ihren Wink ein bejahrter

Diener in etwas verschossener Livree soeben aus dem Gartensaal brachte.

Die Unterhaltung stockte einen Augenblick, aber der Fremde, der sich in der maskenhaften Freiheit eines Unbekannten zu gefallen schien, wußte bald mit großer Gewandtheit das Gespräch zu ergreifen und zu beleben. Sie sprachen demnächst von der Räuberbande, die sich in diesem Frühjahr hier zwischen den Bergen eingenistet und durch ihre verwegenen Züge die ganze Gegend in Furcht und Schrekken setzte. Der Gast sagte lachend, das komme von der langen Friedenszeit, da spiele der Krieg, der sich sein Recht nicht nehmen lasse, auf seine eigne Hand im Lande. Der Mensch verlange immer etwas Außerordentliches, und wenn es das Entsetzlichste wäre, um nur dem unerträglichsten Übel, der Langenweile, zu entkommen. – Die neueste Zeitung lag soeben auf dem Tischchen vor ihnen, sie enthielt eine ungefähre Personbeschreibung des vermutlichen Hauptmannes der Bande. Der Fremde las sie mit großer Aufmerksamkeit, und es fiel der Dame auf, da er darauf um die Erlaubnis bat, das Blatt mitzunehmen, und es hastig einsteckte.

Währenddes war Frenel, der alte Diener, mit sichtbaren Zeichen von Bestürzung wieder hinzugetreten. Er schien aus dem Hofe zu kommen, und, der Dame einen heimlichen Wink gebend, sprach er lange leise und lebhaft mit ihr im Hintergrunde des Saales. Er meldete, daß sich im Walde unweit des Schlosses unbekannte, bewaffnete Männer zu Pferde gezeigt, sie hielten ein lediges Roß, das schöner und kostbarer gezäumt als die andern. Der Waldhirte, der unbemerkt in ihrer Nähe gewesen, habe deutlich vernommen, wie sie von ihrem Herrn geredet, mehrmals ungeduldig nach dem Schlosse schauend, als ob sie jemanden von hier erwarteten. – Die alte Dame, bei dieser seltsamen Nachricht einen Augenblick nachsinnend, überflog unwillkürlich in Gedanken die Beschreibung des Räuberhauptmannes aus der Zeitung, er war als ein junger, schöner, weltgewandter Mann geschildert – es fuhr ihr auf einmal wie ein Blitz durch die Seele, wie alles gar wohl auf ihren rätselhaften Gast bezogen werden konnte.

Indem sie so in großer Bewegung mit sich selber schnell beriet, wie sie in dieser sonderbaren Lage sich zu benehmen habe, schien der Fremde von alledem nichts zu bemerken. Er unterhielt sich heiter und angelegentlich mit dem Fräulein, während der Abend über dem wilden Garten schon immer tiefer hereindunkelte. Da fiel plötzlich ein Schuß unten im Walde. Die Dame trat entschlossen einige Schritte auf den Fremden zu. Das sind meine Leute, sagte dieser, rasch aufspringend. – Ihre Leute? – Gewiß, erwiderte er. – Da er aber auf einmal den Schreck der erbleichten Dame bemerkte, entschuldigte er sich abermals wegen dieser Unruhe, versprach den Frevler ernstlich zu bestrafen und nahm sogleich Abschied, indem er, flüchtig seinen Namen nennend, noch um die Erlaubnis bat, wiederkommen zu dürfen. Aber niemand hörte oder antwortete ihm in der Verwirrung; so flog er den Schloßberg hinab. Der Abend tat noch einen roten, falschen Blick über die Bergkuppen, unten war schon alles finster und still, man hörte nur den Hufschlag von mehren Rossen den Waldgrund entlang. Das Fräulein, das nun auch den entsetzlichen Verdacht vernommen, rief aufs tiefste erschrocken: o Gott, o Gott, er kommt gewiß wieder!

Wirklich konnte die Lage der verwitweten Marquise Astrenant – so hieß die Dame – gerechte Besorgnis erregen. Die Erinnerung an den alten Glanz und den verschwenderischen Aufwand ihres verstorbenen Gemahls war in der Gegend noch frisch genug, um die Anschläge des Raubgesindels auf das abgelegene Schloß zu lenken, und doch war sie in der Tat so verarmt, daß sie nicht daran denken konnte, in diesem Augenblick mit ihrer Tochter Leontine diese gefährliche Einsamkeit zu verlassen. In dieser Not fiel ihr ein, daß der Graf Gaston, wie sie von ihren Leuten gehört, soeben auf kurze Zeit auf einem seiner benachbarten Jagdschlösser angekommen war. Diesen glücklichen Umstand benutzend, stellte sie dem Grafen, obgleich sie ihn noch nicht persönlich kannte, schriftlich in wenigen Worten ihre Abgeschiedenheit und Gefahr vor und beschwor ihn, als Nachbar sie in ihrer hülflosen Lage zu beschützen. Mit diesem Briefe wurde noch denselben Abend ein reitender Bote nach dem Jagdschlosse gesandt.

So war die Nacht allen unter mancherlei Vorsichtsmaßregeln schlaflos vergangen. Schon am folgenden Morgen aber erhielten sie die Antwort: der Graf werde nicht ermangeln, ihren Wünschen nach Kräften zu entsprechen und womöglich heute noch selbst seine Aufwartung machen. Diese Zusage und das tröstliche Morgenlicht hatten alle Sorge gewendet. Sie schämten sich fast und lachten über die übertriebene Furcht und Besorgnis, womit die Wälder rings umher im Dunkeln sie geschreckt hatten. Und wie nach Gewittern oft ein heiterer Glanz über die Landschaft fliegt, so brachte auch hier der angekündigte Besuch des Grafen Gaston sehr bald das ganze stille Haus in eine ungewohnte fröhliche Bewegung. Die gläsernen Kronleuchter, die so lustig funkelten, wurden sorgfältig geputzt, die verstaubten Tapeten ausgeklopft und Teppiche gelüftet, der Morgen glänzte durch die verbleichten, rotseidenen Gardinen seltsam auf den getäfelten Boden der Zimmer, während draußen über dem sonnigen Rasenplatz vor dem Hause die Schwalben jauchzend hin- und herschossen. Leontine erschien besonders fleißig, sie war aufgewachsen zwischen diesen Trümmern des früheren Glanzes, nun schien ihr alles so prächtig, weil es ins Morgenrot ihrer Kindheit getaucht. Die Marquise lächelte schmerzlich, aber sie mochte die Freude der Tochter nicht stören.

Die Sonne stieg indes und senkte sich schon wieder nach den Tälern, und der Graf war zu ihrem Befremden noch immer nicht angekommen, noch hatte er den ganzen Tag über etwas von sich hören lassen. Sie mußten seinen Besuch für heute schon aufgeben, und als endlich der Abend von

neuem die Wälder färbte, saßen beide Frauen, durch die
Geschäftigkeit des Tages zerstreut und zuversichtlicher
geworden, wie sonst wieder auf der steinernen Rampe vor
dem Garten an ihrer Arbeit, als wäre eben nichts vorgefallen. Leontine, in vergeblicher Erwartung des Grafen, war
geschmückt wie eine arme Braut, die nicht weiß, wie schön
sie in ihrer Armut ist. Aber die Abendsonne blitzte über ihre
frischen Augen und hüllte sie ganz in ihr schönstes, goldnes
Kleid, und ihr Reh sah von fern verwundert nach der
prächtigen Herrin, es war, als hätt' es alle seine Spielkameraden mit herbeigerufen, so neugierig wimmelten die Waldvögel im Garten und guckten durch die Zweige und schwatzten vergnügt untereinander. Vor dem Hause aber ging die
Abendluft lind durch die Blumen unter ihnen. Leontine sah
oft in Gedanken über ihre Arbeit ins Tal hinaus und sang:

> Überm Lande die Sterne
> Machen die Runde bei Nacht,
> Mein Schatz ist in der Ferne,
> Liegt am Feuer auf der Wacht.

Die Marquise sagte: Das hast du von unserm alten Frenel, da
er noch Soldat war; sollte man doch glauben, du hätt'st
einen Offizier zum Liebsten. Leontine lachte und sang
weiter:

> Übers Feld bellen Hunde,
> Wenn der Mondschein erblich,
> Rauscht der Wald auf im Grunde:
> Reiter, jetzt hüte dich!

Ist's denn schon so spät? unterbrach sie sich selbst, sie läuten
ja schon die Abendglocken, der Wind kommt über den
Wald her, wie schön das klingt aus der Ferne herüber. Sie
sang von neuem:

> Um das Lager im Dunkeln
> Jetzt schleichen sie sacht,
> Die Gewehre schon funkeln –
> So falsch ist die Nacht!

Was steigt denn da für ein Rauch auf im Walde? fragte hier die Mutter. – Es wird wohl der Köhler sein, erwiderte Leontine, aber sie sah doch gespannt hin und sang zögernd:

> Ein Gesell durchs Gesteine
> Geht sacht in ihrer Mitt',
> Es rasseln ihm die Beine –
> Hat einen leisen, leisen Tritt –

Nein! sprang sie auf, das ist ein Brand, da schlägt ja die helle Flamme auf, horch, sie läuten die Sturmglocken drüben!

Indem nun beide sich erhoben, hörten sie in derselben Richtung ein paarmal schießen, dann war alles wieder still. Da haben gewiß die Nachbarn wieder großes Jagen, sagte die Marquise, sie können nun einmal nicht fröhlich sein ohne Lärm. Da sie aber jetzt das Schloßgesinde am Abhange des Gartenberges versammelt sah, in großer Aufregung untereinander redend und nach jener Gegend hinausschauend, rief sie hinab: was es gebe? – Blutige Köpfe! hieß es zurück, der Waldwärter sei eben aus den Bergen gekommen, der Graf Gaston habe vor Tagesanbruch heimlich alle seine Bauern und Jäger bewaffnet und die Räuberbande aufgespürt und treibe sie von einem brennenden Schlupfwinkel zum andern durch den Wald, es gehe scharf her da drüben! – Da wandte sich Leontine, die bisher wie im Traume gestanden, plötzlich herum, sie sagte: es sei schändlich und gottlos, die Schlafenden zu überfallen und Menschen zu hetzen wie die wilden Tiere! – Die Mutter sah sie erstaunt an. Aber sie hatte keine Zeit, dem sonderbaren Betragen der Tochter nachzudenken, denn der alte Frenel trat soeben voll Eifer aus dem Hause, er hatte hastig seine Büchse geladen und wollte mit hinunter. Die Marquise beschwor ihn, zum Schutze bei ihnen zu bleiben, wenn etwa einzelne versprengte Räuber hier vorüberschweiften, die andern sollten das Hoftor schließen, sich mit Beilen und Sensen versehen und den offenen Garten umstellen.

Leontine aber war indes schon in das obere Stockwerk des Schlosses gestiegen, die Fledermäuse in den wüsten Sälen schossen verstört aus den offenen Fenstern, sie schaute aus einem Erker angestrengt in die Waldgründe hinaus, als wollte sie durch die Wipfel sehen. Es dunkelte schon über den Tälern, die Schüsse schienen näher zu kommen, manchmal brachte der Wind einen wilden Schrei aus der Ferne herüber, vom Walde sah sie ein Reh von dem Lärm erschrocken unten über die Wiese fliegen. O wäre ich doch ein Mann! dachte sie tausendmal; dazwischen betete sie wieder still im Herzen vor der aufsteigenden Nacht, dann lehnte sie sich weit aus dem Fenster und winkte mit ihrem weißen Schnupftuch über die dunkeln Wälder, sie wußte selbst nicht, was sie tat.

Jetzt hörte sie, wie unten im Garten nach und nach mehre Boten zurückkamen, die die Mutter auf Kundschaft ausgeschickt; sie konnte in der Stille jedes Wort vernehmen. Die Bande, hieß es, sei völlig geschlagen, gefangen oder zerstreut. Ein anderer erzählte von der außerordentlichen Kühnheit des Grafen Gaston, wie er, überall der Erste voran, den Hauptmann selber aufs Korn genommen. Auf der Felsenkante im Walde seien sie endlich aneinandergeraten, da habe der Graf ihn, immerfort fechtend, samt dem Pferde über den Abhang hinabgestürzt. Aber Unkraut verdirbt nicht, unten sich überkugelnd, seien Roß und Reiter, wie die Katzen, wieder auf die Beine gekommen; nun jagten sie alle den Räuber hier nach dem Schlosse zu, aber er sei ganz umzingelt, er könne nicht mehr entwischen. – Gott segne den tapfern Grafen! rief die Marquise bei diesem Berichte aus, er hat ritterlich sein Wort gelöst.

Leontine aber sah wieder unverwandt nach dem Walde, denn draußen hatte die wilde Jagd sich plötzlich gewendet, ein Schuß fiel ganz nah, darauf mehre, immer näher und näher, man sah die einzelnen Schüsse blitzen im Dunkeln. Auf einmal glaubte sie einen Reiter in verzweifelter Flucht längs dem Saume des Waldes flimmern zu sehen, die Jäger des Grafen, eine andere Fährte einschlagend, schienen ihn nicht zu bemerken, er flog grade nach dem Schlosse her. Da, in wachsender Todesangst sich plötzlich aufraffend, stürzt sie pfeilschnell über die steinernen Treppen durch das stille Haus hinab und unten an dem alten Walle durch eine geheime Pforte, den Riegel sprengend, ins Freie. Als sie aber am Fuß des Schloßberges atemlos anlangt, vor Ermattung fast in die Knie sinkend, kommt auch der Reiter schon durch die dunkelnde Luft daher – es war, wie sie geahnt, der Fremde von gestern, verstört, mit fliegenden Haaren, sein Pferd ganz von Schaum bedeckt.

Was wollen Sie hier? rief sie ihm schon von ferne entgegen. – Er, bei ihrem Anblick stutzend, hielt schnell an und, sich vom Pferde schwingend, erwiderte er höflich: er wolle, seinem Versprechen gemäß, sie und die Marquise noch einmal begrüßen. – Um Gotteswillen, sind Sie rasend! heut, in dieser Stunde? – Der Reiter entschuldigte sich, der Kampf sei ernster geworden und habe ihn länger aufgehalten, als er gedacht, es sei der einzige noch übrige Augenblick, er müsse sogleich wieder weiter. – O Gott, ich weiß, fiel Leontine ein. – Sie wissen? –

Leontine schauderte, da er, dicht vor ihr, sie auf einmal so durchdringend ansah. – Sie bluten, sagte sie dann erschrocken. – Nur ein Streifschuß, entgegnete er; doch Sie haben recht, fuhr er lächelnd fort, es ziemt sich nicht, in diesem Zustande bei Damen Besuche abzustatten. Aber Leontine hörte kaum mehr, was er sprach, sie stand in tiefen Gedanken. Ich wüßte wohl einen verborgenen Ort für diese Nacht, sagte sie darauf schnell und leise, wenn nur – nein, nein, es ist unmöglich! Das Schloß ist voll Leute, vielleicht

kommt der Graf selbst noch. – Und den Fremden in steigender, höchster Angst fortdrängend, wies sie ihm einen abgelegenen Fußsteig, der führe zu einer Furt des Flusses, da solle
er hinüber, dann den Pfad rechts einschlagen – nur schnell,
schnell, flehte sie, da kommen schon Leute zwischen den
Bäumen, sie suchen – Wen? fragte der Reiter, sich rasch
umsehend. – O mein Gott, rief Leontine fast weinend, Sie
selbst, den unglücklichen Hauptmann! – Der Fremde, bei
diesen Worten plötzlich wie aus einem Traume erwachend,
schlug schnell den Mantel zurück und nahm sie in beide
Arme: Kind, Kind, wie liebst du mich so schön! Das werde
ich dir gedenken mein Leben lang, du sollst noch von dem
Räuberhauptmann hören. – Jetzt drängt die Zeit. Grüße die
Mutter oben, sag ihr, das Land sei frei, sie könne ohne
Sorgen schlafen, leb wohl! – Noch vom Pferde aber bat er sie
um ihr weißes Tuch, sie reicht' es ihm zögernd; das wollte er
um seine Wunde schlagen, da heilt' es über Nacht. – So ritt
er fort.

   Jetzt bemerkte sie erst, daß ihr Handschuh blutig geworden von seinem Arm, sie verbarg ihn, heftig an allen Gliedern zitternd. Im Walde indes und droben im Schlosse
gingen verworrene Stimmen, sie sah noch immer dem Reiter
nach und atmete tief auf, als er endlich in der schirmenden
Wildnis verschwunden. Dann setzte sie sich auf den Rasen,
den Kopf in beide Hände gestützt, und weinte bitterlich.

Noch in derselben Nacht brach auch Graf Gaston von
seinem Jagdschlosse wieder auf, wohin er nur erst vor
wenigen Tagen mit dem Ruhme eines ausgezeichneten Offi-
ziers aus fremdem Kriegsdienste zurückgekehrt, um sich in
der Einsamkeit zu erholen. Aber der Ruf seiner Tapferkeit
war ihm längst nach Paris vorangeeilt, und fast gleichzeitig
mit der Bitte der Marquise um seinen Schutz vor den
Räubern erhielt er den unerwarteten Befehl des Königs, sich

unverzüglich an den Hof zu begeben, wo man, bei den damaligen heimlichen Kriegsrüstungen, seine Erfahrung benutzen wollte. So war es gekommen, daß er, um sein Wort gegen die besorgte Dame zu lösen, die Räuberjagd auf das Gewaltsamste beschleunigt, dann aber keine Zeit mehr übrig hatte, bei der Marquise noch den versprochenen Besuch abzustatten.

In Paris zog er wie im Triumphe ein. Der frische Lorbeerkranz stand der hohen, schlanken Gestalt gar anmutig zu dem gebräunten Gesicht. Nun folgte ihm auch noch das vergrößernde Gerücht der Kühnheit, womit er soeben die lange vergeblich aufgesuchte Räuberbande wie im Fluge zwischen den Bergen vernichtet. Der König selbst hatte ihn ausgezeichnet empfangen, jedermann wollte ihn kennenlernen und die Damen sahen scheu und neugierig durch die Fenstergardinen, wenn er im vollen Schmuck soldatischer Schönheit die Straßen hinabritt. – Unter ihnen aber zog nur *Eine* seine Aufmerksamkeit auf sich und diese hatte er bis jetzt noch nirgend erblickt.

Ganz Paris sprach damals von der jungen, reichen Gräfin Diana, einer amazonenhaften, spröden Schönheit mit rabenschwarzem Haar und dunkeln Augen. Einige nannten sie ein prächtiges Gewitter, das über die Stadt fortzöge, unbekümmert, ob und wo es zünde; andere verglichen sie mit einer zauberischen Sommernacht, die, alles verlockend und verwirrend, über seltsame Abgründe scheine. So fremd und märchenhaft erschien diese wilde Jungfräulichkeit an dem sittenlosen Hofe.

Über ihr früheres Leben konnte Graf Gaston nur wenig erfahren. Schon als Kind elternlos und auf dem abgelegenen Schlosse ihres Vormunds ganz männlich erzogen, soll sie diesen in allen Reiter- und Jagdkünsten sehr bald übertroffen haben. Da verliebte sich, so hieß es, der unkluge Vormund sterblich in das wunderbare Mädchen, dem schon längst der benachbarte junge Graf Olivier mit aller schüchternen Schweigsamkeit der ersten Liebe heimlich zugetan war. Um den Vormund zu vermeiden, hatte er, wie von einem Spazierritt oder vom Jagen zurückkehrend, sich fast jeden Abend, wenn im Schlosse schon alles schlief, unter ihren Fenstern eingefunden, wo sie in der Stille der Nacht, da sie seine zärtlichen Blicke nicht verstand, sorglos und fröhlich mit ihm zu plaudern pflegte. – Jetzt aber, da er eines Abends spät wiederkommt, trifft er zu seinem Erstaunen die Gräfin reisefertig draußen im Garten. Sie verlangt ein Pferd von ihm, sie könne mit dem Vormund nicht länger zusammen wohnen. Überrascht und einen Augenblick ungemessenen Hoffnungen Raum gebend, bietet er ihr sein eigenes Roß an und schwingt sich freudig auf das seines Dieners, der unter den hohen Bäumen am Garten hielt. So reiten sie lange schweigend durch den Wald. Da öffnet ihm die schöne Einsamkeit das Herz, er spricht zum ersten Mal glühend von seiner Liebe zu ihr, während sie eben an einem tiefen Felsenriß dahinziehn. Diana, bei seinen Worten erschrocken auffahrend, sieht ihn verwundert von der Seite an, drauf, nach kurzem Besinnen plötzlich ihr Pferd herumwerfend, setzt sie grauenhaft über die entsetzliche Kluft – sein störrisches Pferd bäumt und sträubt sich, er kann nicht nach. Drüben aber hört er sie lachen und eh' sie im Walde verschwunden, blitzt noch einmal die ganze Gestalt seltsam im Mondlicht auf; es war ihm, als hätt' er eine Hexe erblickt. – So kam sie mitten in der Nacht ohne Begleitung auf dem Landhaus ihrer Tante bei Paris an. Olivier aber hatte wenige Tage darauf seine Güter verlassen und fiel im Auslande im Kriege; man sagt, er habe sich selbst in den Tod gestürzt.

Der Tor! dachte Gaston, wer schwindelig ist, jage nicht Gemsen! Es war ihm recht wie Alpenluft bei der Erzählung von der schönen Gräfin, und er freute sich auf das bevorstehende Hoffest, wo er ihr endlich einmal zu begegnen hoffte.

Der Ball bei Hofe war halb schon verrauscht, als Gaston, den Besuche, Freunde und alte Erinnerungen auf jedem Schritte aufgehalten, in seinen Domino gewickelt, die Treppen des königlichen Schlosses hinaufeilte. Betäubt, geblendet trat er mitten aus der Nacht in das erschreckende Gewirr der Masken, die sich gespenstisch schrillend kreuzten, durchblitzt vom grünen Gefunkel der Kronleuchter und in den Spiegelwänden tausendfach verdoppelt, wie wenn das heidnische Gewimmel von den gemalten Decken der Gemächer plötzlich lebendig geworden und herabgestiegen wäre.

Als er, sich mühsam durchdrängend, endlich den großen Saal erreicht, fiel eben die Musik majestätisch in eine Menuett ein, die tanzfertigen Paare, einander an den Fingerspitzen haltend, verneigten sich feierlich gegen den Eingang, als wollten sie den Eintretenden bewillkommnen, der sich nicht enthalten konnte, die Begrüßung mit einem tiefen Kompliment lustig zu erwidern. Da schwang der Kapellmeister auf dem goldverschnörkelten Chor seine Rolle wieder: ein neuer Akkord, und wie auf einen Zauberschlag mit den taftenen Gewändern auseinanderrauschend, auf den Zehen sich zierlich wendend und wieder verschlingend, wogt' es auf einmal melodisch den ganzen, kerzenhellen Saal entlang.

Gaston aber sah wie ein Falk durch die duftende Tanzwolke, denn so oft sie sich teilte, erblickte er im Hintergrunde mitten zwischen den fliegenden Schößen und Reifröcken, gleich einer Landschaft durch Nebelrisse, eine prächtige Zigeunerfürstin, hoch, schlank, mit leuchtendem Schmuck, die Locken aufgeringelt über die glänzenden Schultern.

Und wie er noch so hinstarrend stand, kam sie selber quer durch den Saal und ein Kometenschweif galanter Masken hinter ihr, die ihr eifrig den Hof zu machen schienen. Sie war in seltsamer Geschäftigkeit. Aus ihrem Handkörbchen ein Band aufrollend, schwang sie es plötzlich wie einen Regenbogen über die Verliebten, jeder griff und haschte graziös darnach. Drauf hier und dort durch den Haufen sich

schlingend und alle wie mit Zaubersprüchen rasch umge-
hend, das eine Ende des Bandes fest in der Hand, schlang
sie's behend dem einen um den Hals, dem andern um Arm
und Füße, immer schneller, dichter und enger. Die überraschten Liebhaber, Ritter, Chinesen und weise Ägyptier,
als sie die unverhoffte Verwickelung gewahr wurden, wollten
nun schnell auseinander, aber je zierlicher die sich wanden
und reckten, je unauflöslicher verwirrte sich der Knäul; auf
dem glatten Boden ausglitschend, verloren sie Larven, Helme
und phrygische Mützen, daß die Haarbeutel zum Vorschein
kamen und der Puder umherstob, die Menuett selbst kam aus
ihrer Balance, man hörte im Saale ein kurzes, anständiges
Lachen – die Zigeunerin aber war unterdes in dem Getümmel
verschlüpft.

Gaston aber, eh' sich die andern besannen, flog ihr schon
nach, aus dem Saal, durch mehre anstoßende Zimmer. Dort
in den Spiegeln ihn hinter sich gewahrend, wandte sie sich
einmal nach ihm herum, daß er vor den Augen erschrak, die
aus der Larve funkelten. Dann sah er sie durch den Gartensaal schweifen, jetzt trat sie aus der Tür auf die Terrasse und
schien plötzlich draußen in der Nacht zu verschwinden,
wie ein Elfe, die nur neckend zum flüchtigen Besuch gekommen.

Gaston wollte dennoch seine Jagd nicht aufgeben, wurde
aber durch einen ungewöhnlichen Aufruhr der Gesellschaft
aufgehalten. Die Masken traten rasch auseinander, ehrfurchtsvoll eine Gasse bildend; der König mit seiner vertrautesten Umgebung nahte, nach allen Seiten sprechend und
lachend, unmaskiert in bürgerlicher Kleidung, ein schöner
Jüngling voll lebensfrohen Mutwillens, wie damals Ludwig
der Funfzehnte war. Hütet Euch, Gaston – sagte er, diesen
sogleich an Größe und Haltung erkennend – dies ist eine
gefährliche Räubernacht, es wird mit Augen um Herzen ge-
fochten.

Alle Blicke waren auf den Grafen gerichtet, der nun, die
Larve abnehmend, dem König folgen mußte. Sie traten, um

sich zu erfrischen, vor den Gartensaal hinaus. Es war eine
schwüle Sommernacht, der Himmel halbverdunkelt von
finstern Wolken, aus denen sich die weißen Statuen fast gespenstisch abhoben, tiefer im Garten hörte man eine Nachtigall schlagen, zuweilen blitzte es von fern über den hohen
schwarzen Bäumen.

Der König, indem er sich tanzmüde und gähnend unter
den Orangenbäumen auf der Terrasse niederließ, wollte zur
Unterhaltung von Gaston irgendein Abenteuer seiner Fahrten hören. Diesem, der noch immer zerstreut und unruhig in
den Garten schaute, wo die Zigeunerin verschwunden, war
bei dem plötzlichen Anblick der stillen Nacht soeben ein
seltsamer Vorfall wieder ganz lebendig geworden und ohne
sich lange zu besinnen, erzählte er, wie er auf seiner jetzigen
Reise hierher eine alte verfallene Burg, in der es der Sage
nach spuken sollte, aus Neugier besucht und, da es grade
schwüle Mittagszeit, unter den Trümmern im hohen Grase
rastend eingeschlummert.

Gute Nacht, gute Nacht! unterbrach ihn der König, das
ist ein schläfriges Abenteuer.

Es wird gleich wieder munter, Sire, entgegnete Gaston,
denn auf einmal, mitten in dieser Einsamkeit, fiel ein Schuß
ganz in der Nähe, traumtrunken seh ich ein Reh getroffen
vor mir in den Abgrund stürzen, und wie ich erschrocken
aufspringe, steht über mir zwischen den wilden Nelken im
zerbrochenen Fensterbogen der Burg eine unbekannte,
wunderschöne Frauengestalt auf ihr Gewehr gestützt, die
wandte sich nach mir – den Blick vergesse ich nimmer,
gleichwie das Wetterleuchten überm Garten dort!

Das König lachte: das sei eine Waldfrau gewesen mit dem
Zauberblick, von dem die Jäger sprechen, die hab' es ihm
angetan.

Und Sie setzten ihr nicht nach? riefen die andern.

Wohl tat ich das, erwiderte Gaston, aber ich konnte so
bald über das Gemäuer und Geröll nicht den Eingang finden, und als ich endlich in die Hallen eintrat, war alles still

und kühl, nur ein wilder Apfelbaum blühte im leeren Hofe, die Bienen summten drin, kein Vogel sang den weiten Wald entlang – Herr Gott, das ist sie!

Wie, unsere Amazone? rief der König überrascht herumgewendet.

Die Zigeunerin, ihre Larve am Gürtel und vom Streiflicht der Fenster getroffen, trat aus einer der Alleen zu ihnen auf die Terrasse. Gaston war ganz verwirrt, da sie ihm gleich darauf als die Gräfin Diana vorgestellt wurde.

Sie aber, als sie seinen Namen nennen hörte, der so tapfern Klang hatte, sah ihn mit großer, fast scheuer Aufmerksamkeit an. Wenn ich nicht irre, sagte sie, so traf ich schon letzthin auf der alten Burg –

Ein edles Wild mit Zauberblicken, fiel rasch der König ein. –

Also auch schon lahm! erwiderte sie halb für sich und wandte plötzlich dem Grafen verächtlich den Rücken. – Die Umstehenden blickten ihn schadenfroh an, Gaston aber lachte wild und kurz auf und verschwor sich innerlich, die Stolze zu demütigen, und sollt' er auf den Zinnen von Notre Dame mit ihr den Tanz wagen!

Über des Königs Stirne aber flog eine leichte Röte, denn er hegte seit Gastons Anwesenheit in Paris insgeheim den Wunsch, ihn mit Diana zu verbinden. Etwas verstimmt, um nur die plötzlich eingetretene peinliche Stille zu unterbrechen, fragte er Diana: ob sie denn so allein im Garten nicht fürchte, daß sie entführt werde? – Sie lachte: der König habe alles zahm gemacht, sie hätte nur Grillen gefunden in den Hecken, die zirpten lieblich, dort wie hier. – Gaston meinte: die Gräfin habe ganz recht, solche Grillenhaftigkeit sei nicht gefährlich, und mache auch manche noch so weite Sprünge, jeder wackere Bursch überhole sie leicht. – Diana schüttelte die Locken aus der Stirn; es verdroß sie doch grade von ihm, daß er ihr so trotzte. Und da einer der Kammerherren, um wieder einzulenken, soeben zirpte: selbst die Heimchen brächten ihr Ständchen, wenn sie träumend durch den

nächtlichen Garten ging, erwiderte sie rasch in heimlicher
Aufregung: wahrhaftig, mir träumte, der Tag mache der
Nacht den Hof, er duftete nach Jasmin und Lavendel,
blond, artig, lau, etwas lispelnd, mit kirschblütenen Man-
schetten und Hirtenflöte, ein guter, langweiliger Tag. – Man
lachte, keiner bezog es auf sich; ein Vicomte, als Troubadour die Zither im Arme, sagte zierlich: aber die keusche
Nacht wandelte unbekümmert fort, ihren Elfenreihen äthe-
risch dahinschwebend. – Nein, entgegnete Diana, indem sie
ihm in ihrer wunderlichen Laune die Zither nahm und, sich
auf das Marmorgeländer der Terrasse setzend, zur Antwort
sang:

> Sie steckt' mit der Abendröte
> In Flammen rings das Land
> Und hat samt Manschetten und Flöte
> Den verliebten Tag verbrannt.
>
> Und als nun verglommen die Gründe:
> Sie stieg auf die stillen Höh'n,
> Wie war da rings um die Schlünde
> Die Welt so groß und schön!
>
> Waldkönig zog durch die Wälder
> Und stieß ins Horn vor Lust,
> Da klang über die stillen Felder,
> Wovon der Tag nichts gewußt.
>
> Und wer mich wollt' erwerben,
> Ein Jäger müßt's sein zu Roß,
> Und müßt' auf Leben und Sterben
> Entführen mich auf sein Schloß!

Hier gab sie lachend die Zither zurück. Gaston aber bei der
plötzlichen Stille erwachte wie aus tiefen Gedanken. Und
wenn es wirklich einer wagte? sagte er rasch in einem
seltsamen Tone, daß es allen auffiel. – Wohlan, es gilt, fiel
da der junge König ein, ich trete der Herausfoderung der

Gräfin als Zeuge und Kampfrichter bei, ihr alle habt's gehört, welchen Preis sie dem Entführer ausgesetzt.

Diana stand einen Augenblick überrascht. Und verspielt der Vermessene? fragte sie dann ernst. – So wird er tüchtig ausgelacht, erwiderte der König, wie ein Nachtwandler, der bei Mondschein verwegen unternimmt, wovor ihm bei Tage graut.

Mit diesen Worten erhob er sich und im Vorbeigehen dem Grafen noch leise zuflüsternd: wenn ich nicht der König wär', jetzt möcht' ich Gaston sein! wandte er sich, wie über einen herrlich gelungenen Anschlag lebhaft die Hände reibend, durch den Gartensaal in die innern Gemächer. – Diana aber schien anderes bei sich zu beschließen, sie folgte zürnend.

Jetzt umringten die Hofleute von allen Seiten den Grafen, ihm zu dem glänzenden Abenteuer, wie einem verzauberten Prinzen und Feenbräutigam, hämisch Glück wünschend. Die übrige Gesellschaft unterdes, da der König sich zurückgezogen, strömte schon eilig nach den Türen, die Masken hatten ihre Larven abgenommen und zeigten überwachte, nüchterne Gesichter, durch die Säle zwischen den wenigen noch wankenden Gestalten strich die Langeweile unsichtbar wie ein böser Luftzug.

Gaston blieb nachdenklich am offenen Fenster, bis alles zerstoben. Er sah sich hier unerwartet durch leichtsinnige Reden, die anfänglich nur ein artiges Spiel schienen, plötzlich seltsam und unauflöslich verwickelt. Es war ihm wie eine prächtige Nacht, vor der eine marmorkalte Sphinx lag, er mußte ihr Rätsel lösen oder sie tötete ihn.

Währenddes war Diana schon in ihrem Schlafgemache angelangt. Als sie in dem phantastischen Ballschmuck eintrat, erstaunte die Kammerjungfer von neuem und rief fast erschrocken aus: wie sie so wunderschön! Die Gräfin verwies es ihr unwillig, das sei ein langweiliges Unglück. Und da das Mädchen drauf ihr Befremden äußerte, daß sie durch solche Härte so viele herrliche Kavaliere in Gefahr und

Verzweiflung stürze, erwiderte Diana streng: wer nimmt sich meiner an, wenn diese Kavaliere bei Tag und Nacht mit Listen und Künsten bemüht sind, mich um meine Freiheit zu betrügen? –

Draußen aber rollten indes die Wagen noch immer fort, jetzt flog das rote Licht einer Fackel über die Scheiben, in dem wirren Widerschein der Windlichter unten erblickte sie noch einmal flüchtig den Gaston, wie er eben sein Pferd bestieg, die Funken stoben hinter den Hufen, sie sah ihm gedankenvoll nach, bis er in der dunkeln Straße verschwunden. Dann, vor den Wandspiegel tretend, löste sie die goldne Schlange aus dem Haar, die schwarzen Locken rollten tief über die Schultern hinab, ihr schauerte vor der eigenen Schönheit.

———————

Kurze Zeit nach diesem Feste war der Hof fern von Paris zum Jagen versammelt. Da ging das Rufen der Jäger, Hundegebell und Waldhornsklang, wie ein melodischer Sturmwind, durch die stillen Täler, breite, ausgehauene Alleen zogen sich geradlinig nach allen Richtungen hin, jede an ihrem Ende ein Schloß oder einen Kirchturm in weiter Ferne zeigend. Jetzt brachte die Luft den verworrenen Schall immer deutlicher herüber, immer näher und häufiger sah man geschmückte Reiter in Grün aufblitzen, plötzlich brach ein Hirsch, das Geweih zurückgelegt, aus dem Dickicht in weiten Sätzen quer über eine der Alleen und ein Reiter leuchtend hinterdrein mit hohen, steifen Jagdstiefeln, einen kleinen dreieckigen Tressenhut über den gepuderten Locken, in reichgesticktem grünen Rock, dessen goldbordierte Schöße weit im Winde flogen – es war der junge König. – Das ist heute gut Jagdwetter, man muß es rasch benutzen! rief er flüchtig zurückgewandt zu Gaston herüber, der im Gefolge ritt. Gaston erschrak, er wußte wohl, was der König meinte.

Diana aber fehlte im Zuge, sie war zuletzt auf einer der entfernteren Waldhöhen gesehen worden. Des Treibens müde und ohne jemanden von ihrem Vorhaben zu sagen, hatte sie sich mitten aus dem Getümmel nach einem nahgelegenen, ihr gehörigen Jagdschloß gewendet; denn sie kam sich selber als das Wild vor auf dieser Jagd, auf das sie alle zielten. Es war das Schloß, wo sie als Kind gelebt, sie hatte es lange nicht mehr besucht. Die Nacht war schon angebrochen, als sie anlangte, niemand erwartete sie dort, alle Fenster waren dunkel im ganzen Hause, als ständ' es träumend mit geschlossenen Augen. Und da endlich der erstaunte Schloßwart, mit einem Windlicht herbeigeeilt, die alte schwere Türe öffnete, gab es einen weiten Schall durch den öden Bau, draußen schlug soeben die Uhr vom Turme, als wollte sie mit dem wohlbekannten Klange grüßen.

Diana, fast betroffen oben im Saale umherblickend, öffnete rasch ein Fenster, da rauschten von allen Seiten die Wälder über den stillen Garten herauf, daß ihr das Herz wuchs. Mein Gott, dachte sie, wo bin ich denn so lange gewesen! o wunderschöne Einsamkeit, wie bist du kühl und weit und ernst, und versenkst die Welt, und baust dir in den Wolken drüber Schlösser kühn wie auf hohen Alpen. Ich wollt', ich wäre im Gebirg, ich stieg' am liebsten auf die höchsten Gipfel, wo ihnen allen schwindelte nachzukommen – ich tu's auch noch, wer weiß wie bald!

Unterdes war das Nötigste zu ihrer Aufnahme eingerichtet, jetzt wurde nach und nach auch im Schlosse alles wieder still, sie aber konnte lange nicht einschlafen, denn die Nacht war so schwül, und in den Fliederbüschen unter den Fenstern schlugen die Nachtigallen und das Wetter leuchtete immerfort von fern über dem dunkeln Garten.

Als Diana am folgenden Morgen erwachte, hörte sie draußen eine kindische Stimme lieblich singen. Sie trat rasch ans
Fenster. Es war noch alles einsam unten, nur des Schloß-
warts kleines Töchterchen ging schon geputzt den stillen
Garten entlang, singend, mit langem, blondem Haar, wie
ein Engel, den der Morgen auf seinem nächtlichen Spielplatz
überrascht. Bei diesem Anblick flog eine plötzliche Erinnerung durch ihre Seele, wie einzelne Klänge eines verlorenen
Liedes, es hielt ihr fast den Atem an, sie bedeckte die Augen
mit beiden Händen und sann und sann – auf einmal rief sie
freudig: Leontine!

Da sprang sie schnell auf, es fiel ihr ein, daß die Marquise
Astrenant mit ihrer Tochter ja nur wenige Meilen von hier
wohnte. Sie setzte sich gleich hin und schrieb an Leontinen.
Sie erinnerte sie an die schöne Morgenstille ihrer gemeinschaftlichen Jugendzeit, wo sie immer die kleine Elfe genannt wurde wegen ihrer langen blonden Locken, wie sie
da in diesem Garten hier als Kinder wild und fröhlich
miteinander gespielt und seitdem eines das andere nicht
wiedergesehen. Sie werde sie auch nicht mehr schlagen oder
im Sturm auf dem Flusse unterm Schlosse mit ihr herumfah-
ren wie damals. Sie solle nur eilig herüberkommen, so
wollten sie wieder einmal ein paar Tage lang zusammen sich
ins Grüne tauchen und nach der großgewordenen Welt
draußen nichts fragen. – Diese Aussicht hatte sie lebhaft
bewegt. Sie klingelte und schickte noch in derselben Stunde
einen Boten mit dem Brief nach dem Schlosse der Marquise
ab.

Darauf ging sie in den Garten hinab. Sie hätte ihn beinahe
nicht wiedererkannt, so verwildert war alles, die Hecken
unbeschnitten, die Gänge voll Gras, weiterhin nur glühten
noch einige Päonien verloren im tiefen Schatten. Da fiel ihr
ein Lied dabei ein:

> Kaiserkron' und Päonien rot,
> Die müssen verzaubert sein,
> Denn Vater und Mutter sind lange tot,
> Was blüh'n sie hier so allein?

Jetzt sah sie sich nach allen Seiten um, sie kam sich selbst wie verzaubert vor zwischen diesen stillen Zirkeln von Buchsbaum und Spalieren. Die Luft war noch immer schwül, in der Ferne standen Gewitter, dazwischen stach die Sonne heiß, von Zeit zu Zeit glitzerte der Fluß, der unten am Garten vorüberging, heimlich durch die Gebüsche herauf. Es war ihr, als müßte ihr heut was Seltsames begegnen, und die stumme Gegend mit ihren fremden Blicken wollte sie warnen. Sie sang das Lied weiter:

> Der Springbrunnen plaudert noch immerfort
> Von der alten schönen Zeit,
> Eine Frau sitzt eingeschlafen dort,
> Ihre Locken bedecken ihr Kleid.
>
> Sie hat eine Laute in der Hand,
> Als ob sie im Schlafe spricht,
> Mir ist, als hätt' ich sie sonst gekannt –
> Still, geh' vorbei und weck' sie nicht!
>
> Und wenn es dunkelt das Tal entlang,
> Streift sie die Saiten sacht,
> Da gibt's einen wunderbaren Klang
> Durch den Garten die ganze Nacht.

Ich weckte sie doch, sagte sie, wenn ich sie so im Garten fände, und spräch' mit ihr.

Unterdes aber waren die Wolken von allen Seiten rasch emporgestiegen, es donnerte immer heftiger, die Bäume im Garten neigten sich schon vor dem voranfliegenden Gewitterwinde. Die schwülen Traumblüten schnell abschüttelnd, blickte sie freudig in das Wetter. Da gewahrte sie erst dicht

am Abhang den alten Lindenbaum wieder, auf dem sie als
Kind so oft gesessen und vom Wipfel die fernen, weißen
Schlösser weit in die Runde gezählt. Er war wieder in voller
Blüte, auch die Bank stand noch darunter, deren künstlich
verflochtene Lehne fast bis an die ersten Äste reichte. Sie
stieg rasch hinauf in die grüne Dämmerung, der Wind bog
die Zweige auseinander. Da rollte sich plötzlich rings unter
ihr das verdunkelte Land auf, der Strom, wie gejagt von den
Blitzen, schoß pfeilschnell daher, manchmal klangen von
fern die Glocken aus den Dörfern, alle Vögel schwiegen, nur
die weißen Möwen über ihr stürzten sich jauchzend in die
unermeßliche Freiheit – sie ließ vor Lust ihr Tuch im Sturme
mit hinausflattern.

Auf einmal aber zog sie es erschrocken ein. Sie hatte einen
fremden Jäger im Garten erblickt. Er schlich am Rande der
Hecken hin; bald sachte vorgebogen, bald wieder verdeckt
von den Sträuchern, keck und doch vorsichtig, schien er
alles rings umher genau zu beobachten. Sie hielt den Atem
an und sah immerfort unverwandt hin, wie er, durch die
Stille kühn gemacht, nun hinter dem Gebüsch immer näher
und näher kam; jetzt, schon dicht unter dem Baume, trat er
plötzlich hervor – sie konnte sein Gesicht deutlich erkennen.
In demselben Augenblick aber hörte er eine Türe gehn im
Schlosse und war schnell im Grünen verschwunden.

Diana aber, da alles wieder still geworden, glitt leise vom
Baume; darauf, ohne sich umzusehen, stürzte sie durch den
einsamen Garten die leeren Gänge entlang nach dem
Schlosse, die eichene Türe hinter sich zuwerfend, als käme
das Gewitter hinter ihr, das nun in aller furchtbaren Herrlichkeit über den Garten ging.

Sie achtete aber wenig darauf. In großer Aufregung im
Saale auf- und niedergehend, schien sie einem Anschlage
nachzusinnen. Manchmal trat sie wieder ans Fenster und
blickte in den Garten hinab. Da sich aber unten nichts rührte
als die Bäume im Sturm, nahm sie ein Paar Pistolen von der
Wand, die sie sorgfältig lud; dann setzte sie sich an den

goldverzierten Marmortisch und schrieb eilig mehre Briefe. Und als das Wetter draußen kaum noch gebrochen, wurden im Hofe gesattelte Pferde aus dem Stalle geführt, und bald sah man reitende Boten nach allen Richtungen davonfliegen.

Gleich darauf aber rief sie ihr ganzes Hausgesinde zusammen. Sie mußten schnell herbeischaffen, was die Vorräte vermochten, Wild, Früchte, Wein und Geflügel. Einer der Jäger, dessen Vater einst Küchenmeister gewesen, verstand sich noch am besten unter ihnen auf den guten Geschmack und mußte, zu allgemeinem Gelächter, eine weiße Schürze vorbinden und den Kochlöffel statt des Hirschfängers führen. Bald loderte ein helles Feuer im Kellergeschoß, die halbverrosteten Bratspieße drehten sich knarrend in der alten veröderten Küche, überall war ein lustiges Plaudern und Getümmel. Alle guten Stühle und Kanapees aber ließ die Gräfin oben in den großen Saal zusammentragen, Spieltische wurden zurechtgerückt und in der Mitte des Saales eine lange Tafel gedeckt. Die feierlichen Anstalten hatten fast etwas Grauenhaftes in dieser Einsamkeit, als sollten die Ahnenbilder, die mit ihren Kommandostäben ernst von den Wänden schauten, sich zu Tische setzen, denn niemand wußte sonst, wer die Gäste sein sollten.

So war in seltsamer Unruhe der Abend gekommen und das Gewitter lange vorbei, als Diana allein mit ihrer Kammerjungfer unten in das Gartenzimmer trat, die sich beim Hereintreten rasch und verstohlen nach allen Seiten umsah. Sie hatte, ohne zu wissen zu welchem Zweck, das schöne Kleid anziehen müssen, das die Gräfin heute getragen, das hinderte sie, es war ihr überall zu knapp und zu lang. Sie ging vor den Spiegel, als wollte sie sich's zurechtrücken, ihre Blicke aber schweiften seitwärts durchs Fenster, und als Diana sich einmal wandte, benutzte sie's schnell und schien zornig jemanden in dem Garten hinauszuwinken. Die Gräfin, sie an ihre Verabredung erinnernd, hieß sie vom Fenster wegtreten, ordnete rasch noch die Locken des Mädchens und setzte ihr ihren eigenen Jagdhut auf. Dann, die Verkleidete von allen Seiten zufrieden musternd, schärfte sie ihr nochmals ein, sich in diesem Zimmer still zu verhalten und nicht in den Garten zu gehen, bis sie draußen dreimal leise in die Hände klatschen höre, denn es dunkele schon und die Nacht habe wilde Augen. – Wo? rief das ganz zerstreute Mädchen heftig erschrocken. – Aber Diana, eilig wie sie war, bemerkte es nicht mehr; heftig einen Jägermantel umwerfend, der über dem Stuhle lag, und einen Männerhut tief in die Augen drückend, flog sie in den dämmernden Garten hinaus.

Kaum aber war sie verschwunden, so sprang die Kammerjungfer geschwind ans Fenster. Aber, Robert, bist du denn ganz toll! rief sie einem fremden Jäger entgegen, der schon längst draußen im Gebüsch steckte und nun rasch hinzutrat. – I Gott bewahre, hast du mich doch erschreckt! entgegnete dieser, sie erstaunt vom Kopf bis zu den Füßen betrachtend, das ist ja ganz wie deine Gräfin! – Das Mädchen aber nannte ihn einen Unverschämten, daß er sie hier auf dem Lande besuche; wenn die Gräfin ihn sähe, sei es um ihren Dienst geschehen, er solle auf der Stelle wieder fort. – Nicht eher, erwiderte der eifersüchtige Liebhaber, bis ich weiß, wer der Mann war, der soeben von dir ging. – Da lachte sie ihn tüchtig aus: er sei ein rechter Jäger, der auf dem Anstand das Wild verwechsele, es sei ja die Gräfin selber gewesen. – So? – sagte Robert sehr überrascht und einen Augenblick in Nachsinnen versunken. Dann plötzlich mit leuchtenden Blicken fragte er hastig: warum denn die Gräfin sich verkleidet, wohin sie ginge, ob sie diesen Abend in dem Mantel bleibe? Aber das ungeduldige Mädchen, in wachsender Furcht, drängte ihn statt aller Antwort schon von der Schwelle über die Stufen hinab. Er gab ihr noch schnell einen Kuß, dann sah sie ihn freudig über Beete und Sträucher fortspringen.

Als sie wieder allein war, fiel ihr erst die seltsame Hast und Neugierde des Jägers aufs Herz, es überflog sie eine große Angst, daß sie in der Verwirrung die Verkleidung der Gräfin ausgeplaudert. Auch schreckte sie nun in dieser Stille

die aufsteigende Nacht im Garten, es war ihr, als blickten
wirklich überall wilde Augen aus dem Dunkel auf sie,
manchmal glaubte sie gar Stimmen in der Ferne zu hören.
Sie konnte durchaus nicht erraten, was es geben sollte, und
verwünschte tausendmal ihre Liebschaften und die unbegreiflichen Einfälle der Gräfin und das ganze dumme Land-
leben mit seiner spukhaften Einsamkeit.

Ein tiefes Schweigen bedeckte nun schon alle Gründe, nur
fern im Garten war noch ein heimlich Knistern und Wispern
überall zwischen den Büschen, als zög' eine Zwerghochzeit
unsichtbar über die stillen Beete hin, von Zeit zu Zeit funkelte es aus den Hecken herüber wie Waffen oder Schmuck.
Dann hörte man von der andern Seite eine Zither anschlagen
und eine schöne Männerstimme sang:

> Hörst du die Gründe rufen
> In Träumen halb verwacht?
> O von des Schlosses Stufen
> Steig' nieder in die Nacht! –

Drauf alles wieder still, nur eine Nachtigall schlug in dem
blühenden Lindenbaum am Abhange. Auf einmal raschelt
was, eine schlanke Gestalt schlüpft droben aus dem Gebüsch. Es war Diana, in ihren Jägermantel dicht verhüllt,
die über den Rasen nach dem Schlosse ging. Tiefer im
Garten sang es von neuem:

> Die Nachtigallen schlagen,
> Der Garten rauschet sacht,
> Es will dir Wunder sagen
> Die wunderbare Nacht.

Jetzt stand Diana vor der Tür des Gartenzimmers und klatschte dreimal leise in die Hand. In demselben Augenblick aber sieht sie auch schon zwei dunkle Gestalten zwischen den Bäumen vorsichtig hervortreten. – Bist du es, Robert? und wo ist sie? flüstert der eine dem andern leise zu.

Sie zog sich tiefer in den Garten zurück. Da sah sie, wie die Kammerjungfer auf das verabredete Zeichen oben aus dem Hause getreten, die eine Gestalt schien sich ihr zu nähern. – Diana triumphierte schon im Herzen, als jetzt plötzlich der andre grade auf ihren Versteck losschritt. Bei dieser unerwarteten Wendung flog sie erschrocken über den Rasenplatz den Gartenberg hinab, seitwärts sah sie den Fremden bei ihrem Anblick rasch durch die Hecken brechen, als wollt' er ihr den Vorsprung abgewinnen, sie verdoppelte ihre Eile, schon glaubte sie unten Bekannte zwischen den Bäumen zu erblicken, jetzt trat sie atemlos am Fuß des Berges aus dem Garten, zu gleicher Zeit aber war auch der Fremde angelangt und vor ihr stand Graf Gaston.

Hut und Mantel waren ihr im Gebüsch entfallen, Gaston, rasch die Zither wegwerfend, blickte ihr lächelnd in die Augen. – Ihr seid der kühnste Freier, den ich jemals sah, sagte sie nach einem Weilchen finster. Gaston küßte feurig ihre Hand, die er nicht wieder losließ. Vor ihnen aber, vom Gesträuche halb verdeckt, stand ein leichter Wagen mit vier Pferden, die Kutscher in den Sätteln, die Pferde schnaubend, scharrend, alles wie ein Pfeil auf gespanntem Bogen, der eben losschnellen will.

Indem aber, wie Gaston den Kutschern winkend und ihr ehrerbietig den Arm reichend, sie in den Wagen heben will, sieht er, daß sie, einige Schritte zurückgetreten, mit einem Pistol nach ihm zielt. Er stutzt, sie aber lacht und feuert das Pistol in die Luft. Da bei dem Knall, wie ein Schwarm verstörter Dohlen, brechen plötzlich seitwärts aus allen Hecken Gestalten mit Haarbeuteln, Staubmänteln und gezückten Stahldegen. Gaston erkennt sogleich mit Erstaunen die alten Gesichter aus der Residenz, alles jubelfröhlich, siegsgewiß.

Fahrt zu! ruft er da, ohne sich zu bedenken, den Kutschern zu, die nun, ihre Peitschen schwingend, grade in den glänzenden Schwarm hineinjagen, der sogleich von allen Seiten lachend den Wagen umringt, um die vermeintlich Entführte daraus zu erlösen. Gaston und Diana aber standen währenddes dicht am Bergstrom, der unter dem Garten vorüberschoß, ein Kahn lag dort am Ufer angebunden. Der Graf, eh' Diana sich besinnt, schwingt sie hoch auf dem Arm in den Nachen, zerhaut mit seinem Hirschfänger das Tau und lenkt rasch mitten ins Fahrwasser; so flogen sie, bevor noch die am Wagen es gewahr wurden, in der entgegengesetzten Richtung pfeilschnell den Fluß hinab.

Er selbst war es gewesen, den Diana am Morgen vom Lindenbaum umherspähend erblickt. Da zweifelte sie keinen Augenblick länger, daß er sein verwegenes Vorhaben in der folgenden Nacht auszuführen gedenke. Ihr Anschlag war schnell gefaßt. Voll Übermut lud sie durch vertraute Boten sogleich das ganze Hoflager zu Entführung und Abendbrot herüber, die einzeln und ohne Aufsehen eingetroffenen Hofleute wurden am Wege versteckt, Gaston in der Verwirrung und Dunkelheit sollte, statt ihr, das verkappte Kammermädchen entführen und so vor den Augen des hervorbrechenden Hinterhalts doppelt beschämt werden. – Nun aber hatte die unzeitige Liebschaft des Mädchens und Dianas eigene Unbesonnenheit im entscheidenden Augenblick plötzlich alles anders gewendet!

Schon waren Schloß und Garten hinter den Fortschiffenden dämmernd versunken, immer ferner und schwächer nur hörte man von dorther noch verworrenes Rufen, Schüsse und Hörnersignale der bestürzten Hofleute, die sich wie durch eine unbegreifliche Verzauberung auf einmal in allen Plänen gekreuzt sahen und nun die auf Gaston geladenen Witze verzweifelt gegeneinander selbst abschossen.

Der Fluß indes ging rasch durch wüsten Wald, Diana wußte recht gut, daß hier kein Haus und keine menschliche Hülfe in der Nähe war; so saß sie still am Rand des Kahnes und schaute vor sich in die Flut, die von Zeit zu Zeit in Wirbeln dunkel aufrauschte. Gaston aber, wohl fühlend, daß in dieser unerhörten Lage alle gewöhnliche Galanterie und Entschuldigung nur lächerlich und in den Wind gesprochen sei, blieb gleichfalls stumm und so glitten sie lange Zeit schweigend zwischen stillen Wäldern und Felsenwänden durch die tiefe Einsamkeit der Nacht, während der Graf immerfort Dianas Spiegelbild im mondbeschienenen Wasser vor sich sah, als zöge eine Nixe mit ihnen neben dem Schiff.

Endlich, um nur die unerträgliche Stille zu brechen, sagte er, als wäre nichts geschehen: alles hier erinnere ihn wunderbar an eine Sage seiner Heimat. Da stehe im Schloßgarten ein marmornes Frauenbild und spiegele sich in einem Weiher. Keiner wage es, in stiller Mittagszeit vorbeizugehen, denn wenn die Luft linde kräuselnd übers Wasser ging' und das Spiegelbild bewegte, da sei's, als ob es sachte seine Arme auftät.

Diana, ohne ein Wort zu erwidern, fuhr unwillig mit der Hand über das Wasser, daß alle Linien ihres Bildes drin durcheinanderlaufend im Mondesflimmer sich verwirrten.

Von diesem Bilde, fuhr Gaston fort, geht die Rede, daß es in gewissen Sommernächten, wenn alles schläft und der Vollmond, wie heut, über die Wälder scheint, von seinem Steine steigend, durch den stillen Garten wandle. Da soll sie mit den alten Bäumen und den Wasserkünsten in fremder Sprache reden, und wer sie da zufällig erblickt, der muß in Liebesqual verderben, so schön ist die Gestalt.

Was ist das für ein Turm dort überm Walde? rief hier Diana, sich plötzlich aufrichtend, daß er zusammenschrak, als hätt' er selbst das Marmorbild erblickt, von dem er sprach – es waren ihre ersten Worte. Er sah sich verwundert nach allen Seiten um, weiterhin schien sich die Schlucht zu öffnen, durch eine Waldlichtung erblickte er wirklich schon flüchtig den Turm seines Jagdschlosses, tiefer unten den Fahrweg, der in weiten Umkreisen um das Gebirge ging; dort hatte er seine Leute vom Schloß zum Empfange hinbestellt. Gleich darauf aber verdeckten Felsen und Bäume alles wieder und der Fluß wandte sich von neuem. Gaston, der das abgelegene Schloß selten besucht, kannte die Umgebung nur wenig, er stand einen Augenblick verwirrt und wußte nicht, an welchem Ufer er landen sollte.

Da bemerkte er rechts den Schimmer eines kleinen Feuers ungewiß durch die Büsche. Das sind sie, dachte er, und lenkte darauf hin. Der Kahn stieß hart ans Land, indem er aber, schon am Ufer, das Gestrippe auseinanderbog, um der Gräfin Platz zu schaffen, stieß diese, eh' er's hindern konnte, im Heraussteigen den Nachen weit hinter sich, der nun unwiederbringlich mit dem reißenden Strome forttrieb. Gaston sah sie überrascht an, sie blickte funkelnd nach allen Seiten in der schönen Nacht umher.

So standen sie an einem wildumzirkten Platz, Bäume, Fels und altes Bauwerk wirr durcheinander gewachsen. Es war, wie er beim Mondlicht erkannte, eine verfallene, unbewohnte Wassermühle, hinten, wie ein Schwalbennest, an die hohe, unersteigliche Felsenwand gehängt, von zwei andern Seiten vom schäumenden Fluß umgeben. Von dort zwischen Unkraut und Gebälk kam der Lichtschein her, den er vom Strom gesehen, er trat eilig mit Diana in das wüste Gehöft, voll Zuversicht, die Seinigen zu treffen. Wie groß aber war sein Erstaunen, da er den Platz leer fand, nur einzelne blaue Flämmchen zuckten noch aus der halb verloschenen Brandstätte, als wäre sie eben von Hirten verlassen worden. –

Ist das Ihr Schloß? fragte Diana höhnend. Gaston aber, der eine zerbrochene Fensterlade im Winde klappen hörte, war schon ins Haus gegangen. Dort durch die Öffnung schauend, gewahrte er zu seinem Schrecken erst, daß er auf dem falschen Ufer gelandet, drüben hinter den dunkeln Wipfeln lag sein Jagdschloß im prächtigen Mondschein –

nun wußt' er's auf einmal, warum Diana vorhin den Nachen zurückgestoßen!

In dieser Verlegenheit zog er schnell ein Pistol unter seinem Mantel hervor und feuerte es in die Nacht ab, ein Reh fuhr nebenan aus dem Dickicht, man konnte seinen Hufschlag noch weit durch den stillen Waldgrund hören. Zugleich aber gab zu seiner großen Freude ein Schuß drüben Antwort, bald wieder einer, und drauf ein Schreien und Rufen vom Felde, daß fern in den Dörfern die Hunde anschlugen. Schon glaubte er einige der Stimmen zu erkennen und wollte eben ein zweites Pistol abschießen, als er auf einmal ein seltsames Knistern und Blinken in allen Ritzen des alten Hauses bemerkte. Um Gotteswillen, da schlagen Flammen auf! schrie er entsetzt hinausstürzend, der einzige Ausgang zum Walde brannte schon lichterloh – Diana, da sie bei dem Herannahen der Signale und Stimmen keine Rettung mehr sah, hatte das Haus an allen vier Ecken angezündet. Jetzt erblickte er die Schreckliche selbst hoch auf dem hölzernen Balkon der Mühle, grade über dem Strom. Da sie ihn gewahrte, wandte sie sich schnell herum, es war wieder jenes Wetterleuchten des Blicks, das ihn schon einmal geblendet. – Komm' nun und hol' die Braut! rief sie ihm wild durch die Nacht zu, das Brautgemach ist schon geschmückt, die Hochzeitsfackeln brennen.

Unterdes aber züngelten einzelne Flammenspitzen schon hier und da durch die Fugen, der heiße Sommer hatte alles gedörrt, das Feuer, im Heidekraut fortlaufend, kletterte hurtig in dem trocknen Gebälk hinauf und der Wind faßte lustig die prächtigen Lohen, und von drüben kam das Rufen und Schießen rasch immer näher und lauter, und: »hol' deine Braut!« frohlockte Diana wieder dazwischen. – Da, ohne hinter sich zu blicken, stürzte Gaston durch den wirbelnden Rauch die brennende Treppe hinan. Zurück, rühr' mich nicht an! rief ihm Diana entgegen, wer hieß dich mit Feuer spielen, nun ist's zu spät, wir beide müssen drin verderben!

Aber die Funken von den Kleidern stäubend, stand er schon droben dicht bei ihr; am Ufer brannte ein schlanker Tannenbaum vom Wipfel bis zum Fuß, die schöne Gestalt und die stille Gegend beleuchtend. Gaston blickte ratlos in der Verwüstung umher, es schien keine Hülfe möglich, die Balken stürzten rings schon krachend in die Glut zusammen, hinten die steile Felsenwand und unter ihnen der Strom, in dem der Brand sich gräßlich spiegelte.

Indem aber hat das Feuer die dürren Wurzeln der Tanne zerfressen und, wie das Gerüst eines abgebrannten Feuerwerks allmählich verdunkelnd und sich neigend, sinkt der Baum prasselnd quer über den wütenden Felsbach. Da faßt Gaston, der alles ringsher scharf beachtet, plötzlich Dianas Hand, schwingt sie selbst, eh' sie sich des versieht, auf seinen Arm, und, seinen Mantel um sie schlagend, mit fast übermenschlicher Gewalt, trägt er die Sträubende mitten durch die Flamme über die grauenvolle Brücke, unter der der Fluß wie eine feurige Schlange dahinschoß.

Jetzt hat er, aus dem furchtbaren Bezirk tretend, glücklich das jenseitige Ufer erreicht und schleudert den brennenden Mantel hinter sich in den Fluß. Diana, plötzlich Stirn und Augen enthüllt, wandte sich von ihm ab in die Nacht. Sieh mich nicht so an, sagte sie, du verwirrst mir der Seele Grund. – Da hörte er auf einmal auch die Stimmen wieder im Felde, mehre Gestalten schwankten fern durch den Mondschein; es waren seine Leute, die, der Verabredung gemäß, am Fahrwege auf ihn gewartet und nun ganz erstaunt herbeieilten, da sie den Herrn auf dem Wege vom Fluß erkannten. Zum Schloß! rief ihnen Gaston zu, und alle Kräfte noch einmal zusammenraffend, trug er seine Beute rasch den Gartenberg hinan; schon schimmerten rechts und links ihm altbekannte Plätze entgegen, jetzt teilten sich die alten Bäume und vor ihnen ernst und dunkel lag das stille Haus; da ließ er erschöpft die Gräfin auf den steinernen Stufen vor der Schloßtüre nieder. Von drüben aber beleuchtete der Brand taghell Garten und Schloß und Dianas grausame Schönheit; Gaston schüttelte sich heimlich vor Grausen.

Indem waren auch die Diener, entschuldigend, fragend und erzählend, von allen Seiten herbeigekommen. Der Graf, ohne ihrer Neugier Rede zu stehen, befahl ihnen, rasch die Türen zu öffnen und die Kerzen anzuzünden, er schien in seinem ganzen Wesen auffallend verändert, daß sie sich fast vor ihm fürchteten. Darauf der Gräfin seinen Arm reichend, indem er sie in das unterdes geöffnete Schloß führte, sagte er mit glatter, seltsamer Kälte zu ihr: die Aufgabe sei gelöst und die wunderliche Wette entschieden, sie möge nun ausruhen und Schloß, Garten, Diener und Wildbahn hier ganz als die ihrigen betrachten. Und so, ohne ihre Antwort abzuwarten, ließ er sie im kerzenhellen Saale allein.

Draußen aber, in großer Aufregung, hieß er schnell alle Gemächer reinigen und schmücken, und ordnete, zu allgemeiner Verwunderung der Diener, sogleich alles zu einem glänzenden Feste an. Die Jäger flüsterten mit verbissenem Lachen heimlich untereinander, der eine winkte schlau mit den Augen nach der schönen Fremden im Saale. Gaston, der es bemerkte, faßte ihn zornig an der Brust und schwor jedem den Tod, der der Gräfin drin, als ihrer Herrin, nicht ehrfurchtsvoll und pünktlich wie ihm selber diente.

Drauf ließ er ein Pferd satteln und ritt noch dieselbe Stunde fort, niemand wußte wohin.

––––––––

Auf dem Schlosse der Marquise Astrenant ging seit jener Räuberjagd gar mancherlei Gerede. Den Anführer der Räuber, hieß es, habe von dem Augenblick, da Graf Gaston ihn vom Fels gestürzt, niemand mehr wiedergesehen, nur eine blutige Fährte hätten sie beim Verfolgen bemerkt, die führte endlich zwischen ungangbaren Klippen in einen Abgrund, wo keiner hinabgekonnt, da habe er ohne Zweifel in dem Felsstrom unten seinen wohlverdienten Tod gefunden. –

Leontine wußt' es wohl besser, aber das Geheimnis wollt' ihr das Herz abdrücken.

In den Wäldern war es unterdes schon lange wieder still geworden, über den wilden Garten vor dem Schlosse schien soeben die untergehende Sonne, die Luft kam vom Tal, man hörte die Abendglocken weiter durch die schöne Einsamkeit herüberklingen. Da stand Leontine, wie damals, zwischen den Hecken und fütterte wieder ihr Reh und streichelt' es und sah ihm in die klaren, unschuldigen Augen. Deine Augen sind ohne Falsch, sagte sie schmeichelnd zu ihm, du bist mir treu, wir wollen auch immer zusammenbleiben hier zwischen den Bergen, es fragt ja doch niemand draußen nach uns. Und da die Vögel so schön im Walde sangen, fiel ihr dabei ein Lied wieder ein, an das sie lange nicht gedacht, und sie sang halbtraurig:

> Konnt' mich auch sonst mitschwingen
> Übers grüne Revier,
> Hatt' ein Herze zum Singen
> Und Flügel wie ihr.
>
> Flog über die Felder,
> Da blüht' es wie Schnee,
> Und herauf durch die Wälder
> Spiegelt' die See.
>
> Ein Schiff sah ich gehen
> Fort über das Meer,
> Meinen Liebsten drin stehen –
> Dacht' meiner nicht mehr.
>
> Und die Segel verzogen
> Und es dämmert das Feld,
> Und ich hab' mich verflogen
> In der weiten, weiten Welt. –

Leontine! rief da die Marquise an der Gartentür des Schlosses, sieh doch einmal, was wirbelt denn dort für Staub auf vom Wege? Leontine trat an den Abhang des Gartens und, die Hand vor dem Glanz über die Augen haltend, sagte sie: ein Reiter kommt, die Sonne glitzert nur zu sehr, ich kann nichts deutlich erkennen. – Gott, dachte sie heimlich, wenn Er es wäre! – jetzt beugt er schon um den Weidenbusch, wie das fliegt! – ach nein, ein fremder Jäger ist's, was der nur noch bringen mag.

Die Mutter aber, voll Neugier und Verwunderung, war dem Reiter schon entgegengegangen und kam gleich darauf mit einem geöffneten Briefe zurück. Es war Dianas Einladung; sie beschwor das Fräulein in wenigen Zeilen herzlich und ungestüm, doch ja sogleich zur ihr hinüberzukommen, da sie nur eben ein paar Tage für sich habe und sich selbst dort nicht losmachen könne. – Die Marquise stand einen Augenblick nachsinnend. Daran hatt' ich am wenigsten gedacht, sagte sie dann, Diana ist übermütig, herrisch und gewaltsam, ihre Art ist mir immer zuwider gewesen, aber sie hat wie ein prächtiges Feuerwerk mit ihren Talenten, die sie selbst nicht kennt, den Hof und ganz Paris geblendet, du mußt ja doch endlich auch in die Welt hinaus, es ist wie ein Fingerzeig Gottes, sein Wille geschehe. – Leontinen aber flimmerten die Zeilen lustig im Abendrot, es blitzte ihr plötzlich alles wieder auf daraus: die schöne Jugendzeit, die wilden Spiele und kindischen Zänkereien mit Diana, alle ihre Gedanken waren auf einmal in die schimmernde Ferne gewendet, die sich so unerwartet aufgetan.

Es wurde nun nach kurzer Beratung beschlossen, daß sie, um keine Zeit zu verlieren und die angenehme Kühle zu benutzen, noch heute abreisen und die schöne Sommernacht hindurch fahren sollte; der alte Frenel sollte sie begleiten. Und nun ging es sogleich herzhaft an die nötigen Vorbereitungen, treppauf, treppab, die Türen flogen, Frenel klopfte seine alte Staatslivree aus, aus dem Schoppen wurde der verstaubte Reisewagen geschoben, der Hund bellte im Hofe und der Truthahn gollerte in dem unverhofften Rumor.

Oben aber in der Stube saß Leontine mit untergeschlagenen Beinen fröhlich plaudernd auf dem glänzenden Getäfel des Fußbodens vor ihrem Koffer, Kleider und Schuhe und Schals in reizender Verwirrung um sie her, und die Mutter half ihr einpacken, das Schönste, das sie hatt'. Dann brachte sie ihr das Reisekleid und strich ihr die Locken aus der Stirn und putzte sie auf vor dem Spiegel. Und von draußen sah der Abend durchs offene Fenster herein und füllte das ganze Zimmer mit Waldhauch, und unten sangen die Vögel wieder so lustig zum Valet und Leontine war so schön in ihrem neuen Reisehut; es war lange nicht solche Freude gewesen in dem stillen Hause.

Endlich fuhr unten der Wagen vor, es war alles bereit, vor der Haustüre stand das ganze Hofgesinde versammelt, um ihr Fräulein fortfahren zu sehen. Beim Hinabsteigen sagte die Marquise: ich weiß nicht, jetzt ängstigt mich ein Traum von heute Nacht, ich sah dich prächtig geschmückt die große Allee hinuntergehen, da war's, als würde sie immer länger und länger und hinten eine ganz fremde Gegend, ich rief dir nach, aber du hörtest mich nicht mehr, als wärst du nicht mehr mein. – Leontine lachte: der Schmuck bedeute große Ehre und Freude, wer weiß, was für ein Glück sie in der Fremde erwarte. Damit küßte sie noch einmal herzlich die Mutter und sprang in den Wagen. Aber es war ihr doch wehmütig, als nun die Wagentür wie ein Sargdeckel hinter ihr zuschlug und die Mutter, die ihr immer noch mit dem Tuche nachwinkte, im Dunkel verschwand und Schloß und Garten allmählich hinter den schwarzen Bäumen versanken.

Jetzt rollten sie schon im Freien durch die einsame Gegend hin, der Mondschein wiegte sich auf den leise wogenden Kornfeldern, der Kutscher knallte lustig, daß es weit in den Wald schallte, manchmal schlugen Hunde an fern in den Dörfern und Frenels Tressenhut blinkte immerfort vom hohen Kutschbock. Leontine hatte das Wagen-

fenster geöffnet, sie war noch niemals zu dieser Stunde im
Felde gewesen, nun war sie ganz überrascht, so wunderbar
ist die ernste Schönheit der Nacht, die nur in Gedanken
spricht und das Entfernteste wie im Traum zusammenfügt.
Sie hatte auch Leontinen gar bald in sich versenkt. Im
Fahren durch die stille Einsamkeit dachte sie sich den Räuberhauptmann hoch im Gebirge am Feuer zwischen Felsenwänden, wie sie neben ihm auf dem Rasen schlief und er sie
bewachte, tief unten aber durch den Felsenriß die Täler
unermeßlich im Mondschein heraufdämmernd, Städte, Felder, gewundene Ströme und ihrer Mutter Schloß weit in der
Ferne, und das Feuer, mit dem die Luft spielte, spiegelte sich
flackernd an den feuchten Felsenwänden und die Nachtigallen schlugen tief unten in den stillen Gärten, wo die Menschen wohnten, und die Wälder rauschten darüber hin, bis
allmählich Wald und Strom und Flammen sich seltsam
durcheinanderwirrten und sie wirklich einschlummerte.

Sie mochte lange geschlafen haben, denn als sie erwachte,
hielt der Wagen still mitten in der Nacht, Frenel und der
Kutscher waren fort, seitwärts stand eine einzelne Hütte,
man sah das Herdfeuer durch die kleinen Fenster schimmern, im Hause hörte sie den Frenel sprechen, er schien
nach dem Wege zu fragen. Sie lehnte sich in das Kutschen-
fenster, ein finstrer Wald lag vor ihnen und drüben auf einer
Höhe ein Schloß im Mondschein. Wie sie aber so, nicht
ohne heimliches Grauen, mit ihren Augen noch die Öde
durchmißt, hört sie auf einmal Pferdetritte fern durch die
Stille der Nacht. Es schallt immer näher und näher, jetzt
sieht sie einen Reiter, in seinen Mantel gehüllt, im scharfen
Trabe auf demselben Wege vom Walde rasch daherkommen.
Sie fährt erschrocken zurück und drückt sich in die Ecke des
Wagens. Der Reiter aber, da er den verlassenen Wagen
bemerkt, hält plötzlich an.

Wer ist da, rief er, wo wollen Sie hin? – Nach St. Lüc,
erwiderte Leontine, ohne sich umzusehen. – St. Lüc? das ist
das Schloß der Gräfin Diana, sagte der Reiter; wenn Sie die

Gräfin sehen wollen, die ist seit einigen Stunden schon auf des Grafen Gaston Schloß dort überm Wald. – Unmöglich, versetzte das Fräulein, sich lebhaft aufrichtend bei der unerwarteten Nachricht.

Leontine! – rief da auf einmal der Fremde, ganz dicht an den Wagenschlag heranreitend, daß sie zusammenfuhr, ein Mondblick durch die Wipfel der Bäume funkelte über Reiter und Roß – es war der Räuberhauptmann.

Er zog, da er sie nun erkannte, schnell das weiße Tuch hervor, das sie ihm damals gegeben, und es ihr vorhaltend, fragte er: ob sie das kenne und seiner manchmal noch gedacht? – Leontine, auf das Heftigste erschrocken und an allen Gliedern zitternd, hatte doch die Besinnung, nicht um Hülfe zu schreien. Um Gottes willen rief sie, nur jetzt nicht, reiten Sie fort! – Er aber, sich vorbeugend in sichtlicher Spannung, als hing' die Welt an ihrer Antwort, fragte noch einmal dringender: ob sie ihn und jene wildschöne Nacht vergessen oder nicht? – Rasender, was tun Sie! erwiderte sie mit einiger Heftigkeit, meine Leute sind nur wenige Schritte von hier, verlassen Sie mich auf der Stelle! – Da ließ er langsam Arm und Tuch sinken und vor sich sehend, sagte er finster: was tut's, ich bin des Lebens müde. –

Jetzt hörte sie plötzlich die Türe gehen im Hause und Frenels Stimme. Sie kommen, rief sie in Todesangst und fast in Weinen ausbrechend, o ich beschwöre dich, reit' eilig fort, sie fangen dich, ich überleb' es nicht!

Das war der alte Klang, du liebst mich noch! jubelte da plötzlich der Reiter auf, sein Pferd lustig herumwerfend. Nun traten auch Frenel und der Kutscher wieder aus dem Hause. Dort hinaus, immer den Wald entlang! rief er ihnen im Vorübersprengen zu und verschwand im Dunkel vor ihnen.

Wer war denn das? fragte Frenel, ihm erstaunt nachsehend. Aber Leontine, noch ganz verwirrt, atmete erst tief auf, als die letzten Roßtritte verhallt und sie den Reiter in der Freiheit der Nacht wieder geborgen wußte. Darauf befahl sie, sogleich nach dem Schloß des Grafen Gaston zu fahren, das sie dort über dem Walde sähen, die Gräfin Diana sei dort, sie habe es soeben von jenem Reiter gehört, einem reisenden Herrn, setzte sie zögernd hinzu, der von dorther gekommen. – Frenel, sehr verwundert, wollte noch mancherlei fragen, aber sie trieb ihn in großer Hast. – Nun, nun, es wird auch ganz finster, der Mond geht schon unter, wir mußten ohnedies an dem Schlosse vorüber, sagte er, mühsam seinen Sitz besteigend, der Kutscher schwang die Peitsche und sie flogen dem Walde zu; es war derselbe Weg, den ihnen der Reiter gewiesen.

So fuhren sie rasch an den Tannen hin, von der andern Seite schwebten Wiesen, Felder und Hecken leise wechselnd vorüber, das Schloß trat immer deutlicher über den Wipfeln heraus, man hörte fern schon Nachtigallen in den Gärten schlagen. Leontine, in Nachsinnen versunken, sah sich noch manchmal scheu nach allen Seiten um, es war ihr alles wie ein Traum.

Da blitzt es von weitem, sagte sie nach einem Weilchen zu Frenel, um in der Angst nur etwas zu sprechen. Aber Frenel, der von seiner hohen Warte freier ins Land schauen konnte, schüttelte den Kopf: er sehe schon lange hin, das sei kein Wetterleuchten, sondern Raketen oder Leuchtkugeln, die sie vom Schlosse würfen, jetzt hab' er's ganz deutlich gesehen, sie müßten droben heut ein Fest haben.

Während sie aber noch so sprachen, kam plötzlich ein Lakai zu Pferde, in prächtiger Liverei und vom Golde flimmernd, ihnen durch die Nacht entgegen. Frenel, ganz überrascht, zog ehrerbietig seinen Tressenhut. Jener aber ritt dicht an den Wagen, das Fräulein begrüßend, indem er sich als einen Diener aus dem Schlosse ankündigte, wohin er die Herrschaft geleiten solle. Und mit diesen Worten, ohne eine Antwort abzuwarten, drückte er die Sporen wieder ein und setzte sich rasch an die Spitze, in der hohen dunkeln Kastanienallee dem Wagen vorreitend. – Frenel hatte sich von seinem Bocke ganz zurückgebogen und sah durch die Schei-

ben erstaunt und fragend das Fräulein an. Leontine zuckte
nur mit den Achseln, sie wußte durchaus nicht mehr, was sie
davon denken sollte. Ihre Verwirrung wurde aber noch
größer, als sie bald darauf an mehren kleinen Häusern
vorüberkamen, wo ungeachtet der weitvorgerückten Nacht
alles noch in seltsamer Erwartung und Bewegung schien.
Überall brannte Licht, daß man weit in die reinlichen Zimmer hineinsehen konnte, Mädchen und Frauen lagen neugierig in den offenen Fenstern. Da kommt sie, das ist sie! hörte
Leontine im Vorüberfahren ausrufen. Mein Gott, sagte sie
zu Frenel, das muß hier irgendein Mißverständnis sein.

In diesem Augenblick aber bogen sie rasch um eine Ecke,
der Wagen rollte über eine steinerne Brücke und gleich
darauf in das hohe, dunkle, lange Schloßtor hinein. Jetzt
flog rotes Licht spielend über die alten Mauern und Erker,
Leontine, als hätte sie plötzlich ein Gespenst erblickt, starrte
mit weit offnen Augen in die Blendung, denn der ganze Hof
wimmelte von Windlichtern und reichgeschmückten Dienern, und auf den Stufen des Schlosses mitten im wirren
Widerschein der Fackeln stand schon wieder der Räuberhauptmann!

Er schien selbst auch erst angelangt, sein Pferd, noch
rauchend, wurde eben abgeführt. Als der Wagen anhielt,
stieg er rasch hinab, alles wich ihm ehrerbietig aus. Er hob
die ganz Verstummte aus dem Wagen und führte sie, wie
einen längst erwarteten Besuch, durch die Reihe von Dienern mit höfischem Anstand die Treppe hinan, ohne mit
Wort oder Mienen anzudeuten, was zwischen ihnen vorgefallen. So gingen sie durch mehre Gemächer, alle waren hell
erleuchtet, eine seltsame Ahndung flog durch Leontinens
Seele, sie wagt' es kaum zu denken. Jetzt traten sie in den
Saal. Mein Gott, sagte sie, Sie sind –

Graf Gaston, erwiderte ihr Begleiter, vergeben Sie die
Täuschung, sie war so schön!

Drauf blickte er rasch im Saal umher. Wo ist die Gräfin
Diana? fragte er die Diener. Man sagte ihm, die Gräfin habe

gleich, nachdem er das Schloß verlassen, Pferd und Wagen verlangt, so sei sie mitten in der Nacht fortgefahren, der Kutscher selbst habe noch nicht gewußt, wohin es ginge. – Gastons Stirne verdunkelte sich bei dieser Nachricht, er sah nachsinnend vor sich nieder.

Leontine aber hatte unterdes schnell noch einmal alles überdacht: den ersten Besuch des Unbekannten, seine flüchtige Erscheinung, dann unten vor dem Schloß die verworrenen Gerüchte von dem Tode des Räubers – wie hatte Schreck und Zufall alles wunderbar verwechselt! Sie stand verwirrt mit niedergeschlagenen Augen, tiefbeschämt, daß er nun alles, alles wußte, wie sehr sie ihn geliebt.

Da wandte sich Gaston, nach kurzem Überlegen, lächelnd wieder zu ihr. Das Spiel ist aus, sagte er, ein todwunder Räuber steht vor Ihnen und gibt sich ganz in Ihre Hand. Morgen geleit' ich Sie zurück zur Mutter, da sollen Sie richtend entscheiden über ihn auf Leben oder Tod. –

Drauf, als wollte er schonend die Überraschte heut nicht weiter drängen, klingelte er rasch; weibliche Dienerschaft trat herein zu des Fräuleins Aufwartung. Und ihre Hand küssend, eh er schied, flüsterte er ihr noch leise zu: ich kann nicht schlafen, ich zieh' heut mit den Sternen auf die Wacht und mach' die Runde um das Schloß die ganze schöne Nacht, es ist ein heimlich Klingen draußen in der stillen Luft, als zög' eine Hochzeit ferne an den Bergen hin. –

Leontine stand noch lange am offnen Fenster über dem fremden Garten, Johanneswürmchen schweiften leuchtend durch Blumen und Sträucher, manchmal schlug eine Nachtigall fern im Dunkel. Es ist nicht möglich, sagte sie tausendmal still in sich, es ist nicht möglich! –

Unten im Hofe aber erkundigte sich Gaston jetzt noch genauer, wiewohl vergeblich, nach der Richtung, die Diana genommen. Verblendet wie er war von ihrer zauberischen Schönheit, hatte sich, als er in den Flammen dieser Nacht sie plötzlich in allen ihren Schrecken erblickt, schaudernd sein Herz gewendet, und, wie eine schöne Landschaft nach einem Gewitter, war in seiner Seele Leontinens unschuldiges Bild unwiderstehlich wieder aufgetaucht, das Diana so lange wetterleuchtend verdeckt. Dieser hatte er nun auf dem Schlosse hier Leontinen als seine Braut vorstellen wollen; das sollte seine Rache sein und ihre Buße. Nun aber war unerwartet alles anders gekommen.

————————

Wenige Wochen darauf ging an dem Schloß der Marquise ein fröhliches Klingen durch die stille Morgenluft, eine Hochzeit zog an den Waldbergen hin: glänzende Wagen und Reiter, Leontine als Braut auf zierlichem Zelter voran, heiter plaudernd an Gastons Seite. Die Vögel sangen ihr nach aus der alten schönen Einsamkeit, das treue Reh folgte ihr frei, manchmal am Wege im Walde grasend. Sie zogen nach Gastons prächtigem Schloß an der Loire.

Hier lebte er in glücklicher Abgeschiedenheit mit seiner schönen Frau. Nur manchmal überflog ihn eine leise Wehmut, wenn bei klarem Wetter die Luft den Klang der Abendglocken von dem Kloster herüberbrachte, das man aus dem stillen Schloßgarten fern überm Walde sah. Dort hatte Diana in der Nacht nach ihrer Entführung sich hingeflüchtet und gleich darauf, der Welt entsagend, den Schleier genommen. Als Oberin des Klosters furchtbare Strenge gegen sich und die Schwestern übend, wurde sie in der ganzen Gegend fast wie eine Heilige verehrt. Den Gaston aber wollte sie nie wiedersehen.

Die Glücksritter

Novelle

1. Suppius und Klarinett

Der Abend funkelte über die Felder, eine Reisekutsche fuhr rasch die glänzende Straße entlang, der Staub wirbelte, der Postillon blies; hinten auf dem Wagentritt aber stand vergnügt ein junger Bursch, der im Wandern heimlich aufgestiegen, bald auf den Zehen langgestreckt, bald sich dukkend, damit die im Wagen ihn nicht bemerkten. Und hinter ihm ging die Sonne unter und vor ihm der Mond auf, und manchmal, wenn der Wald sich teilte, sah er von ferne Fenster glitzern im Abendgold, dann einen Turm zwischen den Wipfeln und weiße Schornsteine und Dächer immer mehr und mehr: es mußte eine Stadt ganz in der Nähe sein. Da zog er geschwind die Ärmel seines Rocks tiefer über die Handgelenke, denn er hatte ihn ausgewachsen, auch war er schon etwas dünn und spannte über dem Rücken. Im Walde neben ihm aber war ein großes Gefunkel und Zwitschern und Hämmern von den Spechten, bald da, bald dort, als wollten sie ihn necken, und die Eichkätzchen guckten um die Stämme nach ihm, und die Schwalben kreuzten jauchzend über den Weg: kiwitt, kiwitt, was hat dein Rock für einen schönen Schnitt!

So ging es wie im Fluge fort; es wurde allmählich dunkel, jetzt klangen schon deutlich die Abendglocken über den Wald herüber. Sind wir bald dort? fragte eine wunderliebliche Stimme aus dem Wagen. – Gleich, gleich, antwortete rasch der Bursch, der sich in der Freude vergessen; da bemerkten sie ihn erst alle. Wart, ich will dir herunter helfen! rief der Postillon, und hieb mit der Peitsche zurück nach ihm; eine Hand haspelte eifrig von innen am Wagenfenster. Indem aber fuhren sie eben an einer Gartenmauer hin, über die der Ast eines Apfelbaumes weit herauslangte; der Bursch hatte ihn schon gefaßt und schwang sich behend auf die Mauer und von der Mauer auf den Baum. Darüber öffnete sich das Glasfenster der Kutsche, ein junges Mädchengesichtchen guckte neugierig hervor. Gott, wie ist die schön! rief der Bursch, und schüttelte aus Leibeskräften den Baum vor Lust, daß der Wagen im Vorbeifliegen ganz von Blüten verschneit war. Über dem Schütteln aber flog ihm droben der Hut vom Kopf; er wollte ihn haschen, darüber verlor er sein Bündel, und eh' er sich's versah, fuhren Hut und Bündel und Bursch prasselnd zwischen den Zweigen in den fremden Garten hinab.

Jetzt tat's plötzlich unten einen lauten Schrei; er aber erschrak am allermeisten, denn als er aufblickte, bemerkte er in der Dunkelheit eine Dame und einen Herrn dicht vor sich, die dort zu lustwandeln schienen. Da ruft ihm aber zu seinem großen Erstaunen auch schon der Herr lachend entgegen: »Nun, endlich, endlich, willkommen!« und »Wir haben schon recht auf Sie gewartet«, sagt die Dame. Der Bursch, ohne sich in der Konfusion lange zu besinnen, macht ein Kompliment und erwidert: sein Kurier wäre an allem Schuld, der hätte zur Unzeit mit der Peitsche geschnalzt, da habe sein Roß einen erstaunlichen Satz gemacht, daß er mit der Frisur am Aste hangen geblieben; so habe er in der Geschwindigkeit die Gartentür verfehlt – und den rechten Ton getroffen, meinte die Dame, Sie spielen zum Entzücken. – Bloß das Klarinett ein wenig, sagte der Bursch verwundert. – Aber wo bleibt denn dein Schatz? fragte der Herr wieder. – Schatz? – entgegnete der Bursch – o, die kommt mir mit Extrapost nachgefahren, wie eine Ananas im Glaskasten. – Und wahrhaftig, als er unter den dunkeln Bäumen umherschaute, sah er seitwärts am Gartentor den Wagen, den er kaum verlassen, soeben im hellen Mondschein stillhalten. Aber die andern bemerkten es nicht mehr, sie waren schon lachend vorausgeeilt. Er ist da, Herr Klarinett ist da! riefen sie und sprangen nach dem Hause im Garten, daß der taftene Reifrock der Dame im Winde rauschte.

Indem aber hüpfte auch das hübsche Frauenzimmer am Tor schon aus dem Wagen, und gleich hinter ihr ein junger Mensch, schlank, gesellenhaft, ein Bündel auf dem Rücken; die streichen im Dunkeln an dem Burschen, der nicht weiß, wie ihm geschieht, schnell vorüber, gerade nach dem Hause hin, und wie sie ankommen, geht eben die Haustür auf, ein Glanz von Lichtern schlägt blendend heraus, drin summst und wimmelt es ordentlich vor Gesellschaft. Da, Herr Klarinett und sein Schatz, und superb und tausend Willkommen, hört der Bursch von dem Hause, drauf noch ein großes Scharren und Komplimentieren auf der Schwelle, dann klappt auf einmal die Saaltür hinter dem ganzen Jubel zu, und der Bursch stand wieder ganz allein draußen in der Nacht.

Das ärgerte ihn sehr; denn wußt' er gleich in der Finsternis nicht recht, wo eigentlich Fortunas Haarzopf hier flatterte, so hatte er ihn doch fast schon erwischt und sah nun unschlüssig zwischen einem Holunderstrauch hervor. Da eilt plötzlich ein galonierter Bedienter dicht an ihm vorüber, und in demselben Augenblick öffnet sich leise seitwärts ein Fensterchen, und: »Pst, pst, bist du's?« reicht ein weißer Arm fix eine Flasche Wein heraus. Der Bursch, nicht zu faul, langt schnell nach der Flasche; der Bediente, der soeben der prächtigen Felsentorte, die er nach dem Hause trug, heimlich zugesprochen, hatte beide Backen voll und konnte weder gleich reden noch zugreifen. Und eh' er sich noch besinnt, hat der Bursch auch schon der Torte das Dach eingeschlagen und schiebt sie zur Flasche in den Schubsack; das ging alles so still und rasch hintereinander, daß man's nicht so geschwind erzählen kann. Nun aber bekam der Bediente endlich Luft und schrie: Diebe, Spitzbuben! Das Frauenzimmer am Fensterchen kreischte, ein Hund schlug im Garten an, mehre Türen im Hause flogen heftig auf. Der Bursch indes war quer durchs Gesträuch schon am andern

Ende des Gartens. Kaum aber hatte er beide Beine über den Zaun geschwungen, so schreit's schon wieder draußen: Wer da! neben ihm. Er, ohne Antwort zu geben, mit den dickgeschwollenen Rocktaschen über ein frisch geackertes Feld immer fort, daß der Staub flog; zwei Kerls mit langen Stangen hinter ihm: Hallo, und fangt den Schnappsacksspringer! und Gärten rechts und Gärten links, so stürzten endlich alle miteinander durch ein altes Tor unverhofft mitten in eine Stadt hinein.

Hier wäre er ihnen um ein Haar entwischt, denn er hatte einen guten Vorsprung und flog eben in ein abgelegenes Seitengäßchen; aber das war zum Unglück eine Sackgasse: dort trieben sie ihn hinein und warfen ihm ihre Stangen nach den Füßen, worüber in der ganzen Gegend ein großes Verwundern und Tür- und Fensterklappen entstand. Da trat aber plötzlich ein langer Mann in einem zottigen Mantel um die Ecke, wie ein Tanzbär in Stiefeln; der faßte, ohne ein Wort zu sagen, den einen Häscher am Genick, den andern an der Halsbinde, warf den dahin, den dorthin, riß dem dritten seine Stange aus der Hand und versetzte damit dem vierten, der etwas dick war und nicht so geschwind entspringen konnte, einen Schlag über den breiten Rücken, und in einem Augenblick war alles auseinander gestoben und der Platz leer. Nun wetzte er die eroberte Stange, die unten mit Eisen beschlagen war, kreuzweise auf dem Pflaster, daß es Funken gab, und rief zu wiederholten Malen: Hoho! sind noch mehre da, die Prügel haben wollen? Da sich aber niemand weiter meldete, so nahm er die Stange, die er einen Bleistift nannte, unter den einen Arm und den Burschen unter den andern, und führte ihn über die Straße fort. Unterweges, als dieser sich wieder etwas erholt und nach allen Seiten umgesehen hatte, fragte er endlich, was denn das für eine Stadt sei. – Das wird Halle geheißen, erwiderte jener.

So kamen sie an ein kleines Haus und über eine enge Treppe, wo der Graumantel mit seinen ungeheuren Reiterstiefeln mehrmals stolperte, in eine große, wüste Stube, in der eine Öllampe verwirrte Scheine über die kahlen Wände und in die staubigen Winkel umherwarf. Der alte Student (denn das war der im Mantel) warf, wie er eintrat, seinen Bleistift mitten in die Stube und zog mühsam den Docht der halbverloschenen Lampe zurecht; da tauchte nach und nach allerlei Gerümpel ringsher aus der Dämmerung: ein ausgetrocknetes Dintenfaß, leere Bierflaschen, die als Leuchter gedient, Rapiere und ein alter Stiefel daneben, da hatt' er seine Wäsche drin. Er selbst aber nahm sich, so bei Licht besehen, ziemlich graulich aus: große, weit herausstehende Augen, eine lederne Kappe auf dem zerzausten Kopf, einen Strick um den Leib und lauter Bart, wie ein Eremit.

Als er mit der Lampe fertig war, reckte er sich zufrieden, daß ihm alle Glieder knackten. Ach, sagte er, solche Motion tut not, wenn man so den ganzen Tag über den Büchern hockt. – Der Bursch sah sich überall um, aber es war kein Buch zu sehen. – Darauf wandte der Student sich zu ihm: Aber, Fuchs, bist du denn des Teufels, sagte er, gleich zwischen Spießen und Stangen hier mit der Tür ins Haus zu brechen! – Zerbrochen? entgegnete der Bursch, erschrocken nach seinem Schubsack greifend: nein, da ist die ganze Bescherung.

Mit diesen Worten brachte er Flasche und Torte aus den Taschen hervor. Als der Student das sah, fragte er nicht weiter nach dem Herkommen, sondern verbiß sich, obgleich es fast über Mitternacht war, sogleich mit so erstaunlichem Appetit in die Felsentorte, daß ihm die Trümmer über den Bart herabkollerten. Wie heißt du denn? fragte er dazwischen. – Der Bursch, ohne sich lange zu bedenken, erwiderte: Klarinett. – Hm, ein guter Klang, meinte der Student. Dann griff er nach dem Wein, und da kein Glas da war, trank er ihm aus der Flasche zu: Daß dich der Donner erschlag', Klarinett, wenn du nicht ein ordentlicher Kerl wirst! Überhaupt, fuhr er, sich den Bart wischend, fort, wenn du studieren willst, da mußt du die Bücher in die Nase – wollt' sagen: in die Bücher stecken und dem Cajus,

Cujacius und allen den schweinsledernen Kerls auf den Leib gehen, und wenn sie noch so dick wären!

Aber, fiel ihm hier der Bursch ins Wort, ich bin ja gar kein Student, sondern eigentlich ein wandernder Musikus.

Was! ein Musikant? rief der Student: was spielst du? – Das Klarinett. – Oho! sagte er, du pfeifst also deinen eigenen Namen wie der Kuckuck. Hier ging er, wie in reiflicher Überlegung, mit langen Schritten ein paarmal im Zimmer auf und nieder, dann blieb er plötzlich vor dem Burschen stehen, und vertraute ihm, wie er eine große heimliche Lieb' gefaßt hätte seit langer Zeit zu einer vornehmen Dame hier im Orte; er wüßte aber nicht, wie sie hieße, sondern ginge nur zuweilen an ihrem Hause vorüber, wo sie mit ihrem dicken Kopfzeug wie eine prächtige Hortensia am Fenster säße; aber so oft er unter die Fenster käme, hörte er bloß ein angenehmes Flüstern droben und sähe nichts als weiße Arme flimmern und Augen funkeln durch die Blumen.

Der Bursch versetzte darauf, er sollte sich nur etwas besser herausputzen bei solchen Gelegenheiten. – Der Student sah an sich herunter, schüttelte den Kopf und schien ganz zufrieden mit seinem Aufzuge. Dann sagte er, er hätte schon lange die Intention gehabt, vor ihren Fenstern eine Serenade aufzuführen, aber seine Kommilitonen könnte er dazu nicht brauchen, die würden ihn auszustechen suchen bei ihr; nun aber wolle er ihr morgen abends das Ständchen bringen, da sollte der Bursch mit blasen helfen.

Dieser war damit zufrieden, und nun sollte auch sogleich die Serenade eingeübt werden. Der Student nahm voller Eifer ein Waldhorn von der Wand, staubte es erst sorgfältig ab, setzte ein wackeliges Notenpult unter Zorn und Fluchen, weil es nicht fest stehen wollte, mitten in der Stube zurecht, legte die Notenbücher drauf, und beide stellten sich nun einander gegenüber und fingen mit großer Anstrengung ein sehr künstliches Stück zu blasen an. Darüber aber war bei der nächtlichen Stille nach und nach die ganze Nachbarschaft in Aufruhr geraten. Ein Hund fing im Hofe zu heulen an, drauf tat sich erst bescheiden ein Fenster gegenüber auf, dann wieder eins und endlich unaufhaltsam immer mehre vom Keller bis zum Dach, und dicke und dünne Stimmen durcheinander: Alles schimpfte und zankte auf die unverhoffte Nachtmusik. Zuletzt wurde es doch dem Studenten zu toll, er warf voller Wut das Horn weg, ergriff ein altes, verrostetes Pistol vom Tisch und drohte zum offenen Fenster hinaus, den Zipfel von jeder Schlafmütze herabzuschießen, die sich ferner am Fenster blicken ließe. Da duckten auf einmal alle Mausköpfe unter, und es wurde wieder still draußen; nur der Hund bellte noch ein Weilchen den Mond an, der prächtig über die alten Dächer schien.

Der Student aber, sich den Schweiß von der Stirn wischend, streckte sich nun ganz ermüdet der Länge nach auf das zerrissene Sofa hin; Klarinett sollte sich's auch kommode machen, aber es war nur ein einziger Stuhl in der Stube, und als er ihn angriff, ging die Lehne auseinander. Da wies der Student auf einen leeren Koffer neben dem Kanapee, dann verlangte er gähnend, Klarinett sollte ihm seinen Lebenslauf erzählen, damit er ihm danach gute Ratschläge für sein weiteres Fortkommen erteilen könnte.

Der Bursch schoß einen seltsamen scharfen Blick herüber, als wollt' er erst prüfen, wieviel er hier vertrauen dürfte, dann rückte er sich auf seinem Koffer zurecht und begann nach kurzem Besinnen:

Ich weiß nicht, ob mein Vater ein Müller war, aber er wohnte in einer verfallenen Waldmühle; da rauschten die Wasser lustig genug, aber das Rad war zerbrochen und das Dach voller Lücken; in den klaren Winternächten sahen oft die Wölfe durch die Löcher ins Haus herein.

Was lachst du denn? unterbrach ihn hier der Student. – Wahrhaftig, erwiderte der Bursch, Ihr gemahnt mich heute ganz an meinen seligen Vater, wie ihn mir die Mutter einmal beschrieben hat. – Was geht mich dein seliger Vater an! meinte der Student. Aber der Bursch fuhr, von neuem lachend, fort: Es war nämlich gerade den Abend nach einer

Schlacht, man hatte den ganzen Tag in der Ferne schießen
hören, da ging mein seliger Vater eilig ins Feld hinaus, denn
die Mühle lag seitwärts im Grunde tief verschneit; so war
der Krieg darüber weggegangen. Draußen aber hatte er
mancherlei Plunder im Schnee verstreut, zerhauene Wäm-
ser, Fahnen, Pickelhauben und Waffen; mein Vater konnte
alles brauchen, er fuhr sogleich in ein Paar ungeheure Reiterstiefeln hinein, zog hastig Pappenheim'sche Kürasse, schwedische Koller und Kroatenmäntel an, eins über das andere,
dabei war er in der Geschwindigkeit mit beiden Armen in
ein Paar spanische Pluderhosen geraten, der Wind blies den
Kroatenmantel im Freien weit auf; je mehr er zuckte und
reckte, je verwickelter wurde die Konfusion von Schlitzen,
Falten, flatternden Zipfeln und Quasten, und als nun meine
Mutter, die eben guter Hoffnung war, ihn so haspelnd und
fluchend mit ausgespreizten Armen wie einen fliegenden
Wegweiser daherstreichen sah, mußte sie so darüber lachen,
daß sie plötzlich meiner genas. Und in demselben Augenblick, wo ich zur Welt kam, ging draußen klingendes Spiel
durch die stille Luft, die Kaiserlichen bliesen noch im Fortziehen Viktoria weit auf den Bergen, daß es lustig über den
Schnee herüberklang; mein Vater meinte, das wäre ein gutes
Zeichen, ich würde ein glücklicher Soldat werden. Ich selbst
aber weiß mich von allem dem nur noch dunkel so viel zu
erinnern, daß ich so recht still und warm in der wohlgeheiz-
ten Stube in meinem Kissen lag und verwundert die spielenden Ringe und Figuren betrachtete, welche die Nachtlampe
an der Stubendecke abbildete. Das zahme Rotkehlchen war
von dem ungewohnten Licht und Nachtrumor aufgewacht,
schüttelte die Federn, wie wenn es auch sein Bettlein machen
wollte, setzte sich dann neugierig auf die Bettlade vor mir
und sang ganz leise, als wollt' es mir zum Geburtstag
gratulieren. Meine Mutter aber neigte sich mit ihrem schönen bleichen Gesicht und den großen Augen freundlich über
mich, daß ihre Locken mich ganz umgaben, zwischen denen
ich draußen die Sterne und den stillen Schnee durchs kleine

Fenster hereinfunkeln sah. Seitdem, so oft ich eine klare, weitgestirnte Winternacht sehe, bin ich immer wieder wie neugeboren.

Hier hielt er plötzlich inne, denn er hörte soeben Herrn Suppius (so hieß der Student) auf dem Kanapee schon tüchtig schnarchen. Der Mondschein lag wie Schnee auf den Dächern; da war's ihm in dieser Stille, wie der Lampenschein so flatternd an der Decke spielte, als hörte er draußen die Wasser und den Wind wieder gehen durch die Wipfel im Walde, und das Rotkehlchen wieder dazwischen singen.

2. Die Serenaden

Am folgenden Tage durchstrich Klarinett neugierig alle Gassen und Plätze, die der dreißigjährige Kriegssturm übel zugerichtet. Aber es gefiel ihm doch sehr, denn die ganze Stadt war jetzt wie ein lustiges Feldlager: die Studenten in schönen, unerhörten Trachten schwärmten plaudernd durch die Straßen, überall Lachen, Waffengeklirr und der fröhliche Klang der Jugend, als hätte sich mitten aus dem neuen Frieden, der nun allmählich draußen die müde Welt überzog, ein Haufen Holk'scher Jäger hiehergeworfen, um die Wissenschaften zu erstürmen.

Als er endlich, nach vielem Umherirren und Fragen, ziemlich spät die Sackgasse wiedergefunden, traf er Herrn Suppius schon unten an der Haustür voller Unruhe wegen der verabredeten Serenade. Er hätte ihn beinahe nicht wiedererkannt, denn er hatte einen gestickten Modefrack mit steifen Schößen angezogen und eine große Wolkenperücke auf dem Kopf, wie ein Gesandter. Er quälte sich soeben voll Zorn und Eifer, einen alten Degen, der nicht passen wollte, galant anzustecken; darüber waren mehre Locken der Perücke aufgegangen, da und dort kam sein eigenes struppiges Haar darunter hervor, aber er fragte nichts danach, und stülpte einen dreieckigen Tressenhut drauf, daß es staubte, der saß ihm ganz hintenüber recht im Genick. Klarinett mußte nun auch geschwind seine besten Kleider anlegen, und als die balsamische Nacht über die verrauchten Dächer daher kam, wanderten schon beide vergnügt mit ihren Instrumenten durch die finstere Stadt. Ihre Tritte hallten in der abgelegenen Einsamkeit, nur ein Student sang noch am offenen Fenster zur Zither, mehre Uhren schlugen verworren durch den Wind, der Nachtwächter rief eben die eilfte Stunde, einige Stimmen ahmten ihn verhöhnend nach, man hörte Lärm und Gezänke in der Ferne, dann plötzlich alles wieder still. Auf einmal winkte Suppius, sie schlüpften durch eine Lücke der Stadtmauer ins Freie, und standen vor einem schönen, großen Hause.

Klarinett betrachtete verwundert Dach, Äcker und den mondbeschienenen Garten zur Seite: er glaubte nach und nach dieselbe Villa wiederzuerkennen, wo er gestern abends angekommen; da dacht' er sich's gleich, daß es wieder nicht gut ablaufen würde.

Aber alles erschien heute von einer andern Seite. Sie waren in einen kleinen, winkeligen Hof geraten, voll Gerümpel und alter Tonnen; die Fenster im Hause waren fest verschlossen, nur die Wetterfahne drehte sich manchmal knarrend auf dem Dach, eine Katze unten funkelte sie mit ihren grünfeurigen Augen an und wand sich mit gebogenem Buckel spinnend um ihre Stiefeln. Hier heraus muß sie schlafen, halt' dich nur dicht hinter mich, sagte Suppius, sein Waldhorn leise zurechtsteckend.

Kaum aber hatten sie sich zwischen den Tonnen zum Blasen zurechtgestellt, so war's ihnen, als hörten sie von der einen Seite draußen ein Pferd schnauben. Sie setzten die Instrumente ab und horchten ein Weilchen, da ließ sich gleich darauf ein heimliches Knistern im Hause vernehmen, in demselben Augenblick tat sich ein Hinterpförtchen leise auf, ein Mann, vorsichtig nach allen Seiten umschauend, trat hervor und führte ein Frauenzimmer, die zögernd folgte,

schnell bei der Hand an den blühenden Sträuchern fort. Der
Mond schien bald hell, bald dunkel zwischen wechselnden
Wolken, da sahen sie deutlich, wie der Mann jetzt unter den
hohen Bäumen die Dame auf ein Pferd hob, sich selbst
hinter ihr hinaufschwang, einen weiten weißen Mantel um
beide schlug und sacht und lautlos davonritt. Da warf
Suppius plötzlich die leeren Tonnen auseinander, und mit
Einem Satz sich über den Zaun schwingend, rannte er
unaufhaltsam mit entsetzlichem Geschrei übers Feld an den
letzten Häusern vorüber, daß alle Hunde erwachten und die
Leute erschrocken an die Fenster fuhren. Der Herr auf dem
Pferde aber, da er ihn unverhofft mit seinen großen Stiefeln
hinter sich so hohe, weite Sprünge machen sah, setzte die
Sporen ein, und es dauerte nicht lange, so waren Roß und
Reiter verschwunden.

Der Student nun, als er sie im Dunkel verloren, blieb
atemlos mitten im Felde stehen und schimpfte auf die Nacht,
die alles bemäntelte, und auf den Mond, der wie eine
Spitzbubenlaterne dazu leuchtete, und auf den Wind, der
ihm die Wolkenperücke zerzaust, und auf Klarinett, der
darüber lachte. – Aber um Gottes willen, was gibt's denn
eigentlich? fragte dieser endlich ganz erstaunt. – Was es gibt?
erwiderte Suppius zornig, Mord, Totschlag, Entführung
gibt's! hast du nicht den Reiter gesehen? – Ja, und eine
Dame. – Und das war just meine Liebste! rief Suppius.

Klarinett aber, da er diese unerwartete Nachricht vernommen, lag schon der Länge nach im Grase und legte das Ohr
an den Boden. Die Luft kommt von dort her, sagte er eifrig,
ich höre noch den Klang der Huftritte von fern, jetzt
schlagen die Hunde an drüben im Dorfe, dort sind sie hin. –
Gut, so steh nur rasch wieder auf, sagte Suppius und
beschloß sogleich, dem Entführer weiter nachzusetzen. Klarinett sollte auch mit, er selber habe alles von Wert bei sich
und in der Stadt nichts zurückgelassen, als ein paar lumpige
Schulden; den Weg aber, den der Räuber eingeschlagen,

kenne er wie seine Tasche, und wisse recht gut, wohin er
führe; sie brauchten nur schnell auf der Saale sich in einen
Kahn zu werfen, so kämen sie ihnen noch vor Tagesanbruch
ein gut Stück voraus.

Das war dem Klarinett eben recht, und so gingen sie
rasch miteinander nach dem Ufer zu. Dort fanden sie bald
unter dem Weidengebüsch einen angebundenen Nachen, ein
Fischer lag drin voller Gedanken auf dem Rücken; der
machte große Augen, als er Herrn Suppius, den hier in der
Gegend alle kannten, so martialisch auf sich zukommen sah.
Suppius sagte ihm, wo sie hinauswollten, der Fischer griff
stumm und verschlafen nach den Rudern, und nach einigen
Minuten fuhren sie alle schon lustig die Saale hinunter. Der
Wind hatte unterdes die Wolken zerstreut, da legte Suppius,
der sich in der Nachtkühle wieder ein wenig beruhigt, dem
Fischer gelehrt den ganzen Himmelsplan aus mit lateinischen Skorpionen, Krebsen und Schlangen, und geriet, da
der ungläubige Fischer von dem allem nichts wissen wollte,
immer tiefer und eifriger in den Disput. Klarinett aber saß in
der Einsamkeit ganz vorn im Kahn; das war eine prächtige
Nacht! Sternschnuppen am Himmel, und Berge, Wälder
und Dörfer am Ufer flogen wie im Traume vorüber; manchmal rauscht' es leise im Wasser auf, als wollte eine Nixe
auftauchen in der großen Stille, von beiden Seiten hörte man
Nachtigallen fern in den Gärten. Da sang Klarinett:

> Möcht' wissen, was sie schlagen
> So schön bei der Nacht,
> 's ist in der Welt ja doch niemand,
> Der mit ihnen wacht.
>
> Und die Wolken, die reisen,
> Und das Land ist so blaß,
> Und die Nacht wandert leise,
> Man hört's kaum durchs Gras.

Nacht, Wolken, wohin sie gehen,
Ich weiß es recht gut.
Liegt ein Grund hinter den Höhen,
Wo meine Liebste jetzt ruht.

Zieht der Einsiedel sein Glöcklein,
Sie höret es nicht,
Es fallen ihr die Löcklein
Übers ganze Gesicht.

Und daß sie niemand erschrecket,
Der liebe Gott hat sie schier
Ganz mit Mondschein bedecket,
Da träumt sie von mir.

Jetzt glitt der Nachen durch das säuselnde Schilf ans Ufer, ein erleuchtetes Fenster spiegelte sich im Fluß, Klarinett erkannte nach und nach alte Mauern und Türme und eine Stadt im Mondschein. Suppius aber hatte ihn schon am Arme gefaßt und sprang mitten aus seinem Diskurse ans Land. Dort am Galgen geht der Feldweg vorbei, den sie kommen müssen, sagte er, und bezahlte rasch den Schiffer, der gähnend wieder in die schöne Nacht hinausstieß. Die beiden aber schritten nun sogleich durch das alte Tor; da hatte der Krieg das Stadtwappen ausgebissen, bei der angenehmen Friedenszeit lag der Nachtwächter schnarchend auf der steinernen Bank daneben, der Mond beschien hell die stille Straße mit ihren spitzen, finstern Giebeln, draußen vom Felde hörte man fern eine Wachtel schlagen. Als sie auf den Markt kamen, machte Suppius plötzlich Halt. Die Stadt hat nur zwei Tore, sagte er, von dem Brunnen hier kann man von einem Tor zum andern sehen; die Nacht ist klar, sie mögen nun erst ankommen oder schon drin sein, hier können sie uns nicht entwischen. Mit diesen Worten postierte er den Klarinett an die eine Seite des Brunnens und setzte sich selbst von der andern auf die steinerne Rampe, die Arme über der Brust verschlungen und unverwandt in die Straße hinausschauend. Indem bemerkte Klarinett noch Licht in einem schönen, großen Hause, ein tief heruntergebrannter Kronleuchter drehte sich, wie verschlafen, hinter den Scheiben, man schien soeben nach einem Tanze die Kerzen auszuputzen von einem Fenster zum andern, und bald war das ganze Haus ebenfalls dunkel bis auf ein einziges Zimmer. Da tat sich plötzlich unten eine Tür auf, und laut plaudernd, scherzend und lachend brach ein dunkles Häuflein in die kühle Stille heraus; es waren Schüler oder Musikanten mit überwachten Gesichtern, ihre Instrumente unter den Mänteln. Als sie noch das Licht oben sahen, traten sie schnell wieder zusammen, stellten sich unter das erleuchtete Fenster und fingen sogleich ein Ständchen zu blasen an, das zog wie ein goldener Traum über die schlafende Stadt. Auf einmal aber öffnete sich oben das Fenster, zwischen den rotseidenen Gardinen erschien eine schöne, schlanke Mädchengestalt und bog sich weit heraus in den Mondschein, als wollte sie zu ihnen sprechen.

Da ist sie! rief hier plötzlich Suppius, von dem Rande des steinernen Brunnens aufspringend. In demselben Augenblick aber faßte von hinten ein dunkler Arm das Mädchen schnell um den Leib, zog sie in das Zimmer zurück und warf hastig das Fenster zu; dann sah man noch drinnen an den Wänden lange Schatten wie Windmühlflügel verworren durcheinanderarbeiten, und gleich darauf war auch das Licht oben ausgelöscht und alles wieder still.

Das brachte die erschrockenen Musikanten unten ganz aus dem Konzept; einer sah den andern verwundert an, nur hier und da fuhr noch ein verlegener Ton aus, wie bei einer Orgel, welcher der Wind ausgegangen.

Die Musikanten, bei seiner unverhofften Erscheinung zu beiden Seiten ehrerbietig ausweichend, antworteten alle eifrig durcheinander: »Wir sind's, wir sind's! wir wollten ihnen, da sie oben noch Licht hatten, einen Willkommen blasen.« – Wem denn? – »Nun, Ihr wißt's ja, die vorhin ankamen, als wir drinnen zum Tanze aufspielten, der fremde

Herr mit der Dame.« – Zu Pferd, in langem Mantel? – »Ja,
die Euch so höflich grüßten, Ihr saht eben auch zum Fenster
heraus.« – Ich? – »Freilich, und: Ha, das faule Hofgesind!
rief der fremde Kavalier im Hofe, wo bleibt meine Leibka-
rosse? und als Ihr eben droben den Kehraus tanztet« – Da
möcht' man ja gleich des Teufels werden! – »kam auch die
Karosse wirklich nach; Ihr rieft noch dem Kutscher aus dem
Fenster zu, er sollte nach dem Hof fahren.« – Wer ist hier
betrunken, ich oder Ihr? – »Ich und Ihr und wir alle für
unsern Herrn Bürgermeister, vivat hoch!« schrien da auf
einmal die berauschten Musikanten, und wollten nun den
Suppius, den sie in seinen höfischen Staatskleidern im Dunkeln für den Bürgermeister hielten, durchaus mit Musik
nach Hause bringen. Vergebens sträubte sich der entrüstete
Student; sie ließen sich's nicht nehmen, und ehe er sich's
versah, setzten sie sich paarweise in Ordnung und schritten,
einen feierlichen Marsch spielend, quer über den Markt
voran, als wollten sie die Sterne am Himmel ausblasen. In
ihrem Eifer merkten sie es gar nicht, daß Suppius an einer
Straßenecke hinter ihnen entwischt war; immerfort blasend,
bogen sie in die finstere Gasse hinein; da wurden von allen
Seiten über dem Lärm die Hunde wach, dann hörte man sie
noch mit dem Nachtwächter um den verlorenen Bürgermeister zanken, immer weiter und weiter, bis endlich alles
zwischen den dunkeln Häusern nach und nach vertoste.

Unterdessen aber hatten Suppius und Klarinett, der eine
schimpfend, der andere lachend, schon den offenen Hof des
Wirtshauses erreicht, als ihnen eine ausgespannte Reisekutsche mit Glasfenstern und vergoldeten Schnörkeln im
Mondscheine prächtig entgegenglitzerte. Suppius, bei dem
erfreulichen Anblick ohne ein Wort zu sprechen, öffnete
sogleich die Tür der verlassenen Kutsche, schob den verwunderten Klarinett in den Wagen und schwang sich selber
hurtig nach. So, sagte er, nachdem er das Glasfenster hinter
ihnen behutsam wieder geschlossen hatte, jetzt sitzen wir
mitten in der Entführung drin, wie der fromme Aeneas im

hölzernen Pferde, um die geraubte Helena zu retten; der Kavalier kann nicht fahren ohne Wagen, der Wagen nicht ohne mich, und ich nicht, ohne den Kavalier und den Wagen und ganz Troja umzuwerfen. – Amen! Gott weiß, wer dabei zu oberst oder zu unterst zu liegen kommt, erwiderte Klarinett, dem die Bündigkeit des trojanischen Anschlages noch nicht recht einleuchten wollte. Eigentlich aber freute er sich selber sehr auf die Konfusion, die nun jeden Augenblick ausbrechen konnte.

Suppius hatte sich indessen in der Finsternis des Wagens unverhofft in die seidenen Franzen und Quasten, die überall herumbommelten, verhaspelt und kam nicht aus dem Ärger. Dabei unterließ er aber doch nicht, von Zeit zu Zeit die Gardinen am Wagenfenster zurückzuschlagen und aus seinem Kastell Beobachtungen anzustellen. Das ganze Haus lag in tiefem Schlaf, nur von der einen Seite stand die Stalltür halb offen; sie hörten drinnen zuweilen Pferde stampfen und schnauben und einzelne Fußtritte; der Kutscher schien schon wach zu sein. Auf einmal stieß er Klarinetten an. Sieh doch, sagte er, was ist das für ein großer Pilz da auf der Hofmauer?

Das wackelt ja! entgegnete Karinett scharf hinblickend: ein breiter Klapphut ist's, den Wind und Wetter so zerknattert haben; sehr Ihr nicht die Augen darunter hervorfunkeln?

Wahrhaftig, bemerkte Suppius wieder, nun hampelt's und hebt's sich, Haar, Bart und Mantel verworren durcheinander gefilzt; jetzt kommt ein Bein über die Mauer.

Und ein Ellbogen aus dem Ärmel, meinte Klarinett.

Indem aber schwang sich die ganze Figur plötzlich von der Mauer in den Hof hinab, eine zweite folgte – lange, bärtige, soldatische Gesellen.

Beide, erst nach allen Seiten umherspähend, schlichen an die Haustür und versuchten vorsichtig zu öffnen, fanden aber alles fest verschlossen. Suppius und Klarinett verwandten kein Auge von ihnen. Jetzt bemerkten sie, wie die

Fremden, an der Stalltür vorbei, quer über den Hof gingen und in der Gaunersprache miteinander redeten. Schau, sagte der eine, haben schöne Klebis (Pferde), werden Sontzen (Edelleute) sein, oder vornehme Kummerer (Kaufleute), die nach Leipzig schwänzen (reisen). – Eine gute Schwärze (Nacht), versetzte der andere, es schlunt (schläft) noch alles im Schöcherbeth (Wirtshaus), kein Quin (Hund) bellt, und kein Strohbohrer (Gans) raschelt. Alch' (troll dich), wollen die Karosse zerlegen, hat vielleicht Messen (Gelder) in den Eingeweiden.

Das sind verlaufene Lenninger (Soldaten), flüsterte Klarinett, die kommen bracken (stehlen); ich wollt', ich könnt' den Mausköpfen grandige Kuffen stecken (schwere Schläge geben)! – Was Teufel, verstehst du denn auch das Rotwelsch? fragte Suppius erstaunt.

Aber da war keine Zeit mehr zu Erklärungen, denn die Lenninger kamen jetzt gerade auf den Wagen los; der eine schnupperte rings herum, ob er nicht einen Koffer oder Mantelsack fände, der andere aber griff geschwind, damit es sein Gesell nicht merken sollte, nach der Wagentür. Suppius und Klarinett hielten sie von innen fest, er konnte sie mühsam nur ein wenig öffnen, wunderte sich, daß es so schwer ging, und tappte sogleich mit der Hand hinein. Aha, ein Paar Stiefeln! sagte er vergnügt in sich, des überraschten Suppius Füße fassend. Indem aber schnappt Klarinett die Tür, wie eine Auster, rasch wieder zu, der Dieb hatte kaum so viel Zeit, die gequetschte Hand zurückzuziehen, er meinte in der Finsternis nicht anders, als sein Kamerad hätt' ihn geklemmt, weil er ihm den ersten Griff nicht gönnte. Was ist das! rief er zornig und böse diesem zu, bist ein Hautz (Bauer) und kein ehrlicher Gleicher (Mitgesell), möchtst alles allein schöchern (trinken) und mir den leeren Glestrich (Glas) lassen! – Der andere, der gar nicht wußte, was es gab, erwiderte ebenso: Was barlest (sprichst) du so viel, wenn wir eben was auf dem Madium (Ort) haben! Komm nur her, sollst mir den Hautz wie gefunkelten Johann (Branntwein) hinunterschlingen! – Da trat plötzlich der Mond aus den Wolken und der Kutscher in die Stalltür, und die erschrockenen Schnapphähne flogen, wie Eidechsen, unter dem Schatten des Hauses zwischen Steinen und Ritzen durch den Hof und über die Mauer wieder in die alte Freiheit hinaus.

Nun, die bleiben auch noch draußen am Galgen hangen, meinte Suppius aufatmend. Der schlaftrunkene Kutscher aber, der von allem nichts bemerkt hatte, siebte im Mondschein den Hafer für seine Pferde, gähnte laut und sang:

> Wann der Hahn kräht auf dem Dache,
> Putzt der Mond die Lampe aus,
> Und die Stern' ziehn von der Wache,
> Gott behüte Land und Haus!

Darauf ging der Knecht an den Brunnen im Hofe, pumpte Wasser in den Eimer und kämmte und wusch sich umständlich mit vielem Gegurgel und Geräusch, zu großem Ärger des Suppius, der gern gesprochen hätte. Endlich kehrte er in den Stall zurück, auch die Schnapphähne ließen sich nicht wieder blicken, und da nun alles still blieb, sagte Suppius ernst, zu Klarinett gewendet: Hör, junger Geselle, es ist ein löblicher Brauch, Verirrte auf den rechten Weg zu weisen. Du redetest vorhin ziemlich geläufig eine gewisse Sprache – Ex ungue leonem –. Also glaube ich –.

Was denn? unterbrach ihn Klarinett etwas betroffen; unter den Römern gab es Schnapphähne genug, und Ihr redet doch auch Lateinisch. Aber Suppius, den der Tiefsinn der Nacht angeweht, ließ sich nicht aus seiner feierlichen Verfassung bringen. Er hatte sich in das Wagenfenster gelehnt, den Kopf in die rechte Hand gestützt; die Sterne funkelten durch den Lindenbaum vor dem Hause, von den Bergen rauschte der Wald über die Dächer herein. Da nimm dir ein Exempel dran, fuhr er fort, Wälder und Berge stehen nachts in Gedanken, da soll der Mensch sich auch

bedenken. Alle weltliche Lust, Hoheit und Pracht, die
Nacht hat alles umgeworfen, die wunderbare Königin der
Einsamkeit, denn ihr Reich ist nicht von dieser Welt. Sie
steigt auf alle Berge und stellt sich auf die Zinnen der
Schlösser und schlägt mahnend die Glocke an, aber es hört
es niemand, als die armen Kranken, und niemand hört die
Gewichte der Turmuhr schnurren und den Pendel der Zeit
gehen in der stillen Stadt. Der Schlaf probiert heimlich den
Tod und der Traum die Ewigkeit. Da hab' ich immer meine
schönsten –.

Hier überwältigte ihn unversehens der Schlaf, er nickte
ein paarmal mit seinem dreieckigen Tressenhut; dann plötzlich ein Weilchen wieder hinausstarrend, in abgebrochenen
Sätzen wie eine abgelaufene Spieluhr: meine schönsten
Gedanken, hub er noch einmal an – in der Nacht, wo Laub
und Fledermaus und Igel und Iltis verworren miteinander
flüstern – und der Mensch – im Traume – ihre Sprache
versteht –.

Jetzt aber hatte die Nacht ihn selber umgeworfen. Klarinett horchte noch immer hin, denn es war ihm wirklich bei
den Worten, als hört' er des Einsiedels Glöcklein fern überm
Wald. Er zog, da Suppius nun fest schlief, das Wagenfenster
vorsichtig wieder auf; dann lehnt' er in Gedanken die Stirn
an die Scheibe, da hörte er vom Stalle her wieder das
einförmige Schnurren der Pferde beim Futter, und über ihm
rauschte der Baum und seitwärts die Saale hinter dem Hause
fort und immer fort, bis auch er endlich vor großer Ermüdung einschlummerte.

Ruck! – stießen da auf einmal beide so hart mit den
Köpfen aneinander, daß es dröhnte. Suppius blickte wild
nach allen Seiten um sich, und wußte durchaus nicht, wo er
war. Als er sich aber endlich auf seine Liebste und die ganze
Entführungsgeschichte wieder besonnen hatte, sagte er verwirrt: Was ist das Klarinett? wir fahren ja! ich glaube gar,
nun werden wir selbst entführt. – Ja, und gerade in einen
Wald hinein, erwiderte Klarinett nicht weniger verwundert,

seht nur, vier prächtige Rosse vor dem Wagen und der fromme Kutscher drauf. – Mit einem goldbordierten Hut, sagte Suppius wieder, und hinter uns aus der Stadt krähen uns die Hähne nach, als wollten sie uns foppen; mir scheint, ich wittre schon Morgenluft. – Freilich, aber die Fledermäuse schwirren noch durch die Dämmerung, versetzte Klarinett plötzlich, aufmerksamer zur Seite blickend; da schaut nur zwischen die Bäume, da noch einer, dort wieder einer: bei Gott, das sind die Bärenhäuter von heute Nacht, die halten Euch gewiß für den reisenden Kavalier.

Indem aber fiel auch schon ein Schuß aus dem Walde und gleich darauf noch ein zweiter. Der Kutscher duckte sich, die Kugel pfiff über ihn weg, er peitschte heftig in die Pferde, Suppius schrie voll Wut aus dem Wagen: Fehlgeschossen, ihr Narren! ich bin's ja nicht! Der Kutscher, da er zu seinem großen Erstaunen auf einmal fremde Leute im Wagen bemerkte, die er gleichfalls für Strauchdiebe hielt, warf sich ohne weiteres aus dem Sattel, überkugelte sich ein paarmal im Graben und war dann schnell im Dickicht verschwunden. Über dem Lärm aber wurden die ledigen Pferde ganz wild, die Räuber fluchten, die Kugeln pfiffen, Suppius drohte: so sausten sie unaufhaltsam dahin, man hört' es noch lange durch die heitere Morgenstille rumpeln und schimpfen.

3. Waldesrauschen

In einer warmen Sommernacht schlief ein Mädchen im Walde; sie hatte den Kopf über den rechten Arm auf ihr Tamburin gelegt und das Gesicht gegen den Tau mit der Schürze bedeckt; ein Pferd weidete daneben, weiterhin lag ein junger Bursch, der wendete sich manchmal und redete unverständlich im Schlaf. Zwischen den Bäumen aber flog das erste falbe Morgenlicht schon schräg über den luftigen Rasen, ein paar Rehe, die in der Nacht mit dem Pferde geweidet, schlüpften raschelnd durch die Dämmerung tiefer in den Wald zurück; sonst war noch alles still.

Auf einmal ertönte ein gellender Wachtelschlag, das Mädchen hob sich rasch, daß die Glöckchen am Tamburin klangen. Es war der Vater, der mit seinem Pfeifchen die Schlafenden weckte. Er stand schon in voller Reisetracht: knappe blaue Beinkleider mit rotem Paß und eine grüne unger'sche Jacke mit gelben Schnüren und blinkenden Knöpfen nachlässig über die Schulter geworfen, ein ehemaliger Soldat, der nun als Puppenspieler und starker Mann mit den Kindern durchs Land zog.

Horch, sagte er, da krähen Hähne in weiter Ferne nach jener Seite hin, die Luft kommt von drüben, da muß ein Dorf sein; der Wald liegt hoch, besteig einmal den Tannbaum, Seppi, und sieh dich um! Der Bub reckte und dehnte sich mit beiden Armen in die ungewisse Luft und schüttelte die Locken aus der Stirn; dann kletterte er schnell in den höchsten Wipfel hinauf. Nach einem Weilchen rief er herab: Da unten ist noch alles nachtkühl und still, es liegt alles durcheinander im tiefen Grund, da haben sie wieder ein Dorf verbrannt. – Ja, ja, versetzte der Vater, der große Schnitter Krieg mäht uns tapfer voran, man hört seine Sense bei Tag und bei Nacht klirren durchs Land; wir geringen Leute haben die Nachlese auf den Stoppeln. Siehst du sonst nichts? – In der Ferne ein schönes Schloß überm Wald, die Fenster glitzern herüber. – Raucht der Schornstein? – Ja, kerzengerad aus den Wipfeln. – Gut, versetzte der Vater, so komm nur wieder herunter, da wollen wir hin. – Aber im Herabsteigen zögernd rief der Bursch noch einmal: Ach, aber da drüben, da liegt das ganze Tal schon im Sonnenschein, jetzt blitzen drunten Hellebarden aus den Kornfeldern, Landsknechte ziehn nach dem Walde zu, wie schön sie singen! – Da ist der Siglhupfer dabei, sagte das Mädchen freudig. – Der Vater blickte rasch nach ihr hinüber, man wußte niemals recht, ob er lächelte oder heimlich schnappen und beißen wollte, so scharf blitzten manchmal seine Zähne unter dem langen, gewichsten Schnurrbart hervor. Rauch und Wind, sagte er, wer weiß, wo der Siglhupfer schon zerhauen im Graben liegt! – Das Mädchen aber lachte: Ihr sprecht immer so barsch, er denkt doch an mich, er ist ein Soldat von Fortüne und kommt wohl wieder, eh' wir's denken, als Offizier zu Pferde mit hohen Federn auf dem Hut.

Währenddes hatte sie ein Stück von einem zerschlagenen Spiegel vor sich an den Baum gelehnt, setzte sich davor ins Gras und flocht ihr langes schwarzes Haar auf zigeunerisch in zierliche Zöpfchen; dabei biß sie von Zeit zu Zeit in eine Wecke und streute einzelne Krümchen über den Rasen für die Vögel, die ihr neugierig aus dem Laube zusahen. Der Vater und Seppi aber zäumten und packten schon das Saumroß, unverdrossen bald einen König, bald einen Judenbart zurückschiebend, die, in schmählicher Gleichheit durcheinander geworfen, aus dem löcherigen Puppensack herausdrängten. Dann hauchte der Vater ein paarmal auf ein großes schwarzes Pflaster, das er über das linke Auge und Backe legte, damit er martialischer aussäh' und die Leute sich vor ihm fürchteten. Und als endlich alles reisefertig war, schwang er die Tochter in den Sattel, Seppi mußte vorausgehen; er aber führte das Pferd über die Wurzeln und Steine vorsichtig hinter sich am Zügel, und droben auf ihrem luftigen Sitze, das Tamburin neben sich gehängt, baumelte das Mädchen vergnügt mit den Füßchen und freute sich über ihre neuen roten Halbstiefeln; manchmal streifte ihr ein Zweig Stirn und Wange, daß sie wie eine Blume ganz voll Tauperlen hing. Da stimmte Seppi vorne lustig an:

> Der Wald, der Wald, daß Gott ihn grün erhalt',
> Gibt gut Quartier und nimmt doch nichts dafür!

Und das Mädchen antwortete sogleich:

Zum grünen Wald wir Herberg halten,
Denn Hoffart ist nicht unser Ziel;
Im Wirtshaus, wo wir nicht bezahlten,
Es war der Ehre gar zu viel,
Der Wirt, er wollt' uns gar nicht lassen,
Sie ließen Kann' und Kartenspiel,
Die ganze Stadt war in den Gassen,
Und von den Bänken mit Gebraus
Stürzt' die Schule heraus,
Wuchs der Haufe von Haus zu Haus,
Schwenkt' die Mützen und jubelt' und wogt',
Der Hatschier, die Stadtwacht, der Bettelvogt,
Wie wenn ein Prinz zieht auf die Freit',
Gab alles, alles uns fürstlich Geleit.
Wir aber schlugen den Markt hinab
Uns durch die Leut' mit dem Wanderstab
Und hoch mit dem Tamburin, daß es schallt'.

Und der Puppenspieler und Seppi fielen jubelnd ein:

Zum Wald, zum Wald, zum schönen grünen Wald!

Das Mädchen sang wieder:

Und da nun alle schlafen gingen,
Der Wald steckt' seine Irrlicht' an,
Die Frösche tapfer Ständchen bringen,
Die Fledermaus schwirrt leis voran,
Und in dem Fluß auf feuchtem Steine
Gähnt laut der alte Wassermann,
Strählt sich den Bart im Mondenscheine
Und fragt ein Irrlicht, wer wir sind.
Das aber duckt sich geschwind;
Denn über ihn weg im Wind
Durch die Wipfel der wilde Jäger geht,
Und auf dem alten Turm sich dreht
Und kräht der Wetterhahn uns nach:

Ob wir nicht einkehr'n unter sein Dach?
O, Gockel! verfallen ist ja dein Haus,
Es sieht die Eule zum Fenster heraus,
Und aus allen Toren rauschet der Wald.

Der Wald, der Wald, der schöne grüne Wald!

Und wenn wir müd' einst, seh'n wir blinken
Eine goldne Stadt still überm Land,
Am Tor Sankt Peter schon tut winken:
»Nur hier herein, Herr Musikant!«
Die Engel von den Zinnen fragen,
Und wie sie uns erst recht erkannt,
Sie gleich die silbernen Pauken schlagen,
Sankt Peter selbst die Becken schwenkt,
Und voll Geigen hängt
Der Himmel, Cäcilia an zu streichen fängt,
Dazwischen Hochvivat! daß es prasselt und pufft,
Werfen die andern vom Wall in die Luft
Sternschnuppen, Kometen,
Gar prächtige Raketen,
Versengen Sankt Peter den Bart, daß er lacht,
Und wir ziehen heim, schöner Wald, gute Nacht!

Und zum Chor machte der Puppenspieler mit dem Munde prasselnd das Feuerwerk nach, und Seppi schmetterte mit einem Pfeifchen wie eine Nachtigall, und die Tochter schwang ihr Tamburin schwirrend dazwischen; so zogen sie wie eine Bauernhochzeit durch den Wald in den aufblitzenden Morgen hinunter, als zögen sie schon ins Himmelreich hinein.

Als sie aber am Rand des Waldes zu sein vermeinten, fing jenseits der Wiese schon wieder ein anderer an; die Heiden waren ohne Weg, die Bäche ohne Steg, manchmal war's ihnen, wie wenn sie Hunde bellen hörten aus der Ferne und Stimmen gehn im Grund; das Schloß aber, wohin sie zielten, stand bald drüben, bald dort, immer neue Schluchten dazwischen, als wollt' es sie foppen. Und so war es fast schon wieder Abend geworden, als sie endlich, aus einem verworrenen Gebüsch tretend, auf einmal die Burg ganz nahe vor sich sahen.

Sie schauten sich erst nach allen Seiten um: eine Allee von wilden Kastanien führte nach dem Tor, man konnte bis in den gepflasterten Hof und im Hofe einen Brunnen und Galerien rings an dem alten Hause sehen; es rührte sich aber nichts darin. Ich weiß nicht, Denkeli, sagte der Puppenspieler nach einem Weilchen zur Tochter, das kommt mir doch kurios vor mit dem Schloß, das hängt ja alles so liederlich, die Sparren vom Dach und die Läden aus den Fenstern, als wär' auch schon der Kriegsbesen darübergefahren. – Indem schlug die Uhr vom Turme langsam durch die große Einsamkeit. – Da muß aber doch jemand wohnen, der die Uhr aufzieht, sagte Denkeli. – Das tun die Toten bei Nacht in solchen Schlössern, erwiderte der Vater verdrießlich.

Darüber waren sie an ein altes Gittertor gekommen und blickten durch die ehemals vergoldeten Stäbe in den Schloßgarten hinein. Da lag alles einsam und schattig kühl; Regen, Wind und Sonnenschein waren, wie es schien, schon lange die Gärtner gewesen, die hatten einen steinernen Neptun aufs Trockne gesetzt und ihm eine hohe grüne Mütze von Ginster bis über die Augen gezogen, wilder Wein, Efeu und Brombeer kletterten von allen Seiten an ihm herauf, eine Menge Sperlinge tummelte sich lärmend in seinem Bart, er konnte sich mit seinem Dreizack des Gesindels gar nicht mehr erwehren. Und wie er so sein Regiment verloren, reckten und dehnten sich auch die künstlich verschnittenen Laubwände und Baumfiguren aus ihrer langen Verzauberung phantastisch mit seltsamen Fühlhörnern, Kamelhälsen und Drachenflügeln in die neue Freiheit hinaus, und mitten unter ihnen auf dem Dach eines halbverfallenen Lusthauses saß melancholisch ein Pfau noch aus der vorigen Pracht, und rief der untergehenden Sonne nach, als hätte sie ihn hier in der Wildnis vergessen. Auf einmal aber tat es einen leuchten-

den Blitz durchs Grün, eine wunderschöne Dame erschien
tiefer im Garten, durch die stillen Gänge nach dem Schlosse
zu wandelnd, ganz allein in prächtigem Gewande; ihr langes
Haar wallte ihr wie ein goldener Mantel über die Schultern,
die Abendsonne blitzte noch einmal leuchtend über das
kostbare Geschmeide auf Stirn und Gürtel. Denkeli blickte
sie scheu, doch unverwandt an, sie dachte an die vorigen
Reden des Vaters; es war ihr, als ginge die Zauberin dieser Wildnis vorüber. Die Dame aber bemerkte die Wanderer nicht, sie sah ein paarmal zurück nach ihrer taftenen
Schleppe, die schlängelnd hinter ihr herrauschte, und verlor
sich dann wieder zwischen den Bäumen.

Jetzt hörten sie zu ihrem Erstaunen plötzlich auch Stimmen am Schloß; sie gingen eilig hin und bemerkten nach
langem Umherirren endlich einen Balkon zwischen den
Wipfeln, der nach dem Walde herausging. Dort sahen sie
einige Herren an dem steinernen Geländer stehen, die Dame
aus dem Garten schien auch bei ihnen zu sein; aber sie
konnten nichts deutlich erkennen; denn die Linde, die in
voller Blüte stand, reichte bis an den Balkon, und die
Abendsonne funkelte blendend dazwischen. Der Puppenspieler war auf alle Glücksfälle vorbereitet: er zog schnell
eine Orgelpfeife, die er vor den Mund band, und eine Geige
hervor, Seppl einen Triangel und Denkeli ihr Tamburin, und
so stellten sie sich unter die Bäume und brachten gleich den
Herrschaften ein Ständchen. Denkeli sah dabei öfters scharf
hinauf; auf einmal ließ sie, mitten in dem Geschwirre abbre-
chend, Arm und Tamburin sinken: sie hatte in größter
Verwirrung in dem einen Kavalier droben den Siglhupfer
erkannt, sie sah, wie er galant und charmant sich neigte und
beugte und mit der Dame parlierte, sie konnt' es gar nicht
begreifen. Der Vater stieß sie ein paarmal mit dem Ellbogen
an, sie sollte zu singen anfangen; aber sie warf das Köpfchen
trotzig empor und wollte durchaus nicht, und dem Vater
mochte sie die Ursach' nicht sagen, denn er lachte sie immer

aus mit ihrer Liebschaft. Während des Hin- und Herwinkens aber kam auch schon eine Kammerjungfer schnell aus dem Schloß herunter und brachte ihnen einen Krug Wein und jedem einen Rosenobel, sauber in Papier gewickelt, mit der Botschaft, ihre Herrschaft sei heute gar nicht wohl und zu müde, um die Musik anzuhören, auch sei im ganzen Hause kein Unterkommen für sie zur Nacht.

Seht Ihr, sie mögen meinen Gesang ja nicht, sagte Denkeli zum Vater; sie dachte bei sich, Siglhupfer habe sie erkannt und wolle sie nur los sein, weil er sich ihrer schäme vor der vornehmen Dame.

Der Puppenspieler zuckte, ohne zu antworten, ein paarmal zornig mit den buschigen Augenbrauen, trank aber doch auf die Gesundheit der Dame und reichte darauf den Krug der Tochter, die ihn mit der Hand von sich stieß. So stritten sie heimlich untereinander; der Vater zankte noch immer über Denkelis Eigensinn, dann packte er heftig seine Instrumente zusammen, um weiterzuziehen; sie wußten nicht, wohin in der fremden Gegend. Über ihnen aber summten die Bienen im Wipfel, und hinter den Blüten droben plauderten und lachten die Herrschaften in der schönen Abendkühle und machten sich lustig über die Bettelmusikanten. Denkeli erkannte Siglhupfers Stimme darunter recht gut, das schnitt ihr durch die Seele; manchmal sah sie auch seinen Federhut und die Locken und den Schmuck der Dame durch die Zweige schimmern – es war ihr alles wie ein Traum. Im Weggehen fragte sie die Jungfer noch: Wer ist denn der junge Herr da droben?

Ei, Ihr kommt wohl von weit her? erwiderte diese: das ist ja der Herr Rittmeister von Klarinett, der Bräutigam des gnädigen Fräuleins.

4. Das verzauberte Schloß

Der Schall einer Trompete gab das Zeichen zur Tafel, eine Flügeltür tat sich plötzlich auf, und Suppius, in goldbrokatenem Staatskleid leuchtend, einen Federhut in der einen Hand, führte an der andern eine prächtige Dame, von kostbaren Armbändern, Halsketten und Ohrgehängen umblitzt und umbommelt, daß man nicht hinsehen konnte, wenn die Sonne darauf schien. So stiegen beide feierlich eine steinerne Treppe in den großen, alten Gartensaal hinab; ein Hündchen mit silbernen Schellen um den Hals trat oft der Dame auf die schwere Schleppe, die von Stufe zu Stufe hinter ihnen herrauschte. Klarinett folgte in reicher Offizierkleidung: in dunkelgrünem Samt mit geschlitzten Ärmeln, einem Kragen von Brüsseler Kanten darüber und den Hut mit goldener Spange und nickenden Federn schief auf den Kopf gedrückt; es paßte ihm alles prächtig. Er spielte vornehm mit einer Reitgerte und nickte kaum, als ihm der Diener der Dame meldete, daß sein Reisegepäck gehörig untergebracht sei.

Im Saale aber war der Tisch schon gedeckt, sie nahmen mit großem Geräusch und unter vielen Komplimenten Platz auf den schweren rotsamtnen Sesseln mit hohen, künstlich geschnitzten Lehnen. Klarinett überblickte unterdes erstaunt die Tafel: da gab's so wunderliche Pracht, abenteuerlich gehenkelte Krüge, hohe, altmodisch geschliffene Stengelgläser von den verschiedensten Farben und Gestalten, seltsam getürmte Speisen und Schaugerichte und heidnische Götter von Silber dazwischen, die Pomeranzen in den Händen hielten. Seitwärts aber stand die Tür auf, daß man weit in den Garten sehen konnte; die Sonne funkelte in den Gläsern, der Diener eilte mit Schüsseln und vergoldeten Aufsätzen flimmernd hin und her, und draußen sangen die Vögel dazu, und vor der Tür saß ein Pfau auf der marmornen Rampe und schlug sein prächtigs Rad.

So saßen sie lange in freudenreichem Schalle, da hub

Fräulein Euphrosyne (so war die Dame genannt) mit freundlicher Gebärde an: sie könne sich noch immer nicht dreinfinden; denn es käme selten ein Fremder in diese Einsamkeit, und keiner so seltsam als ihre beiden Gäste, die, wie sie versicherte, heute beim ersten Morgengrauen vom Walde quer übers Feld plötzlich mit vier schäumenden Rossen ohne Kutscher mitten in den Schloßhof, und gewiß auch am andern Ende wieder hinausgeflogen wären, hätten sie nicht am Torpfeiler Achse und Deichsel gebrochen. – Klarinett, mit zierlichen Reden den verursachten Schreck entschuldigend, erzählte nun, sie seien fremde Kavaliere, die, vom westfälischen Frieden nach ihren Herrschaften reisend, in jenem Walde von Räubern überfallen worden; Haushofmeister, Kutscher, Leibhusar, alles sei erschossen, und da das Fräulein auf die Frage: ob sie in Tztschneß hinter Tzquali in Mingrelien bekannt, mit dem Kopf schüttelte, bedauerte er das sehr, denn gerade von dort seien sie her.

Suppius stürzte ein Glas Ungarwein so eilig aus, daß er sich den gestickten Zipfel seiner Halsbinde begoß; es war, als hätte Klarinett mit seinen Lügen ihn plötzlich in einen Strom gestoßen: nun mußte er mit durch oder schmählich vor den Augen der Dame untergehen. Dabei sah er oft das Fräulein bedenklich von der Seite an, sie kam ihm schon wieder auf ein Haar wie seine entführte Geliebte vor; aber er traute sich doch nicht recht, er hatte seine Liebste so selten und immer nur flüchtig am Fenster hinter den Blumen gesehen; so wurde er ganz konfus und wagte es nicht, von der Entführung zu reden. Und als er darauf dennoch mit großer Feinheit die Sommerkühle der vergangenen Nacht pries, gelegentlich einen Seitenblick über jenes mondbeschienene Städtchen warf, und endlich leise über den Marktplatz am steinernen Brunnen vorbei zu dem Wirtshaus kam, auf das Fenster zielend, wo ihnen damals der lieblichste Stern erschienen: sah die Dame ihn befremdet an und wußte durchaus nicht, was er wollte. Aber Suppius war einmal im Zuge ausbündiger Galanterie: Was frag' ich noch nach Ster-

nen! rief er aus: flogen wir doch auf vergoldeten Rädern
Fortunas aus Nacht zu Aurora, daß ich vor Blendung noch
nicht aufzublicken vermag. – Da schlug das Fräulein mit
einem angenehmen Lächeln die schönen Augen nieder, Suppius, entzückt, griff hastig nach ihren Fingerspitzen, um sie
zu küssen, warf aber dabei mit dem breiten Aufschlag seines
Ärmels dem silbernen Cupido die Pomeranze aus der Hand,
und wie er sie haschen wollte, verwickelte er sich mit Sporen
und Degenspitze unversehens ins Tischtuch, alle Gläser
stießen auf einmal klirrend an, als wollten sie seine Gesundheit ausbringen, der Cupido stürzte und riß einen Weinkrug
mit, das Hündchen bellte, der Pfau draußen schrie. Euphrosyne aber mit flüchtigem Erröten stand rasch auf, die Tafel
aufhebend, indem sie dem Klarinett ihren Arm reichte.

Sie traten vor die Saaltür auf die Terrasse, von der eine
breite Marmortreppe nach dem Garten führte. Eine Eidechse, als sie herauskamen, fuhr erschrocken zwischen die
Ritzen der Stufen, aus denen überall das Gras hervor-
drang; seitwärts stand ein alter Feldstuhl, eine Zither lehnte
daran. Als Suppius, der noch immer den Aufruhr an der
Tafel mit seinen weiten Alamode-Ärmeln ausführlich zu
entschuldigen beflissen war, das Instrument erblickte,
stockt' er auf einmal und entschloß sich schnell, wie einer,
der plötzlich einen guten Einfall hat. Das Fräulein aber ließ
sich in der Tür auf den Feldstuhl nieder; Klarinett, die
Zither auf den Knien prüfend und stimmend, setzte sich auf
die Stufen zu ihren Füßen, daß der Pfau von dem steinernen
Geländer ihm mit seinem schlanken Hals über die Schulter
sah. Draußen aber war es unterdessen kühl geworden, der
ganze Garten stand tief in Abendrot, während die Täler
schon dunkelten; auch der Pfau steckte jetzt den Kopf unter
die Flügel zum Schlaf, die Luft kam über den Garten und
brachte den Schall einer Abendglocke aus weiter Ferne. Da
fiel dem Klarinett in dieser Abgeschiedenheit eine Sage ein,
die er unten in den Dörfern gehört, und da das Fräulein sie
wissen wollte, erzählte er von einem verzauberten Schlosse

der Grafen Gerold; da wüchse auch das Gras aus den Steinen, da sänge kein Vogel ringsum, und kein Fenster würde jemals geöffnet: man höre nichts, als den Wetterhahn
sich drehen und den Zugwind flüstern und zuweilen bei
großer Trockne das Getäfel krachen im Schloß; so stünd' es
öde seit hundert Jahren, als redet' es mit geschlossenen
Augen im Traum. – Jetzt hatte er die Zither in Ordnung
gebracht. – Es gibt auch eine Weise darauf, sagte er, und
sang:

> Doch manchmal in Sommertagen
> Durch die schwüle Einsamkeit
> Hört man mittags die Turmuhr schlagen,
> Wie aus einer fremden Zeit.
>
> Und ein Schiffer zu dieser Stunde
> Sah einst eine schöne Frau
> Vom Erker schaun zum Grunde –
> Er ruderte schneller vor Graun.
>
> Sie schüttelt' die dunkeln Locken
> Aus ihrem Angesicht:
> »Was ruderst du so erschrocken?
> Behüt' dich Gott, dich mein' ich nicht!«
>
> Sie zog ein Ringlein vom Finger,
> Warf's tief in die Saale hinein:
> »Und der mir es wiederbringet,
> Der soll mein Liebster sein!«

Hier gewahrte Klarinett auf einmal, daß das Fräulein, wie in
tiefes Nachsinnen versunken, aufmerksam den kostbaren
Demantring betrachtete, den er mit dem andern Staat in der
fremden Karosse gefunden und leichtsinnig angesteckt.

Er stutzte einen Augenblick; das Fräulein aber, als hätte
sie nichts bemerkt, fragte mit seltsamem Lächeln nach dem
Ausgang der Sage. Klarinett, etwas verwirrt, erzählte weiter:
Und wenn nun der Rechte mit dem Ringe kommt, hört die

Verzauberung auf; aus den Winkeln der stillen Gemächer erheben sich überall schlaftrunken Männer und Frauen in seltsamen Trachten, das öde Schloß wird nach und nach lebendig, Diener rennen, die Vögel singen wieder draußen in den Bäumen, und dem Liebsten gehört das Land, so weit man vom Turme sehen kann.

Bei diesen Worten fiel auf einmal draußen ein Waldhorn ein; der galante Suppius war es: er zog in seinem Goldbrokat wie ein ungeheurer Johanniswurm durch den finstern Garten, als wollt' er mit seinen Klängen die Nacht anbrechen, die nun von allen Seiten prächtig über die Wälder herauf-stieg. Schloß, Büsche und Garten wurden immer wunderba-rer im Mondschein, und wenn die Luft die Zweige teilte, blinkte aus der Tiefe unterm Schloß die Saale herauf, und das Geschmeide und die Augen des Fräuleins blitzten verwir-rend dazwischen – da hub plötzlich die Uhr vom Turme zu schlagen an. Klarinett fuhr unwillkürlich zusammen, in demselben Augenblick glaubte er einen flüchtigen Hände-druck zu fühlen, und als er verwundert aufsah, traf ihn ein funkelnder Blick der Dame.

Indem aber trat der Diener mit einer Kerze hinter ihnen in den Saal, um die Fremden ins Schlafgemach zu geleiten; die Dame erhob sich, zierlich und gemessen wie sonst, und war nach einer freundlichen Verbeugung schnell durch eine innere Tür des Saales verschwunden. Doch als Klarinett sich betroffen wandte, ging eben der Mond aus einer Wolke und beschien hell das steinerne Bildwerk über der Tür: es war wirklich das ihm wohlbekannte Wappen der Grafen Gerold! – Was ist denn das? dachte er erschrocken: am Ende hab' ich da selber den Ring! –

Am folgenden Tage hielt er's fast für einen Traum, so ganz anders sah die Welt aus: der Morgen hatte alles wieder mit Glanz und Vogelschall verdeckt, nur das unheimliche Wappen über der Tür blieb aus jener Nacht, und der Zau-berblick der Dame. Er hatte sich in dem Wetterleuchten ihrer Augen nicht geirrt, sie spielten munter fort, ihre Liebe zu Klarinett brach rasch aus, wie der Frühling nach einem warmen Gewitterregen. Und so ließ er denn auch alles gut sein und wollte mit Grübeln das Glück nicht versuchen, das ihm so unversehens über den Kopf gewachsen.

Dem Suppius aber ging es über den seinigen weg, ohne daß er's merkte. Jeden Morgen putzte er sich, mit Rat und Beistand des mutwilligen Klarinett, auf das sorgfältigste heraus, und probierte vor dem Wandspiegel insgeheim artige Stellungen. Aber bis zu Mittag war doch alles wieder schief und verschoben, das vornehme Kleid der guten Lebensart saß ihm, als wär' er in der Eile mit einem Arm in den falschen Ärmel gefahren. Manchmal fielen ihm auch plötzlich die Wissenschaften wieder ein; da erschrak er sehr und verwünschte alle Abenteuer, die er doch immer selbst wieder anzettelte. Dann ergriff er hastig das dicke Buch, das in der Tasche seines Serenadenrockes mitgekommen, damit setzte er sich in die abgelegensten Winkel des Gartens ins Gras, und schlug das Kapitel auf, wo er in Halle stehengeblieben. Aber der alte Ungarwein aus dem Schloßkeller war stärker als er, der ließ die Buchstaben auf Magyarisch vor ihm tanzen und drückte ihm jedesmal die Augen zu und die Nase ins Buch. Und wenn er aufwachte, steckte zu seinem Erstaunen das Zeichen im Buch immer beim unrechten Paragraphen, auch glaubte er auf dem Rasen Spuren von Damenschuhen zu bemerken, als hätten ihn Elfen im Schlafe besucht; ja, das eine Mal lag, statt des Zeichens, ein ganzer Strauß brennender Liebe zwischen den Blättern. Da steckt' er ihn triumphierend vorn an die Brust und sprach den ganzen Tag durch die Blume zu Euphrosynen von heimlicher Lieb' und Hochzeit. Er zweifelte und verwunderte sich nicht im mindesten, daß sie in ihn verliebt, und ließ oft gegen Klarinett fallen, wie er darauf bedacht sein werde, ihn hier als seinen Kapellmeister oder Fasanengärtner anzustellen.

Klarinett aber wußt' es wohl besser, es kam alles bald zum Ausgang. Denn als er eines Morgens bei einem Spaziergang mit Euphrosynen und ihrem Diener auf eine Anhöhe gestiegen, von der man weit ins Land hinaus sehen konnte, wies ihm der Diener rings in die Runde die Schlösser, Wälder, Teiche, weidenden Herden und Untertanen, die alle seinem Fräulein gehörten. Der Morgen funkelte drüber, die Teiche blickten wie Augen aus dem Grün, alle Wälder grüßten ehrerbietig rauschend herauf, Klarinett war wie geblendet. Da sagte Euphrosyne rasch: Und alles ist dein – wenn du diese Hand nicht verschmähst, setzte sie mit gesenkten Augen kaum hörbar hinzu. Klarinett aber, ganz verblüfft, stürzte auf ein Knie nieder und schwor, so wahr er Kavalier und Rittmeister sei, wolle er sie nimmer verlassen, und ein Kuß auf ihre Hand versiegelte den schönen Bund, und in dem Auge des grauen Dieners zitterte eine Freudenträne.

Nun aber lebten sie alle vergnügt von einem Tage zum andern; da war nichts als Schmausen und Musizieren und Umherliegen über Rasenbänken und Kanapees. Täglich zur selben Zeit lustwandelten sie rauschend in vollem Staate vor dem Schloß, gleichsam leuchtende Zirkel und Namenszüge durch den Garten beschreibend, der mit seinen Schnörkeln von bunten Scherben wie ein Hochzeitskuchen im Sonnenschein lag; im Hofe hatte der blühende Holunderbusch ihre Staatskarosse schon beinah ganz überwachsen, auf der Marmortreppe schlug der Pfau täglich dasselbe Rad, die Vögel sangen immer dieselben Lieder in denselben Bäumen. Und an einem prächtigen Morgen, den er halb verschlafen, dehnte sich Klarinett, daß ihm die Glieder vor Nichtstun knackten; nein, sagte er, nichts langweiliger, als Glück!

5. Fortunas Schildknappen

Zur selben Zeit lag das Dorf, das einst zu dem Schlosse gehört, fern unterm Berg in Trümmern. Es war seit dem letzten Durchzug der Schweden zerstört und verlassen; nun

rückte der Wald, den die Bauern so lange tapfer zurückgedrängt, über die verrasten Beete unter Vogelschall mit
Stacheln, Disteln und Dornen wieder ein, und hatte sich das
verbrannte Gebälk schon mit Efeu und wilden Blumen
prächtig ausgeschmückt und auf dem höchsten Aschenhau-
fen einen blühenden Strauch als Siegesfahne ausgesteckt; nur
einzelne Schornsteine streckten noch, wie Geister, verwundert die langen weißen Hälse aus der verwilderten Einsamkeit. Heute aber fing auf einmal der eine Schornstein wieder
zu rauchen an, ein helles Feuer knisterte unter demselben,
und so oft der Wind den Rauch teilte, sah man in der Glut
des Widerscheins wilde dunkle Gestalten, wie Arbeiter in
einem Eisenhammer, mit aufgestreiften Ärmeln vor dem
Feuer hantieren, kochen und Bratspieße drehn; einer saß im
Grase und flickte sein Wams, ein anderer lag daneben und
sah ihm verächtlich zu, den Arm stolz in die Seite gestemmt,
daß ihm im Mondschein der Ellbogen aus dem Loch im
Ärmel glänzte, während weiterhin zwei Holk'sche Jäger
soeben durch das Dickicht brachen und ein frisch geschosse-
nes Reh herbeischleppten.

Es waren versprengte Landsknechte, die das Ende des
dreißigjährigen Krieges plötzlich vom Pferd auf den Frie-
dens- und Bettelfuß gesetzt. In solchem Schimpf hatten sie
beschlossen, den Krieg auf ihre eigene Faust fortzusetzen
und sich mitten durch ihren gemeinschaftlichen Feind, den
Frieden, nach Ungarn durchzuschlagen, wo sie gegen den
Türken neue Ehre und Beute zu gewinnen hofften.

Hartes Bett, gemeines Bett! sagte der Stolze mit dem Loch
im Ärmel. Heute ist's gerade ein Jahr, es war auch so eine
blanke Nacht, da hing es nur von mir ab, ich konnte auf
kostbaren Teppichen liegen mit eingewirkten Wappen, in
jedem Zipfel mein Namenszug in Gold.

Da kniff ein grauer Kerl seitwärts den neben ihm liegen-
den Dudelsack, der plötzlich schnarrend einfiel. – Ruhe da!
rief ein breiter Landsknecht hinüber, und mehre Schalke
rückten zum Feuer, um den Schreckenberger (so hieß der

Stolze) besser zu hören. Dieser warf dem Dudelsack einen martialischen Blick zu und fuhr fort:

Denkt ihr noch dran, nach der Schlacht bei Hanau, wie wir da querfeld mit der Regimentskasse retirierten, nichts als Rauchwirbel in der Ferne und Rabenzüge über uns? In den Dörfern guckten die Wölfe aus den Fenstern, und die Bauern grasten im Wald. – Freilich, versetzte der schlaue Landsknecht, und eine vornehme Dame auf kostbarem Zelter, einen Pagen hinter sich, retirierte immer neben uns her, und als wir am Abend an einem verbrannten Dorfe Halt machten, kehrte sie auch über Nacht ein in dem wüsten Gartenschloß daneben. – Ja, und die Augen, sagte Schreckenberger, spielten ihr wie zwei Spiegel im Sonnenschein; dich und die andern hat's geblendet, ihr wart alle vernarrt in sie. Nun denk' ich an nichts und gehe abends am Schloß vorüber, da schreibt sie euch aus dem Fenster ordentlich: Vivat Schreckenberger! mit den feurigen Blicken in die Luft, und wie ich mich wende, ruft sie: Ach! und fällt in Ohnmacht vor großer Lieb' zu mir. Sowas war mir schon oft passiert, ich fragte wenig danach; da ich aber tiefer im Garten bin, kommt plötzlich der Page im Dunkel daher mit einem Briefe an mich auf rosenfarbenem Papier.

Hier zog Schreckenberger ein Brieflein aus dem Wams und reichte es mit vornehm zugekniffenen Augen über die Achsel den andern hin. Der Landsknecht nahm es hastig und las: »Im Garten bei Nacht – das Lusthaus ohne Wacht – Sturmleitern daran – Cupido führt an – Um Mitternacht Runde – Parol: Adelgunde.«

Das klappt ja wie ein Trommelwirbel, sagte der Landsknecht, indem er, den Brief zurückgebend, neugierig noch näher rückte. Ja, Cupido hat schon manchen angeführt; nur weiter, weiter!

Kurz: um Mitternacht bin ich auf meinem Posten, hub Schreckenberger wieder an: im Garten nichts als Mondschein, große Stille, das Lusthaus, wie es im Briefe steht,

droben ein offenes Fenster auf dem Dach, drunten eine
Leiter, ich weiß nicht mehr, ob von Sandelholz oder Seide
oder Frauenhaaren. Ich fackle nicht lange: die Büchse auf
dem Rücken, in jeder Hand ein Pistol, den blanken Säbel
zwischen den Zähnen, so klettre ich hinauf –.

Also du warst es doch! fiel hier der Landsknecht verwundert ein.

Nun, wer denn sonst? erwiderte Schreckenberger, und
Jasmin, wie ich hinaufsteige, Rose von Jericho, Holunder,
Jelängerjelieber, alles umhalst und umschlingt mich vor
Freuden, das riß sich ordentlich um mich, daß ich die
Sporen nicht nachbringen konnte, und vom Fenster dro-
ben hoben mich plötzlich zwei alabasterne Schwanenarme
aus dem Brunnen der Nacht, und über mir ein prächtiges
Gewitter von schwarzen Locken, da blitzen Augen und
Juwelen daraus, und in dem Brunnen gehen immerfort goldene Eimer auf und nieder mit Muskateller und Konfekt,
und die Gräfin Adelgunde sitzt neben mir auf einem mit
Diamanten gesprenkelten Kanapee, und: langen Sie zu, sagt
sie, und: o, ich bitte sehr, sag' ich –. Da hör' ich auf einmal
unter uns in dem Lustpalaste inwendig ein Gesumse wie in
einem Bienenstock. Was war das? rufe ich –.

Jetzt brach plötzlich ein Lachen aus. *Wir* waren es, sagte
einer der Zuhörer, denn wir steckten ja alle drinnen, der
Page hatte uns alle nacheinander auch ins Lusthaus geladen
und darauf die Tür hinter uns verriegelt.

Aber Schreckenberger, einmal im Strom der Erzählung,
ließ sich nicht irre machen: ich springe auf, fuhr er fort, ha,
Verrat! schreie ich –.

Nun sprachen alle rasch durcheinander: Ja, du machtest
einen Teufelslärm auf dem Dache, denn sie hatten hinter dir
die Leiter weggenommen, und das Fenster oben war verschlossen.

Und die Gräfin in dem einen Arm, den Säbel im andern,
und unter mir kocht es und zischt es und rumpelt es –.

Freilich, im dunklen Lusthause stießen wir einer auf den andern, und einer fragte den andern trotzig, was er hier suchte, und jeder hatte seine Parole Adelgunde, bis wir zuletzt alle aneinander gerieten und aus der Parole ein großes Feldgeschrei und Geraufe wurde.

Und ich steche links, steche rechts; die Gräfin, ohnmächtig, ruft: Genug des Gemetzels! Aber ich lass' mich nicht halten und feuere prasselnd alle meine Pistolen ab nach allen Seiten wie ein Feuerwerk –.

Das hörten wir wohl, fiel nun der Landsknecht wieder ein, und hielten es für einen feindlichen Überfall; da arbeiteten wir und stemmten uns an die verriegelte Tür und die Wände, bis das ganze morsche Lusthaus über uns in Stücken auseinanderging. So kamst du auch kopfüber mit herunter – du machtest einmal Sprünge quer über das Feld fort, ohne dich umzusehen! wir erkannten dich nicht in der Verwirrung, und wußten dann gar nicht, wo du auf einmal hingekommen; später hieß es, du wärst zu den Kaiserlichen desertiert in dieser Nacht.

Nacht? fuhr der unverwüstliche Schreckenberger noch immer fort: ja recht mitten durch die Nacht auf einem schneeweißen Zelter, sich die Tränen wischend mit dem goldbordierten Schleier und mir zuwinkend, flog die dankbar gerettete Gräfin –.

Mit eurer verlassenen Regimentskasse in die weite Welt, versetzte einer der Holk'schen Jäger, denn es war unsere Marketenderin, die schöne Sinka, die hatt's euch allen angetan, das merkte sie wohl und vexierte euch von der Feldwacht fort.

Schreckenberger schwieg und warf wieder einen martialischen Blick rings in die Runde. Aber der Jäger fuhr fort: Und gleich am andern Morgen, da wir bei unserem Regiment sie alle kannten, wurden wir kommandiert, ihr nachzusetzen. Das war eine lustige Jagd; wir strichen wie die Füchse auf allen Diebswegen und schüttelten jeden Baum, ob das saubere Früchtchen nicht herabfiele. So kamen wir am folgenden Abend – es war gerade ein Sonntag – in ein kleines Städtchen; da war großes Gewirr auf dem Platz; ein Stoßen und Drängen und Lärm von Trommeln und Pfeifen, in allen Fenstern lagen Damen wie ein Blumengelände bis an die Dächer herauf, wo die Schornsteinfeger aus den Rauchfängen guckten und vor Lust ihre Besen schwangen. An des Bürgermeisters Hause aber war vom Balkon ein Seil gespannt über die Stadt und die Gärten weg bis zum Waldberg jenseits überm Fluß. Ein schlanker Bursch stand auf dem Geländer des Balkons in flimmernder spanischer Tracht mit wallenden Locken. Der alte Bürgermeister schien wie vernarrt in das blanke Püppchen, plauderte und nickte ihm freundlich zu, daß die Sonne in den Edelsteinen seines kostbaren Hutes spielte; der Bursch reckte ihm lachend den Fuß hin; er mußte ihm mit einem großen Stück Kreide die Sohlen einreiben. Auf einmal wendet er sich herum – das ist Sinka! rufe ich erstaunt meinen Kameraden zu. – Aber sie hatte uns auch schon bemerkt, und eh' wir uns durchdrängen können, nimmt sie rasch dem Bürgermeister den kostbaren Hut von der Glatze, drückt sich ihn auf die Locken, und zierlich mit zwei bunten Fähnchen schwenkend und grüßend, schreitet sie unter großem Jubelgeschrei über Köpfe, Dächer und Gärten fort. Der Abend dunkelte schon; das Seil wurde unkenntlich aus der Ferne; es war, als ginge sie durch die leere Luft, die untergehende Sonne blitzte noch einmal in den Steinen am Hut, so verschwand sie wie eine Sternschnuppe jenseits überm Walde; niemand hat sie wiedergesehen.

Meinetwegen, Stern oder Schnuppe! fiel hier Schreckenberger ein, tat einen Zug aus seiner Feldflasche und sang:

> Aufs Wohlsein meiner Dame,
> Eine Windfahn' ist ihr Panier,
> Fortuna ist ihr Name,
> Das Lager ihr Quartier.

Und wendet sie sich weiter,
Ich kümmre mich nicht drum,
Da draußen ohne Reiter,
Da geht die Welt so dumm.

Statt Pulverblitz und Knattern:
Aus jedem wüsten Haus
Gevattern sehn und schnattern
Alle Lust zum Land hinaus.

Fortuna weint vor Ärger,
Es rinnet Perl' auf Perl'.
»Wo ist der Schreckenberger?
Das war ein andrer Kerl!«

Sie tut den Arm mir reichen,
Fama bläst das Geleit,
So zu dem Tempel steigen
Wir der Unsterblichkeit.

Nun schwenkten die andern die Hüte, und: Vivat das hohe
Brautpaar! schrien sie jubelnd, hoch lebe unser Tempelherr
der Unsterblichkeit! und der Dudelsack schnurrte wieder
einen Tusch dazu.

Da schlugen plötzlich die großen Hunde an, die jede
Nacht um ihr Lager die Runde machten; die Gesellen horchten auf, es war auf einmal alles totenstill. Man hörte in der
Ferne Äste knacken, wie wenn jemand durchs Dickicht
bräche; es kam immer näher; jetzt vernahmen sie deutlich
Fußtritte und Stimmen, die Wipfel der Sträucher bewegten
sich schon; Schreckenberger nahm schnell seine Muskete
und zielte nach der Gegend hin.

Plötzlich aber ließ er Arm und Flinte wieder sinken: I
Pamphil, wo kommst denn du hergezigeunert? rief er ganz
verwundert aus. Der Puppenspieler trat aus dem Gebüsch,
Seppi und Denkeli hinter ihm; die großen Hunde, denen sie
Brocken zuwarf, gaben ihnen frei Geleit. Der Puppenspieler

visierte erst die ganze Gesellschaft rings im Kreise scharf mit dem einen Auge, dann, da er lauter bekannte Gesichter bemerkte, nahm er das schwarze Pflaster vom andern. Hast du wieder Mondfinsternis gemacht, um besser zu mausen? fragte lachend der Landsknecht. – Wir sind alle im abnehmenden Mond bei dem wachsenden Frieden, erwiderte Pamphil, wir haben den faulen Bauern die Felder mit Blut gedüngt, nun schießt alles in Kraut und Rüben; die Welt wird noch ersticken vor Langerweile. Aber was treibt ihr hier, ihr alten Kriegsgurgeln? man hört euch ja eine halbe Meile weit durch die stille Nacht, ich konnt' nicht fehlen.

Nun raschelte es in allen Winkeln, immer mehr wilde Gestalten richteten sich aus dem Dunkel empor; da war des Begrüßens, Händeschüttelns und Fragens kein Ende. Wie sie aber hörten, daß Pamphil soeben von dem Schlosse kam, das sie unterweges von fern über dem Walde sehn, trat alles um ihn herum, und da er von zwei Kavalieren droben erzählte und von einem schönen Reisewagen im Hofe, mußte er ihnen alles ausführlich beschreiben; sie zweifelten nicht, daß es die beiden Edelleute mit der Karosse seien, welche sie vor einiger Zeit bei Nacht in dem Städtchen gesehen, und die ihnen dann im Walde mitten durchs Kreuzfeuer ihrer Pistolen so schnöde entwischt.

Unterdes saß Denkeli seitwärts auf einem Baumsturz, den Kopf in die Hand gestützt und ohne sich um die andern zu bekümmern; man wußte nicht, ob sie müde oder traurig. Das stach die Gesellen in die Augen; einige wollten sich galant zeigen und scharrten und gollerten wie aufgeblasene Truthähne um sie herum. Der Holk'sche Jäger, kecker als die andern, schlich sich leis von hinten heran, um das Mädchen zu küssen; da wandte sie sich und gab ihm unversehens eine Ohrfeige, daß es laut klatschte. Der Überraschte griff wütend nach seinem Hirschfänger, aber der Puppenspieler, der alles bemerkt, hatte ihn schon von unten an dem einen Bein gefaßt und hob ihn so, zu allgemeinem Gelächter, mit ausgestrecktem Arm hoch über sich in die Luft.

Bleibt meiner Denkeli vom Leib, rief er mit martialischen Mienen, oder ich mache meine schönsten Kunststücke an euren eigenen Knochen durch. – Laßt sie nur, sagte Denkeli, ich werde schon allein mit ihnen fertig, heute kommen sie mir gerade recht. – Der Jäger, da er wieder auf dem Boden war, sah den Puppenspieler halb verwundert, halb trotzig vom Kopf bis zu den Füßen an, wie ein Mops, der unverhofft auf einen Bullenbeißer gestoßen.

Denkeli aber blickte scharf zur Seite zwischen die dunkeln Bäume; dort waren die andern unterdes wieder zusammengetreten und redeten heimlich untereinander in der Spitzbubensprache. Eine entsetzliche Ahnung stieg plötzlich in ihrer Seele auf, denn sie hörte von Zeit zu Zeit des reichen Fräuleins auf dem Schloß und der beiden Kavaliere erwähnen. Ihr Herz klopfte; scheinbar gleichgültig am Feuer kauernd und die Flamme schürend, horchte sie mit wachsender Angst hinüber; da erfuhr und erriet sie nach und nach alles: wie sie noch heute den Berg hinaufschleichen, das schlechtverwahrte Schloß im ersten Schlafe überfallen und die Beraubten auf ewig still machen wollten. Auch der Vater trat nun hinzu, und schien mancherlei guten Rat zu erteilen.

Denkeli dachte mit Schrecken an Siglhupfer, den sie gesehen. Sonst achtete sie wenig auf die Anschläge der Männer, sie war von Jugend daran gewöhnt; jetzt kam ihr auf einmal alles ganz anders und unleidlich vor. Aber zu verhindern war es nicht mehr, das wußte sie wohl, eher hätte sie den Sturmwind im Fluge wenden können. So suchte sie nach kurzem Bedenken unbemerkt die Pistolen des Vaters hervor, lud sie und legte darauf hastig ihren schönsten Putz an; ihre Augen funkelten, und wie sie auf einmal, von den schwarzen Locken umringelt, sich in ihrem Schmuck am Feuer aufrichtete, erschrak alles, so prächtig war sie. Der Vater lobte sie, daß sie etwas auf sich hielt vor den Leuten. Sie erwiderte rasch: sie wisse schon alles, sie habe sich die Gegend wohl gemerkt und wolle nach dem Schlosse vorausgehen, um auszukundschaften, ob der Wald sicher, ehe die andern nachkämen. Es fiel dem Vater nicht auf; er kannte sie, wie beherzt sie war. Da stand sie noch einen Augenblick zögernd. Lebt wohl, sagte sie dann aus tiefstem Herzensgrund. Der Vater stutzte bei dem ungewöhnlich bewegten Klang der Stimme, und sah ihr in Gedanken nach; aber, ihr Tamburin schwingend, war sie schon im Wald verschwunden.

6. Viel Lärmen um Nichts

Währenddes ruhte schon alles im Schloß, nur Klarinett konnte vor den vielen schlagenden Nachtigallen im Garten nicht einschlafen. Der Mond schien hell durchs ganze Zimmer, manchmal bewegte die Zugluft die alten Tapeten, und wo sie zerrissen, waren auf den kahlen Wänden, dem Stammbuch müßiger Soldaten, überall Gesichter und Figuren ungeschickt mit Kohle gemalt. Seitwärts, in einen weiten damastenen Schlafrock gehüllt, saß er auf dem schweren Himmelbett, an dem Himmel und Betten fehlten, und dachte noch seiner, immer näher heraufrückenden, Vermählung nach. – Jetzt öffnete er ungeduldig ein Fenster, der frische Waldhauch wehte ihn plötzlich über die Dächer an, da war's, als wollten die rauschenden Wipfel ihn an ein Lied erinnern, das er früher gar oft in solcher nächtlichen Einsamkeit gesungen. Er besann sich lange, dann stimmte er, halb singend, halb sprechend, leise vor sich an:

> Es ist ein Klang gekommen
> Herüber durch die Luft –

die Weise wollte ihm durchaus nicht einfallen –

> Der Wind hat's gebracht und genommen –

Er ärgerte sich, daß er hier alles verlernt, was ihm sonst lieb
gewesen; es wurde ihm so heiß und angst, er schob es auf
den ungewohnten Ungarwein und eilte endlich aus dem
schwülen Gemach, die stille Treppe hinab, durch ein ver-
borgenes Pförtchen ins Freie. Er ging so eilig durch den
Garten, daß er sich alle Augenblicke in die weiten Falten des
Schlafrocks verwickelte; die Mücken stachen ihn, die
Gedanken jagten sich ihm durch die Seele, wie die Wolken
am Himmel, er wußte sich gar nicht zu retten. Sei kein Narr,
sei kein Narr! sagte er hastig zu sich selbst: ein Schloß, drei
Weiler, vier Teiche und fette Karpfen und Untertanen und
Himmelbett – und was macht die Frau Liebste? – Danke für
höfliche Nachfrage, sie wiegt – ach, und die lieben Kleinen?
– sie schreien, und die Wiegen rumpeln – und derweil
rauscht der Wald draußen und schilt mich, und die Rehe
gucken durch den Gartenzaun und lachen mich aus – ja,
Wald und Rehe, als wenn das alles nur so zum Einheizen
und Essen wäre! –

So war er in seinem Eifer mit dem langen Schlafrock
mitten ins Dickicht zwischen Dornen und Nesseln geraten,
und als er sich umsah, erblickte er wahrhaftig die wunderbare Fei in einem Fensterbogen über sich. Er starrte betroffen hin, denn dieser Teil des Schlosses war völlig wüst und
unbewohnt, auch kam die Gestalt ihm jetzt schlanker und
ganz anders vor als Euphrosyne, sie bog sich weit herüber,
als säh' sie nach jemand aus, ihn schauerte – da schien sie ihn
zu bemerken und verschwand schnell wieder am Fenster.

Jetzt aber hörte er zu seinem Erstaunen eine wunderschöne Stimme singen, bald näher, bald ferner, wie in
goldnen Kreisen um das ganze stille Haus. Er stutzte und
hielt den Atem an, das Herz wurde ihm so leicht und
fröhlich bei dem Klange, die Luft kam vom Schloß, er
meinte die Weise zu kennen aus alter Zeit. Da schlug er sich
plötzlich vor die Stirn, jetzt wußt' er auf einmal das Lied,
auf das er sich niemals besinnen konnte, und sang jauchzend
aus frischer Brust:

Es ist ein Klang gekommen
Herüber durch die Luft,
Der Wind hat's gebracht und genommen,
Ich weiß nicht, wer mich ruft.
Es schallt der Grund von Hufen,
In der Ferne fiel ein Schuß –
Das sind die Jäger, die rufen,
Daß ich hinunter muß!

Und auf einmal ganz nahe unter dem Garten antwortete die Stimme:

Das sind nicht die Jäger – im Grunde
Gehn Stimmen hin und her,
Hüt' dich zu dieser Stunde!
Mein Herz ist mir so schwer.
Wer dich lieb hat, macht die Runde,
Steig' nieder und frag' nicht, wer!
Ich führ' dich aus diesem Grunde –
Dann siehst du mich nimmermehr.

Aber Klarinett hatte schon den Schlafrock abgeworfen, er fühlte sich auf einmal so leicht in dem alten Wanderkleid und schaute in das stille Meer der Nacht, als hört' er die Glocken gehn von den versunkenen Städten darunter, und aus dem Waldgrund tönte der Gesang immerfort dazwischen:

Ich weiß einen großen Garten,
Wo die wilden Blumen stehn,
Die Engel frühmorgens sein warten,
Wenn alles noch still auf den Höh'n;
Manch zackiges Schloß steht darinne,
Die Rehe grasen ums Haus,
Da sieht man weit von der Zinne,
Weit, über die Länder hinaus. –

476   *Die Glücksritter*

Klarinett erkannte die Stimme recht gut, und ganz verwirrt, zwischen den wankenden Schatten der Bäume, stieg er durch den Garten in die mondbeglänzte Einsamkeit hinab, immer tiefer, tiefer, das Schloß war hinter ihm schon versunken.

Nun wurde oben alles wieder totenstill, nur der Wetterhahn auf dem Turm drehte sich unruhig im Winde hin und her, als traute er der falschen Nacht nicht und wollte die Schlafenden warnen. Da raschelt plötzlich etwas in der Ferne, lockeres Steingeröll, wie hinter Fußtritten, rollt schallend in den Abgrund, drauf wieder die alte unermeßliche Stille. Allmählich aber schien das heimliche Geknister ringsum sich zu nähern, manchmal fuhr ein verstörter Waldvogel aus dem Gebüsch, sich erschrocken in wildem Zickzack in die Nachtluft stürzend, da und dort blinkte es wie Stahl auf und funkelten wilde Augen durchs Gesträuch. Jetzt trat eine fremde Gestalt vorsichtig aus den Hecken hervor, ein zweiter und mehre folgten von allen Seiten, die ganze Bande mit Blendlaternen, Brecheisen, Stricken und Leitern schritt sacht und lautlos dem Schlosse zu. – Nur immer mir nach hier die Marmorstufen hinauf! flüsterte der Puppenspieler zurück. Sie arbeiteten nun, daß ihnen die Schweißtropfen aus dem struppigen Haar rannen, an der verschlossenen Tür, um sie unbemerkt zu öffnen. Andere hoben ungeduldig indes die Scheiben aus den Fenstern und legten die Leitern an, eifrig hinansteigend. Indem aber tut auch die Tür sich schon mit Krachen auf, und das ganze Gesindel durch Fenster und Tür stürzt auf einmal mitten in den Gartensaal. – Das Fräulein! schreit plötzlich der Puppenspieler: Euphrosyne, von ihrem Diener begleitet, erschrocken, mit fliegendem Haar im Widerschein eines Windlichts tritt ihnen rasch entgegen. – Was Teufel, die tolle Sinka! ruft da der Holk'sche Jäger, und alle stehen wie verzaubert.

Pamphil war der erste, der sich von seinem Erstaunen wieder erholte. Was ist das, wie kommt ihr hieher? fragte

er den Diener: Ich traf dich doch erst vor kurzem in Halle,
es war gerade Geburtstag, glaub' ich, und Maskerade in des
Grafen Gerold Haus an der Stadtmauer; da sagtest du, du
hättest einen Schatz drin. – Und den hab' ich auch in der
folgenden Nacht gehoben aus der Jungfernkammer auf
mein Roß, entgegnete der Diener, denn Sinka war Kammerjungfer im Hause, und ich entführte sie die Nacht nach
dem Feste. – Wie die andern so viel von Schätzen hörten,
schrien alle durcheinander: da stecke was dahinter, sie
wüßten's wohl, Sinka hätte hier auf dem Schloß wie eine
Prinzessin gelebt und aus dem gräflichen Haus mehr als
ihren Abschied genommen, auch sei sie ihnen noch ihre
Regimentskasse schuldig, sie sollte ihnen zur Goldtruhe
vorleuchten, oder sie würden ihr das Schloß überm Kopfe
anzünden.

Sinka blickte ratlos umher, wie nach einem guten Einfall,
denn sie gedachte des in Halle gestohlenen Schmuckkäst-
chens unter ihrem Bett, und verwünschte im Herzen die
beiden Kavaliere und ihr Heiratsprojekt, das sie so lange hier
im Schlosse aufgehalten. Doch die Gesellen ließen keine
Bedenkzeit; überwacht und in der übelsten Laune stürmten
die einen schon die innere Saaltür, die andern wollten
das Schlafzimmer der beiden Edelleute aufsuchen, wieder
andere verrannten diesen wie jenen der Weg, um die ersten
zu sein beim Fange, und jeder zankte auf den Puppenspieler,
daß er sie mit seinem falschen Schloßfräulein vexiert; so
gerieten endlich alle, lärmend, stoßend und über die Marmorstufen sich wieder hinabdrängend, auf dem Gartenplatz
vor dem Schlosse wütend aneinander. Vergebens warf sich
Sinka dazwischen und schimpfte sie wilde Gänse, die ihr ins
Netz fielen und alle Maschen zerrissen, da sie eben einen
jungen Goldfasan fangen wollte; morgen sei die Hochzeit
mit dem Rittmeister, sie wolle ehrlich mit ihnen teilen. Keiner hörte mehr, alles stach, hieb und raufte in der stock-
finstern Nacht, daß die Fetzen flogen und die Funken von
den Klingen sprühten.

Da schrie plötzlich Sinka durchdringend auf, mit Entsetzen bemerken sie auf einmal mitten unter sich ein fremdes Gesicht, jetzt wieder eins, bald da, bald dort, beim Streiflicht des Mondes immer mehr unbekannte Gestalten, die schweigend mitkämpfen, die eine von furchtbarem Aussehen ingrimmig durch den dicksten Haufen mähend, als föchte der Teufel mit ihnen. Da faßt alle ein unwiderstehliches Grauen, und, Sinka voran, stiebt plötzlich der ganze verbissene Knäul wie ein Nachtspuk in die Waldschluchten auseinander.

Nur der grimme Fechter, mit zerhauenem Hute blutend auf ein Knie gesunken, verteidigte sich noch immer gegen die geisterhafte Runde der Unbekannten, die nun allein auf dem Platz zurückgeblieben. Der eine leuchtete ihm mit seiner Fackel unter die herabhangende Hutkrämpe. – Ei, Herr Suppius! was machen Sie denn hier? rief er erschrocken zurückprallend.

Suppius – der bei dem ersten Lärm sich sogleich aus seinem Schlafgemach in das Getümmel gestürzt hatte – blickte im Kreise herum und erkannte nun mit großem Erstaunen einige reichgekleidete Jäger des Grafen Gerold aus Halle, die er damals öfters gesehen, wenn er unter den Fenstern seiner eingebildeten Geliebten vorbeistrich. Sie halfen ihm sogleich wieder auf die Beine, und da sie seine umherschweifenden fragenden Blicke bemerkten, erzählten sie ihm in aller Geschwindigkeit, wie ihrem Herrn vor kurzem, da er mit seiner Tochter im nächsten Städtchen übernachtet, eine Karosse nebst Effekten, die er auf der Reise vorausgeschickt, verwegen weggeschnappt worden; da seien sie endlich der Diebsbande auf die Spur gekommen und ihr immer dicht auf den Fersen bis hier zu des Grafen wüstem Jagdschloß gefolgt.

Das Grafen Schloß? fragte Suppius ganz verwirrt. Aber er hatte nicht Zeit, sich lange zu verwundern. Wo ist der Samson, der die Philister geschlagen? rief ein stattlicher Herr im Garten. Es war Graf Gerold selbst, der, sich rasch vom Pferde schwingend, herzutrat und den abenteuerlichen Studenten mit heimlichem Lächeln betrachtete. Hinter ihm hielt seine Tochter, im ersten Morgenlicht mit den wallenden Federn vom Zelter nickend. – Das ist sie wirklich und leibhaftig! dachte Suppius überrascht.

Nun war unter den Schälken ringsum viel Rühmens von dem wütenden Studenten, der wie ein Sturmwind das Gesindel auseinander geblasen. Indem hatten die Jäger im Schloßhofe auch die verschwundene Karosse entdeckt, andere brachten soeben den verlorenen Reisekoffer mit den Staatskleidern und das gestohlene Schmuckkästchen herbei. Der lustige Graf, ohne lange zu kramen, zog sogleich eine schwere goldene Kette hervor, aus lauter St. Jürgen und Lindwürmern künstlich zusammengefügt, und reichte sie seiner Tochter, die mußte sie feierlich dem tapfern Retter des Schlosses um den Hals hängen. Dann gab er seinen Leuten einen Wink. Da setzten sie rasch die Trompeten an und bliesen dem Suppius zu Ehren einen schmetternden Tusch, während die andern, eh' er sich's versah, ihn auf ihre Schultern schwangen und so im Triumph ins Schloß zum Frühstück trugen.

Unterdes war der Tag schon angebrochen, Suppius konnte von seinem luftigen Sitz weit über die Hecken weg ins Tal schauen. Da sah er, zu neuem Erstaunen, unter seinen Gefährten Klarinett zu Roß, seine Denkeli vor sich im Sattel, wie einen Morgenblitz am Saum des Waldes dahinfliegen. Siglhupfer (denn niemand anders war Klarinett) hatte sich nicht getäuscht: Denkeli, entschlossen, mit Gefahr ihres eigenen Lebens ihn zu warnen und zu retten, war die singende Fei im Fenster gewesen – nun verstand er erst die Sage; so weit man vom Turm des Schlosses sehen konnte, es war ja alles, alles wieder sein!

Oben aber schmetterten jetzt von Frischem die Trompeten, Vivat und Jubelgeschrei, und hinter sich sah Suppius die Hüte schwenken und Weinflaschen blinken und die schönen Augen der jungen Gräfin dazwischen funkeln. – So hatte er, wie man die Hand umdreht, sein Glück gemacht. – Siglhupfer aber blieb fortan in den Wäldern selig verschollen.

Libertas und ihre Freier

Ein Märchen

Es war einmal ein Schloß in Deutschland mit dicken Pfeilern, Bogentor und Türmchen, von denen Wind und Regen schon manchen Schnörkel abgebissen hatten. Das Schloß lag mitten im Walde und war sehr verrufen in der ganzen Gegend, denn man wußte nicht, wer eigentlich darin wohnte. Jemand konnte es nicht sein, sonst hätte man ihn doch manchmal am Fenster erblicken müssen; und niemand auch nicht, denn in dem Schlosse hörte man bei Tag und Nacht beständig ein entsetzliches Rumoren, Seufzen, Stöhnen und Zischen, als würde drin die Welt von neuem erschaffen; ja des Nachts fuhr bald da bald dort ein Feuerschein aus einem der langen Schornsteine oder Fenster heraus, als ob gequälte Geister plötzlich ihre lechzenden Zungen ausstreckten. Über dem Schloßportal aber befand sich eine überaus künstliche Uhr, die mit großem Geknarre Stunden, Minuten und Sekunden genau angab, aber aus Versehen rückwärts fortrückte und daher jetzt beinah um fünfzig Jahre zu spät ging; und jede Stunde spielte sie einen sinnigen Verein gebildeter Arien zur Veredlung des Menschengeschlechts, z. B.:

> In diesen heil'gen Hallen
> Kennt man die Rache nicht –
> Und Ruhe ist vor allen
> Die erste Bürgerpflicht usw.

Die benachbarten Hirten, Jäger und andere gemeinen Leute aber waren das schon gewöhnt und fragten nicht viel danach, denn sie wußten ohnedem von der Sonne schon besser, was es an der Zeit war, und sangen unbekümmert ihre eignen Lieder. Wer aber recht genau aufpaßte, der

konnte wirklich zuweilen zur Nachtzeit oder in der schwülen Mittagstille den Schloßherrn aus dem großen Uhrportal
hervortreten und auf den einsamen Kiesgängen des Ziergar-
tens lustwandeln sehen; einen hagern, etwas schiefbeinigen
Herrn mit gebogener Nase und langem Schlafrock, der war
von oben bis unten mit allerlei Hieroglyphen und Zaubersprüchen verblümt und punktiert, und hatte unten einige
Zimbeln am Saume, die aber immer gedämpft waren, um ihn
nicht im Nachdenken zu stören. Das war aber niemand
anders, als der Baron Pinkus, der große Negromant, und die
Sache verhielt sich folgendermaßen:

Vor geraumer Zeit und bevor er noch Baron war, hatte
der Staatsbürger Pinkus auf dem Trödelmarkt in Berlin den
ganzen Nachlaß des seligen Nicolai (der damals gerade
altmodisch geworden, weil soeben die Romantik aufgekommen war) für ein Lumpengeld erstanden und machte in
Ideen. Er war ein anschlägiger Kopf und setzte die Ware ab,
wo sie noch rar war. So war er denn eines Tages an das
abgelegene Schloß eines gewissen Reichsgrafen gekommen.
Der Graf saß gerade in freudenreichem Schalle an der Mit-
tagstafel mit seinem Stallmeister, Hofmarschall und dem
andern Hofgesind. Da riß es plötzlich so stark an der
Hausglocke, daß die Kanarienvögel, Papageien und Pfauen
vor Schreck zusammenschrien und die Puthähne im Hofe
zornig zu gollern anfingen. Der Graf rief: wer ist da draußen
vor dem Tor? Der Page lief: was wollen Sie, mein Herr? –
Menschenwohl, Jesuiten wittern und Toleranzen. – Der
Page kam: dem Menschen ist nicht wohl, er will einen
Bittern oder Pomeranzen. – Das verdenk ich ihm nicht,
entgegnete der Graf, aber geh' und frag' noch einmal
genauer wer er sei. – Der Page ging: Ihr Charakter, mein
Herr? – Kosmopolit! – Der Page kam; Großhofpolyp. – Das
Brockhausische Konversationslexikon war damals noch nicht
erfunden, um darin nachschlagen zu können, es entstand
daher ein allgemeines Schütteln des Kopfes und der Graf

war sehr neugierig die neue Hofcharge kennenzulernen. So
wurde nun Pinkus eingelassen und trat mit stolzer Männerwürde in den Saal, und nachdem die notwendigen Be-
willkommnungskomplimente zu beiderseitiger Zufriedenheit glücklich ausgewechselt waren, begann er sogleich
eine wohlstilisierte Rede von der langen Nacht, womit die
schlauen Jesuiten das Land überzogen, kam dann auf den
großen Nicolai, wie derselbe, da in dem Stichdunkel alle mit
den Köpfen aneinanderrannten, in edler Verzweiflung seinen unsterblichen Zopf ergriff, ihn an seiner Studierlampe
anzündete und mit dieser Fackel das Volk der Tugendusen,
die bloß von Moral leben, siegreich bis mitten in die Ultramontanei führte. – Hier nahm der Hofmarschall verzweiflungsvoll eine Prise, und verschiedene Kavaliere gähnten
heimlich durch die Nase. Aber Pinkus achtete nicht darauf,
sondern fing nun an, den besagten Nicolaischen Zopf ausführlich in seine einzelnen philosophischen Bestandteile zu
entwickeln. Das ist ja nicht auszuhalten! rief der Oberstall-
meister mit schwacher kläglicher Stimme, die andern stießen
schon schlummernd mit ihren Frisuren gegeneinander,
daß der Puder stob, die Pfauen draußen hatten längst resi-
gniert die Köpfe unter die Flügel gesteckt, im Vorzimmer
schnarchte die umgefallene Dienerschaft fürchterlich auf
Stühlen und Bänken. Es half alles nichts, der unaufhaltsame
Pinkus zog immer neue, lange, vergilbte Papierstreifen aus
dem erstandenen Nachlaß, rollte sie auf und murmelte fort
und immerfort von Aufklärung, Intelligenz und Menschenbeglückung. – Sapperment! schrie endlich der Graf voll Wut
und wollte aufspringen, aber er konnte nicht mehr, sondern
versank mit dem ganzen Hofstaat in einen unauslöschlichen
Zauberschlaf, aus dem sie alle bis heut noch nicht wieder
erwacht sind.

Man muß nur haben Verstand! rief da der böse Negromant und rieb sich vergnügt die Hände, legte sie aber nicht
müßig in den Schoß, denn durch die offenen Türen, da

niemand mehr da war sie zuzumachen, kam der Wind
dahergepfiffen und griff unverschämt nach seinen Papieren;
aus der großen Kristallflasche, die der Hofmarschall beim
Einschlafen umgeworfen, war ihm das Wasser in die Schnal-
lenschuhe gestürzt und die Kerze, woran sie ihre Pfeifen
anzuzünden pflegten, flackerte unordentlich und wollte
durchaus die seidene Gardine anstecken. Pinkus aber hatte
sie alle schon lange auf dem Korn und eine gründliche
Verachtung vor der Luft, dem landstreicherischen Windbeu-
tel, sowie vor dem Wasser, das keine Balken hat und immer
nur von Stein zu Stein springen, glitzern, schlängeln und die
unnützen Vergißmeinnichts küssen möchte, und vor dem
Feuer, das nichts tut, als vertun und verzehren. Er trat daher entrüstet in den Garten hinaus, zivilisierte ohne Verzug
jene ungeschlachten Elemente durch seine weitschweifigen
Zaubersprüche, die keine Kreatur lange aushält, und stellte
sie dann in dem verstorbenen Schlosse an. In demselben
Schlosse aber legte er sofort eine Gedankendampffabrik an,
die ihre Artikel zu Benjowskys Zeiten bis nach Kamtschatka
absetzte und eben den außerordentlichen Lärm machte, den
sich die dummen Leute in der Umgegend nicht zu deuten
wußten.

So war also der Staatsbürger Pinkus ein überaus reicher
Mann und Baron geworden, und befand, daß alles gut war.

———————

Seitdem waren viele Jahre vergangen, da gewahrte man in
einer schönen Nacht dort in der Gegend ein seltsames
Zittern und Blinkern in der Luft, als würde am Himmel
ganz was Absonderliches vorbereitet. Die Vögel erwachten
darüber und reckten und dehnten noch verschlafen ihre
Flügel, da sahen sie droben auch den Adler schon wach und
fragten erstaunt:

Was gibt's, daß vom Horste
An der zackigen Kluft
Der Adler schon steigt
Und hängt überm Forste
In der stillen Luft,
Wenn alles noch schweigt?

Der Adler aber vernahm es und rief hinab:

Ich hörte in Träumen
Ein Rauschen gehn,
Sah die Gipfel sich säumen
Von allen Höhn –
Ist's ein Brand, ist's die Sonne,
Ich weiß es nicht.
Aber ein Schauer voll Wonne
Durch die Wälder bricht.

Jetzt schüttelten die Vögel geschwind den Tau von den
bunten Wämschen und hüpften und kletterten nun selber in
ihrem grünen Haus bis in die allerhöchsten Wipfel hinaus,
da konnten sie weit ins Land hinaussehn, und sangen:

Sind das Blitze, sind das Sterne?
Nein, der Aar hat recht gesehn,
Denn schon leuchtet's aus der Ferne,
Daß die Augen übergehn.

Und in diesen Morgenblitzen
Eine hohe Frau zu Roß,
Als wär' mit den Felsenspitzen
Das Gebirge dort ihr Schloß.

Geht ein Klingen in den Lüften,
Aus der Tiefe rauscht der Fluß,
Quellen kommen aus den Schlüften,
Bringen ihr der Höhen Gruß.

Und die grauen Schatten sinken,
Wie sie durch die Dämm'rung bricht,
Und die Kreaturen trinken
Dürstend alle wieder Licht.

Ja, sie ist's, die wir da schauen,
Uns're Königin im Tal!
O Libertas! schöne Fraue,
Grüß' dich Gott vieltausendmal!

Habt Dank, meine lustigen Kameraden! rief da eine wunderliebliche Stimme, die wie ein Glöcklein durch die Einsamkeit klang, und die Lerche stieg sogleich kerzengerade in die Höh' und jubilierte: die Libertas ist da, die Libertas ist da! – es wollt's niemand glauben. Sie war's aber wirklich, die soeben zwischen dem Gesträuch auf den Schloßberg heraustrat. Sie ließ ihr Rößlein frei neben sich weiden und schüttelte die langen wallenden Locken aus der Stirn; die Bäume und Sträucher hatten sie ganz mit funkelndem Tau bedeckt, daß sie fast wie eine Kriegsgöttin in goldener Rüstung anzusehen war. Hinter ihr aber, wo sie geritten, zog sich's wie eine leuchtende Furt durchs Land, denn sie war über Nacht gekommen, der Mond hatte prächtig geschienen und die Wälder seltsam dazu gerauscht, in den Tälern aber schlief noch alles, nur die Hunde bellten erschrocken in den fernen Dörfern und die Glocken auf den Türmen schlugen von selbst an, wo sie vorüberzog.

»Ich wollte doch auch wieder einmal meine Heimat besuchen«, sagte sie jetzt, »die schönen Wälder, wo ich aufgewachsen. Da ist viel abgeholzt seitdem, das wächst so bald nicht wieder nach auf den kahlen Bergen.« Nun erblickte sie erst das geheimnisvolle Schloß und den Ziergarten. »Aber wo bin ich denn hier hingeraten?« fragte sie erstaunt. Es schwieg alles; was wußten die Vögel von dem Baron Pinkus! Es war ihr alles so fremd, sie konnte sich gar nicht zurechtfinden. »Das ist die Burg nicht mehr, wo sonst meine

liebsten Gesellen gewohnt. Mein Gott! wo sind die alten
Linden hin, unter denen wir damals so oft zusammengeses-
sen?« – Darüber wurde sie auf einmal ganz ernsthaft, trat an
den Abhang und sprach laut in die Tiefe hinaus:

> Die gebunden da lauern,
> Sprengt Riegel und Gruft,
> Du ahnend Schauern
> Der Felsenkluft,
> Unsichtbar Ringen
> In der stillen Luft,
> Du träumend Singen
> Im Morgenduft!
> Brecht auf! schon ruft
> Der webende blaue
> Frühling durchs Tal.

Und die Vögel jubelten wieder:

> O Libertas, schöne Fraue,
> Grüß' dich Gott vieltausendmal!

Da ging erst ein seltsames Knistern und Flüstern durch die
Buchsbäume und Spaliere, fast grauenhaft, wie wenn sie
heimlich miteinander reden wollten in der großen Einsamkeit, drauf kam von den Waldbergen auf einmal ein Rauschen immerfort wachsend über den ganzen Garten, es war,
als stiege über die Hecken und Gitter von allen Seiten
verwildernd der Wald herein, die Fontäne fing wie eine Fee
mit kristallenen Gewändern zu tanzen an, und Krokus,
Tulipanen, Königskerzen und Kaiserkronen kicherten lustig
untereinander; im Schloß aber entstand zu gleicher Zeit ein
entsetzliches Krachen und Tosen, daß alle Türen und Fenster aufsprangen. Da kam plötzlich Pinkus, ganz verstört
und zerzaust, aus dem Haupttor mit solcher Vehemenz
dahergeflogen, daß die Schöße seines punktierten Schlaf-

rocks weit hinter ihm dreinrauschten. Er wollte vernünftig
reden, aber der Frühlingssturm hatte ihn mit erfaßt, er
mußte zu seinem großen Ärger in lauter Versen sprechen
und schrie ingrimmig:

> Bin ich selber von Sinnen?
> Im Schlosse drinnen
> Ein Brausen, Rumoren,
> Alles verloren!
> Die Wasser, die Winde,
> Das Feuer, das blinde,
> Die ich besprochen,
> Wild ausgebrochen,
> Die rasen und blasen
> Aus feurigen Nasen,
> Mit glühenden Blicken,
> Brechen alles in Stücken!

Hier stutzte er auf einmal, er hatte die Libertas erblickt, da
schoß ihm plötzlich das Blatt. Er kannte sie zwar nicht von
Person, aber der schlaue Magier wußte nun sogleich, wer die
ganze Verwirrung angerichtet. Ohne Verzug schritt er daher
auf sie los und forderte ihren Paß. Sie betrachtete ihn von
oben bis unten, er sah vom Schreck so windschief und
verschoben aus; sie mußte ihm hellaut ins Gesicht lachen.
Da wurde er erst recht wild und rief die bewaffnete Macht
heraus, die sich nun von allen Seiten mit großer Anstrengung mobil machte, denn der Friedensfuß, auf dem sie so
lange gestanden, war ihr soeben etwas eingeschlafen. Libertas stand unterdessen wie in Gedanken und wußte gar nicht,
was die närrischen Leute eigentlich wollten. Doch sie sollte
es nur zu bald erfahren. Pinkus befahl, die gefährliche
Landstreicherin im Namen der Gesittung zu verhaften. Sie
ward eiligst wie ein Wickelkind mit Stricken umwunden und
ihr, in gerechter Vorsicht, darüber noch die Zwangsjacke
angelegt. Da hätte man sehen sollen, wie bei dieser Arbeit

manchem würdigen Krieger eine Träne in den gewichsten
Schnurrbart herabperlte; aber der Patriotismus war groß
und Stockprügel tun weh. So wurde Libertas unter vielem
Lärm in das mit dem Schlosse verbundene Arbeitshaus abgeführt.

Pinkus aber, nachdem er sich von der Alteration einigermaßen wieder erholt hatte, schrieb sogleich ein großes
Renaissancefest aus, das in einem feierlichen Aufzuge aus
dem chinesischen Lusthause nach dem Schloß bestand und
wohl einer würdigeren Feder wert wäre. Da sah man nämlich zuerst zwölf weißgekleidete Mädchen, eine hinter der
andern vorschreitend, in den chinesischen Saal hereinschwe-
ben, sie trugen auf ihren Achseln eine wunderliche Festgabe,
die wie eine lange Wurst oder wie ein gräulicher Wurm
aussah. Damit traten sie in einer Reihe vor Pinkus, stellten
sich auf das eine Bein und streckten das andere anmutsvoll in
die Luft, während eine jede die rechte Hand auf ihr Herz
legte, mit der linken aber das langschweifige Weihopfer
hoch in die Höhe hob und alle lieblich dazu sangen:

> Wir bringen dir der Treue Zopf
> Von eigner Locken Seide,
> Lang' trag' ihn dein erhabner Kopf
> Zu deines Landes Freude,
> Kopf, Zopf und Lockenseide!

Es war wirklich ein ungeheurer Zopf, den sie eiligst aus
ihren eigenen Locken zusammengewunden hatten. Der
gerührte Pinkus riß sich sofort den Haarbeutel vom Haupt,
verehrte ihn unter angemessenen Worten den Jungfrauen,
um ihn als teures Andenken in dem Prüfungssaale ihrer
Pensionsanstalt aufzuhängen und ließ sich dann den patriotischen Zopf am Genick befestigen, was sich sehr feierlich
ausnahm, denn er schleppte ihn hinten etwas nach, so daß
ihm jeder drei Schritt vom Leibe bleiben mußte, um nicht
unversehens darauf zu treten. Jetzt aber begann der Zug

durch den Garten. Voran schritten, wie eine Schar schnee-
weißer Gänse, die glücklichen Jungfrauen mit dem Haarbeutel auf samtnem Kissen, ihnen folgte der Haushofmeister, an dessen Allongeperücke in der feuchten Abendluft
die Locken aufgegangen waren und wie ein Fürstenmantel
fast bis an die Fersen herabfielen, endlich kam Pinkus selbst,
dem der Kammerdiener den Zipfel des Opferzopfes ehrerbietig nachtrug. Auch der Ziergarten, der seit Libertas
gebunden war, hatte unterdes seine vorige würdige Haltung
wiedergewonnen, und wo Pinkus vorüberschritt, präsen-
tierte der marmorne Herkules mit seiner Keule, der geigende
Apollo salutierte mit dem Fidelbogen und die Tritonen in
den steinernen Becken bliesen auf ihren Muscheln aus Leibeskräften: Heil dir im Siegerkranz!

Die Geschichte machte damals großes Aufsehn in Deutschland. Die Schwalbe schoß ängstlich hin und her und
schwatzte und schrie von allen Dächern und Zäunen: weh,
weh, Frau Libertas ist gefangen! Die Lerche stieg sogleich
wieder kerzengerade in die Höh' und meldete es dem Adler,
die Nachtigall schluchzte und konnt' sich gar nicht erholen,
selbst der Uhu seufzte einigemal tief auf; der Rohrdrommel
aber trommelte sofort Alarm und der Storch marschierte im
Paradeschritt durch alle Wiesen und Felder und klapperte
unablässig zum Appell. Bald wurde es auch weiter im Walde
lebendig; der Hase duckte sich im Kohl und mochte von der
ganzen Sache nichts wissen, der Fuchs wollte erst abwarten,
welche Wendung sie nehmen würde; der biedere Bär dagegen ging schnaubend um und wurde immer brummiger, und
die Hirsche rannten verzweiflungsvoll mit ihren Geweihen
gegen die dicksten Eichen, oder fochten krachend miteinander, um sich in den Waffen zu üben.

Da kam zur selben Stunde der Doktor Magog dahergе-
wandert, der seinen Verleger nicht finden konnte und daher

soeben in großer Verlegenheit war. Der hörte mit Verwunderung das ungewöhnliche Geschrei der Vögel; durch einen entflogenen Star, der reden gelernt, erfuhr er alles, was geschehen, und wollte aus der Haut fahren über diese Nachricht. Ha! rief er, und dabei fuhr ihm wirklich der Ellbogen aus dem Ärmel. Aber sein Entschluß war sogleich gefaßt: er wandte sich eiligst seitwärts nach dem Wald hin. Da erblickte ihn ein Köhler von fern und rief ihm zu, wohin er ginge? – Zum Urwald, erwiderte Magog. – Seid Ihr toll? schrie der Köhler wieder herüber,

> Kehrt um auf der Stelle,
> Dort steht ein Haus,
> Da brennt die Hölle
> Zum Schornstein heraus,
> Und auf der Schwelle
> Tanzt der Teufel Kehraus.

Laßt ihn tanzen! entgegnete Magog und schritt stolz weiter. Der fromme Köhler sah ihm nach, bis er im Walde verschwunden war. So gnad' ihm Gott, sagte er dann und schlug ein Kreuz. Magog aber räsonierte noch lange innerlich: Abergläubisches Volk, das im Mittelalter und in der Religion stecken geblieben! Darum wächst auch der Wald hier so dumm ins Blaue hinein, daß man keinen vernünftigen Fortschritt machen kann.

So war er eine Weile durch das Dickicht vorgedrungen, als er unverhofft eine dünne Gestalt sehr eilfertig auf sich zukommen sah. Es war eine lange, hagere, alte Dame in ganz verschossenem altmodischem Hofstaat, das graue Haar in lauter Papilloten gedreht, wie ein gespickter Totenkopf, die hatte unter jedem Arm eine große Pappschachtel, hielt mit der einen Hand ein zerrissenes Parasol über sich und stützte sich mit der andern auf einen Haubenstock. – »Ist das der rechte Weg zum Urwald?« fragte Magog. – »Gewiß, leider, mein Herr«, erwiderte die Dame, sich feierlich ver-

neigend. »Ja«, setzte sie dann mit außerordentlicher Geschwindigkeit in *einem* Striche fortredend hinzu – »ja, diese
bäuerische ungesittete Nachbarschaft macht sich von Tag zu
Tag breiter, besonders seit einigen Tagen, man sagt, die
famose Libertas sei wieder einmal in der Luft, es ist nicht
mehr auszuhalten in dieser gemeinen Atmosphäre, keine
Gottesfurcht mehr vor alten Familien, aber ich hab' es
meinem hochseligen Herrn Neveu immer vorausgesagt, das
war auch so ein herablassender Volksfreund, wie sie es
nennen, ja das eine Mal embrassierte er sich gar mit dem
Pöbel, da haben sie ihn jämmerlich erdrückt, und nun gar
wir Jungfrauen sind beständigen Attacken ausgesetzt, und
so sehe ich mich soeben bemüßiget zu emigrieren; o Sie
glauben gar nicht, mein Herr, was so eine arme Waise von
Distinktion sich zerärgern muß in der gegenwärtigen Abwe-
senheit aller Tugenden von Stande!« Hier kam sie vor großem Eifer ins Singen und machte plötzlich einen langen
feinen Triller wie eine verdorbene Spieluhr, bis sie sich
endlich ganz verhustete. Magog, der ihr voll Erstaunen
zugehört, brach in ein schallendes Gelächter aus. Darüber
geriet die Dame in solchen Zorn, daß sie verächtlich und
ohne Abschied zu nehmen eiligst weiter emigrierte. – »Ohne
Zweifel die Urtante, da kann ich nicht mehr weit haben«,
dachte Magog und schritt getrost wieder vorwärts.

Bald aber verlor sich der Fußsteig vor seinen Füßen, der
Forst wurde immer wilder und dichter, von fern nur sah er
eine seltsame Rauchsäule über die Wipfel aufsteigen; da
gedachte er der Warnung des Köhlers und des wüsten
Hauses, aus dem die Hölle brennen sollte. Aber ein rau-
chender Schornstein war ihm von jeher ein anziehender
Anblick und so klomm er mühsam eine Anhöhe hinan, um
das ersehnte Haus zu entdecken. Doch zu seinem Schrecken
bemerkte er, daß es ringsum bereits zu dunkeln anfing. Jetzt
begann es auch unten am Boden schon sich geheimnisvoll zu
rühren, Eidechsen raschelten durch das trockne Laub, die
Fledermäuse durchkreuzten mit leisem Flug die Dämme-

rung, aus den feuchten Wiesen krochen und wanden sich überall trägringelnd lange Nebelstreifen und hingen sich an die Tannenäste wie Trauerflöre, und als Magog endlich droben ins Freie trat, stieg die kühle stille Nacht über die Wälder herauf und bedeckte alles mit Mondschein. Auch die Rauchsäule konnte er nicht mehr bemerken, es war als hätte die fromme Nacht die Hölle ausgelöscht. Da beschloß er, hier oben den Morgen abzuwarten, streckte sich auf das weiche Moos hin, schob sein mit Manuskripten vollgepfropftes Reisebündel unter den Kopf, betrachtete dann noch eine Zeitlang die zerrissenen Wolken, die über ihm dahinjagten und manchmal wie Drachen nach dem Monde zu schnappen schienen, und war endlich vor großer Müdigkeit fest eingeschlafen.

So mochte er eine geraume Zeit geruht haben, da meinte er mitten durch den Schlummer ein Geflüster zu vernehmen und dazwischen ein seltsames Geräusch, wie wenn ein Messer auf den Steinen gewetzt würde. Die Stimmen kamen immer näher und näher. »Er schläft«, sagte die eine, »jetzt ist's die rechte Zeit.« – »Ein schlechter Braten«, entgegnete eine andere tiefe Stimme, »er ist sehr mager, hab' seinen Futtersack untersucht, den er unterm Kopfe hat, er lebt bloß von Papier.« – Nun schien es dem Magog, als hörte er auch die emigrierte Tante leise und eifrig dazwischenreden in verschiedenen unbekannten Sprachen, die andern antworteten ebenso, die Wipfel rauschten verworren drein, auf einmal schlug sie wieder ihren schrillenden Triller. Da sprang Magog ganz entsetzt auf – es war ein heiserer Hahn, der fern im Tale krähte. Verstört blickte er um sich, der Morgen blitzte zu seinem Erstaunen schon über die Wälder, er wußte nicht, ob ihm das alles nur geträumt oder sich wirklich ereignet hatte.

Jetzt sah er auch die Rauchsäule von gestern wieder emporwirbeln, er hielt es für einen unverhofften feuerspeienden Berg. Als er indes näher kam, erkannte er, daß es nur eine ungeheure Lehmhütte war, in welcher wahrscheinlich das Frühstück gekocht wurde. In diesen tröstlichen Gedanken ging er also unaufhaltsam darauf los. Auf einmal aber blieb er ganz erschrocken stehen. Denn auf dem Rasenplatze vor der Hütte war ein Riesenweib wahrhaftig soeben damit beschäftigt, ein großes Schlachtmesser zu wetzen. Sie schien ihn nicht zu bemerken oder weiter nicht zu beachten, weil er so klein war, und in demselben Augenblick brachen auch mehrere Riesenkinder mit großem Geschrei aus der Hütte und zankten und würgten und rauften untereinander, daß die Haare davonflogen. Über diesem Lärm aber erhob sich plötzlich eine wunderbare baumlange Gestalt und gähnte, daß ihm die Morgensonne bis tief in den Schlund hineinschien. Der Mann war greulich anzusehen, ungewaschen und ungekämmt, wie ein zerzaustes Strohnest, und hatte eine ungeheure Wildschur an, die war aus lauter Lappen und Fetzen von Fuchsbalg, wilden Schweinshäuten und Bärenfellen zusammengeflickt. – »Herr Rüpel?!« rief da Magog in freudigem Erstaunen. – »Wer ruft mich?« erwiderte der Riese noch halb im Schlafe und sah den Fremden verwundert an. – »*Sie* eben hab' ich aufgesucht«, entgegnete Magog, »eine höchst wichtige Angelegenheit.« – Aber Rüpel hatte gerade mit der Kindererziehung zu tun. »Hetzo!« schrie er den Jungens zu, die noch immer fortrauften, »du da wirst dich doch nicht unterkriegen lassen, frisch drauf!« Dann streckte er unversehens sein langes Bein vor, da stürzten und kollerten die Verbissenen plötzlich verworren übereinander, während die Riesenmutter voller Zorn ihren Kehrbesen mitten in den Knäuel warf. Darüber kamen alle in ein so herzhaftes Lachen, daß der Wald zitterte.

Da nun Magog die Familie in so guter Laune sah, faßte er sich ein Herz und rückte sogleich mit seinem eigentlichen Plane heraus. »Herr Rüpel«, sagte er, »ich bin ein Biedermann und kenne kein Hofieren und keinen Hof, als den Hühnerhof meiner Mutter, aber das muß ich Ihnen rund herausagen: Ihre Macht und Gesinnungstüchtigkeit ist durch ganz Europa ebenso berühmt als geschätzt und ebenso geschätzt als gefürchtet. Darum wende ich mich vertrauensvoll an Ihr großes Herz und rufe: wehe und abermals wehe! die Libertas ist geknechtet! – wollen wir das dulden?« – »Libertas? wer ist die Person?« fragte Rüpel. – »Libertas?« erwiderte Magog, »Libertas ist die Schutzpatronin aller Urwälder, die Patronin dieses langweiligen – wollt sagen: altheiligen Waldes.« – »I bewahre«, fiel ihm hier die Riesin ins Wort, »unsere Grundherrschaft ist das gnädige Fräulein Sybilla da draußen.« – »Was? die mit den Papilloten und großen Haubenschachteln?« rief Magog, den dieser unerwartete Einwurf ganz aus dem Konzept gebracht hatte. Aber er faßte sich bald wieder. »Grundherrschaft!« fuhr er fort, »schützt die Grille Krokodille, der Frosch das Rhinozeros, der Weißfisch den Haifisch? – Wer die Macht hat, ist der Herr und Ihr habt die Macht, wenn die Libertas regiert, und habt die Macht nicht, wenn die Libertas gefangen ist, und die Libertas ist gefangen – ich frage also nochmals, wollen wir das dulden?«

Hier aber wurde er, da er eben im besten Zuge war, durch einen seltsamen Auftritt unterbrochen. Ein Reiher kam nämlich pfeilschnell dahergeschossen, setzte sich gerade auf seinen zerknitterten Kalabreser, drehte ein paarmal mit dem dünnen Halse, verneigte sich dann feierlich vor der Gesellschaft und sagte: »Sie lassen alle ihren Respekt vermelden und es tut ihnen sehr leid, aber sie können heut und morgen nichts bringen, wir haben alle außerordentlich Wichtiges zu tun; schönen guten Morgen!« Und damit sich abermals höflich verneigend, schwang er sich wieder in die Lüfte. – »Guten Morgen, Herr Fischer«, erwiderte Rüpel, ihm ganz verblüfft und mit einer verzweifelten Resignation nachschauend. Jetzt sah man auf einmal auch einen ungeheuern Schwarm wilder Gänse über den Wald fortziehen, einen alten gewiegten Gänserich voran, alle die Hälse wie Lanzen weit vorgstreckt und in einem spitzen Keile dahinstürmend, als wollten sie den Himmel durchbrechen, und dabei machten sie ein so entsetzliches kriegerisches Geschrei, daß man

sein eigenes Wort nicht hören konnte. Währenddes aber
hatte das eine Riesenknabe sich mit dem Ohr auf den Boden
gelegt und sagte: »Draußen im Grund hör' ich ein groß
Getrampel, man kann die Tritte deutlich unterscheiden:
Hirsche, Auerochsen, Bären, Damhirsche, Rehe, zieht alles
wild durcheinander den großen See entlang.« – »Die Toll-
köpfe!« rief die Riesenmutter aus, »da haben sie gewiß
wieder Verdruß gehabt mit dem gnädigen Fräulein und
haben unsern guten Wald in Verruf getan und wandern aus;
denn das Fräulein ist ihnen immer spinnefeind gewesen und
ließ sie mit Hunden hetzen und schinden und braten oben-
drein.«

»Nein, nein, die alte Spinne ist ja selber ausgewandert, ich
bin ihr gestern begegnet«, sagte Magog voll Verwunderung,
»aber warum nehmen Sie sich denn die Sache so sehr zu
Herzen, teuerste Frau von Rüpel?«

»Wie sollt' ich nicht!« erwiderte die Riesin, »ach wir
armen Waldleute müssen uns gar kümmerlich durchhelfen
mit der großen Familie. Sehen Sie, lieber Herr, ich und mein
Mann arbeiten hier für die vornehmen Tiere: Hirsche, Rehe
und anderes Hochwild um Tagelohn, den wir von ihnen in
Naturalien beziehen. Des Abends spricht mancher Edel-
hirsch bei uns ein, wenn er nachts auf die Freite gehen will,
da muß ihm mein Mann die Pelzstiefelchen putzen, dafür
erhalten wir denn die Felle der verunglückten Kameraden
und die abgeworfenen Geweihe in die Wirtschaft. Alle
Morgen aber kommen die Bären und lassen sich ihre Pelze
ausklopfen und bringen uns große Honigfladen, oder ein
paar wilde Schweine lassen sich ihre Hauer schleifen und
werfen uns zum Dank einen fetten Frischling auf die
Schwelle, denn die Zeiten sind schlecht, da kommt es ihnen
auf ein Kind mehr oder weniger nicht an. Ich aber flechte
Nester für die Adler, Habichte und Auerhühner und die
lassen uns dann im Vorüberfliegen einen Hasen oder ein
Zicklein herunterfallen, oder legen uns nachts einige Schock
Eier vor die Tür, wenn sie eben nicht Lust haben, alle aus-

zubrüten. Und nun – ach das große Unglück! jetzt haben wir unsere Kundschaft verloren und stehen ganz verlassen in der Welt, o! o!«– Und hier fing sie jämmerlich zu heulen an und der Riese, der sich lange gehalten, stimmte plötzlich furchtbar mit ein.

Da trat Magog mannhaft mitten unter sie. »Das soll bald anders werden!« rief er; »kennt Ihr das Schloß des Baron Pinkus?« Der Riese entgegnete, er habe es wohl von fern gesehen, wenn er manchmal zur Unterhaltung bis an den Rand des Waldes gegangen, um die Köhler und andere kleine Leute zu schrecken. – »Nun gut«, fuhr Magog fort, »dort eben sitzt die Libertas gefangen. Seht, mich hat auch die Welt nur auf elende Lorbeeren gebettet, daß ich mir an dem stacheligen Zeug schon den ganzen Ärmel am Ellbogen durchgelegen; darum habe ich ein Herz für das arme Riesenvolk. Die Libertas ist eine reiche Partie, wir müssen sie befreien! Dabei kann es vielleicht einige Püffe setzen, was frag' ich danach! Ihr habt ja ein dickes Fell, alles für meine leidenden Brüder! Mit *einem* Wort: Ihr befreit sie und ich heirate sie dann und Ihr seid auf dem Schlosse Portier und Schloßwart und Haushofmeister, eh' man die Hand umdreht. Topp, schlagt ein – aber nicht zu stark, wenn ich bitten darf.«

Darüber war Rüpel ganz wild geworden und schritt, ohne ein Wort zu sagen, so eilig in die Hütte, daß Magog nur mühsam und mit vorgehaltenen Händen tappend folgen konnte. Denn sie stiegen über viele ungeschickte Felsenstufen in eine große Höhle hinab, über welcher der Berg, den Magog für die Hütte gehalten, nur das Dach und den Schornstein bildete. Im Hintergrunde der Höhle hing ein Kessel über dem Feuer, ein zahmer Uhu mit großen funkelnden Augen saß in einem Felsenspalt daneben und fachte mit seinen Flügeln die Flamme an und schnappte manchmal nach den Fledermäusen, die geblendet nach dem Feuer flogen. Die Flamme warf ein ungewisses Licht über die rauhen und wunderlichen Steingestalten umher, die bei den flackernden Widerscheinen sich heimlich zu bewegen schienen, und mächtige Baumwurzeln drängten sich überall wie Schlangen aus den Wänden, in der Tiefe aber hörte man ein Picken und Hämmern und unterirdische Wasser verborgen gehen, und dazwischen rauschte der Wald immerfort durch die offene Tür herein. Rüpel aber rumorte eifrig in der Höhle herum, er schien allerlei zusammenzusuchen. Auf einmal wandte er sich zu Magog: »Und damit Punktum, ich geh' mit auf die Befreiung!«

Da nun die Riesin merkte, wo das alles eigentlich hinauswollte, wurde sie plötzlich ganz empfindlich und nannte ihren Mann einen alten Bummler und den Magog einen verlaufenen Schnappsacksspringer, der nur gekommen, das häusliche Familienglück zu stören. Vergebens hielt ihr Magog den Patriotismus und den gebieterischen Gang der neuen Weltgeschichte entgegen. Sie behauptete, sie hätten schon hier im Hause Geschichten genug und nicht nötig, noch neue zu machen, und die ganze Geschichte ging die Welt gar nichts an! So entspann sich unversehens ein bedenklicher Streit. Rüpel fluchte, die Riesin zankte, die Kinder schrien und draußen war von dem Lärm das Echo aus dem Morgenschlummer erwacht und schimpfte immerfort mit drein, man wußte nicht, ob auf Rüpel, auf Magog oder auf die Riesin.

Da hob sich auf einmal im Boden ein Stein dicht neben Magog, der erschrocken die Beine einzog, denn er meinte, es wollte ihn ein Riesenmaulwurf in die Zehen beißen. Es war aber nur eine heimliche Falltür und aus dieser fuhr mit halbem Leibe ein winziges Kerlchen mit altem Gesicht und spitzer Mütze zornig empor: »Was macht Ihr heute hier oben wieder für ein greuliches Spektakel«, sagte er mit seiner dünnen Stimme, »wenn Ihr nicht manierlicher seid, kündigen wir Euch die Miete auf!« Dabei tat es einen glühenden Blick aus der Tiefe herauf und Magog konnte durch die Öffnung weit hinabschauen. Da sah er unzählige kleine Wichte, jedes eine Grubenlampe auf dem Kopf, in goldnen

Eimern wundersam singend auf und nieder schweben, und ganz unten blitzte und funkelte es bei den vielen irrenden Lichtern von Diamanten, Kristallen und Saphiren wie ein prächtiger Garten. – »Um Gottes willen«, rief die Riesin ihm leise und ängstlich zu, schaut nicht so hin, man wird wahnsinnig, wenn man lange da hinuntersieht; das sind unsere Hausherren, die Zwerge und Grubenleute, die unter uns wohnen und uns diese Dachkammer für ein Billiges überlassen haben.« Aber Rüpel, dem noch der vorige Zank in den Gliedern steckte, hatte schon mit dem Fuße nach dem Zwerglein gestoßen und hätte es sicherlich zertreten, wenn es nicht fix wieder untergeduckt und den Stein hinter sich zugeklappt hätte.

Sodann ergriff Rüpel rasch seinen knotigen Wanderstab, warf einen Sack über die Schultern und stand in seinen Pelzhäuten wie eine Kürschnerbude reisefertig in der Tür. Da hätte man nun die feierliche Abschiedsszene sehen sollen, die wohl geeignet war, ein fühlendes Herz mit den sanftesten Regungen zu erfüllen! Die Riesin hing mit aufgelöstem Haar am Halse des geliebten Mannes und schluchzte außerordentlich: auch von *seinem* gerechten Schmerze zeugte eine ungeheure Träne im Auge, die lieben Kleinen umklammerten kindlich lallend die Knie ihres verehrten Erzeugers, da hörte man nichts, als die süßen Namen: Papa und teurer Gatte und treue Lebensgefährtin! Aber Rüpel zerdrückte die Träne und riß sich los wie ein Mann. »Weib, du sollst von mir hören!« rief er und schritt majestätisch in den Wald hinein und Magog versäumte nicht, ihm auf das allereilfertigste nachzufolgen, denn hinter ihnen hörte er noch immer die Stimme der verwaisten Familienmutter und konnte nicht recht unterscheiden, ob sie noch immer weinte oder etwa von neuem schimpfte.

Endlich war alles verhallt, man vernahm nur noch den Tritt der einsamen Wandrer. Magog bemerkte mit vieler Genugtuung den langen Fortschritt seines Reisekumpans, und da er seinen Rücken recht betrachtete, freute er sich dieser breitesten Grundlage und lud ihm auch noch sein eigenes Ränzel mit auf, das freilich nicht sonderlich schwer war. Durch die Wildnis aber wehte ihnen ein kräftiger Waldhauch entgegen, da wurden beide ganz lustig. Rüpel erzählte, wie er eigentlich von dem berühmten deutschen Bärenhäuter abstamme, Magog aber stimmte sein Lieblingslied an:

> Von des Volkes unverjährbaren Rechten
> Und der Tyrannen Attentaten,
> Die die Völker verdummen und knechten,
> Fürsten und Pfaffen und Bürokraten.

»Und Bier und Braten!« fiel hier Rüpel jubelnd mit ein. – »Haben Sie etwas mit?« wandte sich Magog rasch herum. Rüpel schüttelte mit dem Kopfe. – »Ha, also nur immer vorwärts, vorwärts!« ermutigte Magog.

Über dem Singen und den vergnügten Gesprächen aber hatte Rüpel unvermerkt den rechten Weg verloren. Vergebens bestieg er nun jeden Berg, um sich begegneten, um sich wieder zurechtzufinden; man sah nichts als Himmel und Wald, der wie ein grünes Meer im frischen Winde Wellen schlug, so weit die Blicke reichten. Und fragen konnten sie auch niemand. Denn der Lärm, den sie unterwegs machten, war groß, und wo sie etwa ein einsamer Hirt oder Jäger hörte und des erschrecklichen Riesen ansichtig wurde, entfloh er sogleich oder verbarg sich im dicksten Gebüsch, bis sie vorüber waren. So irrten sie den ganzen Tag umher.

Des Abends, da sie schon sehr hungrig waren, kamen sie endlich an eine anmutige Anhöhe, an der unten ein Fluß vorüberging. Jenseits des Flusses aber lag ein weiter wüster Platz, rings vom finstern Walde eingeschlossen, und auf dem

Platze lagen einzelne große Felsblöcke zerstreut, wie Trümmer einer verfallenen Stadt, was sehr einsam anzusehen war. Auf dieser Höhe machte Rüpel plötzlich halt und ließ den Magog seitwärts zwischen das Gebüsch treten und sich dort ganz still verhalten. Er selbst aber setzte sich mitten auf die Höhe, zog sein haariges Wams, gleich einer Nebelkappe, aus der nur seine großen Augen hervorfunkelten, bis über den Kopf herauf, kniff aus den Fellen ein Paar seltsame Ohren darüber und breitete mit beiden Armen den Pelzmantel aus wie zwei Flügel, so daß er wie eine ungeheure Nachteule aussah. Es dauerte auch nicht lange, so kamen von allen Seiten die schreckhaftesten Vögel, wilde Auerhühner, Birkhähne und Fasanen mit großem Geschrei herbei und stießen und hackten auf das Ungetüm; und als der Schwarm am dicksten, schlug er rasch beide Pelzflügel über ihnen zusammen und schob alles in seine weitläufigen Manteltaschen. – »Das hab' ich von meinem Urgroßvater Kauzenweitel gelernt«, rief er sehr zufrieden aufstehend zu Magog hinüber. Dann ging er zu dem Fluß hinab und streckte sich unter dem hohen Schilfe platt auf den Leib am Ufer hin. Magog meinte, er sei durstig und wolle den Fluß austrinken; aber Rüpel ließ bloß seinen verworrenen Bart ins Wasser gleiten, den hielten die klügsten Hechte und die breitmauligsten Karpfen für spielendes Gewürm und so oft sie danach schnappten, schnappte Rüpel auch nach ihnen und hatte gar bald mehrere Mundvoll auserlesene Fische aufs Trockne gebracht. Darauf kehrte er wieder zu Magog zurück, holte aus seinem Reisesack einen Feldkessel, Bratspieß, Messer und Gabeln hervor und schlug sich mit der Faust auf beide Augen, daß es Funken gab. Daran zündete er ein großes Feuer an und fing sogleich mit vielem Eifer zu kochen und zu braten an; und eh' es noch dunkel wurde, saßen beide Wanderer um die lustige Flamme gelagert und schmausten in freudereichem Schalle.

Unterdes war die Nacht herangekommen, in dem Feuer neben ihnen flackerte nur noch manchmal ein blaues

Flämmchen auf; sie richteten sich daher in dem trocknen Laube, so gut es gehen wollte, zur Ruhe ein und waren auch beide sehr bald eingeschlafen. Es mochte aber noch lange nicht Mitternacht sein, als Magog, wie in seiner ersten Reisenacht, wieder ein seltsames Rauschen und Murmeln vernahm, das bald schwächer, bald wieder lauter wurde, fast wie das verworrene Brausen einer fernen Stadt. Er richtete sich mit halbem Leibe auf, aber diesmal war es kein bloßer Traum. Denn obgleich der Mond zwischen vorüberjagendem Gewölk den wüsten Platz jenseits des Flusses nur flüchtig beleuchtete, so konnte er doch zu seinem Erstaunen deutlich bemerken, daß der Platz jetzt ganz belebt war. In einem weiten Halbkreise am Waldrande drüben lagen nämlich, dicht Kopf an Kopf gereiht, zahllose Auerochsen, zunächst hinter ihnen standen Rehe und Damhirsche, über diese hinweg starrte dann ein ganzer Wald von Hirschgeweihen und weiterhin noch bis tief in die Schatten des Waldes schien es verworren zu wimmeln und zu drängen, denn so oft ein Mondstrahl das Dunkel streifte, sah man da und dort den Kopf eines Einhorns oder bärtigen Elends sich abenteuerlich hervorstrecken, und zwischen ihren Beinen Marder, Iltis und andere geringe Tiere geschäftig hin und her schlüpfen. Selbst die Bäume, die den Platz von der einen Seite umschlossen, waren von allerlei großen und kleinen Vögeln bedeckt, daß sie aussahen wie Weinstöcke im Herbst und man nicht wußte, was Blatt oder Vogel war, rings um den Platz aber machten Störche ernsthaft die Runde und hoben die langen Schnäbel gegen den Wind, ob etwa von fern ein Feind nahe.

»Aha, das sind gewiß die Tiere, die der Riesenknabe schon heute früh in der Ferne hat marschieren gehört«, dachte Magog und wollte, als er sich vom ersten Erstaunen ein wenig erholt, geschwind den Rüpel wecken und rüttelte und schüttelte ihn mit großer Anstrengung aus Leibeskräften. Der tat aber nach der guten Mahlzeit einen schweren Schlaf, er hob bloß den Kopf in die Höh' und glotzte ihn an, ohne etwas zu sehen, dann wälzte er sich auf die andere Seite und schnarchte so schrecklich weiter, daß von dem Atem die nächsten Bäume sich auf und nieder bogen.

Nun schaute Magog still und unverwandt nach dem Platze hinüber, denn er war sehr neugierig, was die Tiere in dieser Einsamkeit eigentlich vorhätten. Da sah er, wie ein Auerochs plötzlich aus der vorderen Reihe brach, mit einem gewaltigen Satze auf einen der umherliegenden Steinblöcke sprang und, nachdem er mit seinem zottigen Haupte sich dreimal vor der Versammlung verneigt, sofort eine donnernde Rede begann. Dabei brüllte er mitten im Sprechen oft plötzlich furchtbar auf, scharrte mit dem einen Vorderfuß, ringelte wütend den Schweif in die Luft und schüttelte die Mähne, daß man beim Mondschein seine rotglühenden Augen rollen sah. Magog konnte nichts davon verstehen, aber die Rede mußte sehr hinreißend sein, denn als er endlich von dem Steine wieder zu seinen Kameraden zurücksprang, ging ein freudiges Brüllen, Schnurren und Scharren durch die ganze Versammlung und alle Hirsche schlugen mutig mit ihren Geweihen zusammen. Darauf hatte ein Bär das Wort erhalten. Auch dieser kletterte bedächtig auf einen der Steine herauf, stellte sich auf die Hinterbeine und streckte während seiner Ansprache bald das eine, bald das andere Vorderbein weit vor sich aus, dann legte er die eine Tatze an sein Herz – er konnte vor Rührung nicht weiter und mußte abtreten. Jetzt ließ sich unerwartet aus irgendeinem dunkeln Winkel ein Uhu auf dem Steine nieder. Das wollten die andern Vögel durchaus nicht leiden, ja ein kecker Nußhäher schoß plötzlich hervor und hackte nach ihm, aber die wachthabenden Störche stellten klappernd sogleich die Ruhe wieder her. Nun schüttelte der Uhu seine Federn auf, daß er aussah wie eine Allongeperücke, klappte zum Gruß dreimal mit dem Schnabel, setzte eine Brille auf und fing aus einem Blatte, das er mit der einen Klaue vor sich hielt, zu lesen an. Er schien alles sehr weitläufig und gründlich auseinanderzusetzen, denn die ganze Gesellschaft hörte dem gelehrten Redner so aufmerksam zu, daß man dazwischen das Wiederkäuen der Ochsen vernehmen konnte; nur die ungeduldigen Vögel in den Bäumen, die nun einmal ärgerlich geworden, störten leider zuweilen die feierliche Stille durch plötzliches ungebührliches Schreien und Raufen. Unterdes aber ging die Vorlesung ohne Komma und ohne Punktum in *einem* Tone immer fort und fort, wie murmelnde Bäche und spinnende Kater, und Magog wußte nicht, wie lange die Rede gedauert, denn ehe sie noch ihr Ende erreicht hatte, war er über dem einförmigen Gemurmel, so sehr er sich auch dagegen sträubte, unaufhaltsam eingeschlummert.

Er hätte auch wahrscheinlich bis in den Tag hinein geschlafen, wenn ihn nicht mitten in der Nacht Rüpel auf einmal durch unablässiges Rufen geweckt hätte. Sein erster Blick fiel auf den geheimnisvollen Platz drüben, der war aber, als wäre eben nichts geschehen, wieder so still und einsam wie gestern. Rüpel aber verzehrte bereits mit großem Appetit die Überbleibsel vom gestrigen Mahle und hatte auch ein gut Stück davon für Magog zurückgelegt. Da dieser ihm nun erzählte, was er in der Nacht jenseits des Flusses gesehen, gab Rüpel wenig darauf und meinte, das sei ohne Zweifel eine geheime Verschwörung, da kümmere er sich nicht darum, wenn er nur sein Auskommen habe. Mit dem Auskommen aber stehe es heute gerade sehr schlimm. Er habe nämlich jetzt erst an den Gestirnen die rechte Richtung erkannt, sie seien ganz auf den Holzweg geraten und hätten noch weit zu gehen. In dieser Richtung gebe es jedoch keinen Fluß, um darin zu fischen, und mit dem vom seligen Kauzenweitel ererbten Kunststück sei es auch nichts, weil die verschwornen Vögel heut alle nicht zu Hause seien. Sie mußten daher eilen, um womöglich noch in der Nacht ihr Ziel zu erreichen.

So geschah es also, daß sie noch zur selben Stunde, nachdem sie sich gehörig gestärkt hatten, ihren Befreiungszug unverdrossen wieder fortsetzten. War aber schon der

Anfang dieser Nacht schön gewesen, so war sie jetzt noch viel tausendmal schöner. Die Sterne blinkten durch das dunkle Laub, als ob die Bäume silberne Blüten trügen und der Mond ging wie ein Einsiedler über die stillen Wälder und spielte melancholisch mit der schlummernden Erde, indem er bald einen Felsen beleuchtete, bald einen einsamen Grund in tiefen Schatten versenkte und Berg und Wald und Tal verworren durcheinanderstellte, daß alles fremd und wunderbar aussah. Auf einmal blieb Rüpel stehen, denn ein seltsam schweifendes Licht streifte die Spitzen des Gebüsches vor ihnen. Sie bogen die Zweige vorsichtig auseinander und erblickten nun mehrere schöne schlanke Mädchengestalten in leuchtenden Gewändern, die sich bei den Händen angefaßt hatten und dort einen Ringeltanz hielten. Ihre langen blonden Haare flogen in der leisen Luft, daß es wie ein Schleier von Mondschein um sie herwehte, und doch sahen sie aus wie Kinder und berührten mit den zierlichen Füßchen kaum den Boden, und wo sie ihn berührten, schimmerte das Gras von goldnem Glanze. Dabei sangen sie überaus lieblich:

> Luft'ge Kreise, lichte Gleise
> Von Gesang und Mondenschein
> Zieh'n wir leise dir zur Reise,
> Kehre bei uns Elfen ein!

Das ließen sich die Reisenden nicht zweimal sagen und eilten sehr erfreut über die große Höflichkeit aus ihrem Versteck hervor. Kaum waren sie indes auf den freien Platz herausgekommen, so war plötzlich die ganze Erscheinung lautlos verschwunden und sie schwankten auf einem mit trügerischem Rasen bedeckten Moorgrund, in welchem Rüpel sogleich bis über die Knie versank. Dabei glaubten sie hie und da heimlich lachen zu hören, konnten jedoch durchaus niemand mehr entdecken. Rüpel aber, um sich zu helfen, griff wütend um sich, erwischte den Magog, der soeben

schon wieder aufs Trockne sprang, beim Rockzipfel und riß
ihm einen Schoß seines alten Frackes glatt weg, worüber der
Doktor höchst entrüstet wurde und beide in einen sehr
unangenehmen und lauten Wortwechsel gerieten.

Nachdem sie sich endlich herausgearbeitet und an dem
Moose möglichst wieder gesäubert hatten, sagte Rüpel: »Ja,
in dieser Gegend ist's nicht recht geheuer, hier nahebei muß
auch der stille See liegen mit dem versunkenen Schlosse; man
kann, wenn's windstill ist, tief im Grunde noch die Türme
sehen und manchmal in schönen Sommernächten taucht es
herauf, bis die ersten Hähne krähen.« Und in der Tat, der
unheimliche Spuk wollte gar nicht aufhören, je weiter sie in
der verrufenen Gegend fortschritten. Irrlichter hüpften
überall über den Weg vor ihnen und spielten und wanden
sich untereinander wie junge Kätzchen; dann fuhren sie
neckend nach Rüpels Bart; setzten sich auf Magogs Hut
oder haschten von hinten nach ihm, als wollten sie ihm den
noch übriggebliebenen Frackschoß abreißen. Rüpel sagte:
»Die närrischen Dinger werden mir noch meine Wildschuhe
anzünden«, und suchte immerfort eines zu greifen und da es
jedesmal mißlang, brach er endlich in ein so herzhaftes
Lachen aus, daß es weit durch den Wald schallte und die
Irrlichter erschrocken nach allen Seiten auseinanderfuhren.

»Hab' ich's nicht gesagt?!« rief dann Rüpel, indem er
plötzlich ganz erschrocken stillstand und mit dem Finger in
die Nacht hinauswies. Magog wandte sich rasch herum und
erblickte in der Waldeinsamkeit einen großen klaren See,
und mitten in dem See ein schneeweißes Schloß mit goldenen Zinnen, das sich wie ein schlummernder Schwan im
Wasser spiegelte, und rings um das Schloß herum schien
ein Garten mit Myrten, Palmen und andern wunderbaren
Bäumen gleichfalls zu schlummern, so still war es dort.
Jetzt aber erhoben sich auf einmal einige Elfen, die unter
den Palmen geschlafen hatten, dann immer mehrere, und
gleich darauf sah man sie alle wie Johanniswürmchen geschäftig hin und her irren, als würde dort ein großes Fest

vorbereitet. Dabei streiften sie im Vorüberschweben mit ihren Fingerspitzen Bäume, Blumen und Sträucher, die von der flüchtigen Berührung allmählich in hundertfarbigem Glanze, wie lauter Bergkristalle, Rubinen, Smaragden und Saphire zu leuchten anfingen, und wenn die Luft durch den Garten ging, gab es einen wunderbaren Klang, als ob der Mondschein selber sänge. – »Das ist ihr Traumschloß«, flüsterte Rüpel dem Magog zu und wandte kein Auge von der prächtigen Illumination. Magog aber warf stolz den Kopf zurück. »Einfältiges Waldesrauschen, alberne Kobolde, Mondenschein und klingende Blumen«, sagte er mit außerordentlicher Verachtung, »nichts als Romantik und eitel Märchen, wie sie müßige Ammen sonst den Kindern erzählten. Aber der Menschengeist ist seitdem mündig geworden. Vorwärts! die Weltgeschichte wartet draußen auf uns.« Mit diesen Worten drängte er den kindischen Riesen fort zu verdoppelter Eile und ruhte nicht, bis der Blumengesang und der schimmernde Garten hinter ihnen verklungen und versunken.

Das war aber nun einmal eine wahre Hexennacht, denn sie mochten kaum noch eine Stunde lang gegangen sein, so hörten sie schon wieder ein seltsames Geräusch vor sich, ein Schwanken und Knistern in den Zweigen und Hufklang dazwischen, immer näher und näher, wie wenn jemand rasch und heimlich durch das Dickicht bräche. Und es war auch wirklich ein flüchtiger Zug, der gerade auf sie zukam. Voran eilten viele Irrlichter in lustigen Sprüngen, um unter den Eichenschatten den Weg zu zeigen, dann folgte ein Hirsch und auf dem Hirsche saß eine sehr schöne Dame, von ihren Locken, wie von einem goldnen Mantel, durch den die Sterne schienen, rings umwallt und einen Kranz ums Haupt, der in grüngoldenem Feuer funkelte. Als sie die beiden Wanderer gewahrte, stutzte sie und auf einen Wink von ihr hielten Hirsch und Irrlichter plötzlich an. Rüpel verneigte sich so tief er's vermochte und wagte kaum verstohlen aufzublinzeln, während die Irrwische, die keinen

Augenblick ruhig bleiben konnten, sich schon wieder mit
Magogs verwitwetem Rockschoß zu schaffen machten.
»Was sucht Ihr hier?« fragte die Reiterin, die Fremden mit
einem strengen und durchdringenden Blick betrachtend. –
»Die Libertas«, entgegnete Magog stolz. Da lachte die Dame
und winkte wieder, und wieder eilten die Irrlichter voran
und flog der Hirsch mit seiner schönen Herrin über den
Rasen fort – sie schienen nach dem Traumschlosse hinzu-
ziehen.

Jetzt erst richtete sich Rüpel mühsam aus seiner Devotion
wieder auf; »gewiß Ihre Majestät die Elfenkönigin«, rief er,
dem Zuge noch lange nachsehend. »Das wäre mir eine
schöne Königin«, erwiderte Magog, »ihr Diadem war nicht
einmal echt, nichts als leuchtende Johanniswürmchen.«

———

Der Morgen fing endlich an zu dämmern, in der Ferne
krähte schon ein Hahn; da bog Rüpel bald da, bald dort die
Wipfel auseinander und spähte unruhig nach allen Seiten
umher. »Jetzt hab' ich's!« rief er auf einmal, »dort ist das
Schloß des Baron Pinkus.« – »Das trifft sich ja vortrefflich«,
entgegnete Magog, »es scheint noch alles zu schlafen dro-
ben, wir müssen das Schloß überrumpeln. Der Star hat mir
alles ausführlich beschrieben; dort in dem Eckturm sitzt die
Libertas gefangen. Sie, lieber Herr Rüpel, haben gerade die
gehörige Leibeslänge, Sie langen also ohne weiteres in das
Turmfenster hinein und heben die Gefangene in meine
Arme. Ja, jetzt gilt's: Entführung, Hochzeit, Tod oder
Haushofmeister!« Nun aber hatte er seine Not mit dem
Riesen, der nicht so leise auftreten konnte, wie es die
Wichtigkeit des entscheidenden Augenblicks erheischte und
überdies bald Eicheln knackte, bald wieder einen Ast ab-
brach, um sich die Zähne zu stochern. Jetzt glaubten sie in
dem Schloßhofe einen Hund anschlagen zu hören. »Um des
Himmels willen«, flüsterte Magog seinem Gefährten zu,

»nur still jetzt, sachte, sachte!« – So zogen sie sich vorsichtig am Rande des Waldes hin, als ob sie ein Eulennest beschleichen wollten.

Da sahen sie zu ihrer nicht geringen Verwunderung auf einmal einen glänzenden Punkt sich wie eine Sternschnuppe übers Feld bewegen. Es kam immer näher und bald konnten sie deutlich unterscheiden, daß es eine Frauengestalt und die Sternschnuppe eine glimmende Zigarre war, die sie im Munde hielt. Sie kam, wie es schien, in großer Angst vom Schlosse gerade auf sie dahergeflogen: eine prächtige Amazone mit Schärpe, Reitgerte und klingenden Sporen, ein zierliches Reisebündel unter dem Arm. Jetzt stand sie atemlos dicht vor Magog, den sie beinah umgerannt hätte. – »Mein Ideal!« rief sie da plötzlich aus, und »Libertas!« schallte es aus Magogs entzücktem Munde herüber. Sie hatten einander im Augenblick erkannt, ein geheimnisvoller Zug gleichgestimmter Seelen riß Herz an Herz, und in einer langen stummen Umarmung ging ihnen die Welt unter und die Ewigkeit auf. – Unterdes war auch Rüpel neugierig zwischen den Bäumen hervorgetreten, da erschrak die Dame sehr und sah ihn scheu von der Seite an. Rüpel aber, dem ihr neckisches Wesen gefiel, wurde auf einmal sehr galant, wollte ihr seine Bärenhaut unterbreiten und sie in seinem Futtersack durch den Wald tragen, ja er versuchte sogar in seiner Lustigkeit auf dem Rasen eine Menuett auszuführen, die er einst die alte Urtante hatte tanzen gesehen. Nun wurde auch die Dame wieder ganz vertraulich und erzählte, wie sie es auf dem barbarischen Schlosse nicht länger habe aushalten können; dann geriet sie immer mehr in sichtbare Begeisterung und sprach von Tyrannenblut, von Glaubens-, Rede-, Preß- und allen erdenklichen Freiheiten. Da hielt sich Magog nicht länger, reckte zum Treuschwur den Arm hoch zu den Göttern empor, reichte ihr darauf die Rechte und verlobte sich sogleich mit ihr, und Rüpel schrie in einem fort Vivat! dazu.

Über diesem Freudengeschrei aber entstand nach und nach ein bedenkliches Rumoren im Schlosse. Die Verliebten draußen merkten es gar nicht, wie erst einzelne Wachen verdächtig über das stille Feld fast bis zum Walde streiften und dann eiligst wieder zum Schlosse zurückkehrten. Auf einmal aber tat sich das Schloßtor auf und die ganze bewaffnete Macht schritt mit dem Feldgeschrei: »die Libertas ist entwischt!« todesmutig daraus hervor. Dazwischen konnte man deutlich die Stimme des Baron Pinkus unterscheiden, der entrüstet gegen das Dasein von Riesen und dergleichen abergläubischen Nachtspuk, wovon die Streifwachen gefabelt, im Namen der Aufklärung protestierte. Jetzt aber erblickten sie den Rüpel, den sie anfangs für einen knorrigen Baumstamm angesehen hatten, und hielten plötzlich an. Niemand wagte sich zu regen, es war so still, daß man fast die Gedanken hören konnte; überall nichts als ein irres Flüstern mit den Augen, todbleiche Gesichter und fliegende Röte dazwischen, kurz, alle Symptome einer allgemeinen Verschwindsucht. Bei Pinkus endlich kam sie zum Ausbruch. Erst ganz leise mit langen langen Schritten, den Kopf noch immer zurückgewendet, dann unaufhaltsam in immer weitern Sprüngen, daß ihm der Opferzopf hoch in der Luft nachflog, stürzte er nach dem Schlosse und die bewaffnete Macht in wildester Flucht ihm nach. Rüpel hatte eben nur noch Zeit genug, den behenden Pinkus mit ein paar gewaltigen Sätzen am Zipfel seines Zopfes zu erfassen, aber er behielt den Zopf allein in der Hand und damit hieb er wütend rechts und links und trieb sie alle vor sich her; ja, er wäre ohne Zweifel mit ihnen zugleich in das Schloß gedrungen, wenn er nicht in der Hitze des Gefechts an den Schwibbogen des Tores mit solcher Vehemenz mit dem Kopfe angerannt wäre, daß er unversehens rücklings zu Boden fiel, was den empfindlich Geschlagenen notdürftigen Vorsprung gewährte, sich in das Schloß zu salvieren und, ehe Rüpel sich wieder aufraffte, die eisernen Torflügel dicht vor ihm krachend zuzuwerfen.

Nun wandte sich Rüpel sehr vergnügt um, mit Magog weitern Kriegsrat zu pflegen. Aber wie erstaunte er, als er niemand hinter sich erblickte. Vergebens ging und rief er am Rande des Waldes auf und nieder, die beiden Liebenden waren spurlos verschwunden. Die Libertas mag sich wohl vor dem Schlachtlärm etwas tiefer in den Wald zurückgezogen haben, dachte er; er hoffte noch immer sie wiederzufinden und ging und rief von neuem immer weiter fort, worüber er aber mit dem Echo, das ihm lauter unvernünftige Antworten gab, in einen ebenso heftigen als fruchtlosen Wortwechsel geriet. Und so hatte er denn von der ganzen großen Unternehmung nichts als ein paar neuer Löcher in seiner alten Wildschur gewonnen und schritt endlich voller Zorn und so eilfertig wieder in den Urwald zurück, daß wir ihm unmöglich weiter nachgehen können.

––––––––––

Wie aber war die Libertas so unverhofft aus ihrem Turme entkommen?

Wir haben schon früher gesehen, daß seit ihrer Gefangenschaft im Pinkus'schen Schlosse und Garten die gute alte Zeit wieder repariert und neu vergoldet worden, wo sie durch ihre impertinente Einmischung etwa gelitten hatte. Alles schämte sich pflichtschuldigst der augenblicklichen Verführung und Verwilderung; in der schillernden Mittagsschwüle plätscherten die Wasserkünste wieder wie blödsinnig immerfort in endloser Einförmigkeit; die Statuen sahen die Buchsbäume, die Buchsbäume die Statuen an und die Sonne vertrieb sich die Zeit damit, auf den Marmorplatten vor dem Schlosse glitzernde Schnörkel und Ringe zu machen; es war zum Sterben langweilig. Libertas hatte daher schon lange nachgedacht, wie sie sich befreien könnte, und sann und sann, bis endlich die Nacht der ganzen Industrie im Schloß das Handwerk gelegt und draußen die Welt

ungestört wieder aufatmete. Auch der Schwan auf dem
Wallgraben unter dem Turm war nun eingeschlummert und
drüben standen die Wälder im Mondschein. Da trat Libertas
an das offene Fenster und sprach:

> Wie rauscht so sacht
> Durch alle Wipfel
> Die stille Nacht,
> Hat Tal und Gipfel
> Zur Ruh gebracht.
> Nur in den Bäumen
> Die Nachtigall wacht
> Und singt, was sie träumen
> In der stillen Pracht.

Die Nachtigall aber antwortete aus dem Fliederbusche
unten:

> In der stillen Pracht,
> In allen frischen Büschen, Bäumen flüstert's in Träumen
> Die ganze Nacht,
> Denn über den mondbeglänzten Ländern
> Mit langen weißen Gewändern
> Ziehen die schlanken
> Wolkenfrauen, wie geheime Gedanken,
> Senden von den Felsenwänden herab die behenden
> Frühlingsgesellen: die hellen Waldquellen,
> Um's unten zu bestellen
> An die duftigen Tiefen,
> Die tun, als ob sie schliefen,
> Und wiegen und neigen in verstelltem Schweigen
> Sich doch so eigen mit Ähren und Zweigen,
> Erzählen's den Winden,
> Die durch die blühenden Linden,
> Vorüber an den grasenden Rehen
> Säuselnd über die Seen gehen,

Daß die Nixen verschlafen auftauchen
Und fragen,
Was sie so lieblich hauchen?
Ich weiß es wohl, dürft' ich nur alles, alles sagen.

Hier kam plötzlich ein Storch aus dem Gesträuch und klapperte zornig nach dem Fliederbusche hin, und die Nachtigall schwieg auf einmal. – Was hat nur der Storch mit der Nachtigall zu so später Zeit? er ruht doch sonst auch gern bei Nacht, sagte Libertas zu sich selbst und wußte gar nicht, was sie davon denken sollte.

Aber die Nachtigall wußte es recht gut, und daß sie in der Nähe des Schlosses nicht so viel ausplaudern sollte; denn unter den freien Tieren des Waldes war in jener großen nächtlichen Versammlung, die Magog auf seiner Wanderschaft von ferne mit angesehen hatte, eine geheime Verschwörung gemacht worden und sollte eben in der heutigen Nacht zum Ausbruch kommen. Schon am vorigen Abend war es den Landleuten, die vor Schlafengehen noch ihre Saaten in Augenschein nahmen, sehr aufgefallen, wie da über der Au im Tale, wo die glänzenden Sommerfäden an den Gräsern hingen, so viele Schwalben emsig hin und her schweiften und mit ihren Schnäblein die Fäden aufrafften, so viel eine jede im Fluge erhaschen konnte, daß sie, als sie damit durch die Luft flogen, wie in langen silbernen Schleiern dahinzogen. Dieses feine Gespinst aber breiteten die Schwalben sodann auf einer einsamen Waldwiese im Mondschein aus; da kamen hurtig unzählige kleine Spinnen, die schon darauf gewartet, rote, braune und grüne, und drehten die Fäden fleißig zusammen und woben, damit es besser aussähe, auch etwas Mondschein darein, während die Johannesfünkchen ihnen dabei leuchteten und die Heimchen dazu sangen. Kaum aber hatten sie die letzten Maschen geknüpft, so säuselte es leise leise durch die Stille, von allen Seiten kamen Bienen, die heute Schlaf und Honig vergaßen, dicke Päckchen an ihren Füßen, die streckten und steiften mit

dem Wachs das ganze Gespinst gar kunstreich zu einer
langen Strickleiter. Unterdes sah man bei dem klaren Mondlicht bald da, bald dort am Waldessaume ein Reh mit den
klugen Augen hervorgucken und schnell wieder im Dickicht
verschwinden, denn das wachsame Wild machte die Runde,
um sogleich zu warnen, wenn etwa Verrat drohte. Der
getreue Storch aber, der vorher die Nachtigall wegen ihrer
Plauderhaftigkeit ausgescholten, stand die ganze Zeit hindurch, nur ein paar Mal wider Willen einnickend, unbeweglich auf einem Beine bei den Spinnen und Bienen, um auf ihr
Werk aufzupassen und ohne Nachsicht jeden wegzuschnap-
pen, der sich bei der Arbeit saumselig zeigte. Und als die
Leiter fertig war, prüfte er sie bedächtig, hing sie dann an
den Ast des nächsten Baumes und stieg selbst daran hinauf,
um zu versuchen, ob sie fest genug, wobei er sich aber so
ungeschickt und seltsam anstellte, daß die kleinen behenden
Kreaturen ringsumher einigemal heimlich kichern mußten
und die Heimchen neckend: Storch, Storch Steiner, hast so
lange Beine! zu ihm hinüberriefen, worüber er jedesmal sehr
böse wurde und mit seinem langen Schnabel nach ihnen
hackte.

Als er nun aber sah, daß alles gut war, nahm er das eine
Ende der luftigen Leiter in den Schnabel, flog damit zu dem
Fenster der Libertas hinan und schlang es fest um das
Fensterkreuz. Zu gleicher Zeit schlug die Wachtel gellend in
dem nahen Kornfelde; das war das verabredete Zeichen. Da
erwachten alle Waldvögel draußen, die ohnedies nicht fest
geschlafen vor Freude und Erwartung und weil die Nachtigall die ganze Nacht so laut geschmettert hatte. Die flogen
nun alle nach dem Turmfenster droben, pickten an die
Scheiben und sangen ganz leise:

> Frau Libertas, komm heraus!
> Denn der liebe Gott hat lange
> Draußen unser grünes Haus
> Schon geschmückt dir zum Empfange,

> Hat zur Nacht die stillen Tale
> Rings mit Mondenschein bedeckt,
> Und in seinem Himmelssaale
> Alle Lichter angesteckt.
> Horch, das rauscht so kühl herauf,
> Frau Libertas, wache auf!

Aber Libertas, die an dem heimlichen Treiben draußen
längst alles gemerkt, hatte schon ihr Bündel geschnürt und
betrat, die treuen Vögel freundlich grüßend, die Strickleiter,
und wie sie so in die Nacht hinabstieg, boten ihr die kleinen
Birken, die aus den Mauerritzen des alten Turmes wuchsen,
überall helfend die grünen Hände, und von unten wehte ihr
der Duft der Wälder und Wiesen erfrischend entgegen. Als
sie aber an den breiten Wallgraben kam, war schon der
Schwan am Ufer und schwellte stolz seine Flügel wie zwei
schneeweiße Segel. Da setzte sich Libertas dazwischen und
er glitt mit ihr hinüber und betrachtete voll Entzücken ihr
schönes Bild, das auf dem Spiegel des Weihers neben ihm
dahinschwebte. Unterdes hatte aber der Kettenhund im
Hofe schon lange die Ohren gespitzt und weckte jetzt laut
bellend seinen Nachbar, den boshaften Puter, der hätte bald
alles verraten, er gollerte so heftig, daß er ganz rot und blau
am Kragen wurde vor Zorn und Hoffart, darüber wachten
auch die Gänse im Stalle auf und schrien Zeter und abermals
Zeter, denn sie hatten die rechte Witterung von den heimlichen Umtrieben am Turme und fürchteten alle, wenn die
Libertas entwischte, aus dem guten Futter zu kommen und
zu den andern gemeinen Vögeln in die Freiheit gesetzt zu
werden. Aber ihr Lärm und Ärger kam zu spät, Libertas war
schon jenseits des Wallgrabens. Drüben aber stand ein
Hirsch am Waldessaume und neigte die Knie und sein
Geweih vor ihr bis auf den Rasen. Da schwang sie sich rasch
hinauf und fort ging es durch Nacht und Wald, und der
Storch mit den andern Vögeln, um ihr das Geleit zu geben,
stürzte sich hinterdrein vom Turme in die Luft, in stillen

Kreisen über den mondbeglänzten Gärten, Wäldern und Seen schwebend. Die im Schlosse merkten es erst bei Tagesanbruch, wo sie, wie wir gesehen, zu ihrem Unglück auf ihre Verfolgung ausrückten. Nur die Hirten, die an den Bergeshängen bei ihren Herden wachten, hörten erstaunt den Gesang in den Lüften und die geheimnisvolle Flucht im Waldesgrund an den einsamen Weilern vorüberziehn. Und das war eben die schöne Frauengestalt auf dem Hirsch, die in derselben Nacht Rüpel und Magog auf ihrer Wanderschaft im Urwald gesehen, ohne die Libertas zu erkennen, auf deren Befreiung sie so schlau und vorsichtig ausgezogen.

Die Amazone aber, die sie gerettet hatten, war niemand anders als die Pinkus'sche Silberwäscherin Marzebille, ein herzhaftes Frauenzimmer, die schon früher als Marketenderin mit den Aufklärungstruppen durch Dick und Dünn mit fortgeschritten und nirgends fehlte, wo es was neues gab. Die hatte nun seit der Libertas Erscheinung eine inkurable Begeisterung erlitten und sich daher an jenem denkwürdigen Morgen kurz resolviert, aus dem Schloßdienst in die Freiheit zu entlaufen. Der Dr. Magog aber war damals vor dem unverhofften Schlachtgetümmel am Schlosse so heftig erschrocken, daß er mit seiner glücklich emanzipierten Braut, die hier alle Schliche und Wege kannte, unaufhaltsam sogleich quer durch Deutschland und übers Meer bis nach Amerika entfloh, wo er wahrscheinlich die Marzebille noch heut für die Libertas hält.

Da konnte sie denn Rüpel freilich nicht mehr errufen. Und das schadet auch nichts, denn Magog hatte schon während der feierlichen Verlobung hin und her gesonnen, auf welche Weise er den Riesen, da er ihn nun nicht mehr brauchte, wieder loswerden könnte; er dachte gar nicht daran, einen so ungeschlachten Gesellen zu seinem Haushofmeister zu machen, dessen große Familie ihm wohl bald Haus und Hof verzehrt hätte. Dafür haben ihn, gleichwie die Menschen Vogelscheuchen aufzurichten pflegen, die dankbaren Vögel in Erwägung seiner vor dem Schlosse be-

wiesenen Bravour als Hüter des Urwalds angestellt, mit der
einzigen Verpflichtung, von Zeit zu Zeit mit den schreck-
lichsten Tierfellen, Mähnen und Auerochsenhörnern sich
am Rande des Waldes zu zeigen. Dort also hat der Biedermann endlich sein sicheres Brot.

Die emigrierte Urtante ist gänzlich verschollen. Von der
Libertas dagegen sagt man, daß sie einstweilen bei den Elfen
im Traumschlosse wohne, das aber seitdem niemand wieder-
aufgefunden hat.

Anhang

Editorische Notiz

Die Texte der vorliegenden Edition folgen nicht der Ausgabe letzter Hand, weil Eichendorff selbst bei den zu seinen Lebzeiten erschienenen Ausgaben keine erneute Durchsicht der zuvor bereits veröffentlichten Werke vornahm. Die Erzählungen werden deshalb in der Reihenfolge ihrer Entstehung nach den Erstdrucken wiedergegeben. Die Satire *Auch ich war in Arkadien!* wird nach der Nachlaß-Handschrift in der Deutschen Staatsbibliothek Berlin (DDR) gedruckt. In *Aus dem Leben eines Taugenichts* wurden die folgenden Textstellen nach Polheim (1989), welcher der Handschrift folgt, korrigiert:

86,9 In Fels] In Feld   86,19 Lerchen, Bächlein] Bächlein, Lerchen   93,5 wanden] wandten   95,6 demselben] derselben   96,21 förmlich] heimlich   98,36 immer zu Hause] immer   100,36 versteh' Er mich] versteht Er auch   103,21 dem] der   104,34 Paukenschall] Pauken schnell

Die Orthographie aller Texte wurde behutsam dem heutigen Gebrauch angeglichen, wobei der Lautstand stets gewahrt wurde. Die Schreibung der Eigennamen wurde nicht modernisiert. Hervorhebungen durch Sperrung sind kursiv wiedergegeben; Sperrungen von Eigennamen entsprachen jedoch einer zeitgenössischen typographischen Konvention und waren hier nicht eigens auszuzeichnen. Der in den Erstdrucken schwankende Gebrauch von Anführungszeichen wurde nicht normalisiert. An zwei Stellen fehlende Wörter wurden in spitzen Klammern ergänzt. Im übrigen wurden offensichtliche Druckversehen stillschweigend korrigiert.

Die Interpunktion folgt bis auf die nachfolgend verzeichneten Stellen den Druckvorlagen:

84,3 hatte] hatte,   140,23 hinaus,] hinaus   154,31 Gesicht,] Gesicht   165,20 besten,] besten   208,1 Stimmung,] Stimmung   257,35 Gräflichen,] Gräflichen   269,11 ihr] ihr,   417,5 aber,] aber   427,28 Frenel,] Frenel

Abkürzungen

Adelung	Johann Christoph Adelung; Grammatisch-kritisches Wörterbuch der Hochdeutschen Mundart, 4 Bde. Leipzig 1798.
Athenaeum	Athenaeum. Eine Zeitschrift von August Wilhelm und Friedrich Schlegel, 3 Bde. Berlin 1798–1800.
Aurora	Aurora. Ein romantischer Almanach (seit 1953: Eichendorff-Almanach; seit 1970: Jahrbuch der Eichendorff-Gesellschaft) 1929 ff.
Brentano, Werke	Clemens Brentano: Werke. Studienausgabe in vier Bänden. Hrsg. von Wolfgang Frühwald und Friedhelm Kemp. 2., durchges. und im Anh. erw. Aufl. München: Hanser 1978.
DKV	Joseph von Eichendorff: Werke in 6 Bänden. Hrsg. von Wolfgang Frühwald, Brigitte Schillbach und Hartwig Schultz. Frankfurt a. M.: Deutscher Klassiker Verlag, 1985 ff. Bd. 1: Gedichte und Versepen. Hrsg. von Hartwig Schultz. 1987. Bd. 2: Ahnung und Gegenwart; Erzählungen I. Hrsg. von Wolfgang Frühwald und Brigitte Schillbach. 1985. Bd. 4: Dramen. Hrsg. von Hartwig Schultz. 1988. Bd. 6: Geschichte der Poetik. Schriften zur Literaturgeschichte. Hrsg. von Hartwig Schultz. 1990.
DWb	Deutsches Wörterbuch. Hrsg. von Jacob und Wilhelm Grimm. Leipzig 1854–1960. – Reprogr. Nachdr. München 1984.
FBA	Frankfurter Brentano-Ausgabe. Sämtliche Werke und Briefe. Historisch-kritische Ausgabe. Veranstaltet vom Freien Deutschen Hochstift, Frankfurt a. M., hrsg. von Jürgen Behrens, Konrad Feilchenfeldt, Wolfgang Frühwald, Christoph Perels und Hartwig Schultz. Stuttgart: Kohlhammer, 1975 ff.

FDH   Freies Deutsches Hochstift – Frankfurter Goethe-
             Museum.

Frühwald   Wolfgang Frühwald: Eichendorff-Chronik. Daten
             zu Leben und Werk. München/Wien 1977.

ter Haar   Carel ter Haar: Joseph von Eichendorff: »Aus dem
             Leben eines Taugenichts«. Text, Materialien, Kom-
             mentar, München/Wien 1977.

HKA   Sämtliche Werke des Freiherrn Joseph von Eichen-
             dorff. Historisch-kritische Ausgabe. Begr. von
             Wilhelm Kosch und August Sauer. Fortgef. und
             hrsg. von Hermann Kunisch (seit 1978 gemeinsam
             mit Helmut Koopmann). Regensburg: Habbel,
             [1908 ff.]. Neue Edition: Stuttgart [u. a.]: Kohlham-
             mer, 1962 ff.
             Bd. 12: Briefe von Freiherrn Joseph von Eichendorff.
             Hrsg. von Wilhelm Kosch. 1910.
             Bd. 13: Briefe an Freiherrn Joseph von Eichendorff.
             Hrsg. von Wilhelm Kosch. 1910.
             Bd. 18: Joseph von Eichendorff im Urteil seiner Zeit.
             Hrsg. von Günther und Irmgard Niggl. 1975, 1976
             und 1986.

Hoffmann, Werke   E. T. A. Hoffmann: Werke. 4 Bde. Frankfurt:
             Insel, 1967.

Jb FDH   Jahrbuch des Freien Deutschen Hochstifts.

Kat.   Joseph von Eichendorff. Ich bin mit der Revolution
             geboren ... Ausstellungskatalog. Hrsg. von Sibylle
             von Steinsdorff und Eckhard Grunewald. Düssel-
             dorf 1988.

Kommentar   Ansgar Hillach / Klaus-Dieter Krabiel: Eichendorff-
             Kommentar. 2 Bde. München 1971–72.

Kunisch   Joseph von Eichendorff, »Das Wiedersehen«. Ein
             unveröffentlichtes Novellenfragment. Aus der
             Handschrift mitgeteilt und erl. von Hermann
             Kunisch. In: Aurora 25 (1965) S. 7–39.

Marks Hanna M. Marks (Hrsg.): Erläuterungen und Dokumente: Joseph von Eichendorff. »Das Marmorbild«. Stuttgart 1984. (Reclams Universal-Bibliothek. 8167.)

Polheim Karl Konrad Polheim: Marmorbild-Trümmer. Entstehungsprozeß und Überlieferung der Erzählung Eichendorffs. In: Aurora 45 (1985) S. 5–32.

Polheim, Taugenichts Karl Konrad Polheim: Neues vom Taugenichts. In: Aurora 43 (1983) S. 32–54.

Seidlin Oskar Seidlin: Versuche über Eichendorff. Göttingen ²1978.

SW Joseph Freiherr von Eichendorff's sämmtliche Werke [hrsg. von Hermann von Eichendorff]. 6 Bde. Leipzig: Voigt & Günther, ²1864.

Tannenh. Ludwig Tieck: Der getreue Eckart und der Tannenhäuser. In zwei Abschnitten. Zweiter Abschnitt. In: L. T.: Phantasus, 2. Ausg. Bd. 1. Berlin: Reimer, 1844. S. 222–238.

Werke Joseph von Eichendorff: Werke. Hrsg. von Ansgar Hillach, Klaus-Dieter Krabiel [u. a.]. 5 Bde. München: Winkler, 1970–88.

Weschta Friedrich Weschta: Eichendorffs Novellenmärchen »Das Marmorbild«. Prag 1916.

Anmerkungen

Die Zauberei im Herbste

Druckvorlage (Erstdruck):

Aus dem Nachlaß des Freiherrn Joseph von Eichendorff. Briefe und Dichtungen. Im Auftrag seines Enkels Karl Freiherrn von Eichendorff hrsg., eingel. und erl. von Wilhelm Kosch (Görres-Gesellschaft zur Pflege der Wissenschaft im katholischen Deutschland. Dritte Vereinsschrift für 1906). Köln: Bachem, 1906. S. 81 bis 94.

Kosch gibt den Text nach einer (inzwischen verschollenen) Abschrift unbekannter Hand wieder, die mit dem Künstlernamen des frühen Eichendorff (»Florens«) unterschrieben und vermutlich als Druckvorlage vorgesehen war. Als Entstehungszeit wird 1808/09 angenommen (vgl. DKV 2, S. 603; Kommentar 1, S. 139). Für diese Datierung spricht u. a. die enge Verwandtschaft zur frühen Lyrik im Umkreis des befreundeten Dichters Graf Heinrich von Loeben. So entspricht die »Romanze« *Die Zauberin im Walde*, die durch Vermittlung Loebens 1808 in Asts *Zeitschrift für Wissenschaft und Kunst* publiziert wurde, ebenso wie die Gedichte *Das Zaubernetz* und *Das Bildnis* in Ton und Motiven der Erzählung.

Der Text enthält eines der Motive, die Eichendorff später in das Zentrum einer Erzählung und einiger Gedichte stellt: die zauberische Venus, die als versteinertes Marmorbild ihre verführerischen Kräfte entfaltet. Als Sinnbild der Schönheit und sinnlichen Liebe ist sie Verkörperung aller Sehnsucht, die den Jüngling erfüllt. Eine Deutung als Darstellung der Poesie scheint in dieser frühen Erzählung kaum möglich, da die Kraft der Frau als negative, für den Menschen verderbliche geschildert wird. Im *Marmorbild* stellt Eichendorff der heidnischen Venus die christliche Maria als positives Leitbild gegenüber (vgl. S. 66 sowie das Nachwort S. 636).

Wichtigste Quellen für Eichendorffs *Zauberei im Herbste* sind Tiecks Bearbeitung der Tannhäuser-Sage (*Der getreue Eckart und der Tannenhäuser*, 1799) und Clemens Brentanos Roman *Godwi oder Das steinerne Bild der Mutter* (1801). Das Motiv des Zaubervogels, das Eichendorff auch in seiner Romanze *Die Zauberin im Walde* aufnimmt, findet sich in Tiecks *Der blonde Eckbert* (1797; vgl. DKV 2, S. 603).

Einige kurze Entwürfe zum Text der Erzählung bietet Weschta unter den Vorstufen zum *Marmorbild* S. 89 ff. (wiederabgedruckt und richtig zugeordnet: DKV 2, S. 605–608). Der dort auftauchende Name Wilhelm zeigt den autobiographischen Hintergrund der Geschichte. Denn die zwei Freunde, die hier aufbrechen, ähneln den Brüdern Eichendorff, die in enger Gemeinschaft Kindheit, Jugend und Studienzeit verlebten. Erst nach Abschluß des juristischen Examens im Frühjahr 1813 trennten sich die Brüder, die bis dahin bei allen Zeitgenossen den Eindruck eines unzertrennlichen Bruderpaares erweckt hatten.

Unter den wenigen Gedichten des älteren Bruders Wilhelm, die überliefert sind, ist auch ein Venus-Gedicht (*Die zauberische Venus*; DKV 1, S. 555–559), das Einflüsse von Brentanos Entwürfen zu den *Romanzen vom Rosenkranz* erkennen läßt. Obwohl in diesen Entwürfen Brentanos auch der Venusberg und die Figur des Tannhäusers eine große Rolle spielen, ist ein unmittelbarer Einfluß auf die *Zauberei im Herbste* aus zeitlichen Gründen unwahrscheinlich: Erst 1810 trug Brentano den Brüdern Eichendorff seine Romanzenentwürfe vor (vgl. Anm. zu 37,21).

7,6 *Mann in seltsamer, bunter Kleidung:* Die Begegnung mit dem ehemaligen Freund, dem Tannenhäuser, wird bei Tieck ähnlich geschildert (Tannenh., S. 223): »Er stand eines Abends unter dem Thor seiner Burg, als er aus der Ferne einen Pilgrim daher kommen sah, der sich seinem Schlosse näherte. Der fremde Mann war in seltsamer Tracht gekleidet, und sein Gang wie seine Geberden erschienen dem Ritter wunderlich.« Dieser Eingangsszene folgt bei Tieck unmittelbar die Wiedererkennung der Jugendfreunde.

7,29 *Einsiedler:* Der Klausner, der in enger Gemeinschaft mit der Natur lebt, gehört seit Tiecks *Sternbalds Wanderungen* (1798; von Eichendorff bereits 1805 in Halle gelesen; vgl. Werke 4, S. 485) zu den Leitbildern der Romantik und wurde zur Titelfigur der *Zeitung für Einsiedler* (1808 von Achim von Arnim und Clemens Brentano in Heidelberg herausgegeben und von Eichendorff als »Musterkarte« der romantischen Ideen gelobt). Der Tannhäuser bei Tieck ist auf der Pilgerschaft nach Rom; dort wird ihm jedoch nicht vergeben, so daß er ohne Hoffnung auf Erleichterung ewig umherirren muß.

8,21 *Gott! Inbrünstig möcht' ich beten:* Die zwei letzten Strophen entsprechen im wesentlichen einem aus dem Nachlaß von Hermann von Eichendorff publizierten Gedicht *Gebet.* (DKV 1, S. 104).

9,4 *Rauschen der Bäche:* Das von Eichendorff in der Lyrik formelartig wiederholte Bild könnte auf das *Wunderhorn*-Gedicht *Laß
rauschen Lieb, laß rauschen* zurückgehen. Die letzte (von Brentano hinzugedichtete) Strophe dieses Liedes lautet:

> Laß rauschen, Lieb, laß rauschen,
> Ich weiß nicht, wie mir wird,
> Die Bächlein immer rauschen,
> Und keines sich verirrt.

9,13 *Gipfel des letzten Berges:* Der Gipfelblick gehört zu den zentralen Motiven der Romantik. Er wird im *Sternbald* ebenso beschrieben wie in der Erzählung *Der Sänger* (1801) von Brentano.

9,32 f. *irre flammenden Augen:* vgl. Tannenh. (S. 223): »Friedrich
erbebte oft vor dem wilden Blicke seines Freundes, in dem ein
unverständliches Feuer brannte.«

12,29 *Waldhörner:* Seit Tiecks *Sternbald* gilt das Waldhorn (das im
Tannenh. nicht erwähnt wird) mit seiner Melodie als Ausdruck
unerfüllbarer Sehnsucht. In der frühen Lyrik der Brüder Eichendorff und des Grafen Loeben wird der Waldhornklang zum Zeichen romantischen Lebensgefühls, wie es in der folgenden Gedichteinlage auch im Text formuliert wird.

14,3 *Garten:* Der Tannenhäuser steht »plötzlich vor einem eisernen
Gatterwerk, welches einen Garten umschloß. [...] Ein unennba-
res Sehnen zu den Rosen ergriff mich, ich konnte mich nicht zurückhalten, ich drängte mich mit Gewalt durch die eisernen Stäbe,
und war nun im Garten« (Tannenh., S. 227).

14,15 f. *das Fräulein, das alle meine Gedanken meinten:* Venus und
ihre Gespielinnen werden bei Tieck nicht mit der Geliebten (Emma) identifiziert.

14,24 *Sommerfäden des Herbstes:* (auch ›Altweibersommer‹) »eine im
gemeinen Leben übliche Benennung derjenigen weißen Fäden, womit so wohl im Frühlinge, als am Ende des Sommers die Felder
bedeckt sind [...]. Sie rühren von Spinnen her, welche vermittelst
dieser Fäden in der Luft schiffen, ihre Nahrung zu suchen. Der
große Haufe in der Römischen Kirche hält sie für Überbleibsel von
dem Tuche der Jungfrau Maria, welches sie im Grabe umgehabt,
und bey ihrer Himmelfahrt fallen lassen.« (Adelung 3, Sp. 71: »Ma-
rien-Faden«; vgl. auch Adelung 4, Sp. 136 f.)

15,5–7 *dein Jugendfreund ... Ich bin gezwungen seine verlobte
Braut:* Bei Tieck ist nur von der Rivalität der Freunde die Rede:
»Unbeschreiblich waren meine Gefühle, als ich wahrzunehmen

glaubte, daß Emma seine Gesellschaft der meinigen vorziehe.«
(Tannenh., S. 228.)

16,3 *Vogel von so wunderschönem Gefieder:* Tieck beschreibt in *Der blonde Eckbert* (1797; Ausg. Stuttgart 1952 [u. ö.], Nachw. von Konrad Nussbächer) den zauberhaften Vogel, der die Strophe von der ersehnten Waldeinsamkeit singt, sehr viel genauer: »seine Federn glänzten mit allen möglichen Farben, das schönste Hellblau und das brennendste Rot wechselten an seinem Halse und Leibe, und wenn er sang, blähte er sich stolz auf, so daß sich seine Federn noch prächtiger zeigten« (S. 11).

16,23 f. *das Bild der eigenen Schönheit:* Die Verbindung mit dem Narziß-Motiv findet sich auch im *Marmorbild* (S. 37).

18,5 f. *meinen Herzensbruder erschlagen:* Als ›Herzbrüder‹ bezeichneten sich (nach Christian Reuters *Schelmuffsky*) nicht nur Blutsbrüder, sondern auch enge Freunde (wie Arnim und Brentano). Die gemeinsame Liebe der Brüder Eichendorff galt in Lubowitz einer Frau aus der Nachbarschaft, Benigna Amalie Hahmann. In der Geschichte entlädt sich die Rivalität im Freundesmord, der sich später als Phantasie entpuppt (vgl. Anm. zu 22,24). Das Vorbild für den Mord findet sich im *Tannenhäuser* Tiecks (S. 229): »Als es Morgen war, sah ich meinen Feind von den Bergen hernieder steigen, ich fiel ihn mit beschimpfenden Reden an, er vertheidigte sich, wir griffen zu den Schwerdtern, und bald sank er unter meinen wüthenden Hieben nieder.«

18,11–14 *von der Pracht der Gemächer ... von der wilden, namenlosen Lust:* Bei Tieck tritt dem Tannenhäuser im Venusberg »das Gewimmel der frohen heidnischen Götter entgegen, Frau Venus an ihrer Spitze. [...] Alle Freuden, die die Erde beut, genoß und schmeckte ich hier in ihrer vollsten Blüthe, unersättlich war mein Busen und unendlich der Genuß.« (Tannenh., S. 235.)

18,24 f. *Töne in der Nacht:* Im *Tannenhäuser* (S. 225) wird von einem Spielmann berichtet, »dessen wunderbarliche Töne so tiefe Sehnsucht, so wilde Wünsche in den Herzen aller Hörenden auferweckt haben, daß sie unwiderstreblich den Klängen nachgerissen worden«. Diese Kraft wird dann auch von der »Lieblichkeit und Fülle der herrlichen Natur« entfaltet (Tannenh., S. 225 f.). Eichendorff übernimmt das Motiv vom irren Spielmann in mehreren Gedichten (z. B. in *Der zauberische Spielmann* und *Der irre Spielmann*). Die Töne verdichten sich bei Eichendorff zu Waldhornklängen (vgl. Anm. zu 12,29) und einem geheimnisvollen Gesang. Der Vorgang erinnert auch an die aus der Natur erklingenden Lieder in Brentanos fragmentarischer Erzählung *Der Sänger* (1801).

20,6 *steinernes Bild:* Zu dem steinernen Bild, das zu einem zentralen Motiv Eichendorffs wird, gibt es kein Vorbild in der Tannenhäuser-Erzählung Tiecks. Hier könnte sich ein Einfluß Brentanos bemerkbar machen, der im *Godwi* dieses Motiv entwickelt.

20,8 *Basiliskenaugen:* Basilisken sind in der antiken Mythologie große, schlangenartige Ungeheuer, deren Blick tödlich ist.

20,33 f. *wo bin ich so lange gewesen?:* vgl. im *Tannenhäuser* (S. 235): »Wie viele Jahre so verschwunden sind, weiß ich nicht zu sagen, denn hier gab es keine Zeit«.

22,3 *Raimund:* Der Name verweist auf die Melusinensage, die Eichendorff ebenfalls aus einer Fassung Tiecks kannte (*Sehr wunderbare Historie von der Melusina*, 1800).

22,24 *eitel Phantasie:* vgl. bei Tieck (Tannenh., S. 236): »es ist nicht anders möglich, als daß alles, was du mir vorgetragen hast, nur eine Einbildung von dir sein muß. Denn noch lebt Emma, sie ist meine Gattin, und nie haben wir gekämpft oder uns gehaßt, wie du glaubst; doch verschwandest du noch vor unserer Hochzeit aus der Gegend«. Der Tannenhäuser kehrt jedoch (bei Tieck) zurück und ermordet Emma dann tatsächlich. Friedrich verfällt danach durch einen Kuß des »Pilgrims« Tannenhäuser ebenfalls der wahnsinnigen Sehnsucht.

24,18 *im Wahnsinn verloren:* Bei Tieck wird der Tannenhäuser erst wahnsinnig, als ihm in Rom die Absolution verweigert wird (Tannenh., S. 237 f.).

Das Marmorbild

Druckvorlage (Erstdruck):

Das Marmorbild. Eine Novelle. In: Frauentaschenbuch für das Jahr 1819 von de la Motte Fouqué. Nürnberg bei Joh. Leonh. Schrag. S. 335–396.

Die erste Erzählung, die zu Lebzeiten Eichendorffs veröffentlicht wurde, ist *Das Marmorbild*. Der Dichter schickte das Manuskript zu dieser Novelle am 2. Dezember 1817 an den Herausgeber des *Frauentaschenbuchs*, Friedrich de la Motte Fouqué (1777–1843). Fouqué hatte bereits den Roman *Ahnung und Gegenwart*, der 1815 erschienen war, zum Druck befördert und Eichendorff bei Erhalt des

Manuskriptes gebeten, »Beiträge für den nächsten Jahrgang meines Frauentaschenbuchs« zu schicken (26. November 1814). Die Korrespondenz ruhte dann wegen der Befreiungskriege, zu denen sich Eichendorff nach Abschluß seines Studiums in Wien freiwillig gemeldet hatte. Erst am 15. Juni 1816 schickte er Fouqué einige Gedichte und betont, daß er keine größeren Arbeiten vorlegen könne. Im März des folgenden Jahres scheint die Novelle jedoch abgeschlossen, denn er schreibt Fouqué: »Ich war soeben im Begriff, Ihnen eine Novelle zuzusenden, die ich für das Frauentaschenbuch geschrieben habe. Da aber, wie Sie sagen, dies Jahr der Raum für größere Aufsätze schon zu sehr beengt ist, so behalte ich es mir vor, sie Ihnen später einmal zu schicken« (15. März 1817; HKA 12, S. 19). Der Begleitbrief zum Manuskript vom 2. Dezember 1817 verrät die Hauptquelle des Werkes und Eichendorffs Selbstverständnis des Textes und soll deshalb vollständig wiedergegeben werden.

Verehrtester Herr Baron!

Ihrer gütigen Erlaubnis zufolge, wage ich es, Ihnen wieder etwas von meiner Poesie zuzuschicken, eine Novelle oder Märchen, zu dem irgend eine Anekdote aus einem alten Buche, ich glaube es waren Happellii Curiositates, die entfernte Veranlassung, aber weiter auch nichts, gegeben hat. Da mir nunmehr die Gegenwart in tausend verdrießlichen und eigentlich für alle Welt unersprießlichen Geschäften in eine fast lächerliche Nähe gerückt ist, gleichwie man ein großes Freskogemälde nur aus einiger Entfernung betrachten muß, wenn man nicht vor den einzelnen groben Strichen erschrecken soll, so habe ich in vorliegendem Märchen versucht, mich in die Vergangenheit und in einen fremden Himmelsstrich zu flüchten, und betrachte dasselbe als einen Spaziergang in amtsfreien Stunden ins Freie hinaus. Ob ich nun auf einem so verzweifelten Spaziergang den Weg ins Freie und in die alte poetische Heimat gefunden habe, ob sich nicht vielmehr Aktenstaub statt Blütenstaub angesetzt hat, und ob demnach die ganze Novelle, so wie sie ist, der Aufnahme in Ihr schönes Frauentaschenbuch gewürdiget werden darf, überlasse ich, Herr Baron, Ihrem und Ihrer Frau Gemahlin bewährtem Urteil, dem ich so gern und unbedingt vertraue.

Wie sehnt sich meine ganze Seele nach jener altgewohnten Abgeschiedenheit und Unbeflecktheit von den alltäglichen Welthändeln, wo ich, mitten in einer der volkreichsten Städte, von dem großen Strome des Lebens nur das ferne Rauschen vernahm, das

uns so wunderbar in die Tiefe versenkt. Ob ein solcher Zustand für mich jemals wiederkehren werde, weiß ich nicht; aber Ihre und Ihrer Frau Gemahlin Dichtungen, Herr Baron, die mir die unermessene Aussicht in meine alte Heimat von Zeit zu Zeit wieder aufschließen, erhalten mich wach und frisch, daß mich eine ruhigere Zukunft jederzeit rüstig finde.
Ihrer Frau Gemahlin bitte ich gehorsamst meine ausgezeichnete Hochachtung zu versichern. Mit innigster Verehrung
Ew. Hoch- und Wohlgeboren
    ergebenster Freund und Diener
        Joseph B. von Eichendorff.
Breslau, den 2. Dezember 1817.

                    (HKA 12, S. 21 f.)

Der vollständige Titel der von Eichendorff erwähnten Hauptquelle der Erzählung lautet:

E. G. Happelii grösseste Denkwürdigkeiten der Welt oder so genandte Relationes Curiosae. Worinnen fürgestellet / und auß dem Grund der gesunden Vernunfft examiniret werden / allerhand Antiquitäten / Curiositäten / Critische / Historische / Physicalische / Mathematische / Künstliche und andere Merckwürdige Seltzamkeiten / welche auff dieser Unter-Welt / in der Lufft / auff der See oder Land jemahlen zu finden gewesen / oder sich noch täglich zeigen. Dritter Theil / Einem jeden curieusen Liebhaber zur Lust und Erbauung in Druck verfertiget / und mit erfoderten schönen Kupfern und andern Figuren erläutert. Mit Kayserl. Mayst. allergnädigstem Privilegio. Hamburg. Gedruckt und verlegt durch Thomas von Wiering, im güldenen A, B, C, bey der Börse / im Jahr 1687. und bey demselben Wie auch zu Franckfurt und Leipzig bey Zacharias Herteln zu finden.

Diese Erzählung wird im folgenden zitiert nach dem Abdruck in: DKV 2, S. 760–770.
    Zum Text haben sich einige Entwürfe (zunächst unter dem Titel »Roman: Marien Sehnsucht«) erhalten, die zum großen Teil von Weschta veröffentlicht wurden (danach auch bei Marks, S. 28–38, und DKV 2, S. 741–758). Karl Konrad Polheim hat eine chronologische Übersicht und Charakteristik des Entstehungsprozesses veröffentlicht (Polheim, S. 13–32).
    Die ersten Entwürfe bieten Stimmungsbilder und zeigen eine große Nähe zu Traum-Passagen aus Novalis' Roman *Heinrich von Ofter-*

dingen (1802; zur Novalis-Lektüre vgl. die Tagebucheintragungen von 1806 und 1808; Werke 4, S. 516 und 607) und Tiecks »Garten der Poesie« (im *Prinz Zerbino*) mit seiner Blumenpracht. Auch die enge Verwandtschaft mit der *Zauberei im Herbste*, die als »Kern des späteren Novellenmärchens« gilt (Polheim, S. 14), und den Quellen dieser Erzählung, Tiecks *Tannenhäuser* und *Der blonde Eckbert*, ist deutlich. Ein Handlungsgerüst erhalten die Entwürfe erst durch die Anlehnung an Happel. Eichendorff gelingt es, diese barocke Geistergeschichte mit der gefühlsseligen Atmosphäre der frühromantischen Werke, die auch seine eigene Lyrik der Loeben-Zeit prägt, zu vereinen. Die Erzählung ist damit ein gutes Beispiel für Eichendorffs Kraft der Synthese. Sie gelingt ihm, weil er mit der Venus-Thematik psychologische und ästhetische Probleme gestaltet, die ihn innerlich aufwühlen und sein Leben lang beschäftigen werden (vgl. Nachwort).

25,3 *Florio:* Der Held bei Happel, dessen Namen Eichendorff bis zu den letzten Entwürfen beibehält, heißt Alessandro. Florio klingt an Eichendorffs Dichternamen »Florens« an, den ihm Loeben nach Tiecks *Kaiser Octavianus* verliehen hatte. Eichendorff legte ihn auf Anraten Fouqués bei der Publikation von *Ahnung und Gegenwart* ab.

25,4 *auf die Tore von Lucca zuritt:* Eichendorff hat italienischen Boden nie betreten. Die Wahl des Ortes und die Schilderungen dieses in der nördlichen Toscana gelegenen Bades basieren auf der Darstellung bei Happel. Die Eingangsszene ist dort sehr ähnlich:

> Die seltzahme Lucenser-Gespenst.
> Ein sehr curieuser Frantzose von den aller neuesten Scribenten meldet von einem Gespenst / das zu Luca in Italien einem fürnehmen Italiäner / der dieses Orths fremde / erschienen / womit sichs also verhält: Ein gewisser Italiänischer Passagir / den wir Alessandro nennen wollen / kam vor wenig Jahren mit seinem Reise-Gefährten zum Thor vor Luca / daselbst begegneten ihnen allßbald 3 Persohnen zu Pferd / welche jetzo aus dem Thor hinaus reiten wolten / als diese den Alessandro erblicketen / machten ihrer zween eine tieffe Reverentz vor ihm / und bewillkommeten ihn / als ihren geehrten Landesmann. Alessandro bedanckete sich zwar / wuste sich aber keines Wegs zu erinnern / daß er ihrer einige Kundschafft hätte. Jene hingegen bezeichneten ihm / wo sie ihn zu dem und dem mahl gesehen / und als solches mit der Wissenschafft des Alessandro eigentlich überein kam / glaubete

derselbe / daß sie ihn kenneten / ob er ihrer gleich die geringste Kundschafft nicht hatte. Einer von diesen dreyen fragte ihn / ob er oder seine Reiß-Gefährten vorhin schon zu Luca gewesen? als derselbe mit Nein beantwortete / recommandirte er ihm einen aus ihrem Mittel / als einen / der in dieser Stadt seßhaft und wohnhafft wäre / so bald er wieder zurück kommen / von dem Geleite / daß er ihnen beyden geben wolte / würde er zu ihnen kommen / und alle Dienstfertigkeit erweisen. Hiemit schieden sie von einander / und Alessandro sampt seiner Geselschafft zogen in eine ansehnliche Herberge / worinnen sie gar wohl empfangen / und nach Gebühr tractiret wurden.

Gegen Abend kam vorbesagter Lucaner / an welchen Alessandro von den zween andern war recommandiret worden. Er nandte sich Donati, und unterhielt den umbschweiffenden Italiäner mit allerhand artigen Discursen / nahm endlich / als die Schlaffen-Zeit heran nahete / seinen Abscheid und versprach am folgenden Morgen wieder zu kommen / und ihm die Raritäten dieser Stadt zu zeigen / welchem er auch nachlebete / und den Alessandro zu bestimmter Zeit abholete / und an solche Oerther führete / da etwas zu sehen war.

Nachdem Alessandro alles gesehen / und damit fast den gantzen Tag zugebracht hatte / nöthigte er den Donati seinen Geleitsmann zur Mahlzeit / und war biß zu Mitternacht lustig mit ihm. Am folgenden Tage ruhete Alessandro umb seinen Rausch auß-zuschlaffen / biß umb die Mittags-Stunde im Bette / und nachdem er sich den Federn letztlich entzogen / kam Donati auff einen köstlich außgeputzten Pferd in herrlicher Kleidung vor die Herberge / und nöthigte den Alessandro zum Spatzier-Ritt vor das Thor / woselbst er ihm / als welcher ihm darinn willig folgte / etliche schöne Lust-Garten zeigete / und ob gleich die Jahr-Zeit dahmahl nicht also beschaffen / daß man einen Lust in den Garten suchen möchte / ergetzte sich dannoch der Italiäner an den schönen Grotten / Cascaden / und andern raren Stücken / deren er eine grosse Menge und gewaltige Verschiedenheit anmerckete: Woraus zu erkennen / daß in der Stadt sehr reiche Bürger wohnen müsten.

25,10 *Zelter:* besonders zahmes Pferd, ›Damenpferd‹.
25,11 *Reiter in bunter Tracht:* Eichendorff entwirft das Bild eines mittelalterlichen Minnesängers, eines Troubadours.
26,4 *das Reisen erwählt:* Reisen und Wandern sind für Eichendorff

nicht Zeitvertreib, sondern Symbole des menschlichen Lebenswegs, der zurück in die ursprüngliche, jenseitige Heimat führt. Die fahrenden Sänger und Poeten nehmen diese Bestimmung des Lebens ernst und setzen sich damit von den seßhaften Bürgern (Philistern) ab.

26,7 *fernen blauen Berge:* Als Sinnbild einer unerreichbaren, paradiesischen Ferne erschienen Eichendorff in seiner Kindheit die in autobiographischen Fragmenten so bezeichneten Karpaten, die von Lubowitz zu sehen waren. Vgl. *Das Wiedersehen*, Anm. zu 71,4.

26,9–15 *Spielmann ... Zauberberg:* vgl. die Darstellung in Tiecks *Tannhäuser* (S. 225) sowie die Anm. zu 18,24 f.

27,2 *auf einem heitergrünen Plan:* »Ein grüner Plan heißt noch jetzt im gemeinen Leben ein ebener mit Gras bewachsener Platz« (Adelung 3, Sp. 777).

27,26 *Fortunato:* Der Titelheld eines von Tieck bearbeiteten Volksbuchs trägt diesen Namen, der sich vom ital. *fortunato* ›glücklich‹ ableitet.

28,4 *Wettstreit:* Der im Hochmittelalter übliche Sängerwettstreit ist Vorbild dieser Szene.

28,11 *den Blöden: Blöd* steht hier für ›unerfahren, tumb‹.

29,6 *Jeder nennet froh die Seine:* In der Gedichtsammlung von 1837 erscheint das Lied als Nr. I u. d. T. *Liebe in der Fremde*.

30,9 *Was klingt mir so heiter:* Erstdruck des Liedes in der von Loeben hrsg. Zeitschrift *Die Hesperiden* (1816) u. d. T. *Trinklied*. In der Gedichtsammlung von 1837 erscheint der Text als Teil I der *Götterdämmerung*.

30,17 *Bachus:* In der römischen Mythologie ist Bacchus der Gott des Weines und der Sinnenlust.

30,29 *Frau Venus:* römische Göttin der Schönheit. Für Eichendorff ist die von Tieck und im *Wunderhorn* (FBA 6, S. 80) tradierte Sage vom Tannhäuser das maßgebliche Vorbild. Frau Venus erscheint darin als Sinnbild zerstörerischer Liebesmacht. Sie lockt die Männer mit unwiderstehlicher Gewalt in den Venusberg, wo sie den sinnlichen Lüsten verfallen. Zu weiteren Gestaltungen des Themas in der Romantik vgl. Marks, S. 40.

31,28 *Den stillsten der Gäste:* nach Frühwald (vgl. DKV 2, S. 773) Thanatos, der Todesgott, der mit einer Fackel auftritt. Da sich das Gedicht der christlichen Heimat mit Gottvater (vgl. 32,27 f.) zuwendet, könnte der »Jüngling vom Himmel« jedoch auch Jesus sein (vgl. DKV 1, S. 952).

32,12 *heimwärts:* Unter Heimat versteht Eichendorff – schon in der Frühzeit – die transzendente Heimat des Christen, nicht die topographische Heimat in Schlesien.

33,24 *Donati:* Der Name ist aus der Quelle entnommen. Bereits bei Happel wird deutlich, daß der Ritter mit der »Teuffelschen Jungfrau« im Bunde steht. Er nennt Frau Venus seine »gute Freundin und nahe Anverwantin« (S. 762) und führt den Helden in der Nacht zu ihr.

35,27 *Sirenen:* in der griechischen Mythologie Meeresgeschöpfe, die mit ihrem Gesang die Schiffer in gefährliche Strudel locken.

36,16 *Wie kühl schweift's sich bei näht'ger Stunde:* in der Gedichtsammlung von 1837 als Nr. II u. d. T. *Liebe in der Fremde.*

37,10–12 *die reizende Kleine ... die er eigentlich meinte:* vgl. Nachwort, S. 640 f.

37,21 *marmornes Venusbild:* Das Motiv der Versteinerung spielt in der Vorlage (Happel) keine zentrale Rolle. Dort wird nur ein Saal beschrieben mit »allerherrlichsten Statuen [...] derer sehr viel aus einem eintzigen stück Marmor« (S. 764). Davon unterschieden ist die Beschreibung eines Raumes mit Skeletten, die als »feindseelige Todten-Gerippe« den Helden angreifen. Bei Eichendorffs Vorstellung von der marmornen Venus, die zum Leben erwacht, spielen Brentanos Bild vom »steinernen Bild der Mutter« (in *Godwi oder Das steinerne Bild der Mutter*) und möglicherweise die Prolegomena seiner *Romanzen vom Rosenkranz* eine Rolle. Eichendorffs Tagebuch berichtet unter dem 3. März 1810 (Werke 4, S. 644) von Brentanos Vortrag dieser ersten Entwürfe. Wilhelm von Eichendorff hat den Stoff, der nur in der Vorgeschichte der *Romanzen vom Rosenkranz* ausgeführt ist (vgl. Brentano, Werke 1, S. 992–1010), in seiner Ballade *Die zauberische Venus* (DKV 1, S. 555–559) verarbeitet.

39,36 *Melancholie:* Eichendorff macht sich über die Modekrankheit des »Weltschmerzes« lustig.

40,33 *Sphinxen:* in der ägyptischen Mythologie geheimnisvolle Wesen mit Mädchengesicht und Löwenkörper (vgl. Anm. zu 330,28).

41,11–13 *Tor von Eisengittern ... Lustgarten:* vgl. *Die Zauberei im Herbste,* S. 14,3 mit Anm.

41,19 *hin und wieder:* In der hier übernommenen Schreibweise der Eichendorff-Zeit wird zwischen *wieder* und *widir* nicht unterschieden, so daß die Verbindung *hin und wieder* sowohl ›hin und zurück‹ wie auch ›ab und zu‹ bedeuten kann (vgl. etwa 41,27 und 43,13).

42,2 f. *Dame von wundersamer Schönheit:* vgl. die ähnliche Situation in der *Zauberei im Herbste* (S. 14) und Nachwort (S. 640 f.).

42,17 *Gestalt des schönen Venusbildes:* Bei Happel taucht der Name Venus nicht auf, die ›fürnehme Dame‹ wird dort schon in der Überschrift als »Die Teuffelsche Jungfrau« bezeichnet. Das Venus-Motiv stammt aus der Tannhäuser-Tradition (vermittelt durch Tieck und Brentano; vgl. Anm. zu 18,11–14 und 30,29).

42,20 *Was weckst du, Frühling, mich von neuem wieder?:* In der Gedichtsammlung von 1837 erscheint dieser Text durch Abgrenzung in zwei Quartette (Vierzeiler) und zwei Terzette (Dreizeiler) als Sonett strukturiert. – Die periodische Erneuerung der Natur im Jahreszeitenzyklus hat bei Eichendorff zweifache Bedeutung: Während hier das Wuchern der Natur deren dämonische Kräfte freisetzt, ist die Entfaltung der Natur im Frühling in vielen Eichendorff-Gedichten Sinnbild der inneren Erneuerung und Auferstehung. Welche Kraft wirksam wird, hängt vom Betrachter ab. Das »Versinken« in »Duft und Klang« (vgl. letzte Gedichtzeile) kennzeichnet die Gefährdung Florios und steht zugleich für die von Eichendorff kritisierte Haltung der frühromantischen Poeten.

42,27 *Najaden:* Nymphen der Flußgewässer.

43,7 *schon lange gekannt:* vgl. *Zauberei im Herbste,* 14,15 f. u. Anm., sowie Nachwort, S. 640 f.

43,13 *verfallen Mauerwerk:* Die später als Reste eines alten Venus-tempels identifizierten Ruinen (vgl. S. 67,9–11) werden auch bei Happel erwähnt: »Wie sie nun zu den Stein-Hauffen kommen / erkandte des Alessandro Diener eine grosse Steinerne Pforte« (S. 770).

43,34 *Verwandte:* vgl. Anm. zu 33,24.

44,36–45,1 *Täler um Lucca:* Eine ähnliche Beschreibung der Gegend bei Happel: Da »ergetzte sich [...] der Italiäner an den schönen Grotten / Cascaden / und andern raren Stücken / deren er eine grosse Menge und gewaltige Verschiedenheit anmerckete: Woraus zu erkennen / daß in der Stadt sehr reiche Bürger wohnen müsten« (S. 761).

45,1 f. *den prächtigen Landhäusern ... vorüber:* Der eigenwillige Satz kennzeichnet, wie Florio von den »Wellen des Abendrots« erfaßt wird. Die Syntax entspricht dem schwankenden Bewußtsein und der Gefährdung des Helden, der seine innere Ruhe noch nicht gefunden hat (vgl. Sibylle von Steinsdorff, »Joseph von Eichendorff: *Das Marmorbild*«, in: *Meistererzählungen der deutschen Romantik*, hrsg. und komm. von Albert Meier [u. a.], München 1985, S. 427).

45,8 *künstlich:* mit Kunst hergestellt, kunstvoll (noch ohne eindeutig negativen Akzent).

45,32 *Sonntag:* Donati scheut – ähnlich wie Mephisto in Goethes *Faust* – alles Kirchliche und Heilige und gibt sich damit als Verbündeter des Teufels zu erkennen. Er reagiert auch auf den Klang der Kirchenglocken »erschrocken« und »ängstlich« (46,18 f.).

46,24 f. *der frische klare Sänger Fortunato:* Der Sänger wird hier als positives Gegenbild zu Donati gekennzeichnet, und es ist kein Zufall, daß er am Sonntag mit den Kirchenglocken als »Bote des Friedens« auftritt. Wie der Dichter sich im Dienst einer göttlichen Wahrheit zu bewähren hat, beschreibt Eichendorff in seinem Gedicht *An die Dichter*:

> Wo treues Wollen, redlich Streben
> Und rechten Sinn der Rechte spürt,
> [. . .]
> Den lieben Gott laß in dir walten,
> Aus frischer Brust nur treulich sing',
> Was wahr an dir, wird sich gestalten,
> Das andre ist erbärmlich Ding.
> [. . .]

Das Gedicht klingt an ähnliche Programmgedichte Achim von Arnims und der Brüder Schlegel an (vgl. DKV 1, S. 883). Eichendorff veröffentlichte den Text zum ersten Mal im Roman *Ahnung und Gegenwart*, wo Friedrich und Faber über die Aufgabe der Dichtung diskutieren: »Die Poesie mag wohl Wurzel schlagen in *demselben* Boden der Religion und Nationalität, aber unbekümmert, bloß um ihrer himmlischen Schönheit willen, als Wunderblume zu uns heraufwachsen.« (Kap. 24.)

48,19–28 *Wohl kommt die Tanzmusik ... wieder zufährt:* Ähnliche Überlegungen zur Bedeutung und Wirkung von Musik, wie sie Eichendorff poetisch formuliert, haben Wackenroder und Tieck in der frühromantischen Programmschrift *Phantasien über die Kunst, für Freunde der Kunst* (1799; Ausg. Stuttgart 1973 [u. ö.], hrsg. von Wolfgang Nehring) veröffentlicht: »Wahrlich, sooft ich Tanzmusik höre, fällt es mir in den Sinn, daß diese Art der Musik offenbar die bedeutendste und bestimmteste Sprache führt und daß sie notwendig die eigentlichste, die älteste und ursprüngliche Musik sein muß« (S. 75). Unter dem Titel »Das eigentümliche innere Wesen der Tonkunst« wird beschrieben, wie Musik »durch den mächtigen Zauber ihrer sinnlichen Kraft alle die wunderbaren, wimmelnden Heerscharen der Phantasie [empört], die die Töne mit magischen Bildern bevölkern und die formlosen Regungen in bestimmte Gestalten menschlicher Affekten verwandeln, welche wie gaukelnde Bilder eines magischen Blendwerks unsern Sinnen vorüberziehen. [...] Das süße sehnsüchtige Schmachten der Liebe, das ewig wechselnde Anschwellen und Hinschwinden der Sehnsucht« windet sich »aus einem unbefriedigten Streben [...] mit wollüstigem Unmut in ein andres« (S. 83 f.). Für Eichendorff wird diese frühromantische Verherrlichung des Musikgenusses suspekt. Musik scheint ihm eine verführerische Kunst, sofern sie nur die »subjektive« Gefühlswelt des einzelnen spiegelt. Um das in allen Dingen schlafende Lied aufzunehmen (vgl. das berühmte Gedicht *Wünschelrute*), muß der Mensch Distanz bewahren und die göttliche Gesetzmäßigkeit des Alls mit dem Verstand begreifen.

49,5 *verwenden:* wohl im Sinne von ›abwenden‹.

50,1 *Über die beglänzten Gipfel:* Das Gedicht ordnet Eichendorff später (in der Gedichtsammlung von 1837) als Nr. II unter den Titel *Liebe in der Fremde* ein.

52,9 f. *unten ist es freudlos und still:* vgl. Eichendorffs Lied *Die zwei Gesellen:*

> Sein Schifflein das lag im Grunde,
> So still war's rings in der Runde
> Und über die Wasser weht's kalt.

Der zweite Geselle folgt den lockenden Naturlauten und verfällt damit dem »Schlund«, der sich nach Eichendorffs Auffassung für den Menschen auftut, wenn er sich disziplin- und glaubenslos seinen Gefühlen hingibt.

53,9 *Still in Luft:* Die kurzen alternierend reimenden Gedichtzeilen bestehen durchgehend aus einem Versfuß (X x X), der in der Antike als Kretikus bezeichnet wird. In Tiecks *Sternbalds Wanderungen* gibt es Gedichteinlagen ähnlicher Versstruktur.

55,12 f. *Hieroglyphe:* Die Bezeichnung für die geheimnisvollen Schrift- und Bildzeichen (besonders der Ägypter), die erst in den zwanziger Jahren des 19. Jh.s entziffert wurden, wurde zu einem zentralen Begriff der frühromantischen Poetik, der insbesondere in den Schriften der Brüder Schlegel und Novalis' eine große Rolle spielt.

56,15 *Waldhörner:* Der bei Tieck und im Loeben-Kreis als besonders gefühlsselig und ausdrucksvoll empfundene Waldhornklang (vgl. Anm. zu 12,29) wird hier der verführerischen Venus zugeordnet und erhält damit einen negativen Beiklang. Eichendorff nimmt Abstand von der frühromantischen Naturschwärmerei.

57,29–58,1 *Kreis von Jungfrauen ... Edelknaben:* Die Welt der Venus wird hier ähnlich geschildert wie in Tiecks *Tannenhäuser:* »So kam mir das Gewimmel der frohen heidnischen Götter entgegen, Frau Venus an ihrer Spitze [...]. Die berühmten Schönheiten der alten Welt waren zugegen, was mein Gedanke wünschte, war in meinem Besitz, eine Trunkenheit folgte der andern, [...] ein Gewimmel von nackten Mädchen umgab mich einladend, [...]. Wie viele Jahre so verschwunden sind, weiß ich nicht zu sagen.« (S. 235.)

58,15 f. *mit gleichgültigen ... Worten ... spielend:* Eichendorff kariert hier die höfische Konversation ohne tieferen Sinn (»small talk« der adligen Gesellschaft).

60,8 *Kavaliers:* Der Plural ist hier noch (wie bei Happel) nach dem Französischen gebildet.

60,23 f. *ein jeder glaubt mich schon einmal gesehen zu haben:* Die Venusfigur scheint hier selbst darunter zu leiden, daß sie als ›Anima‹-Figur der Männerwelt dient (vgl. Nachwort, S. 640–646).

61,25 *Blitzesscheine:* Bei Happel löst die teuflische Jungfrau einen Blitz aus, der einen schneeweißen Hahn vernichtet.

62,14 f. *die steinernen Bilder mit solcher Gewalt:* Vorbild für dieses grauenhafte Erlebnis mit den lebendigen Marmorbildern ist das Kapitel »Das feindseelige Todten-Gerippe« in Happels Darstellung:

Das feindseelige Todten-Gerippe

Indem er solcher Gestalt vor verwunderung gantz erstarret stehet / fängt auff einem andern Schranck ein schneeweisser Hahn an zu krähen: Dieser Hahn kam darauff herunter auff die Taffel geflogen / und löschete mit Schlagung seiner breiten Flügel beyde brennende Kertzen aus / daß es im Gemach stockfinster war. Damahlen empfand Alessandro einen Schauer über dem gantzen Leib / und wolte nach der Thür eylen / er besann sich gleichwohl bald anders / indem er gedachte / es stünde einem Cavallier nicht an / sich durch einen gemeinen Hahn in Furcht setzen zu lassen: Derowegen blieb er noch eine Weile stehen / absonderlich da die Dame sich über des Hahns Unhöfflichkeit entrüstete / und ihn von der Taffel schlug. Sie trat darauff von Alessandro an die Wand / und klopffte mit einem Schlüssel daran / worauff augenblicklich eine kleine Flamme / wie ein Lufft-Blitz herauß fuhr / und nicht allein vorbesagte zwo Kertzen / die der Hahn außgelöschet hatte / sondern noch wohl 12 andere / die an den Wänden in güldenen außgesteckten Armen steckten / gleichsahm in einem Moment anzündete / wovon das gantze Zimmer nicht weniger / als das vorige mit den güldenen Wänden / erleuchtet ward / daß Alessandro abermahl nicht wuste / was er hierzu sagen solte.

Als ihn die Dame ein wenig angesehen / fragte sie ihn / ob er sich auch über das jenige entzetzte / was er jetzo gesehen hätte? Alessandro bekam durch ihr Zusprechen wieder eine Muth / und sprach: Es gebühret meines gleichen nicht / daß sie sich auch in den allergrössesten Gefährlichkeiten entsetzen. Jedoch möchte ich wohl wissen / was dieses vor eine Beschaffenheit habe? Ich will euch / sprach die Dame / von allem sattsahmen Bericht ertheilen / wann ihr nur Hertzens genug habt / das Ende abzuwarten. Als sie dieses gesagt / thäte sich ein ander Schranck auff / worinn allerhand Sceleta oder Todten-Geripppe von Menschen zu sehen waren. Unter andern sahe / man darinn neben einander zween abgefleischte Menschen / an denen man nichts mehr sahe als die Knochen / ohne daß man die Angesichter vollkommen erkennen kunte. Weil denselbigen gleichsam durch einen kräfftigen Balsam ihr Fleisch behalten zu sein schiene. Die Dame sagte zwar nichts / führete aber unsern Alessandro herbey / und zeigte ihm mit den Fingern dasjenige / was in diesem Schranck lage. Ob nun gleich der Ritter anfangs seine Augen davon abkehrete / und wieder in seiner Herberge zu seyn wünschete / ermunterte er sich dannoch / als ein behertzter Held / kehrete sich zu dem Schranck / und nachdem er vor andern die neben einander liegende Todten-Cörper betrachtet / fragte er die Dame / ob diese etwa Mumien wären / die sie aus Egipten an sich erhandelt hätte / ihr Cabinet desto rarer dadurch zu machen?

Diese aber schiene hierüber etwas betrübt / und gleich darauff zornig zu werden / sie gab ihm keine Antwort / sondern stieß den einen Cörper nur mit einem Fuß an / in demselben Augenblick begunte sich derselbe zu rühren / stieß seinen Nachbahrn mit den lincken Elenbogen in die Seite / welcher davon gleicher Gestalt eine empfindlichkeit bekam / und darauff erhuben sich diese 2 Sceleta aus dem Schranck / stelleten sich auff die Füsse / und nachdem ein jeder einen Knochen von den andern Cörpern abgerissen hatte / tratten sie heraus / und giengen auff den Alessandro loß / derselbe sahe die Dame an / als er aber merckete / daß dieselbe aller Freund und Höflichkeit gute Nacht gegeben / zükkete er seinen Degen / und stellete sich zur Gegenwehr wieder die zween Todten-Cörper / welche ihm droheten / einen Streich mit den Knochen / so sie in den Händen trugen / zu versetzen.

Er stunde in den Gedancken / es wäre Teuffels-Verblendung / und die Dame suche ihn zu äffen / absonderlich / da sie zu ihm sagte: Bistu behertzt / so erweise jetzo was du kanst / oder diese werden dir den Halß zerbrechen. Dannenhero stieß er wacker auff sie loß / kunte aber keine Wunde machen / noch ihnen den geringsten Bluts-Tropffen abzapfen. Endlich kamen auch die andern Todten-Cörper aus dem Schranck herfür / ein jeder hatte ein kurtzes Messer in der Hand / sie trungen mit solcher entsetzlichen Gewalt auff ihn loß / daß ihm letzlich die Haare zu Berge stunden / dannenhero / weil er wohl wuste / daß er beym Teuffel keine Ehre würde erlangen / sahe er sich nach der Thür umb / und weil er dieselbe offen fand / lieff er in vollen Sprüngen hinauß / eylete die Treppen hinunter / und rieff dem Donati, weil sich aber weder derselbe / noch sonsten Jemand sehen ließ / lieff er vollends in dem Hoff / wo er seinen Diener mit der Fackel fand.

Dieser wuste nicht / was da zu thun wäre / als er seinen Herrn mit dem blossen Degen daher fliegen sahe. Wie sol ich das verstehen / sprach er / daß ich den Alessandro jetzo lauffen sehe / da er doch den Degen in der Hand hält? ja da ihn niemand jaget? Alessandro kunte ihm vor Schrecken kein Wörtlein antworten / sondern blieb ein wenig im Hoff stehen / umb Lufft zu schöpffen / aber als der Diener die Todten-Gerippe mit ihrem seltzahmen Gewehr in den Knochen-Händen daher kommen / und auff den Alessandro loß gehen sahe / nahm er die Fackel / und schlug dem einen damit das Messer auß der Hand / daß es auff die Erde fiel / darauff nahm er zugleich einen Sprung / und lieff sampt seinem Herrn zum Thor hinauß auff die Strasse.   (S. 766–769)

63,20 *wo bin ich denn so lange gewesen!:* Das Motiv des Zeitverlustes im Venusberg gehört bei Tieck und schon in Eichendorffs Erzählung *Zauberei im Herbste* zur Tannhäuser-Sage (vgl. Anm. zu 20,33 f.).

64,30 *altes verfallenes Gemäuer:* Happels Gespenstergeschichte endet mit der Schilderung der Wiederbegegnung mit den Trümmern:

Nach beschehener Mahlzeit und als sich Alessandro gegen dem
Confaloniero bedanckt / bathe er diesen Regenten der Repub-
lic / ihm einen Diener mit zu geben / der ihn zu den Ruinen führete / da die berüchtigte Herberge weyland gestanden / weil es
jetzo Mittag / wolle er sich mit seinem Diener dahin erheben / in
Hoffnung / es werde ihm kein Unheil wiederfahren / der Confaloniero gab ihm einen Diener mit / warnete ihn aber / er möchte
sich vorsehen. Wie sie nun zu den Stein-Hauffen kommen /
erkandte des Alessandro Diener eine grosse Steinerne Pforte /
bey welcher er gestanden / und sahe man noch / wie er die Fackel
daran abgeschlagen / als sie sich auch umbsahen / erblickte Alessandro das Messer / so sein Diener dem einen Gerippe aus der
Faust geschlagen / keiner wolte es aber auffnehmen / sondern
weil sie nichts als stücker Mauren und Stein-Hauffen sahen /
giengen sie wieder ihres Wegs.   (S. 770)

65,7 *Von kühnen Wunderbildern:* Der Text erscheint in der Gedicht-
sammlung von 1837 als Nr. II u. d. T. *Götterdämmerung.* Für die
Gegenüberstellung von Venus und Maria gibt es kein Vorbild bei
Happel.

66,14 *Diana:* römische Göttin der Jagd.

66,15 *Neptunus:* römischer Gott des Meeres.

66,17 *Sirenen:* Unter dem Aspekt der heidnischen Antike führt
Eichendorff hier die Dämonen der griechischen Mythologie ein
(vgl. Anm. zu 35,27).

66,24 *Der schöne Leib wird Stein:* Die Versteinerung der Venus wird
hier zugleich zum Zeichen einer Überwindung des Heidentums.
An die Stelle der antiken Gottheit tritt das lebendige Bild der christlichen Gottesmutter.

67,5 *wie die Lerche singend:* Das in Eichendorffs Liedern formelartig
wiederkehrende Bild der Lerche wird hier gedeutet. Der Vogel
wird mit seinem Aufstieg zum Himmel und seinem Gesang zum
Vorbild für den Menschen und zeigt den Weg der Seele »Aus
schwülen Zaubers Kluft«.

68,4 f. *Paradiesgärtlein unserer Kindheit:* In der Romantik verbindet
sich die (in der Aufklärung eher negativ gesehene) Kindheit mit der
Vorstellung vom Paradies. Die Rückwendung zur Kindheit ist zugleich die Suche nach dem verlorenen Paradies.

68,6 *alle Poetische:* Die Unterscheidung der »Philister« und der »Poetischen« geht auf Tiecks *Prinz Zerbino* zurück und wird in Eichendorffs Drama *Krieg den Philistern!* (1824) als Konfrontation darge-

stellt. Die Poetischen finden zum Himmelreich zurück, wie es Eichendorff in dem programmatischen Gedicht dieses Dramas (*Von Engeln und von Bengeln*) schildert.

68,7 *ein redlicher Dichter:* vgl. Anm. zu 46,24 f.

68,15 *Hier bin ich, Herr!:* Der Text erscheint in der Gedichtsammlung von 1837 als Nr. II u. d. T. *Der Umkehrende.*

69,14 *Knabentracht:* Einer solchen Verkleidung haftet zur Goethezeit nichts Ungewöhnliches an. Nach dem Vorbild der Mignonfigur aus dem *Wilhelm Meister* verehrten die Romantiker die Verbindung von Weiblichem und Männlichem, das Androgyne.

Das Wiedersehen

Druckvorlage:

Joseph von Eichendorff: Das Wiedersehen. Ein unveröffentlichtes Novellenfragment. Aus der Handschrift mitgeteilt und erläutert von Hermann Kunisch. In: Aurora 25 (1965) S. 7–39 (hier: S. 11–20). Zwei in der Handschrift fehlende Gedichteinlagen werden nach den angegebenen Drucken wiedergegeben (vgl. Anm. zu 72,33 und 81,1).

Die von Hermann Kunisch erst 1965 zum ersten Mal aus dem Nachlaß publizierte Erzählung trägt deutlich autobiographische Züge. Unmittelbar neben dem Titel hat Eichendorff zu dem Fragment notiert: »Zu vollenden. Das Wiedersehen geschieht aber in Lubowitz.« Im Text selbst notiert er den Titel eines einzuschiebenden Gedichts mit den Worten: »Hieher das Gedicht: Abendlandschaft an Wilhelm.« Schon aus diesen Randbemerkungen wird deutlich, daß die Erzählung über »entfernter Verwandten Söhne« – wie es am Anfang heißt – die Beziehung zum Bruder Wilhelm reflektiert: Die paradiesische Kindheit im Schloß Lubowitz bei Ratibor (Schlesien) und die Trennung nach Abschluß des Studiums sind Themen der Erzählung, die bezeichnenderweise vor der Schilderung der Wiederbegegnung abbricht. Dieser Situation entspricht in der Biographie Eichendorffs eine längere Zeitspanne, denn im April 1813 trennten sich die Lebenswege der Brüder Eichendorff endgültig. Joseph brach damals gemeinsam mit seinem Freund Philipp Veit aus Wien auf, um als Freiwilliger an den Befreiungskriegen gegen Napoleon teilzunehmen. Wilhelm trat im Herbst des gleichen Jahres in den Dienst Österreichs. Der Briefkontakt riß dann für Monate ab, und Wilhelm galt als

verschollen. Die Erzählung spielt darauf an und entspricht in ihrer
Atmosphäre recht genau den Briefen der Brüder aus dem Jahre 1814,
die sich erhalten haben. Auch eine Anspielung auf den Wiener Kongreß (vgl. Anm. zu 76,6) ist bei der Datierung hilfreich. Erst nach
Ende 1814, vermutlich Ende 1816 oder Anfang 1817, als Joseph allein
seine Wiederbegegnung mit der Heimat erlebt hatte, entstand das
Fragment (vgl. Kunisch, S. 11). Auf diese Datierung deutet auch die
Einleitungsszene zur (nicht mehr geschilderten) Begegnung, in der
der Umgang mit den nassen Kinderwindeln eine Rolle spielt: Joseph
konnte erst Anfang 1816 nach Lubowitz zurückkehren und sah dort
zum ersten Mal seinen im August 1815 geborenen Sohn Hermann
(vgl. Kunisch, S. 10). Vermutlich ist dieses Wiedersehen Modell für
die im Erzählfragment geschilderte Begegnung mit der jungen
Mutter.

71,4 *einsames Schloß:* Das im Zweiten Weltkrieg zerstörte Lubowitz,
in dem die Brüder Eichendorff unter idyllischen Verhältnissen auf-
wuchsen, liegt bei Ratibor in Oberschlesien. Der Garten fiel ins Tal
der Oder ab; in der Ferne konnte man die »blauen Berge« der
Karpaten (vgl. Anm. zu 26,7) sehen.

71,7 *zauberischer Spielmann:* vgl. Anm. zu 18,24 f.

71,9 *Vielfache Studien:* Die Brüder Eichendorff studierten gemeinsam in Halle (1805/06), Heidelberg (1807/08) und Wien (1810–12).
Aus dem in dem Memoiren-Kapitel *Halle und Heidelberg* sehr
anschaulich geschilderten freien Studentenleben, bei dem die Brüder neben den juristischen Fachvorlesungen auch die anregenden
Kollegs der Romantiker Steffens, Schleiermacher (in Halle) und
Görres (in Heidelberg) besuchen konnten, wurde erst in Wien ein
Brotstudium mit dem Ziel eines Examens, das Joseph im Februar
1812 ablegte.

71,10 *Reisen:* Im Herbst 1805 unternahmen die Brüder eine Fußreise
durch den Harz nach Hamburg und Travemünde; im April und
Mai 1808 folgte eine Bildungsreise nach Paris, wenig später eine
Schiffsreise auf der Donau von Regensburg nach Wien; im Novem-
ber des gleichen Jahres fuhren die Brüder mit dem Kohlenschiff von
Frankfurt (Oder) nach Berlin.

71,23 *Rausch der Jugend:* In seinem autobiographischen Rückblick
Halle und Heidelberg beschreibt Eichendorff zum Schluß die positive Kraft der Jugend mit folgenden Worten:

[. . .]was ist denn eigentlich die Jugend? Doch im Grunde nichts anderes, als das noch gesunde und unzerknitterte, vom kleinlichen Treiben der Welt noch unberührte Gefühl der ursprünglichen Freiheit und der Unendlichkeit der Lebensaufgabe. Daher ist die Jugend jederzeit fähiger zu entscheidenden Entschlüssen und Aufopferungen, und steht in der Tat dem Himmel näher, als das müde und abgenutzte Alter; daher legt sie so gern den ungeheuersten Maßstab großer Gedanken und Taten an ihre Zukunft. Ganz recht! denn die geschäftige Welt wird schon dafür sorgen, daß die Bäume nicht in den Himmel wachsen und ihnen die kleine Krämerelle aufdrängen. Die Jugend ist die Poesie des Lebens, und die äußerlich ungebundene und sorgenlose Freiheit der Studenten auf der Universität die bedeutendste Schule dieser Poesie, und man möchte ihr beständig zurufen: sei nur vor allen Dingen j u n g ! Denn ohne Blüte keine Frucht.

(Werke 1, S. 950.)

72,8 f. *Vater ... sein Vermögen verloren:* Der Vater der Brüder Eichendorff hatte durch Industriespekulationen seine Güter aufs Spiel gesetzt und schließlich so hoch verschuldet, daß sie versteigert werden mußten.

72,10 *Residenz:* Es war die Residenzstadt Wien, wo die Brüder nach abgeschlossenem Studium im April 1813 Abschied voneinander nahmen.

72,33 *Steig' aufwärts, Morgenstunde:* In der Handschrift ist die vorgesehene Einfügung eines Liedes mit den Worten angedeutet: »Vielleicht: Leonhardt aber fand auf dem Tische folgendes Abschiedslied: (Zum Abschiede an Wilhelm)« (Kunisch, S. 12). Eichendorff veröffentlichte den Text unter dem Titel *An W. Zum Abschiede. Im Jahre 1813* im *Frauentaschenbuch* Fouqués (S. 264). Der Text unserer Ausgabe folgt (anders als Kunisch, S. 12 f.) diesem Erstdruck. Im Berliner Material hat sich eine Abschrift des Bruders Wilhelm erhalten, der anmerkt: »Das unterstrichene sind meiner Wenigkeit Verbesserungsvorschläge«. Bis zur Trennung war Wilhelm auch dichterisch tätig (vgl. die Gedichte in DKV 1, S. 573–579); beide halfen sich mit Durchsicht der Manuskripte. In einem langen Brief Wilhelms aus dem Sommer 1814 heißt es dann: »Die Poesie in Versen hat sich seit ¾ Jahren von mir getrennt« (HKA 13, S. 53).

73,3 *Herzensbruder:* schon von Arnim und Brentano aus dem *Schelmuffsky* Reuters übernommene Bezeichnung für eine besonders intensive Freundschaft (vgl. Anm. zu 18,5 f.).

73,18 *neugestärkt … Deutschland:* Anspielung auf die Befreiungskriege, die in den deutschen Kleinstaaten zur Bildung eines neuen
Nationalgefühls führten. Die Romantiker nahmen diese Stimmung
der Bevölkerung auf und beteiligten sich mit der Feder und oft auch
mit der Waffe an den Feldzügen gegen die zunächst übermächtige
Armee Napoleons, die erst nach ihrer Rückkehr von dem geschei-
terten Rußlandfeldzug mit Erfolg bekämpft wurde.

73,21 *Aus Einem Fels geboren:* Die 5. Strophe des Gedichts zitiert
Eichendorff in einem Brief an Loeben vom 8. April 1814. Im
Frauentaschenbuch steht »Auf einem Fels«, was vermutlich ein
Druckfehler ist.

73,32 *Heimat … ew'ger Frieden:* Am Gedichtschluß wird sehr deutlich, daß sich Eichendorffs Heimatbegriff stets mit der christlichen
Vorstellung der transzendenten Heimat der Seele verbindet.

74,4 *seine Briefe seltner:* Der Briefkontakt riß nach der Trennung der
Brüder ab, und zwischen April und August 1814 galt Wilhelm als
verschollen.

74,18 *dramatische Werke:* Diese Anspielungen auf eine Zukunft als
dramatischer Dichter entsprechen wohl Eichendorffs Hoffnungen
zum Zeitpunkt der Entstehung der Erzählung, denn am 15. Juni
1816 schrieb er an Fouqué: »[…] in der neueren Zeit füllen einzig
größere dramatische Arbeiten die wenige Muße, die mir bleibt«
(HKA 12, S. 18). Die zu Lebzeiten erschienenen, abgeschlossenen
Dramen entstanden jedoch wesentlich später; aus der Frühzeit haben sich nur Fragmente erhalten.

74,24 *der große Befreiungs-Krieg:* Krieg gegen die Europa beherr-
schende Macht Napoleons (1813–15).

74,26 *Soldat … ausgezeichnet:* Auch diese Darstellung entspricht
mehr Eichendorffs Hoffnungen als der Realität: Im Krieg kam
Eichendorffs Bataillon nicht zum Zuge, und Eichendorff war sehr
unglücklich über das entbehrungsreiche Leben in der Etappe; er
spricht in einem Brief vom »Hunger und unbeschreiblichen Elend«
(Frühwald, S. 64 f.).

74,36–75,1 *die verbündeten Heere in Paris eingezogen:* Am 31. März
1814 zogen die verbündeten russischen und preußischen Truppen
in Paris ein. Eichendorff nahm im Feldzug von 1815 am 7. Juli 1815
am erneuten Einmarsch in Paris teil.

75,9 *Garten der Tuillerien:* Eine ausführliche Beschreibung der Gärten, die für diese kleine Schilderung das Modell lieferte, enthält
Wilhelms Brief an seinen Bruder vom 8. Juli 1814. Der Brieftext
spielt auch auf den gemeinsamen Parisaufenthalt der Brüder im

Frühjahr 1808 an und zeigt die korrespondierende Sehnsucht der getrennten Brüder. Wilhelm schreibt: »[...] da ergriff mich die tiefste Sehnsucht nach Dir; ich konnte es noch immer nicht glauben, daß ich ohne Dich in einer so wunderbaren Stimmung auf einem Platze, wo uns gemeinschaftlich zum ersten Male mit tiefster Innigkeit, unser kräftiges Deutschland, wie das Farbendunkel einer Aussicht von Albrecht Dürer ergriff, leben konnte.« (HKA 13, S. 26.)

75,13 *die elysäischen Felder:* die Champs-Élysées in Paris.

75,16 *auf einer Kunstreise:* vgl. Anm. zu 71,10. Auf der gemeinsamen Bildungs- und Studienreise nach Paris (1808) besuchten die Brüder den Louvre und exzerpierten in der Bibliothek (im Auftrag von Joseph Görres) die französische Ausgabe des Volksbuchs von den Haimonskindern.

75,29 f. *Brief ... fast schon ein Jahr alt:* Welche Wege und Laufzeiten die Briefe der Brüder in den Kriegszeiten durchliefen, macht der Brief Wilhelms vom 8. Juli 1814 deutlich: »Der Brief, den ich zuletzt von Dir bekam, ist vom 24. März. Er war, weiß Gott wo, in Wien, Triest, Venedig, Verona; wenigstens stehn allerlei von fremder Hand geschriebene Namen auf dem Couvert, die dieses schließen lassen.« (HKA 13, S. 25.)

75,32 *O Herbst! betrübt verhüllst du:* Eine auf vier Strophen gekürzte Fassung des Texts erhielt in der Gedichtsammlung von 1837 den Titel *Unmut.*

76,6 *Aus ihrer Söhne Blut:* erneute Anspielung auf die Befreiungskriege. Eine erste Fassung der Strophe (Kunisch, S. 9; vgl. auch S. 36) spielte auf den Wiener Kongreß (1815) an:

> Im lichten Glanze wandelt
> Der Helden heiliger Muth,
> Um Deutschland wird verhandelt.
> Die Freiheit blüht aus Blut.

76,28 *O Gott! das ist ja Dein!:* Eine gebetsartige Formel findet sich am Schluß zahlreicher Gedichte Eichendorffs (vgl. *Die zwei Gesellen*, das *Trinklied* im *Marmorbild*, S. 32, sowie das letzte Gedicht in der Erzählung *Das Wiedersehen*, S. 82). – Eichendorff sieht auch die geschichtlichen Veränderungen stets unter religiös-christlichen Aspekten und schließt selbst seine Sonette zur Revolution von 1848 (vgl. DKV 1, S. 449–452) mit der Formel: »O Herr, da laß uns alle selig landen!«.

77,30 *mehremal: mehre:* alte Form, die von Eichendorff neben *mehrere* verwendet wird.

79,15 *nasse Kinderwindeln:* Mit Kinderwindeln, die der Erzähler »mit zwei Fingerspitzen« vom Hals der Gitarre entfernt, hatte Eichendorff bei seiner Rückkehr aus dem zweiten Feldzug Anfang 1816 zum ersten Mal in der eignen Familie Bekanntschaft gemacht. Seinen Sohn Hermann, der bereits im Sommer 1815 geboren wurde, lernte er erst zu diesem Zeitpunkt kennen. Frühwald beobachtet, daß auch die »kräftigweibliche Gestalt« der Novelle Ähnlichkeit mit Eichendorffs Gattin Luise von Larisch zeigt (vgl. DKV 2, S. 787).

81,1 *Ach, daß auch wir schliefen!:* Das Gedicht ist nach einem Hinweis der Handschrift eingefügt, der lautet: »Hieher das Gedicht: Abendlandschaft an Wilhelm« (Kunisch, S. 17). Nach den Angaben in der HKA (1, S. 749 f.) trug eine Handschrift des Gedichts die Überschrift: »Abendlandschaft o⟨der⟩ Abendwehmuth. An Wilhelm 1814. Im August«. Unter dem neutralen Titel *Lied* erschien der Text im *Frauentaschenbuch* von 1818. 1826 wählte Eichendorff den Titel *Abendlandschaft* (in: J. v. E., *Aus dem Leben eines Taugenichts und das Marmorbild. Zwei Novellen nebst einem Anhange von Liedern und Romanzen*, Berlin 1826, S. 230; Druckvorlage).

81,6 *Dein Bruder ist tot:* Im Erstdruck lautet die Zeile »Dein Liebchen ist tot«.

83,36 *Schneewitchen:* Titel eines Märchens der Brüder Grimm, das 1812 zum ersten Mal erschien. Eines der von Eichendorff selbst gesammelten Märchen hat zahlreiche Motivübereinstimmungen mit Grimms *Schneewittchen* (vgl. *Aurora* 30/31, 1970/71, S. 57 bis 72).

Aus dem Leben eines Taugenichts

Eichendorff hat an dieser Erzählung, die zu seinem populärsten Werk werden sollte, eine Reihe von Jahren gearbeitet. Der Text eines ersten Entwurfsblattes aus dem Jahre 1817 ist uns indirekt überliefert (durch eine Abschrift aus dem Besitz Karl Polheims; vgl. DKV 2, S. 790–793, sowie die jüngste Publikation von Karl † und Karl Konrad Polheim: *Text und Textgeschichte des »Taugenichts«*, 2 Bde., Tübingen 1989). Eine Notiz aus dem gleichen Jahre lautet: »Jezt früh immer, wie ich gerade Lust habe, mein Marmorbild abschreiben und den Taugenichts beenden.«

Eine Handschrift, die den Titel »Der neue Troubadour« trug, hat sich in einem Faksimile erhalten. Sie entspricht im wesentlichen einer Veröffentlichung von 1823 in der Breslauer Zeitschrift *Deutsche Blätter für Poesie, Literatur, Kunst und Theater* (26. September bis 7. Oktober). Zwei Kapiteln des *Taugenichts* entspricht dieser Text, den Eichendorff unter dem Titel *Ein Kapitel aus dem Leben eines Taugenichts* veröffentlichte (vgl. den Paralleldruck DKV 2, S. 445–485). Wie weit der dann 1826 veröffentlichte Text der Erzählung zu diesem Zeitpunkt schon fertig war, ist unklar. Es gibt Hinweise darauf, daß Eichendorff noch 1823 davon ausging, daß die vom Taugenichts verehrte Frau tatsächlich eine verheiratete Gräfin war (vgl. DKV 2, S. 794). In der fertigen Erzählung erweist sich diese Hochzeit als Irrtum, der Taugenichts kann die ersehnte »schöne Fraue« heiraten.

Die Entwürfe zur endgültigen, vollständigen Fassung des *Taugenichts* haben sich jedoch nicht erhalten, und in den Briefen Eichendorffs fehlen Berichte zur Entstehungsgeschichte. Hinweise zur Datierung lassen sich deshalb nur aus einigen Anspielungen im Text gewinnen: Die Uraufführung von Carl Maria von Webers Oper *Der Freischütz*, aus der Eichendorff den Brautjungfernchor aufnimmt, fand am 18. Juni 1821 in Berlin statt. Vom »seligen Hoffmann« konnte Eichendorff erst nach dessen Tod (25. Juni 1822) sprechen. Das Datum der Fertigstellung ist durch einen Brief belegt, den Eichendorff aus Königsberg an Eduard Hitzig schrieb (am 8. Oktober 1825, vgl. ter Haar, S. 93). Einem Freund gab er eine Reihe von Manuskripten mit auf den Weg, die zu einer Sammelausgabe vereinigt werden sollten. Er schreibt: »Das Manuscript besteht aus drei Abtheilungen, nemlich aus einer Novelle: *Aus dem Leben eines Taugenichts*, u. zwey Abtheilungen von Gedichten. Hierzu gehört aber noch eine andere Novelle: *Das Marmorbild*«. Zur Anordnung schlägt Eichendorff vor: »Am zweckmäßigsten scheint es mir, wenn das Gantze in Einem Bändchen mit dem Collectiv-Titel: ›Novellen, Lieder u. Romanzen‹ in folgender Ordnung zu stehen käme:

1. Inhaltsverzeichniß,
2. Das Marmorbild, aus dem Fr[auen] Taschenbuch v. 1819,
3. Die erste Abtheilung der Gedichte,
4. Der Taugenichts, u.
5. Die zweite Abtheilung der Gedichte.«

Der Verleger nahm alle angebotenen Texte auf, hielt sich jedoch nicht an die vorgeschlagene Reihenfolge: Der neue, damals noch unbekannte Text des *Taugenichts* wurde an den Anfang gestellt, die Abteilung mit Gedichten als Anhang in geschlossenem Block an den Schluß.

Zur Ostermesse 1826 erschien das Bändchen unter dem Titel:

Aus dem Leben eines Taugenichts und das Marmorbild. Zwei Novellen nebst einem Anhange von Liedern und Romanzen von Joseph Freiherrn von Eichendorff, Berlin: Vereinsbuchhandlung, 1826. [Der Text des *Taugenichts*: S. 1–136; Druckvorlage.]

Die Erzählung wurde schon in den ersten Rezensionen gerühmt, und der Taugenichts galt bald als »Verkörperung des deutschen Gemüts« (Fontane), als »Allegorie eines Nationalcharakters« (Frühwald, DKV 2, S. 798). Dabei wurde gelegentlich übersehen, daß manches an diesem Werk ironisch und parodistisch gemeint ist. Sucht man nach dem »deutschen Nationalcharakter«, so wird man ihn ebensogut im philiströsen Kleinbürger, dem Portier des *Taugenichts*, wie in dem Helden finden. Die leichte Lebensart der Hauptfigur nimmt trotz aller Sehnsüchte nach der deutschen Sprache und Heimat durchaus mediterrane Züge an: Es sind ja auch die Minnesänger der Provence, die sich Eichendorff zunächst zum Vorbild wählte. Einer der Jugendfreunde aus Heidelberg, Wilhelm Budde, notierte in seinem Tagebuch über Eichendorffs frühe Lieder: »Ein italienisch kräftiges und brausendes Sehnen der Liebe ist ihm fremd, wie der reiche und glühende Himmel Italiens. Aber wo milder Blütenstaub in der Provence und Spanien die Luft erfüllt und zarte Lieder der Liebe, aus dem Herzen des Volkes gehaucht, da wohnt sein Gemüt, und sein Leben wie sein Gesang klingt uns Deutschen aus einer südwestlichen Welt her.« Eichendorff hat weder Italien noch Südfrankreich oder Spanien mit eignen Augen gesehen, aber er hatte eine Vorstellung von Leben und Geist dieser mediterranen Welt und entwirft sie in seinem *Taugenichts* als Gegenwelt zur Enge der deutschen Staaten. Zolleinnehmer in einem Miniaturfürstentum, das eben wollte sein Taugenichts keinesfalls bleiben, und die Parole lautet am Schluß nach der glücklichen Auflösung: »gleich nach der Trauung reisen wir fort nach Italien«.

Eichendorff führt einen Antihelden vor, es ist nicht die Bildungsgeschichte eines vorbildlichen Deutschen, sondern vielmehr eine fast spielerische Verarbeitung der klassisch-romantischen Bildungsromane, wobei der Handlungsgang auch Züge eines Trivialromans parodierend aufnimmt und der episodenartige Charakter zugleich der Tradition des Schelmenromans verpflichtet ist. Dem Taugenichts selbst wird in der Geschichte vorgeworfen, er lese wohl keine

Romane und verliere deshalb den Durchblick. Was dem heutigen Leser als unwirklich, traumartig an dieser Geschichte erscheint – es war auch von Eichendorff nicht als »realistisch« gemeint. Die Erzählung lebt von der literarischen Parodie und dem Spiel mit den Bildungsmustern und literarischen Formen. Der Taugenichts ist der Anti-Philister, der poetische Mensch, vielleicht sogar eine Allegorie der Poesie (vgl. ter Haar, S. 165); er verweigert sich den gesellschaftlichen Zwängen und lebt nur seiner Geliebten, die er anfangs zur Maria stilisiert. Er will wie die Troubadoure des Mittelalters sein Leben der Kunst und Liebe, der Kunst für die Liebe widmen, aber es ist ein *neuer* Troubadour, ein Repräsentant des 19. Jahrhunderts, in dem es keine Minnehöfe, sondern eine mehr und mehr arbeitsteilige Gesellschaft gab, die wenig Spielraum für die Entfaltung des einzelnen in einem freien Sängerleben ließ. Eichendorff wußte davon ein Lied zu singen. Zeit seines Lebens mußte er im öffentlichen Dienst »Akten fressen«. Zum »Ausstieg« aus diesem Beamtenleben freilich konnte und wollte er sich nicht entschließen, und der Taugenichts ist denn auch nicht als ernstgemeinte Aufforderung zum Leben außerhalb der Gesellschaft zu lesen. Es ist eher eine liebevoll-ironische Auseinandersetzung sowohl mit den Gepflogenheiten der Philisterwelt wie mit den romantischen Gegenbildern. In freiem Spiel läßt Eichendorff beide Welten aufeinanderstoßen – ähnlich wie in der Satire *Krieg den Philistern!* Die Erzählung bietet Lösungsmodelle und Diskussionsstoff, aber keine Lehre.

85 [Titel] *Taugenichts:* Als »eine Person, welche zu nichts taugt, zu nichts brauchbar ist«, definiert Adelung 1801 (Bd. 4, Sp. 545) einen Taugenichts, und ältere Belege (vgl. DWb 21, Sp. 200) stellen ihn mit Strauchdieben und Gaunern auf eine Stufe. Erst in Arnims Aufsatz »Von Volksliedern« (Anhang zum ersten *Wunderhorn*-Band, 1806; FBA 6, S. 420) wird die Bezeichnung positiv besetzt (vgl. Anm. zu 96,27–29). Ein Mensch, der sich in die gesellschaftlichen Muster nicht einpaßt und zum Philisterdasein nicht taugt, ist der Held von Eichendorffs Erzählung. In dem Maße, wie dieser Menschentyp seiner Erzählung zum Leitbild des poetisch-musischen Deutschen hochstilisiert wurde, verschob sich die Wortbedeutung auch im allgemeinen Sprachgebrauch zum Positiven. Einen ungeschickten, tölpelhaft-naiven Menschen, der es im Berufsleben nicht weit bringt, wird man eher als »Taugenichts« bezeichnen als einen Dieb. Im heutigen Sprachgebrauch ist die Bezeichnung allerdings, wie es im *DUDEN – Das große Wörter-*

buch der deutschen Sprache, Bd. 6, Mannheim 1976, heißt, bereits wieder »veraltend abwertend«.

85,2 *Novelle:* Gattungsbezeichnungen wie »Novelle«, »Roman«, »Romanze« wurden erst durch die Fachgermanisten im späten 19. Jahrhundert – in Anlehnung an die Definitionen einzelner Dichter oder an bestimmte vorbildliche Werke – festgeschrieben. Eichendorff verwendet die Bezeichnung »Novelle« zur Umschreibung der Tatsache, daß sein Werk in Umfang und Anspruch nicht einem Roman entspricht. Dabei ist wohl auch zu berücksichtigen, daß die frühromantische Poetik Friedrich Schlegels die Romanform als eine besonders komplexe, zukunftsweisende Form definiert hatte. Eichendorff wollte sein Werk sicher nicht an diesen Definitionen gemessen wissen. In der Struktur nähert sich seine Erzählung dem Schelmenroman an, einer Form der spanischen Tradition (Picaro-Roman), die auch den Gauner und den naiv-tölpelhaften Helden kennt, der – scheinbar planlos – von Abenteuer zu Abenteuer durch die Welt streift. Thomas Mann griff im 20. Jahrhundert noch einmal auf diese Tradition zurück. Seine (un-vollendeten) *Bekenntnisse des Hochstaplers Felix Krull* sind – ähnlich dem *Taugenichts* – zugleich Parodie des klassisch-romantischen Bildungsromans und Wiederaufnahme der Picaro-Tradition. In der deutschen Barockliteratur ist dieser Romantyp durch zwei Werke vertreten, die von den Romantikern sehr geschätzt wurden, den *Simplizissimus* von Grimmelshausen und den *Schelmuffsky* von Reuter. Beide Romane kannte und schätzte Eichendorff.

85,4 *Rad ... Mühle:* Müller und Mühle sind die zentralen Motive des Liedes *Müllers Abschied* aus der romantischen Volksliedersammlung *Des Knaben Wunderhorn* von Achim von Arnim und Clemens Brentano (»Da unten in jenem Thale, / Da treibt das Wasser ein Rad, / Das treibet nichts als Liebe«). Eichendorff nimmt bereits in seinem Gedicht *In einem kühlen Grunde*, das zu seinem bekanntesten Lied wurde, das Mühlenmotiv auf und verbindet es ebenfalls mit dem Liebesthema. In dieser Verbindung wurde es zu einem Leitmotiv der deutschen Dichtung des 19. Jahrhunderts (und wirkt beispielsweise noch in Fontanes *Effi Briest* und Raabes *Pfisters Mühle* nach). Als Eichendorff den *Taugenichts* schrieb, war das Mühlenmotiv bereits populär, und es ist kein Zufall, daß Eichendorff den Helden der Novelle als Müllerssohn einführt, der sich immer wieder an die väterliche Mühle erinnert. Wie eng die Geschichte des Taugenichts mit dem Liebesthema verknüpft ist, wird unter anderem daraus deutlich, daß er diesen Helden in der ersten

Fassung als »Der neue Troubadour« bezeichnete (vgl. oben). Der Taugenichts ist demnach die moderne Form des fahrenden Minnesängers aus dem Mittelalter, der seine »frouwe« besang und sein Leben ihrem Dienste widmete.

86,1 *Adjes:* eingedeutschte Form von Adieu.

86,6 *Wem Gott will rechte Gunst erweisen:* Das Gedicht, dem Eichendorff später den Titel *Der frohe Wandersmann* gab, wurde durch eine Vertonung Mendelssohn-Bartholdys rasch populär. Noch die Nationalsozialisten benutzten den bekannten Text, um für ihre Jugendbewegung zu werben, obwohl gerade in diesem Lied die religiöse Perspektive Eichendorffs besonders deutlich wird. Die Zeile »Den lieben Gott laß ich nur walten« klingt an das Kirchenlied von Georg Neumark an: »Wer nur den lieben Gott läßt walten«.

86,10 *Die Trägen:* Charakterisiert werden die »Urfeinde« der Romantiker, die Philister, die den Weg aus der bürgerlichen Enge des städtischen Lebens nicht finden.

87,4 *Nach W.:* In der Ausgabe von 1841 wird die Stadt als Wien identifiziert. So auch hier 107,26.

87,5 *in einer fremden Sprache:* Die Sprache des Adels und der Höfe war zu Eichendorffs Zeiten oft noch das Französische.

87,9 *machte einen Reverenz:* zeigte meine Reverenz (Verehrung, Ergebenheit) durch eine Verbeugung.

87,25 *heimlich:* hier wie öfter im Sinne von »anheimelnd«.

88,22 *ich hatte nichts als mein Geigenspiel:* Der Taugenichts entspricht dem Ideal des armen Künstlers, der nichts als sein Instrument besitzt und so seine Distanz zum Besitzbürgertum zeigt. »Ich hab' nicht viel hienieden, / Ich hab' nicht Geld noch Gut«, beginnt Eichendorffs Gedicht *Das Flügelroß*, in dem diese Auffassung beschrieben wird.

88,34 *herumvagieren:* frei umherschweifen.

89,12 *diskurrieren:* intensiv diskutieren, einen Diskurs führen.

89,30 *Wohin ich geh' und schaue:* Die weiteren Strophen dieses Lieds singt der Taugenichts wenig später auf Drängen seiner Begleiterinnen (vgl. S. 94).

89,33 *Fraue:* Die vom Mittelhochdeutschen *frouwe* abgeleitete Form des Wortes verbindet sich mit dem Minnedienst, den die Sänger der (meist adligen) Herrin leisteten. Die Loeben-Gruppe, der sich die Brüder Eichendorff in Heidelberg 1807 angeschlossen hatten, sah sich in der Tradition der Minnesänger (bzw. französischen Troubadoure). Die (mittelhoch)deutsche Minnedichtung war für die romantische Bewegung durch Tiecks Minnelieder-Übertragungen von 1803 erschlossen worden. So wie Tieck verwendet Eichendorff hier die Orthographie der Moderne, nimmt aber die altertümliche Sprachform auf und verfährt in der gleichen Weise wie auch Arnim und Brentano im *Wunderhorn*.

90,23–26 *Es wird keinem an der Wiege gesungen … Gott lenkt:* Die »Meditationen« des Taugenichts sind eher Gemeinplätze und bestehen aus geläufigen Sprichwörtern.

91,13 *den weißen Arm:* Eine nicht durch die Sonne gefärbte Haut galt zu Eichendorffs Zeit als Schönheitsideal. Bräunung war Zeichen minderwertiger (Feld-)Arbeit.

91,34 *Tulipane:* dichterisch für ›Tulpe‹.

93,7–12 *schöne Frau … eine Lilie … wie ein Engel … blauen Himmelsgrund:* Deutlich sind hier die Hinweise auf Maria, die ikonographisch durch die Lilie (Symbol der Unschuld) und die Himmelsfarbe blau gekennzeichnet wird. Daß die Beziehung zur »schönen Frau« dennoch eine erotische Komponente hat, entspricht dem christlichen Marienkult und der Minnelyrik. Die gleiche Verbindung findet sich auch in der frühen Lyrik Eichendorffs.

93,20–22 *Volkslied, gesungen dem Volk … Wunderhörner … Herbarien:* Die mündliche Überlieferung mit Gesang galt den Romantikern als Ideal der Volkskunst. Auch Goethe hatte in seiner Rezension des ersten *Wunderhorn*-Bandes (in der Jenaischen *Allgemeinen Literatur-Zeitung* 1806) die Hoffnung ausgesprochen, daß die aufgezeichneten Lieder als gesungene Lieder den Weg ins Volk zurückfinden sollten. Für einige Lieder der Sammlung und für eine Reihe von volksliedartigen Kunstliedern im Gefolge des *Wunderhorns* erfüllte sich diese Hoffnung, und Eichendorff vermerkte mit Stolz, daß sein Lied *In einem kühlen Grunde* für ein (anonymes) Volkslied gehalten wurde (vgl. DKV 1, S. 877). Es war zunächst die Männergesangsbewegung (unter Einschluß der studentischen Burschenschaften), die sich – bereits zu Eichendorffs Zeiten – der romantischen Lieder annahm und sie popularisierte.

93,22 *Seele der Nationalseele:* Den engen Zusammenhang zwischen nationaler Volksdichtung und dem besonderen Empfinden der jeweiligen Nation hatte – schon vor der romantischen Bewegung – Johann Gottfried Herder herausgearbeitet. Das Wort »Nationalseele« findet sich jedoch erst in dem von Eichendorffs Vorbild Joseph Görres herausgegebenen *Rheinischen Merkur*.

94,1 *Wohin ich geh' und schaue:* In der Gedichtsammlung von 1837 gab Eichendorff diesem Text den Titel *Der Gärtner*. Auf die Ähnlichkeit mit einem Lied Walthers von der Vogelweide (»Nemt, frouwe, disen kranz«) und dem Gedicht *Der Gärtner* von Johann Martin Miller wurde in der Forschung hingewiesen (vgl. DKV 2, S. 810).

94,12 *Sie ist zu hoch und schön:* Hier wird erneut die Verwandtschaft mit Maria angedeutet (vgl. Anm. zu 93,7–12) und zugleich die Unterscheidung von »hoher« und »niederer« Minne der Minneliedertradition aufgenommen. Zur hohen »Fraue« wahrt der Sänger Distanz, die reine hohe Liebe kennt nur entsagungsvolle Verehrung. Aus diesem Ideal entwickelt sich die Spannung der Novelle. Der Taugenichts dient der hohen Frau und folgt ihren Spuren, nähert sich ihr aber erst am Schluß seiner Wanderschaft.

95,7 *Zollhäuschen:* Die kleinen Staaten in Deutschland erhoben bis zur Vereinbarung einer Zollunion an ihren Grenzen Wegezölle. In dem beschriebenen Zollhäuschen wohnte der »Einnehmer«, der nach Eichendorffs Darstellung ein recht bequemes Leben führen konnte.

96,8 *kommode:* bequem.

96,10 f. *Schlafrock ... Schlafmütze ... Tabak:* Kennzeichen des Philisters, den Brentano in seiner 1811 publizierten *Philistersatire* beschrieben hatte.

96,27–29 *Kartoffeln ... Gemüse ... Blumen:* Gegen die Ausbeutung der Natur im Sinne der aufklärerischen und utilitaristischen Haltung (vgl. Anm. zu 483,11 f.) setzt der Taugenichts das Ideal der zweckfreien Schönheit. Er macht damit deutlich, daß ihm die mit der Einnehmerstelle verbundene Philister-Haltung zuwider ist. Den Bürgern gilt er deshalb als »verrückt« (97,34). Auch bei Arnim (»Von Volksliedern«, FBA 6, S. 420) heißt es vom Taugenichts: »[...] aber selten ist die Thätigkeit, welche durch Einöden zieht und Samen wunderbarer Blumen ausstreut, zu beyden Seiten des Weges, wo er hintrifft, allen gegeben [...] doch wo er, vom Winde getragen, hinreicht, da endet die unmenschliche Einöde, es kommen gewiß, die sich unter den Blumen ansiedeln, um aus ihnen Lust und Leben zu saugen.«

97,16–21 *Hörner ... Jägerei:* Im Wald herumschweifende Jäger(innen) und einzelne Schüsse signalisieren in der Dichtung Eichendorffs eine geheimnisvoll-irrationale Welt von Ahnung und Verlockung. Das Waldhorn galt den Romantikern als Instrument des tiefen Gefühls, der Seele (vgl. Anm. zu 12,29). Daß diese poetisierte Jägerei, die Eichendorff in vielen Liedern verherrlicht (vgl. das bekannte Gedicht *Der Jäger Abschied*), mit der tatsächlichen Jagdpraxis wenig zu tun hat, macht Eichendorff in seinem Gedicht *Jäger-Katechismus* deutlich. Die Jagd seiner Gedichte gilt meist dem Liebchen, das oft mit dem Bild des Rehs gemeint ist. – Der Portier, der im *Taugenichts* den Standpunkt des Erzphilisters vertritt, sieht die Jägerei unter dem Aspekt der Nützlichkeit und Bequemlichkeit; er fürchtet die »ewig nassen Füße« und den Schnupfen. Der Taugenichts verachtet ihn deswegen, und es kommt zu einem Bruch zwischen dem Philister und dem »poetischen Menschen«.

98,14 f. *in den alten Büchern ... von der schönen Magelone:* Tieck hatte in seiner *Phantasus*-Sammlung das »Volksbuch« unter dem Titel *Liebesgeschichte der schönen Magelone und des Grafen Peter von Provence* veröffentlicht.

99,7 *Transport bis zum Latus:* Eichendorff verwendet die Fachausdrücke der zeitgenössischen Buchhalter. *Transport* wird heute als ›Übertrag‹ bezeichnet, *Latus* ist die Endsumme einer Seite.

99,23 *Parasol:* (frz.) Sonnenschirm.

99,30 *Extrapost:* In dem zu Eichendorffs Zeit wohlorganisierten Reisedienst der Postkutschen mit festgelegten Linien gab es gegen Aufpreis besondere Schnellverbindungen.

100,2 *Postillon ... Posthorn:* romantische Bilder des Fernwehs, das die Sehnsucht nach dem unbürgerlichen Wanderleben anzeigt (vgl. Eichendorffs Gedicht *Sehnsucht:* »Es schienen so golden die Sterne«).

100,30 *kurios:* interessiert, neugierig.

101,16 f. *nicht dahinter bleiben in der Galanterie:* nicht nachstehen in der Höflichkeit.

103,10 f. *warmen Ofen ... Tasse Kaffee ... Frau ... Glas Wein:* Der Taugenichts ist in Gefahr, sich mit den Genüssen eines bescheidenen Philisterlebens zufriedenzustellen.

103,14 *überall eben zu spät gekommen:* Als Zu-spät-Kommenden sieht Eichendorff sich selbst in seinen autobiographischen Fragmenten (»um ein Haar wäre ich zur glücklichen Stunde geboren worden, ich kam grade nur um anderthalb Minuten zu spät«, Werke 4, S. 174). Einige Rezensenten sehen in ihm ebenfalls den zu spät geborenen Romantiker, da er fast eine Generationsspanne nach Tieck, Brentano und den Brüdern Schlegel noch Gedichte veröffentlichte, die in ihren Motiven und Idealen frühromantische Elemente aufnehmen. Eichendorff nahm die Bezeichnung als »letzten Ritter der Romantik« jedoch als Lob und identifiziert sich hier mit seinem Helden, der sein Ziel am Ende der Erzählung ja auch erreicht.

104,8 f. *Flechsen am Halse ordentlich aufgeschwollen:* Flechsen sind eigentlich Sehnen; es sind jedoch meist die Adern, die am Halse bei Zorn anschwellen, wie hier beschrieben.

104,22 *Reputation:* (lat.) Ruf, Ansehen.

105,14 *gnädige Frau ... wie eine Lilie:* vgl. Anm. zu 93,7–12.

105,17 *Blick ... verwenden:* den Blick abwenden.

107,12 *Unser Reich ist nicht von dieser Welt:* Eichendorff überträgt den Ausspruch von Jesus (Joh. 18,36) auf das Reich der Musik. Die Wertschätzung der Musik als ursprüngliche Seelenkunst geht auf die Frühromantik zurück (vgl. Tieck/Wackenroders *Phantasien über die Kunst* von 1799 und das Zitat in der Anm. zu 48,19–28).

107,18 f. *ein Vogel, der aus seinem Käfig ausreißt:* Das Bild hat emblematischen Charakter. Der gefangene Vogel wird mit dem Menschen verglichen und ist in der barocken Emblematik ein Bild für die im Irdischen gefangene Seele (vgl. Arthur Henkel / Albrecht Schöne [Hrsg.], *Emblemata*, Stuttgart 1976, Sp. 754 f.).

107,22 *Den lieben Gott nur laß ich walten:* Geringfügig veränderte Strophe aus dem bereits im vorigen Kapitel gesungenen Lied (vgl. Anm. zu 86,6).

107,30 *gen Italien:* Die Italiensehnsucht ist schon in der Generation von Goethes Vater charakteristisch für die Deutschen, die sich an der klassischen Kunst bilden wollten und zugleich die leichtere Lebensart der Mittelmeervölker bewunderten. Für die Romantik ist die Mignon-Figur aus Goethes *Wilhelm Meisters Lehrjahre* mit dem Lied »Kennst du das Land, wo die Zitronen blühen« Vorbild für eine unbestimmte Italiensehnsucht, die auch eine neue Identität mit der Natur verheißt. In Rom fand Goethe eine deutsche Maler-Kolonie vor, und die von der Romantik inspirierte Schule der Nazarener, zu denen auch Eichendorffs Wiener Freund Philipp Veit (Sohn Dorothea Schlegels) zählt, pilgerte ebenfalls nach Rom und nahm italienische Maler zum Vorbild (vgl. S. 119 sowie Anm. zu 119,25 und 30).

108,13 *langen spanischen Rohr:* langer Spazierstock aus Bambus. »Das Spanische Rohr, ein ausländisches Rohr, welches ehedem über Spanien zu uns gebracht wurde, und zu Spazierstöcken verarbeitet wird, daher auch ein daraus verfertigter Spazierstock ein Spanisches Rohr genannt wird« (Adelung 4, Sp. 160 f.).

108,20 *Pomeranzen:* Zitrusfrüchte, die nur in den Mittelmeerländern gedeihen.

108,22 *Konduite:* Benehmen.

108,35 *Tarantel:* Menschen, die von der Tarantel (einer Raubspinne) gebissen wurden, sollen der Volksüberlieferung nach durch Tanzen geheilt worden sein. Die Bezeichnung für den süditalienischen Tanz Tarantella leitet sich davon ab.

109,22–35 *Da träumte mir ... ihr Bild in dem stillen Weiher:* Das an die Geschichte von Narziß erinnernde Spiegelbild-Motiv verbindet Eichendorff sonst mit dem Venus-Motiv (vgl. S. 16 und 37). Es steht für die Gefahr des Sich-Verlierens in der Liebe, der auch der Taugenichts bei der Verehrung der »schönen Fraue« ausgesetzt ist.

110,17 *Kamisol:* Weste.

110,19 *Poperenzen:* Verballhornung von ›Pomeranzen‹, die an ›Popanz‹ anklingt.

110,28 *Knollfink:* »plumper, grober mensch« (DWb 5, Sp. 1468), ein gängiges Schimpfwort.

111,10 f. *Holzweg ... hörte auf:* Die übertragene Bedeutung des Wortes ergibt sich daraus, daß die Wege zur Holzabfuhr tatsächlich keine Orte verbinden, sondern irgendwo im Walde beginnen (bzw. enden).

111,34 *attent:* aufmerksam.

112,22 *Ländler:* einfacher Volkstanz, der ursprünglich von den Landbewohnern getanzt wurde.

112,35 *Schleifer:* eigentlich eine musikalische Verzierung; hier vielleicht zugleich als Bezeichnung des Tanzes (von *schleifen*) gemeint.

114,13 *Kopftremulenzen:* Das Tremolo des Gesangs wird durch Zittern der Stimme (Tonschwankungen) hervorgerufen. Bei der Geige wird der ähnliche Vibrato-Effekt durch eine Handschwingung erreicht. Es ist deshalb unsinnig, wenn der Taugenichts seine Grimassen hier mit dem Virtuosentum in Verbindung bringt und den Kritiker mit einem falschen Spezialausdruck abspeist, der als »Kopfzittern« zu übersetzen wäre.

114,18 *ausgeschoßner Ladstock:* Mit dem Ladestock (aus Holz oder Metall) wurde die Munition bei Vorderladern in den Lauf von Feuerwaffen eingeführt. Eine vorzeitige Explosion des Pulvers bei unsachgemäßem Hantieren konnte dazu führen, daß der Stock herausgeschossen wurde.

114,28 f. *übern Kochlöffel balbiert:* im übertragenen Sinne ›betrogen‹. Das Folgende ist jedoch nicht zu verstehen, wenn die wörtliche Bedeutung nicht mehr geläufig ist: Der Löffel wurde bei der Rasur dem Kunden in den Mund gesteckt, um die bei fehlendem Zahnersatz häufig eingesunkenen Backen besser rasieren zu können. So kommt es dazu, daß der Löffel »morsch entzwei gebissen« wird (114,30).

115,3 f. *durch die Fistel:* mit Fistelstimme (hohe Kopfstimme).

115,6 *Feldscher:* der beim Militär tätige Frisör, der meist auch als Wundarzt fungierte. – Der Auftritt des exaltierten Frisörs erinnert an den gespenstischen Barbier in E. T. A. Hoffmanns *Elixiere des Teufels.*

115,11 *ambrasieren:* vermutlich Wortspiel Eichendorffs aus *embrasser* ›umarmen‹ und *abrasieren.*

115,21–23 *jung gefreit ... nähre dich tüchtig:* Die »philosophischen Gedanken« des philiströsen Portiers sind Gemeinplätze, die noch heute geläufige Sprichwörter bilden (vgl. Anm. zu 90,23–26).

118,18 *Schnapphahn:* Strauchdieb, Wegelagerer.

119,1 f. *Du vazierst / Vakanz:* Du hast keine Stellung, bist frei von Dienstpflichten. Das Wort *vazieren* ist verwandt mit *Vakanz,* das als Bezeichnung für ›Ferien‹ zu Eichendorffs Zeit üblich war, aber zugleich eine freie Stelle bezeichnet. Auf dieser Doppelbedeutung beruht das Wortspiel.

119,13 f. *Uhr ... repetieren:* Eine Repetieruhr, wie sie der eine Maler herauszieht, ist »eine Schlaguhr, welche nicht nur die Stunde schlägt, zu welcher Zeit man will, sondern welche auch noch die Viertelstunden schlägt« (Adelung 3, Sp. 1089). Auf Knopfdruck »repetiert« die Uhr die Zeit durch Schlagen.

119,25 *Maler:* zur Italien-Affinität der Maler vgl. Anm. zu 107,30.

119,30 *altdeutsche Mode:* vgl. Anm. zu 259,11 und 14. Die vor allem von Studenten und Künstlern getragene Tracht legte auch der bayerische Kronprinz 1818 an, als er die deutschen Künstler in Rom besuchte (vgl. DKV 2, S. 815). Von den Nazarenern wurde die in Bayern 1815 und Preußen 1820 verbotene Tracht auf Bildern dargestellt und in Rom auch getragen.

120,4 *Fliegt der erste Morgenstrahl:* In der Gedichtsammlung von 1837 unter dem Titel *Der Morgen.* In einer späteren Ausgabe wurde der Trennstrich zu einer folgenden, titellosen Einzelstrophe übersehen, so daß danach ein dreistrophiges Lied entstand.

120,22 *Come é bello!:* (ital.) Wie schön er ist!

122,27 *Filet:* (frz.) »ein Netz, ein aus feinem Zwirn in Gestalt eines Netzes gesticktes Gewebe« (Adelung 2, Sp. 150).

123,2 *Welschland:* Bezeichnung für das Land jenseits der Alpen, Italien.
Lombardei: oberitalienische Landschaft. Nach dem Zusammenbruch der napoleonischen Herrschaft wurde ein Lombardisch-Venetianisches Reich gebildet, das Teil der österreichischen Monarchie wurde.

123,20–22 *die kuriosen Leute ... mit Mausefallen und Barometern und Bildern:* Anspielung auf die zahlreichen reisenden Händler aus dem Habsburgischen Herrschaftsbereich, die oft mit exotischen Artikeln handelten. Eichendorff spielt vermutlich zugleich auf literarische Vorbilder an: den Malerhändler in Brentanos *Die mehreren Wehmüller* und den Barometer-Händler in E. T. A. Hoffmanns *Der Sandmann.*

124,2 *Servitore:* (ital.) Diener.

124,3 *arriware:* ital. *arrivare* ›ankommen‹.

124,5 *»Parlez vous françois?«:* richtig: *Parlez-vous français?* ›Sprechen Sie französisch?‹

124,23 *passatim:* vermutlich verballhornt aus einem Wort der Studentensprache: *Gassatim gehen* bedeutete ›durch die Gassen streifen, herumstreunen‹. In diesem Sinne kommt es auch in dem von den Romantikern verehrten *Simplizissimus* von Grimmelshausen vor (vgl. DKV 2, S. 816).

125,1 *Schweigt der Menschen laute Lust:* in der Gedichtausgabe von 1837 unter dem Titel *Abend.*

125,25 *Hoppevogel:* Nach ter Haar (S. 103) der Wiedehopf. Es könnte jedoch auch der Hopfennachtvogel, der nachts schreit, gemeint sein. – Die Strophe nahm Eichendorff nicht in seine Gedichtsammlung auf.

128,7 *»Si, Si, Signore!«:* (ital.) »Ja, ja, mein Herr!«

130,11 *Schnipper:* Stirnläppchen an der Haube.

130,23 *Schoppen:* mundartl. für Schuppen.

131,19 *poverino:* (ital.) Ärmster.

131,36 *»felicissima notte!«:* (ital.) ›recht gute Nacht!«

132,11 f. *als wenn man in Milch und Honig schwämme:* sprichwörtl. für das erträumte, gelobte Land (nach 2. Mose 3,8).

132,27 *heimlich:* anheimelnd.

133,17–22 *die künstlichen Figuren von Buchsbaum ... zerbrochene Statuen:* Kennzeichen eines (verwilderten) Gartens nach der barocken, französischen Tradition (vgl. Anm. zu 301,8 und 360,1 f.).

133,34 *Kaputrock:* langer Rock (Mantel) mit Kapuze.

134,23 *Kadenzen:* vom Instrumentalisten frei und meist virtuos ausgestaltete Passagen in Konzertstücken.

135,23 *»Tischchen deck' Dich!«:* Anspielung auf das Grimmsche Märchen.

135,30 *zur Vakanz:* auf Ferien (vgl. Anm. zu 119,1 f.).

136,16 *Wer in die Fremde will wandern:* in der Gedichtsammlung von 1837 unter dem Titel *Heimweh.*

137,11 *Päonie:* Die (rote) Pfingstrose gehörte zu Eichendorffs Lieblingsblumen; vgl. das Gedicht *Der alte Garten*: »Kaiserkron' und Päonien rot, / Die müssen verzaubert sein«. (Siehe auch S. 410 und Anm. zu 410,1.)

138,34 *Basilisk:* vgl. Anm. zu 20,8.

141,31 f. *Idio und cuore und amore und furore:* (ital.) Gott und Herz und Liebe und Raserei.

142,32–143,1 *Rom ... goldnen Toren und hohen glänzenden Türmen:* Die heilige Stadt Rom erscheint dem Taugenichts wie das himmlische Jerusalem. Vgl. die Deutungen bei Oskar Seidlin und Margret Walter-Schneider / Martina Hasler (»Die Kunst in Rom. Zum 7. und 8. Kapitel von Eichendorffs Erzählung ›Aus dem Leben eines Taugenichts‹«, in: *Aurora* 45, 1985, S. 49–62).

143,18 *eine uralte Stadt und die Frau Venus:* Eichendorff spielt hier erneut auf den im *Marmorbild* verarbeiteten Sagenkomplex an (vgl. S. 64–67). In der »großen einsamen Heide« vor den Toren Roms lokalisiert er nun das »verfallene Gemäuer«, aus dem »die alten Heiden zuweilen noch aus ihren Gräbern heraufsteigen«.

144,11 *die schöne alte Zeit:* Der Schlüsselbegriff Eichendorffs bezeichnet in der Regel eine zurückliegende »goldene Zeit«, die als eine paradiesische »Ur-Zeit« vor der geschichtlichen Zeit liegt. Hier ist der Begriff primär auf die persönliche Frühzeit, die im Rückblick paradiesisch erscheinende Kindheit des Taugenichts angewandt. Beides, Individuelles und Geschichtliches, gehört in der Sicht der Romantiker eng zusammen: Die persönliche Kindheit ist ein Abglanz jener Kindheit der Menschheit. Nur das Kind hat nach Auffassung der Romantiker den unmittelbaren, träumerischen, nicht von Reflexion gestörten Zugang zur Welt, der charakteristisch ist für die sagenhafte »schöne alte Zeit«.

145,15–18 *himmelblauen Blumen ... wo Quellen rauschten ... und bunte Vögel wunderbar sangen:* Kennzeichen des »locus amoenus« (Topos des »schönen Orts«), der in der Literatur seit der Antike mit den Gefilden Arkadiens in Verbindung gebracht wird.

146,12 *Wenn ich ein Vöglein wär':* Eichendorff variiert die erste Strophe des bekannten *Wunderhorn*-Lieds *Wenn ich ein Vöglein wär.* Die Bearbeiter hatten den Text – wie sie im Untertitel angeben – aus Herders *Stimmen der Völker in Liedern* gewonnen. Der Text war demnach schon vor dem *Wunderhorn* geläufiges Volkslied.

148,12 f. *gar künstlich abgezeichnet:* sehr kunstvoll, mit großer Kunstfertigkeit abgezeichnet.

148,13–20 *die heilige Jungfrau ... deinen Kopf aufsetzen:* Die Darstellung von Christi Geburt gehörte zu den beliebtesten Themen
der Nazarener, die ihre Bezeichnung aus dem Geburtsort Christi
ableiten. Auch das Verfahren, Porträts von befreundeten Zeitgenossen in die Darstellung einzubringen, ist ein geläufiges Verfahren, das allerdings auch die Maler früherer Epochen häufig an-
wandten. Frühwald weist darauf hin, daß möglicherweise der ehr-
fürchtige »Bericht über die Entstehung des Bildnisses der Lisa del
Giocondo« in Wackenroders *Herzensergießungen eines kunstlie-
benden Klosterbruders* (1797) mit der folgenden Porträtierung des
Taugenichts karikiert wird (DKV 2, S. 820).

149,7 *Butterstolle:* Butterstulle, mit Butter bestrichene Brotscheibe.

149,12 f. *Leonardo da Vinci und Guido Reni:* italienische Maler, die
zu den Vorbildern der Nazarener gehörten. Der Kanon der von
den Dichtern der Romantik (und später auch von den Nazarenern) verehrten Maler wurde schon in Wackenroders *Herzensergießungen* und Tieck/Wackenroders *Phantasien über die Kunst*
entworfen. Dort werden neben Leonardo da Vinci (1452–1519)
und Guido Reni (1575–1642) auch Raffael und Albrecht Dürer
genannt.

151,32 *Gebauer:* Vogelbauer.

151,35 *furfante:* (ital.) Spitzbube.

152,20 f. *Dort saßen in einer ... Laube zwei schöne Frauen:* Die folgende Darstellung nimmt Bezug auf E. T. A. Hoffmanns Erzählung *Die Fermate* (1816), in der ein Bild Johann Erdmann Hum-
mels beschrieben wird. Das Bild selbst »Die Gesellschaft in einer
italienischen Locanda [Die Fermate]« war, wie Hoffmann und
Eichendorff im Text angeben (vgl. 153,13), im Herbst 1814 auf der
Berliner Kunstausstellung zu sehen. Aus dem Text ist erkennbar,
daß Eichendorff das zugrundeliegende Bild nicht kannte. Seine
Darstellung geht ausschließlich auf Hoffmanns Gemäldebeschrei-
bung zurück, die tatsächlich zuerst in Fouqués *Frauentaschenbuch
für 1816* erschienen war, in dem Eichendorff selbst Gedichte veröffentlicht hatte. *Fermate* bedeutet im Italienischen ›Haltepunkt‹;
in der musikalischen Fachsprache wird eine Note, deren Länge
vom Interpreten bestimmt wird, so bezeichnet.

153,9 f. *das sinnreiche Tableau: Tableau* ist die Bezeichnung für ein
Bild, steht jedoch auch für *tableau vivant* ›lebendes Bild‹. Das
Nachstellen von Gemälden durch lebende Personen war ein belieb-
tes Gesellschaftsspiel im 18. und 19. Jahrhundert. Insofern kann
der Taugenichts tatsächlich *in* ein solches Bild geraten. Der Insze-

nator des Bildes ist darüber böse, weil das mühevoll gestellte Tableau tatsächlich lebendig und damit zerstört wird (vgl. 154,35 f.).

153,11 *der selige Hoffmann:* E. T. A. Hoffmann (geb. 1776) war 1822 in Berlin gestorben.

153,19 *kritische Seele:* Die »kalte Kritikluft« (Arnim mit Bezug auf Schlegel) der Kunst- und Literaturkritik war den Vertretern der Heidelberger Romantik (unter Einschluß Eichendorffs) suspekt.

153,20 *Silberblick:* ursprünglich ein Fachausdruck der Silberherstellung, dann volkstümliche Bezeichnung für einen leicht schielenden Blick; hier vermutlich auch als Seitenblick auf das Silber (Geld) gemeint.

153,23 *Pinsels:* doppeldeutig: Malerpinsel und Einfaltspinsel (einfältiger Mensch).
  Duca: (ital.) Herzog. Zugleich klingt *Dukat* (ein Geldstück) an.

155,10 *deliziöser Einfall:* köstlicher Einfall.

155,12 *Divertissement:* Unterhaltung.

158,5 *Moral unstreitig die erste Bürgerpflicht:* Anspielung auf die Formel von der Ruhe als erster Bürgerpflicht (vgl. Anm. zu 480,25 f.).

160,28 f. *Faulbettchen:* Ruhebett zum Faulenzen (Sofa).

162,25 *desperate:* verzweifelte.

163,8 *Die treuen Berg' steh'n auf der Wacht:* in der Gedichtsammlung von 1837 unter dem Titel *An der Gränze*.

163,31 *Dreistutzer:* Dreispitz, ein Hut mit drei »Ecken«.

164,1 *akkompagnierten mich:* begleiteten mich (musikalisch).

164,9 *reisender Engländer:* Im 19. Jahrhundert durchreisten viele Engländer Europa. Der Typ des mit einem grob karierten Anzug versehenen, neugierig-naiven Reisenden, der mit Botanisiertrommel oder Skizzenbuch berühmte Landschaften oder Persönlichkeiten aufsucht, wurde sogar zur Lustspielfigur.

164,11 *Viatikum:* Reisegeld.

164,20 f. *Herrschaft ... zu Mittag speist:* Nach ter Haar (S. 107 f.) spielt die Szene mit der Tischmusik der Prager Studenten auf einen Text Karl Immermanns an (*Bruchstück aus einem Roman*; Vorabdr. aus *Die Epigonen* in der Zeitschrift *Gesellschafter*, April 1825).

164,25 *Kollation:* Imbiß, Erfrischung.

165,3 *Drei-Männer-Wein:* In Grimms Wörterbuch heißt es dazu: »schlechter, untrinkbarer wein. man sagt wer ihn trinken solle, müsse von einem andern gehalten werden, und ein dritter müsse ihn eingießen [...] der volksscherz ist durch ›dreimänner‹ für ›traminer‹ [eine Rebsorte] entstanden« (DWb 2, Sp. 1389).

165,22 f. *point d'honneur:* (frz.) ›Punkt der Ehre‹, hier: ›Bewußtsein ständischer Ehre‹, ›Standesbewußtsein‹.

165,23 f. *odi profanum vulgus et arceo:* (lat.) Ich hasse den Pöbel und distanziere mich von ihm. Zitat aus den Oden des Horaz (III,1,1).

165,29 *auf die Wissenschaften applizieren:* sich intensiv den Wissenschaften widmen. Dem heute noch in der Schneidersprache geläufigen Wort haftet etwas von übertriebener Anpassung an. Es sind in Eichendorffs Satiren die Opportunisten, die sich im Staatsdienst »applizieren«.

165,31 *Konfrater:* Mitbruder (in einem geistlichen Orden). Der Student studiert Theologie; in diesem Sinne hatte er auch von »Sermonen« (Predigten) gesprochen (165,28).

165,31 f. *Clericus clericum non decimat:* (lat.) Ein Geistlicher zahlt keinem Geistlichen.

165,33 *im Karlsbade:* In dem böhmischen Kurort gaben sich die Adligen und Intellektuellen Europas ein Stelldichein; Eichendorff reiste als Kind in den auch von Goethe frequentierten vornehmen Ort. Der Name verbindet sich seit 1819 auch mit den restaurativen »Karlsbader Beschlüssen«, die zum Verbot der Burschenschaften und zu scharfer Kontrolle der Universitäten führten. Darauf spielt Eichendorffs Student hier sicher an (vgl. DKV 2, S. 826).

165,34 f. *distinguendum est inter et inter:* lat. Formel der Gelehrtensprache: »Es gilt zu unterscheiden (differenzieren)«.

165,35 f. *quod licet Jovi, non licet bovi:* lat. Sprichwort: Was Jupiter erlaubt ist, ist dem Ochsen nicht erlaubt.

166,9 *Aurora musis amica:* (lat.) Die Morgenröte ist eine Freundin der Musen.

166,14 *Kollegium:* hier: Bezeichnung für Universitäts-Lehrveranstaltungen und die Gebäude, in denen sie stattfinden.

166,19 *perfektionieren:* vervollkommnen.

167,14 *Kompendien repetieren:* den Stoff der Kompendien (Lehrbücher) wiederholen.

167,15 f. *Bilderbuche, das der liebe Gott uns draußen aufgeschlagen hat:* für Eichendorff ein wesentliches Bild, denn er meinte, daß sich in den Gesetzmäßigkeiten der Natur die christliche Lehre widerspiegelt. »Da steht im Wald geschrieben / Ein stilles ernstes Wort«, ist seine Aufforderung, die sittlichen Gesetze aus den Bildern der Natur abzuleiten und den »rechten Weg« aus den Zeichen der Natur (der aufsteigenden Lerche oder Sonne z. B.) abzulesen.

167,30 f. *exerzierte sich eine schwierige Passage aus einer Messe ein:*
Der Student übt an einer musikalischen Messe, wie sie von Haydn,
Mozart, Beethoven u. a. zum Text der katholischen Liturgie kom-
poniert wurden.

168,5 *Kondiszipels:* Mitschüler.

168,14 *Postschiffe:* nach festen Fahrplänen auf der Donau verkeh-
rende Boote, die wie Postkutschen auch Passagiere beförderten.
Die Brüder Eichendorff hatten 1808 von Regensburg nach Wien ein
Postschiff benutzt.

168,27 f. *auf einem prächtigen Engländer:* ein Pferd aus englischer
Zucht. »Auch Thiere aus dem [englischen] Reiche werden im gemeinen Leben Engländer genannt« (Adelung 1, Sp. 1813).

169,31 *Brevier:* kleines Gebetbüchlein.

170,11 *Wenn ich nur heute Flügel hätte:* vgl. Anm. zu 146,12.

170,18 *Ludi magister:* (lat.) Meister des (Geigen-)Spiels.

170,34 *Devotion:* Ehrerbietung.

171,4 *in Kondition komme:* in Stellung komme, eine Anstellung
finde.

171,21 *passatim:* vgl. Anm. zu 124,23.

173,1 *Nach Süden nun sich lenken:* in der Gedichtsammlung von 1837
unter dem Titel *Wanderlied der Prager Studenten.* Das Lied fand
Eingang in das *Allgemeine Deutsche Kommersbuch* der Studenten-
verbindungen. Mit seiner Mischung von Deutsch und Latein entspricht es einem Typ von Liedern, der schon in den *Carmina bura-
na* zu finden ist.

173,8 *Valet:* (lat.) Abschied.

173,11 f. *Et habeat ... fornacem:* (lat.) Es möge (guten) Frieden
haben, wer hinter dem Ofen sitzt.

173,23 f. *Venit ... homo:* (lat.) Er kommt aus seinem Hause – Glücklich jener Mann. Möglicherweise eine Anspielung auf Horaz (Epo-
den 2,1 ff.).

173,26 *Boreas:* kalter Nordwind der nordgriechischen Gebirge.

173,33–36 *Beatus ille ... bonam pacem!:* Glücklich ist jener Mensch,
der in seinem Hause sitzt und hinter dem Ofen sitzt und (guten)
Frieden hat. – Die lateinischen Zeilen der ersten beiden Strophen
werden hier in veränderter Reihenfolge leicht variiert wiederholt.
Damit ähnelt das Gedicht in der Form einer Glosse (Variation),
einer metrischen Form der spanischen Tradition, die in der Frühromantik (auch von Eichendorff) im Deutschen erprobt wurde (vgl.
DKV 1, S. 722 ff. und 816).

174,33 *die Wanduhr pickte:* Was wir heute lautmalend als »ticken«
bezeichnen, wurde im 19. Jahrhundert auch als »picken« umschrie-
ben: »einen dem picken (des spechtes, der spitzhaue) ähnlichen,
spitz anschlagenden ton von sich geben, wie der holzwurm, die
uhr«, heißt es im Grimmschen Wörterbuch (DWb 13, Sp. 1841) zu
»picken«.

177,1 *Wir bringen Dir den Jungfernkranz:* Eichendorff nennt selbst
die Quelle des Lieds: Es ist das Chorlied der Brautjungfern in Carl
Maria von Webers Oper *Der Freischütz.* Der Text aus der Oper, die
1821 in Berlin uraufgeführt wurde und schon zu Eichendorffs Lebzeiten populär war, ist hier leicht verändert.

177,31 *Arkadien:* In der Antike das Land der Seligkeit (vgl. Anm. zu
278,29 f.).

180,1 f. *aber du hast wohl noch keinen Roman gelesen?:* Die Wendung zeigt, daß die verwirrenden, oft von kaum glaubhaften Zufäl-
len geprägten Handlungsabläufe der *Taugenichts*-Erzählung offensichtlich als Parodie zeitgenössischer Romane gedacht sind.
S. 180,29–32 wird dies noch deutlicher. Elemente der Erzählung
erinnern an den Bildungs- und Künstlerroman von Klassik und
Romantik; die geheimnisvollen Liebesgeschichten mit ihrer komö-
dienartigen Aufklärung und dem glücklichen Ende entsprechen
jedoch zugleich dem Muster von Trivialromanen.

Viel Lärmen um Nichts

Eichendorffs satirische Erzählung erschien zum ersten Mal in der
Berliner Zeitschrift *Der Gesellschafter oder Blätter für Geist und
Herz,* hrsg. von Friedrich Wilhelm Gubitz, in Fortsetzungen vom 2.
bis 28. April 1832. Ein Jahr später folgte die hier als Druckvorlage
gewählte Buchfassung:

> Viel Lärmen um Nichts. Von Joseph Freiherr von Eichendorff und
> Die mehreren Wehmüller und ungarischen Nationalgesichter von
> Clemens Brentano. Zwei Novellen. Berlin: Vereinsbuchhandlung,
> 1833. (Eichendorffs Novelle auf S. 1–82.)

Die Erzählung ist eng verwandt mit den dramatischen Satiren Eichendorffs, die wiederum dem Vorbild von Tiecks Märchensatiren aus
frühromantischer Zeit (*Der gestiefelte Kater,* 1797; *Prinz Zerbino
oder die Reise nach dem guten Geschmack,* 1799; *Die verkehrte Welt,*
1799) folgen: *Krieg den Philistern!* (1824) und *Meierbeth's Glück und*

Ende (1827). Eichendorff versucht in diesen Dramen ebenso wie in der Novelle, die literarischen Strömungen der Gegenwart an den romantischen Vorbildern zu messen.

Anlaß für die Darstellung der ästhetischen Grundpositionen war eine literarische Fehde zwischen der »Mittwochsgesellschaft«, der Eichendorff selbst angehörte, und der 1827 von Moritz Gottlieb Saphir (1795–1858) gegründeten »Berliner Sonntagsgesellschaft« (später »Tunnel über der Spree«). Die Mitglieder der bereits 1814 von Julius Eduard Hitzig (1780–1849) gegründeten Mittwochsgesellschaft, neben Eichendorff die Dichter Adelbert von Chamisso (1781–1838) und Friedrich de la Motte-Fouqué (1777–1843), orientierten sich an den Vorstellungen der Romantik. Zu den Vertretern des jüngeren Kreises, der sich um die Konzeption einer eher realistisch orientierten Ästhetik bemühte, gehörte auch Karl Gutzkow (1811–1878), der die Diskussionen im *Forum der Journalliteratur* aufnahm (vgl. Werke 2, S. 970).

Die zentrale Figur der Satire, die umworbene Aurora, ist die Göttin der (romantischen) Poesie. Die verschiedenen Personen, die durch Anspielungen als zeitgenössische Dichter und Dichtergruppen identifiziert werden können, bemühen sich, Aurora zu gewinnen: Der Herr Publikum, der als dickleibiger Philister auftritt, ist Opfer einer Verwechslungskomödie – er glaubt, Aurora zu ehelichen, heiratet jedoch in Wahrheit deren Dienerin (Jungfer). Die modernen Novellendichter, die auf der Jagd nach realistischen Stoffen sind, fallen ebenfalls auf den Betrug herein. Der sonderbare Graf Romano, der die Züge des exzentrischen, sich romantisch gebärdenden Fürsten Pückler trägt, geht ebenfalls leer aus. Zum Schluß entpuppt sich der Jägerbursche Florentin als verkleidete Aurora. Als androgynes, naturverbundenes Wesen, das in Italien seinen »Hauptwohnsitz« hat, ist Florentin-Aurora verwandt mit Mignon in Goethes *Wilhelm Meister* (und deren Abbild Erwin in Eichendorffs Roman *Ahnung und Gegenwart*). Es ist Willibald, der am Schluß der Novelle mit Florentin-Aurora nach Italien aufbricht. In eine bürgerliche Ehe, wie sie der philiströse Herr Publikum und auch die Novellisten erwarten, kann diese Beziehung nicht münden; der Aufbruch nach Italien signalisiert überdies Eichendorffs Auffassung: In Deutschland steht es schlecht um die Romantik; die Bemühungen um die Dichtkunst, um die nach seiner Auffassung »richtige«, zukunftsträchtige Dichtung in der *romantischen* Tradition, sind ohne Erfolg.

Daß Eichendorff selbst seine Hoffnungen und eignen Ambitionen nicht aufgegeben hat, zeigt sich an den autobiographischen Zügen, die er dem zum Schluß erfolgreichen Willibald verliehen hat. Die Darstellung bleibt jedoch nicht ohne Selbstironie, und es zeichnet die satirische Novelle vor den genannten Dramen Eichendorffs aus, daß er das Thema der »Afterromantik«, die Frage, wer unter welchen Bedingungen auf die rechte Art die romantischen Traditionen aufnimmt oder verrät, hier sehr leicht und spielerisch aufnimmt. Zwar erhalten einige Zeitgenossen auch hier satirische Seitenhiebe, doch gerade die Selbstzitate und die Einbeziehung der eignen Person sowie die Anlage als Verwechslungskomödie, die von Aurora selbst in spielerischer Laune ausgelöst wird, geben dem Ganzen einen heiteren Ton. Der im Titel und Motto gegebene Hinweis auf Shakespeares Komödien hat daher seine Berechtigung. Eichendorff gelingt es, sich ohne Verbitterung über seine Kollegen lustig zu machen. Er versucht auch nicht, ein »Rezept« zur Überwindung der literarischen Orientierungslosigkeit vorzulegen, sondern führt uns in einem literarischen Reigen die mehr oder minder komischen Bemühungen um die Göttin der Dichtkunst vor.

184 [Titel] *Viel Lärmen um Nichts:* Shakespeares Verwechslungskomödie *Much Ado about Nothing* trug in der Übersetzung von Baudissin diesen Titel. Die Übertragung von Schlegel/Tieck mit der substantivierten Form »Lärm« (statt »Lärmen«) im Titel war 1832 noch nicht erschienen.
[Motto] *Shakspeare's Sommernachtstraum:* Dieses Werk lag bereits in Schlegels Übersetzung vor und wird von Eichendorff im Motto nach der Schlegel/Tieckschen Edition (Epilog; V 1) zitiert, die Eichendorff in seiner Satire *Meierbeth's Glück und Ende* vehement gegen die zeitgenössische Massenware der 1824 begonnenen Übersetzung von Joseph Meyer verteidigte (vgl. DKV 4, S. 869–876).
184,10 f. *Prinz Romano:* Der Name klingt an die dämonische Figur der Gräfin Romana in Eichendorffs Romanerstling *Ahnung und Gegenwart* (ersch. 1815) an. Man könnte den exzentrischen Prinzen, der romantisches Wesen nur spielt, als einen dilettierenden Nachkömmling dieser wilden Gestalt des Romans auffassen, zumal eine Reihe von Gestalten aus *Ahnung und Gegenwart* in der Satire wiederaufleben. Zahlreiche Hinweise lassen jedoch erkennen, daß Eichendorff zugleich auf eine Persönlichkeit anspielt, die durch Reiseabenteuer und die romantisierende Beschreibung dieser Erlebnisse aus der Perspektive eines »Verstorbenen« geworden war, auf den Fürsten Hermann von Pückler-Muskau (1785–1871). 1830–32 waren dessen *Briefe eines Verstorbenen*

(4 Bde.) erschienen, in denen er seine Reise nach England beschrieb. Dort wollte er – nicht zuletzt wegen der Überschuldung seiner Güter – eine reiche Braut finden. Die geplante Verbindung kam jedoch nicht zustande.

184,14 *Publikum:* Der Auftritt des Publikums gehört zu den illusionsbrechenden Mitteln der frühromantischen Satiren. Eichendorff läßt auch in seinen dramatischen Literatursatiren Personen aus dem Publikum auftreten, um den irregeleiteten Geschmack der Literaturkonsumenten zu charakterisieren. Der »Herr Publikum« der Novelle trägt eine Reihe von Kennzeichen des bürgerlichen Philisters (vgl. Anm. zu 191,15 f.).

185,9 f. *Gestalt jenes schönen Jünglings:* Der Jägerbursche entpuppt sich am Schluß der Novelle als die gesuchte Aurora. Das Auftreten in Männerkleidern kennzeichnet das Idealbild einer jugendlichen Androgynität, wie sie auch Mignon (im *Wilhelm Meister*) und Erwin (in *Ahnung und Gegenwart*) auszeichnet. Der Jägerbursche zeigt mit seinen herrlichen Jagdliedern, die spontan entstehen und nicht aufgezeichnet werden können (vgl. 185,20–24), zugleich die romantische Vorstellung einer »Naturpoesie«.

185,28 *Aurora:* Die römische Göttin der Morgenröte gewinnt in der Romantik durch die Rezeption der Texte des Mystikers Jakob Böhme eine besondere Deutung. Sie erscheint als Repräsentantin einer neuen Zeit, in der sich die romantischen Hoffnungen auf eine Wiedergeburt der goldenen »alten« Zeit erfüllen, und wird dann auch mit der Dichtkunst identifiziert, die diese Hoffnungen gestaltet.

186,11–15 *Meine Nähe ... verraten ... Dichterruhm:* Fürst Pückler reiste des öfteren inkognito, genoß dann aber doch die Privilegien des bekannten Literaten und Adligen und kokettierte so mit einem scheinbaren Inkognito.

188,12 f. *zu früh abgefeuert:* Die Schilderung des vorzeitig abgefeuerten Feuerwerks erinnert an den ersten Abschnitt von E. T. A. Hoffmanns *Lebensansichten des Katers Murr* (1820). Während bei Hoffmann »der Namenszug der Fürstin [...] nebst der fürstlichen Krone darüber« durch Lichteffekte erscheinen soll (Hoffmann, Werke 3, S. 140), ist es hier »eine goldene Lyra, von einem Lorbeerkranz umwunden«, die zum Empfang der erwarteten Aurora durch Illumination der Gartenanlagen erscheint.

188,23–30 *Rausch einer wüst durchlebten Jugend ... fataler Katzenjammer ... Glatze eines Dichters nicht zu verbergen:* Fürst Pückler hatte seine *Jugendwanderungen* (1835 erschienen) noch nicht veröffentlicht, aber die *Briefe eines Verstorbenen* waren in 4 Bänden

1830–32 erschienen und informierten über das exzentrische Reiseleben des Fürsten, der 1828 zu den großen Reisen aufbrach, die ihn nach England, Frankreich, Nordafrika, Griechenland und Kleinasien führten. Das Vermögen der Familie war durch die hohen Ausgaben für die berühmten Parkanlagen und diese Reisen bis an den Rand des Ruins verbraucht. Durch Heirat einer reichen Adligen wollte der Graf die Vermögenslage wieder aufbessern; die geplante Verbindung zerschlug sich jedoch, und Fürst Pückler lebte weiter freundschaftlich mit seiner geschiedenen Frau zusammen. Um seine Chancen bei der Brautschau zu vergrößern, versuchte er die Spuren seines Alters durch alle möglichen kosmetischen Mittel zu vertuschen.

189,33 f. *Graf Leontin – aus ›Ahnung und Gegenwart‹:* Die Figur aus Eichendorffs frühem Roman soll nach Clemens Brentano gestaltet sein (vgl. DKV 2, S. 663) und repräsentiert den Typ des genialischen Dichters der »Naturpoesie«.

189,36–190,1 *Der Dichter Faber:* verkörpert im gleichen Roman Eichendorffs den ungeschickten, schulmäßigen Dichter, der sein mangelndes Genie durch gelehrtes Bemühen wettzumachen sucht. Muster von Eichendorffs Romangestalt ist der Dichter Haber in Brentanos *Godwi* (1801), der sein Vorbild wiederum im Tasso-Übersetzer Gries hatte, den Brentano persönlich kannte.

190,24 *In den Wipfeln frische Lüfte:* Den Text der Gedichteinlage veröffentlichte Eichendorff in seiner Gedichtsammlung von 1837 unter dem Titel *Die Jäger.*

191,15 f. *Schlafmütze ... behaglich:* Die Schlafmütze gehört seit Brentanos *Philistersatire* (erschienen 1811) zu den Kennzeichen des Philisters. Als »Philister« wurden im 18. Jahrhundert die Nicht-Studenten der Universitätsstädte bezeichnet. In der Romantik wird (schon bei Tieck) der poetische, den Ideen der Romantik aufgeschlossene Mensch zum Gegenbild des bürgerlich-spießigen Philisters. Eichendorffs Philister zeichnen sich durch eine sympathische, familiäre Behaglichkeit aus; er versucht, die Konfrontation Bürger/Poet schon in der Satire *Krieg den Philistern!* (1824) aufzulösen, sieht jedoch die Gefahr der Verkrustung des Menschlichen in der bürgerlich-behaglichen Enge (vgl. die Gedichte *Die zwei Gesellen* und *Von Engeln und von Bengeln*).

191,20 *Mäcenas:* Freund der Künste, Mäzen.

192,24 *Florentins:* Der Name des vermeintlichen Jägerburschen (in dem sich Aurora selbst versteckt) klingt an den Künstlernamen Florens an, den Eichendorff selbst nach einer Figur aus Tiecks

Kaiser Octavian von seinem Freund, dem Grafen Heinrich von Loeben, erhalten hatte. Die ersten Gedichtpublikationen Eichendorffs erschienen unter diesem Namen. *Florentin* ist jedoch auch der Titelheld eines Werkes von Dorothea Schlegel (1801). Der Roman und seine Autorin hatten auf Eichendorffs *Ahnung und Gegenwart* großen Einfluß.

193,2 f. *als Volontär die Retirade mitgemacht:* als Freiwilliger den Rückzug mitgemacht.

193,6 *Freiersfüße:* Anspielung auf Pücklers Werbungen (vgl. Anm. zu 188,23–30).

193,15 *Diana:* römische Göttin der Jagd, die Keuschheit schwor.
Thetis: Auch die griechische Meernymphe wehrte sich heftig gegen ihre Vermählung (mit Peleus).

193,19 *Lorgnette:* Stielbrille.

193,29 f. *das fliegende Korps der Jugend ... aufgelöst:* Von der Jugend, namentlich von der studentischen Jugend, die sich der Romantik verschrieben hatte, erwartete Eichendorff erneuernde Impulse für die Entwicklung in Deutschland, wie er am Schluß seines Essays *Halle und Heidelberg* ausführt (vgl. Anm. zu 270,13). Von der Generation seiner Studienzeit sind jedoch um 1830 nur noch wenige literarisch tätig.

193,31 *diese ästhetischen Grafen und Barone:* Die Kritik gilt hier weniger dem Fürsten Pückler als den Weggenossen Eichendorffs, die er zunächst verehrte, dann immer kritischer sah: dem Grafen Loeben, dem Dichterfreund aus der Heidelberger Studienzeit, der sich den Beinamen Isidorus orientalis zugelegt hatte, und dem Baron de la Motte Fouqué, der zahlreichen Dichtungen Eichendorffs zur Publikation verholfen hatte. Beide sind bereits in den dramatischen Literatursatiren Zielscheibe von Eichendorffs Spott.

193,31 f. *diese langhaarigen reisenden Maler:* Eichendorff charakterisiert die Schule der Nazarener, deren Anhänger nach Rom reisten und dort ihre Vorbilder fanden.

193,32 *die genialen Frauen:* Die starken Persönlichkeiten der Frühromantik, Dorothea und Caroline Schlegel, sieht Eichendorff hier positiv. Später hat er sich über die »Salonpoesie der Frauen« in einem Essay dieses Titels lustig gemacht und dabei grundsätzlich die schriftstellerischen Fähigkeiten der Frauen angezweifelt.

193,33 f. *unsere tapfersten Anführer hat der Himmel quiesziert:* Die Bemerkung ist nicht ohne Hintersinn. *Quieszieren* bedeutet: ›beruhigen, in den Ruhestand versetzen‹. Die romantische Bewegung war um 1832 in mehrfachem Sinne vom Himmel »quiesziert«.

Wackenroder, Novalis, Friedrich Schlegel und auch Achim von Arnim waren gestorben. Einige andere hatten sich so radikal dem Dienst der Kirche verschrieben, daß sie in der literarischen Welt keine Rolle mehr spielten. Zacharias Werner und Clemens Brentano wären als derart »quiszierte Dichter« zu nennen.

194,15 *Tabakschmauchen:* nach Brentanos *Philistersatire* Charakteristikum des Philisters.

194,22 *Hofdichter beim Herrn Publikum:* Der hier charakterisierte Faber besitzt die Fähigkeit, sich mit Fleiß dem jeweils herrschenden Geschmack anzupassen.

194,24 *in Stein und Kupfer:* Die Porträts bekannter Dichter wurden in Kupferstichen und Steindrucken in ihren Werkausgaben oder den jährlich erscheinenden Taschenbüchern abgebildet.

194,25 *Damen . . . Romantik:* Die Erfolgsschriftsteller der Zeit publizierten in kleinformatigen »Taschenbüchern«. Fouqués *Frauentaschenbuch*, in dem zahlreiche Gedichte Eichendorffs im Erstdruck erschienen, gehörte zu den bekanntesten (vgl. auch Anm. zu 202,7 f.).

194,28 *die neumodische klassische Toga:* vermutlich Anspielung auf die klassizistische Attitüde von August Graf von Platen (1796–1835). Platen versuchte die griechischen und römischen Versformen in Deutschland wieder heimisch zu machen.

194,29 f. *die schottischen Plaids:* Mit der Erwähnung des schottischen Kleidungsstücks (*plaid:* wollener Umhang) spielt Eichendorff auf die in ganz Europa grassierende »Scottomanie« an. In seiner Satire *Meierbeth's Glück und Ende* hatte er sich ausführlich mit der literarischen Mode der historischen Romane Walter Scotts (1771–1832) befaßt, die in Deutschland an der großen Zahl von Übersetzungen und Imitationen in Scotts Manier erkennbar wurde.

195,22 *Lindes Rauschen in den Wipfeln:* in der Gedichtsammlung von 1837 unter dem Titel *Morgenständchen.*

197,10 f. *das verworrene Geschnatter verschiedener Menschenstimmen:* Ähnlich charakterisiert Eichendorff die öffentliche Meinung (vgl. Anm. zu 267,22).

197,23 f. *Vornehmtun jener literarischen Aristokratie:* Eichendorff spielt auf die Goethe-Kritik von Wolfgang Menzel (1798–1873) im *Literaturblatt* des Cottaschen *Morgenblatts* (Nr. 1–5, 1830) an.

197,29–198,3 *poetische Vornehmheit / Indifferentism / göttlicher Objektivität:* Karl Gutzkow (1811–78) hatte diese Begriffe in seiner Kritik an Goethe und seinen Verehrern verwendet. Eichendorff verteidigt indirekt den klassischen Dichter, der für die romantische

Bewegung anfangs das leuchtende Vorbild war, gegen die Angriffe der Jungdeutschen. Zum Geburtstag Goethes hatte er 1831 ein Gedicht für die Mittwochsgesellschaft verfaßt (*Der alte Held*).

198,5–200,1 *Viele ... Junger Mann:* Der Text nimmt mit den hervorgehobenen Sprecherbezeichnungen hier die Formen des Dramas auf und folgt damit einer zentralen Forderung der frühromantischen Poetik nach Vermischung der Gattungen. Ähnliche Publikumsdiskussionen, in denen Fragen der Ästhetik angesprochen werden, finden sich in den Literatursatiren bei Tieck, Brentano und Eichendorff.

198,9 *Natur! – Edelmut – gerührtes Familienglück!:* Bei der Mehrheit des Publikums (»Viele«) kommen die Rührstücke von August Wilhelm Iffland (1759–1814) und August von Kotzebue (1761 bis 1819) sowie die Erzählungen von Clauren (d. i. Karl Heun; 1771–1854) am besten an. Alle genannten Autoren gehörten zu den Bestsellern zur Zeit Eichendorffs.

198,21–23 *wir Dichterinnen schwärmen so gern über die engen Zwinger der Alltagswelt hinaus:* Die Anspielung könnte auf Rahel Varnhagen von Ense (1771–1833) zielen, die Eichendorff bereits in *Krieg den Philistern!* angegriffen hatte. Ansgar Hillach vermutet eine Anspielung auf die »Autorinnen von Familien- und Entsagungsromanen wie Fanny Tarnow (1779–1862), Caroline Pichler (1769–1843) und Johanna Schopenhauer (1766–1838)« (Werke 2, S. 971). Bettine von Arnim, die Eichendorff später als schwärmerische Dichterin angreift, kann noch nicht gemeint sein, da sie erst 1835 (mit *Goethes Briefwechsel mit einem Kinde*) als Schriftstellerin in Erscheinung trat.

199,4 f. *zur Wirklichkeit zurückkehren:* Forderung der anti-romantischen Jungdeutschen.

199,7 *Grauer: Kurz: wir machen hier soeben Novelle:* Mit der Aufforderung: »Frisch, Novellisten! Auf zum Heldenpressen!« tritt der »große Unbekannte« in *Meierbeth's Glück und Ende* (1. Szene) hervor. In beiden Fällen ist Scott gemeint, der zunächst anonym veröffentlichte.

199,11 f./18 *unmittelbar aus dem Leben gegriffen / einfach, natürlich:* Forderungen der Jungdeutschen an die neue Dichtkunst.

199,26 f. *ich bin so voller Abhandlungen!:* Belehrende Exkurse gehörten zu den Kennzeichen der jungdeutschen Dichtung.

199,31 *wild zerrissenes Gemüt:* Die Rede des Engländers ist mit Anspielungen auf Lord Byron (1788–1824) durchsetzt, der den »Weltschmerz« in seiner Dichtung zum Ausdruck brachte.

Eichendorff kritisierte besonders seine Nachahmung bei Heinrich Heine (1797–1856).

199,34 f. *eines unglücklichen Liebhabers:* Anspielung auf die erfolglosen Werbungen Fürst Pücklers.

200,27 f. *nach dem sogenannten praktischen Abgrund:* vgl. Anm. zu 201,20–28.

200,32 *Landschafter:* Eine Landschaftsmalerei neuen Stils hatte sich auf der Berliner Kunstausstellung 1830 durchgesetzt. Die Wendung zu einer realistischen Darstellung vollzog sich in Dichtkunst und Bildender Kunst.

201,20–28 *praktische Richtung unserer Zeit / mit Dampf getriebene ungeheure Maschine durch die Eleganz ihres Baues:* Die Boten des neuen Maschinenzeitalters wurden – besonders in Berlin – als Ausstellungsobjekte und ästhetische Glanzleistungen einer neuen Zeit bestaunt.

201,32 f. *den Grafen Khevenhüller:* Warum Eichendorff hier gerade das zwölfbändige Werk *Annales Fernandei* des Franz Christoph von Kh. (1588–1650), das 1716–26 in zweiter Auflage erschien, als Beispiel nennt, ist nicht klar. Die Bände werden offensichtlich an einem Ende der Maschine eingestampft, um Material für die Herstellung moderner Massen-»Literatur« zu gewinnen.

202,7 f. *»Vielliebchen« in Taschenformat und in Maroquin gebunden:* Um die Massenproduktion unterhaltender Taschenbücher zu kennzeichnen, läßt Eichendorff die (1811 entwickelte) Schnellpresse einen Almanach produzieren, den Karl August Friedrich von Witzleben (1773–1839) unter dem Pseudonym A. v. Tromlitz herausgab und der in 14 Bdn. 1827–41 erschien. Taschenbücher dieses Typs waren in erster Linie für das weibliche Publikum bestimmt und wurden oft in kostbaren Einbänden aus Seide oder Maroquin (Ziegenleder) verkauft.

202,19 *literarischer Klatsch-Kurier:* Der *Berliner Courier, ein Morgenblatt für Theater, Mode, Eleganz, Stadtleben und Lokalität* (1827–29) und die *Berliner Schnellpost für Literatur, Theater und Geselligkeit* (1826–29) waren zwei von Moritz Gottlieb Saphir (1795–1858) herausgegebene »Klatsch-Kuriere«, auf die Eichendorff anspielt.

203,8 *Sukzeß:* Fortschritt, Erfolg.

203,14 *Kavatine:* kurze Opernarie.

203,29 *Waldhornsklänge:* vgl. Anm. zu 12,29.

204,26 *Cupido:* römische Gottheit der Liebe (Gehilfe Amors).

205,4–13 *das schöne Müllermädchen ... der Mühlbach rauschte:*

populäre Motive der romantischen Kunstvolksliedlyrik der *Wunderhorn*-Tradition. In seinem berühmten Gedicht *In einem kühlen Grunde* nahm Eichendorff selbst die Thematik auf (vgl. Anm. zu 85,4).

206,7 *Ereignis an Amors falscher Mühle:* Fürst Pückler bemüht sich, zu den »Quellen« der Romantik zurückzukehren und an seine Jugenderlebnisse anzuknüpfen, was ihm jedoch mißlingt. Sein »damaliges Liebchen« ist inzwischen gealtert und verheiratet. Ähnliche Szenen schildert Eichendorff in *Ahnung und Gegenwart* (14. und 15. Kap.) und *Dichter und ihre Gesellen* (Kap. 11). Die Vertreter der neuen Dichtkunst, die »Novellenmacher«, empfinden darüber Schadenfreude, weil sie die romantischen Bilder für überlebt halten (206,10 f.).

210,1 *Wir waren ganz herunter:* Den Text der beiden Strophen veröffentlichte Eichendorff in der Gedichtsammlung von 1837 unter dem Titel *Die Jäger.*

210,22 f. *Schlag eines Eisenhammers:* Die Hämmer zur Eisenbearbeitung wurden häufig mit Wasserkraft betrieben und befanden sich daher in abgelegenen Tälern. Die Eisenhütte mit dem mechanischen Schlag des Hammers löst das leise Klappern der Mühlräder ab. Brentano führt die Eisenhütte bereits in seiner Erzählung *Der Sänger* (1801) als Gegenbild der romantischen Mühle ein, das eine »drückende Empfindung« auslöst (FBA 19, S. 76). Eichendorff erwähnt im Tagebuch zur Harzwanderung (September 1805) das weit hörbare Geräusch (vgl. Anm. zu 233,24).

211,6 f. *Ein naher Bach plauderte verwirrend in seine Gedanken herein:* Die Natur hat nach Eichendorffs Auffassung eine normsetzende, göttliche Kraft; sie belehrt den Menschen, ist ihm Vorbild. So enthält der Wald ein »stilles ernstes Wort / Von rechtem Tun und Lieben / Und was des Menschen Hort« (*Abschied*). Von den Bächen heißt es schon im *Wunderhorn:* »Und keines sich verirrt« (*Laß rauschen Lieb, laß rauschen*), ein Motiv, das Eichendorff vielfach aufgreift, um die tiefe Symbolik und göttliche Gesetzlichkeit der Natur zu zeigen (vgl. Anm. zu 9,4).

211,12 *Heidelberg:* In Heidelberg hatte Eichendorff mit seinem Bruder 1807/08 studiert und dabei (vermittelt durch seinen Freund Loeben) Anschluß an die Romantik gewonnen. »Heidelberg ist selbst eine prächtige Romantik«, heißt es in *Halle und Heidelberg* (Werke 1, S. 932). Prinz Romano kehrt nur im Traum nach Heidelberg zurück und findet den rechten Zugang zur Welt der Romantik nicht.

212,14 *antwortete sein gräßliches Ebenbild:* Die schauerlichen Traumbilder mit der Selbstbegegnung (Doppelgängermotiv) deuten auf die »Schauerromantik« E. T. A. Hoffmanns (vgl. Anm. zu 226,36).

213,23 f. *den alten wahnsinnigen Harfner aus »Wilhelm Meister«:* Anspielung auf den Roman Goethes, der von den Romantikern zunächst als vorbildliches Werk einer neuen Dichtkunst gefeiert wurde.

216,22–24 *Gericht der Pairs | Haus der Gemeinen | Minnehof:* Drei verschiedenartige Institutionen werden hier vereinigt: Das Gericht für Adlige (frz. *pair* ›gleich‹), das Unterhaus der konstitutionellen englischen Monarchie und der »Minnehof« der Troubadours, wo »Streitfragen um die Liebe vor fingierten Gerichtshöfen mit allegorischem Aufwand entschieden« wurden (Werke 2, S. 973).

217,31 f. *das geheimnisvolle Rauschen der verträumten Wälder:* Das Waldesrauschen vermittelt bei Eichendorff die Werte der »alten Zeit«. Nur der Eingeweihte (wie der Dichter) kann diese Sprache »verstehen« und die geheime Botschaft aus der goldnen Urzeit (mit ihrer Harmonie von Mensch und Natur, Menschlichem und Göttlichem) entschlüsseln.

218,7 *Vom Grund bis zu den Gipfeln:* in der Gedichtsammlung von 1837 u. d. T. *Allgemeines Wandern.*

219,10 *Zelter:* vgl. Anm. zu 25,10.

220,30 f. *Literatoren:* eigentlich Sprachlehrer, dann auch Literaten, Kritiker.

221,31 *immer über das Ziel hinausgeschossen:* Kritik an dem exaltierten Romantisieren des Fürsten Pückler.

222,23 *Willibald:* Der folgende Bericht läßt erkennen, daß Willibald autobiographische Züge trägt: Die Güter der Eltern Eichendorffs waren (wegen Spekulationsverlusten des Vaters) »an andre Besitzer gekommen« (222,27 f.); Eichendorff hatte sich »frühzeitig« (beim Studium in Heidelberg) »der Poesie zugewendet« (222,30 f.). Weitere Anspielungen auf die eigne Jugend enthält Willibalds Bericht über die Harzreise (vgl. Anm. zu 233,24).

226,36 *Hoffmannisieren:* Die Schauergeschichten sind mit den Erzählungen E. T. A. Hoffmanns verwandt, dem Eichendorff kritisch gegenüberstand. Die Darstellung erinnert an *Die Räuber. Abenteuer zweier Brüder auf einem Schloß in Böhmen* (1822).

229,32 *Daniel:* Der Name kommt (ebenso wie Willibald) in der genannten Erzählung Hoffmanns vor.

231,28 *Aus der Heimat hinter den Blitzen rot:* in der Gedichtsammlung von 1837 unter dem Titel *In der Fremde*.

232,5 *Gemahlin Julie:* Im letzten Kapitel von *Ahnung und Gegenwart* wird die Hochzeit von Leontin und Julie geschildert.

232,8 f. *Mit romanesker Galanterie:* treffende Charakteristik von Pücklers Umgangsformen.

233,2 *Altans:* Altan: balkonartige Galerie.

233,16 f. *jeder ... eine Novelle aus seinem Leben:* Eichendorff knüpft an die Erzähltradition an, in der die Texte nacheinander von verschiedenen Personen erzählt werden (vgl. etwa Boccaccios *Decamerone*). Den modernen Novellenerzählern kann dies nach Eichendorff jedoch kaum gelingen, zumal sie sich auf das eigne Leben beschränken. Die Erzählungsfolge reißt deshalb nach dem Bericht Willibalds ab.

233,24 *aus Halle nach dem Harzgebirge:* Von Halle unternahmen die Brüder Eichendorff im September 1805 eine Fußwanderung, die sie über den Harz nach Norddeutschland führte. Die Besteigung des Roßtrapp »auf einem steilen gefährlichen Pfade« (Werke 4, S. 492), das Erlebnis, »sich gäntzlich verirrt zu haben« (ebd., S. 490), der weithin hörbare »Hammerschlag der Drathmühle« (ebd., S. 491) und der plötzliche Durchbruch eines Ebers (ebd., S. 490) werden im Tagebuch beschrieben.

234,13 *alle alten schönen Sagen dieser romantischen Gegend:* Die Romantiker begannen mit dem Sammeln der deutschen Sagen, um die Relikte der »alten Zeit« zu bewahren. Bekannt wurde die Sammlung der Brüder Grimm von 1816.

234,36 *Huri:* bei den Moslems die ewig jungen Gefährtinnen der Seligen im Paradies.

235,14 *Bachantin / Luna / Fortuna:* Figuren der römischen Mythologie: die wilde Gefährtin der Saufgelage erscheint hier gemeinsam mit der Göttin der Nacht (Mondgöttin) und der Glücksgöttin.

236,28 *Papilloten:* Haarwickler (aus Papier).

237,4 *ennuyant:* (frz.) langweilend, langweilig.

240,10 *vom Stufenberge:* vgl. die Schilderung im Tagebuch (11. September 1805; Werke 4, S. 489): »Zu Mittag [langten wir] in *Gernrode* an, das am Fuße des herrlichen *Stufenberges* liegt«.

242,11 *falbe:* falb: dichterisch für ›fahl, bleich‹.

243,27 *Paroxismus:* Paroxysmus: heftiger Anfall einer Krankheit.

244,22 *Karbonaro-Mantel:* Die *Carbonari* (ital., ›Köhler‹) bildeten Anfang des 18. Jahrhunderts in Italien eine Verschwörergruppe.

247,17 *Da schoß der Gräfin auf einmal das Blatt:* Da gingen der Gräfin auf einmal die Augen auf. Die Redensart umschreibt eine unangenehme Überraschung. Sie entstammt dem bäuerlichen Lebensbereich: Bei übermäßigem Blattwuchs kann sich die Frucht nicht entwickeln, die Ernte entspricht nicht den Erwartungen.

247,24 *Klapphut:* zusammenschiebbarer Zylinder, der bei festlichen Anlässen getragen wurde.

249,1 *Eskarpins:* (frz.) Tanzschuhe.

250,25 *Courtoisie:* (frz.) (übertriebene) Höflichkeit.

251,15 *Zipfel seiner Schlafmütze:* Kennzeichen des Philisters; der Bräutigam vergißt sogar, sie am Tage der Hochzeit abzunehmen.

251,22 *Agrément:* (frz.) Bequemlichkeit.

253,5 *vazierenden Musikanten:* herumziehenden Musikanten.

254,32 *Bleib' bei uns! Wir haben den Tanzplan im Tal:* Der vierzeilige Text bildet in der Gedichtsammlung von 1837 die erste Strophe des Liedes *Elfe.*

255,10 *Stachelbeer' weiß es und stichelt auf dich:* Der Text spielt auf Novalis' Märchen von *Hyazinth und Rosenblüt* an (in: *Die Lehrlinge zu Sais;* 1798 entstanden).

256,24 *Es geht wohl anders, als du meinst:* der erste der *Wandersprüche* in der Gedichtsammlung von 1837.

258,31 *Und über die Felsenwände:* letzte Strophe des Gedichts *Allgemeines Wandern,* das vollständig von Willibald (S. 218) gesungen wird.

Auch ich war in Arkadien!

Die erste politische Satire Eichendorffs entstand in einer Zeit, als sich der Dichter intensiv mit der politischen Entwicklung in Deutschland beschäftigte: »Ich habe mich recht speziel mit den politischen Kämpfen der gegenwärtigen Zeit vertraut gemacht«, schreibt er an Freiherrn von Altenstein am 16. Oktober 1832 (HKA 12, S. 41). Dafür gab es mehrere Anlässe. Der Wunsch, aus der westpreußischen »Provinz« wieder in die geistige Metropole Preußens zu gelangen, hatte ihn dazu geführt, mit einem »Urlaub« von Königsberg nach Berlin zu gehen (6. Juni 1831), um sich persönlich um eine Versetzung zu bemühen. Es gelang ihm, dort vorübergehend im Außenministerium Fuß zu fassen; zwischen dem 1. Oktober 1831 und dem 30. Juni 1832 war Eichendorff dort als »Hilfsarbeiter« beschäftigt. Der Referent der Deutschlandabteilung, der Eichendorff wohlgesonnene Geheimrat Johann Albrecht Friedrich Eichhorn, gab ihm den Auftrag, ein

Gutachten zur »konstitutionellen Preßgesetzgebung« in Deutschland und den Entwurf eines Pressegesetzes zu formulieren (vgl. Werke 5, S. 151–236, sowie Klaus-Dieter Krabiels Beitrag *Zwischen Liberalismus und Restauration* im Kat., S. 297–320).

Der Auftrag kam in einer Zeit politischen Umbruchs: Die Julirevolution in Frankreich (1830) hatte zu einer Belebung der liberalen Strömungen in Deutschland geführt und die Diskussion über die Pressefreiheit erneut entfacht. In dieser Situation bemühte man sich in Preußen, Kompromißformeln zu finden, um die unterschiedliche Zensurpraxis in den Ländern Deutschlands durch ein Mustergesetz zu vereinheitlichen. Ungeachtet der Karlsbader Beschlüsse vom 20. September 1819, in denen die scharfe Anwendung aller Zensurbestimmungen grundsätzlich beschlossen worden war, gab es in den einzelnen Ländern differierende Pressegesetze und keine einheitliche Handhabung der Zensur. Im süddeutschen Raum (besonders in Baden) wurden nach der Julirevolution in Frankreich – kaum von der Obrigkeit behelligt – zahlreiche liberale Zeitschriften publiziert, die auch in die Länder mit restriktiverer Auslegung der Zensurbestimmungen, nach Österreich und Preußen, gelangten. Der von Eichhorn bei Eichendorff in Auftrag gegebene Gesetzentwurf sollte einen Kompromiß für Preußen formulieren, der – nach den Vorstellungen Eichhorns – durch seine liberale Richtung die reaktionäre Metternichsche Linie in Österreich ablösen sollte. Ein Gesetz mit richtungsweisender Kompromißformel, die jedoch einer politischen »Gratwanderung zwischen liberalen und reaktionären Optionen« gleichkam (Kat., S. 306), wurde gesucht. Am 24. Oktober 1831 gab der preußische König Friedrich III. an die drei betroffenen Ministerien den Auftrag, einen entsprechenden Entwurf zu erarbeiten. Eichendorffs Schriftsatz ging von der grundsätzlichen Freiheit der Presse aus, formulierte jedoch für die Tagespresse und politische Publikationen gravierende Ausnahmen. Sein Entwurf, der nicht für die Publikation gedacht war, erregte bei den Regierungsstellen Aufsehen, wurde aber rasch als zu liberal ad acta gelegt.

Eine mächtige Demonstration der liberalen Kräfte, das Hambacher Fest vom 28.–30. Mai 1832, auf dem Handwerker und Studenten gemeinsam für ein einiges Deutschland und eine freie Presse demonstrierten, lehrte die Regierenden das Fürchten und stärkte die Reaktion. Im sogenannten Maßregeln-Gesetz vom 5. Juli 1832 wurden die Vereins-, Versammlungs- und Pressefreiheit noch stärker eingeschränkt. Die liberalen badischen Pressegesetze wurden revidiert. Auch in Berlin gewannen die restaurativen Kräfte wieder die Oberhand. Der Entwurf aus dem Außenministerium, dessen Autor Eichhorn offensichtlich geheimhalten konnte, hatte keine Chance. Der preußische König hatte ihn auch am 27. Mai 1832 bereits ausdrücklich verworfen (Kat., S. 312). Eichendorff konnte bei seiner Bewerbung für die Einstellung in Berlin darauf keinen Bezug nehmen, so daß lange Zeit unklar war, daß die unter den politischen Schriften Eichendorffs veröffentlichten Entwürfe im Auftrag eines Ministeriums entstanden waren. Erst der Beitrag von Krabiel klärt den Sachverhalt.

In enger Nachbarschaft zu dem Gutachten und dem Gesetzentwurf entstanden weitere politische Schriften Eichendorffs. In einem *Politischen Brief* und in den Aufsätzen *Über Garantien* und *Preußen und die Konstitutionen* stellt Eichendorff die politischen Grundfragen aus der Sicht von 1831/32 erneut dar. In anderer Form, jedoch zum Teil mit den gleichen Worten und Bildern, erläutert er die zentralen Probleme der zeitgenössischen Diskussion: die Frage der konstitutionellen Monarchie und deren Garantien sowie die Forderungen nach freier Presse und die daraus erwachsende Macht der öffentlichen Meinung. Der Brief richtet sich an einen fiktiven Freund und steht vermutlich ebenso wie die beiden Aufsätze in Zusammenhang mit einem anderen Projekt Eichendorffs. Vorübergehend schien sich die Chance aufzutun, Redakteur von Rankes *Historisch-politischer Zeitschrift* zu werden. Diese Zeitschrift, die ebenfalls vom preußischen Außenministerium unter Federführung Eichhorns geplant war, sollte als Staatszeitschrift fungieren, um »Preußen in die Lage zu versetzen, seine Position öffentlich erläutern und den sich verstärkenden Presseangriffen publizistisch entgegentreten zu können« (vgl. Werke 5, S. 453–460, hier S. 454). Die Mitarbeit Eichendorffs an dieser Zeitschrift kam – vermutlich wegen zu hoher Gehaltsansprüche – nicht zustande; Eichendorffs Beiträge wurden in der Zeitschrift, deren erster Jahrgang 1832 erschien, nicht veröffentlicht.

Am 16. Oktober 1832 bewarb sich Eichendorff – ohne Bezug auf den eignen Entwurf eines Pressegesetzes – um eine Anstellung im Oberzensurkollegium in Preußen, um doch noch eine Position als Beamter in Berlin zu gewinnen. Diese Bemühungen waren jedoch – nach den Hambacher Ereignissen und dem Scheitern der Kompromißformeln – nur halbherzig. Bewußt scheint er seine Gehaltsforderungen erneut so hoch getrieben zu haben, daß eine Anstellung nicht in Frage kam. Damit hatten sich seine Hoffnungen auf eine politische Karriere – sei es als Mitarbeiter des Außenministeriums, sei es als Zensor oder Redakteur – zerschlagen. Alle politischen Texte Eichendorffs blieben in der Schublade und wurden erst postum veröffentlicht.

Die Satire steht in engem Zusammenhang mit den politischen Schriften und ist vermutlich im Sommer 1832 entstanden. Sie nimmt unmittelbar Bezug auf das Hambacher Fest und vergleicht es mit einer Walpurgisnacht, so daß die Veranstaltung als Hexenspuk auf dem Blocksberg erscheint. Die Rahmenerzählung deutet die mit einer bösen Zukunftsperspektive ausklingenden Ereignisse als einen Alptraum des fiktiven Erzählers im Gasthof »Zum goldenen Zeitgeist«. Die politischen Positionen, die Eichendorff in dieser Satire bezieht, sind weitgehend identisch mit den Positionen des Gesetzentwurfes und des *Politischen Briefes*. Obwohl die Texte sich in der Textsorte grundlegend unterscheiden, verwendet Eichendorff doch zum Teil die gleichen Bilder und Formulierungen. Der aktuelle politische Bezug der aus dem Nachlaß veröffentlichten Satire war lange Zeit nicht deutlich, weil Eichendorffs Sohn Hermann im Erstdruck (SW 7, S. 221–224) einschneidende Textveränderungen vornahm: Die ersten drei Absätze ließ er bei der Veröffentlichung von 1866 weg; der (aus dem letzten Satz des Textes gewonnene) Titel und der irreführende Untertitel »Eine Phantasie« stammen von ihm. Durch diese Eingriffe erhielt der Text den Anstrich einer unverbindlichen Phantasterei ohne konkreten politischen Bezug. Der hier gebotene Text greift deshalb auf die in der Staatsbibliothek Berlin (DDR) aufbewahrte Handschrift aus dem Nachlaß zurück. Für die Genehmigung zur Veröffentlichung der Handschrift danke ich der Handschriftenabteilung der Bibliothek.

259,8 *Einsiedler:* In die Rolle des Einsiedlers – die sich aus der Leitfigur der Romantik ableitet (vgl. Tiecks *Sternbalds Wanderungen* und die *Zeitung für Einsiedler* Arnims; Anm. zu 7,29) – schlüpft Eichendorff selbst in seinen autobiographischen Entwürfen (vgl. *Aus den Papieren eines Einsiedlers:* »Ich sitze hier auf den Trümmern meines Geburtsortes (Lubowitz-Tost)«; Werke 4, S. 190).

259,9 *Juli-Revolution:* Der Sturz Karls X. von Frankreich brachte am 28./29. Juli 1830 den »Bürgerkönig« Louis-Philippe, Herzog von Orleans (1773–1850) an die Macht. In Deutschland gab diese Revolution Anstöße für eine kritische Diskussion der restaurativen Verhältnisse und vereinzelte Aufstände. Im Hambacher Fest (27.–30. Mai 1832), das Eichendorff als Zielscheibe seiner Satire wählt, kulminierten zwei Jahre nach der Julirevolution die deutschen Bestrebungen, demokratische Verhältnisse und nationale Einheit durchzusetzen.

259,11 *Deutschheit:* Mit Begriffen wie »Deutschheit«, »Vaterländerei«, »Deutschtümelei« kritisiert Eichendorff einen nach außen gekehrten, modischen Patriotismus, der sich in Kleidung und Phrasen äußert (vgl. das Gedicht *Herrmanns Enkel*). In den Befreiungskriegen hatte sich – nach Ideen der Romantik – eine Rückbesinnung auf die »altdeutsche« Literatur und Geschichte vollzogen, die mit der Wendung gegen die napoleonische Herrschaft politische Aktualität und antifranzösische Züge gewann. Nach der Entmachtung Napoleons wurden die Hoffnungen auf ein einiges und freies Deutschland auf dem Wiener Kongreß begraben; die nationale Bewegung verlor immer mehr an politischer Bedeutung. Übrig blieben die Turner- und Burschenschaften und eine modische Beschäftigung mit dem »Altdeutschen«.

259,14 *Haar, wie Albrecht Dürer:* Altdeutsche Kleider- und Haartracht orientierte sich an den Bildern Dürers. 1820 wurde die Kleidertracht, die Ernst Moritz Arndt 1814 in seiner Schrift »Ein Wort aus der Zeit über Sitte, Mode und Kleidertracht« beschrieben hatte, in Preußen verboten.

259,19 *Tabagien:* Schenkstuben, Wirtshäuser (frz. *tabagie* ›verrauchtes Zimmer‹).

259,23 f. *ein wenig polnisch geworden:* Im Gefolge der Julirevolution kam es 1830/31 auch in Polen zu einem Aufstand gegen die russische Herrschaft. Während sich die Herrschenden in Deutschland (besonders in Preußen) mit dem russischen Zaren solidarisch erklärten, wurde der Aufstand von den Liberalen in Deutschland gefeiert. Polnische Lieder und Fahnen spielten bei den liberalen und radikal-demokratischen Versammlungen und Aufzügen eine große Rolle und waren auch beim Hambacher Fest präsent.

259,24 *liberum veto:* Im polnischen Reichstag hatte jeder Adlige das Recht, freies Veto einzulegen, und konnte damit die Beschlußfassung verhindern. Für Eichendorff steht dieses Recht für ein unregierbares Chaos.

259,28 *altdeutschen Rocke:* vgl. Anm. zu 119,30 und 259,14.

259,31 *»Zum goldenen Zeitgeist«:* Der »Zeitgeist« ist für Eichendorff ein negativ belasteter Begriff. »Mäkeln und leichtfertige[s] Vornehmtun gegen den ewigen Geist aller Zeiten« nennt er ihn in den literarhistorischen Schriften (DKV 6, S. 609).

260,4 *Schlegels Luzinde:* Friedrich Schlegels Roman *Lucinde* von 1799, der heute meist als Darstellung einer ›emanzipierten‹, gleichberechtigten Geschlechterbeziehung gelesen wird, wurde von den Zeitgenossen überwiegend verhöhnt und als autobiographischer Bericht (zur Beziehung Dorothea Veit-Schlegel / Friedrich Schlegel) gedeutet. Eichendorff ist sich mit Heinrich Heine (vgl. *Die romantische Schule*) in der Ablehnung dieses Werkes einig.

260,5 *Kotzebuaner:* August von Kotzebue (1761–1819), der mit seinen Stücken große Theatererfolge feiern konnte, wurde von den Romantikern als oberflächlicher Vertreter der Spätaufklärung verspottet. Den Angriffen von Tieck, den Brüdern Schlegel und Brentano schloß sich Eichendorff in seinen Satiren und literarhistorischen Schriften an. Kotzebue wurde von dem radikalen Burschenschaftler K. L. Sand 1819 ermordet, was eine reaktionäre Wendung in der Politik auslöste. Im Kontext der Satire können diese Ereignisse keine Rolle spielen, weil Eichendorff sowohl gegen Kotzebue als auch gegen die demokratische Bewegung eingestellt ist.

260,9 *links ab:* Die noch heute geläufige politische Bedeutung der Richtungsbezeichnungen spielt hier durchaus eine Rolle. Als »links« werden die Fortschrittlichen, »Liberalen« bezeichnet. Eichendorff benutzt die Vokabeln auch in einem seiner Sonette zur Revolution von 1848 (*Ihr habt es ja nicht anders haben wollen*): »Das Roß riß plötzlich aus zur Linken / Ihr müßt zur Rechten hinterdrein jetzt hinken«.

260,13 *Pegasus:* in der antiken Mythologie das geflügelte Roß der Dichter. Eichendorff beschreibt hier die Entwicklung einiger Dichter der romantischen Schule. Ansgar Hillach sieht eine Anspielung auf Friedrich de la Motte Fouqué (vgl. Werke 2, S. 975), dessen oberflächliche Ritterromane Eichendorff an anderer Stelle scharf kritisiert, und Ludwig Uhland (1787–1862), der als Professor der Literatur zu dichten aufhörte.

260,35 *Missalien:* Meßbücher.

261,1 f. *Zeitungen … englische und französische:* Die von Eichendorff kritisierten Liberalen fanden ihre Vorbilder in Frankreich und England, wo die gesellschaftlichen Probleme offen in den Zeitungen diskutiert werden durften. Die Lektüre der ausländischen Journale war in der Regel auch in Deutschland möglich.

261,10 f. *»Preßfreiheit«, »Garantie« oder »Konstitution«:* Die drei Begriffe kennzeichnen die Hauptforderungen der liberalen Bewegung. Außer der Pressefreiheit werden Garantien einer schriftlich fixierten Verfassung gefordert. Eichendorff steht diesen Forderungen ablehnend gegenüber und hat sie in seinen politischen Schriften ausführlich diskutiert. In *Preußen und die Konstitutionen* (1832) heißt es: »Eine Verfassung kann nicht *gemacht* werden. [...] Mit und in der Geschichte der Nation muß daher die Verfassung, wenn sie nicht ein bloßes Luftgebilde bleiben will, organisch emporwachsen wie ein Baum« (Werke 5, S. 128 f.). Im Aufsatz *Über Garantien* führt er aus: »So mochte unter anderen, in Spanien der Allerweltsbaum der konstitutionellen Freiheit, den man dort in aller Eile gleich mit der Krone einsenken wollte, in dem spröden Boden keineswegs Wurzel fassen, und mit jener allzeit fertigen Verfassungsfabrikation daher, welche die Konstitutionen dutzendweis aus der Tasche langt, verhält es sich fast wie mit dem Märchen vom Wünschhütlein« (ebd., S. 72). Das Scheitern konstitutioneller Herrschaftsformen meint er an der englischen Geschichte »und ihren Katastrophen« (ebd., S. 68) belegen zu können. Im Hinblick auf die Pressefreiheit spricht Eichendorff von »täglich sich überlebende[r] Zeitungsweisheit« (ebd., S. 167) und sieht in seinem Entwurf zum Pressegesetz (ebd., S. 202–236) eine Zensur für »Zeitungen sowie periodische Flugschriften« vor (ebd., S. 202). »Im gesellschaftlichen Zustande aber ist *unbedingte* Freiheit überhaupt, also auch unbedingte Preßfreiheit, unmöglich. Es kommt demnach, in Rücksicht auf die Presse, nur auf die nötigen gesetzlichen Schranken an, um das Interesse der Gesamtheit zu sichern, ohne die Freiheit der einzelnen zu zerstören, oder mit anderen Worten: um den *Mißbrauch* der Presse zu verhindern.« (*Die konstitutionelle Preßgesetzgebung*, ebd., S. 152.)

261,17 *Freimaurer-Händedruck:* Die Brüder der einzelnen Freimaurerlogen gaben sich bereits beim Händedruck auf geheime Art zu erkennen.

261,21–23 *Bei Tische ... Professor:* Eichendorff karikiert eines der bei den Liberalen üblichen politischen Festessen. Vorbild des präsidierenden Professors könnte Karl Theodor Welcker (1790–1869) gewesen sein, ein liberaler Rechtsgelehrter (vgl. Werke 2, S. 976).

261,28 *harangierte:* (von frz. *haranguer* ›feierlich reden‹) jemanden mit einer überflüssigen Rede langweilen.

262,5 *Moniteur:* das französische Amtsblatt.

262,28 *Kompendium des Naturrechts:* Eichendorff spielt vermutlich auf Karl von Rottecks *Lehrbuch der Staatswissenschaften und des Vernunftrechts* an (1829–36). Die Ideen des Freiburger Professors (1775–1840) attackiert Eichendorff bereits in *Krieg den Philistern!*, dessen Regent die Regeln des Naturrechts als Richtschnur wählt.

262,36 *Walpurgis:* Nach dem Volksaberglauben fliegen die Hexen in der Nacht zum 1. Mai auf den Blocksberg. Wie das Tagebuch zur

Harzreise belegt, kannte Eichendorff die Sagen zum Brocken. Goethe hat in seiner Walpurgisnacht-Szene im *Faust I* diese Vorstellungen bereits dichterisch umgesetzt. Eichendorff spielt darauf an. Den Vergleich des Hambacher Festes mit einer Walpurgisnacht fand Eichendorff vermutlich im *Berliner Politischen Wochenblatt* vom 9. Juni 1832; sein Freund Karl Ernst Jarcke (1801–52) gab dieses (konservative) Blatt heraus (vgl. Werke 2, S. 976).

263,15 *Nicolai und Biester:* Friedrich Nicolai (1733–1811) und Johann Erich Biester (1749–1816), die Herausgeber der *Berliner Monatsschrift*, kritisiert Eichendorff bereits in *Krieg den Philistern!* als Spätaufklärer. Im *Politischen Brief* spricht er von der von »vielen wackeren Schrifthelden scheinbar totgeschlagenen Aufklärung. Nachdem sie aus den Studierstuben der Gelehrten die Welt mit aufdringlicher Nützlichkeit auf das äußerste gelangweilt und sich dort in ihrer Art wissenschaftlich begründet hat, ist die Unvergängliche, die weder leben noch sterben kann, nunmehr erst praktisch geworden und hat behaglich und breit auf dem Throne der Welt Platz genommen« (Werke 5, S. 136).

263,22 *Karbonaromantel:* vgl. Anm. zu 244,22.

264,2 *Marseillaise:* Hymne der Französischen Revolution, die zuerst von einem Marseiller Regiment gesungen wurde.

264,21 f. *Redakteurs liberaler Zeitschriften:* Als Redakteure liberaler Zeitungen, die Eichendorff in seiner Satire durch Anspielungen bezeichnet, sind zu nennen: Karl von Rotteck (vgl. Anm. zu 262,28) und Karl Theodor Welcker (vgl. Anm. zu 261,21–23), die *Der Freisinnige* herausgaben; Georg August Wirth (1798–1848), Hrsg. der *Deutschen Tribüne* (vgl. Anm. zu 266,16); Philipp Jakob Siebenpfeiffer (1789–1845), Hrsg. der Zeitschriften *Rheinbayern* und *Der Westbote* (vgl. Anm. zu 266,12).

265,1 *Prozession weißgekleideter liberaler Mädchen:* Den zeitgenössischen Stichen ist zu entnehmen, daß der Demonstrationszug zum Hambacher Schloß einer Prozession ähnelte. Die einzelnen Gruppen zogen geordnet mit feierlichen Standarten den Berg hinauf wie bei einer Prozession auf den Kalvarienberg.

266,10 *Restauration:* Die Bezeichnung ist doppelsinnig und meint eine Gaststätte ebenso wie die politische Rückwärtswendung. Nach Eichendorffs Auffassung bedeutet die liberale Bewegung eine Rückwendung zur längst überholten Aufklärung.

266,10/12 *unter einem dreifarbigen Zelte / Hahn:* Anspielungen auf die französische Fahne (Tricolore) und das Landessymbol, den gallischen Hahn.

266,12 *Sieben Pfeifer:* Der liberale Redakteur Siebenpfeiffer (vgl.
Anm. zu 264,21 f.) war einer der Hauptredner des Hambacher
Festes und wurde nach diesem Ereignis verhaftet. Einem Freispruch folgte die Verurteilung wegen Beamtenbeleidigung. 1833
floh Siebenpfeiffer in die Schweiz.

266,13 *ça ira:* (frz. ›es wird gehen‹) Worte eines bekannten französischen Revolutionsliedes.

266,16 *Tribüne / Wirt:* Auch der Herausgeber der *Tribüne*, Georg
August Wirth (1798–1848), wurde nach dem Hambacher Fest verhaftet und nach einem ersten Freispruch wegen Behörden-Beleidi-
gung verurteilt. Er emigrierte 1836 nach Frankreich.

266,18 f. *Konstitutionswasser:* Die Einführung von Konstitutionen
nach französischem Muster schien Eichendorff sinnlos (vgl. Anm.
zu 261,10 f.). Im *Politischen Brief* schreibt er: »Warum das tüchtige
Fundament wahrhafter Freiheit, das unleugbar in Deutschland
durch allmähliche Regeneration der inneren Gesetzgebung gelegt
worden, schon jetzt mit dem Notdach einer Konstitution überbau-
en. [...] Am allerwenigsten [...] dürfte es gelingen, jeden Staat
ohne weiteres unter *einen* konstitutionellen Allerweltshut zu bringen, [...] zumal in Deutschland, wo noch eine frische Eigentümlichkeit der verschiedenen Stämme sich erhalten hat.« (Werke 5,
S. 140.)

266,19 *Freiheit:* Den Freiheitshoffnungen der liberalen Bewegung
stand Eichendorff sehr skeptisch gegenüber. Er hielt das Wort,
ebenso wie »Gleichheit«, für eine zum Schlagwort herabgesunkene
Vokabel. »[...] was wäre es wohl anderes, als den frischen Wuchs,
der eben erst Wurzel faßt, eilfertig am Spalier allgemeiner Formen
wieder kreuzigen und verknöchern, und mit neumodischer Pedan-
terie an die Stelle lebendiger, progressiver Bewegung den stereo-
typen Begriff der Freiheit setzen wollen?«, heißt es in *Preußen
und die Konstitutionen* (Werke 5, S. 130). Dem Freiheitsbegriff der
Französischen Revolution setzt er die »uralte« Freiheit, die sich mit
der Idee einer wiederzuerweckenden goldnen Zeit verbindet, entgegen (vgl. auch Anm. zu 261,10 f. und vorige Anm.).

266,25 *Garantie:* vgl. Anm. zu 261,10 f.

267,17 f. *sie mögen nichts von Freiheit und Prinzipien mehr wissen:*
Ähnlich negativ sieht Eichendorff das »Volk« in der um 1840 ent-
standenen dramatischen Satire *Das Incognito oder die mehreren
Könige:* Die Masse laufe stets einigen Demagogen nach und ändere
dabei die Marschrichtung abrupt.

267,22 *öffentliche Meinung:* zentraler Begriff der zeitgenössischen politischen Diskussion. Eichendorff stellt in erster Linie die Manipulierbarkeit der öffentlichen Meinung dar. In seinem *Politischen Brief* heißt es dazu: »[...] die öffentliche Meinung meint eben noch gar nichts als ein unverständliches Gemurmel der verschiedensten Stimmen, durch das man von Zeit zu Zeit die Posaunenstöße liberaler Blätter hindurchschreien hört; sie ist vielmehr zur Zeit noch eine ziemlich komplette Musterkarte von allem, was jemals in ganz Europa, Amerika oder in dem verschlafenen Asien über Politik gedacht, gefaselt und geträumt worden« (Werke 5, S. 139). Er vergleicht sie mit der Dulcinea (der Geliebten Don Quijotes): »[...] die Dame, welche auf jenen Begriffsturnieren die Preise: Ehrenpokale und volksfreundliche Titel und Würden austeilen soll. Aber wer ist eigentlich diese Vortreffliche? Woran erkennt man sie? Wo wohnt sie? – Ich habe auf dem Lande, wo bekanntlich das meiste Volk wohnt, sorgfältig Umfrage gehalten. Da wußte mir aber niemand Bescheid zu geben.« Der Briefschreiber findet die »öffentliche Meinung« schließlich bei den »Redakteurs von Tageblättern«, die in einem Weinkeller residieren (Werke 5, S. 144 f.).

268,6 *Kolophonium:* Das Harz fand auf der Bühne bei der Herstellung von künstlichen Blitzen Verwendung.

268,17 *Schwibbogen:* zwischen zwei Mauern gespannter, frei schwebender Bogen.

268,22 *Gemeine:* ältere Wortform von ›Gemeinde‹.

269,3 *Schiller-Taft:* Auf den klassischen Dichter wird hier angespielt, weil die liberale Bewegung ihre maßgeblichen Ideen dichterisch in Schillers Werken formuliert fand. Der Ruf nach Freiheit der Gedanken und der Nation wird im *Tell,* der *Jungfrau von Orleans* und *Don Carlos* artikuliert. Im Deutschland des 19. Jh.s galt Schiller deshalb – anders als Goethe – als klassischer Dichter des liberalnationalen Anliegens. Eichendorff stand Schillers Ideen skeptisch gegenüber: »Posa ist ein republikanischer Charakter, der opferfreudig für eine politische Idee sein Leben hingibt«, heißt es in der *Geschichte des Dramas* (DKV 6, S. 745), »seine Philosophie aber ist der moderne Liberalismus, wie er seitdem mehr oder minder das Evangelium der deutschen Jugend geworden.«

269,6 *regardez moi:* (frz. ›betrachten Sie mich!‹) Bezeichnung für einen Stirnschmuck.

269,6 f. *von böhmischen Steinen:* In Böhmen wurden die falschen Edelsteine aus Glas hergestellt.

269,8 *Kothurn:* Bühnenschuh mit hohen Sohlen, der in der antiken griechischen Tragödie verwendet wurde.

269,12 *air enragé:* (frz.) etwa: ›wütendes Aussehen‹.

269,23 *es werde Licht:* Die Aufklärung versteht sich als Epoche der ›Erleuchtung‹ und Erhellung durch Vernunft (»siècle des lumières«, »enlightment«). Eichendorff spottet schon in *Krieg den Philistern!* (1. Abenteuer) über die Lichtverehrung und beschreibt in den literarhistorischen Schriften die »falsche Aufklärung«: »Wo nämlich die Aufklärung ihre Waffe der Verneinung nicht mehr als bloßes Mittel zu höhern Zwecken betrachtet und vergißt, daß sie nicht selbst das Licht sei, sondern auf daß sie von dem Lichte Zeugnis gebe; wo sie daher in vermeintlicher Konsequenz selber das Licht machen und alles Licht außer ihr verneinen will – da ist es eine *falsche* Aufklärung« (DKV 6, S. 453). Die liberalen Ideen sah Eichendorff als Wiedergeburt der Aufklärung an.

269,31 *ennuyieren:* langweilen.

270,7 *insinuieren:* sich einschmeicheln.

270,13 *Studenten:* bei den studentischen Burschenschaften und bei den Turnerschaften lebte nach den Befreiungskriegen die Idee eines geeinten, freien Deutschland weiter. In der Phase der Restauration der kleinen deutschen Fürstentümer wurden diese Bewegungen daher zum gefürchteten Zentrum oppositioneller, liberaler Ideen, und auf dem Hambacher Fest bildeten die Studenten eine der stärksten Gruppen. Eichendorff erkannte grundsätzlich an, daß von der studentischen Jugend eine erneuernde Kraft ausgeht, die für die gesellschaftlichen Entwicklungen nötig ist. Am Schluß von *Halle und Heidelberg* (Werke 1, S. 950) heißt es von der Jugend: Sie ist »jederzeit fähiger zu entscheidenden Entschlüssen und Aufopferungen, und steht in der Tat dem Himmel näher, als das müde und abgenutzte Alter; daher legt sie so gern den ungeheuersten Maßstab großer Gedanken und Taten an ihre Zukunft. Ganz recht! [...] Die Jugend ist die Poesie des Lebens, und die äußerlich ungebundene und sorgenlose Freiheit der Studenten auf der Universität die bedeutendste Schule dieser Poesie«. Für die liberalen Ideen der studentischen Jugend auf dem Hambacher Fest, wie sie in den Freiheitsrufen des Studenten der Satire zum Ausdruck kommen, bringt Eichendorff jedoch kein Verständnis auf.

270,14 f. *Ziegenhainer und Kanonen:* Knotenstock und Stiefel, die zum Habit der Studentenkorporationen gehören.

271,29 *Tyrann:* Der Tyrann der Satire kann nicht ohne weiteres mit einer geschichtlichen Figur identifiziert werden, auch wenn einige Züge auf eine Verwandtschaft mit dem französischen Bürgerkönig

Louis-Philippe deuten. Eichendorff verläßt eindeutig die Ebene der kabarettistisch anmutenden Schlüssel-Satire, indem er ein Stück zur Zukunft (vgl. 271,7 f.) spielen läßt. Das heißt, er will grundsätzlich die Gefahren darstellen, die aus der geschichtlichen Stunde des Hambacher Festes erwachsen. Ähnlich sind die Figuren des »starken Mannes« und des »Riesen« in den dramatischen Satiren zu verstehen. Es droht nach Eichendorffs Auffassung eine Art Machtergreifung der liberalen Kräfte. Seine Befürchtungen erwiesen sich als grundfalsch: Das Aufbegehren der demokratischen Kräfte führte zu einer Stärkung der Reaktion. Die Führer des Hambacher Festes wurden verhaftet; die liberale Bewegung unterlag im politischen Kampf und war weit davon entfernt, eine tyrannische Macht auszuüben. Vielleicht ist diese bald erkennbare Divergenz seiner Geschichtsprognose mit der realen politischen Entwicklung eine Ursache dafür, daß Eichendorff seine Satire nicht veröffentlichte.

271,34 f. *Oberpriester im Talar eines ägyptischen Weisen:* Noch weniger als der Tyrann lassen sich seine »Assistenten«, die ihn nachher stürzen, mit geschichtlichen Personen identifizieren. Ansgar Hillach sieht in ihnen Repräsentanten der »Schattenseiten des Parlamentarismus« (Werke 2, S. 977), wobei jedoch der Bezug auf »ägyptische Weisen« ungeklärt bleibt. Vermutlich will Eichendorff auf die geistigen Quellen der liberalen Bewegung hinweisen: Wenn diese Priester Licht bringen, das aus kleckernden, übel riechenden Talglichtern stammt (vgl. 272,33 f.), so ist wieder auf die Tradition der (falschen) Aufklärung hingewiesen (vgl. Anm. zu 269,23). Die ägyptischen Priester erinnern ferner an Mozarts Oper *Die Zauberflöte*, auf die später durch die Papageno-Flöte noch deutlicher hingewiesen wird (273,24): Das könnte bedeuten, daß Eichendorff die Freimaurertradition mit Verquickung von humanistischen Idealen und kultischen Formen der Weltreligionen als eine weitere Quelle liberalen Denkens verurteilen will.

272,10 *seid umschlungen, Millionen!:* Anspielung auf die von Beethoven in der 9. Sinfonie vertonte Ode *An die Freude* von Schiller. Zu Eichendorffs Schiller-Verständnis vgl. Anm. zu 269,3. Vordergründig weist das Zitat auf die Geldgier des Tyrannen hin.

272,18 *Applikation:* eigtl. ein Ausdruck der Schneidersprache, den Eichendorff für gesellschaftliche Anpassung verwendet.

272,26 *Vaterländerei:* vgl. Anm. zu 259,11.

273,24 *Papageno-Flöte:* Anspielung auf die Oper *Die Zauberflöte* (vgl. Anm. zu 271,34 f.).

273,25 *Contre-Tanz:* Bei diesem auch »Française« genannten Gesellschaftstanz bewegen sich je vier Paare gegeneinander.

274,3 *Die hurtige Zukunft:* Eichendorff malt das Bild einer Gesellschaft, in der die armen Tagelöhner und Fabrikarbeiter die Macht ergriffen haben. Diese »Utopie« trägt alle Kennzeichen einer unordentlichen, von Verfall und Chaos beherrschten Welt. Eichendorff sah zwar die Notwendigkeit einer Ablösung des Überlebten, stellt in seiner Schrift *Der Adel und die Revolution* jedoch zugleich dar, daß er einen Fortschritt nur von der Vermittlung des Alten mit dem Neuen erhofft. Die vermittelnde Funktion soll dabei ein innerlich erneuerter Adel übernehmen. Die revolutionäre Umkehr der gesellschaftlichen Ordnung, wie sie in der Satire erscheint, ist für ihn das Schreckbild, der Alptraum.

274,30 *Regierungsmaschine:* Die neue Welt regelt – nach Eichendorff – die gesellschaftlichen Vorgänge mit mechanistischen Methoden. Die Vorstellung vom Staat als einer steuerbaren Maschine ist ein Denkmodell der Aufklärung. Nach Eichendorffs Auffassung kann diese Vorstellung nur Unheil anrichten (die »Prinzipien« verselbständigen sich; vgl. S. 277); der Staat ist nach seiner Auffassung mit organischen Strukturen und Modellen (vgl. Anm. zu 261,10 f. und 266,19) zu beschreiben; er darf kein Apparat sein, der maschinenähnlich funktioniert.

275,9 f. *où peut-on être mieux, qu'au sein de sa famille!:* (frz.) Wo kann man besser aufgehoben sein, als im Schoß (am Busen) seiner Familie!

275,11 f. *jesuitische Zauberformel:* Den Jesuiten wurde von den Spätaufklärern Konspiration nachgesagt. Es kam zu Verdächtigungen, die Eichendorff für unberechtigt hielt. Er spricht im *Deutschen Roman des achtzehnten Jahrhunderts* von »Jesuitenriecherei«, einem »gehässige[n] Spionier- und Denunziationswesen« (DKV 6, S. 505) und läßt den Vorwurf hier als Mißverständnis unkundiger »Kerls« erscheinen. Der Orden wurde 1773 in Deutschland verboten, 1814 aber wieder zugelassen.

275,24 *human zu sein:* Die Humanität ist für Eichendorff kein positiver Begriff, weil sie das dogmatisch-katholische Christentum relativiert. So heißt es im *Deutschen Roman des achtzehnten Jahrhunderts:* »So kamen nach- und nebeneinander der Kosmopolitismus auf, die Philanthropie, Humanität, Toleranz, natürliche Religion, Religion der Empfindsamkeit, Kunstreligion, Vernunftreligion u. s. w.; zum Teil echt löbliche Tugenden, die man aber auf einmal als etwas unerhört Neues selbständig hinstellte und dabei ganz vergaß, daß sie sämtlich nur einem höhern Prinzipe untergeordnet und ein jedes an seine rechte Stelle gerückt, schon längst im Christentum mit einbegriffen waren« (DKV 6, S. 456).

275,25 *Bürgertugenden:* Reminiszenz an die Französische Revolution bzw. an die Ideen des französischen »Bürgerkönigs«.

277,13 f. *nun kommst du ... in das Stück hinein:* Die Einbeziehung eines Zuschauers in das Stück gehört zu der von Tieck begründeten Tradition der Märchensatiren, die Eichendorff in seinen Literatursatiren *Krieg den Philistern!* und *Meierbeth's Glück und Ende* aufnimmt.

278,4 *Korollarium:* logischer Folgesatz.

278,13 *die alte Freiheit:* zentraler Begriff Eichendorffs, den er dem modernen Freiheitsbegriff entgegensetzt (vgl. Anm. zu 266,19). Die (ur-)alte Freiheit ist nach romantischem Geschichtsdenken einer Ur-Geschichte zugeordnet, in der Herrscher und Volk, Gott und Menschen, Mensch und Natur noch in Harmonie lebten. Dieser Urzustand, in dem die Treue und der transzendente Bezug wesentlich sind (und nicht ein verbrieftes Recht oder ein Vertrag über das staatliche Zusammenleben), wird als Utopie wieder angestrebt und ist für Eichendorff nur in Verbindung mit dem Christentum denkbar.

278,28 *volksersehnten:* In der Handschrift ist der erste Bestandteil des Wortes (vermutlich von Eichendorffs Sohn Hermann) durchgestrichen. In der gleichen Form (mit Bleistift) sind nämlich die ersten drei Absätze der Erzählung abgetrennt (vgl. dazu die Erläuterung oben S. 579). Die ursprüngliche Form (»volksersehnten«) betont, daß es die Träume des Volkes waren, die im »Wirtshaus zum goldenen Zeitgeist« geträumt wurden. Eichendorff distanziert sich von *diesem* Arkadien.

278,29 f. *auch ich war in Arkadien!:* Die berühmte Formel, die in der lateinischen Form lautet »Et in arcadia ego« und unter einem Bild von Bartolomeo Schidone (1559–1615) zum ersten Mal auftauchte, findet sich bei Wieland und Schiller (im Gedicht *Resignation*). Goethe verwendet sie als Motto der *Italienischen Reise* (1816/17). Eichendorff benutzt die Formel im Kontext der Satire als ironische Pointe: Das Geträumte ist nicht das erwünschte irdische Paradies (vgl. vorige Anm.), sondern Ausdruck einer trügerischen, falschen Hoffnung, eines Alptraumes.

Eine Meerfahrt

Die Erzählung, die noch einmal die zentralen Motive der Sage vom Venusberg aufnimmt, entstand vermutlich 1835/36 (Kommentar 1, S. 157). Hermann von Eichendorff veröffentlichte den Text aus dem Nachlaß (SW 3, S. 227–292; Druckvorlage). Seine Datierung auf 1837–41 (SW 1, S. 156) ist unwahrscheinlich, weil zu diesem Zeitpunkt die Sammelausgabe der Gedichte Eichendorffs schon erschienen war (1837). Darin sind die Gedichteinlagen der Erzählung bereits aufgenommen.

279,2 *1540:* Die präzise Jahreszahl läßt eine historische Erzählung erwarten. Um 1540 eroberten die Spanier große Landstriche in allen Teilen Amerikas. Süd- und Mittelamerika mit der reichen Inkakultur wurden Vizekönigreiche der spanischen Krone. Vor dieser historischen Folie heben sich die unwirklichen Erscheinungen in Eichendorffs Erzählung um so deutlicher als unheimliche, wunderbare Phänomene ab. Eichendorff verbindet Elemente der Sage vom Venusberg (vgl. Anm. zu 30,29 und 37,21) mit historischen Fakten.
  das valenzische Schiff Fortuna: Das Schiff aus der spanischen Stadt Valencia trägt den Namen der römischen Glücksgöttin.
279,2 f. *die Linie:* den Äquator.
279,5 *Columbus:* Christoph C. (1451–1506) hatte im letzten Jahrzehnt des 15. Jh.s drei große Schiffsexpeditionen Richtung Amerika unternommen.
279,16 *Salamanka:* Die spanische Stadt Salamanca in der Provinz León hatte im 16. Jh. eine der bedeutendsten abendländischen Universitäten.
280,26 *Ich seh' von des Schiffes Rande:* in die Gedichtsammlung von 1837 unter dem Titel *Meeresstille* aufgenommen.
281,1 *Die zackigen Türme:* Das Motiv der versunkenen Stadt unter der Wasseroberfläche erinnert an die Atlantis-Sage.
281,29 *Baccalaureus:* der niedrigste akademische Grad an der Universität (entspricht etwa dem »Magister« von heute).
282,3 *Gold:* Eichendorff spielt auf den Goldrausch der Spanier an, der zur Ausbeutung der Inkakultur mit ihren reichen Goldschätzen führte. Die Spanier schmolzen die Kultgegenstände ein und brachten das Gold ins Mutterland (vgl. 334,11).
282,4 *Perspektiv:* ausziehbares, einäugiges Fernrohr.
282,25 *nur von böhmischen Steinen:* vgl. Anm. zu 269,6 f.

283,24 *Sirenen:* vgl. Anm. zu 35,27.

286,22–26 *Walpurgis ... Hexensabbat:* vgl. Anm. zu 262,36.

286,27–33 *Frau Venus ... Symbolum der heidnischen Liebe:* Die römische Göttin der Liebe ist für Eichendorff Sinnbild sündig-sinnlicher Liebe. Er setzt ihr Bild im *Marmorbild* in Kontrast zur christlichen Maria (vgl. S. 66 und Nachwort, S. 635 f.).

286,34 f. *Horatius ... Mater saeva cupidinum:* Horaz, der römische Dichter Quintus Horatius Flaccus (65–8 v. Chr.), nennt Venus in einer Ode (I,119) die »wilde Mutter der Begierden«.

287,26 *Venusberge:* direkte Anspielung auf die Sage vom Venusberg, die Eichendorff aus der Tieckschen Bearbeitung kannte (vgl. Anm. zu 30,30).

288,7 f. *was es an der Zeit ist:* Der Verlust des Zeitgefühls im Venus-berg gehört zur Tradition der Sage (vgl. Anm. zu 20,33 f.).

289,7 *Ritter Rhetorio:* Die Rhetorik gehörte zum klassisch-humani-stischen Bildungsgut und wurde an der Universität gelehrt.

289,8 *Sermone:* Predigten.

289,11 *Tonsur:* runder Kahlschnitt auf dem Kopf, wie er bei katholi-schen Orden Vorschrift ist.

289,13 *Koller:* Brustharnisch, ledernes Wams.

289,25 *Finten:* Scheinangriffe beim Fechten.

290,14 *Fandango:* spanischer Tanz.

290,26 *Ade, mein Schatz, du mocht'st mich nicht:* in der Gedicht-sammlung von 1837 unter dem Titel *Seemanns Abschied*.

293,11 *Vizekönig:* Der Titel eines »stellvertretenden Königs« wurde in Spanien den Entdeckern und Eroberern von der spanischen Kro-ne verliehen.

293,26 *Eingeborene:* Die Auseinandersetzungen mit den Wilden erin-nern an die Robinsonaden, die im Gefolge von Daniel Defoes *Robinson Crusoe* (1719/20) in der europäischen Literatur Mode geworden waren.

295,1 *Ambassade:* (frz.) Gesandtschaft.

295,13 *Allongenperücke:* Die im 17. Jh. eingeführte Perücke mit lang herabhängenden Locken galt Eichendorff als Sinnbild einer ver-staubten, in formelhaftem Wesen erstarrten Zeit.

295,23 *die indischen Sprachen:* Mit der *Sprache und Weisheit der Indier* (Titel einer Publikation Friedrich Schlegels von 1808) hatte sich die Romantik im Zusammenhang der Mythenforschung be-faßt. »Indisch« und »indianisch« wird jedoch im Wortgebrauch nicht genau getrennt, und während die Mythenforschung der Ro-mantik sich tatsächlich mit Indien beschäftigt, wäre nach dem Kontext der Erzählung wohl eine Beschäftigung mit den indianischen Sprachen als Vorbereitung einer Amerikareise sinnvoll.

295,25–30 *Figuren und Metaphern ... unbekannten Schrift:* Die Sprachfiguren und Bilder waren Lehrstoff der Rhetorik. Die Ästhetik der Romantik, die das Ideal eines ursprünglichen naturverbundenen Schöpfens vertritt, sieht verächtlich auf die »Schnörkel« der kunstvoll gefertigten Dichtung herab und führt den Begriff der Hieroglyphe ein, auf die mit der »wunderbaren unbekannten Schrift« angespielt wird.

298,28 *Und wenn es einst dunkelt:* in der Gedichtsammlung von 1837 unter dem Titel *Der Soldat.*

300,14 f. *Julius Cäsar, Brutus, Hannibal und der alte Cid:* Zur genannten Schullektüre humanistischer Tradition zählt der Student der Erzählung neben der lateinischen Lektüre zu Caesar, seinem Mörder Brutus und seinem Gegner Hannibal auch den Helden Cid, der in der spanischen Literatur schon um 1140 gefeiert wird. Der Hinweis erklärt sich nicht nur aus der Perspektive des spanischen Studenten; die deutschen Romantiker hatten die spanische Literatur auch für die Deutschen erschlossen und imitierten deren Versformen, besonders die Romanze. Herder hatte 1805 seine Übersetzung des Nationalepos (*Der Cid*) veröffentlicht und förderte damit die Romanzen-›Renaissance‹ in Deutschland, die in Eichendorffs späten Übertragungen (1839) ihren Abschluß fand.

300,18 f. *Frei vom Mammon ... Wissenschaft:* Der Student zitiert zwei Zeilen (2. Strophe) eines Liedes, das Eichendorff im Roman *Dichter und ihre Gesellen* (1834; Kap. 6) veröffentlicht hatte. Das Lied wurde unter dem Titel *Der wandernde Student* (1837) populär. Es ging in mehrere Sammlungen von Studentenliedern ein und wurde auch von Hugo Wolf vertont.

301,8 *mit Buchsbaum eingefaßt / Allee:* Kennzeichen einer beschnittenen Parkkultur, wie sie Eichendorff (nach dem Muster der französischen Gärten) als Beispiel einer zugerichteten Natur häufig schildert. Die Venusgestalten Eichendorffs gehören (als versteinerte Marmorbilder) in diesen Park einer verfälschten und zugleich erotisch verlockenden Welt, die er auch mit dem Rokoko identifiziert (vgl. das Gedicht *Prinz Rokoko*). Die gefährliche Kraft geht auch von dem üppigen, verwilderten Park aus, in dem sich die heidnischen, wild-wuchernden Kräfte der Natur austoben. Das Gegenbild zum französischen Modell ist der zu Eichendorffs Zeiten aufkommende englische Park, der (scheinbar) die Natur in ihrer Ordnung beläßt und zugleich ästhetisch gestaltet.

302,4 *Seekönig:* Die Wikinger nannten den Anführer eines Flotten-
verbandes Seekönig.

303,9 *Du sollst mich doch nicht fangen:* Das Gedicht überschrieb
Eichendorff in seiner Gedichtsammlung (1837) *Der Umkehrende*.
Der Student kann den verführerischen heidnischen Kräften der
»duftschwülen Zaubernacht« entrinnen, wenn er umkehrt und den
»rechten Weg« zu Christus wählt. Die »fromme Lerche«, die zum
Himmel aufsteigt, ist eines der Naturbilder, die Eichendorff als
Sinnbild der christlichen Lehre deutet und formelhaft in seinen
Liedern wiederholt.

304,25 f. *Logik und Rhetorik:* Neben der Rhetorik (vgl. Anm. zu
289,7) gehörte auch die Logik (als Teildisziplin der Philosophie)
zum Lehrstoff der Studenten.

309,26 f. *Der Teufel hat's gegeben ... genommen:* Kontrafaktur zum
Alten Testament (Hiob 1,21): »Der Herr hat's gegeben, der Herr
hat's genommen«.

310,11 f. *Ein Meerweib singt ... meine Frau:* vgl. die 1. Strophe des
Liedes auf S. 290 f.

311,13 *Urgande:* Dämonin.
Megära: griech. Rachegöttin (eine der drei Erynnien).

312,12 *Bin ein Feuer hell, das lodert:* in der Gedichtsammlung (1837)
unter dem Titel *Waldmädchen*.

312,14 *fodert:* alte Form von ›fordert‹.

314,13 *Vogel:* Der geheimnisvolle Vogel gehört zu den Venus-Erzäh-
lungen, wie sie Tieck erzählt (vgl. Anm. zu 16,3). Später verwandelt er sich in ein »riesengroßes Heiligenbild« (S. 317).

319,6 *Komm Trost der Welt, du stille Nacht!* Unter dem Titel *Der
Einsiedler* veröffentlichte Eichendorff das Lied parallel im *Deut-
schen Musenalmanach* und seiner Gedichtsammlung im Jahre 1837.
Vorbild war das (auch im *Wunderhorn* verarbeitete) Lied des Ein-
siedlers aus Grimmelshausens *Der abentheuerliche Simplizissimus
Teutsch* (1669; 1. Buch, Kap. 7).

320,24–26 *die ersten Christen ... bringen Krieg, Empörung, Mord:*
Kritik an der brutalen Kolonisationspraxis der Spanier, die in kras-
sem Widerspruch zu ihrem christlichen Missionsanspruch stand.

324,26 *Geschichte des Einsiedlers:* Die Erzählung des später als Don
Diego identifizierten Alten schildert noch einmal die Geschichte
des kolonialen Aufbruchs in ein vermeintliches Paradies mit dem
Kampf gegen die Eingeborenen und anderen Elementen einer Ro-
binsonade. Don Diego empfindet die Geschichte des Studenten
daher auch als Spiegelung seines eignen Lebens (vgl. 342,33 f.).

324,27 *Macht der Mohren war zertrümmert:* Spanien wurde bis 1492
(Wiedereroberung von Granada) von den Mauren beherrscht.

325,21 *Eldorado:* (span. ›der Vergoldete‹) sagenhaftes Goldland in
den Anden.

326,8 *Schöne, die ich oft im Traume gesehen:* vgl. Nachwort, S. 640 f.

326,22 *Feldschlangen:* Feldgeschütze.

328,20 *Diana:* Göttin der Jagd, die mit Tierfellen bekleidet ist und
Jagdgeräte mit sich führt.

330,28 *eine furchtbare Sphinx:* Das geheimnisvolle Fabelwesen (meist
mit geflügeltem Löwenkörper und Mädchenkopf) soll (nach der
griech. Mythologie) alle Wanderer töten, die ihre Rätselaufgabe
nicht lösen können.

336,19 *tödlich haßte und rasend liebte:* Die heidnische Liebe zeichnet
sich durch eine Hörigkeit aus, die Eichendorff hier als Haßliebe
charakterisiert (vgl. Nachwort, S. 640–646).

Das Schloß Dürande

Am 19. Oktober 1835 hatte der Verleger Friedrich Arnold Brockhaus
Eichendorff um eine Novelle zur Veröffentlichung im Taschenbuch
Urania gebeten (vgl. HKA 13, S. 127). Im Jahrgang 1837 erschien
dann (vermutlich bereits zur Herbstmesse des Vorjahres) die Erzählung Eichendorffs in: Urania. Taschenbuch auf das Jahr 1837. Leipzig
1837, S. 51–107 (Druckvorlage).

Die Julirevolution in Frankreich mit ihren Folgen in Deutschland
(vgl. die Erläuterungen zu *Auch ich war in Arkadien!*, S. 576–589)
hatte zu einer erneuten geistigen Auseinandersetzung mit den Ursachen und Folgen der Französischen Revolution geführt. Eichendorff verlegt das Geschehen seiner Novelle deshalb in die Zeit der
Französischen Revolution und zeigt ihre Auswirkungen auf das
Geschlecht der Durandes, die er eingedeutscht als »Dürande« einführt. Im Zentrum stehen dabei nicht allein die Chronik des Adels-
Geschlechts, sondern die Veränderungen der gesellschaftlichen
Struktur, die sich im Gefolge der Ereignisse von Paris auf dem entlegenen Schloß einstellen. Die ›Helden‹ der Geschichte gehören zum
Personal des Schlosses. Der angestellte Jäger und seine Schwester, der
treue Diener, der alte und der junge Hausherr dieser Schloßgemein-
schaft, in denen die ständische Ordnung zunächst vorbildlich funktioniert, sind die Hauptpersonen. Bei der Darstellung dieses Idylls
kann Eichendorff auf seine Kindheitserinnerungen zurückgreifen. Er

wuchs selbst in einem oberschlesischen Schloß auf (in Lubowitz bei
Ratibor) und hatte schon bald das Bewußtsein gewonnen, daß in
Teilen des schlesischen Adels vorrevolutionäre Lebensformen kon-
serviert wurden, weil die Güter von den Zentren der europäischen
Politik, von Paris und Berlin, weit entfernt waren. Eine ausführliche
Analyse der geschichtlichen und gesellschaftlichen Situation leistet er
in seinem autobiographischen Essay *Der Adel und die Revolution*
(Werke 1, S. 898–919). *Schloß Dürande* setzt die in diesem Aufsatz
zusammengefaßten Ideen zum Verhalten des ländlichen Adels bei
Ausbruch der Französischen Revolution in eine Geschichte um. Der
Aufsatz ist ein Schlüssel zum Verständnis der Novelle und soll des-
halb bei der Erläuterung herangezogen werden.

345,16 *Vater und Mutter waren lange gestorben:* Der in dieser Formel
besonders deutliche märchenartige Einsatz der Novelle läßt die
idyllische Abgelegenheit des Schlosses mit der noch intakten Einheit von Natur und Kultur besonders spürbar werden. Die Zeit der
Märchen und Mythen ist für die Romantik das goldene Zeitalter,
die paradiesische Kindheit der Menschheit, die zugleich utopische
Züge trägt. Eichendorff verlegt das Schloß in die Provence, die für
ihn (wegen der provençalischen Minnesänger) auch die Landschaft
der vorbildlichen christlichen Dichtung des Mittelalters war.

346,12 *schlechten grünen Mantel:* schlichten grünen Mantel.

346,20 *Ein' Gems auf dem Stein:* parallel in der Gedichtsammlung
(1837) unter dem Titel *Übermut* erschienen.

347,25 *pinkte er schnell Licht an:* Er steckte das Licht an (mit einem
Feuerstein oder einem Feuerzeug).

348,19 f. *so mußt du gleich ... ins Kloster:* Bei unstandesgemäßen
Liebesbeziehungen war die ›Verbannung‹ ins Kloster noch im
18. Jahrhundert keine ungewöhnliche ›Lösung‹; die Frau wurde auf
diese Weise versorgt; sie war zugleich für den Liebhaber unerreich-
bar, die Ehre der Familie gerettet. Selbst bei Clemens Brentanos
unglücklicher Ehebeziehung wurde noch 1809 ernsthaft erwogen,
seine Frau Auguste Bußmann ins Kloster zu schicken.

348,19 *Muhme:* altertümlich für ›Tante‹.

349,10 *herzhaft:* herzlich.

350,1 *Gut Nacht, mein Vater und Mutter:* wörtliches Zitat der letzten
Strophe des *Wunderhorn*-Lieds *Die Judentochter*.

352,6 *seine Braut vor Gott:* Die Präposition *vor* ist hier wichtig, denn
die Nonnen verstehen sich als Braut Christi; Gabriele jedoch will
nur im Kloster bleiben, um sich für den irdischen Bräutigam zu

bewahren. Es ist die Beziehung zu dem Unbekannten, die für sie heilig ist und endgültig vor Gott besiegelt werden soll.

352,19 f. *blitzte es manchmal aus weiter Ferne:* Das Wetterleuchten in der Ferne ist für Eichendorff ein Zeichen des zukünftigen Unheils. Er benutzt das Bild in *Ahnung und Gegenwart* im Hinblick auf den drohenden Krieg (die Befreiungskriege) und verwendet es in *Der Adel und die Revolution* und dem *Schloß Dürande* (vgl. 364,7 f.) mit Bezug auf die in der Ferne ausbrechende Revolution: »Es brütete [...] eine unheimliche Gewitterluft über dem ganzen Lande, jeder fühlte, daß irgendetwas Großes im Anzuge sei, ein unausgesprochenes, banges Erwarten, man wußte nicht von was, hatte mehr oder minder alle Gemüter beschlichen.« (Werke 1, S. 910.)

352,35 f. *als könnt' man über die Berge reden mit allen:* Gabriele gehört zu den Menschen, die den Zugang zur Natur und ihren Geheimnissen noch nicht verloren haben. Nach Auffassung der Romantik stand die Gegenwart unter dem Zeichen der Vereinzelung und Isolierung. Nur der »poetische« Mensch (das Gegenbild des spießbürgerlichen Philisters) kann diese Entfremdung aufheben und versteht die geheimnisvolle Sprache der Natur.

353,20–23 *kein Vogel sang ... Figuren ... krank und bleich ... in der Einsamkeit:* Die Bilder verdeutlichen, daß das Idyll des Schlosses trügt: Der Kontakt zur Natur ist abgerissen (vgl. vorige Anm.); dadurch, daß der Adel sich völlig gegen historische Veränderungen sperrt, gerät er selbst in die Isolation und wird zum toten Relikt (vgl. Anm. zu 360,1 f. und 372,35 f.).

353,26 *Vedette:* (frz.) Wachtposten der Kavallerie.

354,13 *ich seh' ihn gehn, ich sag' nicht wen!:* Verkappte Verse, die in Ton (Kurzverse mit Klangeffekten durch Reime) und Inhalt an die Gedichte des frühen Tieck (besonders im Roman *Sternbalds Wanderungen*; 1797) erinnern.

354,19 *Waldeinsamkeit:* Schlüsselwort der Frühromantik, das Tieck im Märchen *Der blonde Eckbert* prägte. Tieck selbst schildert die Diskussion um das Wort in seiner Novelle *Waldeinsamkeit*, die vier Jahre nach Eichendorffs Erzählung in der *Urania* erschien (vgl. DKV 4, S. 1039).

355,1 f. *im Mondschein ... Schifflein, saß ein Ritter darin:* Eine mehrfach von Eichendorff geschilderte Situation, die an die von Brentano erfundene Loreley-Geschichte erinnert (vgl. auch das Gedicht *Der Kämpe*).

356,14 f. *Alteweibersommer:* vgl. Anm. zu 14,24.

356,18 f. *Gratialgute:* Gut zur landwirtschaftlichen Nutzung.

356,22 *Kollation:* vgl. Anm. zu 164,25.

    Kanapees: Sofas.

357,9 *Brevier:* kleines Gebetbüchlein.

357,13 *Es ist nun der Herbst gekommen:* Diese und die beiden folgenden in den Text integrierten Strophen (S. 358 und 359) erscheinen in
der Gedichtsammlung (1837) unter dem Titel *Herbst.*

357,28 *wenn ich ein Vöglein wäre:* Zitat aus dem *Wunderhorn,* das auf
ein bei Herder bereits abgedrucktes Volkslied zurückweist (vgl.
146,12 und Anm.).

358,4 f. *Goldne Fäden ... Spinnet:* Hinweis auf den Altweibersommer (vgl. 356,14 f. und die Anm. zu 14,24).

358,9–11 *Waldhörner ... Erinnerung an die alte schöne Zeit:* zur
Bedeutung des Waldhornklanges vgl. Anm. zu 12,29.

358,18 *Plan:* flaches Feld (vgl. Anm. zu 27,2).

359,14–16 *Zedern ... des Benedeiten Gruft:* Hinweise auf das Heilige
Land mit dem Grab Christi.

360,1 f. *wunderlich verschnitten und zerquält:* Die nach französischem Vorbild gestaltete Parklandschaft mit »marmornem Apollo«
und »gezirkelten Blumenbeeten« (359,29 f.) steht für die zugerich-
tete Natur (vgl. Anm. zu 301,8) und signalisiert das krampfhafte
Festhalten am Althergebrachten. In seinem Essay *Der Adel und die
Revolution* hebt Eichendorff von den ländlichen »Krautjunkern«
die »Exklusiven, Prätentiösen« des schlesischen Adels ab, die sich
der französischen Mode besonders in den Gärten anpassen. Diese
»ganz bezeichnend *französisch* benannten, Lust- und Ziergärten
[...] sollten eben nur eine Fortsetzung und Erweiterung des Kon-
versationssalons vorstellen. Daher mußte die zudringlich störende
Natur durch hohe Laubwände und Bogengänge in einer gewissen
ehrerbietigen Form gehalten werden, daher mußten Götterbilder
und Allongeperücken überall an den Salon und die französierte
Antike erinnern« (Werke 1, S. 904 ff.).

360,7 f. *nach Paris gereist, um dort lustig durchzuwintern:* vgl. *Der
Adel und die Revolution:* »Die dritte und bei weitem brillanteste
Gruppe [des Adels] endlich war die extreme. Hier figurierten die
ganz gedankenlosen Verschwender, jene ›im Irrgarten der Liebe
herumtaumelnden Kavaliere‹, welche ziemlich den Zug frivoler Li-
bertinage repräsentierten [...] die ›jungen Herrschaften‹ [wurden]
auf Reisen geschickt, um insbesondere auf der hohen Schule zu
Paris sich in der Praxis der Galanterie zu vervollkommnen [...] sie
waren es vorzüglich, die nicht nur ihren eigenen Stand in schlim-
men Ruf brachten, sondern auch in den unteren Schichten der

Gesellschaft, die damals noch gläubig und bewundernd zum Adel aufblickten, die Seuche der Glanz- und Genußsucht verbreiteten.« (Werke 1, S. 908 f.)

360,29 *in solchen Affären immer splendid:* Bei Affären mit Mädchen des niederen Standes pflegten Adlige bei Schwangerschaften eine Abfindungssumme an das Mädchen oder seine Familie auszuzahlen.

361,8 f. *die Welt rückte immer enger und dunkler zusammen:* Die Welt der Stadt erscheint hier als düsteres Gegenbild zum naturverbundenen Leben des Landes. Den Gegensatz schildert Eichendorff auch in seinem Lied *Abschied:* »Da draußen, stets betrogen, / Saust die geschäft'ge Welt«. Paris war für die konservative Spätromantik Paradebeispiel für die sündige Großstadt. Brentanos *Gespräche und Bilder aus Paris* schildern die Stadt aus ähnlicher Perspektive und schlagen gleichfalls den Bogen zur (kritisierten) Revolution.

361,26 f. *Hornkäfer:* Hirschkäfer.

361,32 *Nährstand:* Der dritte, nicht zum Adel oder zur Geistlichkeit gehörende Stand wurde vor der Revolution als »Nährstand« bezeichnet. »Ähnlich wie hier der Redner argumentiert die Schrift des Abbé Sieyès (1748–1836): *Was ist der dritte Stand?*, eine der berühmtesten Flugschriften der Französischen Revolution.« (Werke 2, S. 980.)

362,14 *der Totenwurm pickt schon drin:* Die leisen Geräusche der Holzwürmer werden häufig als Zeichen des zukünftigen Verfalls und damit als Todessignale gedeutet.

362,22 f. *er wolle nur sein Recht:* Die Haltung Renalds erinnert an Heinrich Kleists Kohlhaas. Die Argumentation zeigt hier, daß Renald sich nie mit den Zielen der Revolution identifiziert und nur aus Verzweiflung später mit den Aufständischen paktiert.

363,14 *Jakobiner:* Mitglieder der radikalsten Gruppierung der Revolutionäre. Die Bezeichnung leitet sich von ihrem Treffpunkt ab, der Kirche St. Jakob in Paris.
Volksfreunde: Die Gruppe um Jean Paul Marat (1744–93), die den Jakobinern nahestand, wurde nach der Zeitschrift *Der Volksfreund* so bezeichnet.

363,15 *Royalisten:* Anhänger des Königs.

364,1 *Ottomane:* Sofa.

364,2 f. *langweilige Lust! ich wollt', es wäre Krieg!:* »Am isoliertesten standen wohl die prätentiösen [des Adels] durch ihre außerordentliche Langweiligkeit.« Sie machten, »um nur die unerträgliche Langeweile loszuwerden, die verzweifeltsten Anstrengungen«

(Werke 1, S. 909). Ein Adliger, der an seiner Melancholie und Langeweile zugrunde zu gehen droht, ist der Held von Brentanos Lustspiel *Ponce de Leon*, das Eichendorff besonders schätzte.

364,7f. *spukhafte Zeit, mit deinem fernen Wetterleuchten:* vgl. Anm. zu 352,19f.

364,15 *Herausfoderung:* vgl. Anm. zu 312,14.

364,32 *Landläuferin:* Landstreicherin; Nichtseßhafte.

366,7 *Am Himmelsgrund schießen:* in der Gedichtsammlung von 1837 unter dem Titel *Der Bote*.

368,20f. *»vergib uns ... Schuldnern«:* Vaterunserübersetzung Luthers.

368,26 *den König selber anzutreten:* selbst auf den König zuzutreten.

368,27f. *Gott ... dessen Hand auf Erden ja der König ist:* Formel des traditionellen Verständnisses der ständischen Ordnung, in der der König Gottes Stelle auf Erden vertritt (»Gottesgnadentum«).

368,29 *Ludwig XVI.:* der 1793 enthauptete König Frankreichs.

368,33 *Supplik:* Bittgesuch.

370,3 *Partisane:* Spieß mit Widerhaken, der von den Wachen mitgeführt wird.

372,11f. *im Turmknopf ... versiegelt:* In den kugelförmigen Hohlräumen von metallenen Turmspitzen wurden – ähnlich wie noch heute in den Grundsteinen von Gebäuden – Dokumente eingeschlossen, die Zeugnisse der Zeit für zukünftige Generationen bewahren.

372,22–24 *Garten mit ... Statuen ... Bassins:* Kennzeichen des überlebten französischen Gartens; vgl. Anm. zu 360,1f.

372,35f. *niemand durfte ... der neuen Ereignisse erwähnen:* »Die Prätentiösen [des Adels] lächelten vornehm und ungläubig und ignorierten den impertinenten Pöbelversuch, Weltgeschichte machen zu wollen; ja es galt eine geraume Zeit unter ihnen für plebejisch, nur davon zu sprechen« (*Der Adel und die Revolution*; Werke 1, S. 911). Für die Haltung des alten Dürande gilt Eichendorffs Beschreibung: »Und in dieser ungeheueren Konfusion tat der Adel grade das Allerungeschickteste. Anstatt die im Sturm umherflatternden Zügel kraft höherer Intelligenz kühn zu erfassen, isolierte er sich stolz grollend und meinte durch Haß und Verachtung die eilfertige Zeit zu bezwingen, die ihn natürlich in seinem Schmollwinkel sitzenließ« (ebd., S. 918). Nach Eichendorff ist es die Aufgabe des Adels (den er nicht abschaffen will), »das ewig wandelbare Neue mit dem ewig Bestehenden zu vermitteln und somit erst wirklich lebensfähig zu machen. Mit romantischen Illusionen und dem bloßen eigensinnigen Festhalten des längst Verjährten ist also hierbei gar nichts getan« (ebd.).

373,8 *Flötenuhr:* »Jetzt aber hebt vom Schloß [...] / Die Spieluhr schmachtend an, ein Menuett zu flöten«, heißt es zur Beschreibung des »feierlichen Kurialstils« in *Der Adel und die Revolution* (ebd., S. 905). Die Spieluhr ist für Eichendorff Kennzeichen der gekünstelten Welt des Höfischen.

374,6–8 *Renald ... kann entsetzlich sein ... reißende Tiere:* Die Revolution setzt nach Eichendorff die animalischen Instinkte des Menschen frei. Die am Schluß der Erzählung formulierte »Lehre« wird hier bereits vorbereitet (vgl. Anm. zu 389,19f.).

375,24 *Wär's dunkel, ich läg im Walde:* in der Gedichtsammlung von 1837 als Teil III unter dem Titel *Die Einsame.*

376,5 *Gärtnerbursch aus Paris:* Literarische Vorbilder für die als Mann verkleidete Gabriele sind die Mignon aus Goethes *Wilhelm Meister* und der Erwin aus Eichendorffs *Ahnung und Gegenwart* (vgl. Anm. zu 69,14 und 185,9f.). Das Motiv der treuen Geliebten, die inkognito dem Geliebten nachreist, hat Eichendorff vielleicht Beethovens *Fidelio* entnommen.

376,28f. *das Kloster ... gehöre der Nation:* Während der Französischen Revolution wurden die Klöster aufgehoben, die Nonnen vertrieben und sakrale Bauten zweckentfremdet oder zerstört.

377,8–12 *die Bauern ... hungrig, zerlumpt und bettelnd:* Eichendorff verdeutlicht, daß die Revolution den Bauern eher Schaden gebracht hat. Nach seinem Verständnis ist die gesellschaftliche Ordnung, die beim ländlichen Adel noch auf Treue und Vertrauen basierte, nun – aufgrund der vom städtischen Bürgertum angezettelten Revolution – empfindlich gestört.

378,1f. *als seine rechtmäßige Braut und künftiges Gemahl bekennen:* Auch in dieser Situation stellt Renald keine revolutionären Forderungen, sondern verlangt vielmehr die Wiederherstellung der Ehre seiner Schwester durch eine Besiegelung der Verbindung zum Grafen in der Ehe.

378,22 *Veitstanz:* Eigentlich eine Geisteskrankheit; bei Eichendorff Sinnbild der Entfesselung des »Subjektiven« im Menschen. Bei Bettine von Arnim glaubt er einen »Veitstanz des freiheitstrunkenen Subjekts« wahrzunehmen. Die Revolution setzt diese Kräfte frei und erscheint hier als allgemeines Chaos. Ähnlich ist die Beschreibung in *Der Adel und die Revolution:* »[...] es war ein Krieg aller gegen alle. Der grobe Materialismus rang mit körperlosen Abstrakten, die zärtliche Humanität fraternisierte mit der Bestialität des Freiheitspöbels, die dickköpfige Menschheit wurde mit Bluthunden zu ihrer neuen Glückseligkeit gehetzt, und Philosophie und Aberglauben und Atheismus rannten wild gegeneinander, so daß zuletzt in dem rasenden Getümmel niemand mehr wußte, wer Freund oder Feind.« (Werke 1, S. 918.)

380,31 f. *der Graf zeige sich doppelt im Schloß:* Das Doppelgängermotiv ist vor allem von E. T. A. Hoffmann in die Erzähltradition der Romantik eingeführt worden; die Situation erinnert jedoch auch an Achim von Arnims Erzählung *Der tolle Invalide.*

381,16 f. *in wilder Freiheit:* Eine schrankenlose, unbedingte Freiheit ist nach Eichendorffs Überzeugung in der menschlichen Gesellschaft nicht zu realisieren. Die Forderung danach führe zum Chaos (vgl. Anm. zu 261,10 f. und 266,19).

382,29 f. *laß mich und rette dich:* Der Opfertod für den Geliebten gehört zu den Motiven, die eine tragische Komponente in die Erzählung bringen.

384,25 f. *als könnte er nun selbst nicht länger mehr leben:* Mit den Ereignissen ist die alte Ordnung, für die der treue Diener steht, zugrunde gegangen.

386,1 *Meine Schwester, die spielt an der Linde:* in der Gedichtsammlung von 1837 unter dem Titel *Die falsche Schwester.*

387,9 f. *was ist Brot gegen Recht:* Mit dieser Formel verdeutlicht Renald noch einmal, daß es ihm nicht um eine Änderung der Besitzverhältnisse geht; er distanziert sich von den Zielen der Französischen Revolution.

389,19 f. *Du aber hüte dich, das wilde Tier zu wecken in der Brust:* Die Aufforderung erinnert an eine formelhafte Lehre, wie sie am Schluß von Fabeln formuliert wird. Für das Revolutionsverständnis Eichendorffs besagt der Hinweis auf das »wilde Tier« im Menschen, daß die gewaltsame geschichtliche Umwälzung die animalischen Kräfte im Menschen freisetzt und selbst die wohlmeinenden Zeitgenossen, die – wie Renald – in bester Absicht am hergebrachten Recht und der christlichen Moral festhalten, zu bösartigen, primitiven Menschen macht. Renald stürzt mit seinem blindwütenden Zorn sich selbst und das vermeintlich schuldige Liebespaar in den Tod. Es ist das Chaos der Revolution, das ihn so verändert hat und allen in dieser Novelle zum Verderben wird. Vgl. jedoch die Überlegungen im Nachwort, S. 650–653.

Die Entführung

Den Text der Erzählung hat Eichendorff im Frühjahr 1837 fertiggestellt, denn am 11. April 1837 schickte er das Werk an den Verleger Brockhaus mit der Bemerkung, es würde ihn »sehr freuen, wenn Dieselben von dieser Novelle, bei ihrem geringen Umfange, noch pro 1838 unter den vorjährigen Bedingingen [wie beim *Schloß Dürande*] Gebrauch machen könnten« (HKA 12, S. 55). Brockhaus nahm die Novelle jedoch erst ein Jahr später in sein Taschenbuch auf, und sie erschien in: Urania. Taschenbuch auf das Jahr 1839. Neue Folge. Erster Jahrgang. Leipzig 1839, S. 147–192 (Druckvorlage).

Der Text hebt sich in seinen ersten Absätzen deutlich von den anderen Erzählungen Eichendorffs ab. In langen, präzise geschachtelten Sätzen, die an Novellen Kleists erinnern, führt uns der Autor ein. Auch die geheimnisvolle Eingangssituation erinnert an Erzählungen wie die *Marquise von O.* oder Novellen E. T. A. Hoffmanns und Arnims: Zwei Frauen werden von einem »Wildschütz« überrascht, der sich dann als ein gesuchter Räuber entpuppt. Die Aufklärung dieser Vorgänge wird bis zum Schluß der Novelle aufgehoben; es gelingt Eichendorff, die Spannung, die von der rasch aufkeimenden Liebe der Heldin zu dem »Räuber« mit seiner Doppelexistenz genährt wird, über das ganze Werk zu halten. Trotz dieser Affinität zu einem phantastisch-realistischen Erzählstil fehlen die Leitbilder und Grundprobleme, die sich in allen Erzählungen Eichendorffs leitmotivisch wiederholen (vgl. Nachwort, S. 640–642), auch in der *Entführung* nicht: Das Schloß mit der »weißen Statue« im überwucherten Garten begegnet bereits am Eingang der Erzählung; auf die Sage von der jährlich sich erneuernden Kraft der Venus-Gestalt wird noch einmal hingewiesen, und die Figur der verführerischen Frau, die hier schon durch den Namen Diana als dämonisch-heidnisches Wesen gekennzeichnet ist, steht im Zentrum des Geschehens, das überdies Züge einer Verwechslungskomödie (samt happy-end) trägt.

390,11–15 *Schloßgarten … künstliche Hecken … weiße Statue … die gezirkelten Beete:* zum Garten vgl. Anm. zu 301,8 und 360,1 f.

390,28 *Wildschütz:* ein Wilderer. Noch heute wird das Überschreiten der Reviergrenzen bei der Jagd als Wilderei geahndet.

391,10 f. *von der langen Friedenszeit:* Als die Novelle erschien, herrschte in den deutschen Ländern noch der durch den Wiener Kongreß gesicherte Frieden, der jedoch die Hoffnungen auf deutsche Einheit und gesellschaftliche Erneuerung nicht erfüllt hatte.

Wie trügerisch dieser mit einer Restauration der alten Kleinfürsten-
tümer verbundene Frieden in Europa jedoch war, zeigte die Julirevolution in Frankreich (1830) mit den nachfolgenden Unruhen in
den südwestdeutschen Ländern (vgl. S. 576–579).

393,29 *Morgenrot ihrer Kindheit:* Die Kindheit wurde in der Romantik als Zeit eines ursprünglichen, paradiesischen Zustands wieder-
entdeckt (vgl. Anm. zu 68,4 f.). Das Morgenrot ist bei Eichendorff
Sinnbild einer Erneuerung, die den einzelnen Menschen oder eine
ganze Generation erfaßt und eine Wiedergeburt aus der Erinnerung
an die vergangene Zeit symbolisiert. Zu Aurora (der Verkörperung
der Morgenröte) vgl. Anm. zu 185,28.

394,16/24 *Überm Land die Sterne / Übers Feld bellen Hunde:* Eichendorff nimmt diese beiden Strophen – wie die meisten Gedichteinlagen der Novelle – in den ersten Band seiner Gesamtausgabe von
1841 auf. Die Verse erscheinen dort als Teil III unter dem Titel
Nacht. Mit der Formel »hüte dich« artikuliert Eichendorff besonders die Warnung vor der geschichtlichen Bedrohung (durch Revolution oder Krieg). Vgl. den Schluß von *Schloß Dürande* sowie die
folgende Anm.

395,4 *So falsch ist die Nacht:* Seit Novalis' *Hymnen an die Nacht* (die
wiederum auf Edward Youngs *Night Thoughts* von 1742–44 zurückgehen) wird die Nacht von den Romantikern mit Zuständen
von Traum und Rausch in Verbindung gebracht und trotz der Nähe
zum Tode verherrlicht. Die falsche, trügerische Nacht ist eine Prä-
gung Eichendorffs: »Manches bleibt in Nacht verloren – / Hüte
dich, bleib wach und munter!« So schließt das Gedicht *Zwielicht.*
Vgl. die vorige Anm.

396,14 f. *O wäre ich doch ein Mann:* Die weiblichen Gestalten
Eichendorffs äußern diesen Wunsch häufig. In den Dramen und
Dramenentwürfen Eichendorffs kehrt die Formel mehrfach wört-
lich wieder (vgl. beispielsweise den Entwurf *Herrmann und Thus-
nelda,* DKV 4, S. 13, 787 f.). Bei den Idealgestalten – wie hier bei
Leontine – bleibt dies jedoch ein »frommer«, unerfüllter Wunsch.
Die Frauen, die sich tatsächlich bei der Jagd oder im Krieg als
Männer gebärden, werden bei Eichendorff als dämonische Frauen-
gestalten mit einer faszinierenden, aber verderblichen Ausstrah-
lung geschildert (vgl. Nachwort, S. 645).

399,20 f. *Gräfin Diana:* Die Gräfin, die hier als »amazonenhaft«
bezeichnet und mit einem Gewitter verglichen wird, ist schon
durch ihren Namen, der sich von der römischen Göttin der Jagd
herleitet, als dämonische Figur gekennzeichnet und wird wenig

später auch Hexe genannt (400,24). Zu den Eigenarten dieser Göttin gehört eine »wilde Jungfräulichkeit« (399,27; vgl. Anm. zu 193,15).

401,3 *Domino:* Kleidungsstück der Geistlichen in Italien und Spanien; das später als Maskentracht (in Seide) übliche Kleidungsstück (des Clowns) zeichnet sich durch weiten Schnitt und Kapuze aus.

401,8–10 *das heidnische Gewimmel ... plötzlich lebendig geworden:* Die Vorstellung, daß die antikisierenden Darstellungen (auf den »gemalten Decken«) plötzlich Realität werden, zeigt, daß Eichendorff die eigentliche Gefahr für die Menschheit in ihrer Gottlosigkeit sieht. Für ihn war die Geschichte ein permanenter Kampf der christlichen Lehre mit dem immer wieder aufbrechenden Heidentum.

402,10 *phrygischen Mützen:* Die kegelförmigen, an der Spitze nach vorn fallenden Mützen, die auf die Tracht der Phrygier zurückgehen, wurden in der Französischen Revolution zum Symbol der Volksfreiheit.
Haarbeutel: Beutel aus Taft, um bei angelegter Perücke die echten Haare zu verstecken.

402,30 f. *Ludwig der Funfzehnte:* König von Frankreich bis 1774.

403,5 *blitzte es von fern:* Das Wetterleuchten (vgl. 403,29) ist – wie stets bei Eichendorff (vgl. Anm. zu 352,19 f.) – Kennzeichen einer fernen Umwälzung und Bedrohung.

403,30 f. *Waldfrau ... mit dem Zauberblick:* Die Waldfrauen-Sage hat Eichendorff mehrfach verarbeitet und mit Motiven der Loreley-Geschichte verknüpft (vgl. etwa das Gedicht *Waldesgespräch*). Vergleichbar ist in beiden Überlieferungen die Vorstellung der hexenartigen, dämonischen Frau, deren Blick den Männern zum Verhängnis wird.

404,20 f. *Notre Dame:* die berühmte Kirche im Zentrum von Paris.

405,6 *Vicomte:* französischer Adliger.

405,6 f. *Troubadour:* französischer Minnesänger. Eichendorff eiferte in seiner Frühzeit (Loeben-Kreis) dem Ideal des Troubadours nach. Der *Taugenichts* trug zunächst den Titel *Der neue Troubadour* (vgl. S. 547).

405,13 *Sie steckt' mit der Abendröte:* im Gedichtband von 1841 unter dem Titel *Die Stolze.*

406,9 f. *Wenn ich nicht der König wär':* Reminiszenz an die Äußerung Alexanders des Großen: »Wenn ich nicht Alexander wäre, möchte ich wohl Diogenes sein.«

406,28 f. *Sphinx ... Rätsel lösen:* vgl. Anm. zu 330,28.

407,27 *Tressenhut:* Hut, der mit Tressen (golddurchwirkten Bändern) besetzt ist.

410,1 *Kaiserkron' und Päonien rot:* Der Text, der in der Sammelausgabe 1841 unter dem Titel *Der alte Garten* erschien, beginnt mit den »verzauberten« Blumen, die bei Eichendorff mehrfach begegnen (im Roman *Dichter und ihre Gesellen* und der politischen Satire *Incognito*). Die Kaiserkrone ist ein großes Liliengewächs, Päonien sind Pfingstrosen.

410,10 *heimlich:* auch im Sinne von ›anheimelnd‹ verwendet.

414,15 *Hörst du die Gründe rufen:* Die beiden Strophen erscheinen 1841 als Nr. IV im Zyklus *Nacht*.

417,16–27 *marmornes Frauenbild ... spiegelte sich in einem Weiher ... von seinem Steine steigend:* Deutliche Anklänge an die Erzählung *Das Marmorbild* (vgl. 37,21–38,3 u. Anm.).

419,35 f. *wir beide müssen drin verderben:* Die Szene mit dem brennenden Schloß erinnert an das Gedicht *Von der deutschen Jungfrau,* das Eichendorff an den Anfang seines Dramas *Herrmann und Thusnelda* (Fragment) stellt und auch als »Romanze« in *Ahnung und Gegenwart* vortragen läßt (vgl. DKV 1, S. 923; DKV 4, S. 11).

422,16 *Konnt' mich auch sonst mitschwingen:* Im Gedichtband von 1841 unter dem Titel *An die Waldvögel.*

423,35 *Schoppen:* vgl. Anm. zu 130,23.

424,12 *Valet:* (lat.) Abschied.

430,1–3 *Leontinens unschuldiges Bild ... das Diana so lange wetterleuchtend verdeckt:* Ähnlich wie hier entscheidet sich der Held am Schluß von *Ahnung und Gegenwart* für die brave Gefährtin, und die Geschichte endet in einem (nicht ausgeführten) Eheidyll. In dem frühen Roman ist das dämonisch-faszinierende Gegenbild jedoch dem Tode geweiht: Die Gräfin Romana verbrennt mit ihrem Schloß. Diana wird durch die Entführung dagegen geläutert; sie entsagt ihrem sündigen Leben und geht freiwillig ins Kloster.

Die Glücksritter

Die letzte Novelle, die Eichendorff veröffentlichte, erschien erstmals in:

Rheinisches Jahrbuch. Hrsg. von Ferdinand Freiligrath, Christian Joseph Matzerath und Karl Simrock. Jg. 2. Köln 1841. S. 1–58. [Druckvorlage.]

Die Erzählung, über deren Entstehung nichts Näheres bekannt ist, spielt im Dreißigjährigen Krieg. Sie nimmt den Ton der deutschen Schelmenromane auf, die gleichfalls in diese Geschichtsepoche gehören und von den Romantikern sehr verehrt wurden. *Der abentheuerliche Simplizissimus Teutsch* (1699) von Johann Jakob Christoffel von Grimmelshausen und *Schelmuffskys wahrhafftige curiöse und sehr gefährliche Reisebeschreibung zu Wasser und Lande* (1696/97) von Christian Reuter haben hier Pate gestanden. Zugleich gehen Erfahrungen aus Eichendorffs eigener Studienzeit in Halle ein, denn der eine der beiden Helden (Suppius) ist Student in dieser Stadt und gebärdet sich so selbstbewußt philisterfeindlich, wie dies für die Studenten zu Eichendorffs Zeiten noch üblich war. Der überwiegende Teil dieser Studenten gehörte zum Adel und konnte es sich leisten, auf die Bürger der Stadt herabzusehen und ungestört jeglichen Schabernack am Rande der Legalität zu treiben. In dem autobiographischen Essay *Halle und Heidelberg* beschreibt Eichendorff den »geharnischten« Geist der Universitäten vor der romantischen Generation: »Sie hatten vom Mittelalter noch ein gut Stück Romantik ererbt, was freilich in der veränderten Welt wunderlich und seltsam genug, fast wie Don Quijote, sich ausnahm. Der durchgreifende Grundgedanke war dennoch ein kerngesunder: der Gegensatz von Ritter und Philister. Stets schlagfertige Tapferkeit war die Kardinaltugend des Studenten, die Muse, die er oft gar nicht kannte, war seine Dame, der Philister der tausendköpfige Drache, der sie schmählich gebunden hielt« (Werke 1, S. 922).

So befreit Suppius mit brachialer Gewalt den diebischen Klarinett, als er von den Bürgern verfolgt wird. Diese Tat ist Grundlage ihrer Freundschaft, die zu einem Vagabunden-Dasein führt, das mit dem Leben des Taugenichts eng verwandt ist und stets der »unbekannten Muse« gilt.

431,3 *Klarinett*: Die Namensgebung geht auf die von Tieck begründete Tradition sprechender Instrumente zurück. Tieck ließ in seinen satirischen Märchendramen (*Die verkehrte Welt*; *Prinz Zerbino*) Instrumente auftreten. Brentano imitiert ihn im *Gustav Wasa* und läßt auch in dem Gedicht *Phantasie* eine Klarinette sprechen.

432,30 *Extrapost*: vgl. Anm. zu 99,30.

433,11 *superb*: (frz.) hervorragend.

433,18 *Fortunas*: die römische Glücksgöttin.

433,21 *galonierter Bedienter*: von frz. *galon* ›Gold- oder Silberborte‹. Die Kleidung des Dieners war damit verziert.

433,30 *Schubsack:* weiträumige Tasche in einem Kleidungsstück.

434,6 f. *Schnappsackspringer:* jemand, der es auf den Schnappsack (Proviantbeutel) abgesehen hat: Taschendieb, Straßenräuber.

434,28 f. *Stange, die er einen Bleistift nannte:* vgl. die Darstellung in *Halle und Heidelberg:* »Da stürzten, ohne nach Grund und Veranlassung zu fragen, halbentkleidete Studenten mit Rapieren und Knütteln aus allen Türen [...] dichte Staubwirbel verhüllten Freund und Feind [...] die Häscher warfen ihre Bleistifte (mit Fangeisen versehene Stangen) in den verwickelten Knäuel« (Werke 1, S. 923).

434,33 *Halle:* In Halle hatten die Brüder Eichendorff 1805/06 studiert, bis die Universität durch Napoleon geschlossen wurde. Auf Erlebnisse in Halle beziehen sich vermutlich die Passagen über »die damaligen Universitäten« in *Halle und Heidelberg:* »die nächtlichen Ständchen unter den Fenstern imaginärer Liebchen; dazu das beständige Klirren von Sporen und Rapieren auf allen Straßen, die schönen jugendlichen Gestalten zu Roß, und alles bewaffnet und kampfbereit wie ein lustiges Kriegslager oder ein permanenter Mummenschanz« (Werke 1, S. 923; vgl. auch die Zitate oben S. 606 und in der vorigen Anm.).

435,8 *Rapiere:* von frz. *rapière* ›Stoßdegen‹.

435,10 *graulich:* Die nicht umgelautete Form war neben »gräulich« geläufig.

435,12 *Eremit:* Der Einsiedler gehörte zu den Leitbildern der Romantik (vgl. Anm. zu 7,29).

435,18 *Fuchs:* junger Student. Die Bezeichnung ist noch heute in den Studentenkorporationen üblich.

435,36–436,1 *Cajus, Cujacius:* Zwei Juristen des römischen Rechts werden hier als Beispiel für studentische Lektüre genannt: Caius, ein römischer Rechtsgelehrter des 2. Jh.s (Hauptwerk: *Institutiones*), und der Franzose Jacques de Cujas (1522–90). Eichendorff wird bei seinem Studium mit Werken dieser Autoren in Berührung gekommen sein und nennt hier konsequent Autoren, die zum Zeitpunkt der Erzählung bereits bekannt waren. Auch der genannte schweinslederne Einband war im 17. Jh. üblich.

436,23 *Kommilitonen:* Mitstudenten.

436,34 *sehr künstliches Stück:* sehr kunstvolles Stück.

437,16 *kommode:* bequem.

437,26 *mein Vater ein Müller:* vermutlich als Anspielung auf den *Taugenichts* gedacht (vgl. Anm. zu 85,4).

437,28 *das Rad war zerbrochen:* Mit dem romantischen Motiv der

Mühle verbindet sich seit dem *Wunderhorn*-Lied *Müllers Abschied* das Bild des zerbrochenen Rades (vgl. Anm. zu 85,4).

438,8 *Pappenheim'sche Kürasse:* Die Soldaten des kaiserlichen Reitergenerals Gottfried Heinrich Graf zu Pappenheim (1594–1632) trugen im Dreißigjährigen Krieg diesen Brustharnisch.

438,8 f. *schwedische Koller:* Wämse der gegnerischen Schweden.

438,23–439,3 *Ich selbst aber weiß mich ... wie neugeboren:* Diese Textpassage stimmt fast wörtlich mit dem autobiographischen *Unstern*-Fragment überein (1. Fassung des 2. Kap.; vgl. Werke 2, S. 982, 968).

439,17 f. *der fröhliche Klang der Jugend:* Eine Huldigung an die studentische Jugend bieten Eichendorffs autobiographische Essays *Halle und Heidelberg* und *Der Adel und die Revolution* (am Schluß; vgl. Anm. zu 193,29 f.).

493,20 *Holk'scher Jäger:* Soldaten des kaiserlichen Feldmarschalls Heinrich Graf von Holk (1599–1633).

440,9 *eilfte:* zur Goethe-Zeit gebräuchliche Form von »elfte«.

442,26 *Möcht' wissen, was sie schlagen:* Der Gedichttext war bereits im *Deutschen Musenalmanach* von 1839 unter dem auch in der Gedichtsammlung von 1841 übernommenen Titel *Die Nachtigallen* erschienen.

444,30 *Wind:* Der durch Bälge erzeugte Luftstrom der Orgel wird ›Wind‹ genannt.

445,36–446,1 *der fromme Aeneas ... Helena zu retten:* Anspielung auf den von Homer geschilderten Krieg um Troja, bei dem die Belagerer im Bauch eines eigens gebauten hölzernen Pferdes in die Stadt kamen. Der Student bringt die Geschichte jedoch durcheinander: Aeneas gehörte zu den Verteidigern der Stadt. Es war Menelaus, der um die Rückgabe der geraubten Helena kämpfte.

448,3 *Schnapphähne:* Diebe (vgl. Anm. zu 434,6 f.).

448,11 *Wann der Hahn kräht auf dem Dache:* in dem Gedichtband von 1841 unter dem Titel *Wann der Hahn kräht.*

448,24 *Ex ungue leonem:* (lat.) An der Klaue (erkennt man) den Löwen.

449,2 f. *Nacht ... ihr Reich ist nicht von dieser Welt:* Mit Novalis' *Hymnen an die Nacht* (1800) beginnt die für die Romantik charakteristische Verherrlichung der Nacht, die Eichendorff hier aufnimmt (vgl. Anm. zu 395,4).

449,8 f. *Der Schlaf probiert heimlich den Tod und der Traum die Ewigkeit:* Auf die Verwandtschaft von Schlaf und Tod wurde schon in der Antike hingewiesen, und die Bezeichnung »ewiger

Schlaf« für den Tod geht auf die Bibel zurück. Für die griffige Formulierung Eichendorffs konnte jedoch keine Quelle gefunden werden.

449,17 f. *der Mensch – im Traume – ihre Sprache versteht:* Die Vorstellungen der Romantik, daß der Mensch im Traum eine mythische Bildersprache verwendet und dabei zu seiner ursprünglichen Einheit mit der Natur zurückfindet, wurden in erster Linie von Gotthilf Heinrich Schubert (*Ansichten von der Nachtseite der Naturwissenschaft*, 1808, und *Symbolik des Traumes*, 1814) ausformuliert. Eichendorffs Bilder der schlafenden, heimlich sprechenden Natur (vgl. z. B. das Gedicht *Wünschelrute*: »Schläft ein Lied in allen Dingen, / Die da träumen fort und fort ...«,) finden in Schuberts Arbeiten ihr naturphilosophisches Korrelat.

451,7 *Paß:* Nahtstreifen.

451,8 *unger'sche Jacke:* ungarische Jacke.

451,21 f. *der große Schnitter Krieg:* »Es ist ein Schnitter, der heißt Tod«, beginnt das *Erndtelied* im *Wunderhorn*, das auf ein Kirchenlied zurückgeht. Eichendorff spielt möglicherweise darauf an; der Vergleich des Sensenmannes mit dem Tod ist jedoch ein seit dem Mittelalter tradiertes Bild (Totentanz), das auch immer wieder auf den Krieg bezogen wurde.

452,14 f. *Saumroß:* Lastpferd.

452,30 *Der Wald, der Wald:* In dem Gedichtband von 1841 unter dem Titel *Lustige Musikanten*. Überschrift und Motive gehen auf Brentanos Lied und Singspiel gleichen Titels zurück.

453,12 *Hatschier:* kaiserliche Leibwache zu Pferde.
Bettelvogt: »eine verächtliche Benennung derjenigen Knechte oder Diener der Polizey, die zur Abhaltung und Aufhebung der Bettelleute bestellt sind« (Adelung 1, Sp. 951).

454,14 f. *Und voll Geigen hängt* / *Der Himmel:* vgl. das *Wunderhorn*-Gedicht *Der Himmel hängt voll Geigen.* Auch dort werden Sankt Peter und Cäcilia (die Patronin der geistlichen Musik) genannt.

455,22 *einen steinernen Neptun:* Der antike Gott des Wassers und Meeres findet sich in vielen Brunnenanlagen des Barock als steinerne Figur.

457,4 *Rosenobel:* englische Goldmünze aus dem 14. Jahrhundert.

458,28 *Pomeranzen:* zitronenähnliche Südfrüchte.

459,12 *westfälischen Frieden:* Der 1648 in Münster und Osnabrück geschlossene Frieden beendete den Dreißigjährigen Krieg.

460,7 *Cupido:* römische Gottheit der Liebe.

460,21 *Alamode-Ärmel:* Ärmel nach der (französischen) Mode (von frz. *à la mode*).

461,10 *Doch manchmal in Sommertagen:* Im Gedichtband von 1841 unter dem Titel *Die Saale.*

461,33–462,1 *wenn nun der Rechte ... kommt, hört die Verzauberung auf:* Was hier als Sage bezeichnet wird, ist zugleich typisches Märchenmotiv, wie wir es aus Dornröschen, dem Froschkönig und anderen Märchen der Grimmschen *Kinder- und Hausmärchen* kennen.

462,9 *Johanniswurm:* Glühwürmchen.

463,27 *Strauß brennender Liebe:* Ein Staudengewächs mit karminroten kleinen Blüten wird »Brennende Liebe« genannt.

465,35 *Schalke:* altertümlich für Knechte.

466,3 *Schlacht bei Hanau:* Belagerung von Hanau durch die kaiserlichen Truppen 1630–36.

466,7 *Zelter:* vgl. Anm. zu 25,10.

467,2 f. *Leiter ... von ... Frauenhaaren:* Anklang an das »Rapunzel«-Märchen.

467,9 *Rose von Jericho:* Auferstehungsrose; Pflanze, die nur bei Feuchtigkeit ihre Blüte öffnet.

467,10 *Jelängerjelieber:* Bezeichnung für eine rankende Waldpflanze.

468,27 *Marketenderin:* den Heeren nachziehende Händlerin.

468,28 *vexierte:* vexieren: irreführen.

469,31 *Aufs Wohlsein meiner Dame:* In der Gedichtsammlung von 1841 steht der Text unter dem Titel *Der Schreckenberger.* Der sprechende Name aus der Erzählung bezeichnet auch eine Münze. Deshalb ist Fortuna (die römische Glücksgöttin) die besungene »Dame«.

470,14 *Fama:* (lat.) Gerücht, Ruhm. Auch röm. Göttin des Ruhms, dargestellt mit einer Trompete.

473,9 *Viel Lärmen um Nichts:* Diese Übersetzung des Shakespeare-Titels *Much Ado about Nothing* hatte Eichendorff bereits zum Titel einer selbständigen satirischen Erzählung gewählt (vgl. Anm. zu 184 [Titel]).

473,15 *Stammbuch:* In die Stammbücher, die sich die Gebildeten im 18. und 19. Jh. anlegten, wurden Zeichnungen und Verse zur Erinnerung von Verwandten und Freunden eingetragen oder eingeklebt – ähnlich wie in die »Poesie-Alben« jüngeren Datums.

473,26 *Es ist ein Klang gekommen:* In der Gedichtsammlung von 1841 erscheinen die drei Strophen u. d. T. *Klang um Klang.*

474,17 f. *Wald und Rehe ... zum Einheizen und Essen:* Standpunkt der aufklärerischen Utilitaristen, gegen die Eichendorff Sturm lief.

478,23 *seiner eingebildeten Geliebten:* vgl. Nachwort, S. 641.

478,35 *Samson, der die Philister geschlagen:* Auf das Motiv aus dem Alten Testament (Ri. 14) wird in Brentanos *Philistersatire* mehrfach angespielt. Der von Eichendorff in einem satirischen Drama (*Krieg den Philistern!*) aufgenommene Philisterkrieg der romantischen Bewegung beruft sich stets auf Samsons Taten.

479,12 *St. Jürgen:* Andere Bezeichnung für den heiligen Georg, den Drachentöter, einen frühchristlichen Märtyrer.

479,30 f. *so weit man ... sehen konnte, es war ja alles, alles wieder sein!:* Die Formulierung der Sage wird hier im Sinne der romantischen Vorstellungen gedeutet. Nicht der Besitz eines Königs ist gemeint, sondern die Weite der Natur, die jedem »gehört«. Siglhupfer (alias Klarinett) geht in dieser Natur auf; es gelingt ihm, in seinem freien Wanderleben die trennenden Schranken zur Natur zu überwinden. Der Schlußsatz der Novelle entspricht dieser romantischen Utopie: Er »blieb fortan in den Wäldern selig verschollen«.

Libertas und ihre Freier

Die politische Satire, die sich in dem »Märchen« versteckt, setzt sich mit den revolutionären Ereignissen von 1848 auseinander und wird Anfang 1849 entstanden sein. Eichendorff hatte zunächst ein satirisches Drama konzipiert, das sich vermutlich (ähnlich wie das *Incognito*) in der Form den frühromantischen Märchensatiren Tiecks anschloß. Am 7. März 1849 berichtet er seinem Freund Dreves, daß er das projektierte Drama *Libertas* in ein Prosamärchen umgeschrieben habe, das »ungefähr über die Hälfte fertig« sei. Am 1. August dann heißt es, die Satire sei »längst fix und fertig, aber einstweilen ad acta gelegt, da sie mit der gegenwärtigen Zeit zu sehr kollidiert, um sich in ihr zu produzieren« (HKA 12, S. 102). Erst Eichendorffs Sohn Hermann veröffentlichte die Satire aus dem Nachlaß (SW 3, S. 431–468; Druckvorlage). Hermann von Eichendorff hat den Text der heute verschollenen Handschrift mit Sicherheit verändert. Der Titel (mit dem hier korrigierten Singular »und ihr Freier«) stammt sicher von ihm. Auch zwei Gedichtzeile Eichendorffs (*Der Freiheit Wiederkehr* und *Libertas' Klage*) gehörten vermutlich zum Text (vgl. Kommentar I, S. 164).

Die politischen Auffassungen Eichendorffs sind seit dem Hambacher Fest, auf das er in der Erzählung *Auch ich war in Arkadien!* reagiert hatte, etwas verändert: Als neue, die Geschichte mitbestimmende Kraft tritt nun der Riese Rüpel auf, der als Tagelöhner eingeführt wird und damit den neuen vierten Stand repräsentiert. In Eichendorffs Satire erscheint dieses Proletariat als eine vollkommen abhängige manipulierbare Gruppe. Rüpel, der entfernt mit dem Riesen aus Eichendorffs Satire *Krieg den Philistern!* verwandt ist, ist ein dummer, grobschlächtiger, jedoch gutmütig-weinerlicher Kerl, dem es nur ums Fressen zu tun ist. Er bewirbt sich – gemeinsam mit dem Vertreter der linken Intellektuellen (Jungdeutschen), Dr. Magog, – um die Gunst der Libertas (Freiheit). Diese schöne Frau, die von einem neureichen Aufklärer, dem Baron Pinkus, gefangengehalten wird, ist jedoch insgeheim mit den Tieren des Waldes verbündet und entflieht allen Zwängen in das Reich eines romantischen Märchenschlosses. Rüpel und Magog, denen sie auf der Flucht begegnet, erkennen sie nicht. Magog heiratet eine emanzipierte Frau, die er fälschlich für Libertas hält, und emigriert nach Amerika. Rüpel, der bei den ersten Zeichen einer Auseinandersetzung die »Verschwindsucht« bekommen hat, fristet sein kärgliches Dasein am Rande der Gesellschaft.

Eichendorffs Fazit aus den geschichtlichen Ereignissen von 1848 ist demnach recht deprimierend und weit pessimistischer als in dem Gedichtzyklus mit dem Titel *1848* (vgl. DKV 1, S. 449–453), der vermutlich noch im Revolutionsjahr entstand. Hatte er dort noch auf die Notwendigkeit einer Erneuerung hingewiesen, indem er formulierte: »Es ist den frischen hellen Quellen eigen, / Was alt und faul, beherzt zu unterwühlen«, so geht er nun davon aus, daß der Zugang zur wahren Freiheit vorerst verloren ist. Das Traumschloß, in das Libertas sich zurückzieht, hat – so erfahren wir am Schluß der Erzählung – »seitdem niemand wieder aufgefunden«.

480,2 *Ein Märchen:* Auch Tiecks Satire *Der gestiefelte Kater* trug als Untertitel im Erstdruck die Bezeichnung *Ein Kindermärchen.* Hier wie dort erlaubt diese Gattungsbezeichnung, Elemente des Märchens (wie die vermenschlichten Tiere und Elfen) in die Satire einzubringen. Eichendorff beginnt auch mit der Märchenformel: »Es war einmal . . .«.

480,19 f. *rückwärts . . . um fünfzig Jahre zu spät:* Nach Eichendorffs Verständnis bedeutet das Anknüpfen an die Ideale der Aufklärung einen Rückschritt der geschichtlichen Bewegung (vgl. Anm. zu 266,10 und 269,23).

480,23 f. *In diesen heil'gen Hallen / Kennt man die Rache nicht:* Zitat aus der berühmten Arie von Mozarts *Zauberflöte*, deren Text durch die (Eichendorff verhaßten) Ideen von Aufklärung und Freimaurertum geprägt ist.

480,25 f. *Ruhe ... erste Bürgerpflicht:* Die Forderung geht auf einen Erlaß aus dem Jahre 1806 in Berlin zurück (Graf von der Schulenburg nach der Schlacht von Jena). Das Bürgertum machte sich die Formel in der Revolution von 1848 zu eigen, als die durch die Industrialisierung verarmten unteren Schichten nach den ersten Erfolgen ihre Forderungen formulierten.

481,5–10 *Herrn mit gebogener Nase ... Baron Pinkus:* Vermutlich verhöhnt Eichendorff hier einen Vertreter des neuen Geldadels, den jüdischen Baron Anselm Meyer Rothschild (1743–1812), und seine Söhne (vgl. Anm. zu 483,23 f.).

481,10 *Negromant:* (richtig:) Nekromant, von griech. *nekros* ›tot‹, Toten-, Geisterbeschwörer.

481,14 *Nachlaß des seligen Nicolai:* Das Wiederaufleben der Aufklärung im Vormärz kritisiert Eichendorff in zahlreichen Werken (vgl. Anm. zu 263,15). Der Berliner Spätaufklärer Friedrich Nicolai, den schon Tieck und Brentano verhöhnt hatten, und seine Nachlaßverwalter sind die Zielscheibe seiner Kritik.

481,27 *Menschenwohl, Jesuiten wittern und Toleranzen:* Eine »Jesuitenriecherei« betrieb nach Eichendorffs Darstellung die Berliner Aufklärung (vgl. Anm. zu 275,11 f.). Die Forderungen nach Menschenwohl und Toleranz gehören zum Erbe der Französischen Revolution, das Eichendorff für gefährlich hält, weil die höhere Wahrheit des Christentums dabei nicht gebührend berücksichtigt wird. Das Menschenwohl berührt nur das irdische Wohl, die Toleranz nach dem Vorbild Lessings (Ringparabel in *Nathan der Weise*, 1779) stellt alle Weltreligionen auf eine Ebene.

481,29 *Pomeranzen:* vgl. Anm. zu 108,20.

481,32 *Kosmopolit:* für Eichendorff keine positive Bezeichnung. Er formuliert seine Kritik in *Der Adel und die Revolution* (Werke 1, S. 915): »[...] der gleichzeitig zur Herrschaft gelangte Kosmopolitismus, jener seltsame ›Überall und Nirgends‹, der in aller Welt und also recht eigentlich nirgend zu Hause war.« (Vgl. Anm. zu 488,30 f.)

Großhofpolyp: Ein Polyp ist eine Krake; im Rotwelsch wird ein Polizist als Polyp bezeichnet.

481,35 *ein allgemeines Schütteln des Kopfes:* nach Ansgar Hillach (Werke 2, S. 985) Zitat aus der *Jobsiade* (1784) von Carl Arnold Kortum, die auch für Wilhelm Buschs *Bilder zur Jobsiade* die Quelle wurde.

482,8 *Stichdunkel:* Stockdunkel.

482,10 *seinen unsterblichen Zopf:* Der Zopf war für Eichendorff ein Symbol der Rückständigkeit. So heißt es in *Der Adel und die Revolution* zum 18. Jh.: »Ein Ritter mit dem Zopf ist aber durchaus eine undenkbare Mißgeburt [...] dieser fatale Zopf war in der Tat das mystische Symbol der verwandelten Zeit: alles Naturwüchsige, als störend und abgemacht, hinter sich geworfen und mumienhaft zusammengewickelt, bedeutete er zugleich den *Stock,* die damalige Zentripetalkraft der Heere« (Werke 1, S. 900).

482,11 *Tugendusen:* Mit dieser Bezeichnung meint Eichendorff vermutlich die Vertreterinnen des Pietismus, wie die »schöne Seele« im *Wilhelm Meister,* die er in *Krieg den Philistern!* vorstellt.

482,12 f. *Ultramontanei:* Partei, die sich für die Belange des Heiligen Stuhls auch ›jenseits der Alpen‹ (lat. *ultra montes*; von Rom aus gesehen) politisch einsetzt.

482,27 f. *Aufklärung ... Menschenbeglückung:* Schlagworte der liberalen Bewegung, die Eichendorff bereits in *Auch ich war in Arkadien!* kritisiert (vgl. Anm. zu 481,27).

483,11 f. *die unnützen Vergißmeinnichts:* Eichendorff nimmt die Utilitaristen aufs Korn, die alle Elemente der Natur nur nach dem Gesichtspunkt der Nützlichkeit bewerten. In seiner Schrift *Die Wiederherstellung des Schlosses der deutschen Ordensritter zu Marienburg* beschreibt Eichendorff »jenes philisterhafte Utilitätssystem, das keinen Wasserfall duldete, wenn er nicht wenigstens eine Mühle trieb, das die Schönheit nur als einen überflüssigen Schnörkel der sogenannten öffentlichen Wohlfahrt begriff und dem aller Genius [...] überall hinderlich im Wege stand« (HKA 10, S. 61).

483,18 *Gedankendampffabrik:* Die Dampfmaschine galt Eichendorff als Symbol eines verantwortungslosen Fortschritts.

483,19 *zu Benjowskys Zeiten bis nach Kamtschatka:* Anspielung auf die Produktion August von Kotzebues, der seit der Frühromantik als Prototyp des geistlosen Erfolgsschriftstellers galt (vgl. Anm. zu 260,5). Kotzebue hatte 1791 die Memoiren des ungarischen Grafen Benjowsky (1741–88) zu einem Drama mit dem Titel *Die Verschwörung in Kamtschatka* verarbeitet.

483,23 f. *Pinkus ein überaus reicher Mann und Baron geworden:* Die

Familie Rothschild wurde 1822 in den österreichischen Freiherrn-
stand erhoben.

485,7 *Libertas:* (lat.) Freiheit. Zu Eichendorffs Freiheitsbegriff vgl.
Anm. zu 266,19.

486,27 *Tulipanen:* vgl. Anm. zu 91,34.

487,17 f. *da schoß ihm plötzlich das Blatt:* da gingen ihm plötzlich die
Augen auf (vgl. Anm. zu 247,17).

487,24–26 *die bewaffnete Macht ... mit großer Anstrengung mobil
machte:* Bei den revolutionären Ereignissen hielt sich das Militär in
Berlin zunächst zurück, zumal sich die unteren militärischen Ränge
mit den Zielen des Umsturzes identifizierten. Friedrich Wilhelm IV. – der »Romantiker« auf dem preußischen Thron, der dem
Ideal eines Volkskönigs huldigte – zögerte einzugreifen und versuchte beim sogenannten »deutschen Umritt« (21. März 1848), unmittelbar mit dem Volk Verbindung aufzunehmen. Zu einer militärischen Entscheidung kam es erst, als das Bürgertum aus Angst vor
der frühsozialistischen Bewegung des Proletariats der Restauration der alten Ordnung verlangte. Dementsprechend ist es hier
der Großindustrielle Pinkus, der nach dem Militär ruft. Eichendorffs Wertung der historischen Ereignisse geht aus der Briefäuße-
rung vom 25. Januar 1849 (an Theodor von Schön) hervor: »Das
Pöbelregiment ist dumm, das Säbelregiment noch dümmer« (HKA
12, S. 96).

487,33 *Zwangsjacke:* Eine Jacke, die zur »Ruhigstellung« der Gei-
steskranken zu Eichendorffs Zeiten üblich war. Die zugenähten
Ärmel wurden über dem Rücken zusammengebunden. Wenn hier
gegen Libertas dieses Zwangsmittel angewandt wird, so zeigt dies
Eichendorffs differenzierte Sicht der historischen Situation. Er
steht nicht auf seiten einer militanten Lösung. Die Freiheit geht
nach seiner Auffassung durch den Eingriff des Militärs endgültig
verloren.

488,2 f. *Patriotismus / Stockprügel:* Eichendorff verdeutlicht hier, daß
die Soldaten aus einem falsch verstandenen Patriotismus nur dem
militärischen Gehorsam folgen (der in Preußen durch Stockprügel
durchgesetzt wurde): Dem pflichttreuen »würdigen Krieger« kommen die Tränen bei der Prozedur. Vgl. auch Anm. zu 482,10.

488,6 *Alteration:* Ausbruch von Gefühlen, Aufregung.

488,20–26 *der Treue Zopf ... aus ihren eigenen Locken:* ironisch
gemeint, da die rückhaltlose »Treue« hier in Form des überlebten
Zopfes (vgl. Anm. zu 482,10) dargeboten wird. Ein entsprechendes
Opfer der eigenen Haare hatten dagegen die Frauen in den

Befreiungskriegen geleistet. Eichendorff spielt darauf in *Krieg den Philistern!* an. Die Strophe parodiert den Brautjungfernchor aus der populären Oper *Der Freischütz* (von Carl Maria von Weber; 1821): »Wir winden dir den Jungfernkranz« (vgl. Anm. zu 177,1).

488,30 f. *den patriotischen Zopf:* Für Eichendorff ist Patriotismus – im Gegensatz zu Kosmopolitismus – grundsätzlich ein positiver Wert. Über die bloß modische »Vaterländerei«, wie sie nach den Befreiungskriegen aufkam, hat er sich jedoch lustig gemacht. Das seltsame Opfer der zwölf Jungfrauen wird mit der Wortverbindung »patriotischer Zopf« noch einmal als Pseudopatriotismus entlarvt.

489,4 *Allongeperücke:* bei Eichendorff ebenfalls ein Symbol der Rückständigkeit und Naturferne (vgl. Anm. zu 295,13).

489,8–10 *Ziergarten … Haltung wiedergewonnen:* Die Gartensymbolik benutzt Eichendorff häufig, um die geistige und gesellschaftliche Situation zu kennzeichnen (vgl. Anm. zu 301,8 zum französischen Garten). In *Der Adel und die Revolution* charakterisiert er die verschiedenen Gruppen des Adels durch ihre Gärten. Der Nutzgarten mit seiner Ausbeutung der Natur ist ihm ebenso suspekt wie der gekünstelte französische Garten, der die Natur verformt. Der Ziergarten mit Figuren der antiken Mythologie – mit Herkules als Verkörperung der physischen Kraft, Apollo, dem Gott der Künste, und den Tritonen, die als Söhne von Poseidon und der Amphitrite auf Muscheln blasen – gehört zum Typ des französischen Barockgartens. So ist es konsequent, daß dieser gekünstelte Park mit der Gefangennahme von Libertas – wie Eichendorff ironisch anmerkt – seine »würdige Haltung« wiedergefunden hat.

489,14 *Heil dir im Siegerkranz:* Anfangszeile des Liedes von Balthasar Gerhard Schumacher, das zur preußischen Nationalhymne wurde. Die Melodie entspricht der englischen Hymne *God save the King (Queen)*.

489,32 *Doktor Magog:* Repräsentant der liberalen Intellektuellen aus dem Umfeld des Jungen Deutschland. Die Bezeichnung klingt an »Demagoge« an. Gog und Magog waren »die bevorzugten Invektiven konservativer Schriftsteller (Görres, Eichendorff, Stägemann, Brentano etc.) gegen den liberalistischen Journalismus« (Frühwald, S. 140). In der (1838 erschienenen) Spätfassung vom *Märchen von Gockel, Hinkel und Gackeleia* fügt Brentano in diesem Sinne einen dritten Namen hinzu und nennt die drei Jungen der Katze Schurrimurri Gog, Magog und Demagog. Ähnlich ist die Namenfolge im *Incognito* Eichendorffs (DKV 4, S. 589): »à la Gog,

Magog – Demagog oder Ziegenbock«. Gog und Magog sind ursprünglich biblische Namen (vgl. Hes. 38,2 und Joh. 20,8). Mit der »Demagogenverfolgung« nach den Karlsbader Beschlüssen setzt der Kampf der Restauration gegen die linken Intellektuellen ein. Eichendorff zeichnet schon in der Satire *Auch ich war in Arkadien!* ein negatives Bild der liberalen Bewegung.

490,9 *Urwald:* Auch der Riese in *Krieg den Philistern!* lebt in einem sagenhaften Urwald, der Ursprünglichkeit, aber auch gefährlich-ungebändigte Gewalt symbolisiert.

490,21 f. *im Mittelalter und in der Religion stecken geblieben:* Magog nimmt die zeitgenössischen Vorwürfe gegen die romantische Bewegung auf und setzt den »vernünftigen Fortschritt« dagegen.

490,29 *Papilloten:* Lockenwickler.

490,31 *Parasol:* Sonnenschirm.

490,32 *Haubenstock:* Ständer zum Aufhängen von Nachthauben.

491,8 *Neveu:* (frz.) Neffe.

491,10 *embrassierte:* umarmte.

492,28 f. *Hahn, der fern im Tale krähte:* Hinweis auf die Einwirkung der Französischen Revolution, denn der Hahn ist das Symbol Frankreichs. Vgl. *Der welsche Hahn* im Gedichtzyklus *1848.*

493,17/19 *Rüpel/Riese:* Der Name des Riesen ist Shakespeares *Sommernachtstraum* entnommen. Es sind die Clowns der englischen Vorlage, die in der deutschen Übersetzung von Schlegel/Tieck als Rüpel bezeichnet werden.

493,32 f. *Biedermann ... keinen Hof:* Die Wendung der Jungdeutschen gegen den privilegierten Adel wird hier herausgestrichen; jedoch läßt die Bezeichnung »Biedermann« zugleich an eine falsche, pseudobürgerliche Haltung denken. Magog biedert sich auch bei Rüpel an (vgl. folgende Anm.).

493,35 f. *Macht und Gesinnungstüchtigkeit ... durch ganz Europa ... geschätzt:* Die liberale Bewegung nahm sich besonders der »sozialen Frage« an und beschäftigte sich mit der Verarmung, die von der Industrialisierung ausgelöst worden war. Die Probleme traten überall in Europa (besonders aber in dem fortschrittlichen England) auf und wurden in Deutschland erst verspätet (nach dem Weberaufstand in Schlesien 1844) in der Öffentlichkeit wahrgenommen und ernsthaft diskutiert. Eichendorff steht diesem politisch-sozialen Engagement, das auch von einigen Vertretern der romantischen Schule (von Heinrich Heine und Bettine von Arnim) getragen wurde, kritisch gegenüber und läßt das Lob Magogs als Anbiederung und bewußte Schmeichelei erscheinen.

494,5–7 *Schutzpatronin ... altheiligen Waldes:* Bei Eichendorff ist der Wald tatsächlich der Hort der »uralten« ursprünglichen Freiheit. Magog bedient sich der romantischen Deutung jedoch nur ironisch.

494,22 *Kalabreser:* italienischer Filzhut mit breiter Krempe, der von den Revolutionären 1848 häufig getragen wurde.

495,18 *gar kümmerlich durchhelfen:* Die Armut, die besonders durch die Mechanisierung in einigen Berufen eingesetzt hatte, war in Preußen so groß, daß die Regierung 1842 eine Preisfrage zur Ursache und Abhilfe der Armut gestellt hatte. Bettine von Arnims Armenbuch, das im Hauptteil aus statistischen Berichten aus Schlesien bestand, verstand sich als Beantwortung dieser Frage und stellte die Verarmung der schlesischen Weber im einzelnen dar. Das zum Teil bereits gesetzte Buch konnte wegen des Weberaufstands in Schlesien (1844 niedergeschlagen) nicht erscheinen. Das soziale Problem ist Eichendorff bewußt: er stellt die Rüpelfamilie als typische Heimarbeiterfamilie dar, die über das Existenzminimum nicht hinauskommt und gänzlich von den Auftraggebern abhängig ist. Eine sinnvolle Lösung des Problems bietet seine Satire jedoch nicht. Vielmehr stellt er das Werben von Magog um die Gunst des potentiell mächtigen Proletariats als schamlose Ausnutzung dar. Der Intellektuelle benutzt die »unmündigen«, armen Menschen für seine Zwecke (vgl. folgende Anm.).

496,19 f. *Ihr befreit sie und ich heirate sie dann:* Der Riese (das verarmte Proletariat) soll hier nur benutzt werden, um Magog (dem intellektuellen liberalen Verführer) den Vorteil zu verschaffen (vgl. vorige Anm.).

497,13 *Schnappsackspringer:* Strauchdieb (vgl. Anm. zu 434,6 f.).

497,15 f. *den gebieterischen Gang der neuen Weltgeschichte:* Nach den frühsozialistischen Vorstellungen, die dann im Kommunistischen Manifest von Marx und Engels formuliert wurden, folgt die Geschichte bestimmten Gesetzmäßigkeiten, die notwendigerweise zu Umwälzungen führen sollen. Eichendorff sieht die Geschichtsentwicklung eher unter dem Zeichen einer neuerlichen Abwendung von Gott. In diesem Sinne empfiehlt er in dem Gedichtzyklus *1848* dem »*einen* König über allen Thronen« zu folgen: »Wer rettet uns noch da, als Sein Erbarmen?«

498,7 *Zwerge und Grubenleute:* Während die Zwerge zu den Märchengestalten gehören, assoziiert der zeitgenössische Leser bei den »Grubenleuten« die Bergwerksarbeiter, die zu Eichendorffs Zeiten unter unmenschlichen, gefährlichen Bedingungen arbeiten mußten. Da Rüpel diese als Hausherren hat, ist sein sozialer Stand äußerst niedrig. Er gehört zu den Tagelöhnern, die keinen festen Erwerb haben.

499,10 *Bärenhäuter:* einer, der auf der faulen Haut (Bärenhaut) liegt. Die *Geschichte vom Ursprung des ersten Bärnhäuters* hatte Brentano in der Heidelberger *Zeitung für Einsiedler* 1808 (nach Grimmelshausen) veröffentlicht.

499,12–15 *Von des Volkes unverjährbaren Rechten ... Fürsten und Pfaffen und Bürokraten:* Stichworte aus den Schriften der liberalen Publizisten.

500,18 f. *Urgroßvater Kauzenweitel:* Anspielung auf den »Großpapa Kautzenveitel« aus den 1846 erschienenen *Rheinmärchen* Brentanos.

500,34 *schmausten in freudereichem Schalle:* möglicherweise Anspielung auf die Festessen der Liberalen (vgl. Anm. zu 261,21–23).

501,20 *Elends:* Elch, Elen.

502,10 *Versammlung:* In der Versammlung der Tiere werden die politischen Versammlungen der Liberalen ähnlich kritisiert wie das Hambacher Fest in *Auch ich war in Arkadien!* Nach Ansgar Hillach (Werke 2, S. 988) steht der Auerochse für »Volksredner wie Robert Blum (1848 nach dem Wiener Oktoberaufstand standrechtlich erschossen) oder Friedrich Hecker (emigrierte nach der Niederschlagung des badischen Aufstandes im April 1848 nach Amerika).« Der Bär, der vor Rührung kaum sprechen kann, könnte ein Hinweis auf Heinrich Heine sein, dessen *Atta Troll* (ein Bär) die deutschen Zustände aus der Sicht der Liberalen kritisiert. Der »kecke Nußhäher« (Eichelhäher) ist einer der »gelehrten Redner«, die Eichendorff als demagogische Verführer sieht.

503,23 f. *geheime Verschwörung, da kümmere er sich nicht darum:* Schon in der Satire zum Hambacher Fest hatte Eichendorff die These vertreten, daß die Bemühungen der Liberalen den wirklichen Bedürfnissen der Bevölkerungsmehrheit nicht entsprachen (vgl. Anm. zu 267,22). Tatsächlich wurde der Aufstand von 1848 nur kurze Zeit von einer breiteren Masse der Bevölkerung getragen, und die Ereignisse weiteten sich nicht zu einer ganz Deutschland erfassenden Revolution aus.

506,10 f. *Einfältiges Waldesrauschen, alberne Kobolde, Mondenschein und klingende Blumen:* Selbstironisch nennt Eichendorff hier zentrale Motive der Romantik. Die »klingenden Blumen« finden sich im »Garten der Poesie« von Tiecks *Zerbino*.

506,20 *Hexennacht:* Das gleiche Bild ist Grundlage der Satire *Auch ich war in Arkadien!*

507,15 f. *in der Ferne krähte schon ein Hahn:* Erneuter Hinweis auf das Land der bürgerlichen Revolution (vgl. Anm. zu 492,28 f.).

508,7 f. *Frauengestalt ... glimmende Zigarre:* Es war George Sand, die in zeitgenössischen Karikaturen stets mit Zigarre dargestellt wurde. Eichendorff verhöhnt die emanzipatorischen Bestrebungen bereits in den dramatischen Satiren (*Krieg den Philistern!*, *Incognito*), indem er einen »Blaustrumpf« einführt. Auch hier ist es eine »Amazone [...] mit klingenden Sporen«; Rüpel und Magog halten sie fälschlich für Libertas.

508,30 f. *Glaubens-, Rede-, Preß- und allen erdenklichen Freiheiten:* Forderungen der Liberalen, die Eichendorff bereits in *Auch ich war in Arkadien!* kritisierte (vgl. Anm. zu 261,10 f.).
Schwibbogen: vgl. Anm. zu 268,17.

510,11 f. *von der ganzen großen Unternehmung nichts als ein paar neuer Löcher:* Die Revolution von 1848 hatte keine Verbesserungen für das verarmte Proletariat gebracht.

510,29 f. *die gute alte Zeit wieder repariert und neu vergoldet:* vgl. das Fazit im *Politischen Brief:* »Ich weiß, du warst sonst immer ein geschworener Gegner jener weltbekannten, flachen, sogenannten Aufklärung. [...] Erkennst du denn wirklich die Alte nicht wieder, weil sie die Schminke gemachter Begeisterung aufgelegt, ein falsches, blendendes Gebiß eingesetzt und sich ein zierliches Freiheitskäppchen über ihre Glatze gestülpt hat?« (Werke 5, S. 135.)

511,16 *In der stillen Pracht:* vgl. den Gesang der Nachtigall in Brentanos *Märchen vom Murmeltier.*

513,18 f. *Storch, Storch Steiner, hast so lange Beine!:* vgl. das Kinderlied im *Wunderhorn: An den Storchschnabel.*

515,13–15 *Marzebille ... Marketenderin:* Ansgar Hillach weist auf die Ähnlichkeit mit der Marketenderin Hegesa in *Krieg den Philistern!* hin (Werke 2, S. 989). Der Name ist jedoch vermutlich Brentanos *Rheinmärchen* oder Tiecks *Kaiser Octavianus* entnommen und scheint generell in der Puppenspiel-Tradition den Typ der »keifenden Alten« zu bezeichnen. Dazu paßt die Identifikation mit der emanzipierten Frau aus der Sicht Eichendorffs.

515,19 *resolviert:* entschlossen.

515,24 f. *bis nach Amerika:* Für viele Revolutionäre, wie Friedrich Hecker, Carl Schurz oder Georg Herwegh, blieb nach dem Scheitern der revolutionären Bewegung in Deutschland nur die Flucht nach Amerika. Nach Eichendorffs Auffassung ist dort die Freiheit nicht zu Hause, denn es ist die falsche Libertas (Marzebille), mit der Magog dorthin flieht.

Literaturhinweise

Zu den als Druckvorlage benutzten Erstdrucken vgl. die Erläuterungen zu den einzelnen Erzählungen.

1. Ausgaben

Aus dem Leben eines Taugenichts und das Marmorbild. Zwei Novellen nebst einem Anhange von Liedern und Romanzen. Berlin: Vereinsbuchhandlung, 1826. [Erste Sammelausgabe.]

Werke. 4 Tle. Berlin: Simion, 1841–42.

Sämmtliche Werke. 6 Bde. Leipzig: Voigt & Günther, ²1864. [Zit. als: SW.]

Sämtliche Werke. Hist.-krit. Ausg. Begr. von Wilhelm Kosch und August Sauer, fortges. und hrsg. von Hermann Kunisch. Regensburg: Habbel, [1908 ff.] Neue Edition. Stuttgart [u. a.]: Kohlhammer, 1962 ff. [Zit. als: HKA.]

Eichendorffs Werke. Hrsg. von Adolf von Grolman. 2 Bde. Leipzig: Bibliographisches Institut, 1928.

Werke in einem Band. Hrsg. von Wolfdietrich Rasch. München: Hanser, 1955. ⁴1971.

Neue Gesamtausgabe der Werke und Schriften in vier Bänden. Hrsg. von Gerhart Baumann in Verb. mit Siegfried Grosse. Stuttgart: Cotta, 1957/58.

Gesammelte Werke. Hrsg. von Manfred Häckel. 3 Bde. Berlin: Aufbau-Verlag, 1962.

Werke (Textred. Jost Perfahl [u. a.]. Vorw., Zeitt. und Anm. von Ansgar Hillach [u. a.]). 5 Bde. München: Winkler, 1970–88. [Zit. als: Werke.]

Werke in sechs Bänden. Hrsg. von Wolfgang Frühwald, Brigitte Schillbach und Hartwig Schultz. Frankfurt a. M.: Deutscher Klassiker Verlag, 1985 ff. (Bibliothek deutscher Klassiker.) [Zit. als: DKV.]

2. Bibliographien, Forschungsberichte, Kommentare

Eichendorff, Karl von: Ein Jahrhundert Eichendorff-Literatur. Regensburg 1927. [HKA 22.]

Meyer, Hans M.: Eichendorff-Bibliographie. In: Aurora 13 ff. (1953 ff.). [Eichendorff-Literatur seit 1945. Fortlaufendes Verzeichnis. Seit 1976/77, Aurora 38 ff., 1978 ff., bearb. von Irmela Holtmeier.]

Ranegger, Franz: Die Eichendorff-Literatur seit 1945. In: Aurora 18 (1958) S. 93–101. Nachlese. In: Aurora 19 (1959) S. 93–98.

Kron, Wolfgang: Eichendorff-Bibliographie: In: Eichendorff heute. Stimmen der Forschung mit einer Bibliographie. Hrsg. von Paul Stöcklein. München 1960. S. 280–329. [Nachtrag ²1966. S. 330.]

Mauser, Wolfram: Eichendorff-Literatur 1959–1962. In: Der Deutschunterricht 14 (1962) H. 4. Beilage. S. 1–12.

Müller, Joachim: Der Stand der Eichendorff-Forschung. In: Forschungen und Fortschritte 37 (1963) S. 155–157.

Mauser, Wolfram: Eichendorff-Literatur 1962–1967. In: Der Deutschunterricht 20 (1968) H. 3. Beilage. S. 1–24.

Krabiel, Klaus-Dieter: Joseph von Eichendorff. Kommentierte Studienbibliographie. Frankfurt a. M. 1971.

Hillach, Ansgar / Krabiel, Klaus-Dieter: Eichendorff-Kommentar. Bd. 1: Zu den Dichtungen, Bd. 2: Zu den theoretischen und autobiographischen Schriften und Übersetzungen. München 1971/72.

Heiduk, Franz: Eichendorff-Bibliographie: Selbständige Veröffentlichungen. In: Joseph Freiherr von Eichendorff. 1788–1857. Leben, Werk, Wirkung. Eine Ausstellung der Stiftung Haus Oberschlesien und des Landschaftsverbandes Rheinland, Rheinisches Museumsamt Abtei Brauweiler, in Zusammenarbeit mit der Eichendorff-Gesellschaft. 1983. Köln/Dülmen 1983. (Schriften des Rheinischen Museumsamtes. 21.) S. 238–250.

Grunewald, Eckhard: Eichendorff-Bibliographie 1959–1986. In: Ansichten zu Eichendorff. Beiträge der Forschung 1958 bis 1988. Für die Eichendorff-Gesellschaft hrsg. von Alfred Riemen. Sigmaringen 1988. S. 453–491.

3. Forschungsliteratur zum Gesamtwerk

Adorno, Theodor W.: Zum Gedächtnis Eichendorff's. In: Th. W. A.: Noten zur Literatur I. Frankfurt a. M. 1961. S. 105–143.

Alewyn, Richard: Eichendorffs Dichtung als Werkzeug der Magie. In: Neue deutsche Hefte 4 (1957/58) S. 977–985. – Wiederabgedr. u. d. T.: Ein Wort über Eichendorff. In: Eichendorff heute. Hrsg. von Paul Stöcklein. München 1960, ²1966. S. 7–18. – Als Nachw.

in: Joseph v. Eichendorff: Werke in einem Band. Ausgew. von Ingeborg Hillmann. Hamburg [1964]. S. 579–592.

Bianchi, Lorenzo: Italien in Eichendorffs Dichtung. Eine Untersuchung. Bologna 1937.

Bormann, Alexander von: Natura loquitur. Naturpoesie und emblematische Formel bei Joseph von Eichendorff. Tübingen 1968. (Studien zur deutschen Literatur. Bd. 12.)

Brown, Marshall: Eichendorff's Times of Day. In: German Quarterly 50 (1977) S. 485–503.

Eichner, Hans: Zur Integration der Gedichte in Eichendorffs erzählender Prosa. In: Aurora 41 (1981) S. 7–21.

Emrich, Wilhelm: Eichendorff. Skizze einer Ästhetik der Geschichte. In: W. E.: Protest und Verheißung. Studien zur klassischen und modernen Dichtung. Frankfurt a. M. / Bonn 1960. S. 11–24.

– Dichtung und Gesellschaft bei Eichendorff. Ebd. S. 104–110.

Fisher, John Charles: Das Verkleidungsmotiv in den Prosawerken von Joseph von Eichendorff. Diss. Princeton 1976.

Frühwald, Wolfgang: Eichendorff-Chronik. Daten zu Leben und Werk. München/Wien 1977. (Reihe Hanser. 229.)

Frühwald, Wolfgang / Heiduk, Franz: Joseph von Eichendorff. Leben und Werk in Text und Bildern. Frankfurt 1988.

Grunewald, Eckhard / Steinsdorff, Sibylle von (Hrsg.): Ich bin mit der Revolution geboren … [Ausstellungskat.]. Düsseldorf 1988.

Heinisch, Klaus Joachim: Deutsche Romantik. Interpretationen. Paderborn 1966.

Höllerer, Walter: Schönheit und Erstarrung. Zur Problematik der Dichtung Eichendorffs. In: Der Deutschunterricht 7 (1955) S. 93–103.

Kessler, Michael / Koopmann, Helmut (Hrsg.): Eichendorffs Modernität. Tübingen 1989. (Stauffenburg Colloquium. 9.)

Klussmann, Paul Gerhard: Über Eichendorffs lyrische Hieroglyphen. In: Literatur und Gesellschaft vom neunzehnten ins zwanzigste Jahrhundert. Festgabe für Benno von Wiese zum 60. Geburtstag. Hrsg. von Hans Joachim Schrimpf. Bonn 1963. S. 113–141.

Koch, Max (Hrsg.): Friedrich de la Motte Fouqué und Josef Freiherr von Eichendorff. Stuttgart 1893. (Deutsche National-Litteratur. Bd. 146. Abt. 2).

Köhnke, Klaus: »Hieroglyphenschrift«. Untersuchungen zu Eichendorffs Erzählungen. Sigmaringen 1986. (Aurora-Buchreihe. 5.)

Kohlschmidt, Werner: Die symbolische Formelhaftigkeit von Eichendorffs Prosastil. Zum Problem der Formel in der Romantik. In: W. K.: Form und Innerlichkeit. Beiträge zur Geschichte und Wirkung der deutschen Klassik und Romantik. Bern 1955. S. 177–209.

Koopmann, Helmut: Heines ›Millenium‹ und Eichendorffs ›alte schöne Zeit‹. Zur Utopie im frühen 19. Jahrhundert. In: Aurora 37 (1977) S. 33–50.

Kunz, Josef: Eichendorff. Höhepunkt und Krise der Spätromantik. Darmstadt 1951. ²1967.

Lämmert, Eberhard: Eichendorffs Wandel unter den Deutschen. Überlegungen zur Wirkungsgeschichte seiner Dichtungen. In: Die deutsche Romantik. Poetik, Formen und Motive. Hrsg. von Hans Steffen. Göttingen ³1967. (Kleine Vandenhoeck-Reihe. 1250.) S. 219–252.

Lent, Dieter: Die Dämonie der Antike bei Eichendorff. Diss. Freiburg i. Br. 1964.

Lucks, Hermann: Wesen und Formen des Dämonischen in Eichendorffs Dichtung. Phil. Diss. Köln 1962.

Lüthi, Hans Jürg: Dichtung und Dichter bei Joseph von Eichendorff. Bern/München 1966.

Lukács, Georg: Deutsche Realisten des neunzehnten Jahrhunderts. Berlin 1952.

Meixner, Horst: Romantischer Figuralismus. Kritische Studien zu Romanen von Arnim, Eichendorff und Hoffmann. Frankfurt a. M. 1971. (Ars Poetica. Texte und Studien zur Dichtungslehre und Dichtkunst. Bd. 13.)

Möbus, Gerhard: Der andere Eichendorff. Zur Deutung der Dichtung Joseph von Eichendorffs. Osnabrück 1960.

Pörnbacher, Hans: Joseph Freiherr von Eichendorff als Beamter. Dargestellt auf Grund bisher unbekannter Akten. – Dortmund 1963. (Veröffentlichungen der Ostdeutschen Forschungsstelle des Landes Nordrhein-Westfalen. Reihe A. 7.)

Rehder, Helmut: Ursprünge dichterischer Emblematik in Eichendorffs Prosawerken. In: Journal of English and Germanic Philology 56 (1957) S. 528–541.

Rehm, Walther: Götterstille und Göttertrauer. Aufsätze zur deutschantiken Begegnung. Bern 1951.

– Prinz Rokoko im alten Garten. Eine Eichendorffstudie. In: W. R.: Späte Studien. Bern/München 1964. S. 122–214.

Sauter Bailliet, Theresia: Die Frauen im Werk Eichendorffs. Verkörperungen heidnischen und christlichen Geistes. Bonn 1972.

Scheibe, Carl Friedrich: Symbolik der Geschichte in Eichendorffs Dichtung. In: Literaturwissenschaftliches Jahrbuch N. F. 6 (1965) S. 155–177.

Schultz, Hartwig: Form als Inhalt. Vers- und Sinnstrukturen bei Joseph von Eichendorff und Annette von Droste-Hülshoff. Bonn 1981. (Gesamthochschule Wuppertal. Schriftenreihe Literaturwissenschaft. 13.)

Schwarz, Peter Paul: Aurora. Zur romantischen Zeitstruktur bei Eichendorff. Berlin / Bad Homburg v. d. H. [u. a.] 1970. (Ars Poetica. Texte und Studien zur Dichtungstheorie und Dichtkunst. Bd. 12.)

Seidlin, Oskar: Versuche über Eichendorff. Göttingen 1965, ³1985.

Sørensen, Bengt Algot: Zum Problem des Symbolischen und Allegorischen in Eichendorffs epischem Bilderstil. In: Aurora 26 (1966) S. 50–56. Auch in: Zeitschrift für deutsche Philologie 85 (1966) S. 598–606.

Spitzer, Leo: Zu einer Landschaft Eichendorffs. In: Euphorion 52 (1958) S. 142–152. Wiederabgedr. in: Landschaft und Raum in der Erzählkunst. Hrsg. von Alexander Ritter. Darmstadt 1975. (Wege der Forschung. Bd. 318.) S. 232–247.

Stein, Volkmar: Morgenrot und falscher Glanz. Studien zur Entwicklung des Dichterbildes bei Eichendorff. Winterthur 1964.

Stöcklein, Paul (Hrsg.): Eichendorff heute. Stimmen der Forschung mit einer Bibliographie. München 1960.

– Joseph von Eichendorff in Selbstzeugnissen und Bilddokumenten. Hamburg 1963.

Uhlendorff, Franz: Frühlingssehnsucht und Verlockung bei Eichendorff. In: Aurora 18 (1958) S. 18–32.

4. Forschungsliteratur zu den einzelnen Erzählungen

Die Zauberei im Herbste

Köhnke, Klaus: Eichendorffs »Zauberei im Herbste«. Abkehr von der Frühromantik. In: Akten des VI. Internationalen Germanisten-Kongresses Basel 1980, S. 439–445. – Erw. u. d. T.: Rezension der Poesie durch Poesie: »Die Zauberei im Herbste«. In: K. K. »Hieroglyphenschrift« Sigmaringen 1986. S. 38–49.

Mühlher, Robert: Die Zauberei im Herbste. Aus der Werkstatt des jungen Eichendorff. In: Aurora 24 (1964) S. 46–65.

Das Marmorbild

Baum, Paull Franklin: The Young Man Betrothed to a Statue. In: Publications of the Modern Language Association of America 34 (1919) S. 523–579. – Additional Note. Ebd. 35 (1920) S. 60–62.

Beller, Manfred: Narziß und Venus. Klassische Mythologie und romantische Allegorie in Eichendorffs Novelle »Das Marmorbild«. In: Euphorion 62 (1968) S. 117–142.

Böhme, Hartmut: Romantische Adoleszenzkrisen. Zur Psychodynamik der Venuskult-Novellen von Tieck, Eichendorff und E. T. A. Hoffmann. In: Literatur und Psychoanalyse. Vorträge des Kolloquiums am 6. und 7. Oktober 1980. Hrsg. von Klaus Bohnen, Sven-Aage Jørgensen und Friedrich Schmöe. Kopenhagen/München 1981. (Kopenhagener Kolloquien zur deutschen Literatur. 3. – Text und Kontext. Sonderreihe. 10.) S. 133–176.

Breuer, Dieter: Marmorbilder. Zum Venus-Mythos bei Eichendorff und Heinse. In: Aurora 41 (1981) S. 183–194.

Fink, Gonthier-Louis: Pygmalion und das belebte Marmorbild. Wandlungen eines Märchenmotivs von der Frühaufklärung bis zur Spätromantik. In: Aurora 43 (1983) S. 92–123.

Hayduk, Alfons: Der dämonisierte Eros bei Eichendorff und Hauptmann. Von der Novelle »Das Marmorbild« zum posthumen Roman »Winckelmann«. In: Aurora 14 (1954) S. 25–29.

Hubbs, Valentine: Metamorphosis und rebirth in Eichendorff's »Marmorbild«. In: The Germanic Review 52 (1977) S. 243–259.

Janz, Marlies: Marmorbilder. Weiblichkeit und Tod bei Clemens Brentano und Hugo von Hofmannsthal. Königstein i. Ts. 1986.

Köhnke, Klaus: Mythisierung des Eros: Zu Eichendorffs Novelle »Das Marmorbild«. In: Acta Germanica 12 (1980) S. 115–141. – Überarb. in: K. K.: »Hieroglyphenschrift«. Sigmaringen 1986. S. 50–71.

Lindemann, Klaus: Von der Naturphilosophie zur christlichen Kunst. Zur Funktion des Venusmotivs in Tiecks »Runenberg« und Eichendorffs »Marmorbild«. In: Literaturwissenschaftliches Jahrbuch N. F. 15 (1974) S. 101–121.

Marks, Hanna M.: Joseph von Eichendorff: »Das Marmorbild«. Erläuterungen und Dokumente. Stuttgart 1984. (Reclams Universal-Bibliothek. 8167.)

Mühlher, Robert: Der Venusring. Zur Geschichte eines romantischen Motivs. In: Aurora 17 (1957) S. 50–62.

Pabst, Walter: Venus und die mißverstandene Dido. Literarische Ursprünge des Sibyllen- und des Venusberges. Hamburg 1955.

Paulus, Rolf: Tag und Nacht – Motive in Eichendorffs Novelle »Das Marmorbild«. Betrachtungen zu einem Schlüsselwerk schlesischer Romantik. In: Wolfgang Schulz: Große Schlesier. Berlin 1984. S. 197–200.

Pikulik, Lothar: Die Mythisierung des Geschlechtstriebes in Eichendorffs »Das Marmorbild«. In: Euphorion 71 (1977) S. 128–140. – Wiederabgedr. in: Mythos und Mythologie in der Literatur des 19. Jahrhunderts. Hrsg. von Helmut Koopmann. Frankfurt a. M. 1979. (Studien zur Philosophie und Literatur des neunzehnten Jahrhunderts. 36.) S. 159–172.

Polheim, Karl Konrad: Das »Marmorbild«-Fragment Eichendorffs im Freien Deutschen Hochstift. In: Jahrbuch des Freien Deutschen Hochstifts 1986. S. 257–292.

– Marmorbild-Trümmer. Entstehungsprozeß und Überlieferung der Erzählung Eichendorffs. In: Aurora 45 (1985) S. 5–32.

– Zu Eichendorffs »Marmorbild«. Ein Fragment aus der Universitätsbibliothek Breslau. Erstmals hrsg. und komm. In: Schlesien 1986. S. 141–151.

Radner, Lawrence R.: Eichendorff's »Marmorbild«: »Götterdämmerung« and deception. In: Monatshefte 52 (1960) S. 183–188.

Rowland, Herbert: Überwindung des Irdischen bei Eichendorff und Matthias Claudius: Betrachtungen über eine Stelle im »Marmorbild« und »Ein Lied hinterm Ofen zu singen«. In: Aurora 44 (1984) S. 124–129.

Schwarz, Egon: Ein Beitrag zur allegorischen Deutung von Eichendorffs Novelle »Das Marmorbild«. In: Monatshefte 48 (1956) Nr. 4. S. 215–220.

Steinsdorff, Sibylle von: Joseph von Eichendorff: »Das Marmorbild«. In: Meistererzählungen der deutschen Romantik. Hrsg. und komm. von Albert Meier, Walter Schmitz, S. v. St. und Ernst Weber. Mit Beiträgen von Friedhelm Auhuber und Friedrich Vollhardt. München 1985. (deutscher taschenbuch verlag. 2147.) S. 420–435.

Uhde, Gerhard: Treue dem Genius. »Das Marmorbild«, ein Blick in die seelische Entwicklung von Joseph Freiherr von Eichendorff. In: Die Kommenden 14 (1960) S. 6.

Weschta, Friedrich: Eichendorffs Novellenmärchen »Das Marmorbild«. Prag 1916. (Prager deutsche Studien. H. 25.)

Woesler, Winfried: Frau Venus und das schöne Mädchen mit dem Blumenkranze. Zu Eichendorffs »Marmorbild«. In: Aurora 45 (1985) S. 33–48.

Das Wiedersehen

Kunisch, Hermann: Joseph von Eichendorff, »Das Wiedersehen«. Ein unveröffentlichtes Novellenfragment aus der Handschrift mitgeteilt und erläutert. In: Aurora 25 (1965) S. 7–39. – Wiederabgedr. in: H. K.: Kleine Schriften. Berlin 1968, S. 273–301.

Aus dem Leben eines Taugenichts

Anton, Herbert: »Dämonische Freiheit« in Eichendorffs Erzählung »Aus dem Leben eines Taugenichts«. – In: Aurora 37 (1977), S. 21–32.

Bormann, Alexander von: Joseph von Eichendorff: »Aus dem Leben eines Taugenichts« (1826). In: Romane und Erzählungen zwischen Romantik und Realismus. Neue Interpretationen. Hrsg. von Paul Michael Lützeler. Stuttgart 1983. S. 94–116. – Wiederabgedr. in: Interpretationen: Erzählungen und Novellen des 19. Jahrhunderts. Bd. 1. Stuttgart 1988. (Reclams Universal-Bibliothek. 8413[5].)

Gump, Margaret: Zum Problem des Taugenichts. In: Deutsche Vierteljahrsschrift für Literaturwissenschaft und Geistesgeschichte 37 (1963) S. 529–557.

Haar, Carel ter: Joseph von Eichendorff. »Aus dem Leben eines Taugenichts«. Text, Materialien, Kommentar. München/Wien 1977. (Hanser Literatur-Kommentare. 6.)

Hermand, Jost: Der »neuromantische« Seelenvagabund. In: Das Nachleben der Romantik in der modernen deutschen Literatur. Die Vorträge des Zweiten Kolloquiums in Amherst/Mass. Hrsg. von Wolfgang Paulsen. Heidelberg 1969. (Poesie und Wissenschaft. 14.) S. 95–115.

Herzig, Walter: Joseph von Eichendorff, »Aus dem Leben eines Taugenichts«. In: W. H.: Weltentwurf und Sprachverwandlung. Untersuchungen zu Dominanzverschiebungen in der Erzählkunst zwischen 1825 und 1950. Bern / Frankfurt a. M. / New York: 1983. (Europäische Hochschulschriften I. 442.) S. 49–116.

Hillach, Ansgar: Arkadien und Welttheater oder die Auswanderung des Märchens aus der Geschichte. In: Joseph Freiherr von Eichendorff: Aus dem Leben eines Taugenichts. Frankfurt a. M. 1976 [u. ö.] (insel taschenbuch. 202.) S. 143–154.

Hughes, G[lyn] T[egai]: Eichendorff: »Aus dem Leben eines Taugenichts«. London 1961. (Studies in German literature. 5.)

Mann, Thomas: Der Taugenichts. In: Neue Rundschau 27 (1916) S. 1478–1490. – [Ohne Titel u. leicht verändert] wiederabgedr. in: Th. M.: Betrachtungen eines Unpolitischen. Berlin: S. Fischer 1918, S. 372–379. Neuaufl. 1956 [u. ö.]. – Wiederabgedr. u. d. T.: Eichendorffs »Taugenichts«. In: Aurora 3 (1933) S. 77–81.

Mühlher, Robert: Die künstlerische Aufgabe und ihre Lösung in Eichendorffs Erzählung »Aus dem Leben eines Taugenichts«. Ein Beitrag zum Verständnis des Poetischen. In: Aurora 22 (1962) S. 13–44.

Nygaard, Loisa: Eichendorff's »Aus dem Leben eines Taugenichts«: »Eine leise Persiflage« der Romantik. In: Studies in Romanticism 19 (1980) S. 193–216.

Paulsen, Wolfgang: Eichendorff und sein Taugenichts. Die innere Problematik des Dichters in seinem Werk. Bern/München 1976.

Polheim, Karl † und Karl Konrad: Text und Textgeschichte des »Taugenichts«. Eichendorffs Novelle von der Entstehung bis zum Ende der Schutzfrist. 2 Bde. Tübingen 1989.

Polheim, Karl Konrad: Neues vom »Taugenichts«. In: Aurora 43 (1983) S. 32–54.

Poser, Hans: Joseph von Eichendorff: »Aus dem Leben eines Taugenichts«. In: Deutsche Novellen von Goethe bis Walser. Interpretationen für den Deutschunterricht 1. Hrsg. von Jakob Lehmann. Königstein i. Ts. 1980. (Scriptor Taschenbücher. 155.) S. 105–124.

Rodewald, Dierk: Der »Taugenichts« und das Erzählen. In: Zeitschrift für deutsche Philologie 92 (1973) S. 231–259.

Ruland, Josef: Eichendorffs »Taugenichts« und J. J. Rousseaus »Confessions«. In: Zeitschrift für deutsche Philologie 75 (1956) S. 375–385.

Scheyer, Ernst: Johann Erdmann Hummel und die deutsche Dichtung. Joseph von Eichendorff – E. T. A. Hoffmann – Johann Wolfgang von Goethe. In: Aurora 33 (1973) S. 43–62.

Schwarz, Egon: Der Taugenichts zwischen Heimat und Exil. In: Etudes Germaniques 12 (1957) S. 18–33.

Seidlin, Oskar: Der Taugenichts ante portas. Interpretation einer Eichendorff-Stelle. In: Journal of English and Germanic Philology 52 (1953) S. 509–524. – Wiederabgedr. in: Aurora 16 (1956)

S. 70–81. – [Ohne Untertitel] wiederabgedr. in: O. S.: Versuche über Eichendorff. Göttingen 1965. S. 14–31.

Tönz, Leo: Von Eduard Mörikes »Der Gärtner« zu Eichendorffs »Taugenichts«. In: Jahrbuch des Wiener Goethe-Vereins 73 (1969) S. 82–93.

Walter-Schneider, Margret (unter Mitarb. von Martina Hasler): Die Kunst in Rom. Zum 7. und 8. Kapitel von Eichendorffs Erzählung »Aus dem Leben eines Taugenichts«. In: Aurora 45 (1985) S. 49–62.

Wiese, Benno von: Joseph von Eichendorff: »Aus dem Leben eines Taugenichts«. In: B. v. W.: Die deutsche Novelle von Goethe bis Kafka. Interpretationen 1. Düsseldorf 1962. S. 79–96.

Wilpert, Gero von: Der ornithologische Taugenichts. Zum Vogelmotiv in Eichendorffs Novelle. In: Elemente der Literatur. Beiträge zur Stoff-, Motiv- und Themenforschung. Festschrift für Elisabeth Frenzel. In Verb. mit Herbert A. Frenzel hrsg. von Adam J. Bysanz und Raymond Trousson. Stuttgart 1980. Bd. 1. S. 114 bis 128.

Zimorski, Walter: Eichendorffs »Taugenichts« – eine Apologie des Anti-Philisters? In: Aurora 39 (1979) S. 155–175.

Viel Lärmen um Nichts

Anton, Bernd: Romantisches Parodieren. Eine spezifische Erzählform der deutschen Romantik. Bonn 1979. (Abhandlungen zur Kunst-, Musik- und Literaturwissenschaft. 285.) [Zu Eichendorff: S. 163–200, 287–303.]

Heimrich, Bernhard: Fiktion und Fiktionsironie in Theorie und Dichtung der deutschen Romantik. Tübingen 1968. (Studien zur deutschen Literatur. 9.) [Zu Eichendorff: S. 78–88.]

Strauch, Christian: Romantische Ironie und Satire. Interpretationsbeiträge zu Eichendorffs »Krieg den Philistern« und »Viel Lärmen um Nichts«. In: Jahrbuch des Wiener Goethe-Vereins 70 (1966) S. 130–145.

Auch ich war in Arkadien!

Hertrich, Elmar: Über Eichendorffs satirische Novelle »Auch ich war in Arkadien«. In: Literaturwissenschaftliches Jahrbuch N. F. 2 (1961), S. 103–116.

Wesemeier, Reinhold: Zur Gestaltung von Eichendorffs satirischer Novelle »Auch ich war in Arkadien«. – In: Literaturwissenschaftliches Jahrbuch N. F. 6 (1965) S. 179–191.

Eine Meerfahrt

Gillespie, Gerald: Zum Aufbau von Eichendorffs »Eine Meerfahrt«. In: Literaturwissenschaftliches Jahrbuch N. F. 6 (1965) S. 193–206.

Janitza, Rudolf: Joseph von Eichendorff »Eine Meerfahrt«. Phil. Diss. Marburg 1960.

Köhnke, Klaus: Zeit und Über-Zeit in Eichendorffs Erzählung »Eine Meerfahrt«. In: Aurora 33 (1973). S. 7–33. – Überarb. in K. K.: »Hieroglyphenschrift« Sigmaringen 1986. S. 105–132.

Krahé, Peter: Eichendorffs »Meerfahrt« als Flucht vor dem »praktischen Abgrund«. In: Aurora 44 (1984) S. 51–70.

Maler, Anselm: Die Entdeckung Amerikas als romantisches Thema. Zu Eichendorffs »Meerfahrt« und ihren Quellen. In: Germanisch-romanische Monatsschrift N. F. 25 (1975) S. 47–74. – Wiederabgedr. in: Deutschlands literarisches Amerikabild. Neuere Forschungen zur Amerikarezeption der deutschen Literatur. Hrsg. von Alexander Ritter. Hildesheim / New York 1977. (Germanistische Texte und Studien. 4.) S. 226–253.

Pauline, G[eorges]: »Eine Meerfahrt« d'Eichendorff. In: Etudes Germaniques 10 (1955) H. 2. S. 1–16.

Schwan, Werner: Bildgefüge und Metaphorik in Eichendorffs Erzählung »Eine Meerfahrt«. In: Sprachkunst 2 (1971) S. 357–389.

Steinsdorff, Sibylle von: »Das Gantze noch einmal umarbeiten!«. Notizen Eichendorffs zur geplanten Überarbeitung seiner Novelle »Eine Meerfahrt«. In: Aurora 44 (1984) S. 71–78.

Ulmer, Bernhard: Eichendorffs »Eine Meerfahrt«. In: Monatshefte für deutschen Unterricht 42 (1950) S. 145–152.

Das Schloß Dürande

Hartmann, Regina: Eichendorffs Novelle »Das Schloß Dürande«. Eine gescheiterte Kommunikation. In: Weimarer Beiträge 32 (1986) S. 1850–1867.

Köhnke, Klaus: Eichendorffs »Schloß Dürande«: Wirklichkeits- und Symbolcharakter. – In: Aurora 34 (1974) S. 7–23. – Überarb. u. d. T.: Liebesgeschichte oder politisches Bekenntnis? »Das

Schloß Dürande«. In: K. K.: »Hieroglyphenschrift«. Sigmaringen 1986. S. 133–158.

Koopmann, Helmut: Eichendorff, das Schloß Dürande und die Revolution. In: Zeitschrift für deutsche Philologie 89 (1970) S. 180–207.

Lindemann, Klaus: Eichendorffs »Schloß Dürande«. Konservative Rezeption der Französischen Revolution. Entstehung – Struktur – Rezeption – Didaktik. Paderborn/München/Wien/Zürich 1980. (Modellanalysen: Literatur. 1.)

Madland, Helga Stipa: Revolution and conservatism in Eichendorff: »Das Schloß Dürande« and »Der Adel und die Revolution«. In: Neue Germanistik 1 (1980) S. 35–48.

Post, Klaus-Dieter: Hermetik der Häuser und der Herzen. Zum Raumbild in Eichendorffs Novelle »Das Schloß Dürande«. In: Aurora 44 (1984) S. 32–50.

Schumann, Detlev W.: Betrachtungen über zwei Eichendorffsche Novellen. »Das Schloß Dürande« – »Die Entführung«. In: Jahrbuch der Deutschen Schillergesellschaft 18 (1974) S. 466–481.

Seeker, Günther: Joseph v. Eichendorffs »Schloß Dürande«. Charlottenburg 1927. [Diss. Marburg 1928.]

Steinsdorff, Sibylle von: Joseph von Eichendorff: »Das Schloß Dürande«. In: Deutsche Erzählungen des 19. Jahrhunderts. Von Kleist bis Hauptmann. Hrsg. und komm. von Joachim Horn, Johann Jokl, Albert Meier und S. v. St. München 1982. (deutscher taschenbuch verlag. 2099.) S. 542–552.

Die Entführung

Köhnke, Klaus: Die Inkarnation des Mythos. Zu Eichendorffs Novelle »Die Entführung«. In: Aurora 40 (1980) S. 7–18. – Überarb. in: K. K.: »Hieroglyphenschrift«. Sigmaringen 1986. S. 159 bis 172.

Müller, Joachim: Das Gedicht in Eichendorffs Erzählung »Die Entführung«. In: J. M.: Von Schiller bis Heine. Halle a. d. S. 1972. S. 175–189.

Schumann, Detlev W.: Betrachtungen über zwei Eichendorffsche Novellen. In: Jahrbuch der Deutschen Schillergesellschaft 18 (1974) S. 466–481.

Die Glücksritter

Köhnke, Klaus: Flucht in die Innerlichkeit? Zu Eichendorffs Novelle »Die Glücksritter«. In: Acta Germanica 15 (1984) S. 17–40. – Überarb. in: K. K.: »Hieroglyphenschrift«. Sigmaringen 1986. S. 173–191.

Mühlher, Robert: Dichterglück. Die poetische Sprache und Motivik in Eichendorffs Erzählung »Die Glücksritter«. In: Aurora 19 (1959) S. 27–51.

Nolte, Cornelia: Die Glücksritter. Magie und alter Garten in einer vergessenen Novelle Eichendorffs. In: Oberschlesisches Jahrbuch 2 (1986) S. 198–207.

Richter, Paul K.: Die Gaunersprache in Eichendorffs Novelle »Die Glücksritter«. Einflüsse der volkstümlichen Literatur des 17. Jahrhunderts auf Eichendorff. In: Zeitschrift für deutsche Philologie 64 (1939) S. 254–257.

Rockenbach, Martin: Über die Technik in Eichendorffs Novelle »Die Glücksritter«. In: Eichendorff-Kalender 13 (1922) S. 26–51.

Nachwort

Eichendorffs gelungenste Erzählungen werden von einem Leitbild beherrscht, das den Autor und seine Helden wie ein Alptraum zu verfolgen scheint. Es ist die Gestalt der Venus, die als marmornes Bild oder Reinkarnation die Protagonisten seiner Prosa beherrscht und sie vom rechten Lebensweg abbringt. Die geheimnisvolle Gewalt einer dämonischen Frauengestalt steht nicht nur im Zentrum der berühmten Erzählung vom Marmorbild und bestimmt die Bildungsgeschichte Florios, sondern beeinflußt auch Raimund in der *Zauberei im Herbste*, den Studenten Don Antonio in der *Meerfahrt*, Gaston in der *Entführung* und die Helden der *Glücksritter*, Klarinett und Suppius. Selbst der Taugenichts wird vorübergehend von der geheimnisvollen Venusgestalt bedroht. Die Bilder dieses weiblichen Dämons tragen verschiedene Namen, und neben der Venus finden wir die römische Göttin der Jagd, Diana, und selbsterfundene Namen: Eine der eindrucksvollsten Gestaltungen dieser dämonisierten Frau ist die Gräfin Romana in dem Roman *Ahnung und Gegenwart* (1815 veröffentlicht). Eichendorff läßt sie wie eine Hexe im Feuer untergehen, hat ihr jedoch seine schönsten Lieder in den Mund gelegt.

Es ist Eichendorffs Intention, aus christlicher Sicht die Überwindung der gefährlichen Obsession zu zeigen: Nicht nur die Gräfin Romana verschwindet aus dem Blickfeld der Helden, die sich nun dem Kloster oder einer bürgerlich-harmlosen Partnerin zuwenden können; die Diana der *Entführung* entscheidet sich selbst für den Lebensweg der Nonne und ermöglicht damit Gaston, »Leontinens unschuldiges Bild«, das sie »so lange wetterleuchtend verdeckt« hatte, wiederzufinden. »Hier lebte er in glücklicher Abgeschiedenheit mit seiner schönen Frau«, heißt es am Schluß. Im *Marmorbild* wird diese Wendung in zwei allegorischen Gedichten dargestellt, die Eichendorff später unter dem Titel *Götter-*

dämmerung veröffentlichte. Das Venusbild wird im zweiten Teil dieser Allegorie von dem Bild der christlichen Maria abgelöst. Die verführerische Kraft, die Eichendorff als heidnisch »einordnet« und damit intellektuell »bewältigt«, wird durch die Kraft der christlichen Lehre gebrochen. Das Bild der Mutter Gottes, in dem nicht nur das Ideal der unschuldigen, ungeschlechtlich-platonischen Liebe, sondern zugleich die vorbildliche Mutterliebe und Opferbereitschaft sowie (im Jesuskind) auch die Idee der christlichen Nächstenliebe aufscheinen, lösen das aus der Antike stammende Venus-Bild und die damit symbolisierte »sinnliche« Liebe, den Kult des Eros, ab. Dementsprechend wenden sich die Helden der Erzählungen von den dämonischen Frauen ab. Die hexengleichen Verwandten der Venus dagegen gehen unter oder läutern sich.

Erklärungen und Deutungen zu dieser Bild-Obsession, die in den Gedichten zur Loreley, zur Waldfrausage und auch in den frühen Mariengedichten Eichendorffs hervortreten, haben die Eichendorff-Forschung schon Jahrzehnte beschäftigt. Die Quellenforschung konnte die Nähe zu Tiecks Aufarbeitung der Sage vom Venusberg im *Tannenhäuser* (1799) aufweisen. Auch die von Brentano im *Godwi* (1801) zuerst entfaltete Geschichte von der Zauberin Loreley und seine ersten Entwürfe zu den *Romanzen vom Rosenkranz*, die er den Brüdern Eichendorff 1810 in Berlin vortrug, spielen eine wesentliche Rolle bei der Darstellung der geheimnisvoll anziehenden Frauengestalt. Beim *Marmorbild* kommt eine Quelle aus dem 17. Jahrhundert hinzu. Eichendorff griff bei seiner Geschichte von einer Wiederbelebung der antiken Trümmer und Venus-Statuen unmittelbar auf eine Gespenstergeschichte zurück (Happels *Lucenser-Gespenst*). Damit wird deutlich, wie Eichendorff in den Zusammenhang der romantischen Bewegung und ihrer Forderung nach einer Erneuerung der Mythen hineingehört. Friedrich Schlegel hatte in seinem »Gespräch über die Poesie« (veröffentlicht im *Athenaeum* 1800) eine neue Mythologie gefordert. Brentano geht in seinem *Godwi* auf diese Forderung ein, formuliert jedoch eine wesentliche »Variante«, wenn er bemerkt: Die neue Mythologie ist immer auch eine alte. Überlieferte Mythen können überformt und neu gedeutet werden, aber die Neuschöpfung einer mythischen Welt scheint ihm nach der Aufklärung nicht mehr möglich. Auch bei der Loreley, die zu einem zentralen mannigfach variierten Motiv der Romantik werden sollte, spielt der antike Echo-Mythos eine wichtige Rolle, und trotz der Erweiterung der Kerngeschichte in Brentanos *Märchen vom Rhein*, in denen die Loreley zur »Mutter« einer allegorischen Familie wird, kann von einem eigenständigen Loreley-Mythos kaum gesprochen werden. Auch das Auftauchen von Venus und Diana in Eichendorffs Texten führt nicht zu einem neuen mythischen Bewußtsein, sondern ist eher als Auseinandersetzung mit dem antiken Mythos zu verstehen.

Die Beschäftigung mit den alten Mythen-, Sagen- und Märchenstoffen gehörte zum Programm der Heidelberger Romantik. Neben der Mythen-Forschung, wie sie Friedrich Creuzer und Joseph Görres betrieben, entwickelten sich die dichterischen Verfahren, das überlieferte Material in der zeitgenössischen Dichtung frei zu bearbeiten. Unbekümmert von Urheberrechtsfragen oder wissenschaftlichen Skrupeln, wie sie heutige Autoren und Editoren plagen, hatten Brentano und Arnim bereits in der Gedichtsammlung *Des Knaben Wunderhorn* (1806/08) Altes und Neues vermengt und behutsam dem modernen Publikumsgeschmack angepaßt und in romantischem Sinne ästhetisch überformt. Eichendorff, der das *Wunderhorn* und seine Bearbeiter seit der Heidelberger Studienzeit bewunderte und in der Auseinandersetzung mit den *Wunderhorn*-Texten seinen lyrischen Ton fand, knüpft hier an. Bei seinem Umgang mit den Quellen orientiert er sich – wie die dichterische Praxis der späteren Romantik stets – an den Mustern der Heidelberger.

Aus Happels Geschichte von den Geistern, die in antiken Trümmern herumspuken, wird bei der Umgestaltung eine psychologische Erzählung, die – ebenso wie der spätere *Taugenichts* – modernes Bewußtsein einbringt. Eichendorff hat die klassisch-romantischen Künstler- und Bildungsromane genau gelesen; er kennt Goethes *Wilhelm Meister* und Tiecks *Sternbalds Wanderungen*. Was sich auf den ersten Blick noch als Spukgeschichte deuten läßt, wird als traumatische Erfahrung eines heranreifenden Jünglings, als inneres Drama und Teil der Bildungsgeschichte inszeniert. Die Quelle dient lediglich als Folie einer neuen, romantischen Geschichte, die vom Umgang mit der Liebe und der Poesie handelt. Auch Eichendorffs Geschichtsphilosophie läßt sich unschwer aus der Behandlung des Venus-Motivs ableiten. Stets spielt in seinen Werken eine geheimnisvolle alte Zeit eine Rolle, die zugleich Elemente einer Utopie enthält. Eichendorff folgt hier dem schon von Novalis entworfenen triadischen Geschichtsmodell, in dem eine sagenhafte Urzeit, in der Mensch und Natur, Göttliches und Menschliches noch als harmonische Einheit existierten, mit einer von Vereinzelung und Entfremdung geprägten Gegenwart konfrontiert werden. Erst die Rückbesinnung auf diese goldene Zeit, die teils in einer vorgeschichtlichen Ur-Zeit angesiedelt, teils mit dem Mittelalter und seiner Minnesängerwelt identifiziert wird, bedeutet eine Perspektive für die Zukunft. Aus der Rückbesinnung auf die Kindheit der Menschheit (von der die eigne Kindheit einen Abglanz bietet) kann die Hoffnung auf eine harmonische Zukunft gewonnen werden, die von einer Vermittlung des Alten und Neuen lebt.

Die Venus-Geschichte, wie sie Eichendorff entfaltet, bietet jedoch eine entscheidende Variante; das romantische Grundmodell wird bei ihm durch christliches Denken modifiziert: Die »alte Zeit« birgt Gefahren, weil sie nicht nur die Relikte eines »goldenen« Zeitalters bereithält, sondern auch heidnisches Gedankengut übermittelt. Für Eichendorff stellt sich die Menschheitsgeschichte als ein immer wieder aufflammender Kampf von Heidentum und Christentum dar. Die Reformation, die Französische Revolution und die Revolutionsansätze in Deutschland 1830 und 1848 sah er als Rückfälle in heidnisches Denken, die erneut die christliche Weltordnung gefährdeten. Das Anknüpfen an den antiken Mythos signalisiert bei ihm die Gefahr eines erneuten geschichtlichen Einbruchs, eines revolutionären Umsturzes. Wo er Ansätze einer solchen Revolution in den politischen Ereignissen wahrnimmt, greift er deshalb in seiner Dichtung ebenfalls auf heidnische Mythen zurück. Das Hambacher Fest gerät ihm in der Erzählung *Auch ich war in Arkadien!* zum Hexensabbat, und er gestaltet die streitbaren modernen Frauenkämpferinnen, die in diesem Werk und einigen dramatischen Satiren auftauchen (*Krieg den Philistern!*, *Incognito*), wiederum als dämonisierte Frauengestalten, die sich wider die christliche Ordnung wenden. Das Thema der dämonisch wirkenden, hexenartigen Frau läßt ihn nicht los, und immer ist das Rezept der Heilung bald zur Hand. Ob es im Hintergrund läutende Kirchenglocken, der Gang ins Kloster oder die fluchtartige Wendung zu einem harmlosen Liebchen ist, das flugs zur bürgerlichen Ehefrau wird: Immer steht das Bekenntnis zu einer christlich geordneten Welt im Hintergrund, ist die Lehre der Kirche der rettende Anker, und energisches Aufbegehren wird als »falsche Freiheit«, als »Veitstanz des freiheitstrunkenen Subjekts« (Eichendorff über Bettine von Arnim) gebrandmarkt.

Aber die Erzählungen Eichendorffs handeln gar nicht von dieser (scheinbar?) heilen Welt. Die angedeutete Lösung wird stets nur als Ausklang am Schluß des Werkes formuliert. Wie der Taugenichts mit seiner verehrten »schönen Fraue«, die sich erst zum Schluß als unverheiratet erweist, dann in der Ehe zusammenlebt, das wird mit der Schlußformel »Und nun war alles, alles gut« und keiner Silbe mehr angedeutet, aber nicht dichterisch gestaltet. Die Erzählung selbst handelt davon nicht; die Gefahr, nun doch noch in die verachtete Philisterwelt einzutauchen und »gar bald ein Bübchen« zu wiegen, mit dem sich die geplante neuerliche Reise nach Italien als illusionär erweisen könnte, ist ja keineswegs gebannt.

Auch bei dem Werdegang Florios ist die Aufklärung der Sinnestäuschungen und gefährlichen Träume relativ belanglos, und Autor und Leser sind von den Obsessionen des Helden, nicht eigentlich von deren – scheinbarer? vorübergehender? – Bewältigung fasziniert, die uns heute kaum noch überzeugt.

Der Leser fühlt sich angerührt, er findet sich selbst in diesen Erzählungen wieder, obwohl sie eine ganz »andere« Welt schildern, die mit der modernen Industriegesellschaft kaum etwas gemein hat. Zwei Erklärungen bieten sich dafür an: Zum einen ist die Welt der Philister, die Eichendorff als Gegenwelt zum poetisierten Leben der neuen, »romantischen« Menschen schildert, mit der heutigen Gesellschaft durchaus verwandt. Wir kennen das Heer der Beamten im öffentlichen Dienst, das seine bürokratischen Normen an Scheinproblemen entfaltet wie der Beamte Fleder in Eichendorffs Lustspiel *Die Freier*, der über das »etatsmäßige« der Mausefallen nachdenkt. Wir kennen auch heute noch jene idyllischen Nischen kleinbürgerlicher Philister, in die sich der Portier des *Taugenichts* zurückzieht. Der Taugenichts ist in Gefahr, sich dieser Welt zu verschreiben und sich mit der Anlage eines Blumengartens (anstelle der schrebergartenähnlichen Gemüsezucht seines Vorgängers) zufriedenzugeben. Und wir wissen auch, daß die Flucht in die Reiselust keine endgültige Lösung des Problems darstellt und eine dauerhafte Versöhnung von poetischem Vermögen und gesellschaftlichen Zwängen nicht gewähren kann. Eichendorff diskutiert diese Probleme in seinen Werken und ist dabei manchen politischen Utopisten unserer Tage sogar ein Stück voraus, da er die Gefahren einer unreflektierten Natursehnsucht mitgestaltet. Der Untergang eines der beiden Gesellen aus seinem berühmten Gedicht *Die zwei Gesellen* beruht ja darauf, daß er den verlockenden Naturtönen naiv folgt.

Ein zweiter Grund für die Faszination von Eichendorffs Welt ist die Nähe zur Welt des Unbewußten. Dieser Bereich von Traum und Phantasie, der sich gerade mit dem Venus-Motiv verbindet, ist ein geschichtsloses Phänomen, das über anderthalb Jahrhunderte hinweg die Brücke zum heutigen Leser schlägt. Heißt es im *Marmorbild*: »Florio stand wie eingewurzelt im Schauen, ihm kam jenes Bild wie eine lang gesuchte, nun plötzlich erkannte Geliebte vor«, so ist damit eine Erfahrung formuliert, die jeder Leser sofort nachvollziehen kann. Es ist eine Grunderfahrung der Liebe: Das eigne Wunsch- und Traumbild der eignen Seele taucht aus dem Unbewußten auf, wird auf das gesehene und dann geliebte Gegenüber projiziert. Es ist »die Schöne, die ich oft im Traume gesehen«, heißt es in der *Meerfahrt*, und es mutet sehr modern an, wenn die Venus-Gestalt Eichendorffs im *Marmorbild* selbst sagt: »ein jeder glaubt mich schon einmal gesehen zu haben«. Der Liebende bemerkt zunächst, daß er sie »schon lange gekannt« habe und stellt dann bei der Begegnung mit einer ›realen‹ Frau fest: »die reizende Kleine war es lange nicht mehr, die ich meinte.«

So funktionieren Projektionen, die aus den Tiefen der eigenen Seele aufsteigen. Ob wir bei solchen Erfahrungen nach C. G. Jung von einem kollektiven Unbewußten sprechen, das in Märchen und Mythen und den Träumen aller Völker und Individuen aufscheint, oder nach Freud von einer Projektion des früh aufgenommenen, eigenen Mutterbildes ausgehen, ist dabei nicht so wesentlich. Ohne Zweifel hat die Romantik jenen Bereich von Traum- und Wunschbildern gestaltet, die in der modernen Psychoanalyse dann theoretisch erforscht und (von den einzelnen »Schulen« unterschiedlich) benannt wurde.

Eichendorff ist ein Meister der dichterischen Gestaltung des Unbewußten, nicht weil er ein besonders differenziertes und vielfältiges Reich der Phantasie schildert, sondern weil er stets die archetypischen Grundmuster durchschimmern läßt und ihre Wirkung auf den Menschen zum Thema wählt. Er arbeitet dabei mit häufig wiederkehrenden dichterischen »Formeln«. Landschaften, Menschen und Situationen werden in formelartigen Wendungen beschrieben; nicht die individuelle Ausprägung ist wesentlich, sondern das Grundmu-

ster: Lange wird man in seinen Gedichten und Erzählungen
nach einer differenzierten Landschaftsbeschreibung suchen
müssen, die das Besondere der schlesischen Landschaft oder
der Heidelberger Gegend wiedergibt. Über die Lokalität seiner berühmten Mühle im Tale stritten sich die positivistischen
Gelehrten; sie steht jedoch überall und nirgends, weder in
Schlesien noch im Odenwald: sie stammt aus dem *Wunderhorn*. Denn es geht Eichendorff gar nicht um die Beschreibung einer besonderen Landschaft, sondern um deren theo-
logische und tiefenpsychologische Ausdeutung. Dazu
genügt, daß er einen »Wald«, ein »Feld«, ein »Tal« vorstellt.
Mit diesem Tal und der Mühle, die – wie es im *Wunderhorn*
heißt – nichts als Liebe treibt, verbindet der Leser seine eignen Erinnerungen und Wünsche. Je öfter die bloßen Formeln
wiederholt werden, desto mehr versinkt er selbst in diesem
Reich. Es war Richard Alewyn, der zuerst überzeugend auf
diese magische Wirkung von Eichendorffs archetypischen
Bildern hinwies. Die Formelhaftigkeit von Eichendorffs epischem und lyrischem Stil war den Rezensenten und Interpreten schon bald nach der Publikation aufgefallen und wurde
des öfteren kritisiert. Die tiefere Bedeutung dieser stilisti-
schen Eigentümlichkeit erschließt sich jedoch erst, wenn man
die Erfahrungen der Psychoanalyse heranzieht und erkennt,
daß es sich bei der Reduktion auf formelartige Grundmuster
um eine ästhetische Methode handelt, die dazu dient, die allen
Menschen gemeinsamen Grunderfahrungen anzusprechen.

Für das Venus-Motiv haben Lothar Pikulik[1] und neuer-
dings Marlies Janz[2] den psychoanalytischen Ansatz mit
Gewinn verfolgt. Es ist jedoch erst in jüngster Zeit in einer
Arbeit von Hans Eichner[3] gelungen, Eichendorffs Darstel-

---

1 Lothar Pikulik, »Die Mythisierung des Geschlechtstriebes in Eichendorffs
›Das Marmorbild‹«, in: *Euphorion* 71 (1977) S. 128–140.

2 Marlies Janz, *Marmorbilder. Weiblichkeit und Tod bei Clemens Brentano und
Hugo von Hofmannsthal*, Königstein i. Ts. 1986.

3 Hans Eichner, »Zur Auffassung der Sexualität in Eichendorffs erzählender
Prosa«, in: *Eichendorffs Modernität*, hrsg. von Michael Kessler und Helmut
Koopmann, Tübingen 1989. S. 37–52.

lung von Liebe und Sexualität, die sich in diesen Figuren zeigt, in überzeugender Weise in die Geschichte der Liebes- und Eheauffassungen des 18. und 19. Jahrhunderts einzuordnen. Auf seiner Deutung der *Lucinde* (in der Einleitung zu Band 5 der kritischen Schlegel-Ausgabe) fußend, stellt Eichner dar, wie Eichendorffs dämonische Frauengestalten mit diesem frühromantischen Modell in Verbindung zu bringen sind. Eine autobiographische Komponente kann bei diesem Bezug auf Schlegels *Lucinde* durchaus eine Rolle spielen: Eichendorff lernte eine der überragenden weiblichen Persönlichkeiten der romantischen Gruppe bei seinem Studium in Wien persönlich kennen. Dorothea Schlegel (geb. Mendelssohn, verh. Veit), die Partnerin des Theoretikers der Frühromantik, Friedrich Schlegel, half dem jungen Dichter bei der Abfassung seines ersten Romans. Welchen Anteil sie an der Formulierung von *Ahnung und Gegenwart* hatte, ist heute nicht mehr klärbar, weil die Handschriften verlorengingen und nur der von ihr korrigierte Text aus dem Druck bekannt ist; wie groß ihr persönlicher Einfluß auf die beiden Jurastudenten Wilhelm und Joseph von Eichendorff 1811–13 in Wien im einzelnen war, ist ebenfalls nicht mehr genau zu bestimmen, doch ist festzuhalten, daß Eichendorff durch diesen Kontakt eines der romantischen Leitbilder persönlich kennenlernte. Denn diese Dorothea war – wie jeder literarisch Interessierte damals wußte – das Vorbild für die Titelheldin von Friedrich Schlegels *Lucinde* (1799). Der Roman wurde von den Zeitgenossen in erster Linie als Darstellung der unkonventionellen Beziehung von Friedrich und der sieben Jahre älteren, zunächst verheirateten Dorothea verstanden und bald abgelehnt. Man sah in der Darstellung dieser intellektuellen und zugleich erotisch faszinierenden Frau, die ihrem jüngeren männlichen Partner zum Teil überlegen schien, eine unzulässige Umkehrung der patriarchalischen Verhältnisse und las das Buch mit einer Darstellung des Rollentausches und der »Dithyrambischen Phantasie über die schönste Situation« als erotische Klatschgeschichte. Noch

Heinrich Heine erkennt dem Werk in der *Romantischen
Schule* jeden künstlerischen Wert ab und weist – in der Tradition dieser Klatschdeutung – darauf hin, daß Friedrich Schlegel die Frau seines Gastgebers (des Berliner Bankiers Veit)
verführt »und noch lange von den Almosen des Gatten«
gelebt habe. Dabei besteht kein Zweifel, daß Schlegel mit
seinem Werk den Versuch unternimmt, eine neue Form der
Liebe darzustellen, bei der sich zwei gleichberechtigte Partner begegnen. Es ging ihm darum, eine Theorie der Liebe zu
entwickeln, da den Romantikern die Liebe als universelle
Macht (und Modell auch ästhetischer Strukturen) galt. Schlegel entwickelt bewußt ein neues Bild der Frau, das sich von
den Vorstellungen des 18. Jahrhunderts, die dann noch in der
Dichtung Schillers dominieren, radikal abkehrt. Die Lucinde
des Romans zeichnet es aus, daß sie das vorher Getrennte
vereinigt: Sie ist – wie Eichner im Vorwort zur kritischen
Lucinde-Ausgabe bereits überzeugend darstellte – zugleich
Geliebte und gleichwertige intellektuelle Partnerin; ihr gilt
die geistige und sinnliche Liebe und auch die Treue des Mannes. In den Darstellungen des 18. Jahrhunderts gab es dagegen das Ideal der überhöhten, unantastbaren Geliebten, wie
sie noch Goethes Werther sucht und findet, es gab tugend-
hafte Ehefrauen und verachtete Huren, aber jene Einheit von
sinnlicher und sittlicher Liebe, die Anerkennung der Frau als
einer menschlichen und intellektuellen Partnerin, die gleichwohl wie eine Geliebte umworben und körperlich und geistig
geliebt wird, tritt uns erst in der Lucinde entgegen.

   Die dämonischen Frauengestalten von Eichendorff sind
der *Lucinde* in mancher Hinsicht verwandt. Es sind überlegene, überragende Frauengestalten, die den Helden magisch anziehen. Wenn sie in ihrem unbändigen Freiheits-
drang keine Erfüllungsmöglichkeiten in der zeitgenössischen
Gesellschaft sehen und zum Teil freiwillig auf die Ehe ver-
zichten, so ist dies – mehr als Schlegels theoretisches Werk –
ein Abbild der gesellschaftlichen Realität. Nur wenigen
Frauen dieser Generation gelang es, in der patriarchalischen

Gesellschaft als Einzelgängerinnen zu bestehen. Zudem hatte sich – schon in Brentanos Roman *Godwi* – eine Abwehrreaktion auf Schlegels Lucinde-Modell gezeigt. Die Befreiung der Sexualität hatte die »Gefahr des Verlustes der Herrschaft über sich selbst«[4] deutlich werden lassen. »Zumindest ein Teil der Romantiker, die diesen Wandel mitgemacht hatten, reagierte schließlich mit Angst. Nur aufgrund dieser Überlegung ist es zu erklären« – so meint Eichner – »daß die Romantiker so bald, nachdem sie die Faszination der reifen, sexuell wachen Frau entdeckt hatten, damit begannen, die Frau zu dämonisieren«.[5] Es ist die »Qual der Hörigkeit, die mit Verachtung gepaart ist«,[6] die Brentano dann z. B. in seinem *Treulieb*-Gedicht darstellt.

Eichendorff dämonisiert seine überragenden Frauengestalten konsequent. Sie sind allesamt Verkörperungen heidnischer Gottheiten wie der Venus, der Diana oder der von der Romantik erfundenen Loreley. Stets stellen sie die Gefahr des nackten Geschlechtstriebes, die Gewalt der sinnlichen Liebe ohne Grenzen dar. Zugleich verkörpern sie die Poesie, eine sinnliche, erotische Poesie freilich, die Eichendorff bei seiner Auseinandersetzung mit der frühromantischen Poetik selbst ablehnte und – wie der späte Brentano – als heidnische Versuchung betrachtete. Die intellektuelle Komponente, die Schlegels Lucinde-Figur auszeichnet, wird zugunsten einer boshaften, teuflischen Schläue herabgemindert. Der überlegene, brillante Verstand, der noch in der Romana-Figur von *Ahnung und Gegenwart* aufblitzt, steht im Dienst einer gefährlichen, moralisch verwerflichen, gegen die bürgerliche Ordnung gerichteten Sache – so lautet Eichendorffs Selbstinterpretation am Ende seiner Erzählungen und Romane. Abstrahiert man jedoch jene christlich-bürgerliche Lehre, die sich am Ende des Lebensweges aller Eichendorff-Helden ergibt, so wäre sein Werk kaum mehr als religiöse Erbauungs-

4 Ebd., S. 42.
5 Ebd.
6 Ebd., S. 43.

literatur (Eichner) oder auch die Aufforderung zur bürgerlichen Ehe. Das eigentliche Faszinosum dieser Prosa wäre jedoch verfehlt, denn nicht dieses abstrakte – aus Eichendorffs Selbstinterpretationen leicht ablesbare – *Ergebnis* einer Überwindung heidnischer Kräfte beschäftigt uns beim Lesen, sondern die Darstellung dieser Macht selbst und die Gefährdung der Helden durch diese gewaltige Kraft der Liebe.

Qualität und Faszinosum der Erzählungen Eichendorffs beruhen darauf, daß der »Prozeß der Entpersönlichung und des Aufbrechens einer psychischen Tiefenschicht«[7] so eindringlich dargestellt wird. Es ist das Urerlebnis Liebe, das seine Dichtungen in immer neuen Varianten sinnlich erfahrbar macht. Nicht Diskussionen um die Rolle der Frau, nicht philosophische Exkurse über den Sinn der Liebe oder eine phantastische Ausschmückung der Traumwelt zeichnen seine Dichtung aus: Es ist die Reduktion auf archetypische Grundmuster, die emotional vom Leser nachvollzogen werden können und Eichendorffs ästhetische Meisterschaft ausmachen.

Zwei von Eichendorffs Erzählungen gehen über diese Grunderfahrung weit hinaus und gehören mittlerweile zum Kanon der Meistererzählungen der deutschen Romantik: Der *Taugenichts* und *Das Schloß Dürande*. Auch diese Texte handeln wesentlich von der Liebe, doch wird das Grundthema hier in einen neuen, stärker gesellschaftlich geprägten Zusammenhang gestellt. Der Taugenichts sucht – wie Florio oder Klarinett – seine große Liebe, aber er bewegt sich nicht in einem geschichtslosen Raum. Die Erzählung handelt nicht allein von *dem* Jüngling und seiner ersten Liebe, sie führt uns nicht in ein romantisches Traumreich, sondern geht der Frage nach, wie diese Liebessehnsucht in einer philiströsen, bürgerlichen, geschichtlich geprägten Welt umzusetzen ist. Die These mag überraschen, denn nichts scheint so zeitenthoben wie dieses Vagabundenleben eines fahrenden Künstlers, der mit der Geige in der Rocktasche vom Fernweh nach Rom und

7 Ebd.

vom Heimweh nach Deutschland zurückgetrieben wird. Doch schon die Liebes- und Kunstauffassung, die sich in diesem Lebenslauf ausdrückt, gehört zu einer bestimmten gesellschaftlichen Konstellation. Eichendorff nannte seinen Helden zunächst einen »neuen Troubadour«. Er knüpft damit an die Tradition der provençalischen und deutschen Minnesänger an, die im Hochmittelalter von Hof zu Hof zogen, um der auserwählten Herrin, die in der Regel eine verheiratete adlige Dame war, mit ihrem Gesang zu huldigen. Die Kunst des Minnesangs lebt von dieser Situation, in der die gepriesene Frau zu einer unerreichbaren »hohen frouwe« stilisiert wird und die Liebe eine entsagungsvolle reine Verehrung bleibt. Die niedere Minne, in der sich die Sinnlichkeit frei entfaltet, wird von dieser Form gesellschaftlich gezähmter Huldigung scharf abgegrenzt.

Unter den Dichtern der deutschen Romantik war es zunächst Ludwig Tieck, der sich mit der mittelhochdeutschen Liebeslyrik beschäftigte. Seine »Minnelieder aus dem schwäbischen Zeitalter« von 1803 bieten modernisierte Fassungen der bedeutendsten Lieder dieser Tradition. Der Kreis um den Grafen Loeben, dem sich die Brüder Eichendorff bei ihrem Studium in Heidelberg anschlossen, nahm diese Anregungen auf. Isidorus orientalis, wie sich der später von Eichendorff verspottete Graf Heinrich von Loeben nannte, und die jungen Studenten, die sich ihm angeschlossen hatten, sahen sich in der Tradition der Minnesänger. Einzelne mittelhochdeutsche Begriffe wie »Fraue« und »Minne« gehören zum poetischen Wortschatz der frühen Lyrik Eichendorffs. Eine entsagungsvolle Verehrung einer Marien-gleichen Herrin, für die sich der Sänger in Liebe verzehrt, ist ein Grundmotiv dieser Lyrik, die allerdings Ton und gesellschaftliches Formelwerk der mittelhochdeutschen Lyrik nicht aufnimmt. Obwohl der Titel »Minnelied« mehrfach auftaucht, ist die schwüle narzißtische Erotik dieser frühen Lyrik eher durch Tiecks Darstellung der Venusberg-Sage beeinflußt als durch die Minneliederübertragungen. Die Erzählung vom Troubadour, die Eichendorff beginnt, als er längst zu seinen frühen Dichtungen kritische Distanz gewonnen hatte, nimmt auf die Tradition des Minnesangs noch einmal Bezug. Der Minnesänger ist sich jedoch – wie sein Autor – bewußt, daß er in eine veränderte Zeit hineingeboren ist. Die Adelswelt am Anfang des 19. Jahrhunderts ist mit der Gesellschaft des hohen Mittelalters kaum vergleichbar. Der *neue* Troubadour, der sich wie sein Ahne in eine verheiratete Adlige verliebt, kann von seiner Dichtung für die Herrin nicht leben; er wird zum Gärtner und zum Zöllner. Er spielt nur mit der mittelalterlichen Tradition und scheint das Lied, das er seiner Herrin vorträgt, nur zu zitieren. Seine Annahme, daß die Verehrte verheiratet und von hohem Stande ist, wird sich als irrig erweisen. In immer neuen Abenteuern versucht der – nun zum Taugenichts umbenannte – Held, in der modernen Welt ein Leben zu führen, das dem mittelalterlichen Muster des fahrenden Sängers (wie es sich Eichendorff vorstellte) entspricht. Es ist eine Art Probe, ein Versuch, die (vermeintliche) Unmittelbarkeit und Harmonie des fahrenden Sängers in der Moderne zu verwirklichen.

Das Vorhaben kann unter den Gegebenheiten der modernen, schon zum Teil von der Arbeitsteilung geprägten Gesellschaft nicht ohne Schwierigkeiten gelingen: Immer wieder ist der Taugenichts in Gefahr, zum Philister zu werden. Seine Offenheit für alle Eindrücke und Einflüsse führt dazu, daß er sich treiben läßt und dabei alle Höhen und Tiefen eines Lebens erfährt, das Züge eines Trivialromans und einer Verwechslungskomödie annimmt. Bei den Versuchen, die geliebte Frau zu finden, wird der Taugenichts meist an der Nase herumgeführt. Ein wenig ist hier noch die Lucinde-Tradition lebendig, denn in dieser Liebesbeziehung ist es die Frau, die alle Fäden in der Hand hat und den unerfahrenen Jüngling durch die »Lehrjahre der Männlichkeit« führt und schließlich dafür sorgt, daß es zu einem »happy end« kommt. Dem Lucinde-Ideal entspricht auch der Schluß der Erzählung: Die Geliebte bleibt nicht die hochstilisierte unerreich-

bare Maria, die sie am Anfang im Bewußtsein des Troubadours war: Sie wird zugleich die reale Geliebte und bürgerliche Ehefrau. Diese »Synthese« nach dem Idealbild Schlegels wird freilich nur angedeutet; wir erfahren nicht, wie das
Zusammenleben des Paares in die Realität umzusetzen ist.
Mit der Planung einer erneuten Reise nach Rom signalisiert
der Taugenichts, daß die neue Verbindung keine Umkehr
bedeutet, keine Revision seines bisherigen Weges.

Charakteristisch für diese Lebensgestaltung ist es, daß die
Zwänge des bürgerlichen Lebens konsequent abgelehnt werden: Die Reduktion der Träume und der künstlerischen Betä-
tigung auf die bürgerliche Idylle, auf das Leben im Blumen-
garten eines Zöllnerhauses, wird ebenso abgelehnt wie die
Einordnung in das einförmige, regelmäßige Berufsleben. Den
Freiraum individueller Entfaltung erhält und erkämpft sich
der Taugenichts scheinbar traumwandlerisch, aber doch
kompromißlos. Insofern muß es überraschen, daß er noch
von Thomas Mann als ein typischer Vertreter des deutschen
Geistes verstanden wurde. Die Ablehnung des preußisch-
deutschen Pflichtbewußtseins geht beim Taugenichts mit
einer Öffnung für die mediterrane Lebensart einher, und
wenn es ein »Programm« dieses Taugenichts-Daseins gibt, so
ist es diese Verbindung der musischen Komponente des
»deutschen Wesens« mit der Leichtigkeit des Italienischen
(bzw. Provençalischen).

In ganz anderer Weise bezieht die Erzählung *Das Schloß
Dürande* die geschichtliche Realität in die Liebesgeschichte
ein. Auch hier werden die Liebenden getrennt und finden erst
am Schluß zusammen. Doch es ist ein konkretes politisches
Ereignis, das ihren Lebensweg bestimmt. Die Geschichte
handelt von den Wirkungen der Französischen Revolution.
Das schreckliche Ende und die von Eichendorff angefügte
»Lehre« vom wilden Tier im Menschen, das ihn zerreißt,
lassen sich ohne Schwierigkeiten miteinander in Verbindung
bringen, wenn man Eichendorffs Darstellung und Deutung

der Französischen Revolution heranzieht. In dem autobiographischen Essay *Der Adel und die Revolution* schreibt er:

> Das Alte war in der allgemeinen Meinung auf einmal zertrümmert. Der goldene Faden aus der Vergangenheit gewaltsam abgerissen. [...] Es waren aber vorerst eigentlich nur die Leidenschaften, die unter der Maske der Philosophie, Humanität oder sogenannten Untertanentreue, wie Drachen mit Lindwürmen auf Tod und Leben gegeneinander kämpften. [...] Fassen wir jedoch diesen Kampf der entfesselten und gärenden Elemente schärfer ins Auge, so bemerken wir den der Religion gegen die Freigeisterei, als das eigentlich bewegende Grundprinzip [...].
>
> (Werke 1, S. 912)

Das tragische Ende des Liebespaares am Schluß der Erzählung *Das Schloß Dürande* wird so als Ergebnis einer ganz allgemeinen Verrohung und Freisetzung der heidnisch-negativen Kräfte im Menschen »erklärt«. Aber mit diesem Schluß verhält es sich so wie bei allen anderen Erzählungen Eichendorffs auch: Hier versucht der Dichter den Leser auf eine Spur zu setzen, die von dem Handlungsverlauf gar nicht so eindeutig bestätigt wird. Sucht man nämlich im *Schloß Dürande* nach den Ursachen für das Scheitern der Liebe, so ist es gar nicht das neue Denken, das die Französische Revolution auslöst, sondern vielmehr das Festhalten am Alten, das als Ursache der tragischen Verwicklungen eine wesentliche Rolle spielt. Es ist der Bruder, der am Anfang der Erzählung die naive, vollkommen reine Liebesbeziehung seiner Schwester gewaltsam stört. Er handelt dabei strikt nach den Konventionen der Gesellschaft, denn er übernimmt als Vormund die Rechte des Vaters und bestimmt rigoros und kompromißlos den Lebensweg des Mündels. Die schreckliche Eingangsszene und der daraus resultierende Irrweg der Schwester ergeben sich daraus, daß er autoritär – durch altes Gesetz gedeckt – über die Schwester verfügt und ihr kein Vertrauen entgegenbringt. Nach alter Standesordnung ist die Liebschaft mit dem höherstehenden Adligen gefährlich und verderblich und kann von dem Vater-Bruder ohne weitere Erklärungen unterbunden werden. Die sofortige Verbannung ins Kloster ist eine – zu Eichendorffs Zeiten allerdings keineswegs mehr ganz normale – Lösung des Problems, die der starre Bruder im Sinne veralteter Normen durchsetzt. Eine andere Lösungsmöglichkeit bietet der alte Dürande an: die Ablösung durch eine Zahlung. Renald, der sich im Verlauf der Geschichte noch mehrfach als Kohlhaas gebärden wird, der auf dem Buchstaben des Gesetzes beharrt, lehnt jeglichen Kompromiß ab und gerät mit diesem radikalen Denken dann in die Nähe der rigorosen Verfechter der Revolution. Dieser Umsturz setzt bei ihm nur die schon vorher in dem »alten Recht« steckende Brutalität frei. Renald ist am Anfang der Geschichte nicht minder unmenschlich als am Ende; sein Verhältnis zur Schwester ist bereits vor dem Ausbruch der Revolution im fernen Paris gestört, weil er die alte Ordnung gegen die Zeichen der Zeit radikal und im Grunde egoistisch durchsetzt. Statt seine Schwester ins Vertrauen zu ziehen und ihr die Identität des Liebhabers zu enthüllen und den Sinn seiner »Maßnahmen« zu erläutern, würdigt er sie zum Objekt herab. Sein Verhalten signalisiert, daß die Ständeordnung und die familiäre Ordnung nur noch Dogmen sind, und die Grundlagen dieser Regeln, Vertrauen und Treue, längst unterminiert sind.

Das Schloß Dürande handelt demnach gar nicht von dem bösen Einfluß der Französischen Revolution, sondern stellt vielmehr ganz allgemein die Auseinandersetzung des Neuen mit dem Alten dar. Die Personen reagieren ganz unterschiedlich auf die Herausforderung. Der alte Dürande hält an den Privilegien des Adels fest, zelebriert die alten, hohl gewordenen Formen und verweigert jede Neuerung. Sein Schloß wird zum Museum, in dem er selbst wie eine angezogene Puppe, eine lebendige Leiche, die vergangene Epoche darstellt. In seinem Hofstaat gibt es neben den Mitläufern der Revolutionäre den treuen Diener, der aus Überzeugung und innerer

Redlichkeit seiner Herrschaft bis zur Aufopferung dient. Der junge Herr ist dem Neuen aufgeschlossen und geht nach Paris. Seine Liebe setzt er über die ständische Ordnung: er bleibt der Geliebten treu, obwohl eine Verbindung nicht standesgemäß wäre. So zeigt sich, daß Eichendorff eine sinnvolle Verbindung von Altem und Neuem für nötig hält. Das starre Festhalten am Althergebrachten ist ihm ebenso suspekt wie der radikale Umsturz, der gewaltsame Bruch mit der Tradition. In diesem Sinne formuliert er auch als Fazit in dem Aufsatz *Der Adel und die Revolution*:

> [...] der Adel [...] hat die Aufgabe, alles Große, Edle und Schöne, wie und wo es auch im Volke auftauchen mag, ritterlich zu wahren, das ewig wandelbare Neue mit dem ewig Bestehenden zu vermitteln und somit erst wirklich lebensfähig zu machen. Mit romantischen Illusionen und dem bloßen eigensinnigen Festhalten des längst Verjährten ist also hierbei gar nichts getan.   (Werke 1, S. 918)

Die Möglichkeiten für eine solche Vermittlung sieht Eichendorff offensichtlich gerade in den Regionen, die weit vom Zentrum der Revolution entfernt liegen. Seine Beschreibung im Essay, die auf die schlesischen Verhältnisse zielt, die er aus eigner Anschauung kannte, entspricht der Erzählung in vieler Hinsicht. Denn auch das Schloß der Provence stellt ein idyllisches Refugium fernab der Zentren der politischen Welt dar. Die Revolution wird hier durch Fanatiker gleichsam »importiert«, sie resultiert nicht aus berechtigter Unzufriedenheit der Bewohner des Schlosses und seiner unmittelbaren Umgebung. Eine friedliche Lösung wäre unter der Herrschaft des jungen Dürande durchaus denkbar.

Die Geschichte vom *Schloß Dürande* ist demnach auch als Lehrstück für Deutschland zu lesen. Hier, wo die Ereignisse der Pariser Revolution (bzw. der Julirevolution von 1830) aus sicherer Distanz über die Grenze hinweg beobachtet werden können, ist nach Eichendorffs Auffassung eine vernünftige Vermittlung des Alten und Neuen – gerade nach Beendigung der direkten Auseinandersetzung mit den Franzosen in den

Freiheitskriegen – möglich und nach der Restauration der deutschen Kleinstaaten auch nötig.

Die Ansätze zu einer Erneuerung, die sich dann zu Eichendorffs Lebzeiten bei dem Hambacher Fest und den Ereignissen von 1848 abzeichnen, finden allerdings nicht seinen Beifall. Die Erzählungen, die sich mit diesen Ereignissen befassen, zeigen, daß er eine revolutionäre Entwicklung nach französischem Vorbild fürchtet. In der Satire *Auch ich war in Arkadien!* stilisiert er das Hambacher Fest zu einer chaotischen Walpurgisnacht. Die radikalen Redner stellt er – ähnlich wie die Pariser Revolutionäre im *Schloß Dürande* – als Chaoten und Egoisten dar, denen es gar nicht um Volkswohl und Meinungsfreiheit, sondern um die Befriedigung eigener Bedürfnisse geht.

Die Darstellung der revolutionären Ereignisse in Berlin, denen Eichendorff auch einen Sonettzyklus unter dem Titel *1848* widmete, unterscheidet sich in der Tendenz nicht wesentlich von der *Arkadien*-Satire. *Libertas und ihre Freier* schildert das Werben um die falsche und echte Freiheit, wobei ein Vertreter des armen Proletariats (der Riese mit seiner Familie) eine wichtige Rolle spielt. Die Hilflosigkeit dieses Riesen, der von den Intellektuellen verschiedener politischer Richtung nur manipuliert wird, entspricht durchaus der geschichtlichen Realität. Der Umsturz von 1848 wurde – ähnlich wie der vier Jahre zuvor niedergeschlagene Weberaufstand in Schlesien – von dem verarmten vierten Stand getragen. Er hatte jedoch nur so lange Erfolgsaussichten, wie das städtische Bürgertum den Protest mittrug und organisierte. Es ist Eichendorff allenfalls vorzuwerfen, daß er dem Armenproblem, auf das Bettine von Arnim und Heinrich Heine bereits so nachdrücklich hingewiesen hatten, so wenig Aufmerksamkeit schenkt. Er schildert das Proletariat als arm und hilflos, ohne irgendwelche Lösungen für die Überwindung der Armut anzudeuten. Die wahre Freiheit – so ist das resignative Fazit der Satire – hält sich versteckt; sie findet unter den gegebenen Umständen in Deutschland keinen Partner.

Was Eichendorff in diesen Satiren zu grundsätzlichen Fragen wie der Pressefreiheit aussagt, mag ihn ebenfalls als Reaktionär brandmarken, doch ist seine Position zum Teil daraus erklärbar, daß er selbst im Auftrag der preußischen Regierung nach Vermittlungsmöglichkeiten in der Pressegesetzgebung suchte und ein entsprechendes Memorandum verfaßt hatte. Er vertritt hier die Position des Diplomaten, der von der Unmöglichkeit weiß, eine konsequente Lösung durch eine radikale Umkehr in der Gesetzgebung durchzusetzen. Gemessen an der zeitgenössischen Zensur-Praxis in einigen Ländern Deutschlands waren seine Vorschläge, die ausdrücklich eine »Harmonisierung« des Zensurwesens in Deutschland erwirken sollten, moderat.

Die Satire kennt jedoch kein diplomatisches Abwägen, und in der dichterischen Umsetzung erscheint die Szenerie der liberalen Bewegung als ein Hexenkessel, in dem die einzelnen Akteure ihr privates Süppchen kochen und das Fähnlein nach dem Winde ausrichten. Wer Eichendorffs Position – im Hinblick auf Heinrich Heine, Karl Gutzkow oder Bettine von Arnim – als rückständig einstuft, mag bedenken, daß die Geschichte sich aus der Retrospektive stets einfacher bewerten läßt als von den Zeitgenossen. Die Eichendorffsche Satire gehört in den Zusammenhang eines polemisch geführten Kulturkampfs, in dem Heine und Eichendorff konträre Positionen beziehen. Die Literatursatire *Viel Lärmen um Nichts* gehört gleichfalls in diesen Kampf und zeigt ähnlich einseitig den Blickwinkel des gemäßigt konservativen Spätromantikers. Die Dichtung bleibt dabei auf der Strecke und reduziert sich auf simplifizierende Satiren, die Zwischentöne kaum zulassen. Im *Schloß Dürande* kann sich Eichendorff viel differenzierter mit den Wirkungen einer Revolution auseinandersetzen als in der satirischen Aufarbeitung der politischen Tagesereignisse. Die Einbindung des Autors in den Staatsdienst verhinderte vermutlich die Publikation der Satiren, aus dem Rückblick erscheinen sie als Eintagsfliegen, während *Das Schloß Dürande* zu den Meisterleistungen europäischer Erzählkunst gerechnet werden kann.

Joseph von Eichendorff

IN RECLAMS UNIVERSAL-BIBLIOTHEK

Ahnung und Gegenwart. Roman. Hrsg. von Gerhart Hoffmeister. 405 S. UB 8229

Aus dem Leben eines Taugenichts. Novelle. Hrsg. von Hartwig Schultz. 128 S. UB 2354 – dazu *Erläuterungen und Dokumente.* Von Hartwig Schultz. 120 S. UB 8198

Dichter und ihre Gesellen. Novelle. Hrsg. von Wolfgang Nehring. 312 S. UB 2351

Gedichte. Hrsg. von Peter Horst Neumann in Zusammenarbeit mit Andreas Lorenczuk. 214 S. UB 7925

Das Marmorbild. Das Schloß Dürande. Novellen. 94 S. UB 2365 – zu: Marmorbild *Erläuterungen und Dokumente.* Hrsg. von Hanna H. Marks. 94 S. UB 8167

Sämtliche Erzählungen. Hrsg. von Hartwig Schultz. 654 S. UB 2352

»Frühling mit Nachtigallen und anderem Zubehör«. Eichendorff zum Vergnügen. Hrsg. von Martin und Ulrike Hollender. 149 S. UB 9670

Philipp Reclam jun. Stuttgart